谨以此书纪念恩师张培刚先生

本书得到国家社会科学基金重大项目（06&DZ035）
"新型工业化道路的工业结构优化升级研究"
和华中科技大学文科出版基金资助

基于新型工业化道路的工业结构优化升级研究

A Study on China's Industrial Structure Optimization and Upgrading Based on New Road to Industrialization

张建华 等著

中国社会科学出版社

图书在版编目（CIP）数据

基于新型工业化道路的工业结构优化升级研究/张建华等著．—北京：中国社会科学出版社，2012.5

ISBN 978－7－5161－0836－9

Ⅰ．①基…　Ⅱ．①张…　Ⅲ．①工业结构调整—研究—中国　Ⅳ．①F421

中国版本图书馆 CIP 数据核字（2012）第 092202 号

基于新型工业化道路的工业结构优化升级研究　张建华等著

出 版 人　赵剑英

策划编辑　卢小生（E－mail：georgelu@vip.sina.com）
责任编辑　卢小生
责任校对　韩天炜
技术编辑　李　建

出版发行　中国社会科学出版社
社　　址　北京鼓楼西大街甲 158 号　　邮　编　100720
电　　话　010－64073835（编辑）　64058741（宣传）　64070619（网站）
　　　　　010－64030272（批发）　64046282（团购）　84029450（零售）
网　　址　http：//www.csspw.cn（中文域名：中国社科网）
经　　销　新华书店
印　　刷　北京市大兴区新魏印刷厂　　装　订　廊坊市广阳区广增装订厂
版　　次　2012 年 5 月第 1 版　　印　次　2012 年 5 月第 1 次印刷
开　　本　710×1000　1/16　　插　页　2
印　　张　36.75　　印　数　1—6000 册
字　　数　602 千字
定　　价　80.00 元

凡购买中国社会科学出版社图书，如有质量问题请与本社发行部联系调换

本书撰稿人及作者分工

课题负责人： 张培刚 张建华

本书学术顾问： 张培刚

本书主笔（编）： 张建华

各章撰写人：

张建华（第一章和第二章，李博协助第二章部分内容的撰写）

李博（第三章和第四章）

邢斐、彭建平（第五章）

王秋彬、吴军（第六章）

温杰、张建华（第七章）

程文、叶洪涛、许娜（第八章）

张建华、程文（第九章）

韩德超、张建华（第十章）

范红忠（第十一章）

蒋冰冰、涂涛涛、张建华（第十二章）

张建华、郑文（第十三章）

张建华、程文（第十四章）

张培刚教授在重大课题开题会上的讲话实录（代序）

2006 年 12 月 10 日

我讲几句开场白。今年 4 月间，我们在这里开了个会［即首届张培刚发展经济学研究优秀成果奖颁奖大会暨发展经济学论坛（2006 年 4 月 22—23 日）］。当时我说了一个顺口溜："老汉九十三（我七月过生日，那时还没有满七月，所以我那时九十三岁），讲话千百遍。今天头一回，要照讲稿念。年龄不饶人，诸位多包含。"为什么说六句话呢？大家记不记得中国第一首白话诗，胡适之先生作的就是六句。我在读中学时就记了这首诗："两只黄蝴蝶，双双飞上天。不知为什么，一个忽飞还。剩下那一个，孤单怪可怜。"就是六句话，所以我作的这个诗也是六句。昨天晚上，为了今天要开会，我又凑了六句，既是打油诗，又是顺口溜。现在过了七月，我就九十四岁了。"老汉九十四，讲话千百次。今天第二回，当场要口试。人老心不老，前进不停止！"讲了这三首诗，当然也不能叫诗，三个顺口溜，诗是表达人之心情，也可以叫做占口诗。

现在我来谈谈本次开题。首先，我作为这个项目的首席主持人（本来还有个张建华老弟，他是我的学生），向今天到会的各方面的领导和来宾表示热烈欢迎！这里，特别要提到的是，国家社会科学基金批准了这一重大科研项目，这是国家给予我们的信任和支持，对于这一点，我表示衷心的感谢。今天我们学校的领导也到会了，也在此表示感谢。

最近，中央召开了经济工作会议，明确提出了明年经济工作的八项任务，这就是：第一，坚持加强和改善宏观调控，保持和扩大经济发展的良好势头。第二，坚持以发展农村经济为重点，扎实推进社会主义新农村建设。第三，坚持以节约能源资源和保护生态环境为切入点，积极促进产业结构优化升级。第四，坚持提高自主创新能力，加快建设创新型国家。第五，坚持落实区域发展总体战略，推进城镇化健康发展。第六，坚持深化体制改革，加快形成落实科学发展观的体制机制保障。第七，坚持互利共赢的开放战略，提高对外开放水平。第八，坚持以人为本，不断促进社会和谐，并且强调要全面落实贯彻科学发展观。因此，我们的这个课题“新型工业化道路的工业结构优化升级研究”就显得十分重要了。

1945 年，距离现在已经 61 年了，今天是 2006 年。当时，我在哈佛大学快要写完博士论文《农业与工业化》。我对工业化下的定义是“一系列基要生产函数连续发生变化的过程”（Industrialization may be defined as a process in which changes of a series of strategical production functions are taking place）。这个定义有点特殊、有点特别。上个世纪 80 年代，为了更为完善和通俗易懂，我将这篇论文翻译成中文出版时，我把它改写为“国民经济中一系列基要生产函数或生产要素组合方式、连续发生由低级到高级的突破性变化的过程”。我所下的这个定义，与当时国际上的学者大不相同，我自己认为，我的定义要广泛得多。再就是因为，它不仅包括工业本身的机械化和现代化，而且包括农业的机械化和现代化。过去一般人以为，工业化只是搞工业，把农业丢掉。其实，工业化（Industrialization）不应该只是 Industry，应该还包括农业（Agriculture）。因为都是产业，所以工业化应该是产业化，工业要产业化，农业也要产业化，所谓产业化就包括科学技术的引进和现代化，由一个小农生产变为一个现代化的农业生产，所以要包括农业的机械化和现代化。总之，我们不仅要建设工业化的城市，而且要建设工业化的农村。所以，我的这个工业化的定义不仅包括工业也包括农业，不仅包括城市也包括农村，这就要广泛得多。

现在，我们接受了这个课题的任务。我在这里要强调的是，一定要克服浮躁和急功近利的思想作风。现在，社会上的人很浮躁，沉不下心来，而且急功近利，只顾眼前。我们课题组要认真负责，脚踏实地，开展研究，不断探索。当前的有利条件是，可以利用电脑、互联网掌握信息，这是一大进步。但同时也要深入下去，进行调查研究，因为中国还有很多落后的地方，我们一般的农村还相当落后。这样，才能取得较好的成果，也才能为国家的经济发展提供可行的建议。

调查研究十分重要。记得 1934 年我刚从武大毕业的时候，那时我 21 岁，到中央研究院经济研究所工作了 6 年。那时社会科学研究院还没成立，严格讲叫社会科学研究所（包括经济在内），当时的社会科学研究所是陶孟和先生领导的，他强调调查研究。我亲自走遍了各个省，特别是河北、浙江、广西等省份，深入乡村农户，扎扎实实地实地考察，掌握了大量的第一手资料。其中，在浙江做得最多，和一个老朋友，他在浙东，就是绍兴；我在浙西，就是杭州、嘉兴等浙江最发达的地区，我们在调查的基础上撰写了《浙江省食粮之运销》；也在广西、河北等地调查研究后，写出了《广西粮食问题》和《清苑的农家经济》。这三本著作是由商务印书馆出版的。此外，还有一本手稿《中国的粮食经济》。如果不是这6年的实地考察，打下一个非常重要的根底，加上后来在哈佛大学的深层学习（我当时在哈佛用5年读了两个学院，一个是工商管理学院，一个是文理学院经济系），我是写不出后来在哈佛大学获奖的博士论文《农业与工业化》（*Agriculture and Industrialization*）的。应该说其基础还是在国内那6年的调查研究。

我一生立足中国，同时结合世界其他发展中国家，研究农业国如何才能够转变为工业国，这是个非常大的问题，也就是研究一个贫穷落后的农业国家，如何才能走上工业化道路的问题，这个问题现在还是非常非常重要的。今年我已到了九十四岁的高龄，仍然有志向和愿望，同大家一起来完成这一重大课题！

目　录

第一部分　理论阐释与综合测评

第二部分 新型工业化战略导向下的工业结构优化升级

第四部分　协调发展战略下的工业结构优化升级

第五部分　政策研究与对策建议

前　言

推进工业结构优化升级和中国特色新型工业化道路，已成为我国在相当长一段时期内实现工业化的一项重要战略举措。因此，基于新型工业化道路的工业结构优化升级战略研究，具有极其重要的现实意义。这是因为，它关系到中国由工业大国向工业强国的转变、关系到中国经济的可持续发展、关系到中国经济发展能否惠及全体民众，保证社会的和谐与稳定。如何以新型工业化推进我国工业结构优化升级，无论在理论上还是实践上都需要一些新的探索。需要探寻一个适合中国转型发展特点（典型的二元经济结构转型和体制结构转型并存）和基本国情（人口多，历史文化传统悠久，区域差异大等）的工业结构优化理论框架，需要建立一个以增强自主创新能力为中心环节的调整优化工业结构的新路径，需要在理论的高度上探寻在工业结构优化升级过程中协调各种矛盾和冲突的原理与方式，需要提供一套可靠可行的政策措施和保障机制以促进工业由大变强。

正是基于上述思考，在张培刚教授的指导下，我们申报了2006年度国家社会科学基金重大招标项目“新型工业化道路的工业结构优化升级研究”，并成功立项。立项后不久，2006年12月10日在武汉召开课题开题报告会，并结合课题研究举办了发展经济学论坛。随后，课题组在完善课题设计的基础上协作分工，分为5大模块13个子课题开展研究。课题组开展的主要工作包括：（1）开展系列较深入的调查研究。每个子课题均开展实地调研，主要调研包括：2007年7月—9月，到武汉市长江动力集团、武汉重型机械、武汉锅炉集团、中冶南方等10余家装备制造业企业座谈和问卷调查，调研成果被吸收进入《武汉市装备制造业发展规划纲要（2007—2010年）》（以及数控机床、激光装备制造业和环保装备制造三项专项规划）；2007年9月—10月，深入到华中科技集团、华中数控、长飞集团、烽火科技、东湖高新等20余家高科技企业调研，形成《加快体制机制创新促进武汉高新技术产业发展》报告，为东湖高新区管委会采纳，并成为武汉市相关决策的重要依据；2008年7—8月，课题组到山西、河南和湖北等地调研能源产业和循环经济发展情况，同年8—10月，到广东、吉林、上海、武汉等地调研模块化技术发展及其在电子、汽车和物流金融等行业的应用；2009年，课题组到广东、浙江、山东、江苏、湖北等地调研金融危机对工业结构的影响、现代农业开发区建设和发展情况等；2010年，课题组到深圳、贵州、大连、北京、成都等地及日本调研战略性新兴产业发展情况。其中，提交报告《促进产业结构优化升级研究》得到国家发改委规划司采用，并纳入"十二五"前期重大研究成果；关于建立现代农业综合开发示范区的报告，得到湖北省省委省政府主要领导批示并由发改委实施等。（2）举行定期报告和研讨活动。课题组坚持两周一次进展报告和研讨制度，半年一次大型讨论会。先后召开大型研讨会包括：2007—2010年，每年一届发展经济学年会专题讨论（共举行4届）、"国际金融危机下的中国产业发展"研讨会（2009年7月11日，武汉）、中国经济发展论坛"农业国工业化60年"（2009年2月，北京）和"中国经济转型与发展模式创新"（2010年12月，武汉）。（3）课题研究与人才培养和咨询服务相结合。课题组共有10余位教授和副教授参加、5位博士后和10余位博士生先后参与攻关，围绕课题内容产出3篇博士后报告、12篇博士学位论文（其中一篇获2010年湖北省优秀博士论文），在《中国社会科学》、《经济研究》、《管理世界》、《新华文摘》等重要期刊发表80余篇标注课题的文章，获得湖北省省委优秀调研成果奖二等奖、湖北省优秀社科成果奖二等奖、湖北省发展研究奖二等奖和三等奖各一项。课题成果中有许多已经直接转化为国家和地方社会经济发展决策中。课题组成员花费半年时间集成整理并形成最终结题报告《基于新型工业化道路的工业结构优化升级研究》，呈现给读者批评指正。

本书的基本目标就是要探索工业结构优化升级的一条新路径，走一条符合国情，不同于传统工业化的新的路子，从而实现我国从工业大国向工业强国的转变。总的思路是：用新型工业化的思维来推进产业结构优化升级，并从理论和实践的角度探讨在工业结构调整与升级中遇到的各种矛盾和冲突的解决方法，寻找可靠可行的政策措施。

本书研究的主要内容包括：（1）从理论上厘清工业结构优化升级的科学内涵，把握工业结构变化的规律，并探索规律背后的动因、作用机制和变动途径，试图建立了一个工业结构优化升级的分析框架；在准确把握我国现阶段基本国情和工业化发展情况的基础上，测度我国目前工业结构的现状，为工业结构优化升级的目标制定、方向选择提供判断标准。（2）解决如何利用新型工业化战略指导我国工业结构优化升级的问题。研究如何在工业结构优化升级过程中提高科技含量、节约使用资源和保护环境、充分利用人力资源优势等问题。（3）从分工与专业化、模块化发展的微观视角，研究企业组织、产业组织与工业结构优化升级的关系。（4）研究三次产业协调、区域经济协调和开放经济发展协调与我国工业结构优化升级的问题，解决如何处理好我国工业结构优化升级过程中所遇到的这三大协调关系的问题。（5）探讨未来工业结构优化升级的长效机制和有效途径，使其能够随着经济形势和环境因素的改变而不断修改政策引导方向，为工业结构优化升级过程中的一系列制度变革和政策调整提供依据。

全书由6部分共14章构成。

第一部分为总论，介绍课题背景概况、总体分析框架和分析方法等。

第二部分为工业结构优化升级的理论阐释与中国综合测评。本部分包括三章，主要阐述工业结构优化升级的基本规律和机制机理，建立统一的分析框架；构建工业结构优化升级的测评体系，并通过该体系的测算，系统地分析中国工业结构优化升级的历史和现状。

第三部分为新型工业化战略导向下的工业结构优化升级研究。本部分包括三章，即用新型工业化战略指导我国工业结构优化升级，对工业结构优化升级过程中的三大导向的研究。三大导向是指：工业结构优化升级应朝着提升科学技术含量、增强自主创新能力的方向发展；工业结构优化升级应朝着降低资源消耗、减少环境污染、实现经济可持续性的方向发展；工业结构优化升级应朝着充分发挥我国人力资源优势的方向发展。

第四部分从企业组织和产业组织演变角度探讨工业结构优化升级。本部分包括两章，即企业组织模块化发展与工业结构优化升级、地区产业专业化与工业结构优化升级。

第五部分为协调发展战略下的工业结构优化升级研究。本部分包括三章，即研究三次产业协调、区域经济协调和开放经济发展协调与我国工业结构优化升级的问题，解决如何处理好我国工业结构优化升级过程中所遇到的三大协调关系的问题。

第六部分关于政策研究与对策建议。本部分包括两章，分别是工业结构优化升级过程中的政府作用和面向未来的中国工业结构优化升级。分别从原理上探讨政府在工业结构优化升级过程中发挥作用的必要性及政府作用的重点和方向；结合中国实际情况，探讨在未来中国工业结构调整的方向、战略重点及政府在保障工业结构优化升级顺利实现时应进行的政策安排。

本书的主要结论包括：(1) 应结合中国转型（典型的二元经济结构转型和体制结构转型并存）发展的特点和基本国情（人口多，历史文化传统悠久，区域差异大等），对中国工业结构优化升级目标动态定位、制定适宜标准。(2) 准确把握工业结构优化升级的基本规律，以新型工业化战略为指导，以增强自主创新能力为中心环节，协调工业结构优化升级过程中各种矛盾和冲突。(3) 注重三次产业协调、产业空间合理布局和区域经济协调发展对工业结构优化升级的作用；在全球化和知识经济背景下，应将中国纳入世界分工体系中，嵌入世界价值链，有效利用国内国外两种资源，促进我国工业结构优化升级。(4) 分工与专业化经济是产业组织演进的历史逻辑，同时也是工业结构优化升级的理论依据，发展分工、提升专业化水平应当是制定工业结构优化升级相关政策的着力点。因此，重视企业组织模块化发展，加速推进地区产业专业化，促进我国东部、中部、西部的产业分工和协调发展，才能在做好我国整体工业结构升级的同时，兼顾各个地区的工业结构优化。(5) 正确认识政府在工业结构优化升级中的作用，充分发挥市场作用、合理使用产业政策，提供一套可靠可行的政策措施和保障机制以促进工业由大变强。

在研究方法上，本书研究着重体现如下五个方面的特色：

第一，紧扣重大现实问题，采用开放式的研究框架。以工业结构优化升级为研究主线，同时将当前经济发展中亟待解决的重大问题纳入研究体系，试图以工业结构优化升级为契机，促进其他问题的解决。

第二，注重文献研究与实地调研相结合、实证分析和模型构建相结合，特别强调寓理论于实例分析之中，注重理论密切联系实际，注重政策分析和对策转化。本书研究中大部分子课题均选取代表性行业和典型企业作为案例，进行具体考察。

第三，大量运用国际比较分析和历史比较研究方法。以发展经济学理论为基础，注重比较不同国家工业化经验，对比分析中国现阶段工业结构优化升级的规律途径。

第四，大量运用数量和统计分析方法。运用具体指标刻画和监测工业结构的变动情况，使分析决策具有更科学的依据。

第五，注重对策研究和课题研讨，重视向专家咨询、征求实际决策部门的意见和举办论坛等多种方式开展研究，重视成果转化为政策对策。

诚然，探索中国特色新型工业化道路、推进工业结构优化升级是一项长期的任务，无论在理论方面还是实践方面都存在许多有待深入研究的问题。例如，信息化与工业化的融合是国际经济发展的一个新趋势，也是新型工业化道路讨论的应有之义；发展战略性新兴产业是工业结构优化升级的关键举措和重要内容；探讨扩大内需的长效机制带动工业结构转型升级、加强生产性服务业发展促进工业结构转型升级、进一步在全球价值链中提升中国工业竞争力，等等。所有这些问题在本书研究中只是初步涉及，其中一些题目已为其他同事承担国家社科基金重大项目或教育部重大攻关项目，有待在今后更进一步深入探讨。

张建华
华中科技大学张培刚发展研究院
创新发展研究中心
2011 年 9 月于武汉

第一章 总论

本书是国家社会科学基金重大项目“新型工业化道路的工业结构优化升级研究”的最终成果。作为总论，本章着重介绍课题的研究背景与意义、相关研究简评、研究思路框架与内容、研究方法、主要贡献与进一步有待探讨的问题。

第一节 问题的提出及其意义

工业结构是生产要素在不同部门、不同区域配置的比例关系，它既是以往经济增长的结果，又是未来经济增长的基础和新起点。调整工业结构的主要目的有两个：一是消除结构性短缺或结构性过剩，实现市场供求平衡，保证工业以及国民经济协调发展，实现经济的持续稳定增长；二是促进生产要素向效率更高的部门转移，推进产业升级，提高资源配置效率和国际竞争力。一国工业结构调整、优化升级既要解决资源配置的平衡问题，更要解决资源配置的效率问题；换言之，既要实现结构合理化、协调化，又要不断高度化、高效化。

从近现代世界各国经济发展来看，工业化是一个国家或地区由以农业经济为主向以工业经济为主过渡的现代化进程中不可逾越的发展过程。在这一过程中，产业结构必须不断适应社会经济状态的变化以实现自身合理化，并向深加工度化、高附加值化方向发展，由此推动经济持续发展。因此，产业结构的优化升级已成为现代经济发展的重要手段和必然途径。

改革开放 30 多年来，中国经济飞速发展，与此同时，产业结构不断调整，工业结构不断优化升级。总的来说，产业结构经历了三次最主要的调整：第一次是 20 世纪 70 年代末 80 年代初开始的以“加强轻工业”为重点的结构调整。第二次是20世纪80年代末90年代初实施的以“加强基础设施建设”为重点的结构调整。这两次产业结构调整主要都是以“补短”（即弥补短线产业，克服供应短缺）为目标，主要任务是克服产业“瓶颈”或填补产业“空白”，其实质是一种以“宏观平衡”为导向的调整。第三次是20世纪90年代中期以来实施的产业结构战略性调整。战略性调整就是要使产业结构适应经济发展的新形势、新要求，在总体上、全局上发生一些根本性的变化；不再是过去的“补短”，而是要使产业结构在内容上、组织上、技术上、效益上都有一些根本性的转变，实现产业结构的优化升级。应该说，“九五计划”、“十五计划”，尤其是“十一五计划”计划以来，产业结构的战略性调整极大地推进了我国的工业化进程。中国的经济总量于2010年达到人民币近40万亿元，发展成为世界第二大经济实体；中国已经实现了从农业国向工业国的转变，并且已成为世界制造业大国。

但是，从目前来看，我国产业结构仍然处于工业化中期偏前的阶段，主要表现在四个方面：第一，从三次产业结构上看，第一产业的比重还比较大，第二产业发展速度加快、比重偏大，而第三产业发展滞后；第二，工业结构中重化工业的比重比较大；第三，制造业结构还是以组装加工为主；第四，出口产业结构是以加工贸易和轻纺产业为主，出口增长主要靠数量扩张。与此同时，在较长时期的快速发展过程中，我国也积累了日益凸显的问题和矛盾，如经济增长方式粗放、产业高度化水平较低、劳动力就业压力加剧等。在当前工业发展中还存在诸多不尽如人意之处，比如，企业规模小而散，国际竞争力不强；产品结构层次低，高附加值产品少；技术水平低，过分依赖进口，自主创新发展的动力不足；区域产业结构趋同，地区发展差距日益扩大；工业发展中单位能耗较高、环境破坏问题较严重，可持续发展能力不足，等等。这些问题和矛盾在很大程度上是直接或间接与现行产业结构不合理和低度化相关联的。它们严重制约着我国工业化进程，阻碍着我国从工业大国向工业强国的转变。因此，从根本上说，解决上述问题的途径在于实现工业结构的优化升级。

本书认为，选择今后一段时期我国产业结构调整的方向和重点，必须立足于我国产业发展现状和未来产业结构变动趋势，并充分考虑国内外发展环境变化因素。从国内和国际目前的发展形势看，既存在上述问题和挑战，也有一些机遇。例如，我国2010年人均GDP达到4382美元（国际货币基金组织2011年4月12日发布的数据），在世界排名第95位，人民生活总体上达到小康水平，内需结构发生了巨大变化，必将对工业结构的优化升级产生巨大推动力；市场机制进一步完善，企业竞争力的提高，使推进工业结构的优化升级有了微观基础；经济全球化的新发展为我国承接国际产业转移提供了新机遇，等等。因此，我们的战略应该是：加大推进产业结构优化升级的力度，加快转变经济发展方式，建立和发展符合我国国情的附加价值高、节能环保、高效安全的现代产业体系，走一条不同于传统工业化战略的新型工业化道路。按照走新型工业化道路要求，坚持以市场为导向、企业为主体，把增强自主创新能力作为中心环节，继续发挥劳动密集型产业的竞争优势，调整优化产品结构、企业组织结构和产业布局，提升整体技术水平和综合竞争力，促进工业由大变强。可见，推进工业结构优化升级和中国特色新型工业化道路，在相当长一段时期内已成为我国实现工业化的一项重要战略举措。

因此，基于新型工业化道路的工业结构优化升级战略研究，具有极其重要的现实意义。

第一，关系到中国由工业大国向工业强国的转变。如前所述，中国目前已经成为一个工业大国，但还不是工业强国。中国经济要想由大变强，就必须走新型工业化道路，在工业结构优化升级上下工夫：大力提高自主创新能力和科学技术水平、工业现代化水平；优化产品结构，提高产品的技术含量和附加值；优化企业组织结构，提高企业国际竞争力。

第二，关系到中国经济的可持续发展。资源和环境是制约我国工业化进程的重要因素，即使在信息化时代也是如此。要缓解和解决资源环境约束与工业发展之间的矛盾，实现经济的可持续发展，就必须进行工业结构的调整，使我国的工业体系和工业部门实现从以消耗资源技术为主向以节约资源技术为主的转变，走一条“资源消耗低、环境污染少”的新型工业化道路。

第三，关系到中国经济发展能否惠及全体民众，保证社会的和谐与稳定。随着我国市场化程度不断提高，市场化资源配置机制的完善，社会经济成分、组织形式、就业方式、利益关系和分配方式日趋多样化，我国经济社会的发展不平衡加剧，贫富差距不断拉大，给维护社会稳定带来了新的压力和挑战。按照实施新型工业化战略的要求，工业结构的优化升级必须考虑如何协调区域发展，必须充分利用人力资本、创造出更多就业机会，减少失业并吸收农村剩余劳动力。只有这样，才能使越来越多的民众平等地享受经济发展带来的好处。

从理论上讲，研究如何以新型工业化推进我国工业结构优化升级，尚需一些新的探索。在这里，我们需要探寻一个适应中国转型发展的特点和基本国情的工业结构优化理论框架，需要建立一个以增强自主创新能力为中心环节的调整优化工业结构的新路径，需要在理论的高度上探寻在工业结构优化升级过程中协调各种矛盾和冲突的原理和方式，需要提供一套可靠可行的政策措施和保障机制以促进工业由大变强。可以说，这是一个在理论和实践上都亟须突破的重大课题。

第二节　相关研究文献简评

关于工业结构优化升级和新型工业化道路的研究文献，十分浩瀚。这里，我们仅就有代表性的观点作一概括性的述评。

研究工业结构问题，首先要涉及工业化过程中产业结构演变的理论。主要包括：配第（William Petty）、克拉克（Colin Clark）、库兹涅茨（Simon Smith Kuznets）、霍夫曼（W. G. Hoffman）和里昂惕夫（Wassily Leontief）等从封闭经济体出发发展封闭型产业结构演变趋势理论；斯密（Adam Smith）、李嘉图（David Ricardo）、俄林（Bertil Ohlin）和钱纳里（H. Chenery）等发展出开放型产业结构理论；刘易斯（Arthur Lewis，1955）的二元结构转变理论；赫希曼（O. Hirschman，1958）的不平衡增长理论；罗斯托（Walt Whitman Rostow，1962）的主导部门理论和筱原三代平（1957）的两基准理论。

对工业内的产业结构研究有两种思路：一种思路是从产业组织角度研究。梅森（Edward Mason）、贝恩（S. Bain）、谢勒（F. M. Scherer）等先后提出和发展了“结构—行为—绩效”（SCP）范式，特别关注市场集中度；20 世纪 70 年代出现新产业组织理论，并提出用洛伦茨曲线、集中度、赫芬达尔指数、熵指数等对市场集中度进行测度。另一种思路是部门之间变动关系角度研究。霍夫曼（1931）提出，一般工业结构存在由轻纺工业占优势向重化工业占优势，再向技术密集型产业演化占优势的演进规律；张培刚（1949年，1984年中译本，2002年再版）结合世界工业化国家经验，验证了结构演进三阶段论；罗斯托（1960）提出大国经济发展的“六阶段”理论，钱纳里（1975）等提出关于经济发展阶段的六个变动时期的划分，考察工业化程度的指标主要从三个方面展开：人均收入水平（库兹涅茨模式、赛尔奎因和钱纳里模式、钱纳里—艾尔金顿和西姆斯模式）、三次产业产值结构和就业变动、工业内部结构变动来判断。

工业结构研究的上述两种思路在我国都有运用。特别是进入21世纪以来，我国工业化取得了突破性的进展，许多学者也使用部门关系变动的有关标准，判断我国工业化阶段，以提出工业化的新对策。刘世锦（2004）从以重化工业增加值为主导产业的快速经济增长，吕政等（2005）根据人均水平、非产业产值比重和工业结构水平等，李佐军（2004）从英美亚洲“四小龙”实现工业化所呈现的特征以及我国重工业在国民经济中比重、消费结构升级和技术进步等我国现阶段一些特点，判断我国进入工业化的第二阶段——重化工业阶段；林兆木（2002）根据联合国工业发展组织和世界银行划分工业化水平的方法，即采用制造业增加值占总商品生产增加值的比重，认为中国进入了半工业化国家阶段；陈佳贵和黄群慧（2006）等也提出中国进入重化工业阶段；郭克莎（2000）、王岳平（2001）、甘智和（2000）等人认为中国处于工业化的中期阶段。吴敬琏（2005）对我国工业化进程提出了不同的看法，认为不存在所谓的重化工业阶段问题。不过，主流观点认为，中国经济发展的当务之急是尽快实现产业结构优化升级。

工业结构优化升级离不开产业关联理论的研究。里昂惕夫（1936）提出产业关联理论并创立投入产出法，罗森斯坦·罗丹在《略论“大推进”理论》一文中提出了一个高度重视产业联系的工业化理论——“大推进”理论，赫希曼在《联系效应》提出了著名的“联系效应”理论。Antotio Ciccone（2000）从投入链的角度揭示了产业链在工业化水平提高中的重要作用。国内许多学者对产业演变规律和产业关联模型本身进行了深入研究：刘伟（1995）出版了《工业化进程中的产业结构》，金碚（1994）出版了《中国工业化经济分析》，陈锡康（1981）提出了非线形实物模型；刘起运（1986）则提出了对称模型；张守一（2005）提出了“嵌入式投入产出表、模型及优化”；薛新伟、王冬等（2000）提出了“灰色投入产出理论”，薛新伟（2000）研究了包含隐性因素的投入产出模型，王乃静（1989）则研究了非线性动态模型。国内利用投入产出模型作实证分析的研究也不少。刘水杏（2004）借助投入产出模型对我国及美国、日本、英国、澳大利亚四个发达国家房地产业与其密切关联产业的关联度进行前向、后向、环向等不同层面量化研究。廖涌泉、赵新利、李学伟（2003）根据价值投入产出表，研究了中国铁路与国民经济其他相关部门之间的相互依赖关系。史丹（2005）从横向产品关联、纵向产业关联以及国内外市场关联三个方面分析了能源工业内部的产业关联及其对能源价格体制、市场结构、所有制结构等方面的影响。

工业结构优化升级包括结构协调化、高效化和高度化。对产业结构合理化方面研究有：结构协调论（如李京文、郑友敬，1989）、结构功能论（如周振华，1992；王述英，1999）、结构动态均衡论（如苏东水，2000）、资源配置论（如史忠良等，1998）。不同学者对产业结构合理化的标准往往也有着不同的看法。比如，单一标准说（周振华，1992）、三标准说（黄继忠、苏东水等，2000）、四标准说（史忠良、杨公仆、夏大慰，1998）、六标准说（李京文、郑友敬，1988）和七标准说（李锐，1998）等。许多学者也提出了产业结构优化的测度指标体系。宋锦剑（2000）从统计的角度对产业结构的演进和调整作了全面的探讨，并从产业构成、地区结构、技术结构及组织结构等方面建立一套测度产业结构优化的指标体系；马涛、李鹏雁、马文东（2004）确定了新型工业化条件下对区域产业结构升级进行测度所应遵循的原则，并首次筛选出七大指标群进行测度；宋国宇、刘文宗（2005）把产业结构优化看做一个动态经济系统进行研究，并建立了产业结构优化模型，在马涛等人研究的基础上加入了产业就业吸纳程度指标群，等等。不过，许多测度指标都只是在理论上探讨，比较少地在实际中运用。

影响产业结构优化升级的因素研究主要从需求、供给、国际贸易、产业政策四个方面展开。恩格斯将人类需求分三个层次，马斯洛将需求划分为五个层次，恩格尔定律等从需求角度揭示需求变化导致产业结构变化，里昂惕夫通过研究社会总需求与产业结构的影响；刘易斯从二元经济探讨劳动力供给；罗森斯坦·罗丹从资金供给的角度提出大推进理论，赫希曼提出将有限资金投入到那些能产生最大引致投资的部门或产业等。李嘉图比较成本学说、李斯特保护幼稚工业理论、筱原三代平的“动态比较费用理论”、赤松等人的“雁行产业发展形态论”等从国际贸易角度探讨产业结构优化升级。产业政策的执行却是时代久远，如重商主义、自由贸易理论、保护贸易理论、新保护贸易理论等均从不同的侧面论述了如何根据本国发展的实际来发展本国产业，如美国首任财长汉密尔顿提出制造业是一切工业的母业，优先重点发展制造业。目前，国内已有许多分析产业结构变动的影响因素的研究，其中比较有代表性的如林毅夫（2003）、金碚（2005）、颜蕾（2004）、赵国鸿（2004）、周涛（2001）、何强（1999）、郭晋南（1998）。总的来讲，得到普遍认同的产业结构变动的影响因素大致包括资源禀赋、人口和劳动力流向、技术变动、资金供应和投资结构、原材料和中间投入品的供应、市场需求、经济政策及其他环境因素、国际投资和国际贸易等方面。国内学者宋振峰（1995）从产业政策的强弱角度，考察了世界各国的产业政策，并将其分为东亚圈国家和地区的主动型政策、西欧（除英国）的社会市场政策和英语国家的后发性或补救性政策三种类型。杨治在《产业政策和结构优化》一书中通过考察日本在经济发展不同阶段的产业政策，提出了“产业政策对任何发展层次的国家都有存在的必要，但其目标、重点、形态、力度及其适用原理并不相同”。

新型工业化是中国共产党十六大提出的战略目标，国内许多学者站在不同的角度，提出新型工业化的各种构想。中国社会科学院工业经济研究所课题组在综合研究报告《新型工业化道路的主要特征》从保持国民经济适度快速增长、控制固定资产投资规模、工农业和城乡协调、可持续、产业结构、生产要素集中、科技进步、国际分工中的地位等方面诠释工业化的主要特征。吕政（2003）认为，以信息化带动工业化、处理高新技术产业和传统产业、重视非公有制经济发展和可持续发展；简新华、向琳等阐述了新型工业化的特点和优越性；魏礼群（2002）认为，正确处理工业化与信息化的关系，推进产业结构优化、科教兴国与可持续发展；林兆木（2002）从处理好工业化进程中的农业、农民问题出发，认为要把握高新技术产业和传统产业、资本密集型产业和劳动密集型产业、虚拟经济和实体经济等方面关系；王岳平（2006）提出六种模式即技术进步模式、以信息化带动工业化模式、非创新模式、资源综合利用和循环经济模式、产业集群模式、充分利用人力资源模式。

上述研究给我国工业结构优化升级、推动新型工业化道路提供许多理论上的支撑和政策上的指导，但已有的研究还存在如下几个方面的问题有待于进一步探讨：（1）如何处理按人均 GDP 水平、非农产业产值比重、工业结构水平等指标判断我国已进入重化工业化阶段，而按非农产业就业比重指标却处于工业化初期阶段的中国特色二元工业化结构，推动工业结构优化升级和实现新型工业化。（2）在当前世界各国以科技为先导的发展理念下，如何克服目前我国自主创新能力低，找到科技发展促进产业结构升级实现新型工业化的传导机制。（3）面临国际国内需求结构变化和国际竞争的空前激烈，如何调整产品结构、改进企业组织结构、合理产业布局，抓住机遇调整工业结构实现新型工业化。（4）在资源环境约束下，如何实现节约资源与环境保护的可持续发展，实现工业结构的优化升级。（5）当前我国经济转轨仍在进行，市场机制还未真正完全建立，企业经营环境有待于进一步改善，政府如何从宏观政策上为工业结构优化升级，实现新型工业化提供政策支持。

本书将在已有研究基础上，以科学发展观为指导，以提高自主创新能力为中心，以推进工业增长方式的战略转变、完善工业体系建设为基点，探寻推进工业结构优化升级的思路和对策。在全面推行新型工业化战略思想指导下，在理论上，探讨如何综合解决我们面临的一些难题，实现我国工业化进程中多重目标的有效结合；在实践上，为全面实现产业结构优化升级，推动中国经济长期可持续发展提供较为系统、全面和可操作的政策建议。

第三节　本书的研究思路、总体框架与主要内容

本书的基本目标就是要探索工业结构优化升级的一条新路径，走一条符合国情、不同于传统工业化的新的路子，从而实现我国从工业大国向工业强国的转变。总的思路是：以新型工业化战略思想为指导，推进我国工业结构优化升级；以工业结构优化升级为契机，探讨协调经济发展当中的各种矛盾和冲突的解决方法，寻找可靠可行的政策措施。

本书研究的主要任务是：（1）从理论上厘清工业结构优化升级的科学内涵，把握工业结构变化的规律，并探索规律背后的动因、作用机制和变动途径，并试图建立了一个工业结构优化升级的分析框架；在准确把握我国现阶段基本国情和工业化发展情况的基础上，测度我国目前工业结构的现状，为工业结构优化升级的目标制定、方向选择提供判断标准。（2）解决如何利用新型工业化战略指导我国工业结构优化升级的问题。研究如何在工业结构优化升级过程中提高科技含量、节约使用资源和保护环境、充分利用人力资源优势等问题。（3）从分工与专业化、模块化发展的微观视角，研究企业组织、产业组织与工业结构优化升级的关系。（4）研究三次产业协调、区域经济协调和开放经济发展协调与我国工业结构优化升级的问题，解决如何处理好我国工业结构优化升级过程中遇到的这三大协调关系的问题。（5）探讨未来工业结构优化升级的长效机制和有效途径，使其能够随着经济形势和环境因素的改变而不断修改政策引导方向，为工业结构优化升级过程中的一系列制度变革和政策调整提供依据。

工业结构优化升级内涵十分丰富，涉及面很广，是一个较为复杂的系统。图1-1描述了这一系统涉及的一些主要问题。本书主要围绕上述问题，并针对中国实际展开分析，图1-2则展示了本书具体研究的逻辑思路和整体框架。除本章总论外，本书其余部分由5部分共13章构成。每个部分之间、每个章节之间既相对独立又相互关联，逻辑关系如图1-2所示。

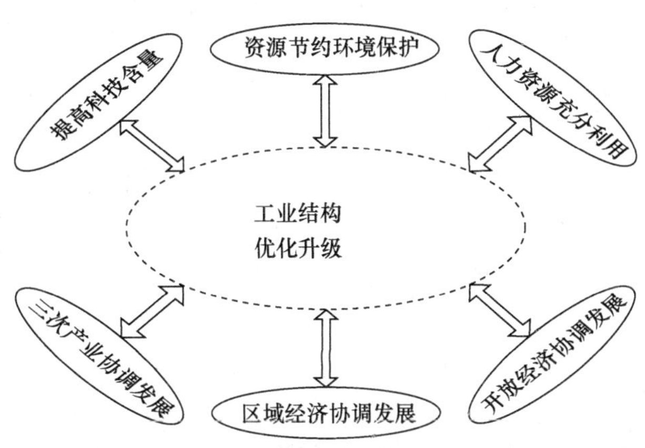

图1-1 工业结构优化升级系统关系

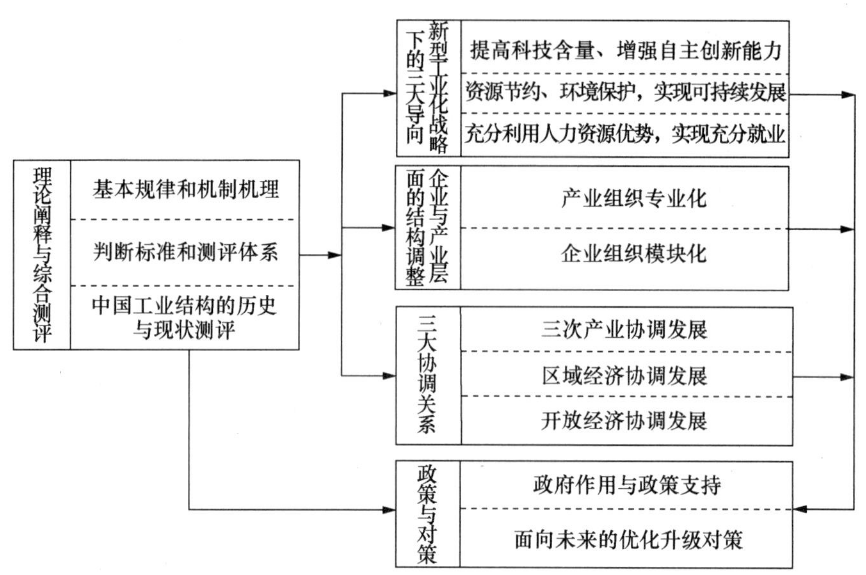

图 1－2　工业结构优化升级研究逻辑关系结构

第一部分为工业结构优化升级的理论阐释与中国的综合测评。本部分包括第二、三、四章，主要阐述工业结构优化升级的基本规律和机制机理，建立统一的分析框架；构建工业结构优化升级的测评体系，并通过该体系的测算，系统地分析中国工业结构优化升级的历史和现状。

第二章重点研究工业结构优化升级的基本规律与机制机理。首先，界定产业、产业结构、工业结构、工业结构优化升级等相关概念，以及新型工业化道路赋予工业结构优化升级的内涵。其次，总结工业结构演进的一般规律，探讨工业结构优化升级的动因和机制，试图提出一个较系统的分析框架。最后，进一步探讨工业结构优化升级的思路和途径，主要思路包括主导产业的选择与更替和按价值链路线促进产业升级，实现的根本途径包括完善市场选择机制、推动创新过程、优化调整需求结构和要素禀赋结构。

第三章的任务是构建工业结构优化升级的测评体系。目前学术界尚未形成一套公认的工业结构测评方法，这从某种程度上制约了整个工业结构研究的进展。本章首先对现有结构优化升级的定量研究进行梳理，发现现有测评方法的不足。其次，通过对现有研究成果的吸纳以及方法创新，提出本书中采用的主要测评方法，确定测评对象、原则和标准，构建和阐释更加全面科学的工业结构优化升级测评体系。最后，简要地介绍用于进行各个指标测算的数据来源和处理方法。

第四章将运用我们建立的测评指标体系对中国工业结构优化升级的历史与现状测评。首先，设定“逐层深入”分析法，以便从庞杂的指标测算结果中提取有效信息。其次，报告工业结构演变基础指标的测算结果，得到工业在整个国民经济体系的地位变化，以及工业内部各行业的变动趋势。最后，通过不同的指标计算，对工业结构高度化水平、高效化水平和协调化程度分别进行测评和分析。目的在于在准确把握我国现阶段基本国情和工业化发展情况的基础上，明确我国目前工业结构的现状和存在的问题，为未来工业结构优化升级的目标制定、方向选择提供依据。

第二部分为新型工业化战略导向下的工业结构优化升级研究。本部分包括第五、六、七章，即用新型工业化战略指导我国工业结构优化升级，对工业结构优化升级过程中的三大导向的研究。三大导向是指：工业结构优化升级应朝着提升科学技术含量、增强自主创新能力的方向发展；工业结构优化升级应朝着降低资源消耗，减少环境污染，实现经济可持续性的方向发展；工业结构优化升级应朝着充分发挥我国人力资源优势的方向发展。

第五章关于自主创新、高新技术与工业结构优化升级。首先，从自主创新、技术进步对工业结构优化升级的作用机理着手，探讨专有技术（或一般技术）和共性技术（或重大核心技术）这两种不同的技术创新方式，对工业结构优化升级的效应。其次，探讨我国以企业为主体的自主创新体系对促进专有技术和共性技术创新的促进作用，并对我国创新政策实施绩效进行了评估。最后，结合美国、日本等国在推进技术创新的成功经验，提出相应的对策。毫无疑问，提高自主创新能力，是提高我国综合国力的关键，也是促进工业结构优化升级、转变经济发展方式的中心环节。通过何种路径或政策加大我国技术创新的投入，促进自主创新能力的提升，以推动我国工业结构优化升级，就成为本部分重点解决的问题。

第六章探讨资源节约、环境保护条件下的工业结构优化升级问题。首先，在对我国资源环境约束的现状进行分析的基础上，从技术、结构和制度三个方面来探讨资源环境约束下的工业结构优化升级的理论机制。其次，分别从能源工业内部（能源供给方）和工业部门（能源需求方）角度探讨了能源约束，从区域工业部门和工业行业层面探讨分析了环境约束。最后，通过技术、结构、制度等影响因素为纽带，提出迫使高能耗高污染的产业不断消亡，节能环保的新产业不断产生的思路和对策。

第七章探讨人力资源充分利用与工业结构优化升级。现阶段，我国既面临着工业结构优化升级的迫切任务，又面临着巨大的就业压力。在这种背景下，如何正确处理工业结构升级和人力资源充分利用的关系，就构成了我国工业结构优化升级的第三个导向。首先，探讨了我国工业结构升级对就业的作用机理。其次，对中国工业结构升级的就业效应进行了客观评价。最后，试图通过理论探讨和实证研究，找到当前阶段工业结构升级和劳动力就业的均衡点和突破路径。

第三部分是关于企业组织和产业组织层面的结构调整。即从企业组织和产业组织演变角度探讨工业结构优化升级。本部分包括第八、九章，企业组织模块化发展与工业结构优化升级、地区产业专业化与工业结构优化升级。

第八章主要从模块化对企业组织创新影响的角度出发，探讨工业结构优化升级的问题。首先，从理论上阐述了模块化促进工业结构优化升级的一般机理。其次，通过实证分析，阐述了模块化在我国工业中应用的一般情形，从资源配置效率、产品升级、功能升级等主要方面分析了对工业结构优化升级的影响，同时以电子计算机及周边设备产业为例进行了典型性分析。最后，从产业组织、价值链、自主创新能力等方面分析了阻碍工业模块化发展及其结构升级的主要问题，并就其深层次的原因进行深入剖析，提出政策建议。

第九章主要从地区专业化对产业组织创新影响的角度出发，探讨工业结构优化升级的问题。首先，从分工、专业化和产业发展的关系出发，探讨地区产业专业化与工业结构优化升级的关系。其次，从理论和实证的角度，系统地揭示经济发展过程中地区产业专业化演变的一般规律，并由此理解中国地区产业结构演化路径背后所蕴涵的深层经济原因。最后，运用基于回归的不平等分解方法，对东部、中部、西部地区之间地区产业专业化差异形成了原因进行了重要性排序，以便能更好地采取有针对性的政策。

第四部分为协调发展战略下的工业结构优化升级研究。本部分包括第十、十一、十二章，即研究三次产业协调、区域经济协调和开放经济发展协调与我国工业结构优化升级的问题，解决如何处理好我国工业结构优化升级过程中所遇到的这三大协调关系的问题。

第十章讨论三次产业协调发展与工业结构优化升级。首先，讨论三次产业协调发展对工业结构升级促进机理。其次，讨论美国、英国、日本在工业化阶段的经验教训，再分析我国现阶段产业结构变动的演进，得到生产性服务滞后的深层原因。最后，实证分析生产性服务业发展的影响因素，并提出相应的建议。

第十一章研究区域经济协调发展与工业结构优化升级。本章从区域协调发展的定义出发，抛开传统东部、中部、西部的划分方法，从城市发展的角度，分析我国现阶段产业国家功能分布程度，发现与美国、法国、日本等区域经济发展平衡的国家相比，各产业国家功能过度集中于北京、上海、深圳等地，造成了我国收入差距扩大，城市病等不协调的问题，阻碍了我国城市化的进程，制约了工业结构升级。因此，本章主要讨论如何破解东部城市过度集中，中、西部人口密度低的两重天的困境，探讨如何通过产业转移、新一轮新兴产业布局促进中、西部重点城市发展，从而实现区域协调与工业结构优化升级共赢局面。

第十二章探讨开放经济条件下的工业结构优化升级问题。在新的分工条件下，在全球价值链中所处的位置决定了长期工业结构水平。本章将用全球价值链理论解释贸易、外商直接投资促进工业结构优化升级的途径及作用条件，接着分析我国对外贸易、外商直接投资的现状，与工业结构升级的相关关系及未来的趋势及挑战。然后分析电子信息业、汽车、船舶制造、纺织品服装业结构变动过程中，利用贸易和外商直接投资的优点和困惑，发现依靠外资从 OEM—ODM—OBM 的传统升级道路是无法实现真正的结构升级，最后给出依靠技术创新抢占价值链顶端等建议。

第五部分关于政策研究与对策建议。本部分包括第十三、十四章，分别是工业结构优化升级过程中的政府作用和面向未来的中国工业结构优化升级。分别从原理上探讨政府在工业结构优化升级过程中发挥作用的必要性及政府作用的重点和方向；结合中国实际情况，探讨在未来中国工业结构调整的方向、战略重点及政府在保障工业结构优化升级顺利实现时应进行的政策安排。

第十三章关于工业结构优化升级过程中的政府作用。本章着重分析了在工业结构优化升级过程中为什么需要政府的作用、政府如何才能有效地发挥作用。已有的理论分析和经验研究表明，政府能有效地促进工业结构优化升级的关键在于正确处理与市场之间的关系，政府作用的方向和重点应该是提供有效配置资源的制度安排。接着回顾和总结评价了中国不同时期产业政策及其绩效，在此基础上进一步探讨了政府为实现工业结构优化升级的目标所必须的作用方向和政策重点。

第十四章探讨了面向未来中国工业结构优化升级的问题。本章从分析中国面临的新国际国内环境着手，深入研究中国工业结构应该如何优化升级、经济发展方式如何转变、产业之间如何实现协调发展等问题。首先，总结并评价了历史上中国政府促进工业结构升级的措施，指出现阶段全球化影响加深等结构调整的特征，并剖析其存在的问题及原因。其次，分析了在金融危机阴霾未散、全球处于经济周期下降阶段的新国际国内环境下，中国工业结构优化升级面临的挑战与机遇。并立足于我国的基本国情和所处的发展阶段，提出在未来一段时期里我国工业结构优化升级的方向与战略重点。最后，提出政府应在创新体系建设、推动产业集聚、完善企业环境等方面提供一些政策保障。

第四节　本书的研究方法、主要贡献与进一步探讨的问题

一　本书的研究特色与方法

主要有如下几点：

第一，紧扣重大现实问题，采用开放式的研究框架。以工业结构优化升级为研究主线，同时将当前经济发展中亟待解决的重大问题纳入研究体系，试图以工业结构优化升级为契机，促进其他问题的综合解决（见图1－1）。中国工业结构优化升级的目标定位，应结合中国国情、考虑多方面因素，如技术含量要高、劳动力得到充分利用、资源节约使用、环境保

护、区域协调发展、开放经济协调发展等。换言之，工业结构优化升级要兼顾多重目标。事实上，这些目标要有效结合是相当困难的。因此，无论在理论论证上还是最优政策设计上，都是有相当难度的。

第二，注重文献研究与实地调研相结合、实证分析和模型构建相结合，注重理论密切联系实际，注重政策分析和对策转化。本书研究中大部分子课题均开展实地调研，包括武汉、广州等地装备制造业和高新技术产业发展调研，山西、河南和湖北等地能源产业和循环经济发展情况调研，广东、吉林、上海、武汉等地模块化技术发展及其在电子、汽车和物流金融等行业的应用调研，广东、浙江、山东、江苏、湖北等地调研金融危机对工业结构的影响、现代农业开发区建设和发展情况等，深圳、贵州、大连、北京、成都和日本等地调研战略性新兴产业发展情况，等等。其中，提交报告《促进产业结构优化升级研究》得到国家发改委规划司采用纳入“十二五”前期重大研究成果；关于建立现代农业综合开发示范区的报告，得到湖北省省委省政府主要领导批示并由发改委实施等。

第三，大量运用国际比较分析和历史比较研究方法。以发展经济学理论为基础，注重比较不同国家工业化经验，对比分析中国现阶段工业结构优化升级的规律途径。

第四，大量运用数量和统计分析方法。我们不仅构建了工业结构优化升级的测评体系，运用具体指标刻画和监测工业结构的变动情况，而且在许多章节（例如从第五章到第十二章）大量运用统计和计量分析，探讨结构变化的相关规律。

第五，注重对策研究和课题研讨，重视向专家咨询、征求实际决策部门的意见和举办论坛等多种方式开展研究。课题组坚持两周一次进展报告和研讨制度，半年一次大型讨论会。这些学术活动的开展为课题研究质量提供了保障。

二　本书的主要贡献与创新之处

我们试图在准确把握工业结构优化升级的机理机制、我国现阶段基本国情和工业化发展规律的基础上，进行具有中国特色的目标定位，建立测度我国工业结构优化升级的指标体系，并对我国工业结构进行监测、评判；探讨对工业结构优化升级过程中的三大导向、产业与企业层面的结构调整、三大协调关系进行研究；在以上研究的基础上，建立长效监测机制，结合政策绩效测评，提出面向未来的工业结构优化升级的政策建议，为相关部门制定政策提供参考。本书的主要贡献主要有如下几个方面：

（一）深入揭示工业结构优化升级的机制机理，力图为中国特色工业化道路和工业结构调整升级提供坚实的理论基础

我们认为，工业结构优化升级是一个内涵丰富且在不断发展的概念。其主体内容包括结构高度化、结构高效化和结构协调化三个方面。随着经济社会发展进程的推进，工业结构优化升级会被不断赋予的新内涵，根据新型工业化道路的要求，工业结构优化升级要充分体现能提高产业科技含量和自主创新能力、促进资源节约和环境保护、人力资源得以充分利用。此外，应处理与好三次产业发展协调、区域产业协调和开放条件下内外部经济协调之间的关系，促进工业整体竞争力和国际竞争力水平提升。从历史经验看，产业演变、工业结构变化具有一般性规律，整个工业化进程依次会出现重化工业化、高加工度化、技术集约化三个阶段，产业结构变化也呈现服务化、高技术化、融合化、绿色化与国际化的新趋势，但这并不一定意味着，所有发展中国家都一定要遵循这一模式，因为各国的资源禀赋条件、需求偏好、历史条件、制度条件、人口条件、地理条件、发展战略和开放程度都是不同的。

我们的研究表明：工业结构（产业结构）变迁的基础是专业化分工及其发展，在市场机制和政府适度作用下，通过创新（包括技术创新、制度创新和企业产业组织层面的创新）、要素禀赋结构和需求结构的变动来推动结构变迁。要素禀赋结构升级和需求结构升级是推动工业结构高度化的基本渠道，创新是动力源泉，而国际贸易和国际投资则是一国工业结构高度化进程中可以借助的外部力量。由市场驱动的调节、引导机制，起基础性作用，是一种内生的机制；由政府推动的干预、调整机制，提供制度保障、改善供求，是一种主动的干预机制。政府通过制度改革和政策调整等适当的干预手段促成价格机制和市场选择机制正常发挥作用，即往往会根据不同的发展战略和目标设定，通过一系列产业政策来调整要素禀赋结构和需求结构，进而推动工业结构朝着“合意”的方向变迁。

产业发展是指某一特定产业的总量增长和质量提升过程，呈现出产业兴衰，产业发展或产业升级就成为产业结构优化升级的基础。从国际经验来看，存在两种思路：一种是主张主导产业的选择与更替；另一种是主张

按价值链路线产业升级。对于我国而言，主导产业的选择可参照国际经验，选择标准包括产业关联基准、需求收入弹性基准、技术密集度基准、生产率上升率基准、就业基准、可持续发展基准等。工业结构变动的方向性是由创新在某一产业内迅速、有效地积聚，并通过部门间的技术联系发生扩散效应来决定的。因此，以创新为核心的主导部门的更迭正是产业结构高级化的作用机制。

根据价值链思路，一国（地区）的产业被视做全球价值链的一部分，产业升级可以看成是该国（地区）的企业以及产业整体在价值链上或者不同价值链间的攀越过程。在日益加速的经济全球化大背景下，产业结构调整已不是传统意义上产业结构调整的延伸，而要以构建开放型的经济体系为导向，形成与开放经济相适应的资源配置方式，因此，我国产业应不断挖掘自身内生因素，需要不断重新审视和调整企业战略以及相应的产业发展政策，以推进产业升级，提升在全球价值链体系中的位置，进一步增强产业国际竞争力。

（二）准确把握新型工业化内在本质，建立一套适合我国国情的工业结构优化升级的评测体系，并以此为基础，建立我国工业结构变动的长效监测机制，以便进行长期跟踪研究

要对工业结构优化升级问题进行更深入细致的研究，必须对工业结构变动进行系统的定量描述和测评，需要一套行之有效的工业结构优化升级的测度方法。本书完成的测评体系包括四大指标群，分别是工业结构演变基础指标、工业结构高度化测评指标、工业结构高效化测评指标和工业结构协调化测评指标。工业结构演变基础指标群从行业比例结构和关联关系两个方面对工业结构演变的基本情况进行测度，能够全面、客观地反映工业结构演变的历史和现状；工业结构高度化测评指标群包括重工业化指数、高加工度化指数、高附加值化指数、高技术化指数和研发投入强度五个指标，能够从不同层面对工业结构的高度化水平进行评价，判断工业结构升级的阶段；工业结构高效化指标群旨在对行业间资源优化配置的程度进行测评，利用了 KLEMS 行业生产率核算法和偏离—份额法进行指标测算，可用以评价工业结构演变对工业部门投入产出转换效率、经济效益、劳动配置效率、资产配置效率和能源配置效率的优化作用；工业结构协调化指标群旨在对工业结构与需求结构的协调程度进行测评，本书尝试性地

构造了一个工业结构协调化相对指标，能够对各行业生产能力与需求间差距随时间的变化的趋势进行刻画，用以反映工业结构协调化程度的相对变动。

通过对这些指标的测度，系统分析中国工业结构优化升级的历史和现状。我们发现，总的来说，工业作为我国国民经济支柱产业和主导产业的地位没有改变。自2002年以来，工业再次表现出强劲扩张趋势，工业内部行业间的关联程度大幅度提升，工业结构优化升级对国民经济发展的影响开始逐渐加强。但在工业部门高速发展的同时，就业压力、资源能源消耗和环境污染等问题也逐步凸显出来。近年来，我国重工业化水平快速提升，但是仍处于重工业化初级阶段，高加工度化和高附加值化趋势并不明显，高科技行业的增加价值率和经济效益低于制造业平均水平，高技术化水平的提升也缺乏持续动力。与此同时，工业结构高效化水平并无明显提升，行业要素生产率和经济效益的提升主要来源于行业内部增长效应。在国际金融危机发生之前，工业结构的协调化程度不断提高，国际金融危机的冲击使得工业结构协调度在短期内有所下降。

本书的创新点在于构建了自己的工业结构优化升级测评体系，弥补现有定量研究的不足，使对工业结构优化升级这一问题的研究更准确，并且通过长期的数据收集和处理，基本完成了对本书中各指标的测算，并基本构成一个中国工业结构方面的小型数据库，为未来的研究奠定了坚实基础；同时通过测算和分析我国工业结构高度化、高效化水平和协调化程度，对我国工业结构优化升级的历史和现状进行全方位、多角度的系统分析。

（三）探寻在新型工业化战略导向下工业结构优化升级的策略与路径，努力实现“科技含量高，经济效益好，资源消耗低，环境污染少，人力资源优势得到充分发挥”工业结构调整升级的新路子

我们认为，以在新时代背景下，我国的工业结构优化升级必须充分体现新型工业化战略思想的三大导向，即朝着提升科学技术含量、增强自主创新能力的方向发展，朝着降低能耗、减少污染的方向发展，朝着充分发挥我国人力资源优势的方向发展。走新型工业化道路的基本标志和落脚点就是实现这几方面的兼顾和统一。

本书关于三大导向研究的基本结论是：

第一，提高自主创新能力，是提高我国综合国力的关键，也是促进工业结构优化升级、转变经济发展方式的中心环节。因此，对于我国，应该把建立以企业为主体、产学研紧密结合的技术创新体系作为突破口，以加速实现我国企业技术升级；有组织地推进产学研研发联盟的发展，集产学研三方优势，共同开发产业关键技术和战略技术，这将是我国加强自主创新能力的一个重要战略途径。我国应增强创新支持政策对推动自主创新以及工业结构优化升级的针对性和有效性，主要政策包括：完善对直接资助科研活动的监管、循序渐进地加强专利保护政策、有选择地加大对共性技术或重大关键技术创新的扶持力度。

第二，在今后很长一段时期内，我国仍然面临着较为严重的资源（尤其是能源）和环境约束。因此，在中国工业结构优化升级过程中，一定要处理好工业发展、资源利用与环境保护三者之间的关系，把工业发展的负面影响控制在资源和环境承载能力之内，解决好资源有限和环境容量对工业发展的制约，确保资源和环境能够持续地为人类和工业发展所利用。可以通过技术、结构、制度等影响因素为纽带，迫使高能耗高污染的产业不断消亡，节能环保的新产业不断产生。资源环境约束下的工业结构优化升级其实质上是如何建立一个节能减排的机制。具体而言，可以通过加快推进能源工业技术进步，调整优化能源内部结构，深化能源工业体制改革等措施来破解能源工业内部的能源约束；通过构建资源（能源）节约的技术支撑体系，调整优化产业结构，调整进出口产业结构，建立能源节约的城市化模式以及制度层面来缓解工业结构优化升级中的能源约束；通过落实科学发展，加强产业政策引导，加强产业结构调整中的环境管理力度，推行清洁生产工艺，制定全面调整产业结构、减少结构性污染的环境经济政策，积极发展环保产业等方面来破解工业结构优化升级中的环境约束。最终促进工业、资源与环境之间的健康协调发展。

第三，要高度重视我国工业结构与就业结构不匹配的问题。长期以来，由于政府对要素市场不适当的干预以及实施重化工业发展战略，以资本密集型为主导的技术进步路径与我国劳动力资源现状和要素禀赋结构要求大相径庭，从而产生了强烈的就业排斥效应。然而，我们也发现，技术进步与就业并不一定是矛盾的。技术密集型部门相比于劳动、资本、资源密集型部门具有更强的就业吸纳能力，经过结构调整之后，持续增长的工业部门也有可能将迅速扩大创造就业的能力。因此，可以通过促进技术进步、调整需求结构，进一步寻找当前阶段工业结构升级和劳动力就业的均衡点和突破路径。结合我国国情，我们认为，主要举措应包括：确立就业优先的宏观经济政策目标，协调推进工业结构调整和就业结构改善，扶持就业容量大的劳动密集型中小企业，大力发展具有较大的发展潜力和就业空间的生产服务业，调节投资结构、采取适度劳动替代资本战略，放松政府管制、深化生产要素价格改革。

（四）从企业组织和产业组织演变角度探讨工业结构优化升级的微观机理，把发展分工和提升专业化水平作为制定工业结构优化升级相关政策的着力点

经济学原理告诉我们：企业组织是产业组织分析的切入点，企业分工和专业化的增进，必然引起企业组织和产业组织的变化。目前，我国企业“大而全，小而全”的组织状况仍未明显改善，规模经济和专业化分工程度低、重复建设、低水平竞争的现象仍然较为严重。因此，我国工业发展面临的一项紧迫任务是：从企业层面优化其产品结构和组织结构，并将其上升到产业层面，促进产业专业化发展、区域分布合理、资源配置效率提高。

本书研究表明：在我国工业化加速推进的过程中，社会分工更加细化，专业化程度日益提高，模块化作为新型的社会分工形式，将对推动我国产业发展、实现工业结构升级发挥极其重要的作用。为此，我们在注重产业间升级的同时，更应重视产业内不同价值链上的升级；在注重原始创新的同时，更应重视模块化集成创新。只有这样，才能有效地促进我国在国际分工中的地位不断提升，工业结构不断升级。然而，目前我国正处于工业化中期，制造业大而不强，模块化发展在产业组织、价值链、自主创新能力等方面还存在着种种问题，并对工业的模块化深入发展形成明显的障碍。因此，要以模块化促进工业结构的进一步优化升级，必须从如下几方面加强工作：第一，打破工业行业垄断和区域垄断，建立模块化分工体系，优化工业产业组织；第二，完善配套制度和信息化，建立工业模块化发展的制度等基础环境；第三，加大模块尤其是关键模块的研究开发投入；第四，通过企业的兼并重组，发挥优势企业的带动作用；第五，发展现代生产性服务业，强化其对制造业的服务功能与支撑作用。

我们通过研究还发现：在模块化分工和产业集聚作用下，中国地区产业专业化的发展历程符合U形规律：即在经济发展的初期，地区产业结构趋于多样化；但在经济发展的后期，地区产业专业化程度则不断提高。无论是全国层面，东部、中部、西部区域还是分省份数据，这一规律都成立，并且地区产业专业化的发展阶段与人均GDP水平密切相关。我们的解释是，在经济发展过程中，技术进步推动了地区产业多样化，而交易费用降低则促进了地区产业专业化。当技术进步的增长速度快于交易费用的下降速度时，地区产业结构将会趋于多样化；反之，地区产业专业化将会成为经济发展中的主流。根据研究结果，我们建议：

第一，由于地区产业专业化已经成为经济发展进入较高阶段的必然趋势，东部、中部、西部地区的决策者都必须重视产业结构向专业化方向的调整，重视企业组织模块化发展，加速推进地区产业专业化，促进我国各地产业分工和协调发展，才能在做好我国整体工业结构升级的同时，也兼顾各个地区的工业结构优化，以避免各地区工业结构雷同和大量重复建设。

第二，中央政府必须给予内陆省份更大规模的基础设施投资额度，更优惠的进出口及招商引资政策，才能帮助中西部地区摆脱产业专业化发展的“低水平均衡陷阱”，有效地促进地区产业结构的调整优化。

（五）以工业结构优化升级为研究主线，同时将当前经济发展中亟待解决的重大结构问题纳入研究体系，试图以工业结构优化升级为契机，促进其他问题的综合解决

在工业化进程中，工业的发展必然将面临不同的发展环境，只有在协调发展不同产业、不同区域、国际贸易与投资等外部环境的基础上，工业结构优化升级才能顺利完成，才能称之为“新型工业化道路”。

从产业协调方面看，工业内部高新技术产业比例过低、第三产业薄弱等问题，是我国产业结构失调、阻碍工业结构升级的表现。针对我国产业发展失衡的现状，要求必须重点发展服务业，尤其是生产性服务业，以弥补中国第三产业发展滞后的不足。通过实证分析发现，生产性服务业与制造业间发展的短期关系为“互动型”而长期联系为“需求遵从型”。即长期中我国工业化进程中制造业发展带来生产性服务增长，而生产性服务增长并没有促进制造业升级。我们认为，可能原因是：生产性服务业中存在

垄断，技术创新能力不足，工业长期超前发展等。因此，我们建议采取以下政策措施：调整政策导向，加强制度创新，激励创新主体，培育和完善市场机制；重点发展现代服务业，提高服务业发展水平，尤其是加快发展生产性服务业。

从区域协调方面看，工业结构优化升级过程中必须考虑自然资源与地理区位的现实约束，而且新型工业化道路不再是单纯依靠要素的投入来实现，而必须是技术进步来推动全面协调发展。通过对中美产业国家功能集中度的计算，发现我国现阶段产业过度集中于北京、上海、深圳等东部城市，且产业中心过少。因此，我国在产业升级过程中，平衡区域发展是必经之路。通过对法国巴黎、美国休斯敦、日本札幌的产业平衡经验分析，我们发现：并不能简单地将发达地区产业转移到不发达地区，必须通过政策倾斜，结合不发达地区工业和资源现实，前瞻性布局新兴产业，同时限制原有特大城市同类产业发展，才能避免在新中国成立初期“三线建设”的缺陷。另外，只有在不发达地区培育重点城市、打造新兴产业中心，才能真正起到辐射和带动作用。我们认为，绿色健康粮食和食品工业等十大产业将是未来新兴产业发展方向，武汉、长沙、郑州、西安已具备成为中西部国家重要产业中心的基础和潜力。

以全球化的视角来考虑中国工业结构优化升级问题。将中国纳入世界分工体系，研究在全球化和知识经济中如何嵌入世界价值链，如何有效利用国内国外两种资源，促进我国工业化结构优化升级。从新国际分工体系方面看，全球价值链将参与国经济更密切的联系在一起，而能否抓住国际产业转移的机遇，促进工业结构优化升级决定了一国经济发展的前景。本书研究发现：现阶段的国际贸易促进了我国工业结构优化升级，但不同行业外商直接投资效应差异较大，总体溢出效应却并不明显。但从中长期来看，贸易总量增长对工业结构升级的拉动作用将减弱，贸易结构调整推动作用持续存在；外商直接投资流入放缓和结构改善可能促进工业结构升级。但也面临着全球经济波动的冲击，其他国家竞争、技术更新和人才流失的压力。此外，通过对中国台湾电子信息技术产业升级和大陆汽车产业升级可以看出，单纯依赖外国的技术引进和承接外包的低端嵌入模式，并不能实现从 OEM—ODM—OBM 的升级。只有一开始推出自有品牌，加上自主创新，突破技术封锁，吸收国外先进技术，进而创新开发，才能从生产大国向品牌大国转换。而通过进口设备装备的制造业，产业总量增加相对容易，但在标准制定、设计上没有话语权容易受制于上游国家。而中国船舶制造业、绍兴纺织品服装业结构变动及其面临的升级挑战表明，简单地通过加工转配等环节进入国际分工，可以获取一定的资本积累和产业规模，但不能通过传统路径顺利实现产业升级。

（六）正确认识政府在工业结构优化升级中的作用，充分发挥市场作用、合理使用产业政策，提供一套可靠可行的政策措施和保障机制以促进我国工业由大变强

国际经验表明，工业结构优化升级难以单纯依靠市场的力量完成，政府必须积极主动地发挥作用。由于实行市场经济制度起步较晚、经济发展水平低等各种历史性或先天性原因的影响，发展中国家还面临着市场机制不健全、市场结构不发达、资源匮乏等难题，其政府更应对工业结构优化升级过程进行积极的干预。

本书研究表明：政府有效地促进工业结构优化升级的关键在于正确处理与市场之间的关系。在中国不同的发展阶段，政府所发挥的作用在不断地发生变化，所采取的手段也在不断地更新。从新中国政府对工业化进程干预的演变历程来看，其政府作用空间越来越窄，使用的直接干预手段也在减少，更倾向于发挥市场的基础性作用。对于后发工业化国家来说，尽管以政府干预为特征的产业政策在特定时期和特定条件下能够推动“蛙跳”式的经济增长，但随着市场发育的不断完善，市场机制在资源配置中的基础性作用得到越来越充分的发挥，政府以推动产业成长、增强产业国际竞争力为目的的政策应当进行适应性的调整。产业政策应当逐渐淡出历史的舞台，取而代之的是以促进和维护市场竞争为目的竞争政策。

因此我们认为，政府作用的方向和重点应该是提供有效配置资源的制度安排，在促进工业结构优化升级的过程中，积极利用政府力量确保市场基础性作用充分发挥。政府的作用应该是提供一个广义的有效配置资源的制度安排，通过完善制度等措施保证市场运行效率；而在市场机制暂时无法发挥作用的领域，政府应该能够起到替代市场完成资源有效配置的功能。政府要在促进工业结构优化升级过程中发挥更大的作用，应遵循如下原则：拓宽信息交流平台；完善政策制定程序；建立“奖惩并施”机制；规范各级政府间的关系和地方政府权责；政府支持由“全能型”向“调

控型”转变。政府作用的方向应该是：提供有效配置资源的制度安排，政策着力点将转向以能力建设和创新为导向的竞争性政策体系构建。这些政策包括产业技术政策、财政金融政策、资源环境政策以及结构政策，产业结构政策的重点是以动态能力为导向促进产业内产品结构的转化和升级，旨在推进结构转化的产业组织政策、外资外贸等产业政策制定和执行，对象更多地应当在企业和产品层次，而不是产业层次，或不是直接针对产业结构本身的转化和升级。

从目前来看，我国已经进入重化工业深化发展阶段，外部环境对中国工业发展和结构调整的影响程度加深，信息化、市场机制和技术进步推动结构调整升级的作用逐渐显现，产业转移至中西部地区的趋势日益明显。与此同时，在较长时期的快速发展过程中，我国也积累了日益凸显的问题和矛盾，如落后产能引发高能耗及高污染现象，过于依赖出口，工业组织结构体系不尽合理，自主创新能力薄弱，信息化成本过高以及部分行业产能过剩问题。我国正处于工业化进程的中后期和城市化加速发展时期，城市已经成为社会主要生产和消费的地区，城市化与工业化相互依存，相互促进，成为发展的共生体。未来相当长一段时间（可能到2020年）工业在我国国民经济中的主导和支柱地位不会改变。因此，未来工业结构优化升级的方向确定，应该立足于目前的基本国情和我国所处的发展阶段，加快转变经济发展方式，建立和发展符合我国国情的技术先进、附加价值高、节能环保、高效安全、吸纳就业能力强的现代产业体系，走一条不同于传统工业化战略的新型工业化道路。按照走新型工业化道路要求，坚持以市场为导向、企业为主体，把增强自主创新能力作为中心环节，继续发挥劳动密集型产业的竞争优势，调整优化产品结构、企业组织结构和产业布局，提升整体技术水平和综合竞争力，促进工业由大变强。

未来我国工业结构调整优化的战略重点和关键领域有如下几个方面：(1）以创新推动“中国制造”升级为“中国创造”；（2）改造传统制造业，加快发展先进制造业；（3）引导和培育新的主导产业，积极发展战略性新兴产业；（4）大力发展生产型服务业，促进工业与服务业的互动发展；(5）推动节能减排，发展低碳经济；（6）创立品牌，提升国际分工地位；（7）引导产业转移，推动东部、中部、西部协调发展。

推进工业结构调整和优化升级，是转变经济增长方式、提高经济增长质量的重要途径和迫切任务。我国未来工业结构优化升级的政策措施是：深化政府管理体制改革，优化工业结构调整的制度环境，加快国家创新体系建设，着力提升工业层次和技术水平；加强分类指导，促进产能过剩行业调整；因地制宜引导产业集群发展，促进区域经济协调；强化对外经济政策与产业政策的协调，提高工业竞争力；发挥价格机制作用，引导企业和产业发展。

三 进一步探讨的问题

应该说，该项研究是一个非常庞杂的大课题，涉及很多领域。很多研究内容是在进行前所未有的尝试，而中国问题的特殊性和复杂性使得这些研究更是难上加难。这一课题在如下一些领域尚需深入开展研究，主要包括：

第一，信息化与工业化的融合问题。这是国际经济发展的一个新趋势，也是新型工业化道路讨论的应有之义。由于课题组主要成员已于2008年获得国家社科基金重大招标立项，对这一问题探讨只好独立进行，目前尚在进一步探讨之中。

第二，发展战略性新兴产业是工业结构优化升级的关键举措和重要内容，本书中未加以详细研究。课题组另一名主要成员已经获得2010年教育部重大攻关课题《战略性新兴产业研究》立项，我们将在后续研究中进一步深入探讨。

第三，探讨扩大内需的长效机制带动工业结构转型升级，加强生产性服务业发展促进工业结构转型升级，进一步在全球价值链中提升中国工业竞争力，等等。此外，还有一些相关的其他问题。这些问题有待我们今后进一步研究。

第一部分

理论阐释与综合测评

要深入理解工业结构优化升级，不仅需要定性研究，弄清楚工业结构优化升级的内涵、规律、动因、作用机制和变动途径，而且需要对工业结构变迁进行定量分析，通过纵向和横向的比较，为寻找工业结构优化升级的一般性和差异性提供数据支持。

本部分由第二、三、四章构成，分别针对上面两个问题，阐述工业结构优化升级的基本规律和机制机理，建立统一的分析框架；构建工业结构优化升级的测评体系，并通过该体系的测算，系统分析中国工业结构优化升级的历史和现状。

第二章　工业结构优化升级的基本规律与机制机理

工业化是一个结构变化的过程。在这一过程中，无论在产业之间还是在产业内部都会呈现一定的规律性变动。三次产业有何变化规律？制造业的比重如何变化？重工业和轻工业之间又如何变动？工业内部变动有何一般性和差异性？产业变化的动力机制是什么？有哪些因素起主导作用？通过寻找和把握工业化规律，以制定适合本国或地区特点的发展战略。因此，发现这些规律，探索其背后的动因、作用机制和变动途径，并建立一个工业结构优化升级的分析框架就是本章的研究重点。

本章首先界定产业、产业结构、工业结构、工业结构优化升级等相关概念，以及新型工业化道路赋予工业结构优化升级的内涵；其次，总结工业结构演进一般规律，提出工业结构优化升级的动因和机制；最后，提出工业结构优化升级的思路，即主导产业的选择与更替和按价值链路线促进产业升级，实现的根本途径是推动创新过程，同时需优化调整需求结构、要素禀赋结构以及完善市场选择机制。

本章的主要贡献在于：一是提出了新型工业化道路赋予工业结构优化升级的新内涵，包括更高的产业科技含量和自主创新能力，促进资源节约和环境保护，充分体现人力资源得以充分利用，促进三次产业协调发展，促进区域经济协调发展以及提升开放条件下的国际竞争力。二是建立了工业结构优化升级的框架结构，系统地分析了工业结构优化升级的动因和机制。从需求结构、要素禀赋结构、市场机制和政府作用四个方面对工业结构优化升级的机制机理进行分析，认为工业结构（产业结构）变迁的基础是专业化分工及其发展，在市场机制和政府适度作用下，通过创新（包括技术创新、制度创新和企业产业组织创新）推动，可以通过要素禀赋结构和需求结构两方面的变动来推动。三是提出了工业结构优化升级的两种思路，即主导产业的选择与变更和按价值链路线促进产业升级，并提出促进工业结构优化升级的根本途径是推动创新。

第三章　工业结构优化升级的测评体系构建

要对工业结构优化升级问题进行更深入细致的研究，必须对工业结构变动进行系统的定量描述和测评，需要一套行之有效的工业结构优化升级的测度方法。但是目前学术界尚未形成一套公认的工业结构测评方法，这在某种程度上制约了整个工业结构研究的进展。因此，构建工业结构优化升级的测评体系就是本章重点解决的问题。

本章首先对现有结构优化升级的定量研究进行梳理，发现现有测评方法的不足。其次，通过对现有研究成果的吸纳以及方法创新，提出本书中采用的主要测评方法，确定测评对象、原则和标准，构建和阐释更加全面科学的工业结构优化升级测评体系。最后，简要地介绍了用于进行各个指标测算的数据来源和处理方法。

本章的主要贡献在于：一是构建了自己的工业结构优化升级测评体系，建立了四大指标群，即工业结构演变基础指标，用于反映工业结构演变的历史和现状；工业结构高度化测评指标，用于判断工业结构升级的阶段；工业结构高效化测评指标，用于评价工业结构演变对工业部门效率的优化作用；工业结构协调化测评指标，用以反映工业结构协调化程度的相对变动。该测评体系弥补了现有定量研究的不足，使对工业结构优化升级这一问题的研究更准确。二是通过长期的数据收集和处理，基本完成了对本书中各指标的测算，基本构成了一个中国工业结构方面的小型数据库，为未来的研究奠定了坚实基础。

第四章　中国工业结构优化升级的历史与现状测评

工业结构优化升级测评体系需要应用于实际，根据测度结果反映一国工业化的历史进程和发展现状，通过纵向和横向的比较，为制定适合本国或地区的发展战略提供支持，寻找适合的工业化道路。我国经过 30 多年的快速发展，工业结构变迁表现出哪些特点、存在哪些缺陷。通过对我国工业结构优化升级的情况进行测算，并基于测算结果对我国工业结构优化升级的历史和现状进行系统分析，回答上述问题，就是本章的主要目的。

本章首先设定“逐层深入”分析法，以便从庞杂的指标测算结果中提取有效信息。其次，报告工业结构演变基础指标的测算结果，得到工业在整个国民经济体系的地位变化，以及工业内部各行业的变动趋势。再次，通过不同的指标计算，对工业结构高度化水平、高效化水平和协调化程度分别进行测评和分析。最后，得出关于中国工业结构优化升级历史和现状的 17 点结论。

本章的主要贡献在于：将第三章的测评体系应用于我国实际，采取“逐层深入”分析法，使测算结果层次清晰；定量描述了我国工业结构演变的总体趋势，并分别测算和分析了我国工业结构高度化、高效化水平和协调化程度，对我国工业结构优化升级的历史和现状进行全方位、多角度的系统分析，得出产业结构、工业结构和工业内部结构变迁的一系列创新性结论。从工业结构高度化、高效化和协调化三个方面看，我国的工业化进程还没有进入真正意义上的高加工度化阶段；工业部门的高技术化程度仍然比较低；近十年来，工业结构的变动对资本要素的优化配置作用和对能源利用效率的提升作用甚微；2004—2007 年间，工业（尤其是制造业）的结构协调化程度在不断提升。

第二章　工业结构优化升级的基本规律与机制机理

工业化是一个结构变化的过程。在这一过程中，无论在产业之间还是在产业内部都会呈现一定的规律性变动。长期以来，人们总是试图把握这些工业化规律，并根据它们来制定适合本国或地区特点的战略。例如，三次产业有何变化规律？制造业的比重如何变化？重工业和轻工业之间又如何变动？工业内部变动有何一般性和差异性？产业变化的动力机制是什么？有哪些因素起主导作用？对于这些问题，人们一直在努力探寻。尤其是最近半个多世纪里，许多有价值的理论分析和经验研究为我们提供了很好的参考答案。在此领域，代表性人物包括：霍夫曼（W. G. Hoffman）、罗森斯坦 - 罗丹（Paul N. Rosensten - Rodan）、赫尔希曼（A. O. Hirschman）、张培刚、库兹涅茨（S. Kuznets）、罗斯托（W. Rostow）、钱纳里（H. Chenery）、赛尔昆（M. Syquin）以及世界银行的一些经济学家。本章结合这些理论和经验分析成果，试图把握这些结构变化的规律，并探索背后的动因、作用机制和变动途径，并试图建立了一个工业结构优化升级的分析框架。

第一节　工业结构优化升级的内涵

现在国际上通用的产业分类是三分法，即把社会经济部门划分为三次产业。我国从 20 世纪 80 年代中期也开始采用三次产业划分法：第一产业包括农、林、牧、副、渔；第二产业包括采掘业、制造业、自来水、电力与煤气的生产以及建筑业；第三产业包括所有其他部门。第三产业又分为两大部门：流通部门（包括交通通信、商业、饮食、物资供销和仓储业）

与服务部门（金融、保险、地质普查、房地产、公用事业、居民服务和各种生产性服务业、公共服务、教育、文化、广播电视、科学技术研究、卫生、体育和社会福利事业等）[①]。显然，工业是第二产业中除建筑业外的其余产业[②]。本小节，我们简要地界定有关概念，包括产业结构、工业结构、工业结构优化升级以及新型工业化道路赋予工业结构优化升级的内涵。

一　产业、产业结构与工业结构

按照从狭义到广义的顺序可以将产业的概念分为三个层次。

第一层次的产业概念仅仅从市场供给的角度对其进行界定，即把产业定义为直接从事同类或具有密切替代关系的产品或服务的生产经营活动的企业集合。从属于同一产业中的企业生产的产品或提供的服务具有高度可替代性，它们之间存在着直接竞争的市场关系。这种意义上的产业也可称为“行业”。

第二层次的产业概念则是从市场关系的角度对其进行界定的，即将产业定义为围绕某种产品或服务的生产和经营活动所发生的各种市场关系的集合。因为任何一个产业都不可能独立地存在和发展，产业中的企业必须在市场中与其产品（或服务）需求方、要素供给方、合作伙伴甚至竞争对手建立各种各样的市场关系，可以说，一个产业的发展是该产业内各种市场关系发展的结果，这种意义上的产业也可以称为“市场”。

第三层次的产业概念是从产业经济系统的角度来界定的，也是更广义的产业概念，将产业定义为具有某种同类属性的企业集合，通常表现为同一产业中的企业从事相同或相近性质的经济活动。这里的相同属性不仅是指生产相同的产品或提供同类服务，还包括其生产过程具有相同的技术特征，采用相同的原材料，产品具有类似的用途，等等。这一层次的产业概念适用于考察产业之间的结构和关联关系及其对产业经济系统运行的影响。

---

① 我国的分类与库兹涅茨分类的主要不同在于，库兹涅茨把交通、通信划入第二产业，而我国把该部门作为第三产业，因此，在比较分析各国产业结构时，应注意统计口径的差别，参见国家统计局：《中国统计年鉴》（1996），第60页。

② 在英文中，工业与产业是一个词（Industry）。

本书研究采用上述第三层次的概念来界定产业的含义。工业是本项目研究的重点，工业与农业、服务业等大的产业部门构成整个国民经济产业系统，而工业则是由其内部众多门类和层次的子产业构成的产业经济系统。

产业结构是指在社会再生产过程中国民经济各产业之间的技术经济联系和数量比例关系，包括产业之间投入产出关系（即产业的关联与协调）、产业之间比例关系及其变化（表现为产业发展与演化）。随着工业化的发展，产业结构的发展变化将体现为产业结构协调与产业结构演化升级，与此同时，工业结构也会不断调整与升级变化。

本书认为，工业（产业）结构应包括工业（产业）部门结构和工业（产业）区域结构两个部分的内容。

工业（产业）部门结构是指工业（国民经济）各行业间的关联关系和比例关系，关联关系主要反映行业间相互依赖、相互制约的程度和方式；比例关系既包括各类经济资源在行业间的配置比例（例如，资本、劳动、技术等生产要素在行业间的分布），也包括各行业间的产出比例（见图2－1）。

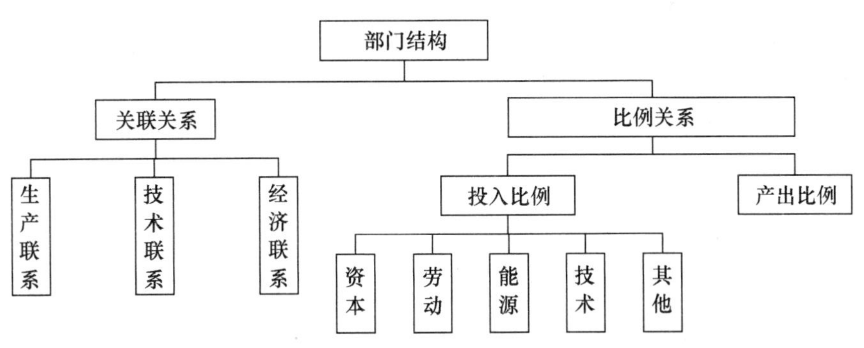

图2－1　部门结构的内容

工业（产业）区域结构是指区域间的工业（产业）分布结构和工业（产业）分工联系。工业（产业）区域结构可以从两个角度来考虑：一是世界范围内的国际区域工业（产业）结构；二是国家内部各个地区间的工业（产业）分布。

在上述的部门结构和区域结构两个方面，工业结构和产业结构的概念是基本相同的，不同之处仅在于涵盖的行业不同（产业的概念更广）。

然而，本书认为，对工业结构的考察不能仅限于对工业行业的分析，还应该兼顾工业与其他产业（农业、建筑业、服务业等）之间的结构问题。否则不能算做完整的工业结构研究。也就是说，工业结构这一概念还应该包含以下两层特殊含义：其一是工业部门在国民经济产业体系中的作用和地位；其二是工业部门及其内部子行业与非工业部门（农业、服务业、建筑业）的关联关系和比例关系。

二 工业结构优化升级

工业结构优化升级是一个内涵丰富且在不断发展的概念。其主体内容包括结构高度化、结构高效化和结构协调化三个方面，而随着经济社会发展进程的推进，工业结构优化升级会被不断赋予新的内涵。

（一）结构高度化

工业结构高度化是指随着需求结构升级和要素禀赋升级，需求收入弹性较高的行业以及密集使用高级生产要素的行业在整个工业部门中的结构比例提升的过程。

首先，工业结构高度化是与需求结构升级相伴随的过程。在经济发展过程中，人均收入水平不断提高，需求结构随之升级，对需求收入弹性较高的产品的需求量会相对上涨得更快，在需求拉动下，需求收入弹性较高的产品的相对价格上涨使得相应行业的增加值率上升，生产要素为追求更高的回报率，会主动向这些行业流动，从而导致需求收入弹性较高的行业在整个工业部门中的结构比例提升。

其次，工业结构高度化是与要素禀赋结构升级相伴随的过程。这里要素禀赋结构升级是指要素禀赋构成中高级要素（相对于简单劳动来说资金是高级要素，相对于资金来说人力资本是高级要素）的比例逐步上升的过程，在经济发展过程中，高级要素不断积累，要素禀赋结构随之升级，高级要素相对价格的逐步下降导致高级要素密集型行业的成本利润率相对上升，为追求利润最大化，厂商会想方设法地扩大产出规模，从而导致密集使用高级生产要素的行业在整个工业部门中的结构比例提升。

最后，工业结构高度化是一种“长期”趋势，工业结构高度化水平与经济发展阶段具有很强的对应性。受到经济周期等多方面的影响，工业结构在短期内会出现波动，这种短期波动并不代表结构高度化水平的真实变化，真正的结构高度化是一种量变到质变的过程，升上去就不容易再降下来，因此，根据一两年内结构指标的变化来评价和判断工业结构升级与否是不可取的。

（二）结构高效化

工业结构高效化是指生产资源在各工业行业间的配置效率提升的过程。

首先，工业结构高效化是一个动态的过程，因为，随着技术进步和其他要素禀赋的变化，资源在行业间配置的最优均衡是动态变化的。因此，不同时期的工业结构高效化水平往往不具备可比性。在技术水平和要素禀赋比较稳定的短期内，生产资源在市场力量的作用下在行业间流动，不断优化配置，提升工业结构的高效化水平。然而，当较大的技术革新或对要素禀赋影响较大的事件发生之后，工业结构的高效化水平则会突然降低。

其次，工业结构高效化是工业部门生产率（单要素生产率和全要素生产率）不断提升的过程。在工业结构高效化过程中，生产资源在工业行业间优化配置程度提高，单要素生产率较高的部门吸收更多的生产要素，单要素生产率较低的部门则会流失生产要素，使得工业部门整体单要素生产率提升。而工业结构高效化过程又不仅仅局限于生产资源在行业间分配数量比例的优化，还包括行业间和行业内生产资源关联程度的优化，这将使得整个工业部门及其下属子行业的全要素生产率得以提升。

最后，工业结构高效化较之工业结构高度化更加重要。工业结构高效化水平决定着工业部门生产率水平的高低，即投入产出效率的高低，而工业结构高度化水平仅仅是依据工业结构演变的一般规律对某一国家（或地区）某一时期工业结构演变阶段的判断。

（三）结构协调化

工业结构协调化是指工业结构与需求结构协调程度提升的过程。

首先，工业结构协调化也是一个动态的过程，因为需求结构是不断变化的，一方面，随着收入水平提升，需求结构会逐步升级；另一方面，经济波动会对需求结构产生较大的冲击。因此，在需求结构稳定的短时期内，工业生产在需求拉动力量的牵引下，逐步趋近于实际需求结构，两者之间的协调程度不断提升。然而，当需求结构发生较大变化时（由于技术革新的引领或经济波动的冲击），工业结构协调化水平则会突然降低。

其次，在价格杠杆的调节之下，工业结构协调化程度会在市场力量的作用下自动提升。供过于求的工业产品价格下降，企业减少生产；供不应求的工业产品价格上升，企业增加生产。然而，当政府过分介入工业发展时，反而更容易导致工业结构同构化和重复建设，使得工业结构协调化水平降低。

最后，工业结构协调化程度较低会导致工业品价格的非均衡变动，从而引发结构性通货膨胀等不良后果，因此，工业结构协调化较之工业结构高度化更加重要。

三　新型工业化赋予工业结构优化升级的新内涵

如前所述，随着经济社会发展进程的推进，工业结构优化升级会被不断地赋予新的内涵。基于目前我国所处的发展阶段以及国际国内形势，我们选择了一条不同于其他发达国家已经走过的发展道路，而是选择了走新型工业化道路，因此，工业结构优化升级在中国也就被赋予了更加丰富的内涵。

（一）工业结构优化升级要充分体现进一步提高产业科技含量和自主创新能力

产业科技含量的高低直接决定了一国经济的增长速度和增长质量，特别是对于中国这样的正处于工业化阶段的发展中国家来说，产业技术结构升级对经济增长具有明显的带动作用。但目前我国产业技术结构方面还存在许多问题，例如，缺乏具有自主知识产权的核心技术，自主创新能力不适应社会经济发展和参与国际竞争的要求，科技研发投入不足，企业成为技术创新主体的地位还没有确立，科技成果转化率低等。由于科技创新已经成为推动经济发展和提升国际分工地位的决定性因素，因此，在工业结构调整过程中必须抓住科技创新这个关键环节，改变高新技术产业领域为跨国公司加工组装、做代工的状况，并积极利用高新技术对传统产业进行改造。

（二）工业结构优化升级要充分体现促进资源节约和环境保护

中国的基本国情是人均资源短缺，土地、森林、水、石油、金属矿产等资源的人均占有水平都显著低于世界平均水平。在这种条件下，要实现工业化，使13亿以上的人口普遍过上比较宽裕的小康生活，并逐步走向现代化，资源约束是实现持续发展的“瓶颈”，特别是制约资源密集型工业的发展，工业结构调整必须着力解决资源“瓶颈”障碍。全球范围内，自然环境的不断恶化越发凸显，已经给人类的生产和生活造成了极大的影响，海啸、飓风、雪灾和不断出现的疾病，等等，无时无刻不在提醒我们：在发展经济和提高物质水平的同时，必须重视自然环境的承载能力。因此，工业结构优化升级还必须着力于协调人类与环境之间的共生关系。

（三）工业结构优化升级要充分体现人力资源得以充分利用

不同的产业结构对应于不同的劳动力需求结构，因此，理想情况下的产业结构应该与劳动力供给结构相吻合，以保证人力资源得到充分利用。当然，无论是产业结构还是劳动力结构都是不断变化的，因此，两者之间需要相互协调才能达到预期的理想效果。但是，劳动力供给结构的变化速度较慢，人力资本的积累需要一定的时间才能完成，所以，工业结构优化升级的另外一个外延性目标，就是通过结构调整来合理配置劳动力资源，使人力资源得到充分利用。

（四）通过工业结构优化升级，促进三次产业协调发展

工业部门是整个国民经济产业体系中的重要组成部分，因而工业结构优化升级，也是整个产业结构优化升级过程中的关键环节。尤其是对于正处于工业化阶段的发展中国家，工业结构优化升级既关系到传统农业向现代农业的转换，也关系到现代服务业，特别是生产性服务业和高新技术服务业（如软件业等）的发展。因此，工业结构优化升级不仅仅是工业部门内部的事，还必须在工业部门内部结构优化升级的同时，促进和带动其他产业的发展，使得国民经济三次产业能够协调发展。因此，促进三次产业协调发展应该作为新型工业化进程中工业结构优化升级的重要衍生目的之一。

（五）通过工业结构优化升级，促进区域经济协调发展

一国内部各个区域之间经济发展不平衡往往是一种常态。古典经济增长理论证明了这种不平衡状态经过一段时间是会逐渐收敛的，但是，至于收敛过程究竟需要多长时间却不一定。工业区域结构调整，除了能够在区域间有效地配置资源，使工业结构趋于合理化以外，还可能对区域之间的经济增长速度（收敛速度）造成影响。因此，协调区域经济发展自然成

为工业结构优化升级的外延之一。

（六）通过工业结构优化升级，提升开放条件下的国际竞争力

在开方经济条件下，一国产业结构与其他国家的产业结构通过国际贸易、国际投资等手段紧密地联系起来，相互影响。要想在未来竞争中提升本国竞争力和国际地位，就必须处理好开放经济与结构升级的关系。以出口贸易为例，中国已经成为进出口贸易大国，随着出口额的增长，对中国出口产品实行反倾销的贸易摩擦日益增加。与此同时，人民币升值的压力将持续存在。因此，工业结构优化升级应当促进对外贸易增长方式的转变，由主要依靠扩大出口数量和价格竞争转向提高出口产品附加值。

第二节　工业结构演变的经验规律：一般性和差异性

本节我们将首先总结和探讨历史上产业结构与工业结构演变的一般规律，然后分析可能出现偏离的原因和机理。

一　产业结构演进的一般规律

产业结构在工业化过程中具有不断地从低级结构向高级结构演进的规律性。我们认为，从近现代工业化历史来看，产业结构演进主要表现为三次产业变动具有规律性，而且与工业化阶段有密切关系，近年来又呈现产业结构演变的新趋势。把握这些一般规律，有利于我们进一步把握工业结构变动的内在规律。

（一）三次产业变动关系：配第—克拉克定理

早在17世纪，英国经济学家威廉·配第（William Petty）就发现世界各国的国民收入水平差异及其形成不同的经济发展阶段的关键在于产业结构的不同。比起农业来，工业的收入多；而商业的收入又比工业多，即工业比农业、服务业比工业的附加价值高。科林·克拉克（Colin Clark）在配第发现的基础上，对产业结构演进趋势进行了考察。克拉克的研究表明，随着经济的发展，人均国民收入水平的提高，劳动力首先由第一次产业向第二次产业转移；当人均国民收入水平进一步提高时，劳动力便向第三次产业转移。这一产业结构演变的基本趋势人们称之为“配第—克拉

克定理”。

克拉克认为，劳动力从第一次产业转向第二、三次产业的原因是由经济发展过程中各产业间出现收入（附加值）的相对差异造成的。人们总是从低收入的产业向高收入的产业移动。这不仅可以从一个国家经济发展的时间序列分析中得到印证，而且还可以从处于不同发展水平上的国家在同一时点的横截面比较中得到类似结论。即人均国民收入越高的国家，农业劳动力在全部劳动力中所占的比重相对来说就越小，而第二、三次产业中劳动力所占的比重相对来说就越大；反之则相反。

美国经济学家库兹涅茨在克拉克等人研究的基础上，使用现代经济统计方法，对截面数据进行了统计回归分析，得出了更一般的结论，不仅证实了配第—克拉克法则，而且进一步阐明了产业结构变动的一般趋势。

库兹涅茨发现，根据人均国内生产总值从横向、纵向考察总产值结构变动和劳动力分布的结构变动，产业结构变动的总方向与国民收入比重变动有关。在工业化起点，第一产业比重较高，第二产业比重较低。随着工业化进程的推进，第一产业比重持续下降，第二产业和第三产业比重都相应有所提高，且第二产业比重上升幅度大于第三产业，第一产业在产业结构中的优势地位被第二产业所取代。当第一产业比重降低到20%以下时，第二产业比重高于第三产业，工业化进入中期阶段；当第一产业比重再降低到10%左右时，第二产业比重上升到最高水平，工业化进入后期阶段，此后第二产业的比重转为相对稳定或有所下降。在整个工业化进程中，工业在国民经济的比重将经历一个由上升到下降的倒U形变化。

（二）工业化阶段与结构变动的标准模式：钱纳里经验规律

人均GDP水平是用来衡量工业化水平的一个常用指标。根据国际经验，人均GDP水平越高，工业化水平也就越高。工业化也是产业结构变动最迅速的时期，其演进阶段也可以通过产业结构的变动过程反映出来。

钱纳里（H. B. Chenery）等人按照人均GDP水平将所研究国家的工业化分为4个不同的阶段（见表2-1），该划分方法被人们称为钱纳里的一般标准工业化模型。表2-1表明，不同的阶段，由于国际美元币值的变动，其所反应的美元数额是有所差别的。例如1964年，第一阶段工业化的标准额为200—400美元，而到1982年，第一阶段工业化的标准额则上升到728—1456美元，两者相差528—1056美元。与此同时，钱纳里等人还概括了准工业国家的标准模型：准工业国家的人均收入水平一般处于第一至第三阶段。以1970年美元来衡量，准工业国家人均收入的一般模式是350美元，大国模式是300美元，初级产品出口导向国家是500美元。换算为1996年美元，进入准工业国家的一般大国的人均收入水平为1860美元。

表2－1　　人均GDP水平变动所反映的工业化阶段

人均GDP	1964年美元	1970年美元	1982年美元	1996年美元	1998年美元a/1998年美元b
第一阶段	200—400	280—560	728—1456	1240—2480	1200—2400/3010—5350
第二阶段	400—800	560—1120	1456—2912	2480—4960	2400—4800/5350—8590
第三阶段	800—1500	1120—2100	2912—5460	4960—9300	4800—9000/8590—11530
第四阶段	1500—2400	2100—3360	5460—8736	9300—14880	9000—16600/11530—16850

注：1998年美元a为按汇率测算，1998年美元b为按购买力平价（ppp）测算。1996年美元为周叔莲、郭克莎计算所得，1998年美元a/1998年美元b为国务院发展研究中心社会发展部计算所得。

根据赛尔奎因（M. Syrquin）与钱纳里等人的研究成果（见表2－2），产业结构具有一定的规律性：从三次产业GDP结构的变动看，在工业化起点，第一产业的比重较高，第二产业的比重较低；由于市场经济国家在工业化开始时市场化已得到较大进展，所以，商业、服务业为基础的第三产业比重较高；随着工业化的推进，第一产业的比重持续下降，第二产业的比重迅速上升，而第三产业的比重只是缓慢提高。具体衡量标准为：当第一产业的比重低到20%以下、第二产业的比重上升到高于第三产业而在GDP结构中占最大比重时，工业化进入了中期阶段；当第一产业的比重再降低到10%左右、第二产业的比重上升到最高水平时，工业化则到了结束阶段，即后期阶段，此后第二产业的比重转为相对稳定或有所下降。赛尔奎因与钱纳里等人还概括了准工业国家的制造业标准模型：在工业化的第一个阶段即准工业国家，制造业产出在GDP中的比重，一般模式为18%，大国模式为19%，随后逐步提高。与人均收入从280美元到2100美元（1970年美元）变动相联系，制造业产出在GDP中的比重上升到36%的最高水平，形成自然限制，此时为工业化的后期结束阶段。

表 2-2　　赛尔奎因和钱纳里产业结构与就业结构模式（1989）

人均 GDP（1980 年美元）	产业结构			就业结构		
	第一产业	第二产业	第三产业	第一产业	第二产业	第三产业
100	48.0	21.0	31.0	81.0	7.0	12.0
300	39.4	28.2	32.4	74.9	9.2	15.9
500	31.7	33.4	34.6	65.1	13.2	21.7
1000	22.8	39.2	37.85	1.7	19.2	29.1
2000	15.4	43.4	41.2	38.1	25.6	36.3
4000	9.7	45.6	44.7	24.2	32.6	43.2

注：表中百分比因四舍五入的原因，百分比之和不等于 100。本书后面的百分比计算情况与此表相同。

资料来源：M. Syrquin and H. B. Chenery（1989）“Three Decades of Industrialization”. *The World Bank Econmic Reviews*, Vol. 3, pp. 152-153。

总之，随着工业化过程的推进，人均收入水平提高，第一产业在总产值和劳动力就业构成中的份额会显著下降，第二产业和第三产业的产值份额和就业构成份额都会增加。这些模型进一步揭示了产业结构变动过程中大量相互关联的情形，并能描述不同类型的国家产业结构变动过程的特征及差异性，大大深化了对产业结构变动及其一般趋势的认识（张培刚、张建华，2009）。

（三）产业结构变化新趋势：服务化、高技术化、融合化、绿色化与国际化

产业结构的状态总是随着经济发展的变化而处于不断变动过程中。以美国和日本为代表的世界发达国家从 20 世纪 80 年代开始了新一轮的产业结构调整，这次调整伴随信息技术和全球化大发展，世界产业结构转换呈现出一些新趋势。主要表现为如下特征：

第一，产业结构服务化。这不仅表现为第三产业内部服务业的不断扩大，同时还表现为第一、第二产业内部服务量的不断扩大。从第三产业内部服务业来看，对企业、事业部门提供的服务、对个人提供的服务以及对社会提供的服务均在不断扩大。从第二产业来看，其内部的服务量也在显著增加。在企业生产活动中，信息管理、综合计划、研究开发、市场调

查、广告宣传、产品销售等与服务有关的业务比重急剧增大。与此相适应，在第二产业的产品成本中，与服务有关的价值含量也在扩大。制造业内部的软化和服务化促进了第三产业的发展，而第三产业的扩张又使第二产业进一步趋向软化和服务化。各产业就是在这种相互联系中相互促进，使经济日益趋向软化和服务化。

第二，产业结构高技术化。随着高加工度化过程和技术集约化过程，在整个产业发展过程中，对信息、服务、技术和知识等（软要素）的依赖程度加深。科技进步极大地促进了工业劳动生产率的提高，推动着传统工业向高新技术产业的转化，使整个工业日益呈现高技术化。而新技术又加快产业化。

第三，产业结构融合化。随着知识经济兴起，在知识分解和融合的基础上，由于大量新技术日益趋同而形成新的知识产业群，以及产业技术融合而导致的产业重叠加深，使传统的三次产业分立的边界具有了越来越不清晰的趋势。信息化和工业化的产业融合已经成为当今世界产业结构变化势不可当的潮流与趋势。

第四，产业结构绿色化。进入 21 世纪，生态革命迅速发展，势必推动着经济模式由工业经济向知识经济，特别是生态经济的巨大转变，引起全球社会生产技术体系的整体变革。未来社会的中心技术将由信息技术、生物技术、生态技术等知识要素所构成，它们将形成信息技术、生态技术与生物技术乃至整个知识经济乃至全球经济一体化协调发展的格局。生态经济及其带动的相关产业类型，所共同构成的绿色新经济，一方面表现为“经济的生态化”；另一方面表现为“生态的经济化”，即生态环境因素向国民经济各个领域的渗透与融合，甚至催生了崭新的产业形态和经济模式，从而带动传统产业的升级换代。

第五，产业结构国际化。主要表现为：一国或地区的产业结构变动通过产业构成的核心要素的国际流动，在全球产业结构调整中实现转换的过程。随着以信息技术产业为核心的知识产业的兴起，逐渐出现了全球性产业，发展突破了地区和产业的界限，推动着全球范围内现代产业的发展，引起了世界新的产业革命和全球性产业结构调整浪潮。世界范围内产业结构变动打破了产业结构变动局限在一国国内的传统格局，出现了产业结构变动无疆界的新趋势。

二　工业结构演进的一般规律

工业化不仅是一个国家农业部门向非农业的结构转变过程，而且也是工业部门内部结构的变化过程。各国在工业化和现代化过程中，工业部门之间的结构变动具有明显的阶段性和规律性特征。

（一）工业化历史上工业结构的升级演变

从近现代世界工业化进程看，工业结构经历了五次重大的结构升级。

第一级工业结构起始于18世纪80年代，基本标志是蒸汽机的发明及其广泛应用。作为一种能量转换工具，蒸汽机结束了自然力（人力、畜力、水力等）作为主要动力的历史。工业结构的相应变化是：机器工业代替了手工业，工业在社会经济结构中开始占据主导地位，实现了农业社会向工业社会的转变。

第二级工业结构起始于19世纪中后期，基本标志是内燃机、电动机的发明与应用。发电机、电动机、变压器等新兴产业迅速兴起，从而带动了钢铁等重工业的发展。这次升级实现了由轻纺工业占优势比重向重工业占优势比重的转变，因此又称为工业结构的“重工业化”。

第三级工业结构起始于20世纪初，基本标志是电力工业、化学工业和汽车工业兴起。电气和化学开辟了社会产业发展的一个崭新时代，既改变了旧的产业技术基础，又建立了许多新的产业，带来了新的材料。这一时期由于化学工业的巨大发展，因此又称为“化学工业化”。

第四级工业结构起始于20世纪50年代，基本标志是以电子工业为整个工业的中心。这一时期发生了电子革命，即对控制器中硬件的技术革命，实现由人手现场操纵机器向机器自动开关的转变。电子工业成为社会经济的优势产业。

第五级工业结构起始于20世纪70年代，基本标志是以电子计算机为代表的微电子技术的广泛应用。从此人类社会进入信息产业时代，而且还开辟了宇航工业、生物工程工业、海洋工业、新型材料工业、新能源工业等。信息产业是控制器中的软件，部分地代替生产过程中的人脑发出的指令，而用程序控制指挥生产。以信息产业为主要内容的新的产业革命，其发展速度对世界所有国家影响的深度和广度，远远超过过去所有的产业革命和技术革命。

（二）工业内部结构演变与先行工业化国家的“重工业化”现象

从一国工业化进程看，工业比重呈上升趋势，工业内部结构也不断发生变化。霍夫曼（1931）、张培刚（1949）、盐谷佑一（Yichi Shionoya，1956）、钱纳里（1960）、钱纳里和泰勒（1968）等人研究了先行工业化国家的历史经验，发现当工业化进入中后期阶段，即进入重化工业（或资本品工业）比重不断上升的阶段。霍夫曼（1931）根据近20个国家的时间序列数据，将有代表性的8类产品分为消费品工业（包括食品、饮料、烟草等；布匹、制鞋；皮革制品；家具等）和资本品工业（包括生铁、有色金属；机械；车辆；化工等），对工业内部结构演变的规律进行了经验研究，提出了霍夫曼工业化经验法则——在工业化进程中，霍夫曼比率或霍夫曼系数（消费品工业的净产值与资本品工业净产值之比）是不断下降的（见表2－3）。人们称之为“霍夫曼定理”。

表2－3　霍夫曼工业化阶段及其变化

阶段	霍夫曼比率	阶段特征描述
第一阶段	5（±1）	消费品工业占主要地位
第二阶段	2.5（±1）	资本品工业快于消费品工业增长
第三阶段	1（±0.5）	资本品工业继续快速增长，基本与消费品工业平衡
第四阶段	1以下	资本品工业占主要地位，实现工业化

资料来源：Pei－kang Chang，*Agricuture and Industrialization*，Harvard University Press，1949，pp. 101－105。

根据该经验法则，霍夫曼发现，在20世纪20年代，达到第三阶段的国家有英国、瑞士、美国、法国、德国、比利时、瑞典等；进入第二阶段的国家有日本、荷兰、丹麦、加拿大、澳大利亚等；处于第一阶段的国家有智利、印度、新西兰等（谭崇台主编，1989）。其中，英国和美国的重工业化现象尤为明显。例如，1812—1924年，英国消费品工业对资本品工业的比率（即霍夫曼系数）从6.5/1下降到1.5/1，即消费品工业在工业中的比重不断下降，而资本品工业在工业中的比重则不断上升。其中，在重化工业高速发展的1871—1901年间，即钢铁、石油、化学、电力等产业高速发展的“第二次产业革命”时期，霍夫曼系数从3.9/1显著下降到1.7/1。美国在工业化中后期的“重工业化”表现得比英国更为明显。1850—1927年，消费品工业占总生产的比重从43.5%下降到32.4%，资本品工业占总生产的比重从18.2%上升到39.9%。到1914年，资本品工业所占比重已超过消费品工业。仅从制造业的内部结构来看，1870—1910年间，美国的“重工业化”趋势也很明显，表现为消费品制造部门就业人数比重不断下降，资本品制造部门就业人数比重不断上升。

张培刚（1949）在《农业与工业化》一书中指出，“从一个社会的整个生产结构来看，工业化的主要特征是资本品（Capital - goods，指以生产工具为主的生产资料）的相对增加以及消费品（Consumption - goods）的相对减少。在这种意义下，工业化可以定义为生产的‘资本化’（在一定的生产过程中，扩大利用资本并加深利用资本）；换言之，就是生产采用更加迂回的方法”。他还在霍夫曼经验研究的基础上，根据资本品生产与消费品生产的关系，将工业化过程划分为消费品工业占优势、资本品工业相对增加、消费品工业与资本品工业平衡且资本品工业有渐占优势地位的趋势三个阶段。

日本经济学家盐谷佑一利用产业关联理论，对霍夫曼定理进行了重新论证。其计算结果表明：霍夫曼定理主要适用于工业化中期，工业化后期霍夫曼系数比较稳定，原因是随着科技进步，重工业产品不仅作为投资品，而且用做最终消费品（如家用电器、汽车等耐用消费品），但此时重工业化率（不等于资本品比率）却在上升。

与霍夫曼有所不同，钱纳里（1960）将工业部门分为三类：投资物品及相关产品（机械、运输设备、冶金、非金属矿物，相当于资本品）、其他中间产品（纸及纸制品、石油制品、橡胶、化工产品、纺织）和消费产品（木材制品、印刷、服装、皮革及其制品、食品饮料、烟草），他运用截面数据，对20世纪50年代不同收入国家的工业结构差异进行了比较研究。结果表明，随着人均收入的提高，投资品工业在工业中的比重显著增加，消费品工业的比重则显著下降，其他中间产品则变动不大。

后来，钱纳里和泰勒（H. Chenery and L. Taylor，1968）又将工业分为早期工业、中期工业和晚期工业三类。早期工业包括食品、皮革、纺织等部门，其产品主要满足基本生活需求，具有最终产品性质，且需求的收入弹性低，生产技术简单；中期工业包括非金属矿产品、橡胶制品、木材和木材制品、石油化工、煤炭制品等，既包括中间产品又包括最终产品，其产品需求收入弹性高，增长较快；晚期工业包括印刷出版、粗钢、纸制品、金属制品、机械制造等部门，其产品需求收入弹性很高，产业关联效应强，增长速度大大超过 GDP 的增长速度。

总之，从先行工业化国家工业内部结构演变的趋势来看，在工业化前期，轻工业或消费品工业（或消费资料工业）占据主导地位；在工业化中后期，重工业或资本品工业（或生产资料工业）比重显著上升，即出现“重工业化”现象。

为什么在工业化过程中工业内部结构呈现出上述趋势？这是因为，工业发展过程一般要经历三个阶段。在第一阶段，初级消费品工业如食品加工、纺织、烟草、家具等工业是主要工业部门，并且比资本品工业如冶金、化学、机械、汽车、钢铁等部门以更快的速度发展。在第二阶段，资本品工业增长加速，资本品工业产值在工业总产值中的比重趋于上升，但这时消费品工业在产值和速度上都仍然占有主导地位。在第三阶段，资本品工业比消费品工业以更快的速度增长，并渐占优势。在工业化初期，消费品工业之所以首先发展，一是食品加工和纺织之类的工业是满足人们最基本需求的部门，只有当基本需求得到满足后，才有可能将更多的资源投资于其他工业。二是在工业化初期的国家要素禀赋（资本、技术和熟练劳动力稀缺，非熟练劳动力丰富）有利于发展消费品工业，不利于发展资本品工业。而当工业化进行到一定阶段后，资本品工业必须加速发展，一是如果一个国家长期只是发展消费品工业，它就永远也不可能站在科技和工业发展的前沿阵地。二是消费品工业的扩张和质量的提高只有在资本品工业不断发展的条件下才有可能。

（三）工业结构演进的阶段性

在各国工业化和现代化过程中，工业部门是国家经济发展的主导部门，整个工业化进程会依次出现重化工业化、高加工度化和技术集约化三个阶段。

重工业化阶段，包括以原材料、基础工业为重心和以加工装配工业为重心两个时期；高加工度化阶段，包括以一般加工工业为重心和以技术密集型加工工业为重心两个时期；技术集约化阶段，包括以一般技术密集型工业为重心和以高新技术密集型工业为重心两个时期。其中，重工业化阶段的第二个时期也就是高加工度化的第一个时期，而高加工度化阶段的第二个时期也是技术集约化阶段的第一个时期。

与工业产值结构演变同步进行的工业投入要素禀赋结构的变动，也是有序发生的。在工业化初期，整个工业发展以轻工业（特别是纺织工业）作为主要支柱产业，这一时期有一定技能的劳动力在工业投入要素中占有突出的地位。随着重工业化的进展，由于原材料和燃料动力工业的迅速发展，要求投入大量资本，因而资本因素又跃居于突出地位。随着工业结构向高加工度化转变，技术又取代了资本的地位，在要素投入结构中占主要地位。因此，从要素禀赋结构变动来看，工业化过程表现为：劳动密集型工业→资本密集型工业→技术密集型工业。

工业化过程中各工业部门的成长率并不相同，因而在不同国家工业部门间结构变化也不尽相同。例如，联合国拉丁美洲委员会从地区比较入手，全面地考察了影响工业结构变动的因素，提出了工业部门结构演变的五个阶段（见表2-4）。

表2-4　　工业结构演变的五个阶段

演变阶段	特点
前制造业阶段	手工业和家庭手工业为主，主要生产纺织、服装和家庭用品等简单制成品
生产传统消费品阶段	工厂生产代替手工作坊，主要生产工具、建筑材料、纺织皮革制品、肥皂、玻璃等
基础工业行业兴起阶段	生产基本材料和简单机械设备，制造业产品的种类开始迅速扩大，出现了低技术水平的钢铁业、机械制造业、炼油业、基础化学工业
高技术行业兴起阶段	生产高级中间产品和创造复杂机械设备，已经能够解决复杂的、多方面的设计和建造任务
最新技术行业兴起阶段	以当代最先进的科学技术发展新部门和生产，如核能工业、复杂的电子设备生产、宇航工业及新材料工业等

资料来源：联合国拉丁美洲委员会：《拉丁美洲的工业发展过程》，纽约，1965年修订第1版，第1章。

日本学者赤松要（Kaname Akamatsu）则从比较优势的角度解释了发展中国家工业结构的顺序变迁过程，并以日本和东亚经济的经验分析为基础，提出了一个工业发展四阶段模型用以描述开放经济条件下发展中国家的工业化赶超过程（见表2－5）。这一过程是指通过进口→当地生产＋开拓出口→出口增长四个阶段并呈周期循环使后起国实现产业结构的重工业化和高加工度化，由于将四个阶段在图表上示出图形呈倒“V”形就如三只大雁展翅翱翔，并称之为“雁形产业发展形态”（Flying Geese Paradigm）。

表2－5　　赤松要的雁行工业发展阶段论

演变阶段	生产/出口	进口	经济发展阶段
第一阶段	出口原材料、初级产品	消费品	欠发达国家
第二阶段	生产消费品	资本品	新兴工业化国家
第三阶段	出口消费品、生产资本品	资本品进口减少	成熟工业化国家
第四阶段	出口资本品、消费品生产转移到其他国家	重新进口消费品	发达国家

资料来源：喆儒：《产业升级——开放条件下中国的政策选择》，中国经济出版社2006年版。

三　工业结构演变的几点评论

从历史上看，曾出现过重工业产品只用于满足基本建设和军事物资需要的情况，在这样历史背景下，霍夫曼的观点是符合实际的。但是，随着科技进步，工业化过程进入中、后期即工业部门结构从以原料为重心转向以加工组装工业为重心后，重化学工业产品广泛用于制造消费资料，尤其是进入耐用消费品的发达阶段，更是如此。这样，随着机械工业中耐用消费品生产的迅速增长，产业的供求关系发生了结构性变化，重工业内部消费资料生产的比重日益增大，因而从总体上看，消费资料工业和资本资料工业的比率不是继续下降，而是趋于稳定。

工业部门发展具有时序性，由于受人均国民生产总值、需求规模和投资率等因素影响，不同阶段的制造业部门是不同的①。工业化早期，对经济发展起主要作用的制造业部门是食品、皮革、纺织等。这些部门的产品

① H. Chenery and L. Taylor, Development Patterns: Among Countries and Over Time. *Reviewv of Economics and Statistics*, Vol. 50, No. 4 (1968), pp. 391－415，转引自方甲《产业结构问题研究》，第38页。

主要是用于满足基本生活需要，具有较强的最终需求性质，且需求的收入弹性小，生产技术简单。在中期起主要作用的工业制造业部门包括非金属矿产品、橡胶制品、木材及木材加工、石油、化工、煤炭制品等。这些部门的产品既包括中间产品又包括最终产品，需求收入弹性很高，因此，这些产品生产在发展中期增长较快，但只是稍快于总量 GNP 的增长。在工业化后期对经济发展起着主要作用的制造业部门，如服装和日用品、印刷出版、粗钢、纸制品、金属制品和机械制造等。这些部门的产品需求收入弹性很大，产业关联效应强。这些制造业部门在发展的晚期增长速度加快，大大超过 GNP 的增长速度，致使这些工业在国民经济中渐占优势。但是，当经济发展到相当高水平时，这些工业发展速度开始下降，甚至低于 GNP 的增长。而其他一些新发明出来的产品和新兴工业将取代重工业而迅速发展起来，如信息技术（IT）工业就是一个很好的事例。该工业在发展早期是不存在的。

以上分析的产业间结构的变动以及工业部门结构变动，是许多已实现工业化的发达国家和正在实现工业化的发展中国家工业化过程中所表现出的一般趋势。但这并不一定意味着，所有发展中国家都一定遵循这一模式，因为各国的资源禀赋条件①、需求偏好不同②、历史条件、制度条件、人口条件、地理条件、发展战略和开放程度都是不同的。不过，研究工业化过程中结构变动的一般规律对制定发展战略是有重大参考意义的。

从各国工业结构演变的历史来看，既存在一般规律，也存在很大差异性。差异性是由各种复杂因素影响和作用的共同结果。这些因素既有内部的也有外部的，既有客观的也有主观的。内部因素主要包括在市场机制作用下的需求结构和供给结构及其相互作用；外部因素主要是指在开放经济条件下国际贸易和国际投资等国际经济关系各个方面的影响；主观因素主要是指国家按照其不同的战略目标自觉制定经济发展战略，并通过实施各

① 一国自然资源禀赋如何，如土地、森林、草原、淡水、空气、矿藏等资源的种类、蕴藏量、分布状态、可利用的经济价值等的差异，对该国的工业结构演变过程有着重大影响。资源禀赋丰裕的国家在工业结构演变过程中自然会偏向资源性行业（如澳大利亚），而资源禀赋稀缺的国家在工业结构演变过程中则会偏向极少适用或不适用自然资源的行业（如日本）。

② 虽然不同种族不同国家的居民消费都会受到恩格尔法则的限制，但是，不同种族不同国家的居民需求却会存在不同的偏好，这种偏好自然会对各国工业结构演变趋势产生影响。

种经济政策而对产业发展所造成影响。在封闭条件下，决定产业结构演变的主要变量是内部因素和政府各种产业政策与经济政策；而在开放条件下，外部因素（如国际贸易、国际投资等）是产业结构演变函数的重要变量，而且开放度越高，外部因素的影响权重就越大，这就使得产业结构演进呈现出纷繁复杂的多样性。

从世界各国产业结构演变的历史上看，一个国家特别是发展中国家只要实行对外开放，其产业结构必然会发生很大的调整与变化，但这种变化并不一定导致产业结构升级，也并不一定有利于促进发展中国家的经济增长，特别是从长期发展的角度来考虑时，其矛盾有时甚至会相当的尖锐。有些发展中国家通过对外开放，有力地推动了产业升级与技术进步的进程，逐步步入发达经济的行列；有些国家则在实行对外开放之后虽然国民经济在一定时期内有较大发展，但经济发展中的一些深层次矛盾并没有得以解决；甚至一些发展中国家尽管对外开放的时间并不短，但经济状况并没有得到根本改观，产业结构不仅没有得以改善，反而趋于恶化。形成这种差异的主要原因是，这些发展中国家缺乏产业升级的内在动力，单纯依赖初级原始的资源禀赋确定自身在国际分工中地位，试图长期以劳动密集型产品作为出口导向，无法将比较优势转化为竞争优势，必然在国际分工中长期处于不利。

第三节　工业结构优化升级的动因与机制

一　产业结构演变的影响因素

引起产业结构变动的因素较多，其中常起决定作用的因素主要包括需求结构及其拉动作用、要素禀赋结构及其推动作用、技术进步、国际因素变化等。

（一）需求结构变化及其拉动作用

在工业化初期，人均收入低，人们的需要主要是解决生存的需求，对农业和轻纺工业产品需求最大。同时，由于人均产值低，也无力发展资本有机构成高的产业。因而在当时的产业结构中农业和轻工业占较大份额，成为该时期占主导地位的产业。随着工业化的进行，以及人均产值和收入水平的提高，人们的需求在基本解决温饱之后，便向享受需要层次过渡，尤其对耐用消费品的需求迅速增长，从而拉动以耐用消费品生产为中心的基础工业和重加工工业发展，推进产业结构从以农业、轻纺工业为重心向以基础工业、重加工工业为重心转换。当然，这次产业结构的重大转换，没有轻工业的充分发展和农业生产率的大幅度提高是不可能的。在工业化进入人均产值和人均收入水平更高的阶段后，由于物质相当丰富，人们的需要又进一步向“发展需要”层次过渡，物质生活和精神生活的要求都大大提高，在满足多样、新颖、高质量物质产品需求的同时，在社会分工日益深化下，现代服务性产业又成为人们需求的重心，以信息为中心的高科技产业，又逐步取代重加工工业的主导地位，这就实现了又一次产业结构的重大转换。

（二）要素禀赋结构变化及其推动作用

林毅夫、蔡昉和李周（1999，2002，2003）认为，要素禀赋结构是任何政府制定发展战略时最重要的既定外生变量，直接决定人均收入和综合国力的产业结构和技术结构内生于要素禀赋结构；当一国的产业结构、技术结构与其要素禀赋结构的比较优势相匹配时，该国的资本积累速度将高于自然资源和劳动力增加的速度，从而提升本国的要素禀赋结构，升级比较优势；随着要素禀赋结构和比较优势的动态变化，该国经济的产业结构和技术结构将自然而然地升级。要素禀赋结构包括自然资源、劳动力、人力资本和物质资本的相对丰裕程度，也包括与之配套的软的和硬的基础设施①。显然，要素禀赋状况如何、能否提高劳动生产率和降低成本等都关系到产业的发展。因此，供给因素的变动或相对成本的变动会推动产业结构的变动。

（三）技术进步

技术进步对产业结构的影响可以从以下几方面分析：（1）技术进步影响需求结构，从而导致产业结构变化。具体表现为，技术进步使产品成本下降，市场扩大，需求随之变化；技术进步使资源消耗弹性下降，使可替代资源增加，改变了生产需求结构；技术进步使消费品升级换代，改变了消费需求结构。（2）技术进步影响供给结构，从而直接导致产业结构变化。具体表现为：技术进步的结果是社会劳动生产率的提高，从而导致

① 硬件基础设施包括电力、运输和电信系统等。软件基础设施包括金融体系及其管制、教育体系、法制体系、社会网络，价值观和其他无形结构。

产业分工的加深和产业经济的发展；技术进步改变国际竞争格局，从而影响到一国产业结构的变化。技术进步促进产业结构变化的机理是：当某一产业的产品需求价格弹性较小时，技术进步使得其产出大量增加，而生产部门的收益即有所下降。在这种情况下，该产业的某些生产要素就会流向其他产业。相反，当某一产业的产品需求价格弹性较大时，技术进步使得其产出大量增加，也能提高该部门的收益。于是，生产要素就会有一部分从其他产业流向该产业。新的要素流入又促进该产业部门的发展，并加快了需求价格弹性小的产业部门的衰退及其效益水平的提高。

在一定的需求水平下，供给方面的变化主要是技术进步和市场竞争引起的。技术进步会出现新的生产工具、新的生产工艺和新的材料，以至于大幅度提高现有生产的劳动生产率，降低生产资源（资本、劳动力、原料等）的消耗水平，从而导致现有生产的相对成本下降。另外，由于技术进步会开发新的产品生产并形成新兴产业。在市场经济中，相对成本低的产业会有更强的竞争能力，吸引资源向该产业部门流动，使其获得迅速扩大，从而推动产业结构变动。这时，新兴部门由于自身潜力或在幼稚时期的政府扶植下，总会在市场上赢得一席之地。这也必然引起产业结构变动。

（四）国际因素的影响

随着经济全球化的深入，许多原本非贸易的服务逐步国际贸易化。业务流程外包的增长越来越引人注目，近几十年来，国外直接投资扩张的速度甚至超过了贸易增长的速度，这使得国际贸易、国际投资（国际产业转移）对一国行业结构变迁的影响力不断加强（Barry et al.，2008）。因此，在分析一国工业结构的演变时，绝不能忽视国外因素的影响。

二　工业结构演变的关键机制：市场机制和政府作用

经济发展本质上是一个技术和产业不断创新、结构不断变化的过程。早期的主流发展理论是结构主义的观点，认为经济结构外生决定，强调市场失灵及政府在改变经济结构、促进经济发展中的作用。由于结构主义主张的以政府主导产业结构升级的政策在发展中国家普遍失败，到了20世纪70年代以后，发展经济学转而以华盛顿共识为主流，强调政府失灵、片面侧重市场的作用，并且忽视了对结构及其变迁问题的研究（林毅夫，2010）。但是，从各国工业化的历史来看，我们认为，工业结构演变主要由两种机制——市场机制和政府干预共同作用的结果，一种是由市场驱动的调节、引导机制；另一种是由政府推动的干预、调整机制。前者起基础性作用，是一种内生机制；后者提供制度保障、改善供求，是一种主动干预机制。因此，从影响方式看，可以将工业结构变迁分为市场主导型、政府主导型和共同作用型三类。

在经济发展的每一给定阶段，市场是资源有效配置的基本机制。市场机制倾向于按照真实的要素禀赋结构和需求结构的动态变化推动工业结构以循序渐进的方式变动，能够使工业结构、要素禀赋结构和需求结构协调发展，两两之间的结构偏差具有自然收敛的趋势。

经济发展作为从某一阶段转变到另一阶段的动态过程，需要产业多元化，产业升级和配套软的、硬的基础设施的改善。在大多数情形下，基础设施的改善不能在某个企业的投资决策中内部化。它对其他企业的交易成本产生了巨大的外部性。因而，除有效的市场机制外，政策在产业多元化、升级以及基础设施的改善过程中应起到积极的推动作用。政府干预则倾向于通过扭曲实际的要素禀赋结构和需求结构使工业结构以非连续的方式变动，试图实现“跳跃式”结构升级。当然，不当的政府干预，可能却使得工业结构与要素禀赋结构、需求结构之间的偏差加剧，结构性波动剧烈，长期结构升级无以为继。工业结构变迁的模式和路径千差万别，其中一个重要的原因在于各国政府对工业化的干预程度和方式不同。

工业结构的变迁究竟是由政府主导，还是由市场主导，只是配置资源的方式不同，不管是采取何种方式，最终都是通过要素禀赋结构和需求结构两个核心变量，进而作用于工业结构。（1）市场机制的核心是价格形成机制，在一个完善的自由竞争的市场体系下，要素市场上的价格信号能够反映真实的要素禀赋结构，从而基于比较优势的动态变化推动工业结构变迁，而商品市场上的价格信号能够反映真实的需求结构，从而根据需求结构的动态变化拉动工业结构变迁。（2）与此相对应，政府干预的关键在于影响市场经济的价格形成机制，往往会根据不同的发展战略和目标设定，通过一系列产业政策来调整要素禀赋结构和需求结构，进而推动工业结构朝着“合意”的方向变迁。

政府干预工业结构变迁的程度和方式应取决于实施相关产业政策的成本和收益。毋庸置疑，政府干预会导致价格机制失灵，使得工业结构与真实的要素禀赋结构和需求结构产生偏差，并产生其他一系列负面影响，很可能不利于工业结构的持续升级。但是，在存在市场失灵（知识溢出和动态规模经济、协调成本、信息外部性等）的情况下，政府的参与在理论上具有提高社会整体福利的可能性，而且，出于发展战略或其他非经济因素的考虑，政府对工业结构变迁的干预具有一定的必要性。

根据政府是否主导工业结构变迁的方向和进程，可以将工业结构变迁的形式分为诱致性变迁和强制性变迁（张冰、金戈，2007）。对于发达国家而言，由于政府不具有关于比较优势动态变化以及下一个有前景的产业何在的信息，适宜采取以私人部门为主导的诱致性变迁，通过市场竞争使成千上万的经济主体自发地相互作用，这一过程包括不同的人所知道的不同信息的交换。反之，对于发展中国家，其每个产业都处于世界产业链的内部，发达国家的产业结构变迁已经为它们提供了一个示范，不确定性大大降低了，政府和市场上的经济主体很容易对下一个有前景的产业达成共识，采取强制性变迁往往会优于诱致性变迁（潘士远、金戈，2008）。

三　工业结构优化升级的动因：微观基础分析

工业结构优化升级，主要包括工业结构高度化、高效化和协调化。工业结构高度化过程，就是伴随着技术进步和生产社会化程度的提高，不断提高工业结构作为资源转换器的效能和效益的过程。因此，创新（包括技术创新和制度创新）也就成为产业结构高度化演进的直接推动力。创新必然带来技术进步，导致一些产业（主导产业）高速扩张，而主导产业的有序更替，就使得产业结构迈向更高的阶段。工业结构协调化，可以从企业组织和产业组织两个层次进行理解。在企业组织层面，包括产品结构调整、组织结构调整、生产方式转变和管理方式转变等方面。在产业组织层面，其合理化又体现在结构比例协调、结构有序变动、资源效率提高和产业布局合理诸方面。这两个层次之间存在互动关系。图 2－2 为工业结构优化升级机制机理分析框架。

工业结构变动的基础是专业化分工及其发展或生产组织方式的变化。专业化首先表现为“劳动分工与人的专业化”，即劳动力不断地从较低素质的“全能选手”向较高素质的专门人才转变。由于非农产业和城市的专业化分工水平较农业或农村高，因此人的专业化常常表现为劳动力从农业或农村向非农产业或城市的转移，即人口的非农化和城市化。工业化的基本主体除了工人外，还应包括有待专业化的农民，工业化过程也正是农民的专业化过程（包括农业内部）。专业化还表现为“物的专业化”，具体包括产品专业化、工序专业化、产业专业化、区域专业化等各个层次的专业化。农业、工业和服务业的分化就是产业专业化最直接的表现，重工业和轻工业是工业内部专业化分工的结果，钢铁工业、机械工业又是重工业内部的进一步专业化分工，机械工业内部还可以进一步细分为建筑机械和纺织机械等，纺织机械内部还可以分出很多产品，产品中又可分出不同的型号，不同型号的纺织机械产品还可分出不同的工序等。工业化过程就是这种专业化分工不断深化的过程。区域专业化是工业化在区域上的表现，城市化、城市与农村的分化都是专业化分工发展的结果①。

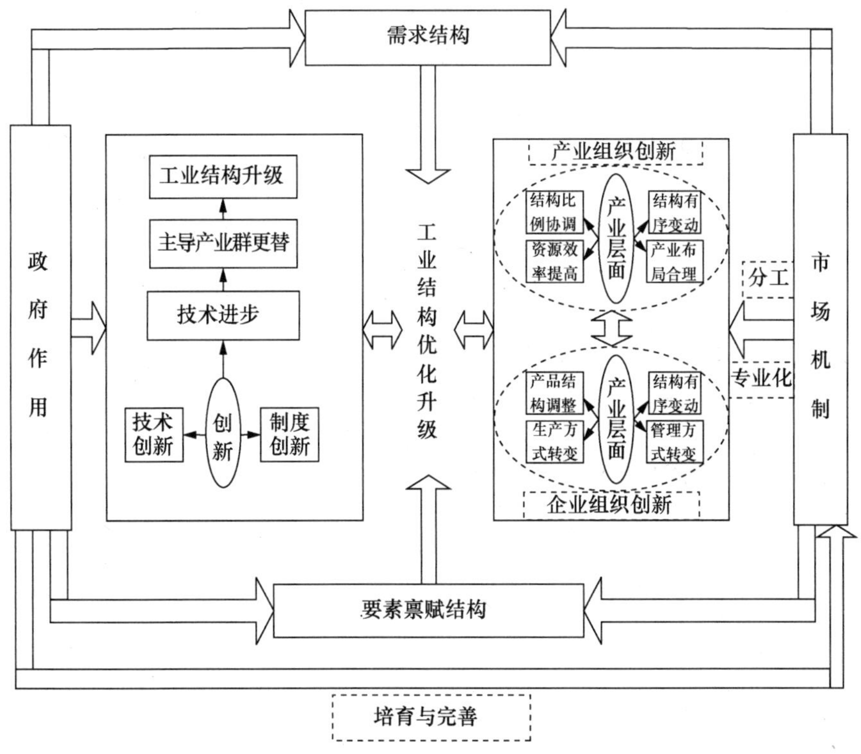

图 2-2 工业结构优化升级机制机理分析框架

① 参见李佐军《正确理解新型工业化》，《华中科技大学学报》（社会科学版）2007 年第 2 期。

产业化和专业化分工的基本特征是各种劳动力越来越只专门从事自己最擅长的工作，各类专业组织（如企业）越来越只生产经营自身最擅长的产品，凡是自己没有比较优势的工作或产品都让与其他人或企业去做，凡是自己需要而自身不能生产的产品都必须通过交换来获得。而交换必须有市场。市场化即市场的发育和扩大过程。随着市场化的推进，市场品种（各种产品市场和要素市场）越来越全，市场范围越来越宽，交换的规模越来越大，专业化分工程度越来越深，产业也就可以越分越细或产业种类越来越多，工业化程度就越来越高。因此，根据“斯密定理”（专业化分工的程度由市场范围决定），市场化是推进工业化和工业结构变化的基本保障。

企业是构成各产业的微观主体，行业内各企业的行为决定着该行业的演进过程。以单个工业行业的变动为基础，进而会引起整个工业结构变化。企业作为追求利益最大化的微观主体，会想方设法地降低产品成本，提升产品质量，力求在相互竞争中生存下来，并获得更加丰厚的利润。在这一过程中，行业平均成本不断降低，竞争力相对较弱的企业逐步退出市场，市场结构发生改变，行业依次经历兴起、成熟和衰退等各个阶段。可以说，导致产业兴衰的微观机制就是企业相互竞争并优胜劣汰的市场选择机制。

此外，正如前面已经提到的：政府通过政策调整等适当的干预手段，促成价格机制和市场选择机制正常发挥作用，即往往会根据不同的发展战略和目标设定，通过一系列产业政策来调整要素禀赋结构和需求结构，进而推动工业结构朝着“合意”的方向变迁。

四　工业结构优化升级的机理

推动产业结构演变的动因究竟是什么？结构主义学派一般认为，部门需求收入弹性的变化和生产率增长率的差异是推动国民经济结构变迁的两架引擎（Pasinetti，1981；Syrquin，1988；Harberger，1998）。而演化论学者则认为，结构变迁是由创新和模仿所导致的企业不断进入和退出的过程（Nelson and Winter，1982；Winter，1984；Metcalfe，1998）。近期的研究证明了行业结构变迁和不平衡增长是相互关联的（如 Andersen，2001；Montobbio，2002；Peneder，2003；Metcalfe et al.，2006；Holzl et al.，2007）。这些研究明确了将行业间和行业内的结构变化相连接的两种机制，即“排序”（sorting）和“选择”（selection）。排序是产业需求结构随收入增长而变化，消费者偏好按照恩格尔定律的发展将影响部门经济的相对增长模式；“选择”反过来又反映了部门内部和部门之间的价格竞争。能够生产和提供最为物有所值的商品的公司或部门将获得更多的消费者和更快的增长速度。

虽然研究者们试图从不同角度来解释结构变迁的动力和机理，但似乎都无法逃脱需求和供给两个方面的范畴（Chenery et al.，1986）。这里所谓的供给方面具体是指作为生产要素的劳动、资本和自然资源等状况，它们的供给程度和相结合的效应如何、能否提高劳动生产率和降低成本等，都关系到产业的发展（张培刚、张建华，2009，第 12 章）。我们将这方面的因素统称为要素禀赋结构，即各种生产要素之间的比例关系和有机联系。这里所谓的需求方面是指人们对不同工业产品的需求比例，即需求结构。因此，本书认为，工业结构（产业结构）变迁的基础是专业化分工及其发展，在市场机制和政府适度作用下，通过创新（包括技术创新、制度创新和企业产业组织创新）推动，可以通过要素禀赋结构和需求结构两方面的变动来推动（见图 2 - 2）。

（一）工业结构高度化的机制

之所以不同国家的工业结构高度化过程会存在规律性，原因在于推动各国工业结构演变的核心力量是基本相同的，而且存在着相同的内在机制。本书认为，要素禀赋结构升级和需求结构升级是推动工业结构高度化的基本渠道，创新则是推动工业结构高度化的动力源泉，而国际贸易和国际投资则是一国工业结构高度化进程中可以借助的外部力量。

1. 行业需求收入弹性差异与需求结构升级

行业需求收入弹性差异是导致工业结构高度化的主要原因之一。由于行业之间的需求收入弹性存在差异，在经济总量不断增长并带动人均收入逐渐提升的过程中，人们的需求结构（人们对不同工业产品的需求比例）不断升级，不同类型产品的需求增速出现差异化，因而导致各行业在总需求中所占份额也会逐步发生变化。例如，随着人均收入水平的提高，需求收入弹性较高的计算机及其他电子制造产业的产值比例将最终超过食品工业和纺织工业。Peneder 等（2003）通过对不同国家投入产出数据的分解，证明了需求拉动机制在产业结构演变中的重要性。需求收入弹性的差异导致需求结构随收入水平的提高而变动，需求结构变动又会引导产业结构变动。现实的需求结构随着收入水平的提高而不断变化，并且在满足基本生活需要的基础上逐步向更高层次的需求转移，从而导致产业结构变动①。

需要说明的是，创新除了能够作用于生产过程，还能够创造新产品，新产品的出现和旧产品的淡出是工业结构高度化的重要标志之一，然而，有需求的新产品才能存活，也正是由于需求结构的不断升级，才使得发明者看到了新的市场和新的机会，从而受到启发，创造出满足更高更新需求的新产品。因此可以认为，这类创新是由需求结构变动所引致的，进而推动了工业结构变动。

2. 行业要素密集度差异和要素禀赋结构升级

行业要素密集度差异是导致工业结构高度化的另一个主要原因。众所周知，不同行业的要素密集度是不同的，比如，纺织工业与汽车工业相比，纺织工业是相对的劳动密集型行业，汽车工业是相对的资本密集型工业。在市场经济条件下，要素价格由市场供求决定，因此，一国的要素禀赋结构将影响国内各种要素的相对价格，稀缺要素相对昂贵，丰裕要素相对便宜。在工业化初期，资本相对于劳动是稀缺资源，技术更加稀缺，那些密集使用低级要素（如简单劳动）的行业（如纺织工业）更具比较成本优势，能获得更高收益，行业比例扩张速度也更快。然而，随着要素禀赋结构升级，资本和技术不断积累，两者先后成为相对丰裕的要素，要素相对价格也不断下降，促使密集使用这些高级要素的工业行业陆续崛起，成为工业部门内部的主导行业。正因为如此，我们才观察到工业结构高度化过程是从劳动密集型行业为主依次转变为资本密集型和技术密集型行业为主。

要素禀赋结构升级对工业结构的影响不仅仅局限于产值结构方面，对工业就业结构也会产生影响。但是，很遗憾的是，这种影响是负面的，学者们称之为“结构负利”。在需求结构不变的情况下，各产业提高自身劳动生产率的机会和能力存在很大差异。行业间本质属性的区别，决定了有些行业具有较高的劳动生产率上升率，将成为兴盛行业，而另一些行业的生产率上升率较低，将成为衰退行业。行业生产率上升率的这种差异导致越来越多的劳动份额离开主导产业而进入劳动吸纳能力更高的衰退行业。

---

① 同时证明了技术进步的影响也十分重要，而国际贸易的影响很小。另外请参见张培刚《农业与工业化》第二章第一节，英文版，哈佛大学出版社 1949 年版；中文版，华中工学院出版社 1984 年版，第 32—36 页。

从长期看，由于衰退行业就业份额的增长所带来的结构负担（structural burden），将降低人均收入增长速度①。

值得强调的是，大部分创新和技术进步是通过改变现有生产要素之间的有机联系或创造新的生产要素来推动工业结构变迁的，较之此类创新，要素禀赋结构变动是导致工业结构变迁的更为直接的动因。

3. 创新是工业结构高度化的动力源泉

创新包括产品创新、工艺创新、企业组织创新和制度创新。为了更清晰地阐述创新推动工业结构优化升级的实现机制，我们绘制了图 2-3。

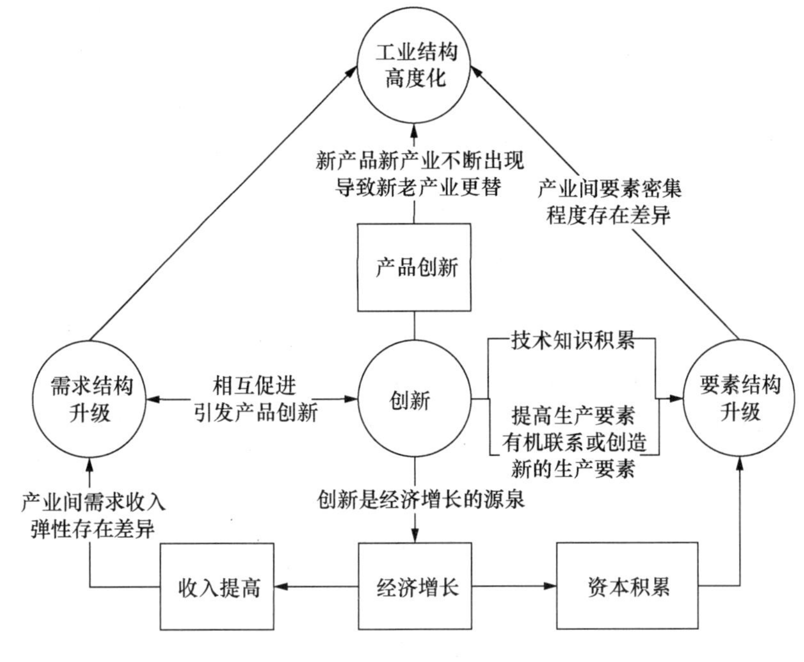

图 2-3　创新推动工业结构优化升级的实现机制

① 鲍莫尔（Baumol et al.，1967，1985）对非平衡增长所导致的“成本病”问题进行了分析，他们指出：在生产率上升率较高的主导行业工资不断提高的压力下，其他行业的工资水平不得不随之提高。但由于通过技术进步和资本深化来提高劳动生产率的潜力总是有限的，因此，例如大多数私人部门、社会部门、文化部门以及公共服务部门这样的行业来说，劳动生产率上升的幅度不足以补偿工资水平的上升，其结果就是生产成本不可避免的提高，同时还伴随着行业劳动投入份额和名义产出份额的提升。

首先，创新是经济增长的动力源泉。在经济增长过程中，收入水平不断提高，资本不断积累。由于不同产品的本质属性存在差异，从而导致不同产业的需求收入弹性以及要素密集程度都会存在差异。因此，收入水平提高会导致需求结构不断升级，从而带动工业结构高度化，而资本积累则使得要素禀赋结构升级（资本要素不断丰裕），资本密集型工业行业扩张，同样能推动工业结构的高度化进程。

其次，创新与需求结构升级会相互促进。有时可能是新产品的出现吸引了消费者，开拓了新的需求，有时则可能是旧的产品无法满足更新的更高端的需求，因而促使企业去进行产品创新，迎合消费者。总之，需求结构升级和创新活动的相互作用能够推动产品创新的步伐，而新产品新产业的不断涌现又会推动新旧产业更替和工业结构高度化的步伐。

最后，创新还能够通过其他机制作用于要素禀赋结构进而推动工业结构高度化。一是在创新过程中技术和知识不断积累；二是通过创新提升生产要素的有机联系或创造新的生产要素（如新能源）。

4. 国际贸易和国际投资推动工业结构高度化的作用机制

经济全球化的深入发展使得国际贸易、国际投资（国际产业转移）对一国工业结构演变的影响力不断加强（Barry et al.，2008）。国际经济（国际贸易和国际投资）已经成为影响一国工业结构高度化进程的不可小视的外生动力，对于发展中国家而言，借助外部力量推动本国工业结构高度化进程显得更加重要。

在开放经济中，国际贸易和国际投资的发展，对一国国内需求结构和要素禀赋结构均会产生影响，从而影响工业结构的变迁轨迹。也可以说，国际贸易和国际投资对一国工业结构高度化的推动，是通过影响该国的要素禀赋结构和需求结构来间接实现的。

贸易自由化使得工业产品的销售市场不断拓宽，使得工业企业同时面对国内需求和国外需求。两种需求在产品种类和档次上存在着差异，任何一方面需求偏好的改变都会直接影响到一国所面对的需求结构，进而对工业结构产生影响，影响程度的大小由该国对外贸易依存度的高低决定。

经济全球化则使得生产要素在国家间的流动更加自由化，用于国内生产的各种要素既可以来自国内也可以从国外引进，因此，国际经济对一国要素禀赋结构的影响程度逐步加大。这使得一国要素禀赋结构和比较优势的动态变化不再单靠本国自身的积累，而可以通过充分利用全球资源，但这同时也增加了一国要素禀赋结构和比较优势的不稳定性及其所蕴涵的风险。

除此之外，国际贸易和国际投资还会对一国的创新过程造成影响，进而影响该国的工业结构高度化进程。对于发展中国家而言，进口高级产品和吸引外商投资都能够从中学习吸收先进技术，推动自主创新，同时企业在对外出口和境外投资的国际竞争中也会主动或被动地加大创新投入。对于发达国家而言，将落后产业转移到境外并从境外进口初级产品，而将更多的优质资源投入的国内先进行业的研发和生产当中，同样有利于本国的创新和技术进步。

（二）工业结构高效化的机制：要素市场的价格调节机制

所谓工业结构高效化，是指生产资源在各工业行业间的配置效率逐步提升的过程。经济系统自身具备促进工业结构高效化发展的机制，那就是要素市场（包括工业生产所需的各项资源以及污染排放）的价格调节机制。这一机制实现情况的好坏取决于要素价格的形成机制是否健全和要素在产业间的流动是否顺畅。

以劳动力资源在产业间的优化配置为例。企业愿意为劳动者支付的报酬取决于劳动投入的边际生产率大小，在工业结构演变过程中，各产业非平衡发展，产业间劳动边际生产率也高低不一，在这种情况下，劳动边际生产率更高的行业愿意提供给劳动者的报酬也更高，就能够从其他行业吸引到更多的劳动者。这一过程使得劳动边际生产率较高的行业就业比例扩张，同时劳动边际生产率下降，而劳动边际生产率较低的行业，就业比例萎缩，同时劳动边际生产率上升，产业间劳动边际生产率和劳动者报酬的差异缩小，产业发展的平衡性增强。更重要的是，这一过程使得各产业劳动边际生产率的加权平均值提高，也就是工业部门整体的劳动边际生产率上升。相当于在不改变要素投入数量的情况下仅仅通过劳动力资源在产业间的优化配置，通过优化工业就业结构，就提升了产出水平。

其他生产要素（如资本、能源等）在产业间优化配置实现工业结构高效化的机制与劳动力资源是相同的，在此就不再赘述。接下来再对污染排放在产业间的优化配置的机制简单地说明一下，因为污染排放相对于劳动等生产要素要特殊一些。

一旦全社会开始重视环境污染问题，就意味着工业企业肆无忌惮地向自然界排放污染的时代结束了，公众和政府会利用各种手段限制生产企业的污染排放。从经济理论层面讲，可以通过完善污染排放价格形成机制以及污染排放权流转机制来平衡环境保护与经济发展之间的关系，使污染变得更有效率。具体而言，一旦要企业为它们排放的每一单位污染物支付费用，它们就会首先去衡量一下排放污染物所创造的边际收益，边际收益越高，它们所愿意支付的费用（每单位污染的排污费）就越高。而在产业之间甚至同一产业内部的企业之间，污染排放的边际收益显然是不同的。在这种情况下，污染排放边际收益较高的行业愿意为污染排放支付较高的费用，而污染排放边际收益较低的行业则不愿意为污染排放支付高昂的费用，于是后者可以通过减少生产等方式减少排污，而将多余的污染排放权卖给前者，用污染排放权的销售收入弥补减少生产的损失。这一过程使得污染排放边际收益较高的行业排污比例扩张，同时污染排放边际收益下降，而污染排放边际收益较低的行业排污比例萎缩，同时污染排放边际收益上升，产业间的污染排放边际收益趋同。更重要的是，这一过程使得各产业污染排放边际收益的加权平均值提高，也就是工业部门整体的污染排放边际收益上升。相当于在不改变污染排放数量的情况下仅仅通过污染排放权在行业间的优化配置，就提升了产出水平。也可以说，通过优化工业排污结构，提升了单位工业产出的污染排放量，实现了工业结构的高效化。

（三）工业结构协调化的机制：产品市场的价格调节机制

所谓工业结构协调化，是指工业结构与需求结构协调程度提升的过程。经济系统自身具备促进工业结构协调化的机制，那就是产品市场的价格调节机制。这一机制实现情况的好坏取决于产品价格的形成机制是否健全和产品市场的开放性高低。

这里探讨的工业结构协调化问题，类似于经济学理论中经常探讨的产品市场一般均衡问题。产品市场一般均衡是各种产品的需求和供给同时平衡的最优状态，而这里的工业结构协调化的目标同样是使各种工业产品的需求和供给趋于平衡。经济学已经证明了通过产品市场价格机制的调节不仅能够是某一产品的供求平衡，而且存在能够使各种产品同时达到供求平衡的一般均衡解。因此，我们确信，存在着能够是各种工业品同时实现供求平衡的一般均衡解。

第四节　工业结构优化升级的思路与途径

上文已经对工业结构优化升级的机制机理进行了详细阐述，在此基础上，我们将进一步探讨工业结构优化升级的思路与途径，即遵循什么样的路径以及如何促进工业结构优化升级，特别是政府能够采取哪些方式来促进工业结构优化升级。

一　工业结构优化升级的两种思路

产业发展往往是针对某个特定产业而言的。从短期看，产业发展是指某一特定产业的总量增长和质量提升过程；从长期看，产业发展过程就是产业兴衰过程，这一过程遵循产品生命周期，是事物发展的必然规律。产业结构优化升级则是针对整个产业体系而言的。然而，没有哪个产业能够独立于其他产业单独发展，如果各产业保持平衡发展，产业结构就不会发生改变，也不会存在有关产业结构优化升级的讨论。因此产业发展或产业升级就成为产业结构优化升级的基础。

一个国家的产业升级路径选择需解决三大问题，即产业升级的方向、产业升级的幅度和产业升级中断风险的规避等。从国际经验来看，存在两种思路：一种是主张主导产业的选择与更替，另一种主张按价值链路线产业升级。

（一）主导产业的选择与更替

产业结构演变是一个有序的、高级化的过程，也就是新旧产业优势地位不断更替的过程。一般来说，新旧产业更替和转换序列主要有：（1）从生产要素的密集度上看，存在着由劳动密集型向资金密集型、向资金技术密集型，再向知识技术密集型演变的顺序；（2）从采纳新技术革命成果的能力上看，存在着由传统产业向新兴产业，再向新兴与传统相结合产业转换的顺序；（3）从产业的价值变动看，存在着由低附加价值向高附加价值，再向更高附加价值演变的顺序，等等。

产业一般都经历一个“兴起—扩张—减速—收缩”的过程。由于各产业生命周期的起点不同，因而在同一时点上各产业之间增长速度就存在差异性。如果我们用产业部门增长率为标准，就可以判断出各产业在其结构中所处的地位。在前一时期也许大体接近平均增长率，而在后一时期却远远高出平均增长率，故称为“发展产业”；其增长率在两个时期都超过平均增长率，称为“成长产业”；在前一时期其增长率高于平均增长率，而在后一时期大体与平均增长率相等，故称为“成熟产业”；在两个时期中与平均增长率不相上下，或都低于平均增长率，称为“衰退产业”。从一个确定的时点看，这四种类型的产业部门都是同时存在的。但如果从时间序列上看，这四类产业部门又是一个连续发展的过程：原有的老的产业增长缓慢，被新的高增长的产业取代；在历次的发展进程中，潜在的高增长产业又将跑到前面，代替原来高增长的产业。正是以上这种产业间优势地位的更迭，形成了产业结构的有序转换和高级化。

在产业结构中，处于主要的支配地位，比重较大，综合效益较高，与其他产业关联度高，对国民经济的驱动作用较大，具有较大的增长潜力的产业，就是所谓的主导产业。显然，主导产业本身成长性很高并具有很高的创新率，能迅速引入技术创新，对一定阶段的技术进步和产业结构升级转换具有重大的关键性的导向作用和推动作用，对经济增长具有很强的带动性和扩散性的产业。在产业的生命周期中，主导产业处于成长期；处于成熟期的是支柱产业；处于初创期的是先导产业。

长期以来，人们对主导产业提出了许多选择标准。主要包括：

（1）产业关联基准。主导产业对经济发展和产业结构的引导带动作用，主要通过其关联效应表现出来，主导产业的关联效应有三种形式：一是前向关联效应：主导产业广阔的市场前景和持续发展，必然扩大对相关设备、技术和原材料等要素的需求，从而带动为其提供这些要素的产业的迅速发展。二是后向关联效应：主导产业关联性强，技术领先，发展快速，能够为其后续产业的发展提供更多的产品和技术，创造更好的条件，感应这些后续产业的发展。三是旁侧关联效应：主导产业的发展，还会引起一系列经济、社会、文化等多方面的变化，对主导产业主要分布地区的市场繁荣、就业面扩大、基础设施建设以及其他产业的形成和壮大产生积极的影响。

（2）需求收入弹性基准。收入弹性基准是指在国际和国内市场上，某种产品的需求增长率与国民收入增长率之比，它表明产品的产品需求增长对收入增长的敏感程度。收入弹性大于1的产品和行业，其增长速度将高于国民收入的增长；收入弹性小于1的产品和行业，增长速度低于国民收入的增长。随着人均国民收入的增长，收入弹性高的产品在产业结构中的比重逐渐提高，选择这些产业作为主导产业，将促进整个产业持续高增长率，有利于创造更多的国民收入。收入弹性系数高的产品的产业部门将获得更快的发展，占有更大的比重。

(3) 生产率上升率基准。这是日本经济学家筱原三代平在20世纪50年代中期提出的，后由日本政府在制定产业政策是参照了这一基准。它是指某一产业的要素生产率与其他产业的要素生产率之比，一般用全要素生产率进行比较。全要素生产率的上升主要取决于技术进步，按生产率上升率基准选择主导产业，就是选择技术进步快、技术要素密集的产业，因此，也被称为比较技术进步率基准。这一基准反映了主导产业迅速有效地吸收技术进步成果的特征，优先发展全生产要素生产率上升快的产业，有利于技术进步，提高创汇能力，改善贸易条件和贸易结构，提高整个经济资源的使用效率。

(4) 技术密集度基准。产业的技术密集度不仅通过影响产业技术进步而影响产业的生产率上升率，而且具有提高产业增加值率的作用（技术含量高使附加值高)。产业的生产率上升率与就业功能有一定的反向变动关系。全要素生产率（TFP）指标，包括劳动、资本、中间投入等要素生产率的变动，但劳动生产率毕竟是其中的一个重要方面，劳动生产率增长会相对减少就业量；而产业的技术密集度带来的技术进步、生产率上升率和增加值率，不一定影响产业的就业功能。

(5) 就业基准。从产业的要素密集度看，劳动密集型产业的就业功能强，资本密集型产业的就业功能弱，技术密集型产业则分为两种情况：劳动—技术密集型产业的就业功能相对较强，资本—技术密集型产业的就业功能相对较弱。但是，各个产业的实际就业功能及其差别还取决于产业的发展水平、趋势和特点。从产业的相对就业密度看，一方面是每亿元工业增加值或产品销售收入所对应的就业人数；另一方面，可以从产业的资本与劳动力比率来分析提供一个就业机会所需要的资本量。

(6) 可持续发展基准。制造业产业的可持续发展性，主要表现在资源消耗（物耗和能耗）低和环境污染小两个方面。这两个方面基本上可以通过产业的经济效益水平来考察，因为物耗和能耗本身就是经济效益的部分内容，而环境污染的大小一般可以通过治理污染的成本反映出来。至于高污染产业有负的外部性，我们可以将这些产业排除在外。这里主要通过总资产贡献率和工业成本费用利润率两项指标来考察我国制造业中各个产业的经济效益水平。

此外，还有比较优势基准、动态能力基准和国情基准，等等。

然而，主导部门的更迭序列不是任意的，而是具有技术的、经济的内在逻辑，呈现出有序的方向性。罗斯托把纺织工业说成是“起飞”阶段古典式的主导部门；钢铁电力、通用机械等是成熟阶段的主导部门；汽车制造业则是群众性高消费阶段的主导部门。主导部门这种有序演变实际上反映了产业结构高级化的趋势。因为产业结构高级化本质上并不是指某些部门比例的上升或下降，而是指技术集约化。因此，只有引入了新的生产函数，出现对其他部门增长有广泛的、直接或间接影响的主导部门的更迭，才能提高整个产业的技术集约化程度，导致产业结构向高级化方向演进。因此，产业结构变动的方向性是由创新在某一产业内迅速、有效地积聚，并通过部门间的技术联系发生扩散效应来决定的。可见，以创新为核心的主导部门的更迭正是产业结构高级化的作用机制。

（二）按价值链路线促产业升级

格里芬（Gereffin，1999）关于东亚服装产业的一系列研究，开始了“价值链思路”下的“产业升级”研究。这种思路下，一国（地区）的产业被视做全球价值链（Global Value Chain，GVC）的一部分，产业升级可以看成该国（地区）的企业以及产业整体在价值链上或者不同价值链间的攀越过程，其意义不仅仅是统计上的产业结构变迁，更重要的是增加价值获取，以及企业增加值、国家税负、劳动者收入、企业与国家形象乃至自然环境等一系列条件的改善。从全球价值链的角度来研究的产业升级，指的是价值链之中或尚未嵌入的企业通过嵌入价值链获取技术进步和市场联系，从而提高竞争力，进入到增加值更高的活动中。升级过程包括各个价值环节内在属性和外在组合两个方面的变动，这两方面都连接在同一链条之中或不同链条之间。由于一个国家或地区在全球价值链中所处的功能环节直接决定了其在该产业获得的附加价值，因此要想改变在价值链中的被动局面，发展中国家的产业必须进行升级。

全球价值链可以分为技术、生产和营销三大环节。在全球价值链下，产业升级的目的是获取技术进步或加强市场联系，从而提高竞争力，其形式主要有四种，即工艺流程升级（process upgrading）、产品升级（product upgrading）、功能升级（functional upgrading）和链条升级（chain upgrading），各升级模式的实践形式如表 2－6 所示（Humphrey，Schmitz，2000）。对于从价值链的低端环节进入全球价值链的企业来说，产业升级一般都遵循从工艺流程升级到产品升级，再到功能升级，最后到链条升级的顺序（Gereffin，1999）。但这一规律也不是不可改变的，例如，当出现技术创新性突破或政策扶持时，就可能实现非常规的升级轨迹。

表 2－6　全球价值链各升级模式的实践形式

升级模式	实践形式
工艺流程升级	通过重新生产系统或引进先进技术，提高价值链中加工流程的效率
产品升级	通过引进新产品或改进已有产品，比竞争对手更有效率，转向更先进的生产线（增加单位价值）
功能升级	重新组合价值链中的环节，以提高经济活动的附加值。获得新的功能或放弃已有的功能，增加经济活动的技术含量。例如，从生产环节向设计环节和营销等利润丰厚的环节跨越，改变企业自身在价值链中所处的位置
链条升级	从一条价值链跨越到一条新的、价值量高的相关产业的价值链，企业把在一产业获得的能力应用到另一个新的产业，或转向一个新的全球价值链中

资料来源：J. Humphrey and H. Schmitz，Governance and Upgrading：Linking Industrial Cluster and Global Value Chain [R]. IDS Working Paper 120，Brighton，2000。

工艺流程升级是通过整合生产系统或者引入先进技术含量较高的加工工艺，使投入更高效率地转化为产出，从而保持和强化对竞争对手的竞争优势。比如，传统制造业中计算机技术的使用就促进了流程升级。产品升级是通过提升引进新产品或改进已有产品的效率达到超越竞争对手的目的，具体体现为从低附加值的低层次简单产品转向同一产业中高附加值的更为复杂、精细的产品，比如从衬衫到西服的升级。功能升级是通过重新组合价值链中的环节来获取竞争优势的一种升级方式。企业从低附加值价值环节转向高附加值价值环节的生产，更多地把握战略性价值环节。比如，从制造环节到营销、设计等价值环节。通常把从委托加工到贴牌生产到自有品牌创造的转换看做是功能升级的基本路径。链条升级是从一产业链条转换到另外一条产业链条的升级方式。企业利用在特定价值环节获取的竞争优势嵌入新的、更加有利可图的全球价值链。比如，从自行车价值链到摩托车价值链再到汽车全球价值链的转变。

对于工艺流程升级、产品升级、功能升级和链条升级四种产业升级的方式，众多研究表明，其内部是有一定规律可循的。一般认为，产业升级一般都依循从工艺流程升级到产品升级，再到产业功能升级，最后到价值链条升级这一规律（见表2－7）。但应指出，当技术出现突破性创新时，升级轨迹可能打破常规。当然，随着产业升级的不断深化，附加价值不断提升，参与价值链中实体经济活动的环节变得越来越稀少，产业空心化程度也将不断提升。

表2－7　　全球价值链产业升级的一般轨迹

发展轨迹	工艺流程升级	产品升级	功能升级	链条升级
实证	委托组装（OEA） 委托加工（OEM）	自主设计和加工（ODM）	自主品牌生产（OBM）	链条转换（例如从收音机到计算机）
经济活动中非实体性程度	随着附加价值不断提升，经济活动非实体性或产业空心化程度也不断提升			

资料来源：R. Kaplinsky and M. Morris，*A Handbook for Value Chain Research* [M]. Prepared for the IDRC，2002。

从全球价值链的角度来研究我国在全球化背景下的产业发展问题，需要有全球视野和方法。在日益加速的经济全球化大背景下，一国产业结构已经逐步融入国际分工合作为主线的国际产业结构体系之中，其产业结构调整已不是传统意义上产业结构调整的延伸，而要以构建开放型的经济体系为导向，形成与开放经济相适应的资源配置方式。整个产业结构重组应当以参与国际经济循环为立足点，以提高国际竞争力为中心，使生产结构适应国内、国际的市场需求结构及其变化，才能达到产业结构演进、升级的良性循环。全球价值链方法更强调国家发展政策的制定不应仅立足于单一国家视角，而是要超越国界，从更开放、更全面的视角来研究全球化背景下产业发展政策的调整，以实现国家的战略利益。其理论框架的核心是，通过识别价值链战略环节，根据自身已有条件和价值链的治理模式来找到最合适的切入点或价值环节，突破价值链升级的瓶颈，根据该价值链的增值路径来安排未来产业发展战略，以此为基础，制定实施反映产业升级规律、符合中国国情的产业促进政策。我国需要重新审视和调整企业战略以及相应的产业发展政策，以推进产业升级，提升在全球价值链体系中的位置，进一步增强产业国际竞争力，为国家谋取更大的战略利益。产业升级的实现取决于企业层次的个体努力、产业层次的集体行动以及政府产业政策的支持。这种政府产业政策的支持将极大地鼓励本国企业去进行技术创新，从而促进本国的产业升级。另外，从整个社会层面来看，政府、产业与企业间的互动对于一国产业升级也有重要的作用。同时，制度、文化建设是产业实现升级的依托和内生要素。

由于各方面因素的综合作用，全球价值链是连续动态变化的，因此，我国产业应不断挖掘自身内生因素，利用集群的自增强效应、积累效应，以主动的方式不断改变自身在全球价值链中的组织，保持和强化集群在“战略性环节”的竞争优势，提高集群所在价值环节的进入壁垒，最终通过不断的调整嵌入价值链的方式，促进集群实现持续升级。总之，我国需要不断重新审视和调整企业战略以及相应的产业发展政策，以推进产业升级，提升在全球价值链体系中的位置，进一步增强产业国际竞争力。

二　工业结构优化升级的实现途径

（一）培育与完善市场机制

市场选择机制是工业结构优化升级的微观机制，培育与完善市场选择机制，使其更加有效地运行，能够加速推动产业发展和新旧产业更迭，促进工业结构优化升级。

第一，深化政府管理体制改革，完善市场机制，优化产业发展和结构调整的制度环境。坚持以市场为主体，政府应由经济性管制转向社会性管制，尽量少采取随意性强的直接行政干预手段，为产业结构调整创造有利的制度环境。

第二，营造竞争性的市场环境，充分发挥市场机制功能。竞争强度越高，市场选择系数越大，产业发展速度越快，工业结构优化升级进度越快。

第三，创造有利条件，为企业营造更好的融资环境。企业融资越是容易，市场选择系数越大，产业发展速度越快，工业结构优化升级进度越快。

（二）根本途径：推动创新过程

自主创新是提升科技水平和经济竞争力的关键，也是调整产业结构、转变发展方式的中心环节。建立以企业为主体、市场为导向、产学研相结合的技术创新体系，形成自主创新的基本体制架构，通过推动创新来促进工业结构优化升级。

（1）通过对创新活动进行引导来促进工业结构优化升级。在工业结构优化升级的不同阶段，主导产业不同，急需的技术支持也不同。因此要根据自身发展阶段的变化，制定动态的创新规划，明确每一个时期所急需的创新成果，并制定相应的激励机制，引导创新者根据工业化发展的实际需要进行有的放矢的创新活动。

（2）加大政府对通用技术创新的投入，提升产业技术外溢效应，促进工业结构优化升级。通用技术创新往往能够对一系列相关产业发展起到积极的推动作用，类似于公共物品，政府应加大公共投入力度。同时，通过政府补贴等方式，鼓励企业之间和产业之间的技术共享，提升产业技术外溢效应。这不仅有利于各产业自身发展，同时也能够提升产业之间的技术关联程度，促进工业结构优化升级。

（3）为企业的创新活动提供足够的制度保障，激励企业自主创新，促进工业结构优化升级。通过完善专利保护制度等方式，给予企业创新行为足够的制度保障，使企业进行自主创新的积极性加强，能够有效地促进工业结构优化升级。

（4）加大引进适宜技术力度，提升对引进技术的消化吸收能力，促进工业结构优化升级。在招商引资和对外贸易过程中，通过政策引导，能够更好地引进适应本国工业化道路和发展阶段的适宜技术。与此同时，通过产、学、研结合等方式提升对引进技术的消化吸收能力，都能够有效地推进本国工业结构优化升级。

（三）优化调整需求结构

需求结构升级是带动工业结构高度化的重要动力之一，同时工业结构与需求结构的耦合程度决定了工业结构协调程度，因此可以通过优化调整需求结构来促进工业结构优化升级。

（1）促进居民收入水平提升，加快消费结构升级。通过提高劳动报酬在收入分配中的比重能够在短期内快速提升居民收入水平，并促进消费结构升级。国内消费是总需求中最为稳定的有效需求，消费结构的升级能够有效地带动工业结构优化升级。

（2）通过政策手段激励企业购买更加高端的资本品。当企业在选购资本品的过程中，面对便宜的成熟设备和昂贵很多但性价比较低的新型设备时，往往会选择前者，这是经济人的理性选择。但是如果政府通过补贴等方式鼓励企业购买新型设备就能够有效地改变企业的需求结构，从而带动新兴制造业的发展，促进工业结构优化升级。

（3）进一步开拓国际市场，提升工业结构的协调性。国际市场的进一步开拓和稳定，能够有效地提高需求结构的稳定性，当需求结构或工业结构受到冲击，协调性降低时，国际市场能够起到很好的缓冲作用。

（4）进一步完善产品市场价格调节机制，提升产品市场的开放度。通过推进市场化进程，使工业产品价格由供求关系决定，同时消除市场分割，提升产品流通速度，这样就能有效地提升工业结构与需求结构的协调性。

（四）优化调整要素禀赋结构

（1）引进外资并优化结构。引进外资能够快速改变国内要素禀赋结构，提升资本要素的丰裕度，推动资本密集型行业发展。在招商引资过程中优化引资结构，提升外商投资质量，通过外溢效应也能够促进本国工业结构优化升级。

（2）增加人力资本投资。现代工业发展过程中，人力资本要素是非常重要的，而人力资本的积累需要通过教育和培训，并不像资本积累那样简单。重视教育的国家资本积累的速度会更快；反之则较慢。

（3）完善要素市场价格调节机制，提升生产要素的流动性。通过完善要素市场化改革，使生产要素的价格由供求关系决定，同时提升生产要素的流动性，就能够有效地推动工业结构的高效化过程。

第三章　工业结构优化升级的测评体系构建

第二章中，我们总结了工业化过程中结构演变的一般规律，探讨了结构演变的机制机理，并建立了一个工业结构优化升级的分析框架。但是，要想对工业结构优化升级问题进行更加深入细致的研究，就必须对工业结构变动进行系统的定量描述和测评，也就是需要有一套行之有效的工业结构优化升级的测度方法。然而，目前学术界尚未形成一套公认的工业结构测评体系，这从某种程度上制约了整个工业结构研究的进展。

第一节　现有结构优化升级定量研究述评

从目前收集到的资料看，可用于产业结构调整优化的模型主要有投入产出模型、国民经济计划模型、计量经济学模型、多目标规划模型和系统动力学模型。可用于产业结构优化测度的方法主要有多元统计分析方法、协同学方法、灰色理论方法、模糊综合评判以及 DEA 测度方法。姜照华、刘则渊（1999）根据可持续发展的四个基本要求（经济效益的不断提高、充分就业、资源的节约和生态环境的改善）建立起产业结构的拉格朗日（Lagrange）函数及其优化模型，并给出了求解方法。这种方法具有经济学和可持续发展理论基础，并且不存在参数辨识问题，具有可操作性，因而，可以广泛地应用于生态城市等的经济发展规划中。宋锦剑（2000）认为，产业结构的优化升级是永恒性统计规律，并从统计的角度对产业结构的演进和调整作了全面的探讨，构建了产业结构优化升级的测度指标群，分别是产业结构高度化程度的指标体系、产业地区结构状况指标体系、产业组织结构监测指标体系、行业寿命周期状态指标体系，并对指标体系中的各指标给出具体的测度方法。潘文卿（2002）以中国经济社会可持续发展为背景，提出一个经济增长与产业结构调整的优化模型，并以此为基础，对中国在21世纪前20年的中长期发展中，经济增长、就业变化、污染控制以及产业结构的转换与调整的“互动”关系进行了模拟与展望。谢曼（2002）利用投入产出模型，通过产业的感应度系数、影响力系数、生产诱发系数及生产的最终依赖系数来分析经济的结构比例、各产业间相互依存的程度、各产业的发展顺序以及产业的波及效果问题。赵卓、孙燕东、增晖（2003）利用灰色理论方法，以三次产业经济增长为控制目标、三次产业劳动力和投资量为控制变量，建立GM（1，3）模型，并利用GM（1，3）模型对鸡西市产业结构进行分析。伦蕊（2005）建立了一种对产业结构自组织能力的实证测评方法以考察产业结构合理化程度，认为产业结构自组织能力的核心体现在经济资源通过一定的产业结构自动实现最优化配置的能力。宋鸿明（2004）定量测度了我国三大产业的就业结构高度和三大产业间产值结构高度。产业结构高效化是近年来独立出的产业结构优化理论研究的又一重要内容。产业结构高效化不仅可以使一个国家或地区产业结构高技术化、高加工度化和高附加值化，而且能围绕高效产业建立一个结构紧凑、相互协调而又具有经济效益的产业体系，更好地实现经济活动对提高资源配置效率的追求。施刚（2004）提出产业结构高效化三方面的标志，分析了中国产业结构的效率问题。

现存文献所涉及的产业结构测度方法主要包括：（1）用各产业间产值或劳动投入的比重对产业结构进行描述和比较；（2）由钱纳里等人提出的“标准结构”法；（3）用于产业结构相对比较的“相似系数法”和“距离判别法”；（4）以“工业结构变化指数”和“霍夫曼指数”为代表的侧重于对产业结构的某一方面进行评价的指数法（王岳平，2004；郑林，1992；杨公朴，2005；杨公朴、夏大慰，2002；宋锦剑，2000）。这些方法在一定时期内对产业结构研究起到了一定的推动作用，但是，这些方法也存在一定的缺陷，主要体现在以下几个方面：一是由于对产业结构优化内涵的理解不同，测度方法的选取上虽有所不同，但实质上仍然是对产业结构高级化的测度问题。有的学者尽管将产业结构优化理解为产业结构合理化、产业结构高级化的过程，但测度指标单一，或是将第一、二、三产业的比例关系同“标准结构”相比较，或是将就业结构与“标准结构”相比较来测度一个国家或地区产业结构合理化、高级化的程度，带有较大的片面性。二是由于影响产业结构优化的因素众多，尽管国内有的学者根据国内外相关研究成果，建立了产业结构优化评价指标体系，但未考虑指标之间可能存在的自相关、指标的时效性、地域性等问题，因此不能真实地反映我国经济社会发展阶段面临的特殊问题，有的指标体系指标过多、计算过于烦琐，给收集数据带来很大的难度，也降低了研究的可操作性。三是关于产业结构优化定量化评价研究体系尚未建立。因此，对新型工业化道路下产业结构优化升级的综合测评方法的研究有助于加强当前相关理论研究的薄弱环节，具有极高的理论价值。

第二节　本书采用的主要测评方法

基于现有测评方法存在的上述问题，我们亟须一种与我国新型工业化战略思想相一致，且能更好地指导我国现阶段战略性工业结构（产业结构）调整的新方法体系，将工业结构优化升级研究推向更深层次。在这种背景下，我们一方面对现有结构演变测度方法进行了合理的借鉴和吸纳；另一方面也引入并新创了一些新方法，并将这些方法和手段有机地结合起来，试图能够构建一套更加全面科学的工业结构优化升级测评体系。以下将对本书所采用的几种主要测评方法进行简要介绍。

一　投入产出法

工业结构的含义不仅包括工业行业之间的结构比例关系，而且还包括工业行业之间的经济技术联系，这种经济技术联系越紧密，工业部门的聚合能力就越强。而投入产出法正是用于分析行业间关联关系的重要方法，因此，投入产出法也就理所当然地成为分析行业结构问题时不可或缺的核心手段之一。本书测评体系中也采用了投入产出分析中的一些基本方法，具体如下：

（一）直接消耗系数（a_{ij}）

直接消耗系数的计算公式是：$a_{ij}=\frac{x_{ij}}{x_j}$，其中，$x_{ij}$是投入产出表中间流量矩阵中元素，$x_j$是投入产出表总投入（行）向量中元素。直接消耗系

数的值表示 j 部门生产单位产品对 i 产品的直接消耗量。直接消耗系数 a_{ij} 的值越大，表示两个行业之间的关联关系越密切，确切地说，a_{ij} 的值越大，表明 j 部门对 i 部门的直接依赖程度或牵引作用越大，也就是 i 部门对 j 部门的直接制约作用或感应程度越大。

（二）完全消耗系数（b_{ij}）

完全消耗系数是通过矩阵运算得到的，即 $B = (I - A)^{-1} - I = (b_{ij})_{n\times n}$，完全消耗系数的值表示 j 部门生产单位最终产品对 i 产品的完全消耗量（包括直接消耗量和间接消耗量）。b_{ij} 的取值从直接消耗和间接消耗的角度更为完整地刻画了 j 部门对 i 部门的依赖程度或牵引作用，也即 i 部门对 j 部门的制约作用或感应程度。

（三）影响力系数（F_j）

影响力系数的计算公式是：$F_j = \dfrac{\sum\limits_{i=1}^{n} b_{ij}}{\frac{1}{n}\sum\sum b_{ij}}(j = 1,2,\dots,n)$，某部门的影响力系数越大，表示该部门对其他部门的拉动作用越大，当系数大于（小于）1 时，表示该部门的生产对其他部门所产生的波及影响程度高于（低于）社会平均影响水平（即各部门所产生的波及影响的平均值）。（中国投入产出学会课题组，2006）

（四）感应度系数（E_i）

感应度系数的计算公式是：$E_i = \dfrac{\sum\limits_{j=1}^{n} b_{ij}}{\frac{1}{n}\sum\sum b_{ij}}(i = 1,2,\dots,n)$，某部门的感应度系数越大，表明该部门对国民经济的推动作用越大，感应度系数大于（小于）1 时，表示该部门的感应程度高于（低于）社会平均感应度水平（即各部门的感应程度的平均值），感应度系数越大的部门越具有基础产业和瓶颈产业的属性。

值得特别说明的是，本书所用的投入产出表，是通过官方公布的投入产出表进行部门调整和可比价格调整之后得到的，依据调整之后的投入产出表计算的以上系数与依据原投入产出表计算的系数存在差异，尤其是可比价格的调整会使直接消耗系数发生很大变化。这样做的好处是，消除了因经济波动带来的不同行业间结构性价格波动对产业关联分析造成的影响，有利于进行不同时期间的比较分析。

二 KLEMS 行业生产率核算法

经过较长时间的寻找和比较，我们认为，可以将 KLEMS① 生产率核算方法引入工业结构优化升级研究中，KLEMS 生产率核算体系是在乔根森、Gollop 和 Fraumeni 等对全要素生产率增长率计算方法的开创性研究的基础上建立起来的。在欧盟委员会的资助下，欧盟 KLEMS 生产率核算工作已经取得了很大进展，同时，在美国、加拿大、日本等国家也正进行着此项工作。其主要目的在于从产业层面监控和评价生产率的变化，从而推动经济增长领域的经验和理论研究，为相关政策实施提供依据（M. Timmer et al.，2007）。

在测度生产率时，产出既可以选择总产出口径，也可以选择增加值口径。目前使用最频繁的是基于增加值概念的生产率测度，如著名的索洛模型。为了能够从产业层面对经济增长、生产率、就业创造、资本形成和技术进步等方面进行测度，并便于考察产业关联情况，KLEMS 生产率核算体系选择了总产出口径的测度方法（E. Strassner et al.，2005）。具体来说，就是将总投入分解为资本（K）、劳动（L）、能源（E）、材料（M）和服务（S）五大类，其中 K 和 L 属于最初投入（增加值），E、M 和 S 属于中间投入②。

KLEMS 的基本方法是基于生产函数和经济增长理论，运用产业生产函数来测量产出增长的源泉。以生产可能性边界为基础，产业总产出是由资本、劳动、中间投入和技术决定的函数（J. Baldwin et al.，2001）。

其中，t 表示时间，j 表示不同产业，每一产业可生产不止一种产品，i 表示其所生产的不同产品，各产业有自己的生产函数且购买一系列不同的中间投入（记为 X）、资本投入（记为 K）、劳动投入（记为 L）。生产函数如下：

---

① 该核算体系将总投入分解为资本（K）、劳动（L）、能源（E）、材料（M）和服务（S）五大类，因此称为“KLEMS”。

② 总产出 = 总投入 = 最初投入 + 中间投入；增加值 = 最初投入 = K + L；中间投入 = E + M + S。

$$Y_j = g_j\ (Y_{ij})\ = f_j\ (K_j,\ L_j,\ X_j,\ T) \tag{3-1}$$

在假定利润最大化行为、竞争性市场、要素价格等于边际成本、规模报酬不变的前提下，总投入 = 总产出：

$$P_j^Y Y_j = P_j^K K_j + P_j^L L_j + P_j^X X_j \tag{3-2}$$

可以将全要素生产率（TFP）增长（$\Delta \ln t_j$）定义如下：

$$\Delta \ln A_{jt}^Y = \Delta \ln Y_{jt} - \bar{v}_{jt}^X \Delta \ln X_{jt} - \bar{\nu}_{jt}^K \Delta \ln K_{jt} - \bar{\nu}_{jt}^L \Delta \ln L_{jt} \tag{3-3}$$

TFP 增长率等于产出实际增长率减去要素增长率的加权平均。其中，$\Delta x = x_t - x_{t-1}$定义为第 t 期与第 $t-1$ 期的差，$\bar{\nu}_{jt}$（带上横线）表示时期平均值。

$$\nu_{jt}^X = \frac{P_{jt}^X X_{jt}}{P_{jt}^Y Y_{jt}};\ \nu_{jt}^L = \frac{P_{jt}^L L_{jt}}{P_{jt}^Y Y_{jt}};\ \nu_{jt}^K = \frac{P_{jt}^K K_{jt}}{P_{jt}^Y Y_{jt}} \tag{3-4}$$

将（3-3）式整理得：

$$\Delta \ln Y_{jt} = \bar{v}_{jt}^X \Delta \ln X_{jt} + \bar{\nu}_{jt}^K \Delta \ln K_{jt} + \bar{\nu}_{jt}^L \Delta \ln L_{jt} + \Delta \ln A_{jt}^Y \tag{3-5}$$

其中，各投入（用 I 表示）对总产出的贡献定义为 $\bar{v}_{jt}^I \Delta \ln I_{jt}$。（3-5）式中对总产出的分解就是 KLEMS 增长核算的核心（M. Timmer et al.，2007）。

在核心方程式（3-5）的框架下，建立并完善 KLEMS 数据库是整个核算体系的中心任务，在此之前的 4 项准备工作（产出和中间投入核算、劳动核算、资本流量核算、相对价格水平测算）尤为重要，直接决定了最终数据库的可靠性，在建立数据库的具体过程中采取的基本方法包括国民核算的统计方法和投入产出分析（M. Timmer et al.，2007）。

如前所述，KLEMS 核算方法对产业发展研究具有极其重要的基础性意义，但这还不足以成为我们将其引入工业结构优化升级测评体系的充分理由。我们之所以会将其引入本书是因为 KLEMS 方法能够对工业结构变动进行全面准确的描述、评价、解释和预测，其功能之强大非其他方法可以与之匹敌。

（一）KLEMS 方法的描述功能

工业结构是一个内涵丰富的概念，单纯使用一两个变量显然很难对其进行全面的描述。而 KLEMS 的基础数据库可以为全面地描述产业结构的历史和现状提供强大支持。

首先，产业间的生产技术经济联系一般是通过投入产出法来描述和分析的，而 KLEMS 体系与投入产出分析的思想正好相吻合，注重对中间产品交换的考察，因此，在 KLEMS 体系的基础上能够很好地描述产业间的生产技术经济联系。

其次，由于数据获取困难，对产业间数量比例关系进行描述的常用方法仅考虑劳动数量和产值两个指标，这样做显然是不全面的。KLEMS 体系则提供了资本、劳动、能源、原材料和生产性服务等各项重要资源在产业间分布的详细情况。

最后，由于 KLEMS 数据库中有产业层面的单要素生产率和全要素生产率数据，这就为分析和研究产业间的技术结构提供了可能。

（二）KLEMS 方法的评价功能

产业结构是投入产出的转换器，也有人把产业结构称为“黑箱”（戴伯勋、沈宏达，2001）。产出对于投入的倍加数量，就取决于产业结构这个转换器。正因为产业结构是个“黑箱”，所以，探究其中的奥妙非常困难，于是我们才通过产业层面的投入和产出两个方面来对其进行间接描述。要想进一步对产业结构进行评价，即评价其将投入转换为产出的效率，仅利用前述的描述指标显然是不够的，虽然许多学者试图通过多方面衡量和综合测度的方法来全面评价产业结构，但是，使用综合评价的方法就会面临多方面衡量指标的加总问题，而各指标权重的确定始终没有一个令人信服的客观方法。所以，需要一种更具操作性的产业结构评价方法。

王岳平（2004）指出，利用高级生产要素的生产率来测评产业结构优化升级是最理想的方法。在对产业结构优化升级的机制分析及产业增长的来源分解的过程中，我们发现全要素生产率是其中的核心变量（见图 3－1），产业结构升级的主要动力就是广义技术进步所带来的产业间生产率的差异；而产业结构优化的过程同样是通过产业层面和企业层面的一系列自我协调机制来进一步提高产业结构的转换效率（全要素生产率）；在对产业总产出的分解中，我们也能清晰地看到全要素生产率、高级生产要素生产率及其他投入的贡献率都是重要的解释变量。因此，只要有了以上提到的这些生产率变量，就能够很好地对工业结构优化升级进行评价。而 KLEMS 数据库正好为我们提供了这些变量的时间序列数据。

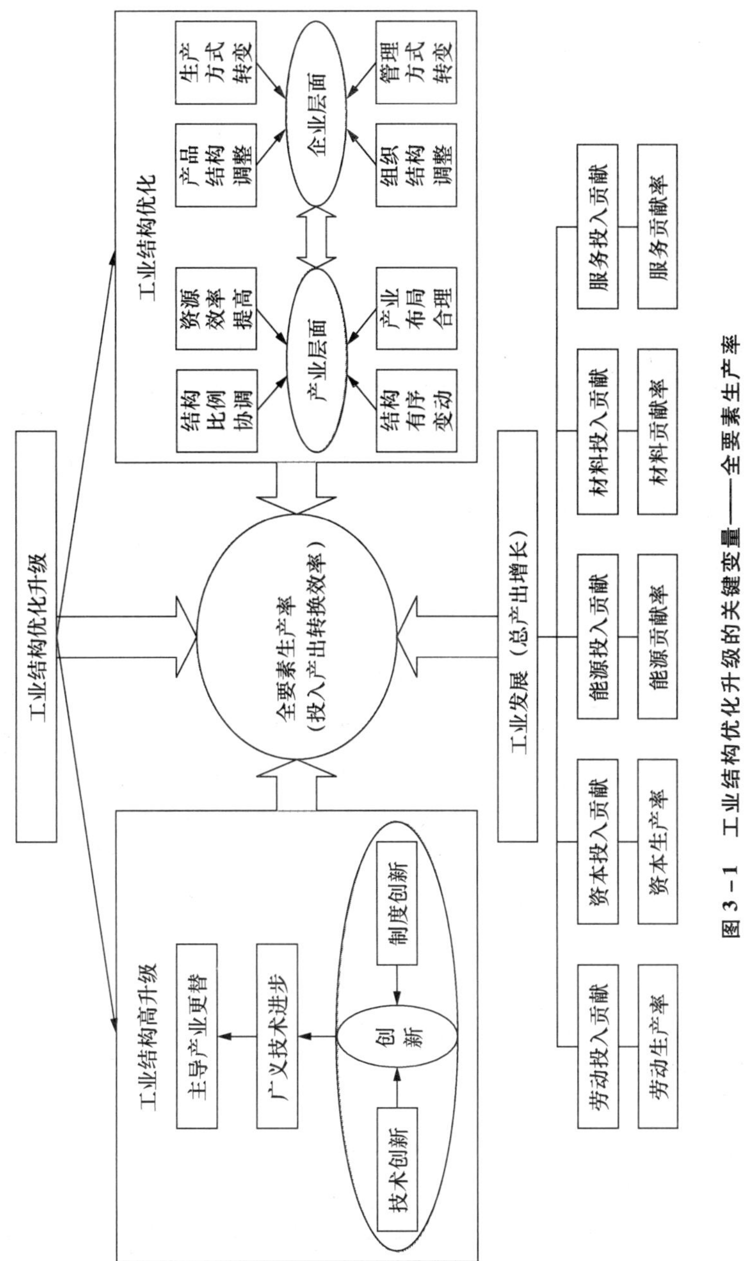

图3－1　工业结构优化升级的关键变量——全要素生产率

（三）KLEMS方法的解释和预测功能

经济发展过程中，导致工业结构发生变动的因素是多方面的，只有对这些动因进行较为全面的考察，才能对工业结构的变动作出比较准确的解释和预测。许多学者分析并总结了工业结构变动的主要决定因素，综合各方意见，影响产业结构变动的主要因素有技术进步、需求结构和供给结构等几个方面（张培刚，2001；邬义钧，2001；王述英，2006；林峰，2006），而利用KLEMS体系中包含的数据就基本上可以对各方面因素进行分析。

技术进步是工业结构演进的根本推动力。其影响工业结构的核心机制在于它导致了不同工业行业的生产率上升率的差异，而基于KLEMS数据库的生产率数据恰好能够方便我们考察不同工业行业间的生产率上升率的差异，进而解释工业结构的历史变迁和预测工业结构未来的趋势。

需求结构是影响工业结构变动的另一主要因素，由于各种产品的需求收入弹性不同，因此，随着收入水平的提高，对不同产品的需求结构就会发生变化，从而影响工业结构。而基于KLEMS数据库，我们可以方便地考察收入水平、收入结构以及最终使用结构的变化，进而可以解释和预测需求结构的演变。

供给结构是指不同资源（包括劳动和自然资源①）的拥有量和相对价格结构。这些资源作为生产活动所必需的投入要素对工业结构具有直接影响作用，但是很少有相关的数据来源，而KLEMS数据库却可以提供各种主要生产投入的相对价格水平，进而可以进一步分析供给结构的变动。

三　偏离—份额法

偏离—份额方法是在区域经和产业结构分析中被普遍使用的方法，该方法最早是由Fabricant（1941）来分析劳动力转移对生产力的影响效应。后来，米塞尔（Missell，1961）将其扩展到劳动力和资本在企业内流动对经济和产业结构的效应研究。而且在同一时期，Dunn、Perloff、Lampord、Muth等人对此方法还进行了完善，直到20世80年代，经过Dunn的综合，该方法才成为被人们普遍使用的研究方法。偏离—份额法最早使用于

① 从概念上讲技术也应该属于一种资源供给，但是，由于技术的特殊性，因此，将技术从供给结构中分离出来，单独分析。

分析劳动力在产业间转移时对劳动生产率的影响，以下就以此为例介绍该方法的基本思想。

导致总劳动生产率变化的因素和机制是多方面的，既包括单个行业劳动生产率的变化，也包括各行业劳动份额的变化，还包括以上两种变化的交互影响。偏离—份额法提供了一种便捷的工具将总劳动生产率的变化分解为以上三个方面，从而使我们能够清晰地观察到工业结构变动的影响效应。具体方法如下：

$$growth(LP_T) = \frac{LP_{T,fy} - LP_{T,by}}{LP_{T,by}} = \frac{\sum_{i=1}^{n} LP_{i,fy}S_{i,fy} - \sum_{i=1}^{n} LP_{i,by}S_{i,by}}{LP_{T,by}}$$

$$= \frac{\overbrace{\sum_{i=1}^{n} LP_{i,by}(S_{i,fy} - S_{i,by})}^{(1)\text{静态转移效应}} + \overbrace{\sum_{i=1}^{n} (LP_{i,fy} - LP_{i,by})(S_{i,fy} - S_{i,by})}^{(2)\text{动态转移效应}} + \overbrace{\sum_{i=1}^{n} (LP_{i,fy} - LP_{i,by})S_{i,by}}^{(3)\text{内部增长效应}}}{LP_{T,by}} \tag{3-6}$$

在（3-6）式中，LP 表示劳动生产率，加下标 T 代表总劳动生产率，加下标 i 代表行业 i 的劳动生产率，下标 by 代表基期年份，下标 fy 代表期末年份，S_i 表示行业 i 的就业人数占总就业人数的份额。显而易见，（3-6）式将总劳动生产率的变化率分解成了三个部分。

第一部分代表从基期年份到期末年份的时期中劳动力在行业间分布构成比例的相对变化乘以基期年份的初始劳动生产率，这一部分被称为静态转移效应。如果劳动生产率较高的行业吸纳了更多的劳动者，从而使其行业劳动份额增加，则静态转移效应就为正；反之则为负。从静态转移效应的含义来看，与前述结构红利假说不谋而合。我们可以依据静态转移效应的大小来对结构红利假说进行检验。从测评工业结构优化升级的角度来说，这一部分则代表其他情况不变（尤其是技术水平不变）的情况下，纯粹由行业结构变动所导致的总量效益优化。

第二部分是一个交叉影响项，代表行业劳动份额变动与行业劳动生产率变动共同对总劳动生产率产生的交互式影响，称为动态转移效应。如果一些行业的劳动生产率和劳动份额同时提高，这种交互式影响对总生产率增长的贡献为正（当然，如果一些行业的劳动生产率和劳动份额同时下降，则该项也为正）。换句话说，越多的劳动力资源流向劳动生产率高速增长的行业，该交叉项的值越大，即对总劳动生产率增长的贡献越大。但是，如果劳动生产率高速增长的行业不能维持它们在总就业中所占的份额，则该交叉效应就为负值。这一负效应越大，则说明越多的劳动生产率高速增长行业面对着劳动份额逐步下降的情况。因此，这一交叉相乘项可以用来检验前述的结构负利假说，原因在于结构负利假说预言，高速增长行业的就业结构份额会逐步下降，而衰落行业的就业份额会逐步上升。从测评工业结构优化升级的角度来说，静态转移效应的大小可以被认为是过去结构偏差的大小及对其的修正程度，那么动态转移效应则可以反映一段时期内结构偏差（结构负担）的产生，从而进行预警。

第三部分反映没有结构变化（即各行业就业份额保持不变）时，仅由各行业内部劳动生产率变动所导致的总劳动生产率的变动，称为行业内部增长效应。该部分与工业结构变动的分析基本无关，在此就不再进行详细分析。

以上以总劳动生产率增长的分解为例介绍了偏离—份额方法的基本思路以及在产业结构（工业结构）优化升级测度研究中的作用。本书在使用这一方法时将不仅局限于工业结构变动对工业总劳动生产率的影响，还将涉及对全要素生产率、增加价值率、总资产贡献率、能源利用效率几个方面的测算和分析。

第三节　工业结构优化升级测评指标体系的构建和阐释

基于前面对工业化进程中结构演变的一般规律和机制机理的全面分析，以及本章中对现有工业结构优化升级测评方法的梳理，我们已经确定了工业结构优化升级的测评对象、原则和标准。以下将对本书所构建的工业结构优化升级测评体系加以描述和解释。

一　工业结构演变基础指标

只有建立一个工业结构演变基础指标群，并对数据进行不断更新处理，才能对工业结构演变进行动态监测和准确测评，此项工作是整个工业结构优化升级测评体系的基础和保障。经过反复甄选，我们一共选取了13项基础指标，其中9项时间序列指标，用于观察工业结构随时间演变的趋势，4项横截面指标用于比较工业结构在地区间的差异，具体如表3-1所示。

表3-1　工业结构演变基础数据库

测度指标	
时间序列数据	各行业增加值占总增加值的比例
	各行业就业人数占总就业人数的比例
	各行业资本存量占总资本存量的比例
	各行业中间投入占总中间投入的比例
	各行业能源消耗占总能源消耗的比例*
	各行业"三废"排放占总"三废"排放的比例*
	各行业的直接消耗系数*
	各行业的完全消耗系数*
	各行业的影响力系数
	各行业的感应度系数
横截面数据	各地区某工业行业增加值占全国该工业行业总增加值的比例
	各地区某工业行业从业人员占全国该工业行业总从业人员的比例
	各地区某工业行业能源消耗占全国该工业行业总能源消耗的比例*
	各地区某工业行业"三废"排放占全国该工业行业总"三废"排放的比例*

注：带*号的测度指标为辅助指标。

如表3-1所示，测度行业比例关系的核心指标包括增加值比例结构、就业人数比例、资本存量比例，运用这三个核心指标能够从产出和投入两个方面对工业与其他产业以及工业内部行业间的比例结构进行描述。另外，还附加了两个辅助指标，即能源消耗比例和"三废"排放比例，分别表示各行业能源消耗和"三废"排放占总量的比例，用来反映各行业在能源消耗和环境破坏方面的比例结构关系。

测度行业关联关系的核心指标包括影响力系数和感应度系数，辅助指标包括直接消耗系数和完全消耗系数。这四个系数都是根据投入产出表计算出来的，具体计算方法详见前述有关投入产出法的相关内容。

二 工业结构高度化测评指标

本书拟从五个方面对我国工业结构高度化水平进行测评，即重工业化、高加工化、高附加值化、高技术化和研发投入强度，指标的具体测算方法和说明如表3-2所示。

表3-2 工业结构演变阶段评价指标

评价指标	简要说明
重工业化指数	反映工业化进程中重化工业发展程度
高加工化指数	反映工业结构演变过程中的高加工度化趋势
高附加值化指数	反映工业结构演变过程中的高附加值化趋势
高技术化指数	反映工业结构演变过程中的高技术化趋势
研发投入强度	反映工业结构演变过程中创新能力提升趋势

（1）重工业化指数=重工业总产值/工业总产值，该指标反映了一国工业结构重工业化程度。一般来说，指标值越大重工业化程度越高，但也需要具体情况具体分析。虽然重工业化并不是一国实现工业现代化的最终目标，但却是一个不可逾越的阶段。目前，关于中国是否处于重工业化阶段，以及该阶段会持续多久的争论非常热烈，这也证明，现阶段将重工业化指数作为工业结构升级的评价指标是审时度势的选择。不过，根据工业结构演变的一般规律，随着工业化的深入，重工业产值占工业产值的比重会由逐步上升转为保持平稳，到那时，重工业化指数将不再适合作为评价一国工业结构升级与否的考察指标。

（2）加工度指数=加工工业增加值/原料工业增加值，该指标反映了一国工业结构的高加工度化水平。一般情况下，指标值越大高加工度化程度越高。

（3）行业增加值率=行业增加值/行业总产值，该指标用来衡量一国工业结构的高附加值化趋势，增加值率变大，表示单位投入的增加价值上升，即高附加值化水平提高。该指标既可以计算工业整体的增加值率，也可以计算各工业行业的增加值率。工业整体的增加值率越大，工业结构高附加值化水平越高。通过对各工业行业增加值率变化的分析，可以更加深入地了解造成工业整体增加值率变化的原因。

（4）高技术化指数=高技术制造产值（增加值或总产出）/制造业产值（增加值或总产出），该指标用来衡量一国工业结构的高技术化趋势，指标值越大表示工业结构的高技术化水平越高。学术界普遍认为，工业结构的高技术化不仅包括高技术产业产值比例上升，而且还应该包括高技术对传统产业的改造。本书完全赞同这种观点，但是后者非常难以测度，而且在高技术对传统产业进行改造的过程中，必定会衍生出对高技术产品的需求，也就是说，随着高技术与传统产业融合程度的加深，有其所派生出来的对高技术产品的需求也在不断增加，则会促使高技术产业的产值比例进一步上升。因此本书认为，工业结构该技术化所包含的两个方面是高度相关的，其显性特征就是高技术产业产值比例的扩张。

（5）研发投入强度=研发投入/工业增加值。

三　工业结构高效化测评指标

根据前文对工业结构演变机制的分析，基于 KLEMS 全要素生产率核算方法，以及偏离—份额法对工业部门劳动生产率、增加价值率、总资产贡献率和能源生产率增长率的分解，我们设计了以下指标（见表 3－3），用以分析和评价工业结构演变效应。

表 3－3　　工业结构演变效应评价指标

评价指标	简要说明
全要素生产率增长对总产出增长的贡献率	反映工业结构演变对投入产出转换效率的优化作用
增加价值率增长的静态转移效应	反映工业结构演变对工业部门经济效益的优化作用
增加价值率增长的动态转移效应	
劳动生产率增长的静态转移效应	反映工业结构演变对劳动资源配置效率的优化作用
劳动生产率增长的动态转移效应	
总资产贡献率增长的静态转移效应	反映工业结构演变对资产配置效率的优化作用
总资产贡献率增长的动态转移效应	
能源生产率增长的静态转移效应	反映工业结构演变对能源利用效率的优化作用
能源生产率增长的动态转移效应	

指标的具体测算方法和说明如下：

全要素生产率增长可以用来反映工业部门的投入产出转换效率优化水平，该指标的计算详见（3－5）式；增加价值率可以用来反映工业部门的经济效益优化水平；劳动生产率可以用来反映工业部门的劳动力资源优化配置水平；总资产贡献率反映企业全部资产的获利能力，是企业经营业绩和管理水平的集中体现，总资产贡献率＝（利润总额＋税金总额＋利息支出）/平均资产总额，其中，税金总额为产品销售税金及附加与应交增值税之和；能源利用效率则是用以反映工业部门能源配置利用效率的重要指标，本书中将其定义为：

能源利用效率＝增加值/能源消耗

正如前面介绍偏离—份额法时所提到的，以工业部门为对象的上述各项指标的变化可以被分解为三个部分，即静态转移效应、动态转移效应和行业内部增长效应，其中仅有前两项是由工业结构变动所引发的。因此，我们的测评重点就集中于静态和动态转移效应。

四　工业结构协调化测评指标

根据前文的界定，工业结构协调化是指工业行业产出结构与需求结构之间的协调程度。可以利用工业行业产能利用率这一指标来评价工业行业的协调化程度。由于我国没有直接公布各工业行业产能利用率数据，所以需要寻找一些替代指标和方法来衡量工业结构的协调化程度。本书利用固定资产产出率来估算工业结构协调化程度。

工业结构协调程度相对指标＝固定资产产出率（本期）/固定资产产出率（上期）。其中，固定资产产出率＝行业总产出（不变价格）/固定资产。固定资产产出率表示计算期内单位固定资产生产的产品价值，也就蕴涵着产能利用率水平，将本期固定资产产出率与上期值相除，则反映产能利用率的相对变化。若工业结构协调程度相对指标大于1，则表示本期与上期相比产能利用率上升，结构协调化程度相对上升；反之则下降。

第四节　数据来源和处理的简要说明

根据本章的指标设计，课题组进行了长期的数据收集和处理工作，最终基本完成了对各个指标的测算，基本构成了一个中国工业结构方面的小型数据库。由于数据的收集和处理工作相当庞杂，所以无法在正文中详述，仅在此作简单的说明。

一　数据来源

本书所用数据基本上全部来自公开的官方统计，所使用到的全部统计资料如下：(1)《中国统计年鉴》(历年)；(2)《中国工业经济统计年鉴》(历年)；(3)《中国劳动统计年鉴》(历年)；(4)《中国固定资产投资统计年鉴》(历年)；(5)《中国高技术产业统计年鉴》(历年)；((6)《中)国经济普查年鉴》(2004)；(7)《中国工业普查年鉴》(1995)；(8)《中国固定资产投资统计数典》；(9)《新中国 50 年统计资料汇编》；(10) 中国国内生产总值核算历史资料。

二　数据处理

本书设计的大部分指标，仅需对来自上述统计资料的原始数据进行运算即可得到，在此就不一一详述，仅简要地说明以下几点：

(1) 对于需要进行一定处理方能获得的数据，基年一般选择 1995 年，这样做，既能保证数据的可得性，又能使各指标之间时间序列长度保持一致，对于一些数据比较容易获得且与其他指标联系不大的指标，尽可能选择更早的年份作为基年。

(2) 根据《国民经济行业分类》(2002) 与《国民经济行业分类和代码》(1994) 的差异，对 2002 年以前的部分工业行业数据进行了调整，如 2002 年以前“竹木采运业”属于“采掘业”门类中，而新标准则将其划入“农林牧渔业”门类，为了使 2002 年前后的数据可比，本书对 2002 年之前的工业行业进行了调整，使其与新标准保持一致。

(3) 本书进行了行业层面的资本存量测算。

(4) 本书对以上 4 个年份的投入产出表进行了调整，使其具备了可比性，调整过程分为部门调整和可比价格调整两个步骤，由于进行了这些调整，本书中所作的产业关联分析结果与其他一些研究的结果相比，能够更好地反映不同时期间产业关联关系的变化，能够更好地反映产业间的实物关联关系（去除了价格因素的影响）。

(5) 利用可比投入产出表，本书进行了中间投入核算，将中间投入分为能源、材料和服务三个部分。

第五节　本章结论

鉴于现有工业结构优化升级测评方法和定量研究中存在的问题，本书建立了一套系统的工业结构优化升级测评体系。这一测评体系包括工业结构演变基础指标、工业结构高度化测评指标、工业结构高效化测评指标和工业结构协调化测评指标四大指标群。

工业结构演变基础指标群从行业比例结构和关联关系两个方面对工业结构演变的基本情况进行测度，能够全面客观地反映工业结构演变的历史和现状。

工业结构高度化测评指标群包括重工业化指数、高加工化指数、高附加值化指数、高技术化指数和研发投入强度五个指标，能够从不同层面对工业结构的高度化水平进行评价，判断工业结构升级的阶段。

工业结构高效化指标群旨在对行业间资源优化配置的程度进行测评，利用了 KLEMS 行业生产率核算法和偏离—份额法进行指标测算，可用以评价工业结构演变对工业部门投入产出转换效率、经济效益、劳动配置效率、资产配置效率和能源配置效率的优化作用。

工业结构协调化指标群旨在对工业结构与需求结构的协调程度进行测评，本书尝试性地构造了一个工业结构协调化相对指标，能够对各行业生产能力与需求间差距随时间的变化的趋势进行刻画，用以反映工业结构协调化程度的相对变动。

第四章　中国工业结构优化升级的历史与现状测评

第三章中，我们建立了工业结构优化升级测评体系，主要包括工业结构演变基础指标、工业结构高度化测评指标、工业结构高效化测评指标和工业结构协调化测评指标四大指标群。本章将通过对这些指标的测度，系统地分析中国工业结构优化升级的历史和现状。

第一节　“逐层深入”分析法的设计

众所周知，行业数量众多及层次关系复杂是制约工业结构研究向纵深发展的一个重要原因。工业结构指标的测算结果往往是一些非常庞大的表格，如果缺少行之有效的分析方法，想从这些表格中获得有用的信息就变得十分困难。

为解决这一问题，课题组在本书中尝试了一种“逐层深入”的分析方法，即将国民经济产业体系划分为以工业为中心的多个层次，然后根据测度结果进行逐层剖析。本章中对产业体系的具体层次划分如图 4 - 1 所示。国民经济产业体系被划分为以工业为中心的 5 个层次。第一层次包括第一产业、工业、建筑业和第三产业，下文称之为国民经济中的“四大产业”；第二层次包括采矿业、制造业、电力、燃气和水的生产和供应业，下文称之为工业内部的“三大门类”；第三层次是工业“三大门类”的组成行业（或行业组），即采矿业内部的五个行业大类（B06—B11），电力、燃气和水的生产和供应业内部的三个行业大类（D44—D46），以及制造业内部的五个行业分组（消费资料制造业、生产用原料制造业、装备

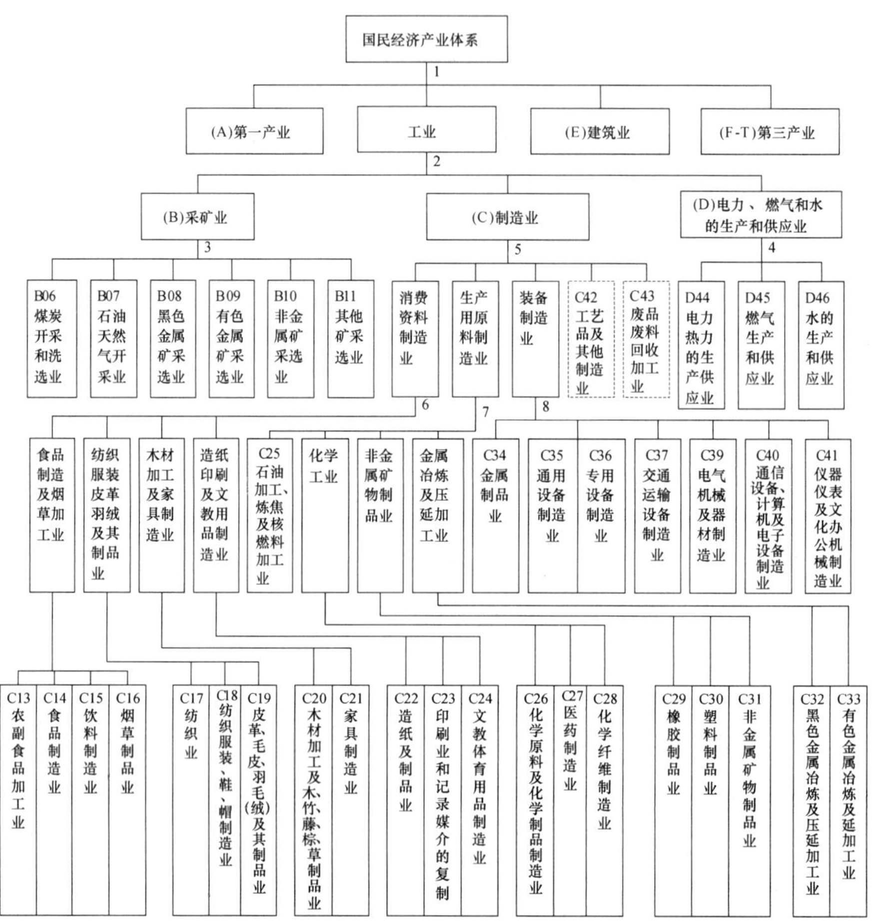

图 4－1　本书研究中的国民经济产业体系层次划分

制造业、工艺品及其他制造业和废品废料回收加工业)①；第四层次是分别将制造业中的三大行业组（消费资料制造业、生产用原料制造业和装

---

① 由于制造业中包含的行业较多，共有 30 个行业大类［根据《中国国民经济行业分类》(2002)］，因此很难从测度结果中直接获得有益的信息，所以，本书根据产品用途，对制造业行业进行分组。共分为五组，即消费资料制造业、生产用原料制造业、装备制造业、工艺品及其他制造业和废品废料回收加工业，其中，前三组的规模（产出或投入比例）占据了制造业的绝大部分，而后两个行业在制造业中的份额微乎其微，所以，后文中将着重对前三个行业组进行分析，并将他们合称为制造业内部的“三大行业组”。

备制造业）进一步划分；第五层次是在第四层次的基础上的进一步细分，直至《中国国民经济行业分组》（2002）中的行业大类为止。

“逐层深入”分析法的优点在于：（1）层次感强。先分析“大行业”与“大行业”之间的结构关系，再分析“大行业”内部各“小行业”之间的结构关系，逐次递进，层次分明。（2）化繁为简。在对工业结构的分析分为若干层次和若干步骤后，每次分析只面对为数不多的行业，大大减小了数据处理量，使分析工作不再令人头疼。（3）信息捕捉能力强，只要按照既定程序步步推进，就能将庞大数据结果中有用的信息逐一获取，是一种稳健的方法。（4）有利于工业（产业）结构研究的细化。以往的工业（产业）结构研究中，研究者都尽可能地将行业进行合并，通过减少行业数量来降低分析难度，因此，使我们对“小行业”之间的结构问题知之甚少，而“逐层深入”分析法能够使我们对“行业结构”的认识无限细化[①]。“逐层深入”分析法也有一个明显的缺点，那就是工作量大，费时费力。

由于篇幅所限，本章的分析仅涉及前四个层次，按照图 4－1 中连接线上的序号逐一展开。

第二节　工业结构演变的基础分析

对工业结构演变基础指标进行测算是一项浩大的工程，尽管我们采用了前述的“逐层分析法”，也仅能使得分析过程更具条理性，不至于遗漏一些重要信息。在此章中，一是由于受篇幅限制；二是由于并非每一步分析都能发现有价值的结论，因此我们并未在此连篇累牍地展示分析的全过程，仅选取了包含重要结论的部分进行叙述。

一　工业在国民经济体系中的地位和影响

1978—2008 年，第一产业增加值比例不断下降，相对应的是第三产业增加值比例不断上升，工业增加值比例的时期平均值为 40.42%，居四

① 当然，在实际研究工作中，我们不可能去对行业进行无限细分，但是，现有的产业结构和工业结构研究中，对行业的分类的确过于“粗线条”，适当的细化确实是有必要的。

大产业之首。2006 年，工业增加值比例为 43.30%，为历史最高值。此后四大产业增加值结构基本稳定（见图 4－2）。

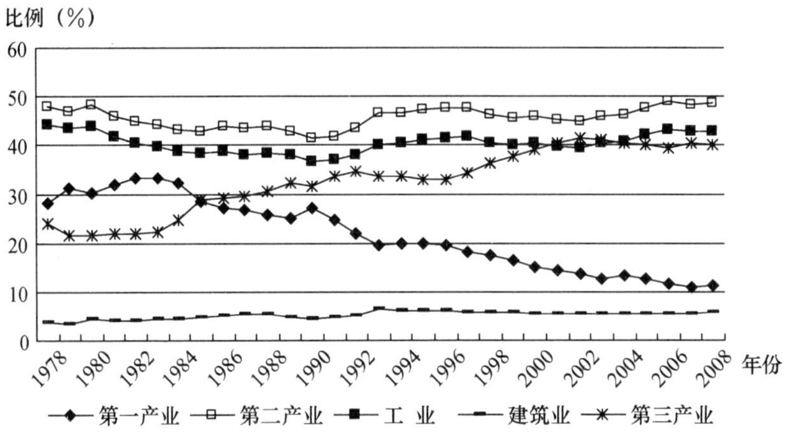

图 4－2　四大产业增加值比例变化趋势

1995—2008 年，工业就业人数比例的时期平均值 17.43%，低于第一产业和第三产业（见图 4－3）。这一时期，第一产业的就业比例逐年下降，2002 年以来呈现出快速下降的趋势；第三产业就业比例则呈现逐年上升的趋势；在工业生产规模扩张（即增加值比例上升）的时期，其就业比例上升较慢。

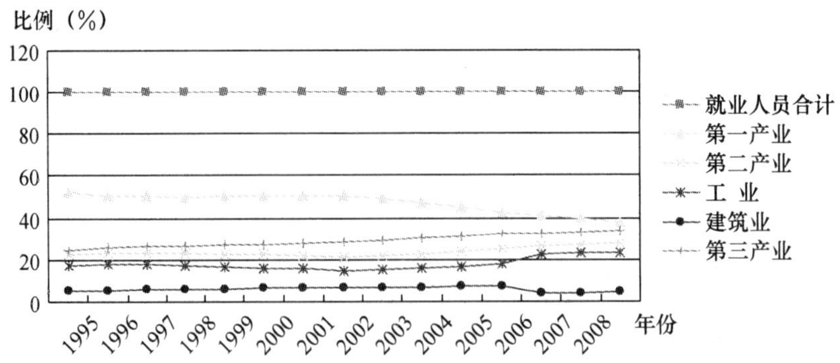

图 4－3　四大产业就业人数比例变化趋势

从四大产业中间投入比例来看，60%以上的中间产品被工业部门所使用。从四大产业中间投入的产品结构来看（见图4-4），现阶段，我国各产业中间投入中占比重最大的产品类型均为“材料”；四大产业中，“能源”占中间投入比重最大的产业是工业，“服务”占中间投入比重最大的产业是第三产业。

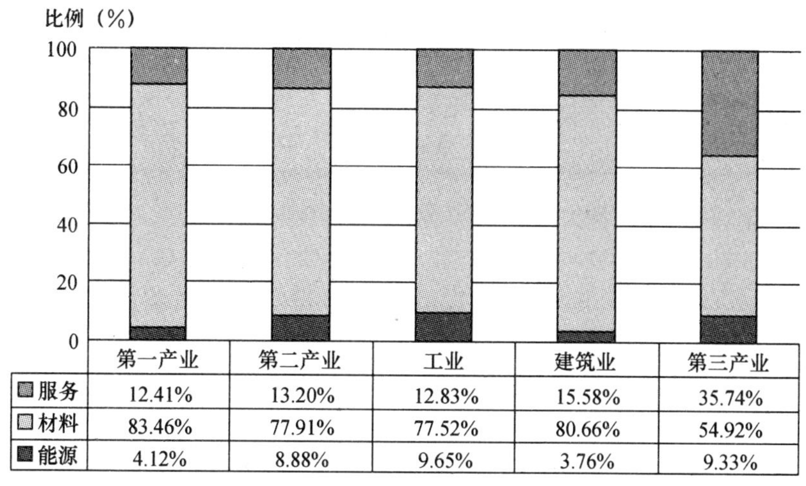

	第一产业	第二产业	工业	建筑业	第三产业
服务	12.41%	13.20%	12.83%	15.58%	35.74%
材料	83.46%	77.91%	77.52%	80.66%	54.92%
能源	4.12%	8.88%	9.65%	3.76%	9.33%

图4-4 四大产业中间投入的产品结构

图4-5直观地展示了1993—2008年间，四大产业以及生活能耗的平均比例构成。工业是绝对的能耗大户。另外，值得注意的是，1995—2001年，工业能耗比例逐年下降，2001年以后工业能耗比例明显上升。

工业污染和生活污染是环境污染的两大来源。2001—2009年，废水排放总量中工业废水占44.84%；二氧化硫排放总量中工业排放量占84.06%；烟尘排放总量中工业排放占78.22%。图4-6显示了工业主要污染物排放比例的变化趋势，可以看出，近年来，工业废水和烟尘的排放得到了一定的控制，其比例基本持平，但工业二氧化硫排放比例却明显上升。

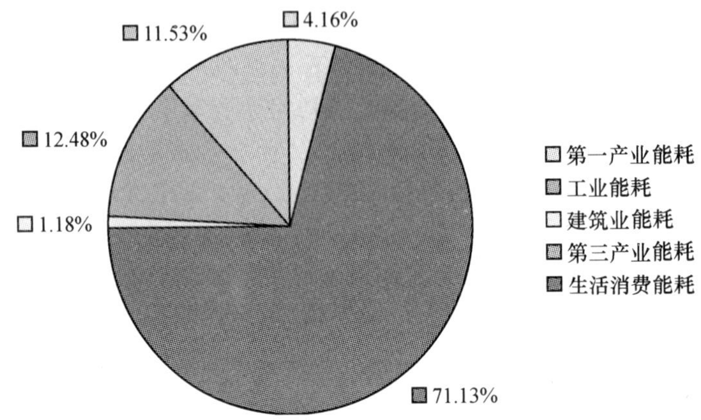

图 4-5　四大产业及生活能耗比例构成

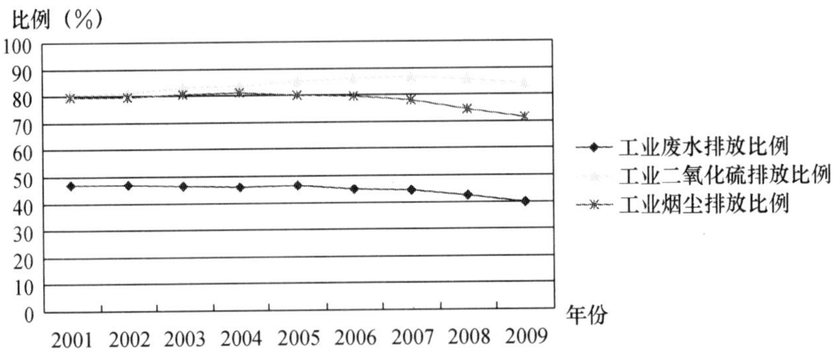

图 4-6　工业污染物排放比例变化趋势

通过计算四大产业的直接消耗系数和完全消耗系数，我们对各产业间的一对一关联程度进行了考察。结果表明：（1）无论采用直接消耗系数还是完全消耗系数，工业内部、工业—建筑业、工业—第三产业、工业—第一产业都处于一对一产业关联程度最为密切的五种情况中（采用完全消耗系数时排在前四位），说明目前工业在中国国民经济中具有极强的基础性地位，其他产业对工业的依赖程度很强。（2）从 2002 年起，工业内部的直接关联系数跃居首位，2005 年，工业内部的完全关联系数也跃居首位，说明随着工业化的深入，工业内部行业之间的关联程度逐步加强。

如表 4 - 1 所示，在国民经济四大产业中，工业和建筑业的影响力系数大于 1，说明这两个部门的生产对其他部门所产生的波及影响程度高于社会平均影响水平，是对国民经济拉动作用最大的两个部门。2005 年，工业的影响力系数超越建筑业，表明工业在国民经济中的主导地位还在增强。

表 4 - 1　　　　　　　　四大产业影响力系数

四大产业	1995 年	1997 年	2002 年	2005 年
农业	0. 6391	0. 6380	0. 6583	0. 6396
工业	1. 2786	1. 2300	1. 2390	1. 3058
建筑业	1. 3118	1. 2843	1. 3197	1. 2496
第三产业	0. 7706	0. 8476	0. 7829	0. 8051

如表 4 - 2 所示，在国民经济四大产业中，工业是唯一一个感应度系数大于 1 的产业，表明工业的感应程度高于社会平均感应度水平，而且在感应度系数方面工业远大于其他产业，说明该部门对国民经济的推动作用远大于其他产业，是国民经济中绝对的基础产业。

表 4 - 2　　　　　　　　四大产业感应力系数

四大产业	1995 年	1997 年	2002 年	2005 年
农业	0. 4814	0. 4604	0. 4120	0. 3796
工业	2. 7587	2. 7921	2. 6360	2. 8407
建筑业	0. 0226	0. 0333	0. 0322	0. 0215
第三产业	0. 7373	0. 7142	0. 9198	0. 7582

通过以上分析我们发现：（1）最近十多年来，中国产业结构明显升级，表现为第一产业各项比例指标的下降和第三产业各项比例指标的上升。（2）工业仍然是中国国民经济的支柱产业和主导产业，表现为工业增加值比例和中间投入比例居四大产业之首，工业在国民经济中的影响力和感应力均超过第一产业和第三产业。（3）2002 年以来，我国工业表现出强劲的增长势头，各项比例指标明显上升。（4）四大产业的增加值结

构与就业结构极不协调，进一步工业化过程中，仍然有大量的农村劳动力，需要从农业转移到非农产业，从农村转移到城市。（5）中间投入产品构成中的能源和材料的比重偏高，生产性服务的比重偏低，而且这种情况在工业部门中表现得尤为突出。（6）工业是能源消耗和环境污染的主要来源，进一步工业化过程中，能源节约和环境保护问题不容忽视。

二　工业内部三大行业门类比例结构变化趋势

表4－3中列出了工业三大门类（采矿业、制造业、电力热力和水的生产供应业）的各项比例结构指标的时期平均值①。可以看出：（1）除了固体废弃物形成比例指标以外，制造业的各项比例指标均超过50%，其中就业人数比例和中间投入比例超过90%，增加值比例、能源消费比例和废水排放比例在80%左右，资本存量比例和废气排放比例在60%左右。（2）采矿业的增加值比例、劳动就业比例和中间投入比例高于电力燃气和水的生产供应业，后者的资本存量比例、能源消费比例和废水废气排放比例高于前者。（3）与其他比例指标相比，各行业在固体废弃物形成比例上相差不大，采矿业的该指标值最大（超过40%），制造业次之（接近40%），电力燃气和水的生产供应业最小。

表4－3　工业三大门类各项比例指标时期平均值（工业＝100%）

指标	采矿业	制造业	电力、燃气及水的生产和供应业
增加值比例	11.16	79.51	9.33
劳动就业比例	5.45	91.61	2.94
资本存量比例	13.66	57.15	29.19
中间投入比例	3.69	92.73	3.57
能源消费比例	9.87	79.64	10.49
废水排放比例	6.14	80.89	12.97
废气排放比例	2.29	63.71	34.00
固体废弃物产生比例	41.50	37.32	21.18

① 由于数据来源和处理方面的问题，“工业三废”指标的观察期仅为2001年以后，与其他指标相差较大。随着研究的不断深入，这一缺陷将会逐步完善。

在观察期内，工业三大门类的增加值结构、就业结构、中间投入结构、工业三废结构变化并不显著，分析之后并未发现十分有价值的结论，故在此省略。

1995—2002 年，制造业资本存量占工业总资本存量的比例不断下降，由 1995 年的 70.56% 降至 2002 年的 47.54%，说明这一时期制造业投资增长明显弱于其他工业行业，原因在于 20 世纪 90 年代后期的亚洲金融危机和我国的国有企业改革。2002—2006 年，制造业投资开始回暖，其资本存量比例开始快速回升，直至 2006 年的 60.48%，说明 2002 年以来中国制造业化的快速发展带有投资推动的特点。1995—2002 年，政府为稳定经济增长速度，对基础设施进行了大规模政府投资的措施，直接导致了电力热力和水的生产供应业的资本存量比例大幅上升。采矿业的资本存量比例在其他两个行业的挤压下，自 1999 年起一直处于下降趋势（见图 4－7）。

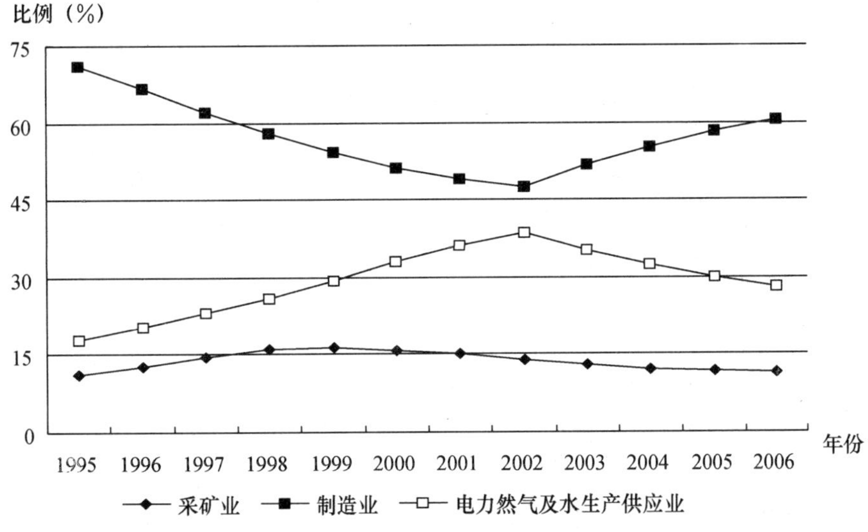

图 4－7　工业三大门类的资本存量比例变化趋势

1993—1996 年，制造业能耗比例逐步下降，1997—2002 年，该比例一直保持稳定，而 2002 年以来，制造业能耗比例开始逐步攀升，由 2002

年的77.87%升至2006年的81.68%，说明2002年以来中国制造业的发展带有高能耗的特点。另外两大门类的能耗比例变化趋势受制造业影响较大，制造业能耗比例上升时，另外两大门类的能耗比例则被动下降。

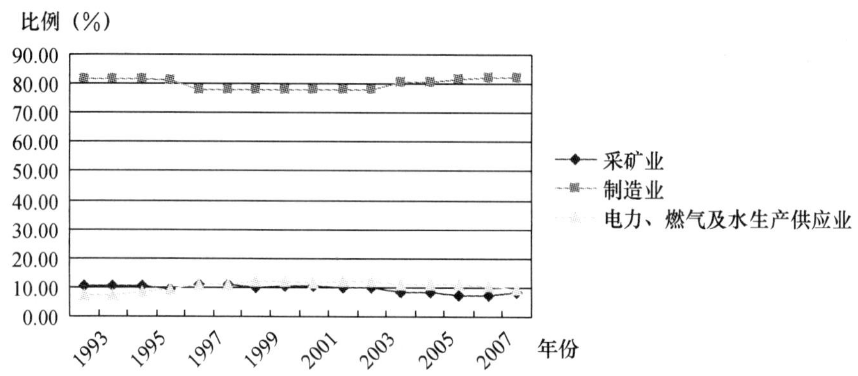

图4-8　工业三大门类的能源消费比例变化趋势

通过上述分析我们发现：（1）2002年以来，工业在国民经济中的产值扩张主要是由采矿业的快速发展所导致的；（2）1995—2002年，我国采矿业劳动生产率上升率高于工业平均水平；（3）以2002年为分水岭，制造业资本存量比例先降后升，电力、燃气及水的生产和供应业资本存量比例先升后降；（4）2002—2005年，电力、燃气及水的生产和供应业增加值率上升的速度低于工业平均水平（或下降速度高于工业平均水平），表现为增加值比例下降的同时，中间投入比例却出现了大幅度上升；（5）2002年以来中国制造业的高速发展带有明显的高能耗、高污染特征。

三　采掘业内部行业比例结构变化趋势

1995—2002年，石油和天然气采选业、煤炭开采和洗选业增加值比例的变化趋势是反向的，原因是这两个行业产品之间具有很强的替代性；而2002年以来这两个行业的增加值比例变化几乎同步，在2007以前都表现出明显上升趋势，说明现阶段我国经济发展对能源的需求量迅速增加，出现了能源供应紧张的局面；与此同时，金属矿采选业增加值占工业增加值的比重也同时上升，反映出中国现阶段工业化的一个突出特点：对资源型产品的依赖程度很高（见图4-9）。

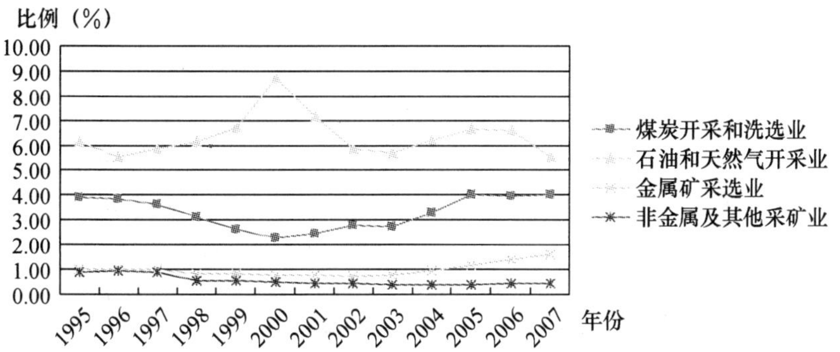

图 4－9　采掘业内部行业增加值比例变化趋势

1995—2006 年，煤炭开采和洗选业劳动就业的比例出现逐年下降趋势，由 1995 年的 4.29% 降至 2006 年的 3.2%，非金属及其他矿采选业的就业比例同样逐年下滑，石油和天然气开采业以及金属矿采选业的就业比例在 2000 年以后一直保持稳定，结合行业增加值比例的变化趋势，可以判断，2000 年以来，除了非金属矿采选业之外，其他三个采矿行业的劳动生产率提升速度均高于工业平均水平（见图 4－10）。

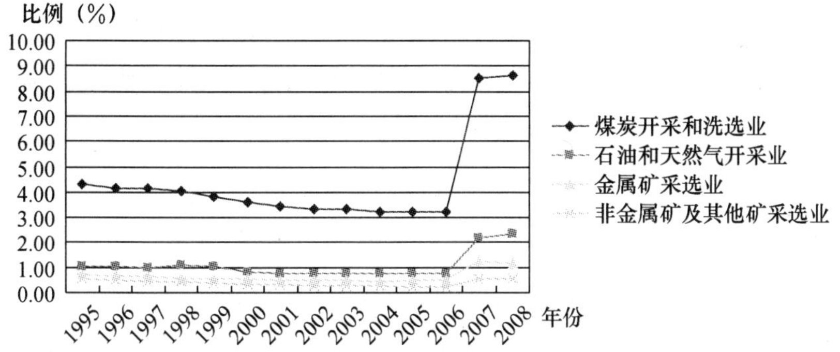

图 4－10　采掘业内部行业劳动就业比例变化趋势

1995—1998 年，石油和天然气开采业、煤炭开采和洗选业的资本存量比例逐年上升；1999 年以来又不断下降，前者的变动幅度明显大于后者，这两个行业的资本存量比例变化主导了整个采掘业的变化趋势。另外，金属矿采选业的资本存量比例在 2004 年以后出现了明显的上升趋势（见图 4－11）。

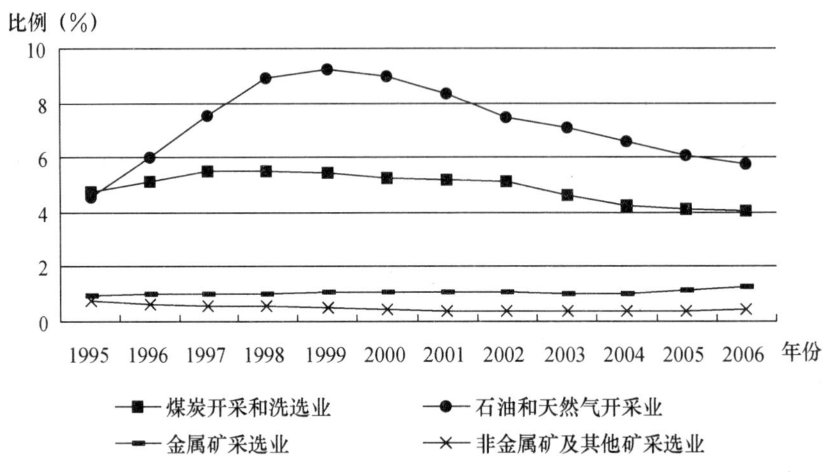

图 4－11　采掘业内部行业资本存量比例变化趋势

1995—2005 年，煤炭开采和洗选业中间投入占工业总中间投入的比例一直上升，即使在其增加值比例下降的时期（1995—1997 年和 1997—2002 年），中间投入比例也同样保持上升势头。说明这一时期煤炭开采和洗选业的增加值率上升速度低于工业平均水平（或下降速度高于工业平均水平）。金属矿采选业、非金属矿及其他矿采选业的中间投入比例与产出比例变化趋势基本一致（见图 4－12）。

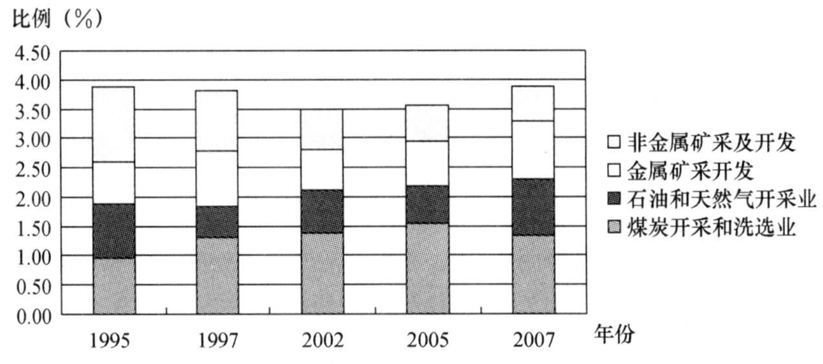

图 4－12　采掘业内部行业中间投入比例变化趋势

1993—1998 年，煤炭开采和洗选业的能源消耗比例并没有随其增加值比例的下降而下降，1998 年之后，其能源消耗比例开始下降，即使在增加值比例上升的期间，能源消耗比例也仍然保持下降，反映出该行业近年来能源利用效率在不断提升。这种现象在 2002 年以来的石油和天然气开采业中同样也发生了。另外两个行业的能源消耗比例变化不明显，基本与增加值比例变化保持一致（见图 4－13）。

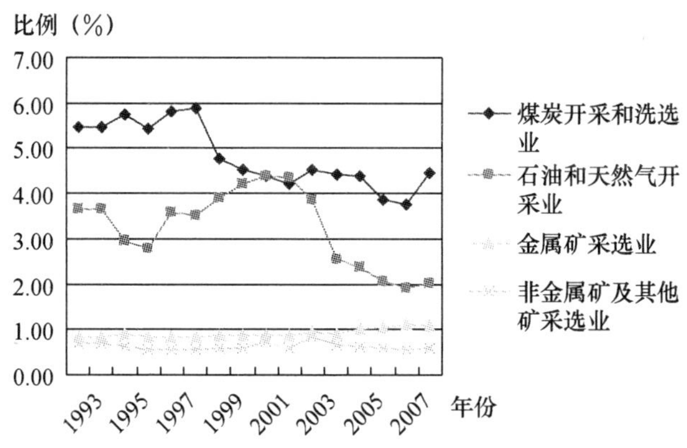

图 4－13　采掘业内部行业能源消费比例变化趋势

2001 年以来，煤炭开采和洗选业、石油和天然气开采业的废水、废气排放比例以及固体废弃物产生比例大致呈现下降趋势，2007 年之后有所上升。2005—2007 年，这两个行业的废水排放比例开始上升。同期，金属矿采选业、非金属矿及其他矿采选业的废气排放比例表现出上升趋势。金属矿采选业的固体废弃物产生比例呈逐年下降趋势。

通过上述分析我们发现：（1）煤炭开采和洗选业、石油和天然气开采业在我国采矿业中所占的投入和产出比例最大；（2）煤炭开采和洗选业以及金属矿采选业是我国工业中两大高污染行业（废水和废弃物）；（3）2002 年以来，煤炭开采和洗选业、石油和天然气开采业以及金属矿采选业增加值比例迅速上升，反映出近年来我国经济的快速发展具有明显的资源高消耗特征；（4）煤炭开采和洗选业、石油和天然气开采业以及金属矿采选业劳动生产率迅速提高，且上升速度高于工业平均水平；

(5) 近年来煤炭开采和洗选业以及石油和天然气开采业的能源消耗效率显著提升；(6) 煤炭开采和洗选业、石油和天然气开采业的废水治理问题，以及金属矿采选业、非金属矿及其他矿采选业的废气治理问题仍未得到很好的解决。

四　电力燃气和水的生产供应业内部行业比例结构变化趋势

1996—2000 年，为稳定经济增长速度，国家对电力、燃气和水的生产和供应业加大了投入力度。这一时期，该工业门类内部的三个行业的增加值比例均出现了不同程度的上升，而在随后的几年里，电力、热力的生产和供应业、水的生产和供应业的 GDP 比例同时出现了下滑，只有燃气生产和供应业一直保持上升势头，这与近几年来生产生活用气量的大幅度增加直接相关（见图 4－14）。

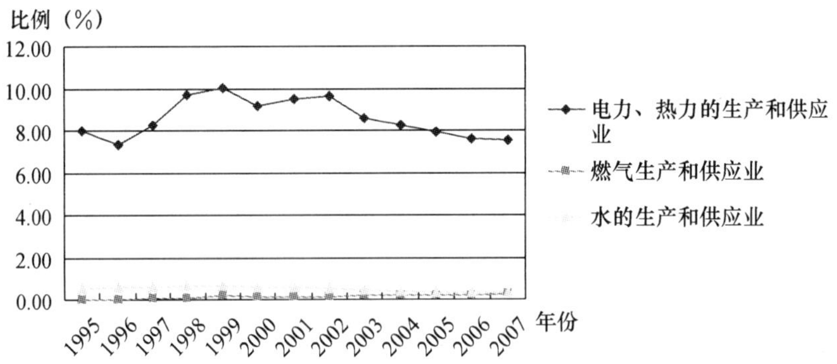

图 4－14　电力燃气及水的生产供应业内部行业增加值比例变化趋势

1995—2007 年，电力、燃气及水的生产和供应业内部三个行业的就业人数比例变化趋势基本相同，可分为三个阶段：第一阶段（1995—2000 年）为就业人数比例上升阶段，这一时期随着电力、燃气及水的生产和供应业产出规模的扩张，吸纳了大量劳动力；第二阶段（2000—2003 年）为稳定阶段，三个行业的产出比例和就业比例保持稳定；第三阶段（2003—2007 年）为下降阶段，一方面行业增加值比例的下降是导致就业比例下降的原因，另一方面，劳动生产率提高以及国有企业改制也是导致就业比例下降的重要原因（见图 4－15）。

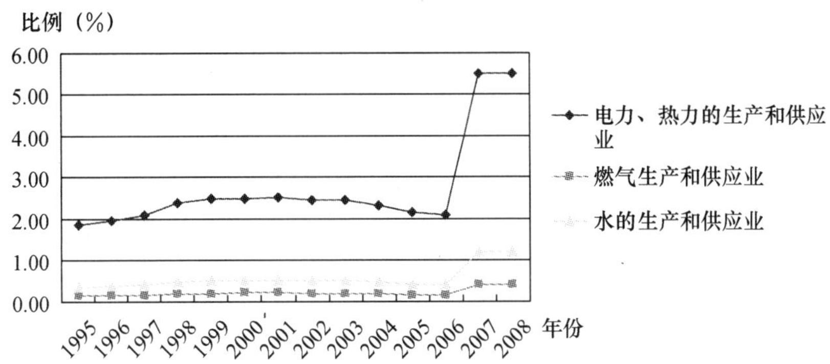

图 4－15　电力燃气及水的生产供应业内部行业就业人数比例变化趋势

如图 4－16 所示，1995—2007 年，整个电力、燃气及水的生产和供应业资本存量比例的变化主要是由电力、热力的生产和供应业主导的。2002 年成为明显的分水岭，其他两个行业的变化趋势也是一样的，只是影响力较小。可以看出该门类中的三个行业发展表现出明显的投资推动特征。

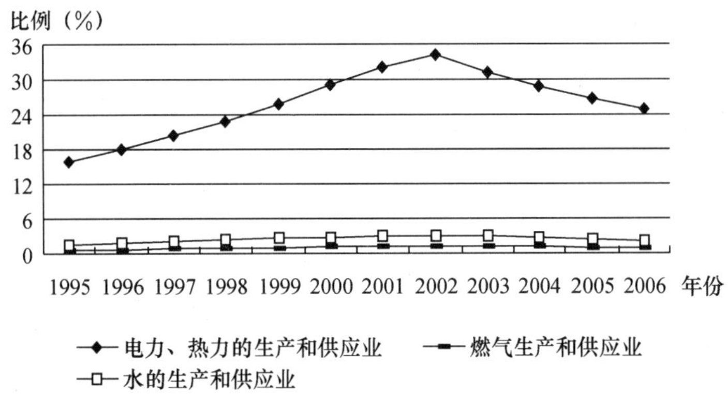

图 4－16　电力燃气及水的生产和供应业内部行业资本存量比例变化趋势

从电力、燃气及水的生产供应业内部行业中间投入结构变化趋势来看，最突出的特点是：2002—2006 年，在增加值比例下降的同时，电力、热力的生产和供应业中间投入比例却大幅度上升，这一异常现象说明该行业增加值率上升的速度低于工业平均水平（或下降速度高于工业平均水平）。

1993—1997年，电力、热力的生产和供应业能源消耗占工业总能源消耗的比例一度出现大幅上升，1998—2003年，这一比例稳中有升，2003年以后初步显示下降趋势。其他两个行业的能源消耗比例都比较低，且变化不显著（见图4－17）。

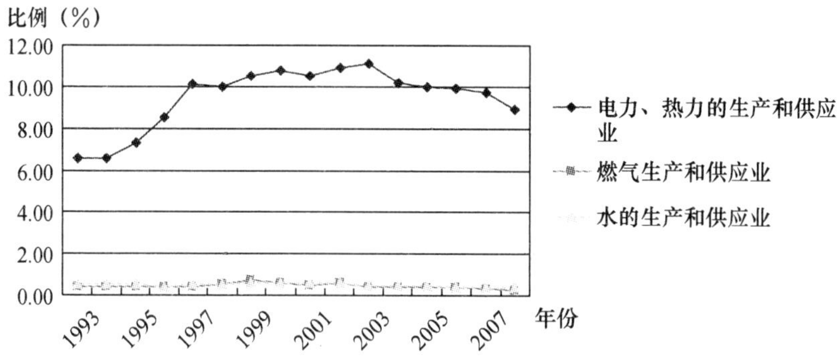

图4－17 电力燃气及水的生产和供应业内部行业能源消费比例变化趋势

2004年以来电力、热力的生产和供应业的废水排放比例开始下降，燃气生产和供应业的废水排放比例开始上升（见图4－18）。2003年以来，电力、热力的生产和供应业的废气排放和固体废物产生比例出现略微下降趋势。

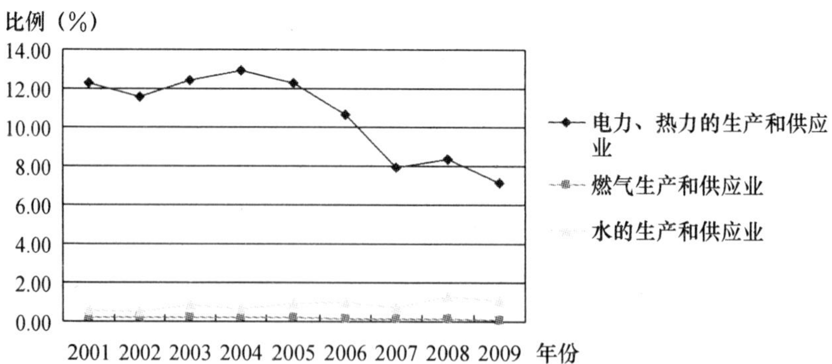

图4－18 电力燃气及水的生产和供应业内部行业废水排放比例变化趋势

通过上述分析我们发现：（1）中国目前的电力燃气及水的生产和供应业是一家独大，决定着整个门类的变化趋势；（2）从增加值比例、就业人数比例和资本存量比例三个指标来看以上三个行业基本上表现为先升后降的趋势（大致以 2000 年、2002 年为分界），只有燃气生产和供应业的增加值比例一直保持上升势头；（3）2002 年以来，该门类经济效益（增加价值率）增长慢于工业平均水平，其中电力、热力的生产供应业最为显著；（4）在能耗比例和排污比例方面，近几年来三大行业均出现明显下降，但随着燃气生产和供应业的扩张，其废水排放问题急需受到重视。

五　制造业内部行业比例结构变化趋势

（一）制造业内部行业组比例结构变化趋势

1996—2008 年，消费资料制造业的增加值所占比重逐步下降，由 1996 年的 26.96% 下降至 2008 年的 21.04%，反映出我国需求结构和工业结构的升级趋势；生产用原材料制造业在工业增加值结构中的比重自 1998 开始回升，特别是在 2002 年之后出现上升趋势；装备制造业在工业增加值结构中的比重基本上呈上升趋势，虽然在 2004 年和 2005 年有所下降，但在 2006 年出现了回升，这与“十一五”期间国家将发展装备制造业作为产业结构战略性调整的重点有关（见图 4－19）。

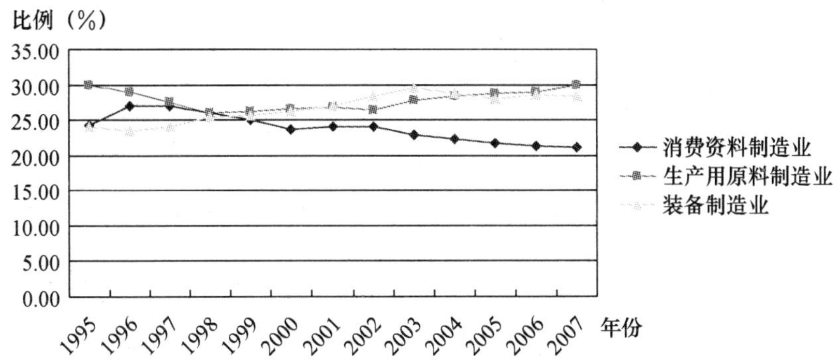

图 4－19　制造业内部三大行业组增加值比例变化趋势

消费资料制造业的劳动就业比例自 1999 年以来一直保持相对稳定，并不像其增加值比例那样显著下降，这在一定程度上验证了结构负利假说在我国的适用性；1995—2000 年，生产用原料制造业的劳动就业比例逐年上升，2000 年以后出现下降趋势。联系该行业增加值比例 2000 年以后的变化趋势，可以得出这样的结论：2000 年以来，生产用原料制造业劳动生产率上升速度明显大于工业平均水平。2000 年以来，装备制造业就业比例出现明显的上升趋势。联系该行业增加值比例 2003 年以后的变化趋势，我们认为，2003 年以来，装备制造业劳动生产率上升速度明显小于工业平均水平（见图 4 - 20）。

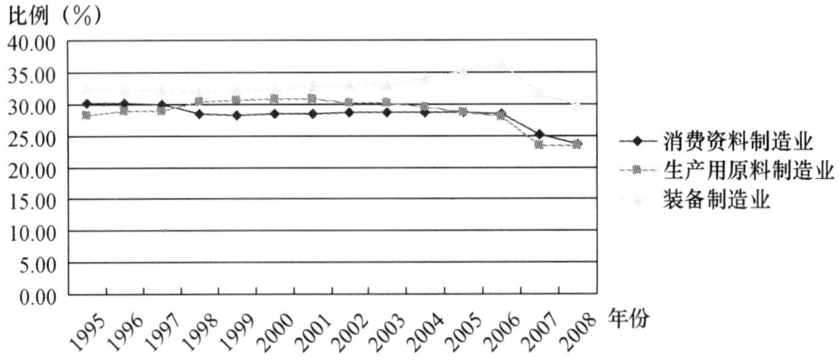

图 4 - 20　制造业内部三大行业组就业人数比例变化趋势

制造业内部三大行业组的资本存量比例变化表现出明显的两阶段特征，2002 年以前不断下降，2002 年之后又逐步上升，其中，装备制造业表现出来的上升趋势强于其他两个行业组。2002—2005 年，装备制造业增加值比例下降的同时，其中间投入比例却出现了上升，说明该行业组增加值率上升速度低于工业平均水平（或下降速度高于工业平均水平）。2002—2005 年，生产用原料制造业增加值比例上升的同时，其中间投入比例却出现了下降，说明该行业组增加值率上升的速度高于工业平均水平（或下降速度低于工业平均水平）（见图 4 - 21）。

2003—2008 年，生产用原料制造业的能源消耗比例出现明显上升势头，是造成现阶段我国能源紧张局面的主要原因。1993—2007 年，虽然装备制造业的增加值比例大幅度上升，但是其能耗比例却呈现出逐年下降趋势，表明该行业的能源利用效率提升较快。消费资料制造业的能耗比例则一直保持稳定（见图 4 - 22）。

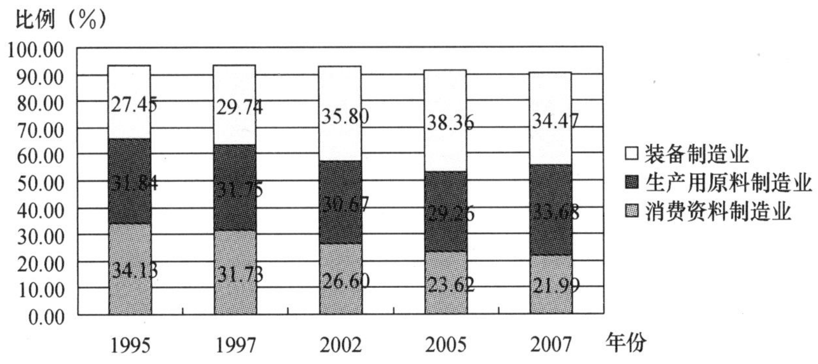

图 4－21　制造业内部三大行业组中间投入比例变化趋势

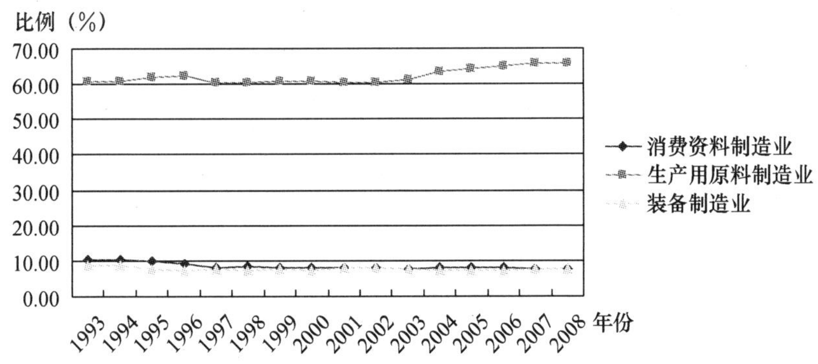

图 4－22　制造业内部三大行业组能源消费比例变化趋势

2001—2009 年，生产用原料制造业的废水排放情况得到了较好的控制，出现了废水排放比例持续下降的形势，而消费资料制造业的废水排放比例却出现了上升，装备制造业比较稳定（见图 4－23）。2003—2005 年，生产用原料制造业的废气排放比例出现小幅度上升，装备制造业和消费资料制造业比较稳定。2001—2006 年，生产用原料制造业的固体废弃物形成比例呈现上升趋势。

通过上述分析我们发现：（1）目前我国制造业内部三大行业组之间的增加值比例、就业人数比例和中间投入比例相当，生产用原料制造业的资本存量比例、能耗比例和排污比例则明显高于其他两个行业组；（2）1996—

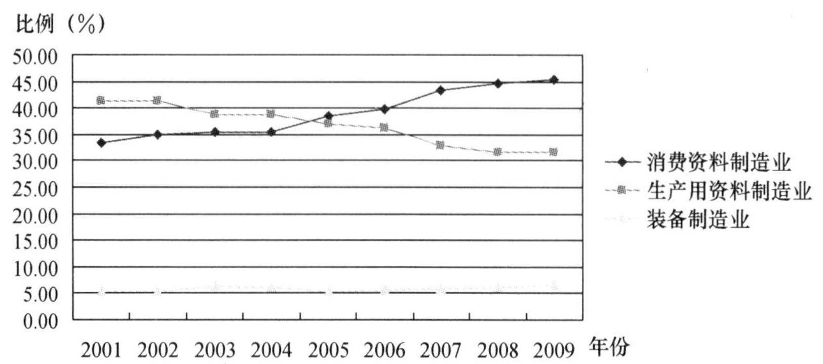

图 4－23　制造业内部三大行业组废水排放比例变化趋势

2007 年，消费资料制造业的增加值比例逐步下降，而另外两个行业组则逐步上升，反映出我国工业结构升级趋势（重工业化趋势）；（3）2000 年以来，生产用原料制造业就业人数比例逐步下降，而装备制造业就业人数比例则逐步上升，结合这两个行业组的增加值变化趋势，我们判断装备制造业劳动生产率上升速度明显小于工业平均水平，更小于生产用原料制造业，结构负利（劳动力流向生产率低增长行业）逐步显现；（4）2002—2007 年，生产用原料制造业增加值比例上升的同时，其中间投入比例却出现了下降，表明该行业组增加值率上升的速度高于工业平均水平，而装备制造业的情况正好相反；（5）生产用原料制造业的产值扩张加剧了我国目前的能源紧张局面；（6）2001—2009 年，生产用原料制造业的废水排放比例持续下降的同时，废气排放比例和固体废弃物排放比例却出现了不同程度的上升。

（二）消费资料制造行业组内部比例结构变化趋势

比较图 4－24 和图 4－19 可以发现，消费资料制造业增加值占工业增加值的比例变化趋势与其内部的食品制造和烟草加工业、纺织服装皮革羽绒及其制品业、木材加工和家具制造业的变化趋势是基本一致的，在恩格尔法则的作用下，这三个生产基本生活资料的行业占工业产值的份额逐渐下降，其中食品制造和烟草加工业的下降趋势最为明显，纺织服装皮革羽绒及其制品业次之，木材加工和家具制造业下降速度最慢，这也反映出在该行业组内部不同行业之间的需求收入弹性也存在差异。在中国目前的发展阶段（用人均收入水平衡量），造纸印刷及文教用品制造业的增加值比例仍保持上升趋势。

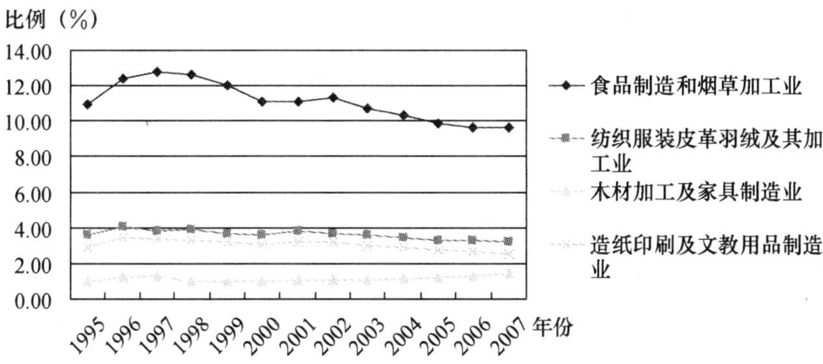

图 4－24　消费资料制造业内部行业增加值比例变化趋势

该行业组内部各子行业就业比例结构变化基本保持稳定。与消费资料制造业整体资本存量比例的变化趋势相同，其内部四个行业的资本存量比例的变化也都表现出明显的两阶段特征，2002 年以前不断下降，2002 年之后又逐步上升。但是，不同行业变化的幅度不同，具体来说，变化幅度由大到小的顺序是纺织服装皮革羽绒及其制品业、食品制造及烟草加工业、木材加工及家具制造业、造纸印刷及文教用品制造业（见图 4－25）。

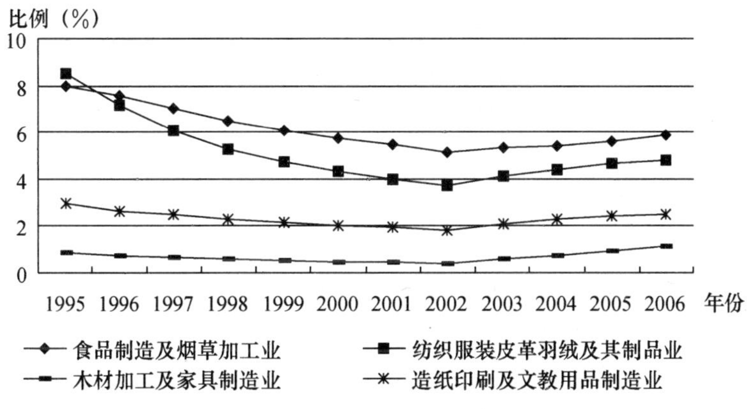

图 4－25　消费资料制造业内部行业资本存量比例变化趋势

1995—2005 年，消费资料制造业内部行业的中间投入比例变化趋势基本上与其产出比例变化趋势相同。

2002 年以来，纺织服装皮革羽绒及其制品业增加值比例下降的同时，其能耗比例却呈现出上升趋势，说明该行业的机械化程度不断加深（见图 4－26）。

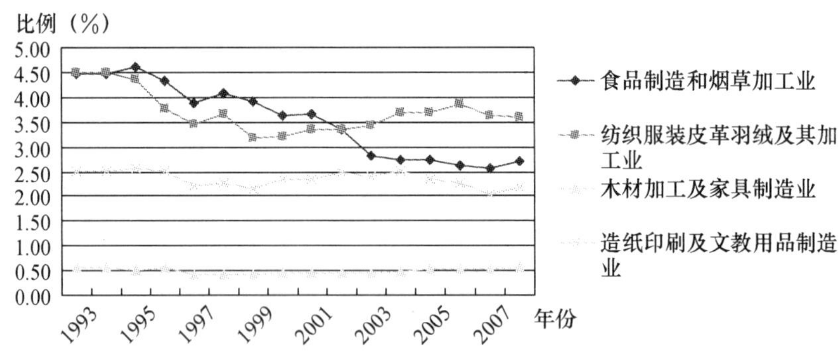

图 4－26　消费资料制造业内部行业能源消费比例变化趋势

2001—2009 年，纺织服装皮革羽绒及其制品业、食品制造及烟草加工业的废水排放比例基本上呈现出逐年上升趋势，近两年来，随着造纸印刷及文教用品制造业产出规模的扩张，其废水排放比例也出现了明显上升（见图 4－27）。在废气排放结构方面，自 2004 年以来，消费资料制造业内部除了造纸印刷及文教用品制造业以外，其余各行业的废气排放比例都表现出上升势头。在固体废弃物形成结构方面（去掉 2003 年异常点），自 2004 年以来，消费资料制造业内部除了造纸印刷及文教用品制造业以外，其余各行业的排放比例都表现出下降势头，而造纸印刷及文教用品制造业的固体废弃物排放比例在 2005 年出现下降后，在 2006 年又开始回升。

通过以上分析我们发现：（1）随着我国工业化的深入，消费资料制造业成为最早成熟起来的制造业行业组，其内部结构已相对稳定，大部分行业投入和产出比例均出现下降趋势，但随着人均收入水平的提升，需求收入弹性较高的造纸印刷及文教用品制造业的增加值比例仍保持上升；（2）消费制造业行业组内部行业的资本存量比例在 2002 年之后均出现逐

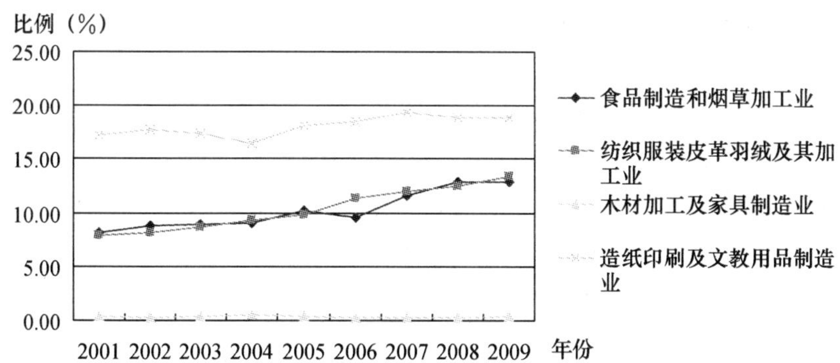

图 4－27　消费资料制造业内部行业废水排放比例变化趋势

步回升趋势，其中纺织服装皮革羽绒及其制品业上升的速率最高，表明这一时期该行业组出现明显的资本深化趋势；（3）伴随资本深化和机械化程度的提高，纺织服装皮革羽绒及其制品业、食品制造及烟草加工业的能源消耗比例和废水废气排放比例出现上升趋势。

（三）生产用原料制造行业组内部比例结构变化趋势

比较图 4－28 和图 4－19 可以发现，生产用原料制造业增加值比例的变动很大程度上是由金属冶炼及压延工业增加值比例的剧烈变动所主导的，特别是在 2002 年以后，石油加工、炼焦及核燃料加工业、化学工业、非金属矿物制品业的增加值比例表现出缓中有降的趋势，而金属冶炼及压

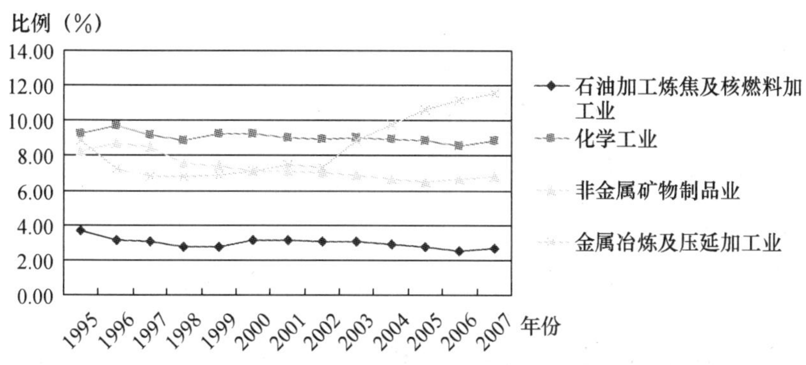

图 4－28　生产用原料制造业内部行业增加值比例变化趋势

延工业增加值比例的大幅度上扬直接导致整个生产用原料行业组增加值比例的上升。

化学工业和金属冶炼及压延工业的就业人数比例在生产用原料制造业中是最大的，因此它们的就业人数比例的变化趋势主导了整个行业组的变化趋势（比较图4－29和图4－30），表现为先上升后下降，结合增加值比例变化趋势可以得出这样的结论：这两个行业劳动生产率的上升率，在2000年以前，低于工业平均水平；在2000年以后，则明显高于工业平均水平。

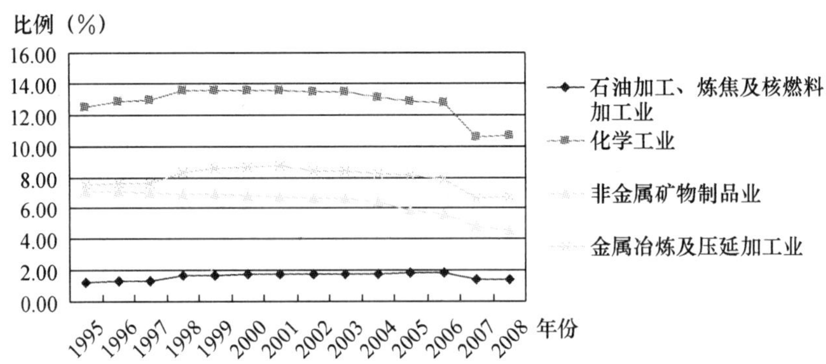

图4－29　生产用原料制造业内部行业就业人数比例变化趋势

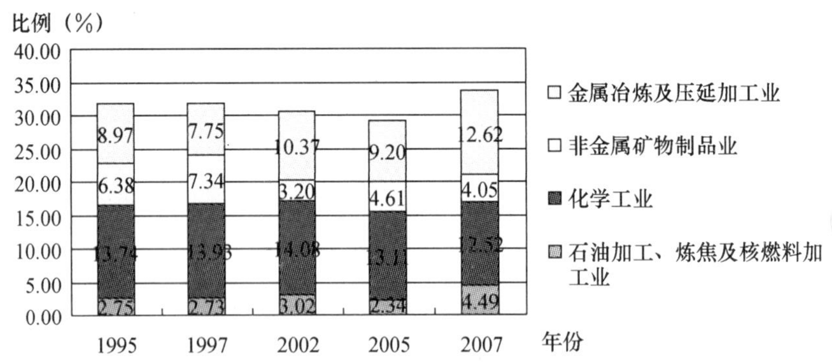

图4－30　生产用原料制造业内部行业中间投入比例变化趋势

生产用原料制造业内部行业的资本存量比例在2002年之后均出现了明显回升。

从中间投入结构的变化来看（见图4－30），金属冶炼和压延工业的增加值比例在2002—2007年显著上升，但中间投入比例却明显下降（2007年则出现上升）。说明该行业增加值率上升的速度高于工业平均水平（或下降速度低于工业平均水平），表明这一时期该行业比例结构的快速扩张是由市场力量所主导的，符合中国现阶段发展的需要。

从能源消耗比例变化趋势来看（见图4－31），最突出的特点就是金属冶炼和压延工业能耗比例的不断上升，2006年，该行业能耗占工业总能耗的比例已经接近30%，2008年为30.17%。而石油加工、炼焦及核燃料加工业、非金属矿物制品业的能耗比例基本上呈现下降趋势。化学工业的能耗比例在2000年之前呈现上升趋势，在2000年之后，则稳中有降。

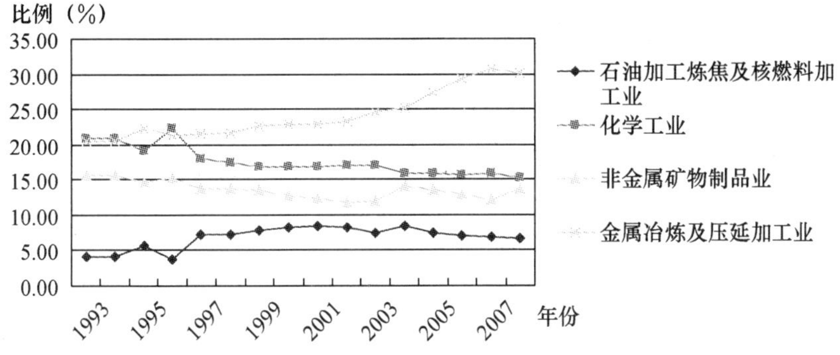

图4－31　生产用原料制造业内部行业能源消耗比例变化趋势

2001—2006年，石油加工、炼焦及核燃料加工业的废水排放比例略有上升，而其余三个行业的废水排放比例均出现下降；2001—2005年金属冶炼和压延工业、石油加工、炼焦及核燃料加工业的废气排放比例表现出上升趋势，其余两个行业的废气排放比例出现不同程度的下降；2001—2006年，金属冶炼和压延工业的固体废弃物形成比例明显上升，非金属矿物制品业保持稳定，其余两个行业稳中有降。

通过上述分析我们发现：（1）现阶段我国生产用原料制造业内部各行业的变化趋势差异很大，2002年以来金属冶炼和压延工业以惊人的速度展开结构扩张，导致整个生产用原料行业组在工业结构中表现出扩张趋势；（2）金属冶炼和压延工业在高速发展的同时，其劳动生产率和增加价值率也迅速提高，上升速度明显高于工业平均水平，表明这一时期该行业比例结构的快速扩张是由市场力量所主导的，符合中国现阶段发展需要；（3）作为高能耗、高污染行业，金属冶炼和压延工业产值比例的上升同时伴随着其能耗比例、废气排放比例和固体废弃物产生比例的快速上升。

（四）装备制造业内部行业比例结构

从装备制造业内部行业的增加值比例的变化趋势来看（见图4－32），通信设备计算机及其他电子设备制造业和交通运输设备制造业是占工业增加值最大的两个行业，也是装备制造业中科技含量相对较高的两个行业。这两个行业在1996—2003年都经历了一轮快速发展时期，产出规模迅速扩张，而2003年之后，占工业增加值的比重又同时开始缩小；通用设备制造业、电气机械及器材制造业自2002年以来增加值比例上升较快，成为支持装备制造业发展的新动力；其他行业的变化趋势较为平稳。

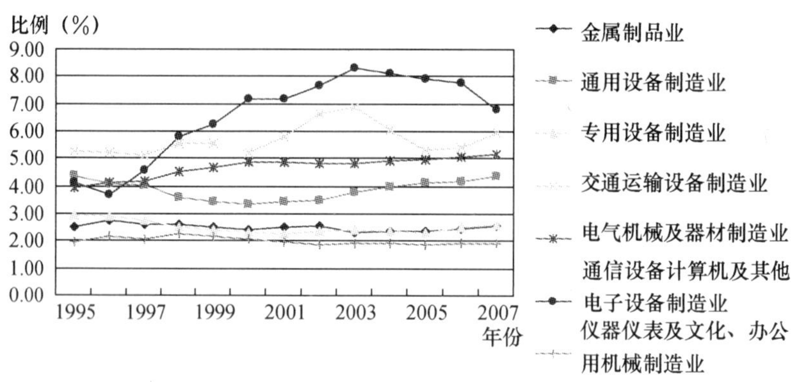

图4－32 装备制造业内部行业增加值比例变化趋势

自1996年以来，通信设备、计算机及其他电子设备制造业、电气机械及器材制造业的劳动就业比例呈上升趋势，前者的上升速度更快、幅度更大。其余行业的劳动投入比例变化幅度不大，变化趋势与其增加值比例变化趋势基本一致（见图4－33）。

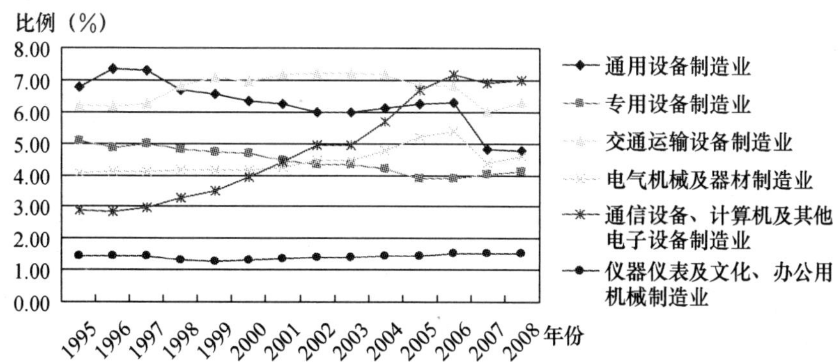

图 4－33　装备制造业内部行业就业人数比例变化趋势

与装备制造业整体资本存量比例的变化趋势相同，其内部四个行业的资本存量比例的变化也都表现出明显的两阶段特征，2002 年以前不断下降，2002 年之后又逐步上升。

装备制造业内部行业的中间投入比例变化基本与其增加值比例变化趋势保持一致。

1995—2008 年，通用设备制造业（装备制造业内部能耗比例最大的）和专用设备制造业的能耗比例基本上呈下降趋势，前者的能耗比例自 2004 年以来开始回升。1995—2008 年，金属制品业的能耗比例不断升高。交通运输制造业的能源消耗比例在 2001 年达到最高水平后，出现下降趋势。通信设备、计算机及其他电子设备制造业的能耗比例在 1998 年降至最低点后，开始逐年上升。其余两个行业的能耗比例比较稳定（见图 4－34）。

由于装备制造业的环境污染很小，其内部各行业的“三废”排放（产生）比例基本上都低于 1%，故此处略去。

通过上述分析我们发现：（1）装备制造业行业组的整体结构变动往往是由其内部少数行业所主导的，具体来说，增加值比例的变动由通信设备、计算机及其他电子设备制造业和交通运输设备制造业所主导，就业比例的变动由通信设备、计算机及其他电子设备制造业、电气机械及器材制造业所主导；（2）通信设备、计算机及其他电子设备制造业和交通运输设备制造业在 1996—2003 年都经历了一轮快速发展时期，产出规模迅速扩张，但 2003 年之后，增加值比例又同时开始缩小；（3）1997—2002 年，

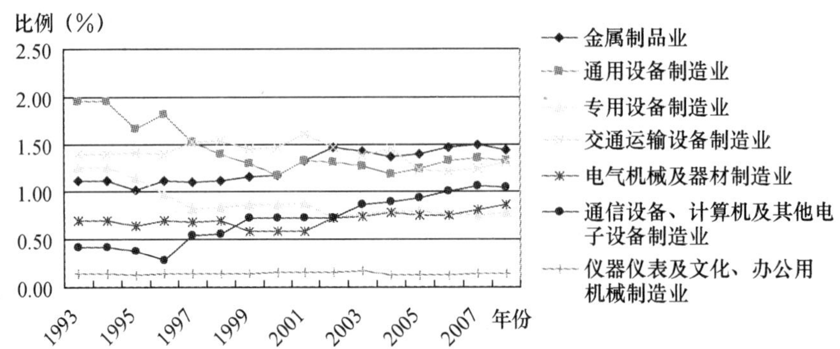

图 4－34　装备制造业内部行业能源消费结构变化趋势

通用专用设备制造业在增加值比例连续下降的同时，其中间投入比例却出现了上升。说明这一时期该行业的增加值率上升速度低于工业平均水平（或下降速度高于工业平均水平），这可能也是导致其增加值比例在 2003 年以后出现下降的主要原因。

六　工业内部行业关联结构及其变化

（一）直接消耗系数和完全消耗系数

表 4－4 和表 4－5 中分别列出了直接和完全消耗系数矩阵中最大的 5 个系数以及它们对应的一对一关联行业①。

通过对表 4－4 和表 4－5 的比较分析，我们发现：（1）在两个年份，无论采用直接消耗系数或完全消耗系数，通信设备、计算机及其他电子设备制造业内部、化学工业内部、农业—食品制造及烟草加工业都处于一对一产业关联程度最为密切的五种情况中。（2）与 1995 年相比，2002 年通信设备、计算机及其他电子设备制造业内部、金属冶炼及压延加工业—金属制品业的一对一产业关联程度明显提高，成为所有一对一组合中产业关联程度最高的两组。

（二）影响力系数和感应度系数

表 4－6 列出了 1995 年和 2002 年可比的影响力系数及其排序，从中我

---

① 在工业行业关联结构分析中，直接（完全）消耗系数矩阵涉及 29 个行业，是一个 29 行 ×29 列的庞大表格，因此没有在正文中列出。

表 4-4　　直接消耗系数矩阵中最大的 5 个系数排序

1995 年		2002 年	
行业	系数	行业	系数
农业—食品制造及烟草加工业	0.4139	通信设备、计算机及其他电子设备制造业内部	0.4532
纺织业内部	0.3976	金属冶炼及压延加工业—金属制品业	0.3972
通信设备、计算机及其他电子设备制造业内部	0.3859	农业—食品制造及烟草加工业	0.3911
化学工业内部	0.3858	化学工业内部	0.3753
纺织业—服装皮革羽绒及其制品业	0.3682	石油和天然气开采业—石油加工、炼焦及核燃料加工业	0.3670

注：其中，A 产业—B 产业表示 A 产业向 B 产业提供中间产品。
资料来源：本书建立的中国工业结构数据库。

表 4-5　　完全消耗系数矩阵中最大的 5 个系数排序

1995 年		2002 年	
行业	系数	行业	系数
纺织业—服装皮革羽绒及其制品业	0.765	通信设备、计算机及其他电子设备制造业内部	0.8699
化学工业内部	0.7348	金属冶炼及压延加工业—金属制品业	0.7202
纺织业内部	0.7094	化学工业内部	0.6798
通信设备、计算机及其他电子设备制造业内部	0.6429	农业—食品制造及烟草加工业	0.5788
农业—食品制造及烟草加工业	0.6124	纺织业—服装皮革羽绒及其制品业	0.5618

注：其中 A 产业—B 产业表示 A 产业向 B 产业提供中间产品。
资料来源：本书建立的中国工业结构数据库。

们可以了解到：（1）1995 年共有 17 个行业的影响力系数大于 1，2002 年共有 16 个行业的影响力系数大于 1（即对其他部门所产生的波及影响程度高于社会平均影响水平的行业数），这些行业主要集中在制造业和建筑业；（2）消费资料制造行业组中的服装皮革羽绒及其制品业、纺织业，装

表 4-6　　影响力系数

行业	1995 年		2002 年	
	影响力系数	排序	影响力系数	排序
农业	0.5332	27	0.5110	28
煤炭开采和洗选业	0.7151	22	0.7745	26
石油和天然气开采业	0.6278	25	0.7131	27
金属矿采选业	0.9335	18	0.7814	25
非金属矿采选业	1.0870	15	0.8305	24
食品制造及烟草加工业	0.8258	20	0.9447	19
纺织业	1.3001	03	1.1527	09
服装皮革羽绒及其制品业	1.3468	02	1.2934	05
木材加工及家具制造业	1.1207	13	1.1440	10
造纸印刷及文教用品制造业	1.2053	08	1.0280	14
石油加工、炼焦及核燃料加工业	0.9214	19	0.8722	21
化学工业	1.1943	09	1.0323	13
非金属矿物制品业	1.0235	17	0.9315	20
金属冶炼及压延加工业	1.1262	12	1.0178	15
金属制品业	1.2310	06	1.3104	04
通用、专用设备制造业	1.1899	11	1.2201	07
交通运输设备制造业	1.2735	04	1.2078	08
电气、机械及器材制造业	1.2456	05	1.2508	06
通信设备、计算机及其他电子设备制造业	1.2139	07	1.3811	03
仪器仪表及文化办公用机械制造业	1.0808	16	1.4134	02
其他制造业	1.1914	10	1.0337	12
废品废料	0.0000	29	0.0000	29
电力、热力的生产和供应业	0.7195	21	0.8484	22
燃气生产和供应业	1.3716	01	0.9535	18
水的生产和供应业	0.4491	28	1.1231	11
建筑业	1.1186	14	1.4203	01
交通运输仓储邮电业	0.6564	24	0.9670	17
批发和零售贸易业	0.6054	26	0.8387	23
其他服务业	0.6924	23	1.0046	16

资料来源：本课题组建立的中国工业结构数据库。

备制造行业组中的金属制品业、交通运输设备制造业、电气、机械及器材制造业、通信设备、计算机及其他电子设备制造业在两个年份的影响力系数都比较大（排在前10位）；（3）2002年与1995年相比，影响力相对上升（影响力系数排名上升）的行业主要集中在装备制造业行业组和第三产业，而影响力相对下降的行业主要集中在采矿业、消费资料制造业和生产用原料制造业。各行业对国民经济主导作用强弱的相对变化反映出这一时期我国产业结构和工业结构的升级趋势。

表4-7列出了1995年和2002年可比的感应度系数及其排序，从中我们可以了解到：（1）农业、纺织业、化学工业、金属冶炼及压延加工业、通用专用设备制造业、电力、热力的生产和供应业和第三产业是目前我国基础作用较强的产业（两个时期的感应度都大于1），其中化学工业的感应度系数都是最大的；（2）2002年与1995年相比纺织业、非金属矿物制品业的感应度系数明显降低，说明这两个行业对国民经济的推动作用显著下降；而交通运输设备制造业、通信设备、计算机及其他电子设备制造业的感应度系数明显提高，说明这两个行业在国民经济中的基础性地位正在增强。

表4-7　　感应度系数

行业	1995年		2002年	
	感应度系数	排序	感应度系数	排序
农业	1.9776	05	1.8004	04
煤炭开采和洗选业	0.6298	18	0.7494	16
石油和天然气开采业	0.8007	15	0.6982	17
金属矿采选业	0.4131	20	0.4519	20
非金属矿采选业	0.3124	21	0.2015	24
食品制造及烟草加工业	0.5448	19	0.5028	19
纺织业	1.9920	04	1.0748	10
服装皮革羽绒及其制品业	0.2758	23	0.2591	22
木材加工及家具制造业	0.3022	22	0.4492	21
造纸印刷及文教用品制造业	0.8441	13	0.9102	13

续表

行业	1995 年		2002 年	
	感应度系数	排序	感应度系数	排序
石油加工、炼焦及核燃料加工业	0.8155	14	1.0404	12
化学工业	3.4195	01	3.9766	01
非金属矿物制品业	1.0604	09	0.5338	18
金属冶炼及压延加工业	2.7888	02	3.2031	02
金属制品业	0.7443	17	0.7747	15
通用、专用设备制造业	1.6924	06	1.4276	07
交通运输设备制造业	0.8575	12	1.0460	11
电气、机械及器材制造业	0.9951	11	0.8859	14
通信设备、计算机及其他电子设备制造业	0.7674	16	1.7027	06
仪器仪表及文化办公用机械制造业	0.2284	24	0.2510	23
其他制造业	0.1431	25	0.1982	25
废品废料	0.0000	29	0.1718	26
电力、热力的生产和供应业	1.0159	10	1.2621	09
燃气生产和供应业	0.0276	28	0.0634	29
水的生产和供应业	0.0378	27	0.0723	28
建筑业	0.0914	26	0.1467	27
交通运输仓储邮电业	1.3190	08	1.7783	05
批发和零售贸易业	2.4338	03	1.3332	08
其他服务业	1.4697	07	2.0448	03

资料来源：本书建立的中国工业结构数据库。

第三节　工业结构高度化水平的测评与分析

一　重工业化水平

根据第三章的指标设计，我们计算了中国 1952—2008 年的重工业化指数，并将这一时期我国重工业指数的变化趋势展示于图 4－35 中。

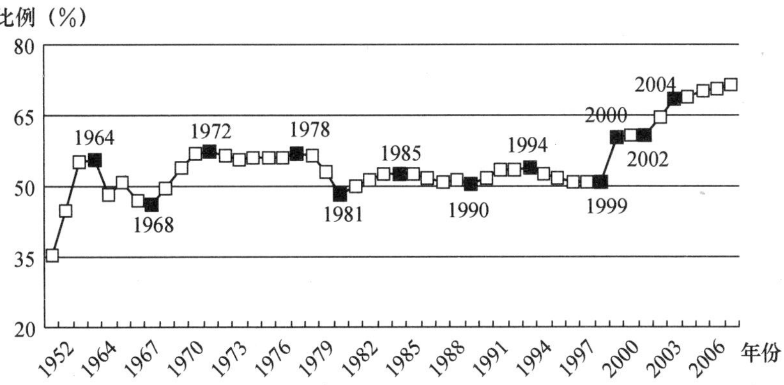

图 4－35 重工业业化指数变化趋势

结合我国工业化的道路和工业结构调整的历史，可以将我国重化工业的发展分为三个历史阶段。

第一阶段为 1952—1978 年，即单纯依靠国家力量，实行计划经济和优先发展重工业时期。在 1952—1964 年间短短的 12 年间，伴随三年“大跃进”，中国重工业化指数由 35.5% 快速上升至 55.7%。但是，这种由计划手段配置资源，以牺牲农业、轻工业为代价的工业化战略极其容易受到经济波动和资源约束的影响，在 1964 年之后，重工业产值比重开始迅速下滑，降至 1968 年的 46.3%。可以看出，这种在资源配置严重扭曲前提下建立起来的国家工业体系，虽然从指标上看，重工业化程度较高，但却不能代表国家的实际工业化水平，是一种“虚高”。

第二阶段为 1978—1999 年，中国的工业化道路从过去单一公有制和计划经济的基础转变为多种经济成分并存并以市场经济为基础；从优先发展重工业的倾斜战略转变为农轻重并举的均衡发展战略；从完全立足国内的自我积累、进口替代战略转变为积极利用外资和国外市场的“两个利用”战略。可以看到，经过 1978—1981 年间的短短 3 年，中国的重工业化指数由 56.95% 降至 48.5%，说明大量资源（资本、劳动等）由重工业流向效率更高的其他行业。在此之后，中国产业结构又经历了一系列以“补短”为特征的政策调整，至 1996 年，结束了中国长期存在的“短缺经济”。1981—1999 年，重工业化指数一直维持在 50%—54% 的区间内上下波动。这种波动的主要原因是，改革开放前的高积累政策和长期折腾，造成生活必需品的严重短缺，为轻工产品提供了庞大的卖方市场，从而导致企业投资过热。

第三阶段为1999年至今，中国的重工业化指数再次开始上升。基于本章第二节中对工业结构演变趋势的基础分析，在此可以对1999年至今中国重工业化指数再次上升的现象作出更加深入的分析。首先，将1999年以来中国重工业化指数的变动轨迹分为三段：第一段从1999—2000年，重工业化指数从50.8%猛升至60.2%，短期内升幅巨大，一方面由于石油和天然气开采业、通信设备、计算机及其他电子设备制造业、石油加工炼焦及核燃料加工业等重工业行业产出份额的迅速扩张（扩张幅度居前三位）；另一方面也与食品制造及烟草加工业（轻工业）产出份额的大幅度缩减有关；第二段从2000—2002年，重工业化指数稳中有升（从60.2%略升至60.9%），升速明显放缓，这一时期产出份额扩张最大的前三个行业仍然都属于重工业（交通运输设备制造业、煤炭开采和洗选业、通信设备、计算机及其他电子设备制造业），但是，石油和天然气开采业产出份额的缩减、食品制造及烟草加工业（轻工业）产出份额的回升却大大抑制了重工业化指数上升的速度；第三段从2002—2008年，重工业指数再次大幅度上升（从60.9%升至71.3%），这一时期产出份额扩张幅度靠前的行业几乎全是重工业，第1—6位依次是金属冶炼及压延加工业、煤炭开采和洗选业、石油和天然气开采业、金属矿采选业、通用设备制造业、电气机械及器材制造业，而产出份额缩减幅度最大的前5个行业中就有3个属于轻工业，食品制造及烟草加工业（第2位）、纺织服装皮革羽绒及其制品业（第4位）、造纸印刷及文教用品制造业（第5位）。

综上所述，中国真正意义上的由市场主导的工业化进程始于1978年，1978—1996年间基本上解决了计划经济体制留下的“短缺经济”等遗留问题，1999年以来，表现出强劲的重工业化趋势，重工业指数上升近20个百分点，但也必须注意到，这一时期重工业迅速扩张的拉动力，主要来源于石油工业、冶金工业、煤炭工业等高物耗行业，其次才是通信设备、计算机及其他电子设备制造业、交通运输设备制造业、通用设备制造业等装备制造行业，近年来，前者（特别是冶金工业）的带动作用更为明显，化学工业的产值份额也开始逐步扩张。也就是说，目前中国仍然处于重工业化前中期阶段，其特点是工业结构中采矿业、原料工业（如金属冶炼和压延工业）的比例扩张迅速，而装备制造业，特别是高技术制造业还没有呈现出强有力的增长趋势。

二　高加工化水平

根据第三章的指标设计，加工度指数 = 加工工业增加值/原料工业增加值。在国家统计局正式使用《国民经济行业分类》（2002）之前，中国官方统计（《中国工业经济统计年鉴》和《中国统计年鉴》）每年都会公布加工工业和原料工业的增加值等相关指标，但 2004 年以后的相关年鉴中再也没有公布这些数据了（见图 4 - 36 中“国家标准”）。

《中国工业经济统计年鉴》（2003）的指标解释将重工业划分为采掘工业、原料工业和加工工业三类，其中，原料工业是指“向国民经济各部门提供基本材料、动力和燃料的工业。包括金属冶炼及加工、炼焦及焦炭、化学、化工原料、水泥、人造板以及电力、石油和煤炭加工等工业”。加工工业，是指“对工业原材料进行再加工制造的工业。包括装备国民经济各部门的机械设备制造工业、金属结构、水泥制品等工业，以及为农业提供的生产资料如化肥、农药等工业。根据上述划分原则，修理业中以重工业产品为修理作业对象的划为重工业，反之划为轻工业”。

根据国家统计局给出的加工工业和原料工业的定义，在仅有官方公布的统计数据的情况下是无法将 2003—2006 年的加工度指数精确计算出来的。原因在于，按照上述定义，很多行业大类中既包括加工工业也包括原料工业，例如化学原料及化学制品制造业中，化学原料的制造属于原料工业，而化学制品的制造则属于加工工业。但是，目前官方公布的工业分行业指标，仅仅包含行业大类。

由于存在上述问题，本书根据现有统计数据的实际情况对行业分类进行了调整。自定义的加工工业和原料工业各自所包含的行业大类如表 4 - 8 所示，可以看出，表中右侧行业的加工程度明显高于左侧行业，因此可以认为，右侧行业相对于左侧行业增加值比例上升就意味着工业结构的高加工化程度提高。

基于这样的行业划分，本书计算了历年的加工度指数，并在图 4 - 36 中表现出来（“自定义”）。将图 4 - 36 中的两条曲线进行比较，会发现仅仅在部分年份两者间存在趋势差异，这也说明本书自定义的加工度指数是比较合理的。以下分析将基于自定义的加工度指数展开。

表 4－8　　本书自定义的原料工业和加工工业

原料工业		加工工业	
C25	石油加工、炼焦及核燃料加工业	C27	医药制造业
C26	化学原料及化学制品制造业	C34	金属制品业
C28	化学纤维制造业	C35	通用设备制造业
C29	橡胶制品业	C36	专用设备制造业
C30	塑料制品业	C37	交通运输设备制造业
C31	非金属矿物制品业	C39	电气机械及器材制造业
C32	黑色金属冶炼及压延加工业	C40	通信设备、计算机及其他电子设备制造业
C33	有色金属冶炼及压延加工业	C41	仪器仪表及文化、办公用机械制造业

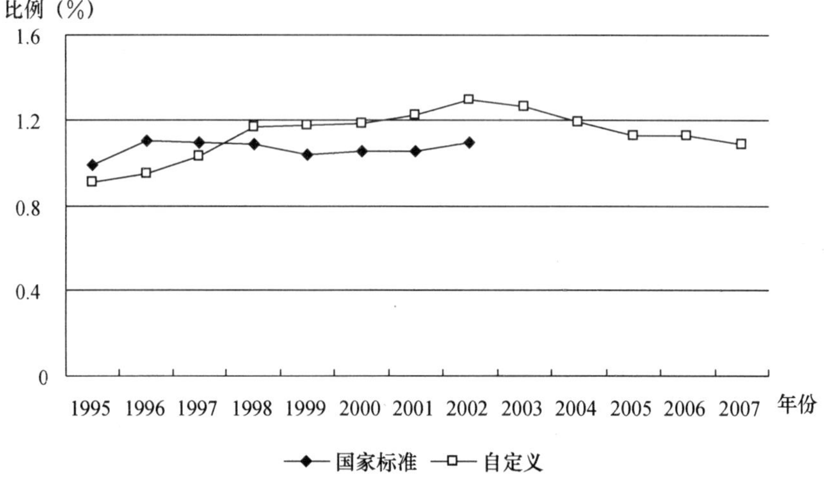

图 4－36　加工度指数变化趋势

1995—2002 年，中国工业行业的加工程度明显提高，即高加工度行业的产值比例不断扩张，产品加工程度逐步提高。基于本章第二节中对工业结构演变趋势的基础分析，可以得知，通信设备、计算机及其他电子设备制造业、交通运输设备制造业、电气机械及器材制造业、医药制造业产值比例的逐步扩张，以及非金属矿物制品业产值比例的大幅度萎缩，是导致这一时期工业加工程度上升的主要原因。

2002—2007年，中国工业行业的加工程度开始逐年下降，基于本章第二节中对工业结构演变趋势的基础分析，可以得知，我国工业加工程度由升转降的主要原因在于，金属（黑色和有色）冶炼及压延加工业在2002—2005年间的迅速扩张，以及通信设备、计算机及其他电子设备制造业、交通运输设备制造业、医药制造业产值比例的下滑。

综上所述，我国的工业化进程还没有进入真正意义上的高加工度化阶段，1995年以来，工业加工度指数的涨落主要是由于不同行业间产值比例的变动所导致的，即周期性波动。随着中国重工业化进程的不断深入，加工工业将会逐渐取代原料工业成为驱动工业发展的主导产业，那时，加工度指数会出现不可逆转的上升，中国工业化进程才算真正进入了新的阶段。

三　高附加值化水平

根据第三章的指标设计，我们测算了工业及其内部行业的增加价值率。图4－37显示了1993—2007年中国工业增加价值率的变化趋势，从趋势曲线上看，明显分为三个阶段：第一阶段为1993—1996年，为快速下降阶段；第二阶段为1996—2001年，为缓慢上升阶段；第三阶段为2002—2005年，为再次下降阶段；第四阶段为2006年至今，工业增加价值率略有上升。

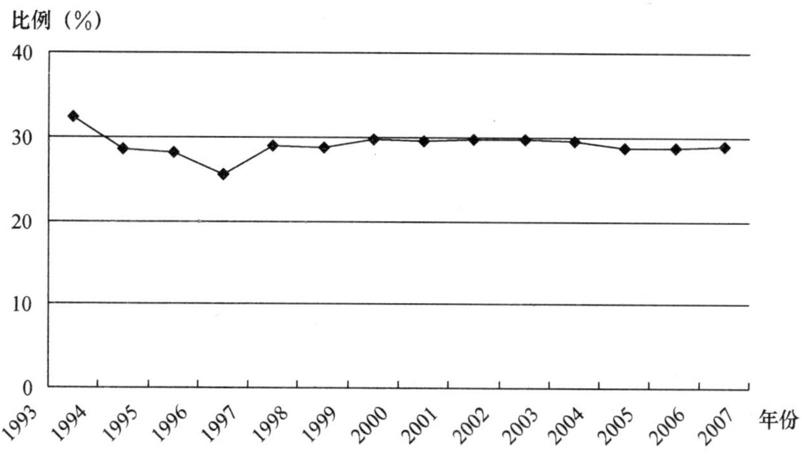

图4－37　工业增加价值率变化趋势

工业增加价值率是各工业行业的增加价值率的加权平均数，即：

$$V = \sum_{i}^{i} \frac{Y_i}{Y} V_i$$

其中，V 为工业增加价值率，V_i 为工业内部行业 i 的增加价值率，Y 为工业总产值，Y_i 为工业内部行业 i 的总产出。

由此可以看出，工业增加价值率的变化受到其内部行业增加价值率变化的影响，而影响力的大小则由行业的产出规模决定。

进一步深入分析后发现，1993—1996 年，中国工业增加值率的下降是在全部工业行业增加值率集体下降的背景下发生的，那么是什么原因导致所有工业行业增加值率都下降了呢？通过图 4－38 可以了解到在 1993—1995 年间，中国农产品收购价格和工业品出厂价格迅速上涨，与其前后一些年份进行对比可以发现，这三年的物价上涨速度是最快，使得大多数工业企业在短时间内难以对价格上涨作出相应的调整，直接导致了工业生产成本上升，所以，1993—1996 年中国工业增加值率的下降主要是由中间产品价格短期内迅速上涨所导致的。这实际上也解释了为什么在 1996—1999 年工业增加价值率又迅速回升。

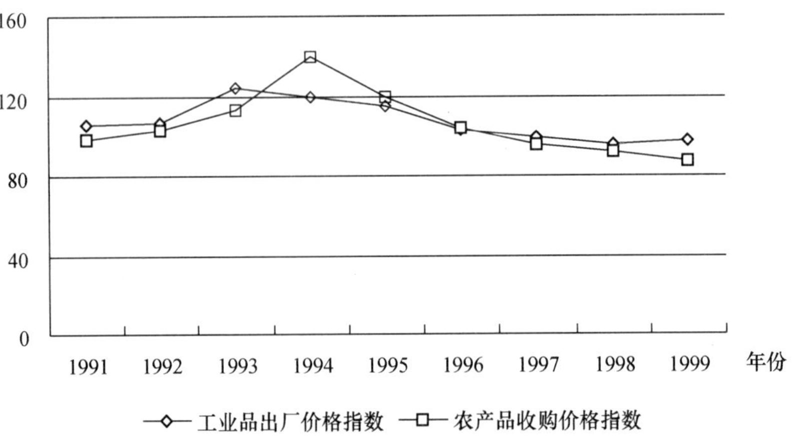

图 4－38　中间产品价格指数（上年 =100）

与第一阶段的情况不同，2002—2005 年中国工业增加价值率的下降，不再是一次所有工业行业的集体行为，而是一种结构性的下降。通过对各行业增加值率变化情况的深入分析发现，这一时期，在全部 39 个工业行业大类中，有 25 个行业大类的增加值率上升了，增加值率上升的行业数多于下降的行业数。但是在增加价值率下降的行业大类中却包括几个产值比例较大且增加价值率降幅也很大的行业，比如，电力、热力的生产和供应业由 53.76% 下降至 32.08%（降幅超过 20%），还有石油加工、炼焦及核燃料加工业由 20.98% 降至 15.28%，化学纤维制造业由 22.19% 降至 18.85%，因此导致了工业整体增加价值率的下滑。在增加价值率上升的行业大类中，采矿业（特别是石油和天然气采选业和有色金属采选业）和轻工业（特别是食品工业和纺织服装工业）的增加价值率上升幅度最大。

综上所述，20 世纪 90 年代中国工业增加价值率的快降快升是由短期内价格大幅波动所导致的，并不能反映工业整体以及工业行业附加值程度的变化。但是，进入新世纪以来，特别是 2002 年以后，伴随着重工业的迅速发展，石油、煤炭、金属矿物等自然资源出现了紧张局面，其相对价格出现大幅度上涨，因而导致了采矿业增加值率的上升，以及资源高消耗产业增加价值率的下降。轻工行业在产值比例下降的同时，增加价值率明显上升，附加价值和经济效益显著提高，说明轻工业在经历了多年结构调整和发展之后，已经成为比较成熟的产业，进入集约式发展阶段。

四 高技术化程度

根据第三章的指标设计，本书分别计算了增加值口径和总产出口径的工业高技术指标，需要特别指出的是这两种口径的高技术化指数之间存在联系，若增加值口径的高技术化指数大于总产出口径的高技术化指数，则说明高技术产业增加值率大于制造业平均水平①。

图 4－39 描绘了两种不同口径的高技术化指数变化趋势。可以将 1995—2006 年中国工业高技术化演变过程分为三个阶段。

① $\frac{\text{增加值口径的高技术化指数}}{\text{总产出口径的高技术化指数}}=\frac{\frac{\text{高技术产业增加值}}{\text{制造业增加值}}}{\frac{\text{高技术产业总产出}}{\text{制造业总产出}}}=\frac{\text{高技术产业增加值率}}{\text{制造业增加值率}}$。

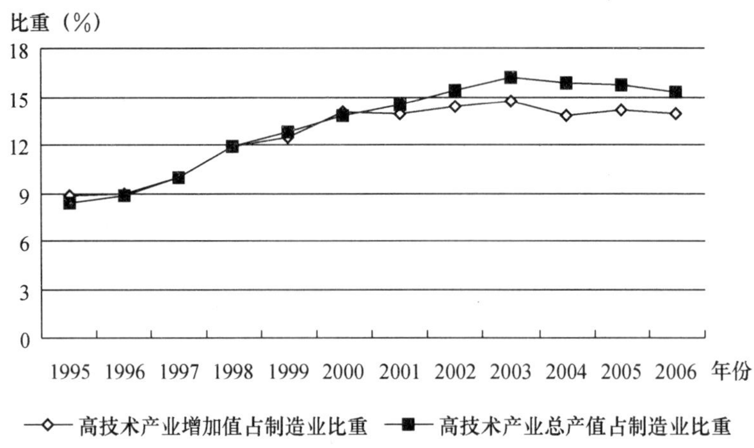

图 4－39 两种不同口径的高技术指数

第一阶段为1995—2000年，这一时期高技术产业产值（增加值或总产出）占制造业产值的比例大幅度上升，然而，两种不同口径的高技术化指数趋势曲线几乎重叠，即两种口径的高技术化指数相等。也就是说，高技术产业增加值率与工业平均增加值率相等，反映出高技术产业的经济效益并不低于其他工业行业的平均水平，这一时期是高技术产业发展的起步阶段。

第二阶段为2000—2003年，高技术指数仍然保持强劲上升趋势，反映出制造业产值构成中高技术产业的继续扩张，但是这一时期的特点在于，增加值口径的高技术化指数曲线的上升趋势逐渐弱于总产出口径的高技术化指数曲线，这意味着高技术产业的增加值率逐渐低于工业平均增加值率。这一现象能够更加深层次地解释2003年之后高技术化指数的下降趋势，即由于高技术产业的经济效益开始低于制造业平均水平，而导致资源向其他行业流动。

第三阶段为2003—2006年，高技术指数开始下降，制造业中高技术产业的产值占比例受到其他行业的挤压。以上我们已经从增加价值率相对下降（相对于制造业平均增加价值率）的角度解释了这一时期高技术化指数降低的原因，此处将对高技术产业内部行业产值比例的变化趋势进行具体分析（见图4－40），2003年以来，高技术产业内部的电子和通信设备制造业、医药制造业、航空航天器制造业的产值比例有不同程度的下降，而医疗设备及仪器仪表制造业、电子计算机及办公设备制造业的产值比例稍有上升。

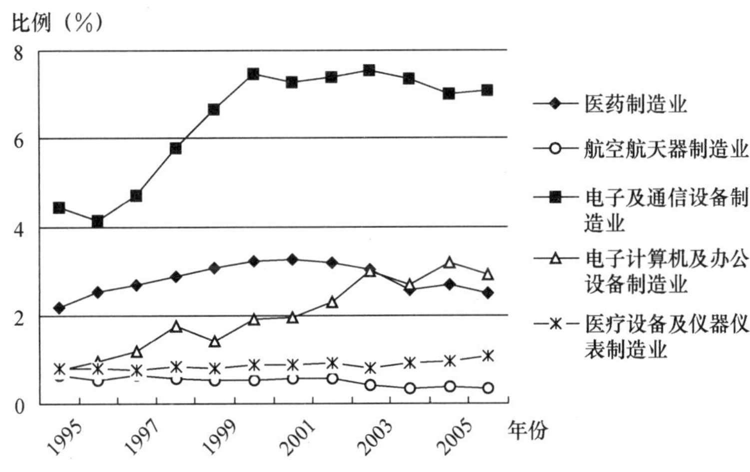

图 4－40　高技术产业内部行业增加值占制造业增加值的比例

纵观中国高科技产业的发展历史可以发现，从 20 世纪 90 年代至 21 世纪初（2003），中国搭上了全球高科技和信息化浪潮的顺风车，在政府的倡导和政策支持的良好环境下，加上投资者对高技术行业未来高回报的良好预期，中国的高科技产业经历了一轮快速发展时期，其比例在制造业产值构成中不断扩大。但是，经历了多年的发展之后，高科技产业的高回报特征（相对于其他制造行业）却始终没有体现出来，2000 年以后，高科技产业相对于其他制造行业来说，附加值率反而下降了。在市场机制的作用下，2003 年以后，高科技产业的产出份额逐渐缩小也是意料之中的。

综上所述，中国工业的高技术化程度仍然比较低，一直以来，我国的大多数高科技企业主要从事的是高科技产品生产过程中的低端环节，所以其增加价值率并不比其他制造行业高，也就缺乏持续发展（吸引更多要素投入）的动力机制。

第四节　工业结构高效化程度的测评与分析

一　投入产出转换效率优化水平

根据第三章的指标设计和 KLEMS 生产率核算的基本方法，本书选取了 1995 年、1997 年、2002 年、2005 年四个年份的投入产出表，进行了部门调整、可比价格调整以及全要素生产率核算，最终将工业及其内部行业的总产出增长的贡献进行了分解。详细数据见附表。表 4 -9 中列出了工业的相关数据。从该表中不难看出，在所选的三个时期中，对工业总产出的增长贡献最大的都是中间投入的增长，这说明随着分工的深化，生产过程越发迂回，行业间的相互联系越发紧密。其次是全要素生产率的增长，再次是资本投入的增长，贡献率最低的是劳动投入的增长。

表 4 -9　　工业总产出增长的贡献率分解

单位：%

时期（年）	总产出增长贡献率合计	劳动投入增长的贡献率	资本投入增长的贡献率	中间投入增长的贡献率	全要素生产率增长的贡献率
1995—1997	100	1.62	5.30	79.78	13.31
1997—2002	100	-2.58	0.24	76.47	25.87
2002—2005	100	1.80	4.23	72.11	21.86

注：表中合计因四舍五入而不等 100%。

劳动、资本和中间产品同为工业生产中的投入，在各项投入增长率一定的情况下，总产出增长率越高，说明工业结构的投入产出转换效率越高，很明显全要素生产率是这一转换效率的决定因素，在各种投入增长率及其分配比例一定的情况下，全要素生产率的增长率决定着总产出增长率。因此，本书用全要素生产率增长对产出增长的贡献率来反映工业结构的投入产出转换效率的优化水平。

我们发现，与 1995—1997 年相比，1997—2002 年中国工业结构的投入产出转换效率明显优化，除了食品制造及烟草加工业、服装皮革羽绒及其制品业、电气机械及器材制造业等少数几个行业的全要素生产率贡献率下降以外，大多数行业的全要素生产率的贡献率都大大提升，说明在1997—2002 年，大多数工业行业（特别是重化工业）的投入产出转换效率都有所提升。在随后的 2002—2005 年，工业全要素生产率略有下降。从工业内部行业层面看，全要素生产率贡献率明显下降的行业主要集中在采矿业、食品制造、金属冶炼、金属制品等这一时期投资过热的行业。从表 4 - 9 中同样可以看出，1997—2002 年期间，资本投入对产出增长的贡献率仅为 0. 24%，而 2002—2005 年期间，这一比例明显上升至 4. 23%，这也证明了 2002 年以来，全要素生产率的贡献下降与投资过热密切相关。

综上所述，1997—2002 年，中国经济虽然受到亚洲金融的影响，国内投资明显不足，宏观经济出现衰退迹象，但是，在经济总量增长放缓的同时，工业结构的投入产出转换效率却得到了明显优化。然而，2002 年以后，中国正式加入世界贸易组织，宏观经济开始复苏，经济总量年年高增长，由于投资过热，导致工业发展又重新陷入高投入低产出的低效率状态。

二 经济效益优化水平

根据第三章的指标设计，利用偏离—份额法〔即将（3 - 6）式中的劳动生产率（LP）替换为增加价值率，将行业就业份额（S）替换为行业总产值份额〕，我们将工业部门增加价值率的变化进行了分解，主要测算结果见表 4 - 10。通过对测算结果的分析，我们发现：

表 4 - 10　　工业增加值率变动的效应分解结果

时期（年）	工业增加值率增长（%）	各种效应的贡献（%）									
		结构效应			内部增长效应						
			静态转移效应	动态转移效应		采矿业	制造业				电力燃气水
								消费资料	生产原料	装备	
1995—1997	3. 24	1. 24	1. 38	-0. 14	2. 33	-0. 97	3. 48	3. 78	-0. 38	-0. 02	-0. 17
1998—2002	3. 87	-1. 26	-0. 87	-0. 39	5. 33	0. 40	4. 52	1. 91	1. 78	0. 83	0. 40
2003—2007	-2. 10	-0. 94	0. 44	-1. 38	-1. 18	1. 22	0. 69	1. 73	-0. 60	-0. 46	-3. 10

1995—1997 年，增加价值率年均增长速度要明显高于后来两个时期，这一时期，工业内部结构变动使得工业整体增加值率提高了 1.24%。其中静态转移效应为 1.38%，说明增加值率原本比较高的行业的产出规模扩张了，在对行业数据深入分析中我们确实发现：例如采矿业、烟草加工业、电力热力的生产和供应业等增加值率大于工业平均水平的行业，在工业总产值中所占比例都有不同程度地上升，使得工业部门整体经济效益得以优化。然而动态转移效应却为 -0.14%，原因有二：一是采矿、石油加工等增加值率下降的行业产值比例扩张了；二是纺织、皮革、造纸等增加值率大幅度上升的行业产值比例萎缩了。推动工业增加值率上升的主要力量来源于内部增长效应(2.33%)，更确切地说是来源制造业内部行业增加值率的上升（采矿业、电力燃气和水的生产供应业的内部增长效应为负），而制造业内部增加值率上升较快的行业又主要集中于消费资料生产行业。

1998—2002 年，工业结构变动对提升整个部门增加值率的效应为负，且静态和动态转移效应均为负数。从分行业数据可知，这一时期，采矿业、烟草加工业、电力热力的生产和供应业等增加值率较高行业产值比例出现回落，部分采矿业、食品加工业、医药制造业、燃气生产供应业等增加值率上升较快的行业产值比例反而有所下降。各工业行业增加值率的普遍上涨是推动这一时期工业增加值率上升的主要原因（内部增长效应为 5.33)，其中增加值率上升较快的行业主要集中于消费资料和生产原料两个制造业行业组中。

2003—2007 年，工业增加值率出现负增长，且结构效应(-0.94)和内部增长效应（ -1.18）均为负值，仅有静态转移效应、采矿业和消费资料制造业的内部增长效应稍大于 0。这一时期工业行业增加值率变化特征包括：消费制造行业组增加值率普遍大幅度上升，而其产值比例却不断萎缩，可见从需求和供给两个方面来说，我国该行业组都已经相当成熟；电力热力生产供应业增加值率大幅下降（从 53% 下降到 33%），而产值比例却有所提高，与此同时，石油工业的增加值率上升而产值比例下降，可见基础资源（特别是石油）的价格波动已经成为影响我国工业结构优化和经济效益提高的重要因素。

上述分析结果表明：（1）近十多年来，工业内部结构变动对工业增加值率的提升作用不大，特别是动态转移效应一直为负值，表明产值比例扩张行业的增加值率大体趋于下降；（2）工业增加值率的提升主要依赖于内部增长效应，而内部增长效应的大小很大程度上又取决于产值比例较大的制造业，因此加快促进制造业高附加值化进程至关重要；（3）受基础资源价格（特别是石油价格）影响较大的行业（如采矿业、石油加工及炼焦、电力热力的生产供应业）的增加值率和产值结构变动，对我国整个工业部门的增加值率影响很大，说明基础资源的价格波动已经成为制约和干扰我国工业结构优化和工业效益提高的重要外因；（4）近年来，我国消费资料制造行业增加值率持续提高，产值比例持续下降也是导致工业部门增加值率出现下滑的一个原因，此现象符合结构演变的一般规律，说明消费资料制造业已经成为我国的成熟行业，正朝着高附加值化方向发展。然而，令人担心的是，在增加值率上升较快的行业产值结构萎缩的同时，近年来，产值结构扩张较快行业的增加值率增长却较慢，甚至出现负增长。

三　劳动力配置效率优化水平

根据第三章的指标设计，利用偏离—份额法，我们将工业部门劳动生产率的变化进行了分解，主要测算结果见表 4 - 11。通过对测算结果的分析，我们发现：

表 4 - 11　　工业劳动生产率变动的效应分解结果

时期（年）	工业劳动生产率增长（%）	各种效应的贡献（%）									
		结构效应			内部增长效应						
			静态转移效应	动态转移效应		采矿业	制造业				电力热力水
								消费资料	生产原料	装备	
1995—1997	32.91	0.99	1.51	-0.52	30.65	2.86	26.74	11.50	6.56	8.68	0.90
1998—2002	96.86	4.95	3.89	1.06	91.90	11.47	74.58	20.45	25.47	28.66	5.86
2003—2007	72.16	-5.26	-0.29	-4.97	79.28	5.19	64.54	19.51	24.44	19.98	9.55

1995—1997 年，工业劳动生产率增长速度比后来两个时期慢得多，增幅为 32.91%，主要来自内部增长效应，结构效应贡献不足 1%。在内

部增长效应中，消费资料制造业的劳动生产率增长是最快的，装备制造业次之，燃气的生产和制造业是这一时期劳动生产率增长最快的工业行业（超过170%）。在结构效应中，静态转移效应为正（劳动生产率较高的烟草、石油加工、化学工业、电力、热力生产供应等行业就业比例有所扩张），动态转移效应为负（劳动生产率增长较快的消费资料制造等行业就业比例有所下降）。

1998—2002年，工业劳动生产率增长速度在三个时期中是最快的，增幅为96.86%，同样，主要来自内部增长效应，但是，工业就业结构变动也起到了一定的优化作用，且静态和动态转移效应均为正值。在内部增长效应中，制造业的贡献最大，消费资料、生产用原料和装备制造的贡献率相当，制造业内部行业资本深化加快，出现劳动生产率普遍提升的情况，值得注意的是，燃气生产和供应业在这一时期劳动生产率的提高仍然是最快的（超过300%）。在结构效应中，劳动生产率较高的部分装备制造行业就业比例有所扩张，劳动生产率增长较快的煤炭和金属矿采选业、医药制造业、部分装备制造业（交通、电气、通信、仪器）和燃气生产供应业的就业比例上升。

2003—2007年，工业劳动生产率增长速度较之前一时期有所下降，完全依靠内部增长效应推动，结构变动产生的效应为负。在内部增长效应中，生产原料制造业的贡献最大，电力热力生产供应、黑色金属冶炼压延、交通运输设备制造、非金属矿物制品和化学原料制造业的内部增长效应显著高于其他行业。在结构效应方面，劳动生产率较高且增长较快的电力、热力生产供应业、烟草加工业、黑色金属冶炼压延工业的就业结构比例萎缩，使得工业就业结构变动的静态和动态效应均为负值。令人振奋的是通信设备、电气机械两个技术含量较高的装备制造行业就业结构比例扩张，静态和动态转移效应显著高于其他行业。

上述分析结果表明：（1）近十年来，劳动力在工业行业间配置结构的变化先是逐步有利于工业劳动生产率的提高，随后又开始阻碍其提高，总结构效应和静态转移效应变化趋势基本上呈倒U形；（2）工业劳动生产率的提升主要依赖于内部增长效应，表明行业劳动生产率的变化主要决定于资本要素的流向，劳动力流动对其产生的影响较小；（3）行业劳动生产率差异较大，具有一定垄断性质的电力热力生产供应业、烟草加工业、黑色金属冶炼压延工业等少数行业劳动生产率显著高于其他行业，且这些行业的劳动生产率波动较大，对整个工业部门的劳动生产率变动起到决定性作用；（4）2003 年以来，“结构负利”在我国开始显现，劳动力被迫从生产率上升率较高的扩张性行业流向生产率上升率较低的停滞行业，这无疑会给未来发展制造不小负担，如就业难问题、收入差距问题等。

四　资产配置效率优化水平

根据第三章的指标设计，利用偏离—份额法［即将（3－6）式中的劳动生产率（LP）替换为总资产贡献率，将行业就业份额（S）替换为行业总资产份额］，我们将工业部门总资产贡献率的变化进行了分解，主要测算结果见表 4－12。通过对测算结果的分析，我们发现：

表 4－12　　工业总资产贡献率变动的效应分解结果

时期（年）	工业总资产贡献率增长率（%）	各种效应的贡献（%）									
		结构效应			内部增长效应						
			静态转移效应	动态转移效应		采矿业	制造业				电力热力水
								消费资料	生产原料	装备	
1998—2002	32.72	0.67	2.82	－2.15	32.37	8.26	24.66	6.20	10.41	8.05	－0.55
2003—2007	34.19	－2.49	－2.26	－0.23	36.65	7.51	27.01	10.64	10.44	5.74	2.13

1998—2002 年，工业总资产贡献率上升 32.72%，主要来源内部增长效应，结构效应很小。在内部增长效应中，制造业的贡献率最大，尤其是其中的生产用原料制造业贡献率 10.41%，石油和天然气开采、食品加工、纺织、石油加工、化学原料、非金属矿物制品、黑色金属冶炼压延、通用机械、交通运输设备、电气机械制造业的总资产贡献率都有较为明显的提升。然而，这些行业中仅有最后两个的总资产比例扩大了，其余的反而缩小了，从而导致动态转移效用显著为负。烟草加工、电力热力生产供应和电子及通信设备制造业等总资产贡献率较高行业总资产比例的扩张，使得这一时期的静态转移效用为正。

2003—2007 年，工业总资产贡献率上升 34.19%，较之前一时期有所提高，完全来源于内部增长效应，结构效应为负。在内部增长效应中，制造业的贡献率最大，消费资料制造业贡献率显著提高，然而，在这些消费资料行业总资产比例的下降又直接导致动态转移效应为负值，石油开采、饮料制造、烟草加工、医药制造、非金属矿物制品业等总资产贡献率较高行业总资产比例的萎缩，使得这一时期的静态转移效也为负值。

上述分析结果表明：（1）近十年来，工业结构的变动对资本要素的优化配置作用甚微，近期甚至表现为副作用，工业总资产贡献率的提升主要依赖于内部增长效应，表明行业总资产率的变化主要由除资本流向以外的因素影响；（2）在 2003—2007 年的工业经济蓬勃发展时期，相对较多的投资既没有流向总资产贡献率较高的行业，也没有流向总资产贡献率增长较快的行业，非理性投资成为引发我国产业结构偏差的黑手；（3）行业总资产贡献率差异较大，具有一定垄断性质的石油和天然气开采、烟草加工业、黑色金属冶炼压延工业等少数行业总资产贡献率显著高于其他行业，对整个工业部门的总资产贡献率变动干扰很大。

五　能源利用效率优化水平

根据第三章的指标设计，利用偏离—份额法［即将（3－6）式中的劳动生产率（LP）替换为能源生产率，将行业就业份额（S）替换为行业总资产份额］，我们将工业部门总资产贡献率的变化进行了分解，主要测算结果见表 4－12。通过对测算结果的分析，我们发现：

表 4－13　　工业能源生产率变动的效应分解结果

时期（年）	工业能源生产增长率（%）	各种效应的贡献（%）									
		结构效应			内部增长效应						
			静态转移效应	动态转移效应		采矿业	制造业				电力热力水
								消费资料	生产原料	装备	
1998—2002	79.33	2.54	2.90	－0.36	76.79	2.72	68.50	20.92	20.96	26.62	5.56
2003—2007	48.36	－9.89	－3.49	－6.40	58.25	7.69	45.46	14.85	12.08	17.36	5.09

1998—2002 年，工业能源生产率上升 79.33%，主要来源于内部增长效应，结构效应较小，动态转移效应为负值。在内部增长效应中，几乎所有工业行业的能源生产率提高了，制造业的贡献率最大，其中消费资料、生产用原料和装备制造业的贡献率相当。

2003—2007 年，工业能源生产率上升 48.36%，较之前一时期增速明显放缓，且完全来源于内部增长效应，结构效应为负（静态和动态转移效应皆为负值）。在内部增长效应中，制造业的贡献率仍旧最大，采矿业的贡献率相对上升。

上述分析结果表明：（1）近十年来，工业结构的变动对能源要素的优化配置作用甚微，近期甚至表现为明显的副作用，工业能源生产率的提升主要依赖于内部增长效应；（2）行业内部利用技术和制度创新等手段提升能源利用效率的潜力在短期内是有限的，这一点在 2003—2007 年期间的发展经历中已经得到证明；（3）通过工业结构优化升级，降低高能耗行业比例结构，才是解决我国目前经济发展中面对的能源环境约束，实现新型工业化道路的唯一出路。

第五节 工业结构协调化程度的测评与分析

基于本书已构建的指标体系，我们测算了 2004—2009 年的工业结构协调化相对指数，测算结果详见表 4 - 14。

测度结果显示，2004 年、2006 年和 2007 年工业部门的结构协调化相对指数大于 1，2005 年虽然工业部门的协调化指数小于 1，但该年制造业协调化指数却大于 1，说明 2004—2007 年期间工业（尤其是制造业）的结构协调化程度在不断提升。进一步分析不难看出，在这一时期，产能利用率降低的行业主要集中在紧密依赖自然资源的加工行业，例如，家具制造业、石油加工炼焦及核燃料加工业、黑色金属冶炼及压延工业、有色金属冶炼及压延工业等。而绝大多数制造业行业的产能利用率都处于上升趋势，说明工业品供给能力与需求之间的矛盾在不断缩小。

2008 年和 2009 年的工业部门（以及制造业）协调化相对指数均小于 1，国际金融危机对我国工业部门产生的冲击使得工业品需求下降，与供

表 4－14　　工业结构协调化相对指数

单位:%

行业	2004 年	2005 年	2006 年	2007 年	2008 年	2009 年
工业部门	119. 56	98. 16	103. 29	106. 39	95. 36	96. 48
煤炭开采和洗选业	127. 88	99. 63	94. 81	103. 64	94. 44	89. 41
石油和天然气开采业	101. 28	91. 16	85. 95	96. 82	82. 35	84. 16
黑色金属矿采选业	133. 24	66. 38	112. 82	104. 28	88. 85	113. 82
有色金属矿采选业	118. 23	101. 90	93. 86	95. 97	81. 01	94. 90
非金属矿采选业	96. 74	142. 07	87. 53	105. 70	95. 83	120. 33
其他采矿业			190. 16	102. 31	70. 65	113. 01
制造业	115. 75	100. 64	105. 64	107. 13	95. 69	96. 82
农副食品加工业	105. 15	103. 89	102. 78	99. 84	89. 43	97. 10
食品制造业	106. 82	107. 75	106. 66	108. 80	93. 21	102. 46
饮料制造业	103. 85	120. 15	113. 57	113. 61	98. 76	101. 05
烟草制品业	111. 85	106. 11	109. 30	120. 01	107. 88	98. 10
纺织业	116. 21	103. 57	105. 24	107. 87	97. 68	104. 70
纺织服装、鞋、帽制造业	99. 65	108. 75	104. 33	101. 91	96. 95	106. 25
皮革、毛皮、羽毛（绒）及其制品业	105. 77	101. 83	105. 10	104. 65	92. 45	104. 59
木材加工及木竹藤棕草制品业	121. 48	105. 95	111. 74	115. 82	93. 92	109. 87
家具制造业	125. 98	93. 51	99. 94	101. 41	108. 54	101. 38
造纸及纸制品业	118. 47	93. 16	106. 41	112. 44	99. 53	101. 86
印刷业和记录媒介的复制	105. 71	104. 04	109. 11	113. 78	105. 50	101. 02
文教体育用品制造业	107. 92	96. 40	105. 21	102. 92	95. 84	98. 50
石油加工、炼焦及核燃料加工业	119. 10	94. 10	93. 81	101. 39	93. 00	75. 87
化学原料及化学制品制造业	118. 70	96. 21	101. 42	108. 81	93. 86	100. 46
医药制造业	96. 60	108. 01	106. 92	113. 25	103. 88	103. 30
化学纤维制造业	108. 17	104. 97	112. 88	112. 17	94. 05	109. 19
橡胶制品业	121. 09	90. 69	101. 49	97. 00	98. 23	101. 08
塑料制品业	111. 77	91. 23	111. 37	114. 50	96. 93	105. 38
非金属矿物制品业	110. 11	102. 86	110. 27	115. 80	97. 64	99. 00
黑色金属冶炼及压延加工业	126. 10	98. 29	97. 66	102. 20	92. 27	92. 31

续表

行业	2004 年	2005 年	2006 年	2007 年	2008 年	2009 年
有色金属冶炼及压延加工业	117.58	92.87	111.90	99.85	89.18	99.74
金属制品业	106.92	101.24	108.41	108.00	90.73	91.49
通用设备制造业	128.25	101.86	108.20	108.97	92.52	93.39
专用设备制造业	118.71	104.47	109.21	108.80	97.49	95.65
交通运输设备制造业	110.80	98.52	107.69	111.71	96.67	99.91
电气机械及器材制造业	119.36	99.44	105.07	105.87	97.09	94.56
通信设备、计算机其他电子设备制造业	113.54	104.20	110.19	100.50	96.15	98.44
仪器仪表及文化、办公用机械制造业	122.09	104.27	111.56	108.52	95.15	90.17
工艺品及其他制造业	101.74	85.66	103.09	110.99	90.75	99.37
废弃资源和废旧材料回收加工业	188.91	43.01	71.64	137.03	63.33	100.58
电力、热力的生产和供应业	192.63	92.23	98.87	101.87	93.50	93.53
燃气生产和供应业	137.01	93.64	112.41	110.63	124.80	95.90
水的生产和供应业	105.90	92.76	98.28	100.09	99.06	93.17

给能力之间的差距拉大。2008 年大多数工业行业的协调化相对指数均小于 1，仅有烟草制品业、家具制造业、印刷业和记录媒介的复制、医药制造业、燃气生产和供应业这 5 个国际经济联系相对较小的行业协调化相对指数大于 1，可见始于 2007 年下半年的国际金融危机对我国工业部门影响之大。到 2009 年大多数轻工行业的协调化相对指数已转为大于 1，说明我国大多数轻工行业已经发展的比较成熟，在受到外部冲击之后能够很快进行调整，使供需矛盾迅速减小。而大多数重工业的结构协调化相对指数在 2009 年仍然小于 1，供需矛盾还在进一步扩大。

第六节 本章结论

利用第三章构建的工业结构优化升级综合测评体系，本章对中国工业结构优化升级的情况进行了测算，并基于测算结果对中国工业结构优化升级的历史和现状进行了详细的评价与分析。

总的来说，工业作为我国国民经济支柱产业和主导产业的地位没有改变。2002 年以来，工业再次表现出强劲扩张趋势，工业内部行业间的关联程度大幅度提升，工业结构优化升级对国民经济发展的影响开始逐渐加强。但在工业部门高速发展的同时，就业压力、资源能源消耗和环境污染等问题也逐步凸显出来。近年来我国重工业化水平快速提升，但是仍处于重工业化初级阶段，高加工化和高附加值化趋势并不明显，高科技行业的增加价值率和经济效益低于制造业平均水平，高技术化水平的提升也缺乏持续动力。与此同时，工业结构高效化水平并无明显提升，行业要素生产率和经济效益的提升主要来源于行业内部增长效应。在国际金融危机发生之前，工业结构的协调化程度不断提高，国际金融危机的冲击使得工业结构协调度在短期内有所下降。

具体而言，本章分析得出的详细结论如下：

（1）最近十多年来，我国产业结构明显升级，第一产业各项比例指标的下降和第三产业各项比例指标的上升。同时，工业仍然是中国国民经济的支柱产业和主导产业，工业增加值比例和中间投入比例居四大产业之首，工业在国民经济中的影响力和感应力均超过第一产业和第三产业。特别是 2002 年以来，工业部门表现出强劲增长势头，各项比例指标明显上升，工业内部行业间的关联程度大幅度提升，工业结构优化升级对国民经济发展的影响开始逐渐加强。但是，在产业结构升级的同时也暴露出许多突出的结构性问题。一是我国各大产业的增加值结构与就业结构极不协调，就业结构升级的进程明显滞后于增加值结构升级的进程；二是在各大产业的中间投入产品构成中的能源和材料的比重偏高，生产性服务的比重偏低，且这种情况在工业部门中表现得尤为突出；三是 2002 年以来中国制造业的高速发展带有明显的高能耗、高污染特征。工业化过程中的能源节约和环境保护问题不容忽视。

（2）2002 年以来，我国采矿业进入了一轮高速增长时期，其中，煤炭开采和洗选业以及金属矿采选业这两个我国工业部门中的高污染行业（废水和废弃物）的发展尤为迅速，反映出近年来我国经济的快速发展具有明显的资源高消耗、环境高污染特征。值得庆幸的是，伴随着采矿业的结构扩张，煤炭开采和洗选业、石油和天然气开采业以及金属采选业劳动生产率迅速提高，且上升速度高于工业平均水平，近年来煤炭开采和洗选业以及石油和天然气开采业的能源消耗效率也在显著提升。

（3）从增加值比例、就业人数比例和资本存量比例三个指标来看，电力、燃气及水的生产和供应业中的三个行业基本上表现为先升后降的趋势（大致以2000年、2002年为分界），只有燃气生产和供应业的增加值比例一直保持上升势头。2002年以来，该门类经济效益（增加价值率）的增长慢于工业平均水平，其中电力、热力的生产供应业最为明显。在能耗比例和排污比例方面，近几年来出现明显下降，但随着燃气生产和供应业的扩张，其废水排放问题急需受到重视。

（4）1996—2007年，消费资料制造业的增加值占工业增加值的比例逐步下降，而另外两个行业组则逐步上升，反映出我国工业结构演变的重工业化趋势。过去一段时期我国装备制造业劳动生产率上升速度明显小于工业平均水平，更小于生产用原料制造业。2002—2007年，生产用原料制造业行业组增加值率上升的速度高于工业平均水平，而装备制造业的情况正好相反。生产用原料制造业的产值扩张加剧了我国目前的能源紧张局面，也加大了环境保护的压力。

（5）随着我国工业化的深入，消费资料制造业成为最早成熟起来的制造业行业组，其内部结构已相对稳定，大部分行业投入和产出比例均出现下降趋势，但需求收入弹性较高的造纸印刷及文教用品制造业的增加值比例仍保持上升。值得注意的是，该行业组内部行业的资本存量比例在2002年之后均出现逐步回升趋势，表明这一时期该行业组出现明显的资本深化趋势。而伴随资本深化和机械化程度的提高，纺织服装皮革羽绒及其制品业、食品制造及烟草加工业的能源消耗比例和废水废气排放比例也出现上升趋势。

（6）现阶段我国生产用原料制造业内部各行业的变化趋势差异很大，2002年以来，金属冶炼和压延工业以惊人的速度展开结构扩张，该行业在高速发展的同时，其劳动生产率和增加价值率也迅速提高，上升速度明显高于工业平均水平，表明这一时期该行业比例结构的快速扩张是由市场力量所主导的，符合中国现阶段发展需要。但是，作为高能耗、高污染行业，金属冶炼和压延工业产值比例的上升同时伴随着能耗比例、废气排放比例和固体废弃物产生比例的快速上升。

（7）装备制造业行业组的整体结构变动往往是由其内部少数行业所主导的，具体来说，增加值比例的变动由通信设备、计算机及其他电子设备制造业和交通运输设备制造业所主导，就业人数比例的变动由通信设备、计算机及其他电子设备制造业、电气机械及器材制造业所主导。通信设备、计算机及其他电子设备制造业和交通运输设备制造业在1996—2003年间都经历了一轮快速发展时期，产出规模迅速扩张，但2003年之后，增加值比例又同时开始缩小。

（8）1999年以来表现出强劲的重工业化趋势，重工业指数上升近20个百分点，但也必须注意到，这一时期重工业迅速扩张的拉动力，主要来源于石油工业、冶金工业、煤炭工业等高物耗行业，其次才是通信设备、计算机及其他电子设备制造业、交通运输设备制造业、通用设备制造业等装备制造行业，近年来，前者（特别是冶金工业）的带动作用更为明显，化学工业的产值份额也开始逐步扩张。也就是说，目前中国仍然处于重工业化前中期阶段，其特点是工业结构中采矿业、原料工业（如金属冶炼和压延工业）的比例扩张迅速，而装备制造业，特别是高技术制造业还没有呈现出强有力的增长趋势。

（9）我国的工业化进程还没有进入真正意义上的高加工化阶段，1995年以来，工业加工度指数的涨落主要是由于不同行业间产值比例的轮动所导致的，即周期性波动。随着中国重工业化进程的不断深入，加工工业将会逐渐取代原料工业成为驱动工业发展的主导产业，届时，加工度指数会出现不可逆转的上升，中国工业化进程才算真正进入了新的阶段。

（10）最近十年我国工业整体增加值率基本保持平稳，但工业内部各行业的增加值率变化趋势却表现不一。首先，伴随着重工业的迅速发展，石油、煤炭、金属矿物等自然资源出现了紧张局面，其相对价格出现大幅度上涨，因而导致采矿业增加值率上升，以及资源消耗高的产业增加价值率下降。其次，轻工行业在产值比例下降的同时，增加价值率则明显上升，附加价值和经济效益显著提高。

（11）中国工业部门的高技术化程度仍然比较低，一直以来，我国的大多数高科技企业主要从事的是高科技产品生产过程中的低端环节，所以，其增加价值率并不比其他制造行业高，也就缺乏持续发展（吸引更多要素投入）的动力机制。

（12）1997—2002 年，中国经济虽然受到亚洲金融的影响，国内投资明显不足，宏观经济出现衰退迹象，但是在经济总量增长放缓的同时，工业结构的投入产出转换效率却得到了明显优化。相反，在 2002 年之后，中国宏观经济开始复苏，经济总量年年高增长的时期，由于投资过热，导致工业发展又重新陷入高投入低产出的低效率状态。

（13）近十多年来，工业内部结构变动对工业增加值率的提升作用不大，工业增加值率的提升主要依赖于内部增长效应。受基础资源价格（特别是石油价格）影响较大的行业（如采矿业、石油加工及炼焦、电力热力的生产供应业）的增加值率和产值结构变动，对我国整个工业部门的增加值率影响很大，这表明基础资源的价格波动已经成为制约和干扰我国工业结构优化和工业效益提高的重要外因。近年来，我国消费资料制造行业增加值率持续提高，产值比例持续下降也是导致工业部门增加值率出现下滑的一个原因，这种现象符合结构演变的一般规律，说明消费资料制造业已然成为我国的成熟行业，正朝着高附加值化方向发展。然而，令人担心的是，在增加值率上升较快的行业产值结构萎缩的同时，近年来产值结构扩张较快行业的增加值率增长却较慢，甚至出现负增长。

（14）目前，我国工业劳动生产率的提升主要依赖于内部增长效应，表明行业劳动生产率的变化主要取决于资本要素的流向，劳动力流动对其产生的影响较小。近十年来，劳动力在工业行业间配置结构的变化先是逐步有利于工业劳动生产率的提高，随后又开始阻碍其提高。2003 年以来，“结构负利”在我国开始显现，劳动力被迫从生产率上升率较高的扩张性行业流向生产率上升率较低的停滞行业，这无疑会给未来发展制造不小负担，如就业难问题、收入差距问题等。

（15）近十多年来，工业结构的变动对资本要素的优化配置作用甚微，近期甚至表现为副作用，工业总资产贡献率的提升主要依赖于内部增长效应，表明行业总资产贡献率的变化主要由除资本流向以外的因素影响。在 2003—2007 年的工业经济蓬勃发展时期，相对较多的投资既没有流向总资产贡献率较高的行业，也没有流向总资产贡献率增长较快的行业，非理性投资导致工业结构高效化程度降低。各行业总资产贡献率差异较大，具有一定垄断性质的石油和天然气开采、烟草加工业、黑色金属冶炼压延工业等少数行业总资产贡献率显著高于其他行业，对整个工业部门的总资产贡献率变动干扰很大。

（16）近十年来，工业结构的变动对能源利用效率的提升作用甚微，近期甚至表现为明显的副作用，工业能源生产率的提升主要依赖于内部增长效应。行业内部利用技术和制度创新等手段提升能源利用效率的潜力在短期内是有限的，这一点在2003—2007年的发展经历中已经得到证明。通过工业结构优化升级，降低高能耗行业比例结构，才是解决目前我国经济发展中面对的能源环境约束，实现新型工业化道路的唯一出路。

（17）2004—2007年，工业（尤其是制造业）的结构协调化程度在不断提升。在这一时期，产能利用率降低的少数行业主要集中在紧密依赖自然资源的加工行业，而绝大多数制造业行业的产能利用率都处于上升趋势。受到国际金融危机的冲击，自2008年起工业部门（以及制造业）协调化程度连续下降，到2009年大多数轻工行业的协调化程度已经开始上升，说明我国大多数轻工行业已经发展的比较成熟，在受到外部冲击之后能够很快进行调整，使供需矛盾迅速减小。而大多数重工业行业的结构协调化程度仍在下降。

第二部分

新型工业化战略导向下的工业结构优化升级

新型工业化道路，主要“新”在新的要求和目标上，即所追求的工业化不是只讲工业增加值，而是要做到“科技含量高，经济效益好，资源消耗低，环境污染少，人力资源优势得到充分发挥”，并实现这几方面的兼顾和统一，以实现工业的跨越式发展。

本部分共由三章组成，每章将分别探讨我国的工业结构优化升级如何体现新型工业化战略思想的三大导向：(1) 朝着提升科学技术含量，增强自主创新能力的方向发展；(2) 朝着降低能耗，减少污染的方向发展；(3) 朝着充分发挥我国人力资源优势的方向发展。因此，本部分所探讨的内容也是新型工业化道路的基本标志和落脚点。

第五章　自主创新、高新技术与工业结构优化升级

提高自主创新能力，是提高我国综合国力的关键，也是促进工业结构优化升级、转变经济发展方式的中心环节。然而，我国经济增长方式仍然是粗放型；科技缺乏自主创新，国际竞争压力加大；具有自主知识产权的核心技术匮乏，已成为制约中国经济发展的瓶颈。因此，中国工业结构优化升级的方向之一，就是提高我国的自主创新能力和科技含量。通过何种路径或政策加大我国技术创新的投入，促进自主创新能力的提升，以推动我国工业结构优化升级，就成为本章需要重点解决的问题。

本章将首先从自主创新、技术进步对工业结构优化升级的作用机理着手，探讨专有技术（或一般技术）和共性技术（或重大核心技术）这两种不同的技术创新方式，对工业结构优化升级的效应。其次，探讨我国以企业为主体的自主创新体系对促进专有技术和共性技术创新的促进作用，并对我国创新政策实施绩效进行了评估。最后，结合美国、日本等国在推进技术创新的成功经验，提出相应的对策。

本章的主要贡献在于：一是将技术创新区分为专有技术（一般技术）和共性技术（重大核心技术），两种技术创新对产业结构升级作用不同，前者促进新产业产生，后者促进资源配置优化。二是评价我国创新政策实施效果，中国研发数据显示，我国专利数、论文总量持续上升，但表示创新质量的发明专利和论文引用率较低，两者地位不匹配。三是企业创新主体的地位正逐步确立，但创新动力仍不足，政府应对加强专利保护并对共性技术研发给予政策倾斜。

第六章　资源节约、环境保护与工业结构优化升级

中国工业结构优化升级的方向之二就是处理好工业发展、资源利用与环境保护三者之间的关系，把工业发展的负面影响控制在资源和环境承载能力之内，解决好资源有限和环境容量对工业发展的制约，确保资源和环境能够持续地为人类和工业发展所利用。本章阐述了在我国目前资源环境约束日益严峻的形势下工业结构优化升级的作用机理、表现以及改善路径。

本章首先在对我国资源环境约束的现状进行分析的基础上，从技术、结构、制度三个方面探讨资源环境约束下的工业结构优化升级的理论机制；其次，分别从能源工业内部（能源供给方）和工业部门（能源需求方）角度探讨能源约束，从区域工业部门和工业行业层面探讨分析环境约束；最后，通过技术、结构、制度等影响因素为纽带，提出迫使高能耗高污染的产业不断消亡，节能环保的新产业不断产生的思路和对策。

本章的主要贡献在于：一是将资源节约和环境保护统一起来，从技术、结构、制度三个线索出发，探讨节能减排导向下能加快淘汰高污染、高能耗行业和催生新产业，从而推动工业结构优化升级。二是以2000—2006年数据论证了能源利用效率“平稳波动，再下降”的长期趋势，工业结构、能源结构、技术水平等导致我国能源利用效率由东向西递减的规律。

第七章　人力资源充分利用与工业结构优化升级

工业结构升级和人力资源充分利用相互联系又相互制约，共同影响经济发展。现阶段，我国面临着工业结构优化升级的迫切任务，又面临着巨大的就业压力。在这种背景下，如何正确处理工业结构升级和人力资源充分利用的关系，就构成了我国工业结构优化升级的第三个方向。如何选择适宜的产业技术路径，在推进新型工业化进程的同时兼顾解决就业问题，实现我国工业结构与就业结构的和谐互动，就成为本章需要解决的问题。

本章首先探讨我国工业结构升级对就业的作用机理；其次，对中国工业结构升级的就业效应进行客观评价；最后，试图通过理论探讨和实证研究，找到当前阶段工业结构升级和劳动力就业的协调方式和实现路径。

本章的主要贡献在于：一是通过国际比较发现，现阶段我国就业结构滞后于工业结构，第一产业就业份额偏高，第三产业就业份额偏低。二是实证研究发现，资本深化速度过快是我国工业结构调整过程中就业吸纳能力下降的原因。三是研究发现技术进步、加强要素市场的流动性、调整投资和消费结构等促进新型工业化的手段能进一步增强就业弹性，促进人力资本充分利用。

第五章　自主创新、高新技术与工业结构优化升级

提高自主创新能力，是保持经济长期平稳较快发展的重要支撑，也是提高我国综合国力的关键。我国在提出“加强自主创新、建设创新型国家”发展战略的同时，把增强自主创新能力作为促进工业结构优化升级、转变经济发展方式的中心环节，把建立以企业为主体、产学研紧密结合的技术创新体系作为突破口，以加速实现我国企业技术升级。然而，我国经济增长方式仍然是粗放型的；科技缺乏自主创新，国际竞争压力加大；具有自主知识产权的核心技术匮乏，已成为制约中国经济发展的瓶颈。那么，通过何种路径或政策加大我国技术创新的投入，促进自主创新能力的提升，以推动我国工业结构优化升级，就成为本章重点需要解决的问题。

本章将首先从自主创新、技术进步对工业结构优化升级的作用机理着手，探讨专有技术（或一般技术）和共性技术（或重大核心技术）这两种不同的技术创新方式对工业结构优化升级的效应。其次，在对我国技术创新水平和特征作出基本评价的基础上，探讨我国以企业为主体的自主创新体系对促进专有技术和共性技术创新的促进作用。再次，在对我国创新支持政策进行梳理的基础上，分析政府在营造适宜环境、融资支持、政府采购、税收等宏观政策方面如何促使以自主创新为主导的技术进步，并对我国创新政策实施绩效进行检验，以评估我国的创新支持政策效果。最后，通过比较成功经验，提出相应的对策。

第一节　自主创新、技术进步与产业结构升级的作用机理

技术创新从其影响宽度可以分为两大类：一类是专有技术创新，另一类是共性技术创新。本节分别探讨专有技术创新和共性技术的技术创新促进工业结构优化升级的机理。

一　专有技术自主创新促进产业结构升级的机理

工业结构升级有多种途径：一种是通过技术创新，产生新兴部门或行业，从外围促使产业结构发生突变式变动；另一种是通过技术创新，生产新兴产品，或对老产品进行技术改进，以更低投入生产出更多产出，促进产业结构升级；还有一种是通过工艺创新，降低产品生产成本，促使产业结构升级。本节将首先分析技术创新促进工业结构升级的一般机理，然后，探讨技术创新促进产业结构升级的具体渠道。

（一）专有技术创新促进工业结构升级作用机理

技术创新对工业结构升级的作用机理可用图 5－1 来阐述。如图 5－1 所示，企业研发投入增加与社会需求两者共同作用，增加了企业技术创新的可能性。技术创新呈现两个方面的特性：

其一，“创造性破坏”。美国经济学家 J. 熊彼特在分析资本主义发展过程时认为，“不断地从内部使这个经济结构革命化、不断地破坏旧结构、不断地创造新结构。这个创造性破坏过程，就是资本主义的本质事实”（Schumpeter，1942）。依熊彼特本意看，强调的是结构变换，新的创新称为“创造”，但新的创新必然会破坏原来的创新，这就是破坏效应。新旧替代必然破坏经济和社会系统的结构，所以用“创造性破坏”来描述整个动态过程。在创新理论中，增长主要是通过引入新产品，也就是通过扩大产品的种类和创造出更高质量的产品来实现。但我们注意到，在新种类和更高质量产品引入过程中存在着“创造性破坏”效应——新产品会使得原来产品的需求减少、更高质量的产品会减少当前质量产品的需求，也就是退化和破坏过程。这一过程往往是微观企业通过创新过程，进而影响到产业结构升级（钟春平，2004）。其二，创新具有累积性质。创

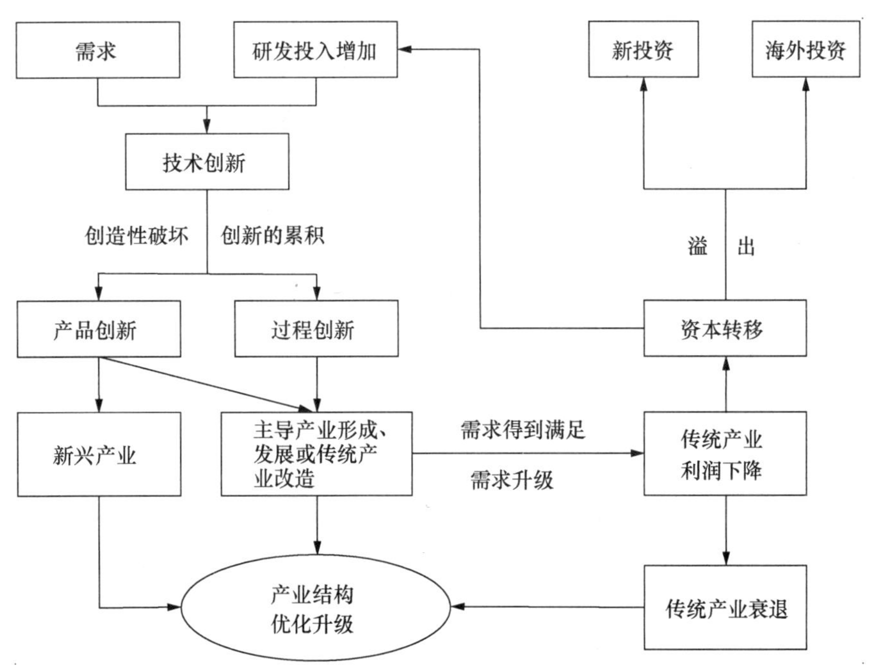

图5-1　专有技术创新促进工业结构升级机理

造性破坏和创新的累积性其实是一个问题的两个方面，创造性破坏强调创新对原有产品的替代，对原有技术的淘汰，是技术进步的表现，而创新的累积性则是将创新视为两个阶段：先期创新（第一代创新）和后续创新（第二代创新）。先期创新具有正外部性，是后续创新的基础。累积创新很可能以序列形式出现，每一个创新既是先期创新又是后续创新。

技术创新结果体现在两个方面：一是产品创新；二是过程创新。产品创新能够形成新兴市场，最终有可能产生新兴产业，从外围使整个产业结构发生变化。过程创新主要包括新工艺、新设备及新的管理和组织方法。这是一个渐进的过程，最终促使企业生产效率乃至整个产业效率得以提高，主导产业得以发展，传统产业得以改造，而随着产品的技术生命周期走向成熟，社会需求得到满足，传统产业利润会逐渐下降，最终结果是传统产业的淡出，整个国家的工业结构得到升级。当然，企业为了在市场博弈中取胜，将获得的利润投入到新一轮技术研发之中，将促使企业步入良性发展，多个企业以及行业的发展便形成整个国家产业结构升级的良性循环。

在工业化进程中，产业结构与技术结构具有极强的相关性。技术创新是新兴产业产生的源泉，技术创新促进产业结构升级；反过来，产业结构升级与否又制约着技术创新。一国技术创新水平在一定程度上决定了一国技术结构，从而间接地决定一国产业结构①。其关系如图 5－2 表示。

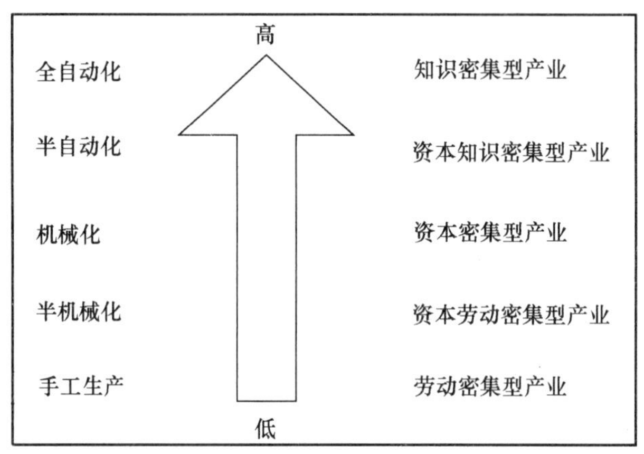

图 5－2　技术结构与产业结构演化关系

从图 5－2 可以看出，技术结构与产业结构是相呼应的，即有什么样的技术结构，就有什么样的产业结构与之相对应。技术结构决定产业结构，产业结构反过来影响技术结构。随着经济全球化进一步深化，一国技术结构决定了该国在世界产业结构中的地位。

另外，企业创新动力一部分来自市场的需求。熊彼特（1966）认为，“专利活动，也就是发明活动，与其他经济活动一样，基本上是追求利润的经济活动”。即技术创新受市场需求引导、制约。在现实市场中，消费者或用户产生对某一产品的需求，通过企业销售部门反馈给企业研发部

① 当然，有人会认为，一国技术可以通过引进而获得迅速提高，但从世界发展的经验来审视，发达国家的技术转移是遵循“以不对其构成威胁”为准则的，虽然引进可以获得高技术，但产业结构的相对地位没变。即使获得高端技术也需要进行消化吸收，才能发挥应有的效果。

门，研发部门进行技术攻关，最终取得相关专利并实现产业化。这一过程即是工业结构升级过程。考虑到文章的研究主要是探讨技术创新促进产业结构升级问题，因此，对需求一侧对产业结构升级的影响将进行有意识地忽略。

同时，技术创新将通过需求拉动或推动整个社会产业变化。即新知识和技术革新的这些影响是在增长进程中一层层地添加在先已存在的需求结构上的，它无论是对为了适应于改变了的生活条件还是为了对新产品作出反应，都会造成新的需求压力。即科技创新能满足消费需求，使居民用于文化娱乐、教育培训等享受和发展需要上的支出比例上升，带动服务业发展；能够满足生产需求升级，拉动固定资产投资，从而改变生产技术基础和生产结构；改变进出口需求结构，实现产业结构的变化。技术创新导致生产要素从效率低的行业向效率高的行业转移，整个社会产业结构随之发生变化，工业结构实现升级。

（二）专有技术与新兴部门或行业的产生

纵观整个工业发展史，每一次重大技术创新都导致一系列新兴产业兴起（见表5－1）。第一次技术革命，以瓦特发明的蒸汽机为起点，迅速改变了传统手工作坊式生产，使整个人类文明进入机器大工业时代，英国纺织

表5－1　　　　科学革命、技术革命与产业革命分期

		科学（知识）革命	技术革命	产业革命
第一次	开始时间	16—17世纪	18世纪60年代	18世纪70年代到19世纪30年代
	标志	近代经典力学建立	蒸汽机发明	纺织业、蒸汽机、炼铁业
第二次	开始时间	19世纪30—50年代	19世纪下半叶	19世纪70年代
	标志	三大发现	电机、电力运输、无线电通信	钢铁业、铁路运输、电力汽车业、化学制品
第三次	开始时间	20世纪上半叶	20世纪初	20世纪40年代
	标志	相对论、量子力学板块模型	原子能、计算机空间技术	核工业、计算机业航空航天业

资料来源：赵俊杰：《欧洲的梦想与现实》，陕西人民出版社1997年版，第80页。转引自马云泽《产业结构软化理论研究》，中国财政经济出版社2006年版，第57—58页。

业得到迅速发展，英国工业从此处于全球产业链高端，工业结构得到迅速升级。第二次技术革命发生在19世纪70年代，以电、变电和输电为中心的技术体系标志着电气自动化时代到来，为后续工业发展打开了方便之门，石油开采和提炼、汽车、飞机以及电报、电话等技术的产生，形成了许多新兴行业，当时在整个工业领域中发展最快的国家和地区就是那些技术创新成绩突出的国家或地区，全球产业结构为之迅速改变。第三次技术革命发生在20世纪40年代之后，产生了计算机、大规模集成电路技术、生物技术、航空航天技术等一系列新技术创新，在技术进步推动下产生的新产业，往往不只是一个产业，而是一个产业群。随着技术创新及其迅速推广，生产手段更加现代化，生产过程更加合理化，进而生产出技术密集度高的一系列产品，人类社会从此步入发展的快车道，产业发展迅速走向高度化。

（三）专有技术与传统产业改造及衰退

传统产业是指建立在一般技术基础上的原有产业部门，是一个相对的概念。传统技术是指技术发展过程中处在成熟饱和衰退的技术，也是一个相对概念。企业在技术创新过程中通过对传统技术进行扬弃，提高技术的质，而新技术最终使产品附加值得到较大幅度提高，最终达到对传统产业的改造，实现产业结构升级。

技术创新对传统产业的改造或技术创新引起传统产业的衰退可以说是一条“内涵式”促进产业结构升级的道路。即通过对现存产业的技术创新，使产业结构的质量得以改善，也就是说，通过技术创新引起产业结构发生质的变化。

如制造业领域，由于新技术和新工艺的运用，传统制造技术得以发生根本性的变化，使整个制造业的产业结构得到升级。信息、生物、纳米、新能源和新材料等高技术的迅速发展，高新技术已逐渐融入传统制造技术，使制造业发生了深刻变化，导致制造业传统生产方式变革，并引发出柔性制造系统（FMS）、计算机集成制造系统（CIMS）、精益生产模式（LP）、清洁生产模式（CP）、高效快速重组生产系统、虚拟制造模式（VM）。当前，正在开发下一代制造和生产模式，如并行工程和协同制造（HM）、生物制造（BM）、远程网络制造（RM）、全球制造（GM）和下一代制造系统（NGMS），等等。这些新制造技术对产业结构的升级主要体现在：由于先进技术的融入，这些工艺具有优质、高效、低耗、无污染或少污染等特点；覆盖了从产品设计、加工制造到产品销售、使用、维修等整个过程；超越传统制造业仅仅驾驭生产过程的物质流和能量流的局面，成为驾驭生产过程物质流、能量流和信息流的系统工程；形成多学科交叉、融合的一种综合、集成的新技术。从而对传统制造业产生革命性的影响，使制造业重新成为发达国家经济发展的动力之一。如美国的“先进技术计划”（ATP）、“先进制造技术计划”（AMT）和“下一代制造行动纲要”；德国的“2000 年生产计划”；日本的“智能制造系统计划”、“新兴工业创新型技术研究开发促进计划”和“新产业创造战略”，等等，这些计划的实施，对美国、日本、德国等国产业结构发生了深刻的影响，制造业在 GDP 中所占比重迅速上升（上海市经济委员会，2004）。而且通过制造业的前向效应、回顾效应以及旁侧效应促使整个国民经济产业结构发生变化。

另外，技术创新使传统产业逐渐销声匿迹的现象也较为普遍，如詹姆斯·M. 厄特贝克（James M. Utterback）在《把握创新》一书中所列举的因机械制冰技术的发展，机制冰成本低廉、自动化和易于操作等特性，最终将自然采冰业逐出市场，实现了产业结构升级。

（四）专有技术创新与主导产业形成及发展

主导产业是指对一个产业结构系统的未来发展具有决定性引导作用的产业（龚仰军，2004）[①]。主导产业最早是由发展经济学家罗斯托（Rostow，1960）提出。罗斯托认为，在任何时期，一个经济系统能够具有或保持“前进的冲击力”，是由于若干个“主导部门”迅速扩张的结果。这些主导部门在自身扩张的同时，对其他部门产生影响，最终带动整个经济发展。

主导产业具有较强的关联效应或扩散效应，而关联效应是回顾效应、

① 有学者将“主导产业”、“带头产业”或“领衔产业”视做等同，指一个国家在一定时期内，经济发展所依托的重点产业，这些产业在此发展阶段形成国民经济的“龙头”，并在产业结构中占据较大比重，对整个经济发展和其他产业发展具有强烈的前向拉动或后向推动作用，国民经济在这些产业发展的波及带动下，形成以这些产业为中心的系统，这些产业发展的快慢基本决定了国民经济的发展速度。参见李京文、郑友敬《技术进步与产业结构——选择》，经济科学出版社 1989 年版。也有文献称之为“先导产业”。

前向效应和旁侧效应三种效应的综合，主导产业技术创新会通过这三种效应对产业链的上游产业、下游产业以及其他产业产生连锁反应，从而产业结构逐渐趋向高度化。

20 世纪 50 年代，筱原三代平提出“收入弹性基准”和“生产率上升基准”等作为主导产业的选择标准，以及后来的“关联度基准”。主导产业的形成和发展过程，其实质对应的是这些产业技术的逐渐走向成熟的过程，伴随着一国工业结构升级的过程。

如美国 20 世纪初至 20 年代的汽车产业发展就是一个明证。福特公司采用流水线生产工艺后，流水线生产在汽车生产中迅速普及，汽车单位生产成本大幅度下降，汽车不再是奢侈品，消费者潜在需求迅速释放，从而促使美国汽车生产在短短几十年里便获得了几十倍的增长。1911 年，美国汽车只有 20 万辆，1916 年产量超过了 160 万辆，1923 年超过了 400 万辆，最终汽车工业成为美国的主导产业，美国产业结构随之升级。

又如计算机产业发展也充分说明技术创新促使主导产业形成与发展。根据摩尔定律：微处理器性能每隔 18 个月提高一倍，而价格下降一倍①。由于生产成本大幅度下降，原来不被看好的个人计算机已经发展成为许多国家的主导产业，而且被广泛应用于其他行业，最终导致发达国家乃至全球产业结构迅速升级。

二 共性技术自主创新促进产业结构升级的机理

共性技术是一种竞争前技术，其创新将会对整个工业结构发生决定性的影响，甚至可能会使一国工业结构发生“跳跃式变迁”。国外学者从不同视角探讨共性技术与经济增长之间的关系，而经济的良性发展是工业结构优化升级的一种表现，工业结构优化升级反过来又能促进经济的快速发展。Aghion 和 Howitt（1998）分析了共性技术在推动经济增长过程中所导致的经济周期性波动。Bresnanhan 和 Traijtenberg（1995）指出，共性技术的特征不仅是用途广泛，而且具有技术累积性和创新互补性。Helpman 和

① 摩尔定律最初由英特尔（Intel）创始人戈登·摩尔（Gordon Moore）经过长期观察发现得出。是指 IC 上可容纳的晶体管数目，约每隔 18 个月便会增加一倍，性能也将提升一倍。但现在有三种版本说法：集成电路芯片上所集成的电路的数目，每隔 18 个月就翻一番；微处理器的性能每隔 18 个月提高一倍，而价格下降一倍；用一美元所能买到的电脑性能，每隔 18 个月翻两番。

Traijtenberg（1994）在格罗斯曼和赫尔普曼（Grossman and Helpman，1991）增长模型的基础上建立了一个分析共性技术在应用中引起周期波动的两阶段模型。模型中，“共性技术”的应用一般需要有一系列中间品的配套使用，这些中间品的发现和完善需要很大成本，只有当关键的配套中间品积累到一定量的时候，使用“共性技术”才能盈利。Susanto Basu和John Fernald（2007）通过实证分析指出美国20世纪90年代中后期出现的新经济是由于广泛使用信息通信共性技术，20世纪工业全要素生产率的加速增长与20世纪90年代ICT产业资本增长呈正相关。美国经济协会主席乔根森（2001）在就职仪式上明确强调信息技术对20世纪90年代后期美国经济复苏的影响（Iordanis Petsas，2003）①。

制约我国工业结构优化升级既有专有技术的落后，更有共性技术的掣肘。共性技术的研发和推广，能使我国真正快速走上“科技含量高、经济效益好、资源消耗低、环境污染少”的新型工业化道路。共性技术自主创新，可以说抓住了我国工业结构优化升级中遇到的主要矛盾，达到调整企业产品结构、技术结构，最终能使我国摆脱工业产品结构性过剩与结构性短缺困局。

（一）共性技术自主创新促进工业结构升级微观作用机理

共性技术是企业专有技术的技术平台，共性技术平台搭建的好坏直接决定企业产品结构合理性。企业专有技术的开发，在很大程度上依赖于共性技术平台，而专有技术的发展，一方面促使企业新产品的涌现，企业产品结构更趋合理；另一方面，专有技术水平的提升与自主创新，完善了企业工艺流程，改善了产品的性能，节约了成本，这些均是工业结构升级的重要表现。

共性技术的研发，在一定程度上降低了企业专有技术自主创新的风险。企业专有技术自主创新存在两种不确定性：市场的不确定性和技术的不确定性。前者是指新产品的性能表现能否满足市场需求，或者新工艺技术带来的成本降低能否将企业单位成本降低到可以实现市场渗透的目标水平，而这种不确定性的降低在一定程度上取决于企业自主创新的基础平

① 据从OECD有关资料记载，美国在信息生产设备和软件的投资从1987年的29%增加到1999年的52%。

台——共性技术平台。后者是指企业技术开发过程成功与否，面临许多不确定因素。共性技术问题如未解决，企业专有技术的研发可能会延续很长时间或者根本没法取得成功，这将增加了企业投资的机会成本，最终导致企业专有技术自主创新的动机受到严重影响。

如自1996年以来，我国连续成为世界钢铁生产大国，但一直以来并没有成为钢铁生产强国，我国在出口大量低端钢铁产品的同时，却大量进口国外高档钢材。2004年我国进口钢材中，90%为冷轧薄板、镀锌板、不锈钢板、冷轧硅钢片、石油管等高附加值板管材产品。然而，我们进一步研究发现，2004年是我国钢材净进口首次出现下降的一年，这中间有部分原因归功于20世纪90年代我国对钢铁工业共性技术的研发与推广。自90年代以来，我国钢铁工业在连铸技术、高炉喷煤技术、高炉一代炉役长寿技术、棒线材连轧技术、流程工序结构调整综合节能技术和转炉溅渣护炉技术等关键共性技术进行自主创新与运用方面取得重要进展，从而为企业从微观上改善产品结构、节约成本、降低能耗、提高产品质量打下了坚实基础。据王晓齐、李忠娟（2004）等估计，2000年因连铸比提高，相应的成材率提高，扣除相应废钢减少的价值，节约成本95亿元；因高炉喷煤比例提高，节约成本11亿元；因连轧技术运用，节约成本14亿元；因采用综合节能技术、清洁生产措施，节约成本356亿元。同时，因国内共性技术自主创新能力增强，采用国产设备使企业投资成本大幅度降低。

又据相关专家介绍，催化剂技术是现代化学工业、建筑工业、环境保护的关键共性技术。美国国家科技研究委员会催化剂专家组调查表明：化学工业90%的工艺过程中60%以上的产品与催化剂有关。研究表明：催化剂产生的价值，一般是本身价值的500—1000倍，例如，运用合成胺催化剂技术生产的产品是其自身价值的2000倍。而制约我国生物化学领域发展最关键的技术就是催化剂——酶，如今我国企业许多产品的生产中，“酶”都依赖进口，生产对外依存度过高，严重制约我国生物化学领域产品结构的改善。

（二）共性技术自主创新促进工业结构升级中观作用机理

共性技术自主创新可以从两个方面改变工业结构。一是从行业内部影响并改变工业结构。共性技术的研发与应用，改变企业专有技术自主创新平台，降低了企业技术创新的不确定性，使企业可以开发更多的新产品，而多个企业产品结构的改善，提升了整体工业加工水平，推进工业结构向合理化、高度化方面发展。二是从外部影响工业结构。共性技术的发展，可能将导致新兴行业产生。

如蒸汽动力技术被认为是典型的共性技术，瓦特蒸汽机的发明，大大提高了能源的利用率，使英国纺织工业迅速发展，以及运输、采掘等各种工业发生了革命性变化，完全改变工业革命之前工场手工业的面貌。可以说蒸汽动力技术的运用开创了现代工业的先河，建立了整个世界工业体系。又如福特始建的流水线生产工艺，对各种生产要素进行重新配置，从而为汽车走向普通家庭打下坚实的技术基础，这一创新为美国汽车工业在世界以后多年的领袖地位奠定了基石，并且影响了整个世界工业化进程。

又如在未来新型材料技术中，纳米技术的使用将在广泛的工业领域内改变机械、电子和产品组成成分的热物理特性，从而可能找到性能更加优良的材料，开辟新兴行业。如在基础领域研究发现，激光具有优良的性能，经过开发，最终为激光技术找到广泛的应用空间，如今激光技术已应用到医学、国防、航空航天等多个领域，也就诞生了激光这一新兴行业。

（三）共性技术自主创新促进工业结构升级宏观作用机理

从整个社会来看，企业如同整个经济的细胞，企业这个细胞的好坏决定了经济能否良好运行，企业产品结构的改善，能耗的降低，成本的减少，技术水平的提高，将导致整个社会工业结构优化升级。产业共性技术与企业专有技术之间的关系，如同“水涨船高”，共性技术创新打造了企业专有技术为之发展的更好的技术平台，将使社会资源重新配置，环境得以保护，使我国在国际分工中的地位得以提升。

一国共性技术自主创新能力强，将大大提升该国在国际竞争中的地位。如集成电路是微电子技术领域的关键共性技术。20 世纪 70 年代，在美国压力之下，日本被迫开放国内计算机市场和半导体市场，企业完全暴露在激烈的国际竞争环境下。同时，美国公司经常在日本进行激烈的价格竞争，日本企业生存空间逐渐缩小，计算机生产厂家市场份额逐渐降低，更为紧迫的是，IBM 正在开发新系统高性能计算机，严重威胁到日本生产厂家的生存和未来在世界计算机工业价值链中的地位。面对严峻的现实和可以预见的未来激烈竞争，1976—1979年，由日本通产省组织的以富士通、日立、三菱、日本电气、东芝五大公司为主体，联合日本工业技术研究院电子综合研究所和计算机综合研究所，共同实施了超大规模集成电路（VLSI）项目。该项目主要关注对所有成员都有用的“共性”技术和面向未来不需要利用企业现有知识的“基础”技术。VLSI项目实施四年，获得1000多项专利，大大提升了成员企业VLSI的制造技术水平，使日本公司在迅速扩张的VLSI芯片市场上抢得先机。使日本企业1986年在半导体产品市场中取得45.5%世界市场份额，高于美国的44%，取得了成为世界最大的半导体生产国的骄人业绩；1989年，在世界存储芯片市场日本公司取得了53%的份额，而当年美国公司仅为37%。日本在超大规模集成电路方面这一共性技术创新，使日本企业在微电子和半导体领域持续保持强势国际竞争力（Sakakibara，1993；方厚政，2006）。

20世纪80年代末90年代初，美国面对日本在半导体领域、计算机领域与汽车领域咄咄逼人的竞争态势，成立了半导体制造技术研究联合体（SEMATECH），实施了先进技术计划（ATP），支持高风险高回报的前瞻性共性技术研究，从而为美国经济后来的强势增长起到功不可没的作用。

（四）共性技术促进工业结构升级乘数效应

共性技术作为一种竞争前技术，在多个方面为企业节约成本，提高了企业的附加值。共性技术开发成功使企业能在其基础上进行众多的专有技术开发，一方面增强了企业开发专有技术的信心，增加专有技术成功的可能性，为微观企业提供了更大利润空间；另一方面，共性技术的研发节约了企业研发的机会成本。一般情况下，单个企业限于财力、研发设备和人力资源方面的因素，对共性技术研发需要长时间，而且从基础研究到专有技术开发之间存在难以跨越的共性技术开发障碍，增加了企业专有技术开发不确定性因素以及市场不确定性。

对共性技术这一特性我们可以采用共性技术促进工业结构升级“乘数”表示，即指因某项共性技术的提升使整个国民经济的增加值是该项共性技术研发支出的倍数。即：乘数 = 某项共性技术使用带来的增加值/该项共性技术研发总支出增加额主要包括因共性技术开发给相关企业或行业带来的增加值的间接增加额，以及企业在无共性技术条件下开发专有技术的机会成本等；共性技术的技术开发支出是指该项共性技术开发过程中从投入到最后成功的所有费用。

第二节　我国技术创新的水平、特征与一般评价

经历30多年改革开放，我国已经形成了门类齐全、具有一定规模的工业生产体系，重点行业生产水平与国外差距明显缩短，生产力水平得到了极大提高。我国的产业技术创新体系框架初步形成，技术创新环境得到改善，技术创新意识和技术创新能力得到了增强。但总的来说，我国的产业技术创新能力还比较低。一方面，与我国科技活动水平不高有关；另一方面，也与我国现行创新投入结构安排不尽合理、对基础研究和战略高技术研究重视程度不足有关。

一　我国科技投入与产出水平

“十一五”规划明确将提高自主创新能力作为实施科教兴国战略和人才强国战略的核心。就一国创新能力而言，主要考察创新投入指标、产出指标。下面将对我国自主创新现状从投入和产出两个角度进行纵向和横向比较。

（一）技术创新的投入

研究开发是制约一国科技竞争力的重要因素。20世纪90年代以来，随着我国实施“973”计划、“863”计划、科技攻关计划、知识创新工程、自然科学基金资助项目等一系列科技计划和其他政策措施，以及政府财政科技投入的加强，我国的科技水平获得了较大的发展。全社会科研投入总量持续增长，科技投入强度已位居发展中国家前列，但仍低于世界可统计国家平均1.6%的总体水平，且与发达国家2.2%的总体水平还有相当差距。

首先，从研发支出总量来看，1990—2007年我国的研发支出总量逐年递增。据国家统计局、科技部和财政部联合发布的科技经费投入统计公报，1990年我国研发经费总支出为125.4亿元，占全年GDP的0.67%；到2007年继续保持快速增长，研发经费总支出达到3664亿元，比上年增长22.01%，占全年GDP的比例达1.49%。由于近年来我国政府和企业

不断增加研发投入，我国的研发总支出在世界中的排名不断上升，现在已经上涨到第6位（仅次于美国、日本、德国、法国、英国），比印度、巴西要高出很多[①]。但是，和发达国家相比（特别是G7国家）相比，我国的研发支出仍属于较低水平。在投入总量上，2005年美国的研发总支出为3125.35亿美元，占所有OECD国家研发总投入的43%；日本的研发总支出为1180.26亿美元，占所有OECD国家研发总投入的16.3%；我国的研发投入约为美国的1/15，日本的1/6[②]。从研发占GDP的比例来看，发达国家一般用于研发的资金占GDP的比例都在2%—3%，而我国的这一比例在2002年以前基本保持在1%以下，直到2002年开始才上升至1%以上，目前仍只有1.3%左右（见表5-2）。而日本在1990年研发占GDP的比重就有2.78%，并从2001年开始，增长了3%以上。说明我国技术创新的物质投入严重不足，这直接制约了我国的技术进步与经济增长。

表5-2　1990—2007年我国研发资源投入

年份	研发投入（亿元）	人均研发投入（万元）	研发/GDP（%）	研发人员（万人·年）	研发科学家和工程师（万人·年）
1990	125.43	2.03	0.71	61.71	40.78
1991	159.46	2.38	0.72	67.05	47.14
1992	198.03	2.94	0.70	67.43	47.19
1993	248.01	3.55	0.62	69.78	48.92
1994	306.26	3.91	0.50	78.32	55.20
1995	348.69	4.64	0.61	75.17	52.20
1996	404.48	5.03	0.60	80.40	54.80
1997	509.16	6.13	0.64	83.12	58.87
1998	551.12	7.30	0.69	75.52	48.55
1999	678.91	8.26	0.83	82.17	53.11

① 根据《中国科技统计资料汇编》（2008）公布的数据，我国的研发总支出在世界中的排名在2003—2006年间一直处于第6名。

② OECD：《主要科学技术指标》。2007年2月，由于一些国家例如日本在2006年的数据缺失，故这里采用2005年的数据进行比较。

续表

年份	研发投入（亿元）	人均研发投入（万元）	研发/GDP（%）	研发人员（万人·年）	研发科学家和工程师（万人·年）
2000	895.7	9.71	0.90	92.21	69.51
2001	1042.5	10.90	0.95	95.65	74.27
2002	1287.6	12.44	1.07	103.5	81.05
2003	1539.6	14.06	1.13	109.48	86.21
2004	1966.3	16.53	1.23	115.30	92.60
2005	2450.0	18.81	1.34	136.50	111.90
2006	3003.1	20	1.42	150.3	122.4
2007	3664	21.4	1.49	160	130

资料来源：各年的《中国统计年鉴》与中国科技统计网站（http：//www.sts.org.cn）。

其次，从人均研发支出水平来看，根据2004年《洛桑报告》的相关数据可知，我国居于世界第51位，低于巴西但高于印度（第57位）。与发达国家相比，我国的差距明显，科技投入的力度不足。我国人均研发投入经费人均支出仅为美国的1.2%，为日本的1.1%。这和我国庞大的人口数量密切相关，尽管我国研发经费的总量在逐年增加，但由于人口基数巨大，相对于研发投入总量的增长显得微不足道。此外，研发人员是从事创新活动的主体，是衡量一国技术创新能力的另一个重要指标，并具有很强的国际可比性。其数量的多少与素质的高低直接决定了一国的技术创新水平。从表5－2可以看到，在总量方面，中国研发人员数量居于世界前列，2005年达136.5万人，目前仅次于美国。1997年，中国研发人员总量达83.1万人，其中科学家和工程师为58.9万人，大体相当于美国20世纪70年代末的水平（1979年61.4万人），比日本1994年的水平（54.1万人）略高。但从每万名劳动力中的研发人数看，中国与发达国家和新型工业化国家水平相差甚远。中国每万名劳动力中研发人数为18.1人，其中科学家和工程师仅为14.8人，而日本为101人，德国68人，法国71人（见表5－3）。说明我国从事研发活动的人员绝对数量虽然很多，但是相对水平仍然远远低于以G7国家为代表的各科技研发大国，这也是导致我国技术创新水平不高的重要原因。

表 5－3　　世界主要国家研究人员数量对比

单位：人

国家	研发科学家和工程师	每万名劳动力中的研发科学家和工程师
中国（2005 年）	1119252	14
美国（2002 年）	1334628	91
日本（2003 年）	675330	101
德国（2003 年）	268943	68
法国（2003 年）	192790	71
英国（1998 年）	157662	550
意大利（2002 年）	71242	30
加拿大（2002 年）	112624	68
澳大利亚（2002 年）	73344	74

资料来源：OECD：《主要科学技术指标》2005 年 2 月，中国科技统计网站（http：//www. sts. org. cn）。

（二）技术创新的产出

衡量一国技术创新水平，不仅要比较投入指标，而且应该考察产出指标。技术创新产出既可以用三类专利申请数以及授权数来衡量，也可以用科技论文水平来衡量。

1. 三类专利申请与授权数

专利分为发明专利、实用新型专利和外观设计专利，我国自 1995 年国内企事业单位有关专利申请以及授权量数据见表 5－4 和表 5－5。

表 5－4　　全国专利申请量及其三类专利比例

单位：件、%

年份	申请数	发明		实用新型		外观设计	
		绝对数	百分比	绝对数	百分比	绝对数	百分比
1995	63925	9551	0. 149	39881	0. 624	14493	0. 227
1996	76060	10857	0. 143	44942	0. 591	20261	0. 266
1997	81793	11722	0. 143	44487	0. 544	25584	0. 313

续表

年份	申请数	发明		实用新型		外观设计	
		绝对数	百分比	绝对数	百分比	绝对数	百分比
1998	87591	12660	0.145	45664	0.521	29267	0.334
1999	109958	15596	0.142	57214	0.520	37148	0.338
2000	128174	23369	0.182	60865	0.475	43940	0.343
2001	149345	26200	0.175	69546	0.466	53599	0.359
2002	187600	34811	0.186	82384	0.439	70405	0.375
2003	231292	50326	0.218	97541	0.422	83425	0.361
2004	258945	58475	0.226	102082	0.394	98388	0.380
2005	359886	84052	0.234	127661	0.355	148173	0.412
2006	445211	111346	0.250	148991	0.355	184874	0.415

资料来源：根据各年《中国科技统计年鉴》整理得到。

表5-5　　全国专利授权量及其三类专利比例

单位：件、%

年份	授权数	发明		实用新型		外观设计	
		绝对数	百分比	绝对数	百分比	绝对数	百分比
1995	37207	1471	0.04	27075	0.728	8661	0.233
1996	36324	1333	0.037	24390	0.671	10601	0.292
1997	41419	1472	0.036	24028	0.58	15819	0.382
1998	54994	1574	0.029	29558	0.537	23862	0.434
1999	92101	3097	0.034	56094	0.609	32910	0.357
2000	85473	5790	0.068	47422	0.555	32261	0.377
2001	88922	4955	0.056	46593	0.524	37374	0.42
2002	100728	5287	0.052	48998	0.486	46443	0.461
2003	136680	10334	0.076	59740	0.437	66606	0.487
2004	138790	16262	0.117	62183	0.448	60345	0.435
2005	158136	18247	0.115	69895	0.442	69994	0.443
2006	208761	22236	0.107	96754	0.463	89771	0.430

资料来源：根据各年《中国科技统计年鉴》整理得到。

如表5－4所示，自1995年以来，我国专利申请数逐年增长。从总量看，2006年三类专利申请总数为1995年的7倍，其中，发明专利申请数是1995年的11.7倍，实用新型专利申请数是1995年的3.7倍，外观设计专利申请数是1995年的12.8倍。从相对数来看，发明专利申请比例从1995年的15%，上升到2006年的25%，专利申请类别的比例结构得到明显改善。

如表5－5所示，自1995年以来，我国国内专利授权总数增长了4.6倍，发明专利增长了14.1倍，实用新型专利授权数增长了2.6倍，外观设计专利授权数增长了9.4倍；从授权专利结构看，发明专利由1995年4%上升到2006年的10.7%，其他类型专利比例在下降。

由此可见，在我国申请和授权的专利中，技术含量比较高的发明专利的地位在不断提高，但仍然是三大专利中数量最少的。另外，由于美国专利是世界上公认的比较苛刻、含金量比较高的专利，考察我国在美国专利授权数可能更能反映我国的技术水平。

从表5－6看，中国在美国专利商标局申请专利数在近几年有较大幅度的增长，表明我国技术创新能力在逐渐增强。但是，与美国、日本以及德国相比，差距极其明显，与韩国也存在比较大的差距。因而，从纵向比较来看，我国创新水平在逐年增强；从横向比较来看，我国创新水平与发达国家或地区相比仍存在不小的差距。

表5－6　　世界主要国家在美授权的发明专利数

单位：件

地区	1999年	2000年	2001年	2002年	2003年	2004年	2005年	2006年	历年总计
美国	83905	85068	87600	86971	87893	84271	74637	89823	2381249
中国	90	119	195	289	297	404	402	661	3178
德国	9337	10235	11260	11280	11444	10779	9011	10005	295110
日本	31104	31295	33223	34858	35515	35348	30341	36807	658827
韩国	3562	3314	3538	3786	3944	4428	4352	5908	44125

资料来源：http：//www. uspto. gov/web/offices/ac/ido/oeip/taf/cst_ utl. htm。

2. 科技论文水平

科技论文是科学研究活动的重要产出，年论文量是评价一个国家科技产出的另一个重要指标。特别是被世界权威检索系统收录的国际论文的数量和质量，更能系统、真实地反映该国科学技术的国际地位。

表5－7　2005年三系统和科学引文索引收录的部分国家科技论文数

国别	三系统（SCI、EI和ISTP）			科学引文索引SCI		
	论文篇数（篇）	比例（%）	位次	论文篇数（篇）	比例（%）	位次
世界合计	2231002	100.00	—	1298563	100.00	—
中国	153374	6.81	4	68226	5.25	5
美国	666360	29.87	1	417177	32.13	1
日本	159060	7.13	3	93746	7.22	4
英国	160595	7.20	2	111367	8.58	2
德国	148570	6.66	5	95256	7.34	3
法国	101052	4.53	6	65648	5.06	6
意大利	82251	3.69	8	51852	3.99	8
加拿大	85357	3.83	7	55049	4.24	7
俄罗斯	46154	2.07	12	27367	2.11	14
印度	43492	1.95	14	28477	2.19	13

资料来源：中国科技统计网站（http：//www.sts.org.cn）。

从数量上来看，我国在三系统发表的国际科技论文总量在近年来持续增长，从1990年的1.34万篇增长到2005年的15.34万篇，总数刚好增加8万篇，16年间年均增长达17%。2005年我国被三系统收录的科技论文总数比上年增长37.8%，论文数量继美国、日本、英国之后，列世界第4位，占世界科技论文总数的6.81%（见表5－7）。这些数字说明了我国科技论文的质量正迅速提高，国际影响也有显著增强。同时也表明了近年来我国研发活动取得了一定的投资收益。

从质量上来看，论文的国际被引用数是指科学引文索引SCI所收录的我国科技人员在国际上被引用的篇数和次数，作为收录基础科学研究成果的论文检索系统，它是衡量一个国家科技论文质量和国际影响的重要指标。近年来，我国不断加大对基础研究的投入，高等学校和研究机构也增强了对国际学术交流的重视，我国在SCI的论文数量从1997年起以年均

19%的速度递增，其在世界的排名也不断上升，从第12位提高到第6位，增长速度令人瞩目。根据SCI检索系统统计，2005年SCI收录的我国论文数为6.82万篇，比上年增长18.9%，高于世界科技论文总数的增长率（14.0%），所占份额从2002年的4.18%增长到5.25%，我国论文数排名为世界第5位。同时，随着我国国际论文数量的高速增长，论文质量和国际影响力也不断提高。

总之，2005年我国发表科技论文的数量和影响力都有不同程度的提高，三系统和科学引文索引收录的我国科技论文数都居世界前5位。但是两者的增长不成比例，从总体上说，论文的总量虽居世界第4位，但被引用的次数还不多。在过去十年间，我国科技论文被引用次数在世界上仅排第18位，有相当一部分没有引起什么反响。

二　投入结构、执行部门与我国技术创新的特征

以上是针对研发投入强度进行的描述性统计和国际比较，也可以从研发投入的执行部门和研发资源分配结构角度考察我国技术创新的基本情况。

（一）研发投入结构

增强自主创新能力，基础研究和战略高技术研究发挥着基础与关键作用。基础研究的使命是探索自然界的规律，作出新的科学发现，创造新的科学知识，为正确认识世界和合理改造世界提供新的理论与方法；应用研究是指为了将基础研究的成果运用于改变现实社会经济生活的某种实用目的研究；试验发展则是利用研究成果，寻求明确具体的技术突破的研究。当今世界，基础性研究已成为科学进步的基础与核心，成为经济社会发展的知识源泉与基础。基础研究决定一个国家的创新实力和后劲。如果在这方面没有坚实基础和重大建树，没有原始创新能力，将很难在全球经济分工中取得优势和主动地位。

由于研发投入结构经常能反映一国对基础研究的重视程度，下面将先考察我国的研发投入结构以及与其他工业国家投入结构的比较。从表5-8可以看到，我国基础研究的投入经费虽然逐年上升，但是占研发的比重不高。基础研究、应用研究、试验发展之间的经费支出比例，2000年大致为1:4.5:14.5，之后几年间，基础研究的相对比重逐年递增，2004年变成为1:3.4:12.3，而之后几年间，我国基础研究的相对比重又逐年下

降，这三部分的比例到2007年已达到1∶2.8∶17.4。而美国在1965—1970年该比例为1∶1.6∶5；1971—1980年该比例为1∶1.7∶4.9；1981—1990年间，该比例分别为1∶1.7∶4.8；到2006年该比例为1∶1.2∶3.1。显然，与进入技术创造阶段的其他国家相比，我国目前的这种研发经费分配的类型结构，并不是一个能够依赖本国研发实力建立本国优势产业的结构（见表5－8），引进技术不可避免地仍然是国家技术的主要来源模式。

表5－8　　中国研发经费分配的类型结构

单位：%

国家	年份	基础研究	应用研究	实验发展
中国	2000	5.0	22.3	72.7
	2001	5.2	17.0	77.8
	2002	5.0	16.9	78.1
	2003	5.7	19.2	75.1
	2004	6.0	20.4	73.6
	2005	5.4	17.7	77.0
	2006	5.2	16.8	78.0
	2007	4.7	13.3	82.0
美国	2006	18.6	23.1	58.3
日本	2005	13.3	22.4	64.3
韩国	2006	15.2	19.9	65.0

资料来源：各年《中国科技统计年鉴》和中国科技统计网站（http：//www.sts.org.cn）。

（二）研发活动执行部门

从研发经费的执行主体结构看，分为由政府部门提供支持的研发活动和私人部门的研发活动。政府部门资助的研发，基本在大学或专门的科研机构中进行，私人部门的研发活动是在企业内部设置专门的研发中心，进行该企业新技术、新产品的研发工作。随着改革的不断深入和市场竞争的加剧，近年来，我国研发活动的结构已经发生改变，企业研发经费支出占全国研发经费的比重逐年上升。1997年超过政府和研发机构而居于首位，2000年达到60.3%，企业研发投入主体地位初步形成。2007年在我国全社会研发经费总支出中，各类企业支出2681.9亿元，占研发总支出的68.4%；国有独立核算的科研院所支出687.9亿元，占研发总支出的20.9%；高等院校支出314.7亿元，占研发总支出的9.9%，企业的研发投资主体地位逐步得到巩固（见表5－9）。

表5－9　　各执行部门的研发投入占总研发投入的比例

单位：%

年份	科研机构	高校	企业
1991	52.4	9.1	38.9
1992	43.7	9.1	36.3
1993	43.4	10.9	37.2
1994	41.7	12.5	39.5
1995	42.0	12.1	40.6
1996	42.9	11.8	39.7
1997	40.6	12.1	42.9
1998	42.6	10.4	44.8
1999	38.4	9.4	49.6
2000	28.8	8.6	60.3
2001	27.7	9.8	60.4
2002	27.3	10.1	61.2
2003	25.9	10.5	62.4
2004	22.0	10.2	66.8
2005	20.9	9.9	68.4
2006	18.9	9.2	71.1
2007	18.5	8.5	72.3

资料来源：各年的《中国统计年鉴》与中国科技统计网站（http：//www.sts.org.cn）。

目前以G7国家为代表的各研发大国中，在构成研发不同活动主体的比例上，企业一般占63%—75%；研发机构占7%—20%；高等学校占14%—20%；其他占5%以下。20世纪90年代中期和末期相比，在发达国家研发经费构成中，企业在研发活动中的地位还在上升（见表5－10）。

表 5 – 10　　20 世纪 90 年代中期和 21 世纪初期发达国家和中国研发经费构成

单位:%

国家	年份	企业	研究机构	高等院校	其他
美国	1995	71.1	10.0	15.0	3.5
	2004	70.1	12.7	13.1	4.1
日本	1994	66.1	9.0	20.2	4.7
	2004	73.3	9.3	13.4	4.0
英国	1994	65.2	13.8	17.5	3.5
	2003	67.6	9.7	21.4	1.3
法国	1994	61.6	21.1	15.9	1.4
	2004	62.6	16.7	19.1	1.6
德国	1995	66.1	15.0	18.9	—
	2004	70.4	13.3	16.3	—
中国	1994	39.5	41.7	12.5	6.3
	2005	68.4	20.9	9.9	0.8

资料来源：各年《中国科技统计年鉴》和中国科技统计网站（http：//www.sts.org.cn）。

值得关注的是，通过对发达国家和发展中国家研发投入强度和结构的横向及其纵向的比较研究发现，具有强度相似性的国家同时具有结构相似性。并且强度对结构具有单向决定性的影响，或者说改变研发结构是以提高研发强度为依据的。因此，在较低的研发投入强度下，不可能实现与高研发投入强度相似的研发经费使用结构。换言之，研发经费使用结构的约束，实际又是研发经费投入强度约束的连锁反应。从目前的数据看来，中国不仅在研发投入强度上还不足以支撑自主创新为主的技术创新模式，而且研发资源的其他使用结构也难以支撑技术创新进入技术创造阶段。

三　我国技术水平的一般评价

首先，我国的研发投入强度还偏低。我国技术创新的投入显著不足是导致中国产业技术水平落后、创新能力薄弱的一个直接原因。我们从中国最近十年数据看到，虽然我国研发经费投入总量增长很快，但是与我国国内生产总值和人口规模相比，相对数值就不甚理想了。尤其是人均研发总支出和企业人均研发总支出两项指标仅处在世界 40 位左右。我国的研发投入强度在 1997 年以前一直低于 0.7%，1998 年以后才逐渐上升到 1% 左右的水平。根据美国、德国、法国等国家的经验，研发投入强度从 1%—2% 一般要历时 10 年以上，这显然是一个相当漫长的渐进过程。

其次，科技论文和专利水平不高。论文和专利数量是反映一个国家科技水平的重要标志。虽然近几年来我国科技论文数量增长很快，国际地位排名中等偏上，但在世界范围的影响仍非常有限。中国在地球科学、工程与材料科学、化学、生命科学等学科领域的论文数量远远低于美国、日本等发达国家。中国的专利数也低于美国、日本和韩国。这说明我国研发人员的创新能力和创新意识还不够强。而中国从事研发的科学家和工程师数量 1997 年为 58.87 万人，仅次于美国，大大高于韩国。这说明中国尽管有一支庞大的科技队伍，但科技人员优势并没有转化为技术创新优势。长期以来，科研人员利用效率不高、创新意识差的问题没有从根本上得到解决，科研人员尚未实现从研究人员向技术创新人员的转变。

从研发活动的执行部门看，企业研发经费支出占全国研发经费的比重逐年上升，企业研发投入主体地位初步形成；从研发资源在基础研究与应用研究的分布特点看，中国在对基础研究的重视程度上与发达国家之间有一定差距。从研发投入基础研究、应用研究与试验发展的比例来看，我国基础研究的投入经费虽然逐年上升，但是占研发总经费的比重不高，远低于美国、日本等国家，我国目前的这种研发经费分配的类型结构，并不是一个能够依赖本国研究与开发实力建立本国优势产业的结构。

总的来讲，我国的科技水平尤其是自主创新能力，与我国发展需求相比，与世界发达国家相比，还存在明显差距。目前，全世界大部分的研发投入、发明专利和重要科技创新成果掌握在发达国家手里。我国国际科技论文数量虽然已经跃居世界第 5 位，但还缺乏引领学科发展的重大原始性创新成果；我国高技术产品出口是由“三资”企业完成的；我国正在成为世界制造业大国，但缺乏具有自主知识产权的核心技术和品牌。为此，要积极探索在社会主义市场经济条件下，建立把产业技术发展上升为企业自觉提升产品竞争力的决策机制和实施机制，通过制定、完善和强化国家产业技术政策，推进产业技术乃至战略性高技术的加速发展。

第三节　专有技术、共性技术与我国技术创新体系的运行

一　专有技术、共性技术与累积创新

自熊彼特（1934）提出“创造性破坏”的论述来研究创新问题，到后续的经典文献阿罗（Arrow，1962）、诺德豪斯（Nordhaus，1969），以及沿着这一思路的众多经济学家，都是在孤立创新的框架下分析相关问题。总体上看，这些研究文献都只是注意到了孤立的创新，而没有考虑累积创新框架下前期创新者对后期创新者的正外部性或溢出效应（纵向溢出）。然而，在现实中，各种技术的研发活动并不一定是相互孤立的，研究和创新活动往往是具有累积性的。创新相互之间可能是彼此依赖，后续的研究活动直接是在先发现的改进或应用。

具体来说，本书中所说的技术创新的累积性是指，上游共性技术（常常是关键或核心技术）不仅具有直接的市场价值，并且还是进行下一阶段技术创新的中间产品或研究工具，正如 Scotchmer（1991）指出的，“大部分创新者站在巨人的肩膀上”。企业只有掌握上游技术能力，才能自主开发出下游的专有技术。这里，下游的新技术可以理解为更具应用性、贴近市场型的技术。从现实情况看，大多数技术创新与技术进步都是基于前人提供的研究基础。尤其在当代高新技术产业中，更新换代的频率与速度加快，间隔时间趋于缩短，这些都有赖于在先的创新者的贡献。例如，生物技术和医药行业中新药的研制、计算机软件行业中新软件的开发，在很大程度上源于前人提供的研究工具。在实证研究中，Arora（1997）发现，就具体产业技术而言，行业产品技术存在一定的差异，比如在电子及半导体行业，技术往往呈现出累积性的特点，而化工行业却呈现出累积性和离散性等混合特点。因此，在一般情况下，共性技术与企业专有技术之间存在累积性，对共性技术的掌握能促进企业专有技术的开发，失去上游共性技术的支撑，企业对下游专有技术的研发将变得困难。

二　以企业为主体的创新体系：累积创新框架下的分析

随着科技体制改革的不断深入，中国科技创新体系的转型和建设取得

了较大进展。改革开放前，中国科技创新体系为政府研究机构所主导，而这些机构都远离市场和生产体系。生产体系本身又为国有企业所主导。目前，创新活动主要由企业承担，而且民营企业已经成为创新参与的主体，其中，中小企业成为一支重要的科技创新力量。改革开放前，中国的科研部门、高等院校与国家经济建设及产业发展严重脱节，导致大量科技成果不能转化为生产力，目前则初步形成产学研相结合的有效机制。改革开放前，中国科技创新主体是科研院所和高等院校，企业既缺少创新的环境也缺少创新的动力，目前则初步建立起以企业为主体、市场为导向的技术创新体系和科学研究与高等教育有机结合的知识创新体系，以及社会化、网络化的科技中介服务体系。科技创新完全由政府主导会缺乏活力，市场化管理则使相关个人和机构积极性大为提高。

（一）我国技术创新体系的转型

1. 企业逐渐成为创新活动的主体

在传统的科技创新体系中，政府研究机构和大学扮演极为重要的角色，是科技创新活动的真正主体，企业只是一个生产单位，几乎没有研发活动。政府规划是这个体系发挥作用的关键，生产所需的大量技术都通过进口取得。改革开放后，由于市场竞争机制的不断引入，中国的创新体系发生根本性转变，企业和科研机构有了越来越大的自主权，政府虽然还是技术创新的发起者、组织者和推广者，但企业、科研院所和高校在创新中的作用大大增强。政府通过许多措施建立起较为完整的技术创新支撑服务体系，同时，开始注重通过立法、政策手段来推动技术创新。

2. 高校和研究机构与企业的联系更加紧密

改革开放以来，高等院校从单纯的教学单位转型为科技研发与创新主体之一，其所申请的专利已占国内专利的1/3以上。高等院校还积极与企业建立联系，逐步形成多样化的产学互动关系，创造出许多与发达国家不同的新型产学合作模式与成果。比如，高等院校以“有偿契约”、“建立产学联合研究中心”、“组织建立科技产业集团”、“参与企业技术升级与管理机制改革”等方式，运用自身力量协助科技产业从“量”与“质”进行双重的转变，同时运用政府的扶持措施，进行企业之间的科技信息重组与交流。科技企业也越来越重视科学技术研发的部署以与高等院校进行研发合作为提升自身技术创新能力的主要途径之一，视高等院校为重要科技资源和研发外包合作伙伴。这也使得大学从事科技研究开发活动的资金来源呈现多元化。

3. 创新外部环境逐渐改善

改革开放后，我国除持续推动科技计划，促进高等院校与科技产业间的结合外，同时也以“官、产、学、研、金合作”的形式合作兴办 40 余家“大学科技园”，带动整体科技产业结构转变。高新技术园区的建立促进了区域创新体系的形成，是促进高新技术产业发展的重要引擎。2007 年，国家高新区所属企业达到 5 万家，营业总收入 52840 亿元，实缴税金 2452 亿元，出口创汇 1611 亿美元。国家高新区已成为最具活力的高新技术产业基地和技术创新基地。为解决新兴科技型企业融资难的问题，1986 年国家科委等发起建立国内第一家创业投资公司，2004 年中国证监会批准在深交所设立中小企业板。财政税收资助、金融资助等多层次创新资助体系逐渐形成。以科技企业孵化器为中心的技术创新社会化服务体系也正在形成。技术市场发展速度惊人。技术交易的内容和形式不断丰富，从科技成果的转让、技术服务和咨询发展到技术承包、技术培训等，并出现了技术入股等新形式。

（二）我国技术创新体系的组成与运行

在上述提出的累积创新框架下，可以清楚地理解创新体系各组成部分在体系中的地位和所发挥的作用（具体可参见图 5 - 3）。

1. 企业的地位和作用

在市场经济条件下，企业成为市场竞争主体，当然也就要求企业同时必须成为技术创新的主体。企业作为技术创新主体，首先是技术创新的决策主体和投入主体。企业根据自身实力，分析把握市场需求，寻求技术机会，自主决策技术创新的方向和项目，付诸实施。企业作为技术创新主体，当然也应该是技术创新的利益主体和风险承担主体。企业追求经营利润，选择技术创新；企业技术创新的目的就是获取更大利润。这点也恰恰体现了企业的技术创新的动力所在。所以技术创新的收益理所应当归自主决策、自行投入，并付出创新努力的企业。作为利益主体的企业，自然也是风险承担主体。这就是说，不论是内部或外部的因素，还是由于市场或技术的原因，一旦导致创新失败，企业要承担由此造成的全部损失。

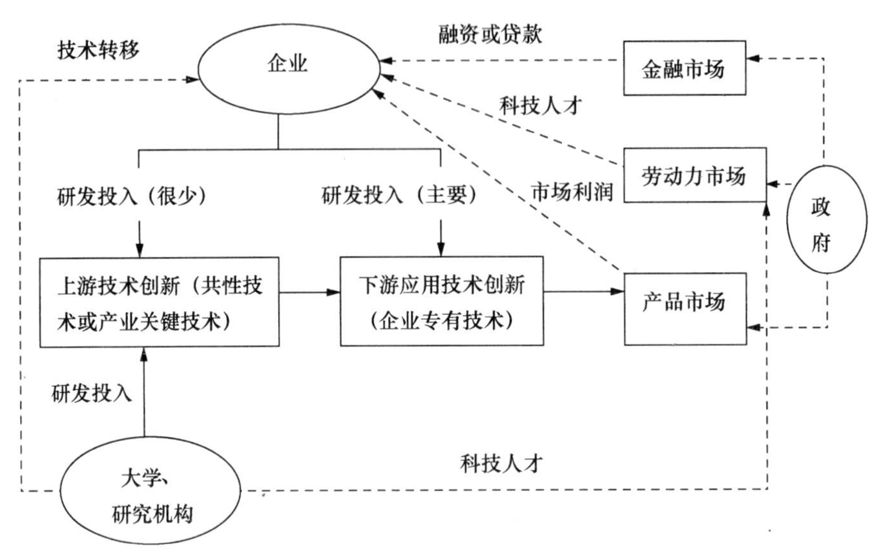

图 5－3　我国以企业为主体的技术创新体系

在累积创新环境下，共性技术的研发成本大、风险高，直接的市场应用价值低、技术溢出效应大，作为技术创新的决策主体、投入主体、利益主体和风险承担主体的企业，在实现利润最大化的原则下，必然会尽量避免投入大量研发资源到共性技术中去；专有技术处于技术创新链条的下游，研发成本较低，创新的风险小、直接的市场应用价值高、企业间的技术溢出效应小，企业通常倾向于研发该类技术。

2. 高校与研究机构的地位和作用

高校与研究机构作为两个重要的公共科技部门，都拥有丰富的科技资源，科技实力相比企业要强，更善于对上游的基础性技术和共性技术进行技术突破；另外，高校与研究机构并非营利性机构，对市场需求信息也难以有效收集。这样，与企业密切联系，与企业不断进行资源、利益、风险和信息的交换，就成为高校和科研院所的必然选择。这种产学研之间的合作原则，主要表现在“优势互补、利益共享、风险共担、共同发展”方面，发展目标与方向的一致性上，以及各方的共赢度上。

在产学研的联结下，企业根据市场的需求动向确定需要研发的专有技术，而技术溢出效应更大、成本更高、创新风险更大的上游共性技术，则可交给科技实力更雄厚的高校和研究机构进行创新，而公共科技部门也不必盲目地进行技术创新而浪费公共科技资源。因此，在理想的合作模式下，企业可通过整合各方的优势资源来提高自主创新能力，结合市场需求所获得的利润再增加；科技成果转化所获利益，可对技术创新活动进行再投资。

高校以及科研机构还通过向人才市场输送大量科技人才而间接支持了企业的创新活动。科技人才通过进入企业内部的研发机构，不仅能够加强产学研之间的合作和联系，还随之提高了企业的技术创新能力和技术吸收能力，促使企业更有效地利用科技部门转移的共性技术。

3. 政府在创新体系中的地位和作用

由于信息的不对称以及科研项目开发前景的不明确，企业与其他实体之间的交流与合作并非总是顺畅。配套服务平台将信息和资源输入企业，但是却很难直接从企业得到收益；银行和投资机构为技术创新企业注入科技资金，但却不能保证投资的未来收益。最终导致这类投资机构一般很难主动自愿地为技术创新项目注入资金。因此，这些实体与企业之间难以建立联系或联系容易破裂，危害到创新网络的稳定性。政府的恰当介入，如财税政策及相关激励措施的制定等，从某种程度上能增强和调节企业与这些实体之间的关系。由此，我们知道企业技术创新体系的成功与否，主要取决于先进的利益、风险分配机制，同时，还需要政府的调节控制机制作为保障。

三　我国创新体系的运行障碍及其对企业技术创新的影响

（一）现代企业制度还未完全建立，企业技术创新的动力不足

在市场竞争的压迫下，企业自行对市场信号和制度安排作出技术创新的决策和行动，是技术得以持续创新的良性机制。在政企不分、产权不明的情况下，企业高层管理人员会有投好于政府偏好的倾向，大多不会选择技术创新战略。因为创新不是政府交办的“硬任务”，不如扩大规模、增加产量、保持生产速度更能立竿见影，并令主管部门满意。同时，改革开放释放出了众多的市场机会和政策机会，掌握市场机会和政策机会是企业获取短期经济利益的捷径。一个企业如果能够获得进口或者出口配额、如果能争取到土地的批租、如果能获得企业上市的原始股、如果能获准进入某些新兴领域，一般来说，是可以出小力赚大钱的。强大的利益诱惑吸引

着许多企业将大量的资源投入到政策空挡的攻关，而不会选择到高风险、长周期的技术创新当中。

（二）产学研直接存在脱节现象，企业难以获取所需的共性技术

搞科研是科技系统内部的事情，生产是企业的事，两者之间缺乏紧密的横向联系。结果科研院所和高校大量的成果找不到商业化厂家而被束之高阁，企业却缺乏科技资源进行新产品研发和改进技术。这一方面造成大量科技人才和资源的浪费，另一方面又迫使许多企业不得不走重复引进的老路。

（三）缺乏创新收益的内部化机制，企业停留在低水平模仿阶段

不仅上游的共性技术存在纵向技术溢出效应，企业的专有技术也存在横向的技术溢出影响，创新活动的私人收益小于社会收益，意味着企业缺乏主动技术创新的动力，而倾向于对其他企业进行低水平的模仿。作为确保创新私人收益得到保障的重要制度，我国的专利保护政策起步比较晚，而且正处于不断发展和完善过程之中。尽管国内专利保护水平得到逐渐提高，但仍未达到阻止企业进行低水平模仿的程度。

（四）风险投资机制发育不全，科技型中小企业缺乏技术创新的资金支持

在我国，中小企业已经成为技术创新的生力军，每年约 80% 的新产品由中小企业创造，65% 的发明专利被中小企业获得。发展科技型中小企业最大的问题是融资，创新型企业的不确定性与银行的审慎经营原则不相符合，这使它们很难获得银行贷款的支持。而科技开发周期长、投资较大、风险较大，财政巨额投入又使政府难以承受。从发达国家发展的历史来看，科技型中小企业主要是依托风险投资发展起来的。

第四节　我国创新支持政策的作用及其有效性检验

一　我国的创新支持政策

大多数国家或地区的政府都采取了各种创新政策来激励私人创新，例如，欧盟将 95% 的创新政策资金用来直接资助企业的研发活动（Arundel,

2007）。政府对私人创新活动进行干预的一个重要原因是创新的成果具有公共商品特性，市场自然引致的创新难以达到社会最优水平，阿罗（1962）指出，无论是完全竞争还是垄断市场结构下的创新，其创新水平都将低于社会最优水平。

当前，我国正处在一个战略机遇期，加强自主创新能力已经成为我国国民经济发展的一个重要课题。按研发活动的执行部门看，2004 年，美国的企业、研究机构、高校研发支出的比例分别为 70.1%、12.2%、13.6%，我国相应各部门研发支出的比例分别为 66.8%、23%、10.2%，从中可以发现，我国已初步形成了以企业为自主研发主体，企业、政府多元的研发投入格局；按从事的技术类别看，2004 年，美国在基础研究和应用研究的支出比例分别为 18.7% 和 21.3%，而我国相应的比例为 6% 和 20.4%，这意味着我国的研发资源配置到基础研究领域中的比例很小。基础研究一方面具有技术溢出大、固定投入高、创新风险大的特点，私人研发市场很少提供；另一方面又大多属于支撑产业技术发展的共性或核心技术，该技术领域投入的不足将严重制约产业层面的应用研发活动，并威胁到国家的整体创新能力培养，因而该类技术的研发活动就有必要引入政府的政策干预。

就政策手段的选择而言，我国传统上主要采取的是资金补助以及税收优惠等直接创新支持政策。近年来，我国也有意识地加强了对专利保护政策的运用，自 1979 年开始制定《中华人民共和国专利法》以来，我国专利制度先后于 1992 年、2001 年经历了两次重大修改和调整。那么一个自然值得关注和研究的问题是，针对私人研发活动的失灵，我国的创新支持政策是否进行了有效的干预。如果政策产生了预期效果，则可以在社会成本允许的范围内鼓励对该政策工具的运用；如果政策效果不佳，甚至产生反效果，就必须从理论上弄清楚政策失效的原因，以便对症下药。

二　我国创新支持政策的作用

创新成果的非独占性以及创新活动的风险性使得企业研发投入不足，为了激励和补充私人研发投入就需要政府的政策干预。一般而言，政府的创新支持政策分为两大类：一类是创造能持续激励企业进行研发投入的法律环境，如专利保护政策；另一类是为弥补企业私人决策的研发投入动机的不足，而向企业直接提供政策激励（如政府采购、补贴以及税收减免等）（Leyden and Link，1992）。根据一般的经济理论，企业在私人决策下的研发投入由创新的边际收益率（MRR）与资本的边际成本（MCC）决定。这样，政府就可以影响私人决策的MRR（上移）或MCC（下移）来促进企业创新，如采取税收减免或直接资助以降低私人研发的成本而使MCC下移，加强专利保护可以增加研发的私人利润，使MRR上移。

在累积创新框架下，技术的溢出特性以及创新活动的内在风险性，均使得私人研发市场失灵，这就需要政府干预来矫正市场失灵。上游共性（核心）技术与下游一般技术的特点是：（1）上游核心技术一般属于支撑产业发展的共性技术，技术溢出效应大，而下游应用技术则通常为市场价值高的企业专有技术，技术溢出效应小。（2）上游基础性技术具有高投入和高风险性，单个企业很难承担该类技术的研发成本，而下游技术的研发成本较低、风险小。因此，私人研发市场更多的是提供应用技术，而在提供产业核心或共性技术方面存在着较严重的失灵。以下是对各政策工具作用机理的分析（见图5-4）。

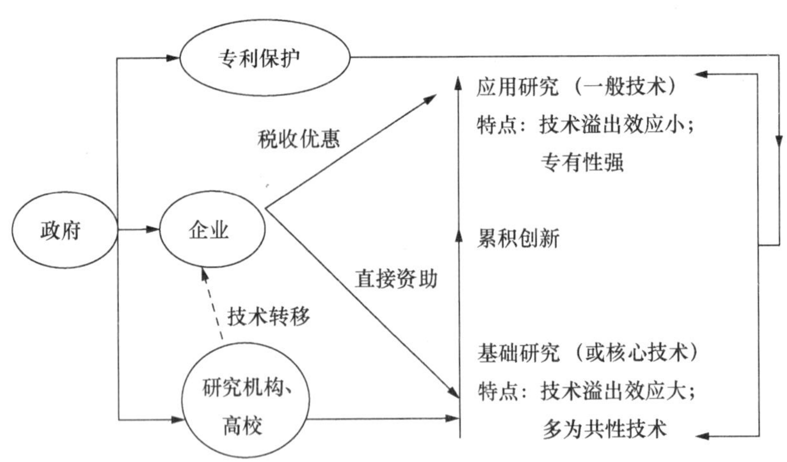

图5-4 政策工具的作用机理

（1）直接资助政策包括政府采购和研发补贴，政府通过选择一些特定的科技项目给予实施项目的企业资金上的支持，一方面可将企业MCC下移，使其直接提供上游核心技术；另一方面，根据累积创新的技术假定，向产业界供给核心技术也可促进企业对下游新技术进行研发，即产生杠杆作用。

当然，由于补贴和政府采购对资助对象有特定的要求，小企业相对而言较难获得这方面的资助，对更广泛企业的政策支持就得依靠税收优惠。政府的税收优惠政策不会改变企业研发活动的结构，即企业仍然不会从事基础型的技术研发，但该政策工具对企业从事应用型私人研发活动具有促进作用，税收优惠的这种促进作用已被现有研究普遍支持（Hall and Van Reenen，2000）。

（2）由于研究机构和高校通常积聚了更多的科技资源，因而除对企业实行直接资助或税收优惠外，政府也可拨款给研究机构和高校，使其直接从事产业共性技术。研发机构和高校从事基础研究取得成果后，可向企业转移共性技术或者通过技术溢出为企业有偿或无偿使用，政府的这种政策支持方式仍能起到与资助政策同样的作用，即促进私人研发的杠杆效应。

（3）专利保护政策赋予了企业一定的垄断权以将创新的部分社会收益内在化。研发或专利竞赛理论一般认为，更强的专利保护度能激励出更多的企业研发投入（Lee and Wilde，1980；Denicolo，1996）。更强的专利保护与最优研发投入之间的正相关性，一方面是企业从事研发的私人利润增加；另一方面则是更强的专利保护导致企业间的竞争效应（或偷生意效应）加剧，企业为了获得专利竞赛胜利而加大研发投入。

各种政策工具有效性的发挥，也可能受到一些潜在因素的不利影响：

首先，政府的直接资助政策或拨款给科研机构和高校的政策，均受到代理人道德风险的挑战。由于受资助或受委托者的研发活动不可观察，获得政策支持的研究者有激励将研发资金投入到市场价值更高、创新风险更低的应用技术开发上，这样，政府投入仅仅是替代了私人研发活动，而无法产生杠杆效应。

其次，基础性研发活动可能增加了对稀缺技术资源的需求，导致技术资源（如高技术人才）价格的上涨，从而抑制私人研发。古尔斯比（Goolsbee，1998）、戴维等（David et al.，2000）的研究表明，政府投资研发活动的主要影响体现为提高研发人员的工资上，从而引起价格竞争。

再次，我国企业整体创新能力偏低，加强专利保护可能会抑制企业研发活动。更强的专利保护会增加企业的技术模仿成本，企业将只能被迫进行更高层次的技术创新。但是，当企业创新能力弱时，进行更具基础性的研发所需承担的成本过高，而继续依靠其他企业技术扩散进行一般研发的空间也缩小了，最终导致企业研发活动不仅没有增加，反而可能降低企业私人研发活动水平。

最后，政府分配研发资金的效率比市场分配的效率低，这就可能造成在各个研究领域资源分配的失衡。

下面，将检验以上各个政策工具的有效性。若我国创新支持政策对私人研发产生促进作用，则表明政府提供的政策措施是有效的；若创新政策的实施挤出了私人研发，则表明该政策措施并未达到预定的政策效果，这种无效的政策就需要调整。

三　我国创新支持政策有效性的实证研究

（一）模型设定与数据处理

拟采用我国30个地区（除西藏外）大中型工业企业在1999—2004年间的面板数据，实证分析我国各种创新政策对私人研发投入的影响，以检验和评估我国创新支持政策实施的有效性①。从宏观层面进行研究，不仅可以从整体把握我国科技支持政策实施的效果，还可以忽略微观层面很难回避的企业之间的技术溢出效应（Guellec and Van Pottelsberghe，2003）。

1. 模型设定

在无政策干预条件下，企业从事创新活动必须考虑到研发活动能给自身带来的利润，因此利润将是影响企业研发活动的重要因素。政府的各项创新支持政策能调整企业私人研发的利润或成本，分散企业从事创新活动所需承担的风险，同样是企业进行私人创新决策必须考虑的影响因素。由于目前我国还没有对研发税收激励的完整统计数据，并且我国对企业采取的创新支持政策主要是直接资助（补贴和政府采购）②，因此本书的直接创新支持政策只是考虑了政府对公共科技部门的研发拨款和政府对企业研

① 采用研发投入而非专利申请（或授权）量作为衡量研究活动的指标，是因为企业申请专利的动机更复杂，不能准确地反映企业创新活动的努力程度，例如，Hall and Ziedonis（2001）发现美国企业每年申请专利的数量在急剧增加，但每年用在研发方面的资金并没有相应增加。

② 与我国类似，直接补贴和资助是发达国家最主要的政策措施（Nezu，1997）。

发的资助这两种方式。与其他研究不同，本书还考虑了我国的专利保护这一重要间接创新政策的影响。此外，其他融资渠道也可能对企业私人研发投入产生影响。

本书计量模型设定如下：

$$\begin{aligned}\ln RP_{it} = {} & \beta_1 \ln RP_{it-1} + \beta_2 \ln RG_{it} + \beta_3 \ln GOV_{it-1} + \beta_4 \ln HE_{it-1} + \beta_5 \ln (BANK)_{it} \\ & + \beta_6 \ln VA_{it} + \beta_7 IPR_{it-1} + \gamma_1 YR2000 + \gamma_2 YR2001 + \gamma_3 YR2002 \\ & + \gamma_4 YR2003 + \mu_i + v_{it} \end{aligned} \tag{5-1}$$

在（5－1）式中，*RP* 表示企业私人研发投入，*RG* 为政府对企业的直接资助，*GOV* 为政府给科研机构从事公共研发活动的拨款，*HE* 为政府给高校从事公共研发活动的拨款，*BANK* 为金融贷款，*VA* 企业新产品销售收入，*IPR* 为专利保护的强度，*YR*2000、*YR*2001、*YR*2002、*YR*2003 分别为2000—2003 年份的时间虚拟变量①，下标 i（$i=1$，2，…，30）表示我国 30 个地区，t（$t=1999$，…，2004）表示各个年份，μ_i 为不可观测的地区效应以控制省份的固定效应，v_{it}为随机扰动项。

由于研发活动的调整成本高，因此，在模型解释变量设定中引入了滞后 1 期的企业私人研发。各个政策工具对私人研发的作用速度不同，一些政策措施的影响可能相对滞后，由（5－1）式可以发现，政府拨款给公共部门使其直接从事研发活动的政策（*GOV*、*HE*）滞后 1 期，为企业创新活动提供法律环境的专利保护政策项 *IPR* 也滞后 1 期，而政府直接资助政策对私人研发活动的作用比较快，因而解释变量中设定为当期项 *RG*。需要指出的是，在（5－1）式所设定的模型中，滞后项选择的合理性可通过下面各项检验结果得到支持，若残差不存在自相性［拒绝 *AR*（1）原假设，接受 *AR*（2）原假设］，且使得工具变量的选择有效（萨根检验值较小），则可认为滞后项的选择是恰当的。

2. 数据收集与处理

对于专利保护水平，吉纳特和帕克（Ginarte and Park，1997）提出的衡量方法被大量的研究所采用。他们的方法比较适合于司法制度比较健全的西方国家，但对于司法体系正在完善的转型期国家，由于立法和司法尚不完全同步，采用立法指标所度量出的保护强度与实际保护度可能并不一

① 其他年份的时间虚拟变量由于共线性而被剔除。

致。我国学者韩玉雄、李怀祖（2005）在吉纳特—帕克（Ginarte - Park）方法的基础上，从社会的法制化程度、法律体系的完备程度、经济发展水平和国际社会的监督制衡机制四个方面衡量了转型国家的“执法力度”，并将“执法力度”引入专利保护的度量因素中，提出了适用于转型期国家的专利保护度量方法，具体计算公式如下：

$$P^{A}(t) = F(t) \times P^{G}(t) \tag{5-2}$$

在（5-2）式中，$F(t)$ 表示一个国家或地区在 t 时刻的执法力度，$P^{G}(t)$ 表示 t 时刻吉纳特—帕克方法计算出的专利保护水平，$P^{A}(t)$ 即为修正后的专利保护水平。

许春明、单晓光（2008）在韩玉雄、李怀祖（2005）基础上增加了社会公众意识因素对“执法力度”的影响，其必要性在于，社会公众的意识是专利保护法实施的基础，正是由于社会公众专利保护意识的淡薄，令我国高水平的专利保护立法形同虚设。许春明、单晓光（2008）以2004年的数据为例进行验证，结果显示，所构造的专利保护强度与民事一审案件收案量、人均专利申请量以及查处专利违法案件数等指标高度相关，表明其构造的专利保护强度指标具有一定的可信度与合理性。

这里接受许春明、单晓光（2008）提出的“执法力度”构造方法，在韩玉雄、李怀祖（2005）基础上增加“社会公众意识”的影响，具体做法如下：当律师占总人口比例达到或超过万分之五时，“律师比例”分值为1；小于万分之五时，“律师比例”分值等于实际比例除以万分之五。当立法时间达到或超过100年时，“立法时间”的分值为1；当立法时间小于100年时，“立法时间”的分值为实际立法时间除以100。当人均达到或超过2000美元时，“人均GDP”的分值为1；当人均小于2000美元时，“人均GDP”的分值等于实际GDP（美元）除以2000。从1986年开始至2005年，“世界贸易组织成员”指标从0—1均匀变化到1；当“成人识字率”达到或超过95%时，“成人识字率”分值为1；当“成人识字率”小于95%时，“成人识字率”分值为实际比例除以95%。“执法力度”的总分值为上述5个指标得分之和的平均值。

由于需要计算出我国各地区的专利保护强度指标，本书选取“地区人均GDP”、“地区成人识字率”、“地区律师比例”、“立法时间”以及“世界贸易组织成员”指标进行地区专利执法强度测定，其中，“立法时间”、“世界贸易组织成员” 指标统一为国家的立法时间和世界贸易组织成员得分。将计算得出的各地区的执法强度 $F\ (t)$，与各年的吉纳特—帕克指数 $P^G\ (t)$ 按照（5－2）式相乘即为各地区在不同年份的专利保护强度。

采用科研机构、高校中科技经费筹集来源中的政府资金作为政府提供的相应公共研发；用企业科技经费筹集来源中的政府资金来衡量政府对企业研发的直接资助（包括政府采购和研发补贴两项）。另外，金融贷款、新产品销售收入也是影响企业研发的重要因素，因而我们选取企业科技经费筹集来源中的金融贷款以及企业新产品销售收入指标来衡量其对私人研发的影响。为了消除价格因素的影响，沿袭国内学者朱芳平、徐伟民（2003）的做法，在赋予消费物价指数和固定资产投资价格指数权重分别为0.45、0.55的基础上计算研发价格指数。除专利保护水平指标外，其余各指标都按1999年的不变价进行平减。

数据主要来源于2000—2005年各年的《中国统计年鉴》、《中国科技统计年鉴》和《中国律师年鉴》。

（二）实证结果及分析

由于在（5－1）式所设定的模型中，解释变量包含被解释变量的滞后项，导致解释变量与随机扰动项相关，且其他解释变量可能存在的内生性，如果采用标准的随机效应或固定效应进行估计，其结果将是有偏的。通过对模型进行差分，并在一定的假设条件下设定解释变量差分值的工具变量，我们可以得到差分广义矩（Difference－GMM）估计量（Arellano and Bond，1991），该差分GMM估计方法可以有效地克服解释变量内生性以及残差的异方差问题。但差分广义矩估计方法的缺陷在于，它会导致一部分样本信息的损失，并且当解释变量在时间上的连续性较长时，工具变量的有效性将减弱从而影响估计结果的渐进有效性。阿里拉诺和博弗（Arellano and Bover，1995）以及布伦德尔和邦德（Blundell and Bond，1998）建议采用系统GMM（System－GMM）估计方法，即将包含变量水平值的原估计方程与进行一阶差分后的方程纳入一个系统的方法。广义矩估计能同时利用差分和水平方程中的信息，在一般情况下比差分广义矩估计更有效。

在使用系统GMM估计方法时，我们需要检验工具变量的有效性以及残差项是否序列相关。本书的估计采用萨根（Sargan）统计量来检验工具变量选取的有效性，若接受原假设则表明工具变量的选取是有效的；另外，我们以一阶差分转换方程的一阶、二阶序列相关检验 AR（1）、AR（2）来判断残差项是否序列相关，AR（1）、AR（2）检验的原假设均为不存在序列相关，如果拒绝 AR（1）检验而接受 AR（2）检验则可认为估计方程的残差项不存在序列相关。根据对权重矩阵的不同选择，系统 GMM 可分为一步法（Onestep - System - GMM）和两步法（Twostep - System - GMM）估计。相比一步法估计，两步法不容易受到异方差的干扰，但是，在有限样本条件下，两步法的标准误会严重下偏，从而影响推断。本书进行估计所采用的 xtabond2 命令，提供了 Windmeijer（2005）的方法对两步法标准差的偏差进行矫正，因而两步法相比一步法更有效。有鉴于此，下面我们使用两步法对上式进行估计，估计结果以及各项检验见表 5 - 11。

模型 1 是对（5 - 1）式所设定模型的估计，萨根统计量不显著说明工具变量选择是有效的，AR（1）检验拒绝原假设而 AR（2）检验接受原假设则表明原方程的残差序列不相关。模型 1 中 ln*RP* 一阶滞后项显著为正，这表明了企业研发活动具有正向的累积性。ln*BANK* 当期项与 ln*VA* 当期项均显著为正，表明了金融贷款与新产品销售收入均对企业研发决策有显著促进作用。我们更感兴趣的是政府提供的各项创新支持政策的有效性。ln*RG* 当期项显著为负，该结果与国内学者朱平芳、徐伟民（2003）以上海市的样本得出的“促进论”不同，表明从全国范围的政策效果看，政府研发资助直接替代了企业本来就计划用于研发的投资。ln*GOV* 滞后一阶项显著为正，显示出科研机构提供的公共研发促进了企业的私人研发投入。ln*HE* 滞后一阶项显著为负，说明政府拨款给高校所从事的公共研发活动替代了企业私人研发，这意味着高校的研发活动可能从事一些本该交由企业私人研发活动完成的创新。*IPR* 滞后项的影响系数为负，但并不显著，这表明我国专利保护政策的加强对企业私人研发决策具有不显著的负向影响。

表 5 - 11 中的模型 2 则是在模型 1 的基础上去掉了不显著的 *IPR* 项，只是考察了直接创新支持政策的影响。通过观察 AR（1）、AR（2）检验，发现估计方程残差不存在序列相关，萨根统计量尽管变大但仍不显

著，工具变量有效。在去掉专利保护的影响后，模型 2 的估计结果与模型 1 基本一致。

与模型 2 相反，表 5－11 中的模型 3 则是在模型 1 的基础上去掉了直接创新支持政策的 *RG*、*GOV*、*HE* 项，单独考察间接创新支持政策——专利保护的影响。在通过各项检验后，模型 3 的估计结果表明，专利保护政策对企业研发投入的影响仍然是负的且不显著。

表 5－11　　两步法系统 GMM 估计结果

解释变量	模型 1	P 值	模型 2	P 值	模型 3	P 值
$\ln PR_{it-1}$	0.434***	0.000	0.482***	0.000	0.488***	0.005
$\ln RG_{it}$	－0.190**	0.021	－0.182**	0.022	—	—
$\ln GOV_{it-1}$	0.144**	0.040	0.105**	0.038	—	—
$\ln HE_{it-1}$	－0.093**	0.044	－0.081*	0.089	—	—
IPR_{it-1}	－0.417	0.528	—	—	－0.405	0.303
$\ln BANK_{it}$	0.116***	0.000	0.116***	0.000	0.059***	0.000
$\ln VA_{it}$	0.370	0.000	0.358***	0.000	0.398***	0.002
*YR*2000	－0.570	0.144	－0.316***	0.000	－0.375*	0.053
*YR*2001	－0.681**	0.029	－0.472***	0.000	－0.315***	0.007
*YR*2002	－0.324**	0.023	－0.227***	0.000	－0.237***	0.000
*YR*2003	－0.237***	0.005	－0.182***	0.000	－0.126***	0.000
Sargan	5.42	0.712	5.72	0.768	7.81	0.252
AR（1）	－1.95	0.051	－1.95	0.051	－1.92	0.055
AR（2）	1.03	0.304	1.01	0.315	1.09	0.275

注：***、**、* 分别表示在 1%、5%、10% 的显著性水平上通过显著性检验。阿里拉诺－邦德 AR（1）、AR（2）检验的原假设均为不存在自相关。萨根检验的原假设为工具变量的选择是有效的。各模型均运用 xtabond2 命令进行估计，其中，模型 1 至模型 2 的工具变量选取均为 *RG* 滞后 3 期，*GOV* 滞后 3 期，*HE* 滞后 3 期以及各年份时间虚拟变量，模型 3 的工具变量选择为 *VA* 滞后 3 期，*IPR* 滞后 3 期以及各年份时间虚拟变量。回归结果根据 STATA10.0 计算所得。

结合以上各模型的估计结果，可以发现：对企业的直接资助并没有达到预期的政策效果，资助资金并没有认真地按照政府资助的初衷进行配置；研发机构提供的公共研发促进了企业研发活动，这种杠杆效应可能是通过向产业界提供了急需的共性技术而产生；高校接受政府拨款所从事的研发对私人研发活动产生了替代效应，这可能是高校通过对高级技术人员的争夺提高了私人研发成本，也可能是高校直接参与了一些私人研发活动；专利保护政策对私人研发不显著的负向影响可能与我国企业整体技术创新能力偏弱有关，更强的专利保护逼迫企业从事更高层次的创新活动，然而，我国企业在自身创新能力较弱时进行更基础性的研发就意味着必须付出过高的成本，企业一般很难承担。

第五节　本章结论及对策建议

技术创新是工业结构升级的决定性手段，或者说工业结构升级是技术创新逻辑终点。如何通过自主创新实现工业结构升级，最终走向全球产业链的高端是我国学者、政府，乃至世界都在密切关注的问题。本章围绕自主创新与工业结构升级这一主题进行系统研究，所得主要结论和政策建议如下：

一　继续推进和确立企业在创新中的主体地位

企业是技术创新决策的主体、研发投入的主体，研发活动的主体和创新成果的享用主体；科研院所和高校主要从事基础性、理论性研究，为企业技术创新提供坚实的成果支撑；政府的职能是培育有效率的市场，进行战略指导、制定规划、政策引导、提供公共产品和服务。《国家中长期科学和技术发展规划纲要（2006—2020）》提出，把建立以企业为主体、产学研结合的技术创新体系作为国家创新体系建设的突破口。这既符合技术创新的一般规律，也符合我国国情和建设国家创新体系的现实需求。

目前，我国的自主创新能力不强，对外技术依存度比较高，大多数企业发展仍处于依靠资源消耗进行外延式扩张的状态。我国企业创新能力不强，没有完全成为技术创新主体的主要原因在于市场机制尚不健全，政策环境尚不完善，技术创新还没有真正成为企业生存和发展的内在需求，没有成为企业获得竞争优势的主要途径。提升企业技术创新能力，关键在于进一步深化改革，消除影响企业技术创新的体制性障碍，增强企业技术创新的内在动力，建立公平的市场竞争秩序，规制行政管理与市场之间的关系，构建完善的技术创新链，加强研发、制造、应用等环节之间的有机衔接，及时消化吸收引进的国外先进技术，并实现自主创新。要加快建立规范的现代企业制度，引导更多的企业关注更加长远的技术投资和人力资本投资，推进知识、技术等要素参与收益分配。要完善企业内部管理机制，让经营管理者真正着眼长远利益，让知识和知识创造者得到真正的尊重，激发企业内在的创新活力。

二　提高产学研合作技术创新共建模式的运作成效

产学研研发联盟在美国、欧洲、日本等国家和地区已行之有多年，但在我国尚处于起步阶段。对我国来说，大力发展产学研研发联盟更具有特殊的现实意义。这是因为，一方面，与发达国家相比，我国大多数企业在研发方面的自主创新能力非常薄弱，提高企业的自主创新能力尚需要长期的培育积累过程；另一方面，我国计划经济下形成的以科研机构和大学作为研发主体的科技体制，导致我国大多数的高层次研发人才以及大量先进的科研设施以及研发成果集聚在大学和科研机构，其服务于产业的创新潜能远没有得到发挥。因此，有组织地推进产学研研发联盟的发展，集产学研三方优势，共同开发产业关键技术和战略技术，是我国加强自主创新能力的一个重要战略途径。

企业与高校、科研机构信息不对称，以及科研项目开发前景的不确定性，使产学研的合作需要政府的协调和支持，主要包括以下几点：

首先，创新政产学研合作形式，解决合作中的资本“瓶颈”。合作形式与合作资本来源是制约合作发展的两大重要因素，也是达到合作目标的重要前提。在发展合作形式和解决资本短缺上，要着眼于长期合作，建立以资本为纽带，政产学研紧密合作的创新发展模式。一方面要借助股份制公司型、合伙型、战略合作型和技术外包型等不同形式，来拓展合作的空间；另一方面要组建新技术风险投资基金，由政府、金融部门、企业、公众机构和院校发起认购，建立有效的管理机构和投资操作制度，并在条件许可的前提下，争取上市融资。

其次，加大国家科技计划对产学研合作的支持。我国还应在现有政府科技计划框架内，对以产业化为目标的科技计划项目，更多地支持以产学研合作的方式来承担。根据国外的经验，企业决定和大学或科研机构建立研发战略联盟，很多时候是基于过去彼此有过良好的合作经历。因此，我国政府如果期待未来民间更多地自发形成产学研联盟，所有政府科技相关部门都应支持实施产学研结合的促进计划，强化产学研彼此间的合作联系，以期充分培育未来产学研联盟的种子。目前，OECD 的成员国几乎都开展有支持产学研合作的国家科技计划，而我国迄今还没有一项专门支持产学研合作的计划或基金。由于缺乏有效的产学研合作平台，致使原本就不善于合作的我国企业，始终难以摆脱孤立和封闭研发的窘境。

最后，进一步将公共科技部门的科研导向从应用技术转向共性技术上。我国政府在 20 世纪 80 年代中期降低了对高校等公共部门的资金投入，经费投入不足致使许多高校都把大量的精力投入到中低水平技术的一般扩散上（如常说的“校办企业”），以解决自身的吃饭问题，高水平的技术创新成果不多。近年来，国家对高校和科研院所的基础性研发更加重视，并于 1999 年实行科研院所改制，使得现存科研机构大多从事基础性研究。根据国家统计局数据，韩国高校在 20 世纪 90 年代早期对基础性研究的资金投入比重维持在 40% 左右。从一些发达国家或地区的经验看，中国台湾的“工业技术研究院”（ITRI）或韩国的韩国产业研究院（KIET）都曾经向私人部门提供和扩散所需技术，为加速完成本国或地区的技术追赶阶段起到了重要作用（Lee，2005）。只有高校注重于市场无法提供的基础性技术，让创新能力逐渐提高的企业去开发私人完全可以提供的应用技术，才能让高校提供的公共研发发挥出更大的杠杆效应。因此，政府在向高校和科研机构拨款的同时应进一步引导高校（特别是重点高校）和科研机构加强对基础性研究的重视。

此外，高校、科研院所在用人机制上可以更灵活，通过研究人员流动的自我选择，一方面使得更安心于基础研究的人员留在科技部门，增强公共科技部门对基础性研究的重视；另一方面能让更偏好应用研究的人员流向企业，并随之提高企业的技术吸收能力，促使企业更有效地利用科技部门转移的共性技术。

三　完善对直接资助科研活动的监管

直接资助以及拨款给高校使其提供公共研发的政策，其有效性可能受到信息不对称下道德风险的约束。由于信息的不对称以及研究项目性质具有难以验证性，就给了企业和高校打“擦边球”的机会，受资助的研究者将补贴资金挪用到一些私人价值高、贴近市场的应用技术研发中，资助资金直接挤出了私人研发，而政府难以清楚地确定基础与应用研究之间的界限。这给我们的启示是：首先，政府应在事前先科学的确定需要扶持的项目，例如产业发展急需且投资风险较大的技术；其次，进一步完善政府拨款资助企业和拨款给公共科技部门进行研发活动的机制设计，加强对所确立研究项目的监管，确保公共研发资源投入到真正需要发展的项目上。例如，美国1993年出台了《政府绩效与结果法案》（GPRA），以立法的形式确立了定期对所有资助的研究活动进行评估的制度。

四　循序渐进地加强专利保护政策

保护知识产权不仅是世界贸易组织规则的要求，更主要的是我国自身发展的需求。可以说，没有知识产权保护，自主创新就是一句空话。我们要充分发挥知识产权制度的重要作用，激励自主创新、鼓励科技投资、优化资源配置、保护创新成果、维护竞争秩序。为此，要建立健全专利保护体系，营造尊重和保护专利产权的法治环境。

但是，加强专利保护不是无条件和一蹴而就的，应该结合我国实际情况而加以实施。上文的实证结果表明，国内企业的技术创新能力尚未跨过一定的“门槛”，使得专利保护政策对企业创新活动尚未发挥出明显的正向促进作用。尽管增强专利保护可更有效地阻止技术模仿行为，但是，我国企业整体技术创新能力还不足以进行高水平的创新活动，以致更强的专利保护政策无法激励出更多的研发投入。这给我们的启示是：首先，应继续资助企业从事一些更基础性的研发活动，以提高企业的技术能力；其次，在完善我国专利保护制度的进程中，要适当考虑到我国的具体国情，专利保护强度需要循序渐进地有步骤地提高，形成“以专利保护促进技术能力提升、提升的技术能力带动专利保护加强”的良性互动关系。

五　有选择的加大对共性技术或重大关键技术创新的扶持力度

增强自主创新能力必须大幅度地提高我国科技的原始创新能力，必须围绕国民经济社会发展的紧迫需求，对产业上游的关系到产业技术发展的共性技术和重大关键技术进行技术突破。目前，我国已在电力、机械、化工、造船等重要领域掌握了相当的核心技术，如大型水轮发电机组的设计、制造技术；高等级公路建设成套技术、大跨径桥梁和深水筑港技术等关键技术；全氟离子交换树脂和工业离子膜核心技术，等等，打破了发达国家数十年的技术垄断。一些关键技术，如高压输变电技术、铁路重载技术、港口集装箱储运技术、氯化聚乙烯（CPE）成套生产技术、万吨级池窑拉丝技术等已达到国际先进水平。但从总体上看，大部分传统产业的发展仍然受到不少重大、关键技术的制约。如纺织行业依然受纺织机械数字化加工技术，高性能、功能化纤维加工技术等的制约；钢铁行业受非高炉炼铁关键技术，高质量、高性能钢材轧制与检测技术等的制约。为了加强原始创新能力和集成创新能力，对产业共性技术和关键技术进行攻关，一是要调整国家科技计划和科技投入的结构，逐步地提高基础研究投入的比重；二是要建立国家实验室制度，通过机制创新促进大学和研究院所之间的结合；三是要加强科技基础设施与条件平台建设，特别是要建立信息、数据、资源和大型仪器设备的共享机制。当然，在更基础领域进行技术创新是一个高风险、高投入的活动，对所有高科技行业的关键技术都进行原始创新对于还属于发展中国家的我国而言，既不符合比较优势，也缺乏现实操作性，因而在原始创新的投入上必然是有所为有所不为，选择国际竞争必争的战略领域重点跨越。例如，我国的《国家中长期科学和技术发展规划纲要》确定了 16 个重点建设项目，即能源、资源、环境、信息、生物、新材料和航空航天等领域，这些行业的基本共同点是对整个国家产业发展具有关联性和带动性，甚至在国家安全上也具有战略性，因此，对这些领域关键技术的突破对于构建国家战略核心技术体系，引领产业结构升级具有重大意义。

第六章　资源节约、环境保护与工业结构优化升级

作为发展中的大国，我国在经济飞速发展的同时，人均资源拥有量的不足、环境污染的加剧以及粗放型的经济增长方式，正日益威胁着其经济发展的可持续性。目前，我国正处于工业化的中后期阶段，工业部门在很长一段时间内将依然是经济的主体部门，它同时也是资源消耗和环境污染的主体部门，可以预见，我国工业发展必将面临更加严峻的资源、环境压力。因此，推动工业与资源环境的和谐发展便成为了可持续发展的当务之急。与此相应，中国工业结构优化升级的方向之一就是要处理好工业发展、资源利用与环境保护三者之间的关系，把工业发展的负面影响控制在资源和环境承载能力之内，解决好资源有限和环境容量对工业发展的制约，确保资源和环境能够持续地为人类和工业发展所利用。

本章首先在对我国资源环境约束的现状进行分析的基础上，从技术、结构和制度三个方面来探讨资源环境约束下的工业结构优化升级的理论机制；其次，分别从能源工业内部（能源供给方）和工业部门（能源需求方）角度探讨了能源约束，从区域工业部门和工业行业层面探讨分析了环境约束；最后，通过技术、结构、制度等影响因素为纽带，提出迫使高能耗高污染的产业不断消亡，节能环保的新产业不断产生的思路和对策。

第一节　我国资源环境约束的现状分析

一　我国资源环境约束现状

（一）自然资源人均保有量不足，且资源消耗速度惊人

人均资源拥有量比较低是中国在资源方面最为主要的特征。中国人均

水资源拥有量一直在2000立方米左右徘徊，还不到人均3000立方米的轻度缺水标准。中国人均耕地面积小，目前人均耕地不足0.1公顷，为世界人均水平的40%。中国矿产资源虽然总量较大，矿种也比较齐全，但是人均资源量少，部分资源严重不足。我国人均石油储量只有世界平均水平的11%；天然气人均储量只有4.5%；铁矿石人均储量只有42%；铜人均储量只有18%；铝土矿人均储量只有7.3%；即使是我国储量比较丰富的煤炭资源，人均储量也只有世界平均水平的79%。

从目前的情况看，资源消耗速度惊人、浪费严重，必将成为影响中国经济长期可持续发展的主要矛盾。表6－1反映了近5年来中国的耕地、水资源、能源和部分主要原材料的使用和变化情况。不难发现，我国的耕地面积和水资源总量正逐年减少，这种趋势如果一直延续下去，很快就会影响到人们的基本生活，以至于造成生存危机。各种能源和主要原材料的消耗量也正以惊人的速度增加，其增长速度高于同期经济增长速度（GDP增长率），这也说明中国的资源利用效率较低，资源浪费现象严重。

表6－1　　中国各类主要自然资源变化情况（2003—2007）

主要指标（单位）	2003年	2004年	2005年	2006年	2007年
耕地（万公顷）	253.7	－80	－36.2	－30.6	－4.07
水资源总量（%）	－5.6	－4	－13.7	－9.1	－2.5
煤炭消耗量（%）	13.6	14.4	10.6	9.6	7.9
原油消耗量（%）	12	16.8	2.1	7.1	6.3
天然气消耗量（%）		18.5	20.6	19.9	19.9
电力消耗量（%）		15.6	12.2	4.7	14.1
钢材（%）	28.6	15.1	20.1	17.2	17.4
电解铝（%）	15.7	9.7	21.7	32.1	27.6
水泥（%）	15.3	12.4	10.6	14.5	10.5

资料来源：国家统计局历年全国年度统计公报。

（二）生态环境脆弱，环保力度正逐渐加强

中国国土面积广大，但生态环境却比较脆弱。这主要表现在：第一，沙漠、戈壁和海拔3000米以上的高寒地区面积大。这些国土在可以预见的科学技术进步条件下都是难以利用的。第二，陆地平均海拔（1475米）

是世界大陆平均海拔（830 米）的 1.76 倍，山地丘陵占国土面积的 65% 以上，干旱地区和荒漠地区占国土的 1/3 以上，自然环境对于生态的“应力”或“胁迫”较大地超过了全球平均水平，大致是后者的 1.25 倍。与此同时，我国的环境污染和破坏现象也十分严重，表 6－2 反映了中国 2001—2006 年间各种主要污染物的生产和排放情况，从水污染、大气污染和固体废弃物污染三大方面来看，除了工业固体废料的排放量出现明显的下降趋势，烟尘和粉尘排放量上下波动，其他污染排放基本上维持上升趋势。

表 6－2　　中国主要污染排放量（2001—2006）

指标	2001 年	2002 年	2003 年	2004 年	2005 年	2006 年	趋势
废水排放总量（亿吨）	433	439	459	482	525	537	增加
工业废水排放量	203	207	212	221	243	240	增加
生活污水排放量	230	232	247	261	281	297	增加
工业废气排放量（亿标立方米）	160863	175257	198906	237696	268988	330992	增加
二氧化硫排放量（万吨）	1947	1927	2159	2255	2549	2589	增加
工业二氧化硫排放量	1566	1562	1792	1891	2168	2235	增加
生活二氧化硫排放量	381	365	367	364	381	354	波动
烟尘排放量（万吨）	1070	1013	1049	1095	1183	1089	维持
工业烟尘排放量	852	804	846	887	949	864	波动
生活烟尘排放量	218	209	202	209	234	224	波动
工业粉尘排放量（万吨）	991	941	1021	905	911	808	波动
工业固体废弃物产生量（万吨）	88840	94509	100428	120030	134449	151541	增加
危险废物	952	1001	1170	995	1162	1084	波动
工业固体废弃物排放量（万吨）	2894	2635	1941	1762	1655	1302	下降

当然，我们同时也发现随着环境污染和生态破坏的加重，中国人的环保意识也在不断提高，政府对环境保护的投入力度也在不断加大，从表 6－3 中可以清楚地看到，2001—2006 年，环境污染治理投资总额增加了 132%，城市环境基础设施建设投资额增加了 121%，工业污染源治理投资增加了 177%，环境污染治理投资总额占 GDP 比重也由 2001 年的

1.01%增加到2006年的1.22%。随着环保投入的加大，中国在环境保护和污染治理方面已经取得了一定的成效（见表6－3）。工业废水排放的达标量和达标率逐步上升；大气污染中的二氧化硫、烟尘和粉尘的去除量也均保持上升势头；工业固体废料的综合利用率持续提高；废弃资源回收利用行业蓬勃发展，“三废”综合利用产品产值增速迅猛；人工造林已见成效，森林面积及其覆盖率开始逐年回升；生态保护方面成果斐然，自然保护区在数量和覆盖面积上均保持逐年增加之势。

表6－3　中国环境保护和污染治理的成效和投入力度（2001—2006）

指标	2001年	2002年	2003年	2004年	2005年	2006年
工业废水排放达标量（亿吨）	173	183	189	201	222	218
工业废水排放达标率（%）	85.2	88.3	89.2	90.7	91.2	90.7
工业二氧化硫去除量（万吨）	565	698	749	890	1090	1439
工业烟尘去除量（万吨）	12317	13998	15649	18075	20587	23565
工业粉尘去除量（万吨）	5322	5570	5995	8529	6454	7280
工业固体废弃物综合利用量（万吨）	47290	50061	56040	67796	76993	92601
工业固体废弃物综合利用率（%）	52.1	52.0	54.8	55.7	56.1	60.2
“三废”综合利用产品产值（亿元）	345	386	441	573	756	1027
森林面积（万公顷）	15894	15894	17491	17491	17491	17491
森林覆盖率（%）	16.55	16.55	18.21	18.21	18.21	18.21
自然保护区数（个）	1551	1757	1999	2194	2349	2395
自然保护区面积（万公顷）	12989	13295	14398	14823	14995	15154
环境污染治理投资总额（亿元）	1107	1368	1628	1910	2388	2566
环境污染治理投资总额占GDP比重（%）	1.01	1.14	1.20	1.19	1.30	1.22
城市环境基础设施建设投资额（亿元）	596	789	1072	1141	1290	1315
工业污染源治理投资（亿元）	174.5	188.4	221.8	308.1	458.2	483.9

资料来源：国家统计局历年全国年度统计公报。

二 世界产业结构演变的绿色化趋势

绿色化趋势是指“资源节约型趋势”和“环境友好型趋势”，即产业结构依据自然生态的有机循环原理建立自身演变模式，使不同的工业企业、不同类别的产业之间形成类似于自然生态链的关系，从而达到充分利用资源，减少废物产生，物质循环利用，消除环境破坏，提高经济发展规模和质量的目的。也就是我们常说的“循环经济”。

20世纪90年代，随着可持续发展战略在世界范围内的普遍实施，产业的绿色化发展在发达国家渐成潮流，从宏观层次的国家产业发展战略的选择、管理立法，中观层次的区域产业园区的建设、布局到微观层面的企业的生产技术改造、管理实践，绿色化的概念始终是贯穿其中的主线。这一发展趋势在三次产业的工业、农业和服务业中都有所体现，如生态工业、生态农业、生态旅游业等。

世界范围内的生态革命，促成了生态与产业成为一种新型的互动关系。这种关系一方面表现为产业绿色化含量不断提高，另一方面形成了广泛的生态产业化现象。以生态产品的生产、使用、回收再利用为基本内容的新兴生态产业不断发展，使生态环境和产业领域产生了全方位的渗透与融合，产业生态化现象日渐明显。生态与产业的互动，最终形成生态产业一体化和复合化，最终形成实现良性循环的新型产业（工业）结构。

三 我国工业结构优化升级的导向：资源节约、环境保护

解决工业发展中的资源和环境问题，不仅要求工业发展保持一定的规模和速度，而且要求工业发展不断优化结构和提高效率，改变以高投入、高消耗、高污染、低效率为特征的生产和消费方式。

改革开放以来，由于经济规模的快速扩张和发展阶段的限制，以及体制、政策的弊端，使得我国工业始终没有摆脱传统增长方式，工业资源消耗较高、利用效率较低，资源和环境对工业发展的制约比较突出。主要表现为：（1）工业增长在相当程度上依靠资源支撑，资源和原材料消耗规模大、增长快。生产要素投入数量的增加和使用效率的提高是工业发展的主要推动因素。（2）许多地区主要污染物排放量接近或超过环境承载能力，工业发展的环境问题严重，环境约束加大。（3）能源结构与环境保护的矛盾尖锐，燃煤导致的硫化物和碳化物排放日趋严重。（4）我国的税收制度，在环境保护方面发挥了一定作用，但还存在涉及资源利用和环

境保护的税种过少，现有涉及资源和环境税收调节力度不够等问题。(5) 我国正处在基础重化工业加快发展的特殊阶段，外延型增长仍有较大发展空间，较高的单位产品能耗短期难以改变。(6) 区域和产业的发展不平衡，落后装置、工艺、技术淘汰缓慢。(7) 由于体制和政策等方面的原因，很多地方以浪费资源、牺牲环境为代价片面追求经济增长。

因此，中国工业结构优化升级的方向之二就是处理好工业发展、资源利用与环境保护三者之间的关系，把工业发展的负面影响控制在资源和环境承载能力之内，解决好资源有限和环境容量对工业发展的制约问题，确保资源和环境能够持续地为人类和工业发展所利用。

第二节　资源环境约束下工业结构升级机制

本节将探讨资源环境约束的经济含义，并以技术、结构和制度这三个影响因素为纽带，来探讨资源环境约束下的工业结构优化升级的机制，为进一步深入研究资源环境约束下的工业结构优化升级提供理论依据。

一　资源环境稀缺性与边际成本递增

工业生产本质上是一个人类参与物质资源形态转化的过程，即将自然资源加工制造成可用于消费或再加工过程的产品，而且需要采取自然资源作为加工制造过程的动力。因此，消耗自然资源是工业生产的必要条件。同时，工业生产过程还会产生废料对自然环境产生影响，所以造成环境的改变也是工业生产活动的必然后果。问题是，无论是资源的消费还是环境的改变（特别是污染和破坏）都是有限度的。过度消费资源和破坏环境，不仅使工业生产无法持续进行，而且将破坏人类生存的基本条件（金碚，2005），因此环境和资源的稀缺性是推动工业（产业）结构不断向绿色化方向发展的直接动因。

工业革命以来，绝大多数西方国家通过工业化实现经济快速增长的过程，都付出了高污染高能耗的代价。但是在当时的情况下，快速实现经济起飞，较之保护环境和节约资源要重要得多，而且当时世界范围内的环境和资源问题远远没有现在这么突出。在众多西方国家完成工业化进程之后，全球环境已经受到很大程度的破坏，资源储量也变得更加紧缺。在这种情况下，环境保护的呼声越来越高，政府开始采用税收、许可证等方式将工业生产过程中造成的负外部性（环境污染）内生化，这直接导致高污染行业的边际成本大幅度提高；同时，自然资源（特别是能源）供给不足的问题也逐渐暴露出来，在市场机制的作用下，自然资源类原材料价格不断攀升，这无疑会引发高消耗（特别是高能耗）行业边际成本的大幅度提高。边际成本的提高会导致产量下降，这也就意味着，随着自然环境承载能力的不断下降，以及自然资源丰裕程度的不断降低，工业结构中高污染、高能耗行业的比例会逐渐下降。

二　资源环境约束下工业结构优化升级机制

工业结构的优化升级受部门劳动生产率、需求结构、供给结构、国际贸易和技术进步等因素的影响。由于资源环境的稀缺性，市场机制正是通过技术、结构、制度等影响因素为纽带，迫使高能耗高污染的产业不断消亡，节能环保的新产业不断产生，构成了产业结构演变的形态。因此，资源环境约束下的工业结构优化升级其实质上是如何建立一个节能减排的机制，促使个人、企业、政府积极参与资源节约和环境保护。

（一）技术性节能减排机制分析

从17世纪的产业革命开始，每一个新产业都是在技术革命或技术扩张的基础上形成的，可以说，知识的积累和技术创新孕育了新产业的萌芽。每一次知识和技术的变化都会直接改变着产业间的投入产出比例，使产业供给结构发生变化。同时，知识和技术也改变了需求的结构，从而影响着产业的发展前景。

1. 技术进步催化能源工业内部结构优化升级

首先，技术进步会提高可利用能源的总量水平。现代经济是建立在煤、石油、天然气、水电和核能等能源基础之上的，由于能源资源的稀缺性，人们需要利用技术进步找到更多的能源，才能从根本上缓解制约问题。科技进步可以提高煤、石油、天然气等传统能源的探明储量和攻击水平，还可以通过发展生物能、太阳能等新能源提高能源总体供应水平。

其次，技术进步通过提高可再生能源规模化应用水平，降低可再生能源成本和企业需求，从而推动能源工业内部结构的优化升级。

2. 技术进步推动非能源工业的工业结构升级

技术进步主要通过开发新技术、新工艺、新方法、新产品进行重组和改造，通过优势互补和嫁接，形成新的技术经济方式，促使产业出现不断融合的趋势，产业间界限变得模糊，产业结构呈现出知识化、技术集约化趋势，并不断迈向高级阶段。

首先，技术进步可以推动工业的母机——装备制造业的快速发展。装备制造业范围广，门类多，技术含量要求高，与其他的产业关联度大，带动性强。它的发展将带动一大批相关产业的发展；它为各行业提供现代化设备，各行各业都离不开装备制造业。装备制造业作为技术密集工业，万元产值消耗的能源和资源在重工业中是最低的。因此，通过知识和技术进步提升装备制造业技术含量是工业结构升级的重要手段。振兴装备制造业是调整工业结构的重要内容，不仅可以有效地降低经济发展对资源和能源的消耗，也能为原材料工业的优化升级提供先进的技术装备保障。

其次，技术进步可促进工业企业节能降耗、增加效益和环境保护。通过推广应用智能技术、生产各工序和全线过程的自动化控制系统，企业用水、电、煤、原材料明显降低。通过推广污染排放主要生产线和关键设备自动控制技术，应用环境监测、污染源监控等信息系统，在冶金、电力、石化、建材、造纸等高污染行业，污染物排放得到最大限度的控制，重大污染物排放隐患得到有效的消除。

最后，知识和技术催化新产业淘汰旧产业，引领主导产业更替。一方面知识和技术催化新产品形成新兴的市场，最终产生新兴产业，从外围使整个产业结构发生变化；另一方面知识和技术通过过程创新如新工艺、新设备及新的管理和组织方法，促使企业生产效率乃至整个产业效率得以提高，传统产业得以改造，而随着产品的技术生命周期走向成熟后，社会需求得到满足，传统产业利润会逐渐下降，最终结果是传统产业的淡出，新的主导产业得以形成，从而整个国家的工业结构得到升级。

（二）结构性节能减排机制分析

在能源紧缺的今天，节能和提高能源效率，已经成了全球的共同目标。而令人担忧的是，中国能源效率在持续了 20 多年的提高后，从 2001 年起，能源效率却逐步下降，长期以来，中国能源效率偏低的主要原因是经济增长方式粗放、高耗能产业比重过高。因此，转变发展方式、调整产业结构和工业内部结构成为能源节约的战略重点。因为结构因素是导致我国单位 GDP 能耗上涨的重要原因。在我国能源消费构成中，工业生产消耗的能源占能源消费总量的70%。所以，结构性节能成为我国实现节能目标的关键。

1. 能源工业内部的生产结构优化升级

从各国的工业结构的形成过程来看，一国拥有的资源能源状况，往往是构成该国产业结构的主要因素之一。俄林的资源禀赋理论仍是大多数国家选择和确定产业发展的依据，新的、价格更为低廉的资源往往是促成新产业形成、发展的重要原因。以油代替煤的能源结构变化过程就是一个很好的例子，作为一次性能源的石油比煤炭的生产效率要高很多，燃烧热值也高，也更为清洁。从我国能源矿产煤炭、石油、天然气的资源结构看，按煤炭、石油、天然气地质储量折算成标准煤计算，2006年我国煤炭查明资源储量折算标准煤8597.4亿吨，占我国能源资源总量的97.7%，石油剩余地质储量折算标准煤140.6亿吨，占我国能源资源煤炭石油天然气总量的1.6%，天然气剩余地质储量折算标准煤65.8亿吨，占我国能源资源煤炭石油天然气总量的0.7%，石油与天然气合计在我国能源资源煤炭石油天然气总量中的比重不足3%，尽管这一比重自1980年以来还有所上升。因此，我国能源资源的禀赋结构决定了我国能源生产的结构。

2007年，我国共生产能源总量23.5亿吨标煤，其中煤占76.6%，石油占11.3%，天然气占3.9%，其他非常规能源占8.2%；而这一年的能源消费总量为26.6亿吨标煤，其中煤占69.5%，石油19.7%，天然气为3.5%，非常规能源为7.3%。从总量上看，我国还存在着能源消费缺口。从结构上分析，在我国的能源结构中，中国煤炭占一次能源生产总量的比例一直居高不下，总是维持在73%左右，远远高于国际平均的水平，更为严峻的是，煤炭大量的使用带来了环境破坏和水资源的污染，排出大量的二氧化碳影响全球气候的变化。给中国的经济社会发展带来了新的挑战。因此，实行能源多元化、清洁化是实现能源工业内部结构优化升级的必由之路。

2. 工业内部的轻重比例结构优化

工业内部的轻重比例变动将会对能源的需求和消耗发生相应的变动。影响工业内部的轻重比例的主要因素有：一是人均收入水平的提高引致的消费结构的升级。消费需求作为拉动经济增长的原始动力，其结构变化是引导和促进主导产业发展的首要因素。进一步看，消费结构变化又是由人均收入水平的提高引致的。二是部门劳动生产利用率差异。差异是劳动力在产业间流动的直接动因。劳动者追求较高收益的动机推动着劳动力从低收益部门向高收益部门的流动，导致产业间就业结构和产业结构变动。

工业化的进程一般表现为轻工业化、重化工业化和高加工度化三个阶段。我国是一个有着13亿人口的大国，实践证明，重化工业化是我国工业化过程中不可逾越的阶段。但是，发展重化工业与转变经济增长方式是并行不悖的。国际经验表明，我国完全可以缩短重化工业化的过程，快速步入以高技术产业为代表的高加工度化阶段。其主要驱动力是环境保护和能源供给施加的压力，以及技术进步给予的支撑力。比如，当前我国在航天技术、核能发电技术、数控机床制造技术、信息技术等高新技术产业领域，与发达国家之间的差距在逐步缩小，已初步形成较完整的高新技术产业体系。手机、程控交换机、显示器彩电激光视盘机等产量居世界第一位。因此，优化工业内部的轻重比例结构是结构性节能的重要途径。

3. 三次产业结构比例优化

三次产业的结构比例的优化将会对能源的需求和消耗强度发生变动，并向着节约能源，提高能效的方向发展，最终达到结构的优化升级。产业结构的调整对能源强度的影响通过直接和间接两种途径完成，直接调整的途径是指通过降低高耗能产业比例，增加低耗能产业产值比例；间接调整的途径有两个方面：一是通过产业关联，即降低某一高耗能产业产值比例可能会导致其上下游关联高耗能产业产值的降低，从而进一步导致能源强度的降低。二是通过居民对高耗能产品需求的减少而导致的能源强度的进一步降低。所以，产业结构的调整对能源强度的影响呈现出全方位、多层次特点。

改革开放以来，我国的三次产业结构发生了明显的变化。首先，第一产业比重持续下降，第二、第三产业比重明显上升，就业结构变化远大于收入结构变化。第一产业的增加值比重由1978年的28.1%下降到2006年的11.7%，就业比重由70.5%下降到42.6%；第二、第三产业增加值比重则由1978年的48.2%和23.7%，分别提高到48.9%和39.4%，就业比重由17.3%和12.2%分别提高到25.2%和32.2%。其次，第二产业是拉动经济增长的绝对主导力量，并呈现内部结构升级特征。

4. 国际产业分工结构优化

改革开放以来，随着对外开放程度的不断提高，我国逐步融入国际产业转移体系中，成为承接国际产业转移最重要的国家之一。我国吸收国际转移的产业经历了从以劳动密集型的纺织服装、食品加工和低端消费类电子等行业为主，到以电子及通信设备、机械、交通运输设备、化学原料及化学制品等资本、技术密集型行业为主转移。跨国公司投资项目的大量进入，一方面加强了我国重化工业化的趋势，推动了我国工业结构的升级；另一方面出口的产品仍以技术含量低、高能消耗为主，这也加大了我国的资源环境压力，阻碍了经济的可持续发展。

目前，节能政策已成为我国转变贸易增长方式、优化产业分工结构，控制外贸顺差过大的一揽子政策措施的重要组成部分。国务院采取的一系列控制“两高一资”产品出口、加快转变贸易增长方式的节能减排贸易举措，已取得一定进展和初步效果。但从政策的作用范围、协调性、稳定性看，还存在着进一步完善的空间，主要从以下两个方面：首先，要着力填补贸易政策中有利于环保的政策缺位。其次，节能目标在分解给地方政府的同时，也应给贸易部门和行业部门分解相应的节能指标。

（三）制度性节能减排机制分析

制度性节能减排处于三个基本途径的核心地位。通过节能减排科学规划、加强监督考核等制度化建设，增强节能减排工作的前瞻性和规范性，使节能减排工作步入有序化的轨道。好的制度设计还可推动技术进步，推动工业结构朝有利于能源节约和环境保护的方向转变，实现资源环境和经济社会的协调可持续发展。

完善的基础制度能最大限度地发挥市场机制的作用。一方面，市场机制能够产生节约的内在动力；另一方面，外部性问题的解决思路是纠正市场的偏差和弥补市场的缺陷，而不是取代市场。概括地讲，就是建立一个有利于节能减排的完善的市场机制。就中国目前的情况而言，存在着较大的制度性缺陷，也没有取得市场化取向改革的认识上的统一。

合理的政策框架激励节能减排。从法律及标准、有效的经济激励机制、政府管制等方面构建政策框架，建立有效的经济激励机制是将资源管理等外部性问题内生到经济系统中的核心环节，它能更好地发挥价值规律调控的作用。

好的社会环境有利于节能减排。在中央政策、地方政府、企业、公众等各个层面形成节约的良好氛围，提高资源忧患意识和环境保护意识，使全社会的资源节约、环境保护成为自觉的行动，形成全社会广泛参与的新局面。

第三节 能源约束与能源工业结构优化升级

我国目前是世界上第二大能源生产国和消费国，能源是我国经济发展的基础，然而近年来全国各地不断地出现“煤荒”、“油荒”和“电荒”的能源供给的短缺现象，严重地影响了工业发展和人们正常生活，制约了经济的进一步发展。所以，要想解除能源约束，实现工业结构优化升级，就得深入探讨我国能源工业发展现状、问题以及能源工业内部产业关联对能源价格机制、市场结构、所有制结构等方面的影响，寻找能源工业内部的结构优化升级的方向和路径。

一 我国能源生产和消费的一般特征

我国能源的总体特点是能源资源总量比较丰富，人均能源资源拥有量较低，能源资源赋存分布不均衡和能源资源开发难度较大。随着改革开放以来，中国能源工业科技水平迅速提高，供给能力明显提升，消费结构也有所优化，为保障国民经济持续快速发展，促进工业结构优化升级作出了重要贡献。但是，随着中国经济的较快发展和工业化、城镇化进程的加快，能源需求不断增长，能源供应面临着严重的挑战，突出表现为：

（一）能源约束突出，供应能力不足

从 2007 年冬到 2008 年秋，我国出现过较大范围的“油荒”、“煤荒”和“电荒”，特别是 2008 年年初的南方雪灾和 5 月 12 日的汶川大地震进一步加速了能源短缺。煤荒、电荒伴随着矿难频发，毋庸置疑，能源供应不足无疑成为制约经济发展的瓶颈。下面以煤炭、石油、电力能源为例来探讨我国能源的供给约束。

表 6－4　　煤炭供应平衡表（2002—2007）

单位：万吨

项目	2002 年	2003 年	2004 年	2005 年	2006 年	2007 年
可供量	129604. 8	157902. 0	192265. 5	214462. 1	235781. 1	251376. 7
生产量	138000. 0	166700. 0	199232. 4	220472. 9	237300. 0	252597. 4
进口量	1125. 8	1109. 8	1861. 4	2617. 1	3810. 5	5101. 6
出口量（－）	8389. 6	9402. 9	8666. 4	7172. 4	6327. 3	5318. 7
年初年末库存差额	－1131. 4	－504. 9	－162. 0	－1455. 4	997. 9	－1003. 6
消费量	136605. 5	163732. 0	193596. 0	216722. 5	239216. 5	258641. 4

资料来源：根据《中国统计年鉴》（2002—2008）整理。

表 6－5　　电力平衡表（2002—2007）

单位：亿千瓦小时

项　目	2002 年	2003 年	2004 年	2005 年	2006 年	2007 年
可供量	16330. 7	19032. 16	21972. 34	24940. 8	28588. 4	32712. 4
生产量	16404. 7	19105. 75	22033. 1	25002. 6	28657. 3	32815. 5
水　电	2879. 7	2836. 81	3535. 44	3970. 2	4357. 9	4852. 6
火　电	13273. 8	15803. 61	17955. 88	20473. 4	23696. 0	27229. 3
核　电	251. 2	433. 42	504. 69	530. 9	548. 4	621. 3
进口量	23	29. 8	34	50. 1	53. 9	42. 5
出口量（－）	97	103. 39	94. 76	111. 9	122. 7	145. 7
消费量	16331. 5	19031. 6	21971. 38	24940. 4	28588. 0	32711. 8

资料来源：根据《中国统计年鉴》（2002—2008）整理。

表 6－6　　石油供应平衡表（2002—2007）

单位：万吨

项　目	2002 年	2003 年	2004 年	2005 年	2006 年	2007 年
可供量	24925. 1	27540. 51	32116. 21	32539. 1	34930. 0	36648. 9
生产量	16700	16959. 98	17587. 32	18135. 3	18476. 6	18631. 8
进口量	10269. 3	13189. 61	17291. 32	17163. 2	19453. 0	21139. 4
出口量（－）	2139. 2	2540. 84	2240. 58	2888. 1	2626. 2	2664. 3
年初年末库存差额	94. 9	－68. 24	－521. 854	128. 8	－373. 3	－458. 0
消费量	24779. 8	27126. 09	31699. 91	32535. 4	34875. 9	36570. 1

资料来源：根据《中国统计年鉴》（2002—2008）整理。

从表 6－4 可以看出，2006 年、2007 年生产量小于消费量，缺口分别为 1916 万吨、4388 万吨。据国家统计局最新统计 2008 年上半年全国原煤产量 12.56 亿吨，消费量 12.86 亿吨缺口 3000 万吨。而现在全国的电源又太依赖煤炭，从表 6－5 可以看出 2007 年火电发电量占全部发电量的 83.2%。然而，电煤大约占煤炭生产总量的 60%，这对煤炭市场形成了巨大压力。预计夏季高峰期全国最大电力缺口 2000 万千瓦左右。从表 6－6 可以看出自 2001 年以来我国石油对外依存度越来越高，到 2007 年高达 57.8%，因此，我国的石油消耗能否安全供给越来越受制于国外市场。

（二）能源技术装备落后，能源效率偏低

经济增长方式粗放、能源结构不合理和管理水平相对落后，导致单位国内生产总值能耗和主要耗能产品能耗高于主要能源消费国家平均水平，以火电为例，发电设备技术相对落后且火电机组结构不合理，中低压参数机组比例大。我国火电厂平均供电煤耗、输电线损率、火电厂平均装机耗水率比世界先进水平分别高出 30—40 克/千瓦时、2.0%—2.5%，30%—40%，为此全国一年发电要多消耗标准煤约 1.2 亿吨、电量 350 亿千瓦时、水 15 亿立方米，相当于每年损失 1 个中等规模省份的用电量。可见我国火电厂主要能耗指标差距较大，能源效率偏低。

（三）能源消费以煤为主，环境压力加大

煤炭是中国的主要能源，以煤为主的能源结构在未来相当长时期内难以改变。从表 6－7 可以看出，2001—2007 年间，在我国能源生产总量中，煤炭占的比重从 71.8% 上升为 76.6%。同样，表 6－8 中煤炭能源消费占的比重不仅没有下降，反而在上升。相对落后的煤炭生产方式和消费方式，加大了环境保护的压力。煤炭消费是造成煤烟型大气污染的主要原因，也是温室气体排放的主要来源。这种状况持续下去，将给生态环境带来很大的压力。

表 6－7　　能源生产总量及构成（2001—2007）

年份	能源生产总量（万吨标准煤）	占能源生产总量的比重（%）			
		原　煤	原　油	天然气	水电、核电、风电
2001	137445	71.8	17.0	2.9	8.2
2002	143810	72.3	16.6	3.0	8.1
2003	163842	75.1	14.8	2.8	7.3

续表

年份	能源生产总量（万吨标准煤）	占能源生产总量的比重（%）			
		原　煤	原　油	天然气	水电、核电、风电
2004	187341	76.0	13.4	2.9	7.7
2005	205876	76.5	12.6	3.2	7.7
2006	221056	76.7	11.9	3.5	7.9
2007	235445	76.6	11.3	3.9	8.2

资料来源：根据《中国统计年鉴》（2002—2008）整理。

表6-8　　　　能源消费总量及构成（2001—2007）

年份	能源生产总量（万吨标准煤）	占能源生产总量的比重（%）			
		原　煤	原　油	天然气	水电、核电、风电
2001	143199	66.7	22.9	2.6	7.9
2002	151797	66.3	23.4	2.6	7.7
2003	174990	68.4	22.2	2.6	6.8
2004	203227	68.0	22.3	2.6	7.1
2005	224682	69.1	21.0	2.8	7.1
2006	246270	69.4	20.4	3.0	7.2
2007	265583	69.5	19.7	3.5	7.3

资料来源：根据《中国统计年鉴》（2002—2008）整理。

（四）市场体系不完善，能源价格机制尚未形成

我国能源市场体系有待完善，能源价格机制未能完全反映资源稀缺程度、供求关系和环境成本。以煤炭与电力为例，虽然煤炭价格已经市场化，但占动力煤总量60%的电煤未完全进入市场，电煤价格受政府计划管制，已经远远低于市场价。到2008年6月底，电煤价格与市场价格平均差距在200元以上，如此大的差价使得煤炭企业没有多少动力向火电企业供应电煤。相比占动力煤总量30%的冶金用煤，价格早已市场化，逐利冲动将驱使煤企减少电煤供应，转而生产价格更高的焦煤，从而加剧电煤供应紧张。目前煤炭价格已经市场化，电价被管制，上网电价国家核定，电厂两头受压。如果无力消化成本、资金链断裂，必然陷入破产停机

的困局。这种煤炭企业与电力企业的博弈失衡，煤炭价格市场化的改革很难奏效。

二　能源工业内部的产业关联与能源工业结构优化升级

上一节详细地探讨了我国能源供应的现状及问题，然而，能源工业是典型的自然垄断行业。行业的自然垄断性决定了行业的低效率，这为政府规制提供了依据。长期以来，由于我国能源管理机构条块分割，制定的政策多是按不同的行业分别设计的，容易忽略能源工业内部（煤、电、气、油）之间存在着互补或替代关系，规制的过程中总会出现一些由于各产业市场化进程不同步或者市场结构差异等原因而引起的市场失灵，从而影响了能源工业的发展。因此，要想理顺我国能源工业的市场价格机制，就必须深入地考察我国能源工业的产业联系，为政府规制促进能源工业的结构优化升级提供理论基础。

产业关联是指在经济活动中，各产业之间存在的广泛的、复杂的和密切的技术经济联系。产业关联方式是指产业部门间发生联系的依托或基础，以及产业间相互依存的不同类型。能源工业产业内部关联主要有两种方式：一是能源产品的替代关系，主要是由能源产品在用途上的替代性而导致不同能源行业之间的竞争关系。二是由能源产品的加工转换而形成的上下游之间的产业联系，也可以说是能源产品的互补关系。

（一）能源产品替代关系对能源供给结构的影响

从消费的角度来看，能源产品可分为煤、电、油和气四大类。而这四种能源产品实际上都是能量存在的具体形式，在用途上可以进行替代和转换。另外，即使用做工业原料，原油、煤炭、天然气也具有替代性。但是，由于能源品种不同，使得消费部门在使用这些能源时所要求的生产设备和技术路线完全不同，或者由某种能源消费转到另外一种能源消费都会发生沉淀成本。因此，提供不同能源产品的生产部门可在市场上形成相对垄断。

在垄断竞争市场中，由于产品的替代性，一种产品价格的涨价，会使其他替代产品的价格也会出现同一方向的反应，由于不同能源品种存在着替代关系，价格变动对生产和消费的调节作用下降。因为在产品差别市场中，不能像同质产品市场那样假设削减价格会占有整个市场，但价格仍是生产厂商的重要决策因素。

1. 有价格管制情况下，产业关联影响能源的供给结构变化

当有价格管制时，受管制能源产业的决策变量将在管制价格水平下寻求实现利润最大化的最佳产量，而没受管制的能源生产商仍把价格作为决策变量。由于受管制企业不能任意提高产品价格，所以没受管制的生产商将会在零推测（假设厂商价格调整时，其他厂商不采取相应的价格行动）的假设下决定产品价格。

假设没受管制的能源厂商初始时的价格和产量分别为 P_0 和 q_0（见图6－1），当该生产商改变自己产品的价格时，其他竞争对手并不跟随，他就会降价到 P_1，使销量增加到 q_1，企业的需求曲线是 d，假如消费者都是理性的，他们就会对价格较低的能源产品多消费，同时减少价格较高的能源产品的消费量。降价除了增加原有消费者的需求外，还会把一部分替代产品的需求吸引过来。降价生产商的实际需求由 D 变动到 D'（见图6－1），使其实际需求比预期需求增长了 q_2-q_1，形成供给缺口。同时受管制的能源生产商由于价格较高，出现需求不足，需求曲线就会向左移动，由 D 变到 D'（见图6－2），需求减少了 q_2-q_1，也就出现了生产能力过剩的问题。因此，在有价格管制的情况下，产业关联影响着能源的供给需求结构变化。

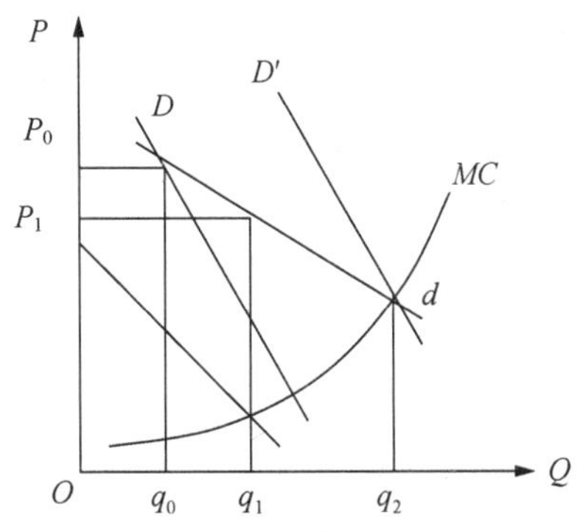

图6－1 没有价格管制的产量决策模型

2. 没有价格管制的情况下，产业关联影响能源的价格变动趋势

在没有价格管制时，煤、电、油、气每个生产商都会追求利益最大

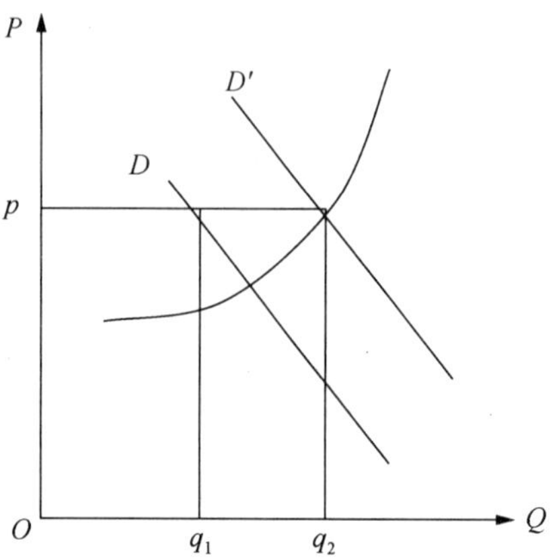

图 6－2　有价格管制的产量决策模型

化。如果某种能源产品提高价格，为了达到均衡，其他能源产品也会相应地提高供给价格。对于能源的消费者，当一种能源价格上涨时，他们就会减少对高价格的能源产品的消费，并多消费低价的替代能源产品，当供给量受限时，替代能源产品的价格也会上涨。由此可见，能源产品的价格不仅受能源矿产资源丰裕程度、能源供需关系的影响，而且还与其产品关联有关。因此，为了解决市场失灵对能源产品进行价格管制时，一定要考虑到能源产品间的替代关系，否则当市场价格发生较大变化时，管制价格或管制内容会破坏市场均衡。如我国的煤电价格联动机制，2008 年上半年，由于煤炭的市场价格大幅度上升，发电企业的成本不断增加并出现大面积的亏损，发电企业会关停机组供给来减少损失，当发电企业不能在管制价格水平提供充分满足市场需求的产品，整个社会福利就要受到损失，国家发改委不得不提高管制的电力价格，减少发电企业的亏损。因此，对于能源价格机制的改革，必须要考虑到能源市场的产业关联、相互影响的特性，单独推进一种能源产品的价格改革，其效果往往由于其他能源价格机制的牵制而受到影响。总之，能源市场中如果有一产品价格受到管制，会使其他能源产品的市场均衡也会受到影响。最终会影响能源的供给结构。

（二）纵向产业关联影响了市场结构，加速了能源工业的行业垄断

能源行业的纵向产业关联是由能源加工转换而形成的上下游的产业联

系。例如，煤炭生产企业与火电企业之间、原油生产企业与炼油企业之间、原煤企业与炼焦企业之间等。纵向的产业关联使得上游企业的能源产品是下游企业的主要原料，能源产品之间不再是替代关系，而是互补关系。

能源行业的纵向产业联系可以用能源的加工转换率表示。能源的加工转换率等于各个能源工业的中间需求与该能源总需求之比。能源的加工转换率越高，能源行业之间的纵向联系越密切。上下游产业之间的联系多是供给与需求的关系。当上游产业生产出来的能源产品是下游产业的投入品时，价格的变动会影响上游产业的收益及下游产业的成本，价格变动必然使一个产业受益，另外一个产业受损。因此，这种纵向的产业关联会使得能源工业内部在能源价格上出现明显的利益冲突，冲突的结果总是以社会总福利的损失为代价。

1. 成品油价格管制加剧了能源行业的垄断

自 2001 年以来，我国的成品油零售价是由发改委参考新加坡、鹿特丹和纽约三地加权平均价格，加上运费后制定出国内成品油零售中准价。中石油和中石化以中准价为基础，在上下 8% 的区间内制定最终零售价格。一般来说，国内油价调整比国际价格变动要滞后一个月。正是这一个月的滞后期导致了“批零倒挂”等怪现象的发生。当国际油价高于国内时，掌控国内 80% 成品油销售的两大集团出于商业利益考虑，要么出口成品油，赚取高额利润；要么，以石化行业严重亏损叫苦，要求国内提价，或者对亏损给予补贴。目前的油价倒挂对于中石油和中石化来说只是形成短期影响，但最终政府会被迫调价补贴。成品油调价滞后的牺牲者必然是最终的消费者和民营油企，去年上半年全国各地出现大面积的“油荒”同时很多民营加油站无奈被中石化和中石油收购，余下的惨淡经营，如果油价批零倒挂持续较长的时间，也必将走上被收购之路。中石油和中石化则可以趁机收编，加强垄断，成就中长期垄断利益。然而，除了价格管制外，市场结构的差异也是影响上下游产业绩效与协调发展的重要因素。

2. 市场结构差异影响上下游产业的绩效

上下游产业市场结构的差异主要有上游是垄断性市场、下游为竞争性市场或者上游是竞争性市场、下游为垄断性市场两种形式。我国煤炭企业同电力企业是典型的纵向产业关系，电力企业消耗的煤炭占全部煤炭产量的 60% 以上，电力行业很容易形成对煤炭企业的买方垄断。

当电力企业和煤炭企业的市场化程度都很高时，两个产业按照市场化的运作方式进行交易，双方通过市场博弈和讨价还价的谈判，比较容易对电煤的成交价格达成一致。如果市场化程度都不高，或者某个产业的市场化程度不高，在这种谈判或者说市场博弈过程中，谁更具有市场势力，成交价格就会偏向于那一方。当电力企业和煤炭企业对电煤的预期成交价格差别很大时，政府管理机构必须干预才能解决冲突。我们可以借鉴刘劲松（2007）提出的煤—电租理论来分析一下我国当前的煤炭企业和电力企业对电煤价格的市场博弈过程，如图 6-3 所示。假设 P_1 为煤炭企业对单位电煤的要价，P_2 为电力企业可以接受的单位电煤价格，并设电煤的最终成交价格为 P'，则 P'是煤炭企业和电力企业之间进行市场博弈后确定的电煤的价格。那么不妨令 $|P_2-P_1|$ 为煤—电租。一般来说，P'会为介于（含包括）P_1 和 P_2 之间的某一个值。这时煤炭企业和电力企业将会分割上述所谓的煤—电租。从现实经济生活中的煤—电租冲突的表现形式来看，如果 $P'=P_1$，那么煤—电租将全部归煤炭企业所有；如果 $P'=P_2$，那么煤—电租全部归电力企业所有；如果 $P'=P_1=P_2$，则煤—电租为 0。因此，从理论上看，煤—电租如何进行分配取决于煤炭企业和电力企业的市场势力之强弱。从现实的角度来看，如何获取或分配这一煤—电租一直都是煤炭企业、电力企业和政府有关部门所关心的问题。

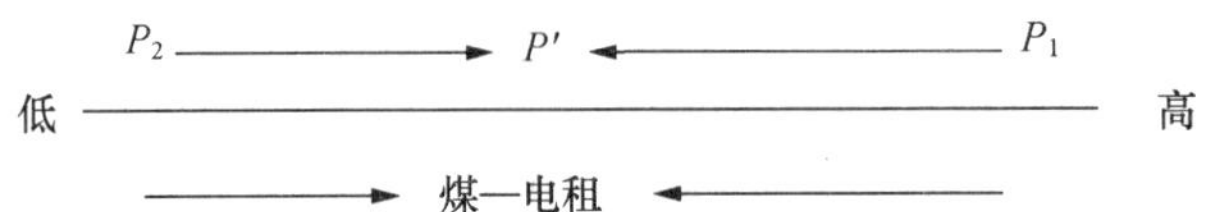

图 6-3　煤—电租及煤、电企业的博弈

如果煤炭企业和电力企业通过一次市场博弈不能达成交易，这就需要进行多次的重复博弈，并使得煤炭企业对电煤的再次出价和电力企业对电煤的再次出价不断逼近。如果通过多次的重复博弈还不能达成交易，则需要政府的介入。最近几年，这种博弈反复出现，最后不得不由发改委出面调解。

在上下游产业关系中，垄断一方能获得更多的利润。随着煤炭与电力行业关联度的逐步提高，我国煤炭行业市场集中度有了很大提高、价格谈判能力也越来越强。尤其是煤炭工业体制改革后，国有重点煤矿下放到地方，地方利益与企业利益具有了一致性。如自 2008 年金融危机以来，煤炭出现了供应过剩、价格大幅度下跌的态势，煤炭企业有协会和个别地方政府“撑腰”采取了抱团过冬，限产保价的策略，由于煤价过高，2008 年 12 月 21—27 日在福州举行的 2009 年全国煤炭产运需衔接合同汇总会上，五大电力集团未能与煤炭企业达成一致，此次会议五大电力集团未签一单合同。受此影响，会议全部煤炭签订合同量不足 50%。因此，不仅同业竞争会促进垄断的形成，而且产业联系也会提高市场集中度，电力行业的垄断促使煤炭行业也逐步走向垄断。因此，加快电力行业的市场化改革不仅是促进电力行业发展的需求，而且也是巩固我国其他行业市场化改革成果的需要。

三　构建可持续发展的能源供应体系的实现途径

基于我国能源产业的现状和日本处理能源约束问题经验借鉴，我国在构建可持续发展的能源供应体系上有以下几条实现路径：

（一）加快推进能源工业技术进步

第一，应加快发展煤的开发技术。煤炭在我国一次能源生产和消费中的比例平均高达 70% 以上，是我国的基础能源资源，几十年内很难改变这种局面。必须加快技术进步，促进煤炭的有效开发利用，一方面要提高可供建井的资源精查储量；另一方面，要提高生产水平、安全性从而加大供给。同时要加快发展新一代洁净煤技术。洁净煤技术是指煤炭在开发和利用过程中旨在减少污染与提高利用效率的加工、燃烧转化及污染控制等技术，是使煤作为一种能源达到最大限度潜能的利用，而将释放的污染物控制在最低水平，达到煤的高效、清洁利用的技术。

第二，加快发展石油开发技术。我国石油需求大幅上升，而产量增长缓慢，对外依存度日益增大。随着经济的全球化，拥有先进技术的中石油、中石化、中海油不仅在国内开发石油资源，而且还可以通过参股、控股等方式到国外开发石油资源。因此应加大高含水油田提高采收率关键技术研究，中深层稠油和超稠油油藏开发技术，水平井开发配套技术推广，提高油气采收率新技术研究，特殊天然气藏开发配套技术研究。共性技术项目有替代能源研究、非常规油气资源勘探开发等。

第三，加快发展核电技术。我国核电发展技术路线是通过自主研究开发与引进国外先进技术，掌握第三代先进压水堆，以此作为我国核电发展主力堆型。同时组织力量通过自主创新，研究与开发以提高核电站的安全性、经济性、核废物最少化为主要目标的第四代核能技术。加快发展模块化高温气冷堆技术，它是一种安全性好、可用于高效发电和高温供热的先进反应堆，是国际核能领域第四代核能系统中的首选堆型之一。与目前建设的压水堆核电站相比，具有安全性更高，灵活性好的技术特点。我国通过 20 年的自主研究与发展，于 2000 年建成了世界上第一个模块式球床高温气冷实验堆 HTR－10，具有自主知识产权，使我国在高温气冷堆的技术领域处于国际领先水平，如得到产业化推广，将会大大提升我国核电技术自主创新的能力，将会摆脱核电发展长期以来依赖外来技术的境地。

第四，加快发展电力输配技术。“西电东送、全国联网”的电力系统需要强大的技术保证，它的建成可以满足各种电源电力输出和用户对电力供应优质、低价的需要，尤其是采用国内先进技术和设备，来解决电力输配系统发展和运行中的重大关键性技术问题，大大地提升了我国科技创新能力和国际竞争力。近年来，中国积极推动特高压输电技术研究，取得了重要突破，进一步发展完善了特高压输电技术。中国建设 1000 千伏特高压交流、±800 千伏特高压直流试验示范工程，加快发展特高压电网建设，推动了特高压输电技术的研究与应用，从而更加优化了我国能源工业的供应体系。

第五，加快发展风力、太阳能等技术。针对目前国内风能发电产业的需求，着重开发大型风力发电装备制造技术、风电厂开发技术，建立风力发电产业标准体系，完善海上风力资源的测试和评估技术。加强标准与规范建设，重点研发风电机组关键测试技术，建立认证制度，提高风电机组性能。根据太阳能利用现状和工作原理，重点发展晶体硅技术、薄膜电池技术、并网发电系统技术和建筑一体化太阳能利用技术等尽快掌握高纯度多晶硅材料的生产技术和工艺，实现规模化生产在发展晶体硅技术的同时，重点研究薄膜电池技术，主要包括硅薄膜电池和非硅薄膜电池，非硅薄膜电池以碲化镉和硒铟铜为主。

（二）调整优化能源内部结构

第一，优化煤炭产业结构。首先要继续淘汰落后生产能力，关闭资源浪费严重、安全生产条件差、对环境影响大、生产能力低的矿井；其次要推进煤炭资源的整合和调整，对主要产煤地区的煤炭资源进行优化配置，提高煤炭资源回收率；充分发挥大型煤炭企业的管理、技术、融资等优势，重组、兼并、改造中小型煤矿，提高煤炭生产能力。进一步优化煤炭产业结构。促进与相关产业协调发展，鼓励实行煤电联营或煤电运一体化经营，延伸煤炭产业链。

第二，扩大油气供应量。改革开放以来，我国已经建立了较完整的石油工业体系。在全国范围内的东部、中部、西部、海域四大油气区中，目前共有油田 576 个，气田 182 个，全国输油管线达到 1.13 万公里，输气管线 2.62 万公里。2005 年，我国原油产量达 1.82 亿吨，天然气产量达到 500 亿立方米。我国原油生产近年来一直保持稳定增长的态势，但需求增长迅速，因此进口依存度较大。2005 年，原油的进口量为 12682 万吨，成品油为 3143 万吨，表观消费量为 3.23 亿吨，对外依存度为 44%。因此，我国应实行油气并举的方针，稳定增加原油产量，努力提高天然气产量。要加大石油产业投入，鼓励国内石油集团到国外参股或者收购石油资产。

第三，优化电源供给结构。2007 年，我国装机容量为 7.1822 亿千瓦，发电量 32644 亿千瓦时，分别是改革开放之初的 12.6 倍和 12.7 倍。火电机组的供电煤耗从 471 克/千瓦时降到 356 克/千瓦时。从发电量的构成分析，长期以来一直是火电占 80% 左右，如果煤电仍这样继续发展下去，一是对环境造成巨大的压力，二是国内煤炭的产量难以满足电力发展的需求。因此，降低煤电的比重是电源结构调整的主导方向。（1）积极开发水电，水利电力的开发程度从目前的 27.4% 提高到 2015 年的 50%，常规水电装机容量将达到 27100 万千瓦；（2）大力发展 60 万—100 万千瓦大容量、高参数超临界燃煤机组，改造现役火电机组，淘汰退役小机组，全面提高燃煤机组的经济性和环保性能。（3）燃气发电也是优化电源结构很好途径，虽然我国气源不足，但从全球天然气发展预测，在近 20 年仍有增长趋势。所以，我国应积极利用国际天然气资源，努力提高燃气发电的比例。

（三）深化能源工业体制改革

进一步改革完善能源价格体制，调整能源产品之间的比价，形成合理的能源价格与税费体系，促进我国能源结构的优化，是我国政府在处理能源问题时的首要任务。

第一，逐步理顺电煤价格。电煤问题是属于国家宏观调控、政策和体制层面的大问题，解决起来很棘手。多年来，市场化煤价和政府管制电价的所谓煤电联动，本质上存在矛盾和缺陷。然而，进行市场化改革是解决这些问题的根本途径。首先，国家应抓紧研究建立煤炭的储备机制和期货市场机制，建立几个集中的煤炭交易市场，保证电煤正常交易和及时运输；其次，加强煤炭行业的政府监管力度。煤炭是战略资源，要设置市场特许准入和资源税门槛，中央要上收煤炭行业的监管权限，抓紧解决小煤矿监管权集中在县级的问题。加快煤、电价格改革步伐。煤炭作为重要的资源性产品，应该反映资源成本和环境成本，保障煤炭价格的合理水平，避免每年冬春煤炭企业和电力企业“运动”式的煤价博弈，以解决多年来纠缠不清的电、煤价格问题。

第二，改革成品油价格机制。目前我国的成品油价格机制还没有形成，当国际油价变动时，国内油价调整与之相比，总存在1个月左右的滞后期，正是这一个月的滞后期导致了“批零倒挂”等怪现象。这时石油企业出于商业利益考虑，中石油和中石化两大集团，当国际油价高于国内时，要么出口成品油，赚取高额利润；要么以石化行业严重亏损叫苦，要求国内提价，或者对亏损给予补贴。这样国内油价调整的滞后，影响了油品供应的稳定。经常出现“油荒”，受害的是普通的消费者。因此，应该逐步加快石油价格调整频率，使国内油价能更快反映国际价格。加快建立国家的石油储备体系与价格调控体系，通过国际市场的石油吞吐，达到稳定国内油价的目标，为油价市场价格机制的形成创造宽松环境。

第三，建立新的能源管理体制。煤价、油价、电价问题，归根结底是体制性问题。市场经济规律强迫我们站在大能源的战略角度上来思考能源的发展和体制问题，我国政府必须改革旧制度，组建一个全新的适应市场化改革的现代化的能源管理体制，建立高级别、统一、高效、有权威的能源管理机构。加快能源产业市场化改革步伐，政府要转变职能，改进政府管理能源的方式，市场能解决的政府坚决放权，市场失灵时政府必须管到位，实行政策制定与监管职能分开。比如，对电力行业改革就是要放宽市场准入，实施厂网分开，竞价上网；售电环节逐渐引入竞争机制，使终端用户能够自由地选择供电商；在健全区域电力市场的基础上，逐步建立全国统一的电力市场。

第四节　工业行业能源效率与工业结构优化升级

以上我们从能源的供给方，探讨了能源工业内部（煤、电、油、气）供给结构优化升级的方向和路径，然而作为能源的需求方——工业行业的能源消耗结构同样影响着能源节约，要想对能源约束下工业结构优化升级问题进行更加深入细致的研究，就必须对我国工业行业能源效率进行分行业、分地区定量描述和测评。

一　工业行业能源效率的变动趋势

近年来，我国日益增长的能源消费需求和日趋恶化的环境污染问题越来越引起全社会的重视，节能减排被提升到前所未有的战略高度。一方面，能源需求量日趋增加，供需矛盾凸显；另一方面，我国能源利用效率较低，仍旧沿袭着“高能耗、低产出”的传统发展模式。同时，能源生产和消费所产生的温室气体对全球气候的影响也越来越严重。为了促进加快经济发展方式转变，实现“十一五”规划中单位 GDP 能耗降低 20% 的节能目标，提高能源效率就成为当前节能降耗工作的重中之重。

测度效率的方法有很多，本书使用的是非参数估计的 DEA（Data Envelopment Analysis）方法。DEA 即数据包络分析，是著名运筹学专家查尼斯和库珀等（Charnes and Cooper et al.）学者在“相对效率评价”概念基础上发展起来的一种新的系统分析方法。1978 年，查尼斯、库珀和罗兹（Rhodes）等人首先给出的第一个 DEA 模型 C^2R，这一模型是用来评价决策单元（DMU）的效率，其目的就是构建出一条非参数的包络前沿线，有效点位于生产前沿上，无效点处于前沿的下方。假定有 N 个 DMU，每一个单元使用 K 种投入要素来生产 M 种产出，第 j 个 DMU 的效率即是求解以下线性规划问题：

$$
\min E
$$

$$
s.t.\begin{cases}\sum_{j=1}^{n}\lambda_j y_j - y_0 \geqslant 0 \\ Ex_0 - \sum_{j=1}^{n}\lambda_j x_j \geqslant 0 \\ \lambda_j \geqslant 0\end{cases}
$$

经过求解，第 j 个决策单元的效率分值即为 E，且 $E\leqslant 1$。依照法雷尔（Farrell，1957）的观点，当 $E=1$ 时，表明这一点处于生产前沿上，是完美的技术效率；如果 $E<1$，则存在 $1-E$ 的技术效率损失。

DEA 需要通过线性规划识别处于前沿的点，作为非效率决策单元改进的目标。如图 6－4 所示，处于前沿面的决策单元的最大化产出已标准化为 1，相应的，对能源和其他投入要素也进行与产出相除的标准化处理。C_1 和 D_1 是有效率的决策单元，它们构成了最优前沿，与之对应 A_1 和 B_1 是非效率的。效率分值 E 对于 A'_1 和 B'_1 分别为"OA_1/OA'_1"和"OB/OB'_1"。此时产生一个问题，即 A_1 是否是有效率的？DEA 通常构建的是分段线性前沿，由于分段线性前沿可能与坐标轴平行而导致松弛，在 A_1 点保持产出不变，能源投入可以进一步减少，即投入松弛。因此，对应于决策单元 A'_1 达到最优技术效率的潜在能源投入应为 $OA'_1\times E-A_1C''_1$，进而将各决策单元的潜在能源投入量与实际投入量的比值界定为能源效率。

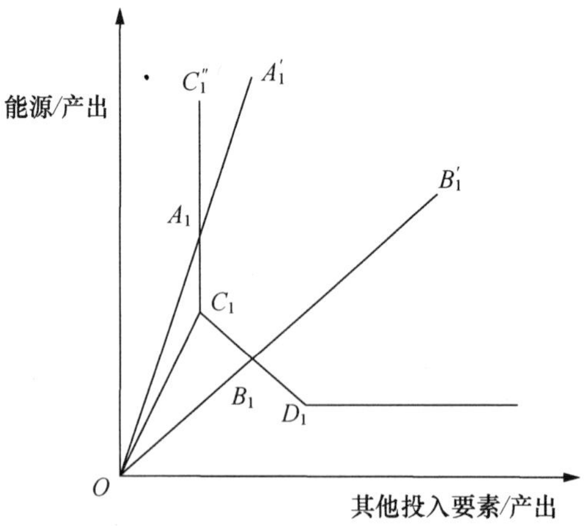

图 6－4　DEA 模型

（一）数据处理

本书所考察样本为整个工业部门的37个工业行业，时期跨度为2000—2006年。产出采用分行业工业增加值指标，并按“分行业工业品出厂价格指数”进行平减，换算成2000年不变价格，分行业的资本存量年均余额采用永续盘存法（PIM）来构建（陈勇、李小平，2006）。由于分行业的人力资本存量难以估算，我们采用分行业的职工年平均人数代表劳动投入，分行业的能源消费量已折算成标准煤，同时将固定资产投资价格指数、工业品出厂价格指数分别作为资本投入、劳动投入的相对价格。根据Onfront软件包，可以计算得到37个工业行业2000—2006年间的能源效率得分（见表6-9）。

表6-9　工业行业能源效率E

行业	2000年	2001年	2002年	2003年	2004年	2005年	2006年
煤炭开采和洗选业	0.17	0.14	0.18	0.17	0.22	0.27	0.24
石油和天然气开采业	0.70	0.60	0.68	0.86	0.69	0.68	0.77
黑色金属矿采选业	0.24	0.30	0.29	0.35	0.49	0.41	0.40
有色金属矿采选业	0.25	0.25	0.26	0.26	0.35	0.43	0.48
非金属矿采选业	0.13	0.19	0.19	0.19	0.19	0.33	0.31
其他采矿业	1.00	0.96	1.00	0.86	1.00	1.00	1.00
农副食品加工业	0.28	0.62	1.00	0.40	0.41	0.44	0.42
食品制造业	0.31	0.61	0.32	0.32	0.31	0.33	0.32
饮料制造业	0.39	0.43	0.29	0.27	0.27	0.28	0.28
烟草制品业	1.00	1.00	1.00	1.00	1.00	1.00	1.00
纺织业	0.27	0.40	0.82	0.26	0.25	0.27	0.26
纺织服装、鞋、帽制造业	0.40	1.00	0.58	0.55	0.47	0.51	0.50
皮革、毛皮、羽毛（绒）及其制品业	0.21	1.00	0.67	0.63	0.55	0.59	0.58
木材加工及木、竹、藤、棕、草制品业	0.14	0.40	0.27	0.27	0.27	0.30	0.31
家具制造业	0.27	1.00	0.42	0.38	0.36	0.39	0.35
造纸及纸制品业	0.17	0.40	0.20	0.18	0.17	0.17	0.16

续表

行业	2000 年	2001 年	2002 年	2003 年	2004 年	2005 年	2006 年
印刷业和记录媒介的复制	0.28	0.35	0.30	0.24	0.22	0.21	0.20
文教体育用品制造业	0.36	1.00	0.49	0.47	0.40	0.40	0.40
石油加工、炼焦及核燃料加工业	0.32	0.34	0.29	0.30	0.22	0.27	0.24
化学原料及化学制品制造业	0.16	0.26	0.20	0.21	0.21	0.24	0.21
医药制造业	0.46	0.54	0.38	0.34	0.30	0.29	0.27
化学纤维制造业	0.18	0.31	0.16	0.15	0.14	0.14	0.14
橡胶制品业	0.25	0.38	0.29	0.30	0.27	0.27	0.24
塑料制品业	0.20	0.74	0.32	0.29	0.26	0.27	0.28
非金属矿物制品业	0.17	0.34	0.21	0.22	0.19	0.20	0.21
黑色金属冶炼及压延加工业	0.18	0.21	0.19	0.22	0.23	0.27	0.23
有色金属冶炼及压延加工业	0.21	0.25	0.21	0.23	0.23	0.26	0.32
金属制品业	0.26	0.77	0.40	0.40	0.36	0.40	0.39
通用设备制造业	0.25	0.35	0.34	0.36	0.38	0.40	0.38
专用设备制造业	0.24	0.34	0.36	0.31	0.32	0.33	0.34
交通运输设备制造业	0.30	0.36	0.40	0.38	0.34	0.30	0.29
电气机械及器材制造业	0.34	0.84	0.46	0.46	0.46	0.47	0.47
通信设备、计算机及其他	0.65	1.00	0.65	0.50	0.00	0.41	0.39
仪器仪表及文化、办公用机械制造业	0.28	0.49	0.42	0.47	0.45	0.45	0.46
工艺品及其他制造业	0.00	0.00	0.00	0.00	0.00	0.00	0.00
电力、热力的生产和供应业	0.25	0.21	0.22	0.20	0.15	0.14	0.10
燃气生产和供应业	0.06	0.07	0.07	0.07	0.08	0.08	0.08
水的生产和供应业	0.11	0.08	0.17	0.08	0.08	0.07	0.07

注：数据依《中国统计年鉴》（2001—2007）和《中国能源统计年鉴》计算得出。

（二）聚类分析

根据表6－9中工业各行业能源效率的得分情况，采用stata10中的聚类分析法（Hierarchical Cluster Analysis）对工业各行业的能源效率得分进行分类（见表6－10）。在聚类过程中，选用欧氏平方距离来度量类与类之间的相似程度，聚类方法采用组间平均连锁法。

表6－10　　工业行业动态聚类分析结果

细分行业	类别	细分行业	类别
燃气生产和供应业	1	皮革、毛皮、羽毛（绒）及其制品业	4
水的生产和供应业	1	通信设备、计算机及其他电子设备制造业	4
烟草制品业	2	仪器仪表及文化、办公用机械制造业	4
其他采矿业	2	电气机械及器材制造业	4
石油和天然气开采业	2	金属制品业	4
黑色金属矿采选业	3	文教体育用品制造业	4
有色金属矿采选业	3	家具制造业	4
食品制造业	3	农副食品加工业	5
饮料制造业	3	煤炭开采和洗选业	5
木材加工及木、竹、藤、棕、草制品业	3	非金属矿采选业	5
石油加工、炼焦及核燃料加工业	3	造纸及纸制品业	5
医药制造业	3	印刷业和记录媒介的复制	5
橡胶制品业	3	化学原料及化学制品制造业	5
塑料制品业	3	化学纤维制造业	5
通用设备制造业	3	非金属矿物制品业	5
专用设备制造业	3	黑色金属冶炼及压延加工业	5
交通运输设备制造业	3	有色金属冶炼及压延加工业	5
纺织业	3	电力、热力的生产和供应业	5
纺织服装、鞋、帽制造业	4		

这里分析的工业能源利用率所考虑的投入是资本、劳动、能源，产出是工业增加值。根据上述聚类分析的结果，可以大致可将中国工业各行业的能源利用率分为五大类。

（1）高利用率：工艺品及其他制造业、燃气生产和供应业、水的生产和供应业等，这类行业具有较高的能源利用率。

（2）较高利用率：如石油和天然气开采业、其他采矿业、烟草制品业等，但烟草制品业并不是未来发展的主导产业。

（3）一般利用率：这一类工业行业的能源利用率不高，处于中间位置，主要包括黑色金属矿采选业、有色金属矿采选业、食品制造业、饮料制造业、纺织业、石油加工、炼焦及核燃料加工业、医药制造业、橡胶制品业、塑料制品业、通用设备制造业、专用设备制造业、交通运输设备制造业等。

（4）低利用率：包括金属制品业、电气机械及器材制造业、通信设备、计算机及其他电子设备制造业、仪器仪表及文化、办公用机械制造业、文教体育用品制造业、家具制造业等，其资源消耗、环境保护等都处在相对劣势位置，能源利用率有待进一步提高。

（5）很低利用率：如煤炭开采和洗选业、造纸及纸制品业、印刷业和记录媒介的复制、化学原料及化学制品制造业、化学纤维制造业、黑色金属冶炼及压延加工业、有色金属冶炼及压延加工业电力、热力的生产和供应业、非金属矿物制品业等，能源利用率处于最低，属于高能耗行业。

当前，作为节能减排的重点对象，我国工业部门的能源消耗占能源消耗总量的比重接近 70%，而工业部门中 70% 以上的能耗又来自冶金、化工、电力等行业，因此，有必要分析一下重工业的能源利用率变化趋势。我们从上面工业行业动态聚类结果中选取利用率最低的电力、化工等行业，利用 2000—2006 年数据进行加权合计（见图 6－5）。由图 6－5 可知，整个工业部门的能源效率显著高于其他主要耗能行业的能源利用率，2002 年之后，煤炭、建材、冶金行业能源利用率不断提升，而化工、造纸及电力行业则相反，处于不断下降趋势，电力行业的能源利用率下降趋势最为显著。由此可见，中国主要耗能行业能源效率普遍偏低，整个工业部门以及 6 个主要耗能行业的能源效率在 10%—50% 之间波动，与经济发达国家的能耗水平差距较大。

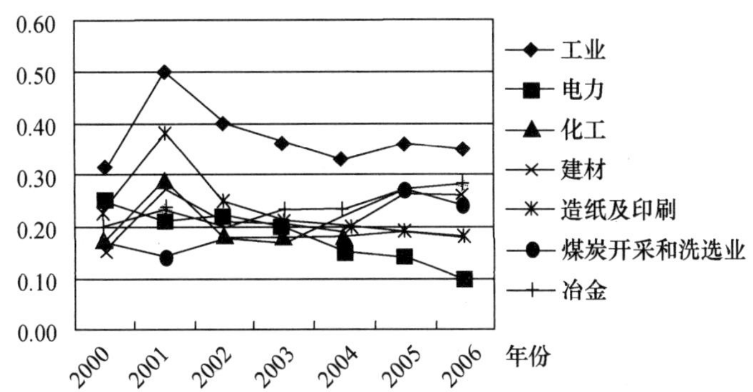

图 6－5　中国工业部门及主要耗能行业能源效率变化趋势

二　能源效率地区差异的测度

工业结构是指工业部门组成及其在再生产过程中所形成的技术经济联系，因此，从工业结构优化升级的视角探讨其对能源效率的影响，相对于分地区分行业的考察要复杂得多。影响工业结构的因素有很多，如社会经济制度、供给结构（包括自然资源、资金、劳动力及技术系统）、社会需求结构、国际贸易和地区贸易及经济地理位置等。在这里，分地区测度能源效率差异比单纯的分地区测度工业行业能源效率更有意义，更有利于把与工业发展相关联的区域性结构（城市交通模式、城市形态结构，国际产业分工）纳入计量分析模型，全面地考察影响能源效率的因素。

（一）投入—产出变量说明

这里选取 2000—2006 年间中国 30 个省、直辖市、自治区（方便起见，以下全部简称为省份。由于缺少西藏的能源数据，故样本中不含西藏自治区）为研究样本，投入要素为资本存量、劳动力和能源消费量，产出为各地区 GDP，相应的生产函数可以表述为：

$$Y=f(K,L,E)$$

其中，GDP 产出以各省当年的 GDP 和 GDP 平减指数平减度量，并以 2000 年不变价格进行换算。资本存量为 K，这里采用“永续盘存法”来估计每年的实际资本存量，计算公式为：$K_{it}=K_{it-1}(1-\delta_{it})+I_{it}$。其中，$K_{it}$是地区 i 第 t 年的资本存量，I_{it}是地区 i 在第 t 年的投资，δ_{it}是地区 i 固定资产折旧率。为了保证投入—产出变量统计口径的一致性，我们用

GDP 平减指数将资本存量换算为以 2000 年为基期计算的相应数值。劳动力严格来说应当按照全国就业人员的有效劳动时间来衡量，但由于缺乏平均工作时间的统计数据，这里采用全国就业人口数作为替代。投入的能源用各省每年的能源消耗量来表示，将煤炭、石油、天然气和水电四种主要一次性能源的消费量按照相应比例折算为统一单位（标准煤），然后加总核算。

地区划分在传统的东中西部划分的基础上，结合国家提出的主体功能区构想，以及国家近几年提出的重大发展战略，如“西部大开发”、“振兴东北老工业基地”、“中部崛起”等，将 30 个省分为东部沿海地区，东北老工业基地，中部地区和西部地区，从而在更大范围内考察区域之间的能源效率差异。其中，沿海地区包括北京、天津、河北、上海、江苏、浙江、福建、山东、广东和海南 10 个省份；东北老工业基地包括辽宁、吉林和黑龙江 3 个省份；中部包括山西、安徽、江西、河南、湖北、湖南 6 个省份；西部包括广西、重庆、四川、贵州、云南、甘肃、青海、宁夏、新疆、内蒙古、陕西 11 个省份。

（二）实际结果

根据 Onfront 软件包，可以计算得到中国 30 个省在 2000—2006 年间的能源效率得分（见表 6－11）。

表 6－11　　中国 30 个省能源效率 E

地区	2000 年	2001 年	2002 年	2003 年	2004 年	2005 年	2006 年	平均
北　京	0.86	0.85	0.80	0.77	0.76	0.80	0.81	0.81
天　津	0.90	0.91	0.93	0.92	0.93	0.97	0.99	0.94
河　北	0.80	0.80	0.79	0.78	0.80	0.84	0.72	0.79
山　西	0.64	0.63	0.63	0.64	0.65	0.67	0.58	0.63
内蒙古	0.74	0.73	0.71	0.66	0.65	0.67	0.65	0.69
辽　宁	1.00	1.00	1.00	1.00	1.00	1.00	0.89	0.98
吉　林	0.87	0.87	0.84	0.81	0.82	0.83	0.70	0.82
黑龙江	0.89	0.90	0.91	0.92	0.94	0.99	0.89	0.92
上　海	1.00	1.00	1.00	1.00	1.00	1.00	1.00	1.00
江　苏	0.93	0.94	0.95	1.00	0.96	0.93	0.91	0.95

续表

地区	2000 年	2001 年	2002 年	2003 年	2004 年	2005 年	2006 年	平均
浙　江	0.91	0.90	0.89	0.86	0.87	0.89	0.89	0.89
安　徽	0.86	0.88	0.90	0.93	0.95	0.95	0.76	0.89
福　建	1.00	1.00	1.00	1.00	1.00	1.00	1.00	1.00
江　西	0.86	0.91	0.89	0.88	0.86	0.82	0.76	0.85
山　东	0.91	0.91	0.90	0.88	0.87	0.86	0.77	0.87
河　南	0.79	0.80	0.81	0.82	0.82	0.84	0.75	0.80
湖　北	0.88	0.88	0.87	0.87	0.87	0.89	0.77	0.86
湖　南	1.00	1.00	1.00	1.00	1.00	1.00	0.92	0.99
广　东	1.00	1.00	1.00	1.00	1.00	1.00	1.00	1.00
广　西	0.77	0.79	0.79	0.81	0.80	0.78	0.64	0.77
海　南	0.95	0.80	0.92	0.92	0.95	0.96	0.94	0.92
重　庆	0.58	0.44	0.44	0.64	0.60	0.57	0.58	0.55
四　川	0.62	0.60	0.59	0.58	0.57	0.57	0.56	0.58
贵　州	0.64	0.62	0.61	0.59	0.59	0.60	0.57	0.60
云　南	0.75	0.75	0.77	0.78	0.78	0.77	0.68	0.75
陕　西	0.71	0.71	0.71	0.71	0.72	0.74	0.60	0.70
甘　肃	0.80	0.83	0.81	0.80	0.79	0.80	0.66	0.78
青　海	0.51	0.50	0.47	0.46	0.46	0.48	0.44	0.47
宁　夏	0.54	0.53	0.50	0.48	0.47	0.47	0.42	0.49
新　疆	0.72	0.71	0.68	0.67	0.66	0.68	0.66	0.68
全　国	0.81	0.81	0.81	0.80	0.80	0.79	0.67	0.78
东北 3	0.94	0.94	0.93	0.93	0.94	0.96	0.84	0.93
东部沿海	0.89	0.90	0.90	0.88	0.88	0.88	0.84	0.88
中部 6	0.84	0.84	0.84	0.84	0.84	0.85	0.74	0.83
西部 11	0.64	0.63	0.62	0.60	0.59	0.59	0.48	0.59

注：数据依《中国统计年鉴》（2001—2007）和《中国能源统计年鉴》计算得出。由于缺少西藏能源数据，故样本中不含西藏地区。

根据我国30个省份的能源效率得分情况，采用stata10中的聚类分析法（Hierarchical Cluster Analysis）对工业各行业的能源效率得分进行分类。在聚类过程中，选用欧氏平方距离来度量类与类之间的相似程度，聚类方法采用组间平均连锁法（见表6－12）。

表6－12　　　　我国分地区的聚类分析结果

省份	类别	省份	类别
辽　宁	1	吉　林	3
上　海	1	中部6省	3
江　苏	1	河　北	4
福　建	1	全国30省平均	4
湖　南	1	云　南	4
广　东	1	陕　西	4
黑龙江	2	广　西	4
天　津	2	甘　肃	4
海　南	2	青　海	5
浙　江	2	宁　夏	5
东北老工业基地	2	新　疆	5
湖　北	3	四　川	5
山　东	3	重　庆	5
江　西	3	山　西	5
安　徽	3	内蒙古	5
北　京	3	贵　州	5
河　南	3	西部11省	5
东部沿海10省	3		

如表6－12所示，全国能源效率最高的省份为辽宁、广东、上海、福建、江苏和湖南；能源效率最低的8个省分别为山西、贵州、重庆、四川、青海、宁夏、内蒙古、新疆，其能源效率值均未超过0.7。从大的区域上看，东北老工业基地的能源效率最高，其平均值接近前沿水平0.93；

其次为东部沿海地区，平均为 0.86；中部和西部依然滞后于前者，分别为 0.83 和 0.59。由于采用的是基于全要素生产率的框架，这一结果同 Hu（2006）的计算在数值上相差不大，但在区域比较中，Hu 的结果显示西部能源效率 0.69 要高于中部能源效率 0.68，这与 2007 年魏楚和 2008 年杨红亮、史丹计算的数值也有差异。产生差异的原因可能是由于对资本存量的计算不一样，Hu 采用的是自己估算的省级数据，魏楚是利用张军等人的估算结果。此外，他们的研究在区域划分上也存在一定区别，考察的时间段也不一致，但得到的能源效率都是由东向西逐渐递减，这也同大多数学者关于 TFP 的地区间比较的结论一致。

从上面测算的能源效率变化趋势上来看，大多省份能源效率符合“平稳波动，再下降”的特征。由于本书计算能源效率的时间区间是 2000—2006 年，而此前史丹（2002）、孙鹏（2005）等人计算能源效率是从 1995—2004 年，研究的结论都是“先上升，后下降”，转折点一般出现在 1999—2002 年之间，故本书的结论与研究的结果基本一致：能源效率较高的广东、福建、上海在考察期内一直保持高效率，辽宁、湖南则是从 2006 年开始出现能源效率下降，能源效率一直处于下降趋势的包括广西、内蒙古、河北、贵州、青海和宁夏。如果从大的区域来分析，东北老工业基地在 2000—2004 年间能源效率一直在 0.93— 0.94 之间小幅度波动，但在 2005 年出现了较大下滑，主要是由于辽宁、吉林在当年由前沿下降大于 0.1。东部沿海地区的能源效率则是从 2002 年开始逐渐下降，从该区域目前的经济发展和投资热潮来看，这一趋势还将继续。中部地区 2004 年前变化不大，从 2004 年后开始大幅下滑，西部地区的能效一直处于下降趋势。受西部地区能源效率超低的拖累，全国的平均能效一直低于东部和中部地区（见图 6 - 6）。

从不同省份之间的变动差异来看（见图 6 - 7），2000—2002 年，各省之间能源效率的变异系数在逐年加大，2002—2004 年逐渐减少，而 2004—2006 年又加速扩大。从全国范围来看，这 30 个省之间的能源效率差距正在扩大，并不具有趋同性。按照前面所划分的 4 个区域，在整个考察时间段内，能源效率差距也是不断扩大，说明在东部沿海、东北老工业基地、中部和西部这 4 个区域之间，其能源效率并不存在一定的趋同性，地区差异正在逐渐扩大。

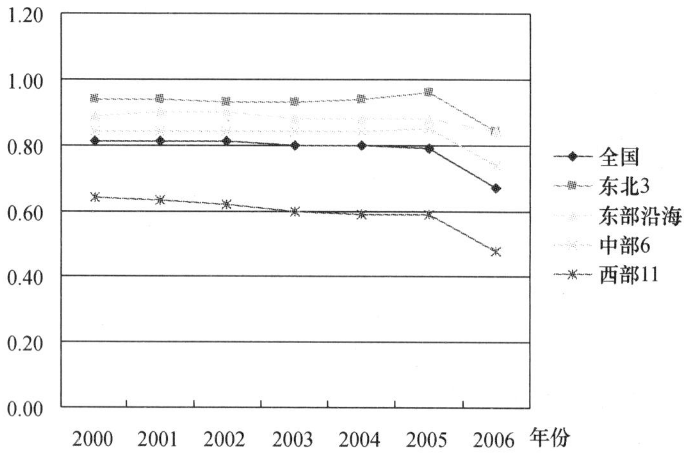

图 6－6　不同地区能源效率变化趋势（2000—2006）

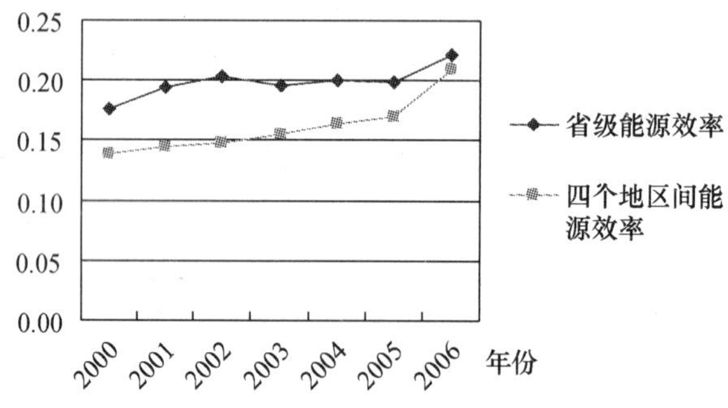

图 6－7　不同地区间能源效率系数

三　能源效率变动影响因素的实证分析

由上述分行业分地区计算结果的分析可以看出，不同行业、不同省份之间的能源效率差异非常大，且其变动趋势也日趋复杂。那么如何理解这种不同行业、不同省份之间乃至更大区域范围内的效率差异？又有哪些原因造成了能源效率的不同？对于处于经济转型、体制过渡、工业化推进阶段的中国来讲，我们需要从工业结构优化升级的视角，把工业内部结构（轻重比例、技术因素、制度因素）和工业区域结构（城市形态结构、交通模式结构、国际产业分工）结合起来，利用2000—2006年的省级面板数据，采用两步法全面探讨这些变量对能源效率的影响。

用TE_{it}表示地区i在时期t的能源效率，产业结构IND_{it}以第二产业的工业增加值在该地区GDP中的所占比重表示；国际产业分工结构TG_{it}用该地区进出口贸易总额所占全国当期进出口贸易总额的比重来替代；制度变量$STAT_{it}$则选择各地区国有经济单位就业人口占就业总人口比重来代表。技术变量PAT_{it}受限于数据的可得性与完整性，我们采用万人专利授予数来反映各地所拥有和掌握的技术水平。能源消费结构变量$COAL_{it}$，用煤的消费占各地能源消费总量的比重来度量。能源禀赋的丰裕度变量$COALP_{it}$，用各省煤炭生产量与本省消费量的比值来度量。城市形态结构变量$CITY_{it}$，用各省当年的城市人均房屋建筑面积来度量。交通模式结构变量BUS_{it}，用各省当年的每万人拥有公共汽车标台数来度量。基本数据主要来源于《中国统计年鉴》、《新中国五十五年统计资料汇编》、《中国能源统计年鉴》以及中经网地区数据库。

（一）计量模型

面板数据的估计方法主要包括聚合最小二乘回归模型、静态效应模型和动态面板数据模型。对于能源效率的差异影响因素很多且复杂，只考虑到资本、劳动、结构和技术的当期影响，而能源效率实际上是一个受到多种因素如人文、地理环境、制度设计等因素影响的生产系统，但这些因素无法量化引入方程中。因此引入滞后因变量，考虑到这些因素对上期产出产生了影响，且在短期内变化不大，因而滞后一期的能源效率能在一定程度上反映这些潜在因素的影响。故将滞后一期的产出作为解释变量引入方程，显然采用动态面板数据模型是更加合适的，最终模型设定为：

$$TE_{it}=\eta_i+\beta_0 TE_{it-1}+\beta_1\ln IND_{it}+\beta_2\ln STAT_{it}+\beta_3 PAT+\beta_4 COAL_{it}+\beta_5 TG_{it}+\beta_6 COALP_{it}+\beta_7 CITY_{it}+\beta_8 BUS_{it}+\varepsilon_{it}$$

其中，i、t分别表示截面和时间维度，随机误差项由两部分组成：η_i为个体效应，ε_{it}为异质性冲击。在本书所采用的sys－GMM估计中，估计值的一致性依赖于矩条件的有效性，即工具变量的外生性。现有文献中，萨根检验用于工具变量的有效性检验，其原假设为工具变量联合有效，渐近分布函数为卡方分布。AR（2）检验一阶差分后的残差项是否具有二阶自相关，即检验模型的残差是否具有一阶自相关。本书中正是应用上述两种方法对模型的设定的正确性及工具变量的有效性进行检验。

（二）计量结果

表6－13给出了分别对全国30个省份以及4个区域进行回归所得到的解释变量系数估计值。

表6－13中的萨根检验表明，我们选取的工具变量是联合有效的。sys－GMM估计假设随机误差项不存在一阶自相关，否则选取的工具变量就是无效的。AR（2）检验一阶差分后的残差项是否具有二阶自相关，即检验模型的残差是否具有一阶自相关。所有样本期的检验不接受随机误差具有一阶自相关的假设，进一步支持所有工具变量的有效性。5个样本模型中的解释变量的系数在10%的水平下都是显著的。据此，模型的设定及估计是准确的。

从表6－13可以看出：（1）工业结构变化对各区域能源效率的影响是显著的。重工业增加值占GDP的比重与各区域能源效率之间呈现出显著的负相关关系，东北地区同其他3个地区相比，工业结构的变动对能源效率的影响是正向的，这可能由于该地区是老工业基地，同其他地区相比，其重化工业所占比重要大。由于中国的重化工业一直表现为：高投入，高能耗，低产出，低附加值，故其能源效率较低，导致第一、第三产业的调整所带来的效率提升被第二产业的稳步提升所抵消，最终表现为正面影响。其他3个地区则显著为负值，且产业结构对西部区域的影响最大，重工业增加值占GDP的比重每增加1%，其能源效率将下降1.03%。中部地区能源效率影响次之，达到0.20%，东部沿海省份影响最小为0.12%。目前我国正处在工业化和城镇化加快发展的时期，重化工业的快速增长导致各地区能源消耗强度不降反升。近年来，一些高耗能的重化工业逐渐向西部地区转移，使西部的一些高能耗区域在经济发展中形成了以电解铝、化工、水泥等为主体的重型化产业结构，高耗能产业增长较快，这些地区通过调整工业行业结构，将会有更大的节能潜力。

（2）代表制度变量的产权结构的调整对能源效率的改善，这与已有的研究结论是殊途同归的，结果和预期是一致的，呈显著的负相关。若国有企业的职工人数在全部就业人数中所占比重每下降1%，能源效率将提升约0.64%；对4个区域的回归只有西部的不显著且是负相关，这与西部对外开放度有关，“三资”企业比重较低；相反，国有企业占绝对优势，

表 6－13 **模型估计结果**

	TE_{it-1}	$\ln IND_{it}$	$\ln STAT_{it}$	PAT_{it}	$COAL_{it}$	TG_{it}	$COALP_{it}$	$CITY_{it}$	BUS_{it}	萨根检验	AR（2）检验
全国	0.923***	-0.153**	-0.649**	-0.006	-0.580**	0.017*	-0.085**	-0.140**	0.010	12.3	-1.31
	(0.112)	(0.072)	(0.256)	(0.005)	(0.088)	(0.010)	(0.493)	(0.002)	(0.003)	(p=0.35)	(P=0.193)
东北	0.273***	0.106*	-0.340**	-0.203	-0.232**	0.028*	0.139**	-0.080**	0.305**	34.18	-2.92
	(0.425)	(0.098)	(0.519)	(0.011)	(0.147)	(0.016)	(0.073)	(0.005)	(0.013)	(p=0.26)	(P=0.213)
沿海	0.912***	-0.128**	-0.126**	-0.001	-0.262***	0.002*	0.009**	-0.102**	-0.005**	26.7	-1.82
	(0.203)	(0.363)	(0.709)	(0.010)	(0.665)	(0.001)	(0.08)	(0.001)	(0.002)	(p=0.28)	(P=0.413)
中部	0.472***	-0.204**	-0.288**	0.020	-0.166**	0.317*	0.062**	-0.294**	-0.009*	29.04	2.5
	(0.079)	(0.039)	(0.139)	(0.805)	(0.199)	(0.778)	(0.091)	(0.997)	(0.199)	(p=0.35)	(P=0.619)
西部	0.659***	-1.034**	0.266*	-0.002	-0.634***	0.002*	-0.118***	-0.011*	-0.004	51.5	-0.025
	(0.202)	(0.058)	(0.335)	(0.059)	(0.101)	(0.001)	(0.036)	(0.002)	(0.004)	(p=0.25)	(P=0.223)

注：（1）数据来源于本书统计结果；（2）括号内数字为估计的标准差；（3）***、**、*分别表示该估计量在1%、5%、10%的水平上显著；（4）运用stata10软件进行处理。

具有规模经济效应。因此，针对不同区域市场化不同引起的能源效率差异，要加快企业的重组、改制，是提高能源效率的重要途径。

(3) 能源消费结构对各区域能源效率的影响是显著的。结果和预想一致，呈显著的负相关关系。由于煤炭在一次能源消费中所占比重(*COAL*) 在 70% 左右，而全国二氧化硫排放量的 90%、烟尘排放的 70%、二氧化碳排放量的 70% 均来自燃煤。从表 5 的结果可以发现，当煤炭消费比重每上升 1%，将会使能源效率下降 0.58%，对西部 11 省的能源效率影响最大，下降达到 0.63%，然后是中部 6 省、东北 3 省、东部沿海 10 省，分别下降 0.16%、0.23%、0.26%。可见，不同的能源消费结构也是影响各区域能源效率的重要因素。

(4) 能源的禀赋结构对能源效率影响总体上是显著的负相关关系，影响系数最大的是西部 11 省。这主要是因为，我国资源储量丰富的地区主要集中在西部省份，虽然这些省份有丰富的资源，但是在资本、技术上却远落后于中东部地区。其资源配置不合理，同时地方保护造成了产业结构趋同，致使地区间相互牵制难以实现规模经济；能源消费结构仍以煤炭为主，有些地区煤炭消费比重甚至在 80% 以上，优质能源的替代作用没有得到充分发挥，结果能源禀赋充裕反而不利于地区的能源效率的提高。相反，中部 6 省、东北 3 省、东部沿海 10 省能源的禀赋结构系数为正且并不显著，这可能是因为：资本的深化，技术革新和制度创新，带来运输费用的降低，提高了能源的可得性，使其很容易打破资源约束的瓶颈，同时也提高了能源效率。

(5) 国际产业分工结构对能源效率的影响是正相关的，其估计量在 10% 的水平上是显著，由于缺乏省际进出口的产品数据，本书选用的是分省的进出口贸易总额所占全国当期进出口贸易总额的比重来替代，这样不能很好地反映产业分工结构，可能引起计量结果不显著，从总体上来看，我国进出口贸易对能源效率方面是正影响，因此对外开放程度的不断扩大，会使要素的国际流动性有所增强，如果有针对性地改变出口、进口中各类产品的结构，就有助于节约国内能源消耗，所以，合理的国际产业分工结构对能源效率的影响是积极的。

(6) 城市形态结构变化对各区域能源效率的影响是显著负相关的。城市人均房屋建筑面积每增加 1%，全国能源效率将下降 0.14%，东北 3

省将下降 0.08%、东部沿海 10 省将下降 0.102%、西部 11 省将下降 0.011%、中部地区下降 0.29%，可见中部地区下降最为明显，以郑州为中心的中原城市群，武汉和长株潭两型社会的构建，这三大城市圈加速了城市化进程，势必影响能源效率。可见城市形态结构性问题所蕴藏的节能潜力是巨大的。

（7）交通模式结构变化对各区域能源效率的影响不显著。这可能是由于选择的指标不合适，用各省当年的每万人拥有公共汽车标台数来衡量交通模式结构不够确切，忽略了私人轿车、其他交通工具的替代性，还有该变量没有反映人均乘数。方程中万人拥有公共汽车标台数没有取对数形式，可能影响到被估系数的大小。

（8）技术水平的系数非常小且不显著。其原因可能是选择的指标不合适，用万人专利授予量来衡量技术发展水平不是很确切，忽略了人力资本流动和知识外溢的存在。实际上技术还可以通过交易、购买、外商直接投资等方式来获取，并不一定反映在专利授予量上。另外，方程中的万人专利拥有量没有取对数形式也可能影响到被估系数大小。

四 能源约束下的工业结构优化升级路径选择

在前面几节中，运用 DEA 数据包络分析法，测度了不同行业、地区的能源效率差异，并对其影响因素进行了实证检验，由此可从以下几个方面构建能源约束下的工业结构优化升级路径。

（一）构建能源节约的技术支撑体系

我国工业能耗占全国能源消费总量的 70%。工业技术与装备良莠不齐，部分装备技术性能低下，生产工艺落后，能耗指标较高，总体用能效率低，严重地制约了国民经济持续快速发展，成为我国节能工作的瓶颈。因此，可以从以下两个方面构建能源节约的相关技术体系。

（1）加快发展节能技术：发展高效节能设备，研发、推广高效节能型工业通用设备和专用设备。俗话说："工欲善其事，必先利其器。"节能设备制造业作为一国经济发展的基础性产业，技术水平高低对整个经济的作用，没有任何其他产业能够替代。

（2）发展高新技术产业，淘汰旧产业，引导产业更替。高新技术产业作为国民经济的战略性先导产业，对资源节约、环境保护和产业结构调整发挥着重要作用，已成为当今世界综合国力竞争的制高点。

（二）调整优化产业结构降低能源消耗

解决能源资源约束，实现能源资源使用的可持续性的重点是提高能源的最终利用效率，逐步减小对能源依赖程度，优化能源使用结构，提高可再生能源使用的比例。积极调整工业的内部结构，在推进节能降耗的同时，提升工业的整体竞争力。因此解决能源资源的约束，必须调整优化能源使用结构。

（三）调整进出口产业结构降低能源消耗。

国际产业分工结构主要体现为出口贸易、进口贸易，在出口贸易方面，出口产品在国内生产，需要消耗能源。在保持出口总价值量不变的前提下，如果降低出口产品中高耗能产品的比例，增加低耗能产品的比例，自然就可降低国内生产过程中的能源消耗。在进口贸易方面，由于进口产品是在国外生产，不消耗国内能源。然而，进口可以替代国内生产，多进口高耗能产品就可以节省国内的能源消耗。增加高耗能产品在进口产品中的比例，减少低耗能产品在进口产品中的比例，也可以帮助节省国内的能源消耗。巨大的出口量意味着巨大的能源消耗，巨大的进口又意味着巨大的能源节省，其间巨大的节能潜力有待开发、释放。

（四）建立能源节约的城市化模式

改革开放以来，伴随着工业化、城市化的快速推进，我国将面临能源的短缺及能源的高消耗、高污染等尖锐的突出问题，近年来，这种问题已经在我国东部沿海一些快速城市化地区日益凸显，成为制约城市化可持续发展的瓶颈。因此，构建节约型的新型城市化模式是影响能源消费的关键问题。

1. 优化大、中、小型城市及小城镇的结构及关系

在能源的约束下，依靠大城市优越的经济发展水平、科技力量、文化魅力，通过多种渠道，不断地向周围地区扩散人口、产业、资金、信息、技术，在中心城市组织生产、流通、生活、生态、旅游及其为周边综合服务的过程中，把中小城市、城镇以及广大农村地区的各种经济社会活动有序化、群落化，构成一个有机统一的整体城市群，有利于城市人口能源环境的协调发展。

2. 优化城市的内部结构

透过紧凑城市与能源效率的相关实证分析，结合城市的实际情况，说

明我国城市人口密度越高，经济、环境和社会发展的可持续性越好，使得总体上紧凑城市有利提高能源效率。因此，倡导“紧凑型城市”和“精明增长”方式，让城市保持一定的密度，节约土地和维护生态平衡，追求速度与结构、质量、效益的统一，促使城市经济与人口、能源、环境协调发展，是我国当前城市化的最佳路径。

3. 优化城市交通结构

我国正面临着非常严峻的能源短缺问题，石油、煤和天然气等重要战略资源的短缺不仅会抑制我国经济的发展，而且在很大程度上也会影响我国的城市化进程和城市发展模式，同时，随着我国经济的快速发展和人民生活水平的提高，全国汽车保有量高速增长，机动化水平明显提高，预计到2020年我国的汽车保有量将达到1.34亿—1.45亿辆，机动化水平的快速提升与能源短缺的矛盾将日益突出。我国应优先发展公共交通，创建一个方便、快捷的城市公共交通系统，从而降低对小汽车的依赖，减少尾气排放，改善城市环境

（五）制度因素推动能源节约

制度性节能处在三个基本途径的核心地位，好的制度还可作用于结构使其向有利于能源节能的方向转变，也可推动技术进步；而“坏”的制度则使其向相反的方向发展。我国一直很重视制度性节能，为建立能源节约型社会，国家先后颁布了《节约能源法》、《节能产品认证管理办法》、《可再生能源法》等法律和规章制度。这些制度为建立能源节约型社会提供了很好的保障，尽管我国在能源节约方面已经取得很大进展，但是，相对于“十一五”规划提出的目标而言，还有很大差距。因此，我国必须完善相关法律和规章制度，强化激励和约束机制，完善政府节能政策框架，建立以政府为主导、企业为主体、全社会共同节能的社会环境制度。

第五节　环境约束与工业结构优化升级

改革开放以来，我国以近10%的速度保持了30年的持续高速增长，工业部门作为我国经济的主体，年均增速更是达到了11.58%，但这种增长主要依靠的是要素的大量投入而非TFP的大幅度提升（吴敬琏，2005；

林毅夫等，2007）。近年来，随着我国低劳动力成本优势的流失、资本边际报酬的递减以及全球资源产品价格的高企和能源供应紧张，这种粗放型的增长方式显然是不可持续的（金碚，2006），尤其他还日益加剧了我国经济发展与生态环境之间的矛盾。

已有资料显示，2005 年我国二氧化硫排放总量高达 2549 万吨，比 2000 年增加了 27%，居世界第一。2006 年全国七大水系中Ⅴ类和劣Ⅴ类水质占 26%，国家重点监控的 9 个大湖泊中，整体水质为Ⅴ类和劣Ⅴ类水质的就达 7 个，我国水污染已进入整体爆发期。在 2002 年和 2005 年连续两次公布的世界“环境可持续性指数”（EPI）排名中，我国均居世界倒数第 14 位。据中国科学院测算，目前由环境污染和生态破坏造成的损失已占到 GDP 总值的 15%，这意味着一边是 10% 的经济增长，一边是 15% 的损失率。环境问题，已不仅仅是中国可持续发展的问题，已成为吞噬经济成果的黑洞。因此，转变经济发展方式，使经济由“又快又好”发展转向“又好又快”发展已成为我国经济实现可持续性发展的当务之急。就“好”的内涵而言，首先是要优化产业结构、提高全要素生产率对经济增长的贡献，其次要尽量减少经济活动对环境产生的不利影响，促进经济与生态的和谐发展。

工业结构优化升级实际上是一个生产要素从低效率的工业生产部门流向高效率的工业生产部门的过程。与之相应，在环境约束下的工业结构优化升级应使生产要素从生态经济效率低的行业、部门和地区流向生态经济效率高的行业、部门和地区。王岳平（2004）就指出利用高级生产要素的生产率来测评产业结构优化升级是最理想的方法。因此在本节中将利用不同地区工业部门及不同工业行业的相对环境技术效率来评价环境约束对工业结构的影响，并在此基础上指明工业结构优化升级的具体方向。

一　环境约束下工业结构优化升级的分析框架——环境技术效率

当工业发展到一定阶段后，环境污染问题就会变为经济发展中的主要矛盾。当在没有环境管制的情形下，污染是企业将内部治理成本转嫁给社会和公众。但对环境污染进行管制后，企业将承担越来越多的污染治理成本，某些污染严重的企业甚至可能被关闭。同时，在资源投入不变的条件下，企业的总产出会相应减少。因此，在工业结构优化升级过程中，就必须协调工业增长与环境保护两者之间的矛盾。就工业行业内部而言，应在节约资源同时，尽可能多生产好产品和尽可能少排放污染；就工业行业间而言，应促使资源更多的流入环境技术效率高的行业；同时应使资源从环境效率低的地区流向环境技术效率高的地区。

如何衡量环境污染对产出的影响有两种思路：一种是将环境污染的治理费用作为要素投入来考虑，污染减少就必须增加用于污染治理的资源投入。但问题是，这种方法很难理清要素资源投入中哪些用于污染治理、哪些用于好产品的生产，因此在实证研究中较少采用此类方法。另一种思路是将污染作为一种不受欢迎的副产品，减少这种副产品必须将一部分资源用于污染治理，其结果必将导致好产品的减产。这种方法需要大量的样本数据和较为复杂的计算。下文将采用第二种思路衡量环境、资源与工业增长的协调关系，并考察影响环境与工业协调性的决定性因素。本部分主要涉及环境技术、环境技术效率和方向性环境距离函数三个重要的概念。

（一）环境技术

经济活动往往会伴随污染物的产生，环境技术即反映了这样一种同时包括“好”产出和“坏”产出的特殊投入产出技术结构。它可以表示为以下产出集合的形式（Fare et al.，2007）：

$$P(x)=\{(y,b):x\text{ 能生产出}(y,b)\},x\in R_{+}^{N} \quad (6-1)$$

$P(x)$ 为投入 $x\in R_{+}^{N}$ 所能生产的“好”产出 $y\in R_{+}^{N}$ 和“坏”产出 $b\in R_{+}^{N}$ 的所有可能性集合。并且，一个良好定义的环境技术需要满足以下假设：(1)“坏”产出是联合弱可处置的：如果 $(y, b)\in P(x)$ 且 $0\leqslant\theta\leqslant 1$，那么 $(\theta y, \theta b)\in P(x)$。该假设表明减少非合意产品是有代价的，即在既定投入下，“好”产出的减少仅在“坏”产出同时减少时才有可能，这保证了生产可能性边界的凸性。(2)“好”产出和“坏”产出是“零和的”：如果 $(y, b)\in P(x)$ 且 $b=0$，那么 $y=0$。此假设表明仅在“好”产出为零的前提下，“坏”产出才可能为零，即如果存在正的“好”产出，必然会伴随产生“坏”产出。该假设保证了生产可能性边界经过原点。(3) 投入要素 x 和“好”产出 y 是强可处置的：如果 $x_1\geqslant x_2$，那么 $P(x_1)$ $P(x_2)$；如果 $(y_1, b)\in P(x)$ 且 $y_1\geqslant y_2$，那么 $(y_2, b)\in P(x)$。如图 6-8 所示，$P(x)$ 实际上给出了既定投入 x 下两种产出 (y, b) 的生产可能性边界，即一定投入下的最大“好”产出、最小“坏”产出的集合。

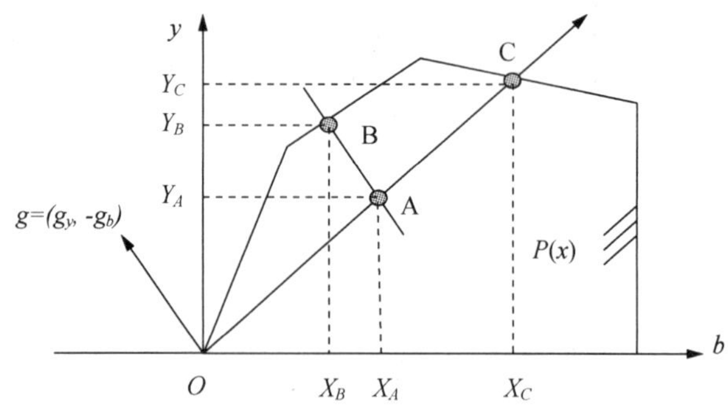

图 6－8　生产可能性边界和距离函数

（二）方向性距离函数和环境技术效率

在生产可能性边界的基础上，我们就可以通过方向性距离函数（Directional distance functions，DDF）来计算出每个生产决策单元离生产可能性边界的距离，即相对效率。DDF 的具体形式为：

$$\vec{D}_0(x, y, b; g) = sup\{\beta: (y, b) + \beta g \in P(x)\} \quad (6-2)$$

式中，$g = (g_y, -g_b)$ 为产出扩张的方向向量，方向向量 g 的选取反映了人们对“好”产出和“坏”产出进行取舍的不同效用偏好。贫穷地区生存需要远高于环境保护，因此可能忽略污染排放；而在发达地区人们更加重视生活质量，污染排放得到严格控制，故 g_y 比 g_b 大得多。本书假定 $g = (y, -b)$，即“好”产出和“坏”产出在其原有存量基础上成比例增减。

DDF 表示在既定投入向量 x 下，沿着方向向量 g，产出向量 (y, b) 所能扩张的最大倍数 β。DDF 的值越小表明生产越接近生产可能性边界，生产的效率就越高，等于 0 时表明生产决策单元已处于生产可能性边界之上，生产是完全有效率的。

DDF 反映了生产决策单元的环境技术效率（Environmental Technological Efficiency，ETE）：$ETE = 1/(1+\beta)$，$ETE \in [0, 1]$。若 ETE = 1 表明生产完全有效率，若 ETE 为 0 表明生产完全无效率。

图 6－8 反映了在既定投入 x 下两种产出 (y, b) 的生产过程。方向性距离函数将生产决策单元 A 沿着方向向量 g 扩展到生产可能性边界上

的B点，此时“好”产出是增加的，同时“坏”产出是减少的，生产决策单元A离生产可能性边界的距离为$\beta = 1 - X_B/X_A = Y_B/Y_A - 1$。如果存在两种以上的产出，我们就无法给出以上简单形式的表达式，此时（6－2）式可转换成以下线性规划问题（Fare et al.，1994）：

$$\vec{D}_0(x^t, y^t, b^t; y^t, -b^t) = \max\beta$$

$$s.t. \sum_{k=1}^{K}\lambda_k^t y_{km}^t \geqslant (1+\beta) y_{k'm}^t; = \sum_{k=1}^{K}\lambda_k^t b_{ki}^t = (1+\beta) b_{k'i}^t; \sum_{k=1}^{K}\lambda_k^t x_{kn}^t \leqslant x_{k'n}^t; \lambda_k^t \geqslant 0;$$
$$m = 1, \ldots, M; i = 1, \ldots, I; n = 1, \ldots, N; k = 1, \ldots, K \qquad (6-3)$$

二　环境约束下我国地区工业部门绩效评价

（一）变量选取及数据说明

在测算环境约束下我国地区工业环境技术效率时，以1998—2007年间我国31个省市区的工业部门为生产决策单元，收集了以下三类投入产出数据①：

投入要素：本书选取“固定资产净值年平均余额”和“年平均就业人数”作为资本和劳动投入指标，数据均来自相应年份的《中国统计年鉴》、《中国工业经济统计年鉴》和中国资讯行数据库。其中年平均就业人数的单位为万人，固定资产年平均余额的单位为亿元，并以1998年的不变价格进行折算，具体折算系数为各年度各地区的“固定资产投资价格指数”。

“好”产出：本书以各地区的“工业增加值”来代表“好”产出，数据来源于《中国统计年鉴》和《2004年中国经济普查年鉴》，单位为亿元，并且以各地区相应年度的“工业品出厂价格指数”折算成1998年不变价。

“坏”产出：本书以废水中化学需氧量排放量（COD）和废气中二氧化硫排放量（SO_2）来代表“坏”产出。理由是工业废水中的COD和工业废气中的SO_2是我国环境管制中的典型污染物和主要控制对象②，而像废水、废气和固体废物等指标同质性较差，进行省区间的比较则会出现较

① 各投入产出变量的统计口径均为“国有及规模以上非国有工业企业”。自1997年起，规模以上是指年销售收入在500万以上的企业。

② “十一五”规划纲要中明确提出要在“十一五”期间将主要污染物（化学需氧量排放量和二氧化硫）排放总量减少10%。

大的误差。工业废水中 COD 排放量和工业 SO_2 排放量数据均来自于相应年份的《中国环境年鉴》和中国资讯行数据库，单位均为万吨。

（二）测算结果及分析

根据非参数 DEA 模型，本书通过 Matlab7.0 软件测算出了环境约束下我国 31 个省市区的 ETE 如表 6－14 所示。

表 6－14　　1998—2007 年各省份的环境技术效率

地区	1998 年	1999 年	2000 年	2001 年	2002 年	2003 年	2004 年	2005 年	2006 年	2007 年	各年平均
北京	0.898	1.000	1.000	1.000	1.000	1.000	1.000	1.000	1.000	1.000	0.990
天津	0.827	0.822	0.801	0.782	0.822	0.799	0.932	1.000	1.000	1.000	0.878
河北	0.783	0.784	0.793	0.688	0.668	0.634	0.656	0.686	0.627	0.624	0.694
山西	0.608	0.570	0.577	0.557	0.553	0.541	0.546	0.549	0.547	0.548	0.560
内蒙古	0.619	0.562	0.563	0.553	0.563	1.000	1.000	1.000	1.000	1.000	0.786
辽宁	0.654	0.616	0.654	0.636	0.652	0.630	0.643	0.660	0.653	0.659	0.646
吉林	0.710	0.701	1.000	0.969	0.841	1.000	1.000	0.872	0.831	0.923	0.885
黑龙江	0.947	1.000	0.930	0.888	0.878	0.711	0.708	0.649	0.631	0.601	0.794
上海	1.000	1.000	1.000	1.000	1.000	1.000	1.000	1.000	1.000	1.000	1.000
江苏	1.000	1.000	1.000	1.000	1.000	1.000	1.000	0.988	0.922	0.943	0.985
浙江	0.896	0.931	1.000	1.000	1.000	1.000	0.993	0.921	0.896	0.915	0.955
安徽	0.796	0.808	0.731	0.750	0.740	0.733	0.694	0.795	0.773	0.816	0.764
福建	1.000	1.000	1.000	1.000	1.000	0.932	0.965	0.876	0.917	0.974	0.966
江西	0.638	0.639	0.619	0.643	0.640	0.597	0.593	0.640	0.715	0.736	0.646
山东	0.954	1.000	1.000	1.000	0.999	0.934	0.931	1.000	0.959	0.954	0.973
河南	0.835	0.823	0.838	0.751	0.682	0.703	0.664	0.749	0.775	1.000	0.782
湖北	0.930	0.865	0.880	0.853	0.807	0.656	0.651	0.671	0.647	0.681	0.764
湖南	0.693	0.667	0.712	0.753	0.700	0.677	0.668	0.879	0.860	0.930	0.754
广东	1.000	1.000	1.000	1.000	1.000	1.000	1.000	1.000	1.000	1.000	1.000
广西	0.599	0.593	1.000	0.650	1.000	1.000	1.000	1.000	1.000	1.000	0.884
海南	1.000	1.000	1.000	0.844	0.882	0.875	0.950	1.000	1.000	1.000	0.955
四川	0.636	0.588	1.000	0.668	1.000	1.000	1.000	1.000	1.000	1.000	0.889

续表

地区	1998年	1999年	2000年	2001年	2002年	2003年	2004年	2005年	2006年	2007年	各年平均
重庆	0.684	0.671	0.634	0.703	0.763	0.703	0.733	0.889	0.887	1.000	0.767
贵州	1.000	1.000	1.000	0.661	1.000	1.000	1.000	1.000	1.000	1.000	0.966
云南	1.000	1.000	1.000	1.000	1.000	1.000	1.000	0.949	0.793	0.717	0.946
西藏	1.000	1.000	1.000	1.000	1.000	1.000	1.000	1.000	1.000	1.000	1.000
陕西	0.573	0.599	0.607	1.000	0.585	0.560	0.562	0.636	0.575	0.841	0.654
甘肃	0.647	0.625	0.579	0.581	0.599	0.542	0.546	0.528	0.529	0.532	0.571
青海	0.881	0.813	0.786	0.754	0.740	0.790	0.794	0.729	0.615	0.659	0.756
宁夏	0.544	0.536	0.641	1.000	0.528	0.522	0.524	0.543	0.529	0.537	0.590
新疆	0.726	0.600	0.645	0.644	0.674	0.650	0.598	0.583	0.547	0.527	0.619
全国	0.809	0.800	0.838	0.817	0.817	0.813	0.818	0.832	0.814	0.842	0.820
东部	0.910	0.923	0.932	0.905	0.911	0.891	0.915	0.921	0.907	0.915	0.913
中部	0.770	0.759	0.786	0.770	0.730	0.702	0.690	0.725	0.722	0.779	0.743
西部	0.742	0.716	0.788	0.768	0.788	0.814	0.813	0.821	0.790	0.818	0.786

数据来源：本书计算。

ETE 等于 1，表示该地区在全国 31 个省市地区的比较中，投入、产出和污染排放处于最佳的水平，也就是相对而言，资源投入最少、产出最多、污染排放最少。本书称环境、资源和工业增长处于协调状况，为经济发展“又好又快”。根据环境技术效率的高低可以判断各地区环境与工业组织的协调程度。如果 ETE 取值在（0.9，1］之间，则定义该地区为“环境工业高度协调发展地区”，即资源投入少，产出多污染排放少地区；定义 ETE 在（0.8，0.9］之间为“环境工业较协调发展地区”；ETE 在（0.7，0.8］之间为“环境工业较不协调发展地区”；ETE 在（60，70］之间为“环境工业不协调发展地区”；如果 ETE 小于 60 则为“环境工业极不协调地区”。下面将基于环境技术效率，从静态和动态两个层面考察我国 31 个省市地区在 1998—2007 年期间环境、资源与工业发展的协调程度及其变化特点。

表 6－15　　环境工业协调度

协调度	省市区		
	东部	中部	西部
高度协调地区	北京、上海、广东、江苏、福建、山东、浙江、海南		贵州、云南、西藏
较协调地区	天津	吉林	广西、四川
较不协调地区		黑龙江、安徽、河南、湖北、湖南	重庆、青海、内蒙古
不协调地区	河北、辽宁	江西	陕西、新疆
极不协调地区		山西	甘肃、宁夏

由表 6－15 可以看出，从静态平均情况看，31 个省市区中有 16 个地区环境与工业发展处于不同程度的失衡状态。从地区分布看，东部沿海地区工业发展和环境高度协调，而西部和中部地区环境与工业发展较不协调，部分中西省份（如山西、甘肃、宁夏）甚至极不协调，这表明中西部地区与东部沿海地区的差距，不仅表现在产出效率低，更表现在工业污染严重。

1998—2007 年环境技术效率的平均值呈上升趋势但并不明显。为了考察地区环境与工业发展协调度的动态特征，本书采用 1998—2002 年及 2003—2007 年的平均环境技术效率进行比较，结果可归纳为表 6－16。

表 6－16　　环境工业协调度变化

协调度变化	省市区		
	东部	中部	西部
保持协调地区	北京、上海、江苏、浙江、福建、山东、广东、海南		贵州、西藏
依然不协调地区	辽宁	山西、安徽、江西、河南	陕西、青海
协调改善地区	天津	吉林、湖南	四川、重庆、广西、内蒙古
协调恶化地区	河北	黑龙江、湖北	云南、甘肃、宁夏、新疆

表 6 - 16 显示，东部地区的大部分省份依然保持环境工业的高度协调；中部地区除吉林和湖南出现协调的改善，大部分省份均表现为环境工业不协调；西部地区内蒙古、四川、广西出现较大程度地改善，贵州和西藏由于其本身污染排放量小，依然保持高度协调之列，除此以外的大部分西部省份环境工业均不协调。

综合静态和动态指标可以看出，我国中西部地区的工业增长与环境保护都处于失衡状态，而东部地区工业与环境关系相对较为和谐。

三　环境约束下我国工业行业经济绩效评价

（一）变量选取及数据说明

在测算环境约束下，我国工业行业环境技术效率中，以 1998—2007 年间我国 36 个工业行业为生产决策单元，收集了以下三类投入产出数据。

投入要素：本书选取“固定资产净值年平均余额”和“年平均就业人数”作为资本和劳动投入指标，数据均来自相应年份的《中国统计年鉴》、《中国工业经济统计年鉴》和中国资讯行数据库。其中年平均就业人数的单位为万人，固定资产年平均余额的单位为亿元，并以“固定资产投资价格指数”折算为 1998 年的不变价格。

“好”产出：本书以各工业行业的“工业增加值”来代表“好”产出，数据来源于《中国统计年鉴》和《2004 年中国经济普查年鉴》，单位为亿元，并且以各地区相应年度的“工业品出厂价格指数”折算成 1998 年不变价。

“坏”产出：本书以废水中化学需氧量排放量和废气中二氧化硫排放量来代表“坏”产出。理由是工业废水中的化学需氧量和工业废气中的二氧化硫是我国环境管制中的典型污染物和主要控制对象，而像废水、废气和固体废弃物等指标同质性较差，进行省区间的比较则会出现较大的误差。工业废水中化学需氧量排放量和工业二氧化硫排放量数据均来自于相应年份的《中国环境年鉴》和中国资讯行数据库，单位均为万吨。

（二）测算结果及分析

基于非参数 DEA 模型，本书通过 Matlab7.0 软件测算出了 1998—2007 年 36 个工业行业的平均环境技术效率（见表 6 - 17）。

表 6－17　　1998—2007 年我国工业行业环境技术效率

行业	ETE	行业	ETE
煤炭开采和洗选业	0.513	医药制造业	0.565
石油和天然气开采业	0.826	化学纤维制造业	0.508
黑色金属矿采选业	0.658	橡胶制品业	0.518
有色金属矿采选业	0.508	塑料制品业	0.629
非金属矿采选业	0.508	非金属矿物制品业	0.503
农副食品加工业	0.556	黑色金属冶炼及压延	0.508
食品制造业	0.521	有色金属冶炼及压延	0.505
饮料制造业	0.521	金属制品业	0.585
烟草制造业	1.000	通用设备制造业	0.581
纺织业	0.515	专用设备制造业	0.575
纺织服装鞋、帽制造业	0.826	交通运输设备制造业	0.637
皮革毛皮羽毛制造业	0.893	电气机械器材制造业	0.752
木材加工木竹草制品	0.518	通信设备、计算机电子设备及其他制造业	1.000
家具制造业	0.763	仪器仪表及文化办公用机械制造业	0.847
造纸及纸制品业	0.505	电力、热力生产供应业	0.503
印刷业记录媒介复制	0.746	燃气生产和供应业	0.508
文教体育用品制造业	0.781	水的生产和供应业	0.602
石油加工炼焦核燃料加工业	0.510	各行业平均	0.595
化学原料制品制造业	0.508		

在 36 个工业行业中，烟草制造业、通信设备、计算机及其他电子设备制造业、皮革毛皮羽毛制造业、仪器仪表及文化办公用机械制造业的环境技术效率最高，这说明这些行业的环境与经济发展协调性较好，即在既定要素投入下，产出最大且污染最小。而涉及矿物开采及加工相关行业以及纺织业、化学纤维制造业等行业的环境技术效率较低。

四　环境约束下我国工业结构优化升级路径选择

传统意义上，我国工业结构优化升级的方向是考虑如何优化资源配置促进工业效率及工业全要素生产率的提升。而在环境保护已成为重要的发展目标时，我国工业结构优化升级应考虑到环境、资源与工业发展的协调性和有效性，朝着环境技术效率提升的方向升级，即在一定投入下使好产出最大化和坏产出最小化。鉴于此，我们应从转变发展观念、加强产业政策引导、加大环保力度、推行清洁生产、发展环保产业等方面入手，切实保证产业结构优化升级与环境改善的整体推进。具体而言，在环境约束下，我国工业结构优化升级可以采取以下几方面的措施：

（一）提高思想认识，切实落实科学发展

当前，一些地方政府仍然对科学发展观认识不到位，只重视 GDP 增长而忽视经济发展的深层次内涵，依然走先污染后治理的老路子。为了追求地区经济增长速度，在招商引资中，片面强调简化审批，无视对环境的污染。一些高耗能、高污染的小冶金、小化工、小火电等明令禁止的项目，却依旧在一些地方上马。由于全球环境问题日益严峻，世界各国都在加快向可持续发展方向转变，从自身的特点出发，探索可持续发展的直接途径和模式。我国实施可持续发展战略既不同于发达国家主要是改变消费模式，也不同于大部分发展中国家主要是改变贫穷落后，我国的关键是调整产业结构，转变传统的经济增长方式。而且从我国的经济发展需求，以及人均资源占有、环境污染现状、后备资源数量等方面分析，我国比其他任何国家、任何时候更迫切需要调整产业结构，走可持续发展道路。切实按照科学发展观的要求，促进人与自然的和谐，实现经济发展和人口、资源、环境相协调，坚持走生产发展、生活富裕、生态良好的文明发展道路，保证一代接一代地永续发展。

（二）加强产业政策引导，优化产业结构降低环境污染

产业政策的调整，必须转变以大量消耗资源能源为特征的传统发展模式，把经济增长的立足点转移到以内涵扩大再生产的轨道上来，使结构调整、体制改革同环境保护紧密地结合起来，用先进技术武装基础产业，改造传统产业，以技术升级和技术创新为核心，提高经济效益、环境效益和社会效益，减少对资源的需求和对环境的破坏。一是趁产业规划和结构调整之机，按照环境保护法的要求，尽快出台和颁布限期禁止采用的严重污染环境的工艺名录和限期禁止生产、禁止销售、禁止进口、禁止使用的严重污染环境的设备名录。对现存的高消耗、重污染工业结构，除花大量的投资控制污染外，在今后也须采取限制发展的政策。二是合理调整第一、

第二和第三产业结构比例。提高基础产业在整个产业结构中的比重，加强环境保护基础设施建设，提高可持续发展能力；工业生产要走内涵扩大再生产的道路，优先发展资源节约型、质量效益型、科技先导型产业，优化资源存量配置，发展规模经济；加速发展第三产业，特别是发展低能耗的第三产业，促进结构节能、降耗和治污，这是优化产业结构、实现可持续发展的重要方面。三是合理布局工业生产力。根据优化资源配置和有效利用的原则，制定工业发展的地区布局规划，促进资源的合理配置和地区经济的协调发展，使工业布局、基础设施布局在更高层次上合理分工，协调发展。

（三）加强产业结构调整中的环境管理力度

首先，政府要继续清理、整顿高消耗、低工艺、污染重的小企业的关停并转，防止其“死灰复燃”。并以此为契机，促进企业资产重组，向规模化、集团化方向发展，向工业小区、开发区集中。

其次，切实提高环评质量。我国目前的环境影响评价制度是政府主导型，以有限的政府力量去监管数量庞大的建设项目，显然力不从心。并且，由于信息公开和公众参与工作开展不足，个别环评单位不以客观事实和数据说话，使环境影响评价流于形式。

最后，从境外引进生产设备时，应优先考虑先进设备和工艺，在引进生产主设备的同时，也要相应引入环保设备，防止生产设备和环保设备的脱节和污染的越境转移。

（四）推行清洁生产工艺，实现两个根本性的转变

一是针对我国环境资源贫乏、利用率低的现状，必须将节约放在首位，尽快转变经济增长方式，变粗放型发展为集约型发展。

二是积极推行清洁生产工艺，从根本上解决生产污染问题。要加强清洁生产技术和科研成果的推广和使用，及时转化为现实的污染治理能力，这是产业结构调整的突破口和载体。要结合企业技术改造，不断增强工业污染防治能力，使企业通过工艺改造实现增产减污；结合节能降耗，减少污染物的产生量和排放量；结合增产节支，推动企业大力开展“三废”综合利用，提高经济效益和环境效益。

三是积极培育和扶持环境保护产业这个新经济增长点，作为调整结构性污染的突破口。要以高校和科研单位为依托，重点攻克符合国情的污染

治理技术、生态破坏恢复技术和综合利用技术；要积极发展性能先进、高效经济的污染治理设备、资源综合利用设备、节能和节水设备，实施环保工程，农业生态工程等，并以此作为产业发展的重点，形成环保支柱产业，发挥技术市场规模优势，增强治污技术装备和能力。

（五）制定全面调整产业结构、减少结构性污染的环境经济政策

要利用政策倾斜驱动和政府推动来加速消除结构性矛盾。要研究新的鼓励和扶持政策，充分运用税收、信贷、折旧等经济手段限制粗放经营，鼓励集约经营，对因从事环境保护活动而造成利益缺损的产业，要制定优惠政策和补偿机制，鼓励污染企业搬迁，建立无污染、少污染示范区。对于兼并，组建规模化的企业集团，除保持原排污总量指标外，还应优先增拨剩余总量，重点用于新改扩建工程。相反，对那些有害于环境质量的产业，要采取强制性措施，限制其生产和发展，包括责令限期改造、冻结投资、禁止发放新增贷款、扣回已贷款等，促使环境资源的配置朝着有利于产业结构调整的方向发展。

（六）加强政府的宏观调控和政策指导，积极发展环保产业

目前我国环保产业的发展还处在一个较低的水平上。环保产业作为朝阳产业，在发展中面临着很多问题。同时，环保产业又作为幼稚性产业，在我国市场经济体制不健全、市场竞争激烈的情况下，特别需要政府的保护。首先，政府要对环保企业、产业的发展给予政策和资金的支持。对污染严重的企业，政府要加强治理整顿，实施“关、停、并、转”，限制其发展；而对环保性企业和产业，政府要在政策、资金和管理上引导、鼓励其发展。二是要加大环保产业科技投入力度，提高科研成果的适用性。环保产业的技术要求高，资金投入大，一些企业受到资金、科研开发能力等限制，自主开发的能力又不够，同时一些环保技术也因为市场适应性差、产品价格高等原因不能应用到生产中。因此，在环保科研开发和生产上政府要采取各种措施，鼓励企业加大科研投入，提高其科研自主开发能力；调动企业、科研人员的积极性，生产实用型、市场型环保产品。三是要加强对环保产品市场的规范和引导。目前我国环保产品市场尚处在发育、成长阶段，环保产品市场缺乏引导和管理，环保产品没有统一的标准，市场运作不规范。政府要加强对环保产品市场的引导和管理，制定环保产品质量标准、技术规范等，加强对环保产业的市场监督和管理。

第六节　本章结论

作为快速发展中的经济大国，我国正面临日益严峻的资源和环境压力。并且，我国作为“世界工厂”，工业增加值占 GDP 接近 50%，而工业部门又是资源消耗环境污染物排放的主体；另外，目前我国处于工业化的中后期，并已进入新一轮的重化工业化阶段。可以预见，在今后很长一段时期内，我国仍然面临着较为严重的资源（尤其是能源）和环境约束。因此，在中国工业结构优化升级过程中，一定要处理好工业发展、资源利用与环境保护三者之间的关系，把工业发展的负面影响控制在资源和环境承载能力之内，解决好资源有限和环境容量对工业发展的制约，确保资源和环境能够持续地为人类和工业发展所利用。

本章分别从能源工业内部（能源供给方）和工业部门（能源需求方）角度探讨了能源约束，从区域工业部门和工业行业层面探讨分析了环境约束。并指出，可以通过技术、结构、制度等影响因素为纽带，迫使高能耗高污染的产业不断消亡，节能环保的新产业不断产生，构成产业结构演变的形态。因此，资源环境约束下的工业结构优化升级其实质上是如何建立一个节能减排的机制。具体而言，可以通过加快推进能源工业技术进步，调整优化能源内部结构，深化能源工业体制改革等措施来破解能源工业内部的能源约束；通过构建资源（能源）节约的技术支撑体系，调整优化产业结构，调整进出口产业结构，建立能源节约的城市化模式以及制度层面来缓解工业结构优化升级中的能源约束；通过落实科学发展，加强产业政策引导，加强产业结构调整中的环境管理力度，推行清洁生产工艺，制定全面调整产业结构、减少结构性污染的环境经济政策，积极发展环保产业等方面来破解工业结构优化升级中的环境约束。最终促进工业、资源与环境之间的健康协调发展。

第七章　人力资源充分利用与工业结构优化升级

工业结构升级和人力资源充分利用既相互联系又相互制约，共同影响经济发展。现阶段，我国既面临着工业结构优化升级的迫切任务，又面临着巨大的就业压力。在这种背景下，如何正确处理两者的关系显得更为必要和迫切。当前，新型工业化战略对我国的人力资源充分利用提出了新的挑战：一方面，由于技术进步和工业结构升级对劳动力的排斥作用会对就业产生压力；另一方面，由于劳动力整体素质不高使我国在信息化发展中并不具有人力资源优势，产业结构的深度调整反而可能加重失业问题。如何选择适宜的产业技术路径，在推进新型工业化进程的同时兼顾解决就业问题，实现我国工业结构与就业结构的和谐互动、人力资源的充分利用，就构成了我国工业结构优化升级的第三个导向。

基于我国工业结构升级与就业之间的矛盾关系，本章首先探讨我国工业结构升级对就业的作用机理；其次，对中国工业结构升级的就业效应进行客观评价；最后，试图通过理论探讨和实证研究，找到当前阶段工业结构升级和劳动力就业的协调方式和实现路径。

第一节　中国工业结构升级与就业变动的作用机理

一　工业结构与就业结构演进的一般规律

在工业化进程中，随着工业结构的演进与升级，就业结构表现出第一产业就业比重显著下降，第二产业和第三产业就业比重上升趋势，就业结构与工业结构存在程度较强的相关性。在工业化初期阶段，第一产业的就业比重占据绝对优势，且远远高于第一产业的产值比重，大量的劳动力被滞留在农业；在工业化中期阶段，随着工业化推进，第二、第三产业迅速发展，农业的剩余劳动力逐步向第二产业、第三产业转移；在工业化后期阶段，第三产业吸纳了绝大多数劳动力，消除了第一产业大量过剩劳动力滞留的现象。

表 7－1　　　　　　产值和就业结构变动三种代表性模式

主要研究成果	人均 GDP（美元）	产业构成（%）			就业构成（%）			相对劳动生产率		
		Ⅰ	Ⅱ	Ⅲ	Ⅰ	Ⅱ	Ⅲ	Ⅰ	Ⅱ	Ⅲ
模式 1：库兹涅茨模式（1970，1958）	70	45.8	21	33.2	80.3	9.2	10.5	0.57	2.28	3.16
	150	36.1	28.4	35.5	63.7	17	19.3	0.57	1.67	1.84
	300	26.5	36.9	36.6	46	26.9	27.1	0.58	1.37	1.35
	500	19.4	42.5	38.1	31.4	36.2	32.4	0.62	1.17	1.18
	1000	10.9	48.4	40.7	17.7	45.3	37	0.62	1.07	1.10
模式 2：钱纳里、艾金同、西姆斯模式（1970，1964）	100	46.3	13.5	40.1	68.1	9.6	22.3	0.68	1.41	1.80
	200	36	19.6	44.4	58.7	16.6	24.7	0.61	1.18	1.80
	300	30.4	23.1	46.5	49.9	20.5	29.6	0.61	1.13	1.57
	400	26.7	25.5	47.8	43.6	23.4	33	0.61	1.09	1.45
	600	21.8	29	49.2	34.8	27.6	37.6	0.63	1.05	1.31
	1000	18.6	31.4	50	28.6	30.7	40.7	0.65	1.02	1.23
	2000	16.3	33.2	49.5	23.7	33.2	43.1	0.69	1.00	1.15
	3000	9.8	38.9	48.7	8.3	40.1	51.6	1.18	0.97	0.94
模式 3：钱纳里、鲁宾逊、塞尔奎因模式（1986，1970）	140—280	48	21	31	81	7	12	0.59	3.00	2.58
	280—560	39.4	28.2	32.4	74.9	9.2	15.9	0.53	3.07	2.04
	560—1120	31.7	33.4	34.6	65.1	13.2	21.7	0.49	2.53	1.59
	1120—2100	22.8	39.2	37.8	51.7	19.2	29.1	0.44	2.04	1.30
	2100—3360	15.4	43.4	41.2	38.1	25.6	36.3	0.40	1.70	1.13
	3360—5040	9.7	45.6	44.7	24.2	32.6	43.2	0.40	1.40	1.03

注：Ⅰ、Ⅱ、Ⅲ分别表示第一、第二、第三产业；相对劳动生产率是指某产业计算期 GDP 的比重/同期该产业从业人员比重，下同。

资料来源：转引自郭克莎《我国产业结构变动及趋势》，《管理世界》1999 年第 5 期。

从要素结构变动来看，工业化过程表现为：劳动密集型工业→资本密集型工业→技术密集型工业。随着工业结构由劳动密集型向资本密集型的转变升级，资本逐渐排挤劳动力，工业的就业吸纳能力必然有所降低，但是工业吸纳劳动力的绝对数量并不一定减少。一方面，工业结构升级使工业增长率水平更高，从而保证了就业增长；另一方面，工业结构升级增强了工业内部产业之间的关联性、产业分工更加细化，从而衍生出更多的工业行业和就业岗位。此外，工业结构升级对第三产业特别是生产性服务业具有很强的带动作用，从而提升了整个经济的就业吸纳能力。

工业化基本完成的国家和地区的经济发展过程表明，早期工业化国家工业化进程中以劳动密集型工业为主导的工业结构持续时间较长，如美国为 110 年，日本为 80 年①（见表 7－2）。新兴工业化国家和地区以劳动密集型工业为主导的工业结构持续时间相对较短，如中国台湾地区为 20 年。造成工业结构转变时间差异的原因是不同时期工业化国家面临的社会和国际经济条件不同：早期工业化国家只有发展劳动密集型产业才能使技术素质偏低的农村劳动力逐步从事非农劳作，同时为工业化上升到更高一级的资本密集型阶段积累资本。而新兴工业化国家和地区工业化进程中一开始就可以借鉴发达国家的经验，引进技术、资金和人才提高经济发展水平；同时也面临工业部门生产和贸易的激烈的国际竞争。因此，新型工业化国家在工业化初期就具备了发展资本密集型产业的必要性和可能性，从而加速了劳动密集型向资本密集型的升级过程。尽管如此，由于资本密集型产业吸纳劳动力的能力有限，转移农业剩余劳动力的任务仍需要劳动密集型行业承担，因此，转型速度加快并不代表转型成功。从表 7－2 中可以看到，虽然早期工业化国家和新兴工业化国家和地区转型过程有较大差异，但衡量就业结构转型的指标具有共同特点：（1）农业人口比重下降到 35% 以下，人口城市化比重上升到 55% 左右；（2）农业劳动力份额下降到 30% 以下，并且绝对量已经开始减少一段时间（约 10 年）。

二　技术进步、工业结构与就业的机理分析

技术进步对就业水平的影响机制较为复杂。一方面随着工业结构的演进升级，各个产业的技术进步水平不断提高，资本和技术对劳动的排挤替

① 劳动密集型工业占据主导地位是指在整个工业份额中所占比重为 50% 以上。

表 7－2　　美国、日本和中国台湾主导产业转换相关指标

国家和地区	主导产业转换时间	劳动密集型主导持续时间	农业劳动人口占人口比重（%）	农业劳动力比重（%）	城市人口比重（%）	农业劳动力绝对量开始减少年份
美国	1926 年	110 年	26.5	23	53.9	1911
日本	20 世纪 50 年代末	80 年	40.7（1955） 36.8（1960）	37.9（1955） 30.1（1960）	56.3（1955） 63.5（1960）	1956
中国台湾	1976 年	20 年	33.7	26.7	64	1965

资料来源：转引自尚启君《以劳动密集型工业为主导的工业化阶段》，《管理世界》1998 年第 3 期。中国社会科学院世界经济与政治研究所综合统计研究室编：《苏联和主要资本主义国家经济历史统计集》（1800—1982），人民出版社 1989 年版；［日］南亮进：《日本的经济发展》，对外贸易经济出版社 1989 年版；《经济资料译丛》1989 年第 2 期，韩俊：《农业劳动力转移与经济发展》，博士学位论文，西北农业大学，1988 年，第 110 页。

代效应明显加强，各产业的就业吸纳能力普遍降低；另一方面，技术更新和生产工艺进步快的行业能够降低生产成本，通过扩大生产规模进而增加该行业的劳动力需求，同时，该行业通过技术进步能开发新产品、通过产业关联能够衍生出新的生产服务领域和新的行业，从而创造新的就业岗位。因此，技术进步与工业结构升级、就业总量扩张和就业结构变化之间的关系并不是简单的线性、静态关系，而是非线性的互动关系。图 7－1 表示了这种关系。从图 7－1 可以看到，技术进步对就业有直接和间接的影响，而间接影响更为复杂。

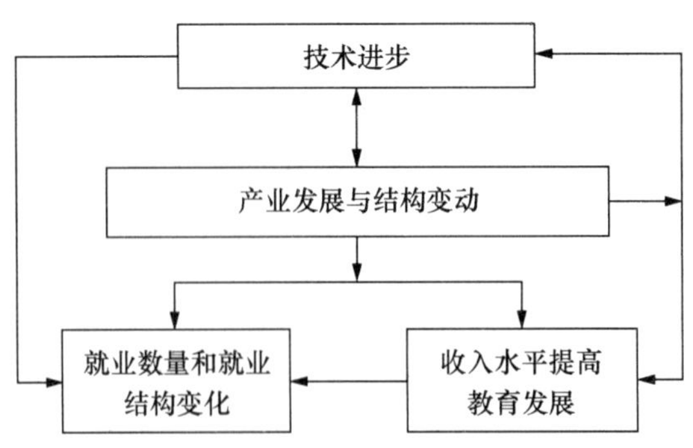

图 7－1　技术进步、工业结构与就业关系

（1）资本深化效应：技术进步导致在生产中更多地使用资本、知识等要素对劳动力产生排斥效应。排斥效应的大小取决于技术进步的类型。劳动节约型技术进步的就业排斥效应相对较大，资本节约型技术进步的就业排斥效应相对较小。在资本和劳动收入分配相对不变的条件下，资本—劳动投入比例能够反映企业或行业的技术进步类型。技术进步的类型取决于要素禀赋结构、经济发展环境和国家干预。

（2）规模扩张效应：一些新技术、新生产工艺的出现，首先会被个别企业和行业部门采用，由于技术进步，该企业或行业部门提高了产品竞争力，扩大了市场，从而创造更多的就业机会。该企业或行业部门的就业净效应取决于扩大规模的正效应和排斥劳动的负效应之差。

（3）产业关联效应：首先，先发生技术进步的行业部门由于规模扩张，会导致给这个部门提供生产资料的那些部门和使用该行业部门产品作为中间投入品的那些部门的生产增加，从而引起就业增长。其次，随着技术进步在行业间扩散，社会分工日益精细，生产专业化程度不断提高，原来内生于实物生产或服务部门的中间产品或服务逐渐分离出来，从而形成新的产品生产或服务产业。这些产业的发展会创造新的就业机会。

（4）财富效应：首先，技术进步推动经济增长，人们收入水平不断提高，需求层次从基本生存需要逐步转向享受和发展需要，从而促进文化娱乐、体育、卫生保健、旅游、商业、教育、生活服务等产业的发展，创造大量就业岗位。其次，收入水平的提高促使家庭和个人进行人力资本投资，从而提高劳动力素质以适应劳动力市场需求结构的变化。

上述四个方面效应中，资本深化效应是技术进步对就业的直接影响；其余效应则是技术进步对就业的间接影响。

总体上看，技术进步会创造更多的就业机会还是会导致失业上升呢？目前学术界对此还存在激烈的争论，其根源就在于技术进步影响就业的机理具有复杂性。尽管如此，国内外学者普遍认可的是技术进步对就业的影响具有双重性：在短期内减少就业而在长期内增加就业。如何协调技术进步对就业的不同效应成为当前我国面临的重要现实问题。

从资本深化效应看，大多数学者认为，自20世纪80年代以来，我国走的是一条资本替代劳动的技术路径，这是造成我国当前经济增长吸纳就业能力不足的重要原因[①]（如张军，2002；李小平，2005 等）。从长期趋势来看，我国三次产业的资本劳动比的上升趋势是非常明显，一些传统劳动密集型产业的资本密集程度也在显著提高，食品加工和制造、饮料制造业等行业的资本密集度与普通机械制造业、专用设备制造业的差距在明显缩小，甚至超过了后者（姚战琪等，2005）。这表明，我国的经济增长走的是一条有悖于工业化一般规律的发展道路——中国最充裕的生产要素是劳动力，而劳动力却不是使用比例最高的要素。

从规模扩张效应看，在当前资本过剩和买方市场条件下，劳动密集型行业很容易出现供给过剩的情况，技术进步难以使其规模扩张；而创新能力强的资本密集型行业更具有发展优势，由技术进步带来的规模扩张将带来更多的就业机会。从产业关联效应看，由于资本密集型技术进步的产业关联度更高，它通过提供新技术、新材料、新设备能够带动相关产业，特别是生产性服务业的发展，从而吸纳更多的就业。从财富效应来看，在当前劳动者报酬在国民收入分配中偏低和收入分配不均条件下，劳动密集型技术进步对于提高劳动者报酬特别是提高农民收入进而扩大内需的作用更加显著。

我国经济发展中技术进步的路径选择表现出一种非市场化倾向。以资本密集型为主导的技术进步路径与我国劳动力资源现状和要素禀赋结构要求大相径庭，从而产生了强烈的就业排斥效应。但从长期来看，我国资本密集型和劳动密集型技术进步的就业效应孰大孰小却难以判断。我国工业结构升级中技术进步的就业效应有待于进一步的实证检验。

三　需求结构、产业结构与就业的机理分析

需求结构是决定产业结构的重要因素。为了满足所发生的需求而展开的生产活动决定了各产业部门的产品供给，而各产业的产品供给及生产活动中的技术选择决定了各产业的劳动就业。可见，存在需求结构的变化会随之带来产业生产结构的变化，并和产业的技术选择的变化一起带动就业的产业结构变化这样一条连锁机制。自 20 世纪 90 年代以后，我国的工业化已经从供给约束型转为需求约束型。需求结构的变化对我国产业结构的

① 如果考虑到近年来我国劳动收入份额持续下降的情况，资本深化对就业的排斥效应将更为严重。

就业模式必然会产生影响。因此，从需求角度研究产业结构升级的就业效应具有重要现实意义。最终需求包括消费需求、投资需求和出口需求。在产业结构由劳动密集型向资本密集型升级过程中，三种需求影响就业的路径和效果是不同的。

（一）消费需求、产业结构与就业

在存在消费需求约束的条件下，产业结构与就业存在较强的相关性。一方面，居民收入水平和对最终产品的消费倾向决定了产业部门的产出水平；另一方面，产业部门的技术选择和产品类型决定了该产业的就业水平。当采用劳动密集型技术生产时，相对于资本密集型技术，在相同产出下能创造更多的就业机会，居民收入水平的提高进一步扩大工业品消费能力，从而刺激工业生产，如此往复形成“产业增长—就业增长—收入提高—需求扩大”的良性循环。当采用资本密集型技术生产时，资本深化导致就业机会减少，需求不足进一步制约工业生产，最终导致工业生产能力过剩。从这个角度看，当前我国出现的内需不足和剩余劳动力转移滞后与资本密集型的产业结构存在必然关联：农村居民有对工业品的需求意愿，但无支付能力；而农村居民收入水平偏低的根本原因在于工业部门无法提供更多的就业机会。

（二）投资需求、产业结构与就业

投资需求主要通过提高消费需求和调节国民收入间接影响就业。在国民收入一定的条件下，当采用劳动密集型技术生产时，投资需求可以带来相应的劳动投入并提高消费需求水平①，最终通过乘数效应带来更多的就业机会；当采用资本密集型技术生产时，投资需求的就业乘数效应较小，而消费需求的不足往往导致工业产品在一些重工业“自我循环”，最终导致工业品生产过剩和就业不足。投资需求影响就业的另一个路径是调节国民收入。当采用资本密集型技术生产时，投资需求提高了资本报酬在国民收入中的份额，劳动报酬份额的降低使全社会消费倾向趋于下降；当采用

---

① 在经济学理论中，一般认为消费需求与投资需求是相互对立的关系，要想增加投资就必须增加储蓄，而增加储蓄就势必减少消费。但事实上，两者又存在内在联系，投资需求通过产业关联能够直接或间接的增加消费需求。据罗云毅（2004）对我国投入产出表的研究，增加100亿元固定资产投资将引发58亿元消费需求增加。

劳动密集型技术生产时，投资需求提高了劳动报酬在国民收入中的份额，劳动报酬份额的提高使全社会消费倾向趋于上升。最终，不同生产技术的投资诱发就业效应取决于投资的生产乘数效应和收入分配效应。如果资本密集型技术生产乘数对就业的正效应远大于收入分配对就业的负效应，其劳动诱发效果可能高于劳动密集型技术的投资对就业的诱发效果；反之则相反。

（三）出口需求、产业结构与就业

在工业生产能力过剩问题还不能通过国内消费需求扩大得到有效缓解的条件下，出口是产业生存与发展的重要出路，也是解决就业问题的重要途径。劳动密集型产业产品出口对拉动就业效果显著，资本、技术密集型产业产品出口主要通过带动国内相关产业发展、扩大投资需求进而间接带动就业增长。我国劳动力资源丰富、资本技术资源相对缺乏的要素禀赋，决定了长期以来劳动密集型产业的产品出口成为吸纳劳动力就业、缓解就业压力的重要手段。

从上面的分析可以看到，在存在消费约束的条件下，产业结构升级显然不利于剩余劳动力转移和解决就业问题。但产业结构升级引发的投资需求和出口需求对就业的影响无法定论，这是因为资本密集型产业虽然直接带动就业作用较小，但其通过生产诱发效应间接带动就业的作用较为显著。因此，从需求角度判断我国产业结构变迁的就业效应尚需实证检验。

第二节　中国工业结构与就业结构的演进与趋势

本节分析改革开放以来我国工业结构调整对就业的影响，并与标准模型比较判断我国工业化进程中产业结构与就业结构的阶段性特征；同时结合新型工业化道路的战略要求，判断未来就业结构变动方向、预测各产业的就业前景。

一　工业结构与就业结构的演进及国际比较

（一）产业结构与就业结构的演进

图 7 - 2 和图 7 - 3 显示，1978—2008 年我国三次产业结构和就业结

构的变动基本符合工业化演进规律[①]。受几次重大产业调整的影响，我国工业结构和就业结构变动表现出阶段性特征：

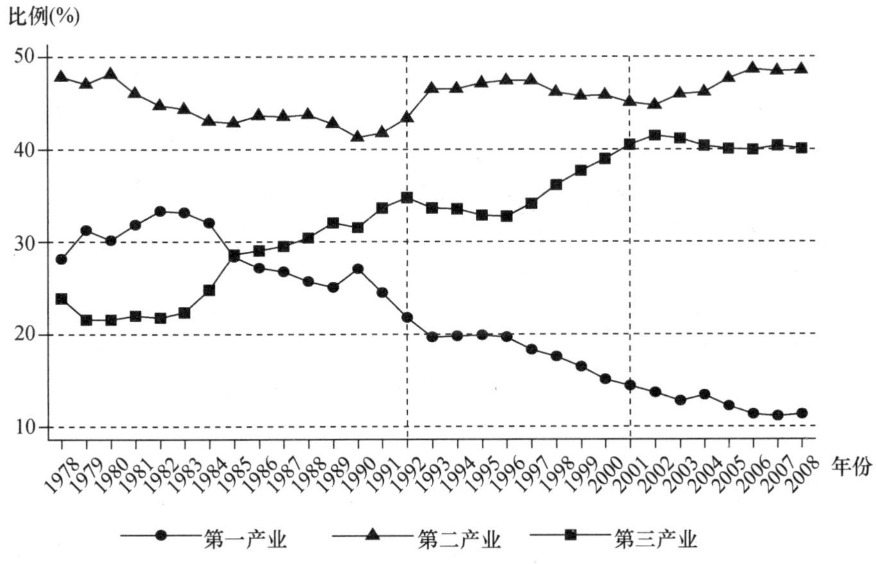

图 7-2 中国产值结构演进

1. 1978—1991 年轻重工业比例协调阶段

20 世纪 50 年代，优先发展重工业的战略使轻重工业比例严重失调。1978 年党的十一届三中全会后，我国开始了工业结构调整，从优先发展重工业转变为农、轻、重并举的发展战略。农村实行的家庭联产承包责任制激发了农业活力，第一产业产值份额在这一阶段先升后降，而就业份额持续下降了 6.4%，大量富余劳动力开始转移。轻重工业比例调整虽然使第二产业产值份额下降了 4.4%，以劳动密集型产业为主体的轻工业的发展表现出吸收农村剩余劳动力的巨大效应，就业份额反而上升了 4.4%。1978 年之后，我国允许个体工商户经营，商业、饮食业等服务业迅速发展。

① 根据研究需要，本章构造了 1978—2007 年三次产业省际面板数据和 1985—2008 年工业面板数据。详见本章附录。若无特别说明，本章所使用的数据均来自本章附录。

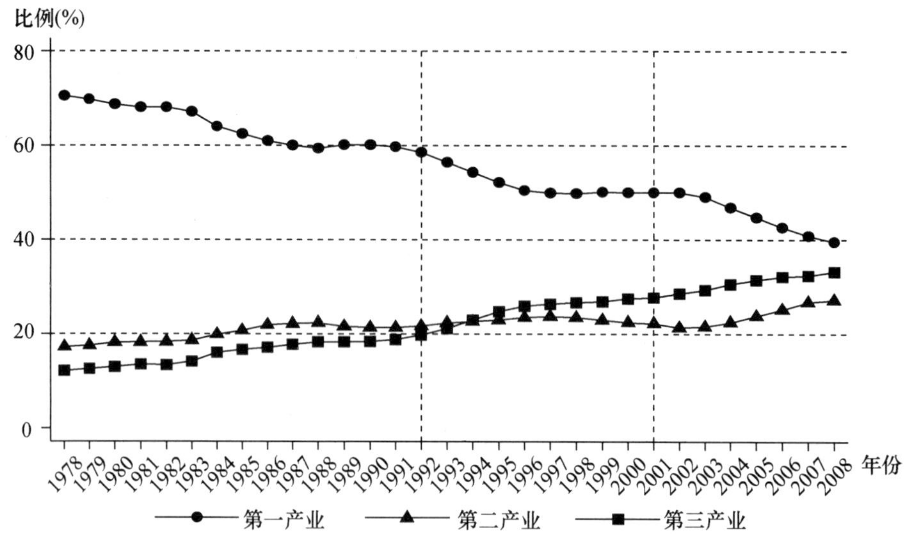

图 7－3　中国就业结构演进

第三产业产值份额和就业份额分别上升了 10% 和 7.6%。产业结构调整表现出有利于就业的局面。

2. 1992—2001 年市场经济体制逐步完善阶段

从 1992 年开始，我国市场经济体制改革全面启动，宏观经济形式逐步由短缺经济向过剩经济转变。国家大力压缩采掘工业、原材料工业以及纺织、皮革等劳动密集型工业的过剩产能。加上 1997 年开始的“减员增效”国有企业改革，这些因素使第二产业就业比重在这一时期仅上升了 0.6%。而这一时期中央出台了《关于加快发展服务业的决定》等一系列扶持第三产业发展的措施，同时随着居民收入水平的提高，居民对生活性消费的需求获得极大的释放。这些因素给第三产业提高了广阔的发展机遇。这一时期第三产业产值份额提高了 5.7%，而就业份额更是提高了 7.9%。自 1994 年就业份额超过第二产业开始，第三产业成长为我国吸纳就业的主要行业。

3. 2002 年至今倡导走新型工业化道路阶段

2002 年，中央提出走新型工业化道路。以重化工业为目标的发展战略使第二产业特别是制造业得到极大发展，这一时期第二产业产值份额提高了3.8%，而就业弹性的反弹，使就业份额也相应上升了5.8%。这反映了我国新型工业化道路具有巨大的就业效应。第三产业产值份额在这一时期下降了1.4%，显然制造业并未带动第三产业特别是生产性服务业快速发展。由于第三产业就业吸纳能力较强，就业份额仍然上升了4.6%。

表7－3　　　　我国产业结构与就业结构变动

年份	产出份额			就业份额			比较劳动生产率			就业弹性		
	第一产业	第二产业	第三产业	第一产业	第二产业	第三产业	第一产业	第二产业	第三产业	第一产业	第二产业	第三产业
1978	28.2	47.9	23.9	70.5	17.3	12.2	0.40	2.77	1.96	0.2	0.5	0.7
1992	21.8	43.4	34.8	58.5	21.7	19.8	0.37	2.00	1.76	－0.2	0.1	0.5
2001	14.4	45.1	40.5	50.0	22.3	27.7	0.29	2.02	1.46	0.5	0.0	0.2
2008	11.3	48.6	40.1	39.6	27.2	33.2	0.29	1.79	1.21	－0.5	0.3	0.3
1978—1992	－6.4	－4.4	10.8	－12	4.4	7.6	0.45	2.11	1.68	0.24	0.42	0.46
1992—2001	－7.4	1.6	5.7	－8.5	0.6	7.9	0.36	2.02	1.41	－0.1	0.12	0.4
2001—2008	－2.4	3.8	－1.4	－10.4	5.8	4.6	0.27	2.01	1.30	－0.55	0.47	0.34
1978—2008	－16.9	0.7	16.1	－30.9	9.9	21	0.38	2.02	1.54	0.12	0.25	0.42

注：比较劳动生产率＝产出份额/就业份额，偏离度为1表示达到均衡状体，偏离度与1距离越大表示该产业偏差越大；就业弹性＝就业年增长率/产出年增长率。

从表7－3可知，1978—2008年，第一产业就业份额下降了30.9%，第二产业和第三产业分别上升了9.9%和21%，这意味着改革开放以来从第一产业流出的劳动力有2/3以上转移到第三产业。第三产业成为吸纳劳动就业的主要行业。

从三次产业相对劳动生产率的变化可知，我国就业结构明显滞后于工业结构：第一产业相对劳动生产率远小于1，表明由劳动生产率提高使第一产业中剩余劳动力的增加速度超过了其转移速度。相对于第二产业和第三产业，第一产业仍然存在着无限供给的剩余劳动力需要转移。第二产业相对劳动生产率有所下降，但仍然远高于1，特别是20世纪90年代以来，第二产业相对劳动生产率下降0.1个百分点，这说明了第二产业正在排挤劳动力就业。不过，走新型工业化道路之后第二产业结构偏离度正在向0靠拢，长期以来第二产业吸纳就业不足的情况得到扭转。第三产业相对劳动生产率正在向1靠拢，表明第三产业基本达到均衡水平，就业空间已经很小①。发展水平不足和就业弹性趋于下降使未来我国第三产业就业形势不容乐观。

（二）产业结构与就业结构的国际比较

为便于与“标准”模式进行比较，我们将钱纳里等（1986）模型的人均收入1970年美元值变换为1996年的美元值（见表7－4）。根据美国GDP缩减指数，1970年美元换为1996年美元因子大约为3.8②。这样，六个工业化阶段收入变动范围调整如表7－4所示。

表7－4　六个工业化阶段收入变动范围调整

时期	1	2	3	4	5	6
人均收入	532—1064	1064—2128	2128—4256	4256—7980	7980—12768	12768—19152

注：人均收入为1996年美元。

对照钱纳里标准模型，从人均收入水平看，我国工业化进程已经从工业化第二阶段进入工业化第三阶段即工业化中后期阶段③。从产值结构看，我国三次产业产值结构为11.3∶48.6∶40.1与钱纳里模型的第六阶段的9.7∶45.6∶44.7相似，偏离度为1.6∶3.0∶－4.6。衡量工业化水平另外一个重要指标是就业结构，我国2008年就业结构为39.6∶27.2∶33.2，与照钱纳里模型第五阶段的38.1∶25.6∶36.3较为相似，偏离度为1.5∶1.6∶－3.1。可以判断，一方面我国就业结构滞后工业结构，另一方面我国第三产业产值和就

① 一些学者认为，我国服务业存在增加值被低估的问题。2005年第一次经济普查数据显示，有2.13万亿服务业增长值被遗漏，修正后第三产业增长值比重提高了8.8个百分点。但其实服务业就业比重也存在低估问题，特别是第三产业存在大量非正规就业和隐形就业未被统计（可参考胡鞍钢、杨韵新，2001）。同时，考虑这两个因素，第三产业人均增加值不会发生太大变化。

② 数据来源于《国际统计年鉴》（1998）。

③ 1978—2008年，我国人均GDP从1654元人民币增长到8261元人民币（1996年不变价），按1996年实际汇率计算为218美元增长到1087美元，按购买力平价计算为835美元增长到4172美元。一般认为，按汇率计算低估了我国人均GDP水平，而按购买力平价计算又高估了。实际应为两者的中间值。我们取其均值为526美元增长到2630美元。

业份额都偏低。

与表7－4给出的产业转型指标比较，我国农业劳动力仍占全部劳动力的39.6%，离农业劳动力份额占30%以下的重化工业化阶段的目标还有距离；城乡人口的比例为45.7∶54.3，还未达到产业转型国家城市人口占55%的标准。这个指标反映出我国仍是一个农业大国，推进农业人口非农化转移的任务还很艰巨。

表7－5选取了部分国家和地区的产业就业结构，以便进一步判断我国就业结构变动的方向。2007年三次产业就业结构的世界平均比重为：40.0∶20.5∶39.5，以美国、欧盟及日本为代表的高收入国家，第一产业就业份额低于5%，第二产业份额在20%—30%之间，第三产业的就业份额高达70%左右，反映了服务型经济体的特征。以俄罗斯、巴西为代表的中等收入国家第一产业就业份额在10%—20%之间，第二产业就业份额与发达国家较为相似，第三产业就业比重超过60%，略低于发达国家水平。中国和同样作为转型中国家的印度与高收入国家和中等收入国家的差异在于第一产业就业份额偏高，第三产业就业份额偏低。可以看到，我国第三产业就业份额低于世界平均水平6.3个百分点，与中等收入国家60%的平均水平差距更大。从发展趋势看，我国第二产业就业份额上升空间已经很小，第三产业将成为未来就业的重点领域。

表7－5　　　部分国家和地区三次产业的就业结构比较

国家和地区	第一产业	与世界平均值偏离	第二产业	与世界平均值偏离	第三产业	与世界平均值偏离	年份
中国	39.6	－0.4	27.2	6.7	33.2	－6.3	2008
印度	43.0	3.0	25.0	4.5	32	－7.5	2003
巴西	21.0	－19.0	21.0	0.5	57.9	18.4	2005
俄罗斯	10.8	－29.2	28.8	8.3	60.5	21.0	2007
美国	0.6	－39.4	22.6	2.1	76.8	37.3	2007
欧盟	4.4	－35.6	27.1	6.6	67.1	27.6	2002
日本	4.6	－35.4	27.8	7.3	67.7	28.2	2005
世界平均	40.0	—	20.5	—	39.5	—	2007

资料来源：CIA，The World Factbook，10 June 2008。

通过对我国工业结构和就业结构的演进分析，以及与标准模型和其他国家的比较，我们认为，我国工业结构与就业结构演进基本遵循工业化进程的一般规律，但我国工业结构与就业结构存在不匹配的状况。第一产业结构偏差较大，成为劳动力流出的主要部门，但是农业生产率水平提高缓慢以及城乡间政策性和体制性壁垒的存在阻碍了农村劳动力向城镇和非农产业转移。因此，大量剩余劳动力滞留在农村和第一产业，既是劳动力资源的浪费，也对城乡就业构成了巨大压力。工业结构变迁并未使我国就业结构峰值在第二产业出现，而是直接由第一产业转移到第三产业。这是因为，我国工业化战略是以优先发展重工业开始的，虽然经历过几次调整，但仍未表现出由劳动密集型向资本、技术密集型渐进发展的一般路径。劳动密集型产业的发展“真空”和过早出现资本排挤劳动现象使第二产业形成高增长、低就业格局。近几年来，第二产业就业状况持续改善，制造业和建筑业近年来表现出巨大的就业需求，这也说明目前我国经济结构对生产性劳动的需求相对旺盛。第三产业是吸收就业的主要部门。但从当前的形势看，我国第三产业就业存在后劲不足的问题。与国外相比，在相同产值比重条件下，我国第三产业就业比重已经高于国际标准模型的水平。近年来，第二产业重新重化工业化带动第三产业发展的作用尚不明显，第三产业增长放缓阻碍了进一步提高就业水平。

与世界其他国家比较，可以判断我国未来就业结构的变动方向。按照《中国现代化报告》（2010）的预测，我国可能在2040年左右达到中等发达国家水平。按照这一预测，届时我国就业结构的合理水平应当是10:25:65，这就意味着在未来30年间我国第一产业就业份额至少应该下降30个百分点，而第二产业就业份额也要下降2—3个百分点，第三产业就业份额应当至少提升33个百分点。根据我国工业结构调整的要求和工业化阶段规律，我们提出到2040年三次产业就业结构调整的预期目标（见表7-6）。

第一产业：随着我国工业化和城市化加速，第一产业就业比重将稳步下降，2020年以前，年均下降1.47个百分点；2020—2030年间，年均下降0.7个百分点；2030—2040年间，年均下降0.5个百分点；2040年就业比重达到10%左右。

表 7-6　　我国三次产业就业结构预期目标

单位:%

产业	2008 年	2020 年	2030 年	2040 年
第一产业	39.6	22	15	10
第二产业	27.2	35	33	25
第三产业	33.2	43	52	65

第二产业：在工业化完成之前，就业份额先升后降，2020 年以前，年均增长 0.65 个百分点；2020—2030 年间，年均下降 0.2 个百分点；2030—2040 年间，年均下降 0.8 个百分点；2040 年就业比重达到 25% 左右。

第三产业：就业比重保持加速增长态势，2020 年以前年均增长 0.82%；2020—2030 年间年均增长 0.9 个百分点；2030—2040 年间年均增长 1.3%，2040 年就业比重达到 65%。

二　工业结构与就业结构演进与趋势

（一）工业结构与就业结构的演进

按照国家统计局的分类方法（GB/T 4754—2002）将工业划分为资源密集型行业、劳动密集型行业、资本密集型行业、技术密集型行业[①]四大部门进行分析。表 7-7 给出了四大工业部门的相关指标。

从产值结构的变化可以找到我国工业结构的升级路径及其对就业的影响。从表 7-7 可以看到，20 世纪 80 年代中期到 90 年代初期，轻重工业比例调整使我国劳动密集型部门增长值比重明显上升，而比重较高的资本密集型部门呈现下降趋势。劳动密集型部门的快速发展是这一时期我国第二产业保持较高就业弹性和就业增长率的重要原因。90 年代中期以后，我国劳动密集型部门比重开始下降，我国工业化发展由劳动密集型进入资本密集型工业化阶段。要素投入结构的变化也导致这一时期工业就业吸纳能力急剧下降。这一阶段我国工业部门的就业弹性均为负值，这说明我国工业行业普遍出现了资本深化现象。当然，这也与国有企业“减员增效”改革有关，劳动力出现了非市场化排除效应。

① 资源密集型行业包括从煤炭开采到洗选业到非金属矿采选业以及电力、热力生产供应业和水的生产供应业，共 8 个行业；劳动密集型行业包括从食品制造业到文教体育用品制造业等 12 个行业；资本密集型包括从石油加工、炼焦及核燃料加工业到金属制品业等 10 个行业；技术密集型行业包括从普通机械制造业到通信设备、计算机及其他电子设备制造业。

表 7-7　　我国工业的产值结构和就业结构相关指标

年份	产值份额					就业份额					就业弹性				
	总体	Ⅰ	Ⅱ	Ⅲ	Ⅳ	总体	Ⅰ	Ⅱ	Ⅲ	Ⅳ	总体	Ⅰ	Ⅱ	Ⅲ	Ⅳ
1985	100	10.4	25.9	36.0	27.8	100	14.1	28.6	29.7	27.7	-2.94	2.40	0.70	-3.44	-2.52
1992	100	9.9	29.7	32.4	28.1	100	13.5	29.7	30.0	26.8	0.13	0.07	0.07	0.20	0.19
2001	100	3.7	24.5	29.8	41.9	100	11.2	29.2	30.8	28.8	-0.13	-0.61	0.12	-0.21	-0.14
2008	100	2.6	20.6	26.6	50.3	100	9.1	29.9	27.6	33.5	0.43	0.91	0.37	0.44	0.47
1985—1992	1.17	-0.07	0.55	-0.51	0.04	0.42	-0.08	0.16	0.05	-0.13	0.33	0.20	0.44	0.26	0.25
1992—2001	3.08	-0.68	-0.58	-0.28	1.54	0.62	-0.26	-0.05	0.09	0.22	-0.12	-0.61	-0.22	-0.09	-0.06
2001—2008	2.39	-0.16	-0.56	-0.47	1.19	1.52	-0.30	0.09	-0.46	0.66	0.26	0.06	0.30	0.21	0.30
1985—2008	1.96	-0.34	-0.23	-0.41	0.98	0.62	-0.22	0.06	-0.09	0.25	0.18	0.06	0.27	0.21	0.16

注：Ⅰ、Ⅱ、Ⅲ、Ⅳ分别表示资源密集型、劳动密集型、资本密集型和技术密集型部门；产值和就业的时间段指标为年均结构变动度，即（当期份额 - 基期份额）/年数；就业弹性的时间段指标为年均就业弹性。

在 2000 年以后，机械加工、通信设备等代表工业结构升级方向的技术密集型部门快速发展，其产值份额和就业份额分别超过资本密集型和劳动密集型行业，成为我国工业发展的主导部门。而工业结构的升级并没有使就业弹性下降，反而相比前一个阶段有所上升。除了工业排除“富余人员”后就业弹性自然回升的因素外，我们认为更为重要的原因是，工业结构由传统资本密集型向技术密集型的转变改变了工业依赖常规技术和资本的粗犷发展模式，资本深化不利于就业的状况得到逆转①。可以明显看到，2001—2008 年，技术密集型行业就业弹性已经超过工业整体水平，与劳动密集型行业基本一致。这也从一个侧面佐证了我国工业结构升级并没有与劳动就业相矛盾。

① 我们在本章第三节对这一命题作了深入分析。

图 7 -4 给出了四大工业部门的结构偏离度。可以看到，劳动密集型和资源密集型部门相对而言吸纳了过量的劳动就业，资本密集型部门产值和就业也基本达到均衡水平。而技术密集型部门结构偏离度较高，但近年来出现了向均衡水平靠拢的迹象，这说明技术密集型部门巨大的就业空间正在得到释放。

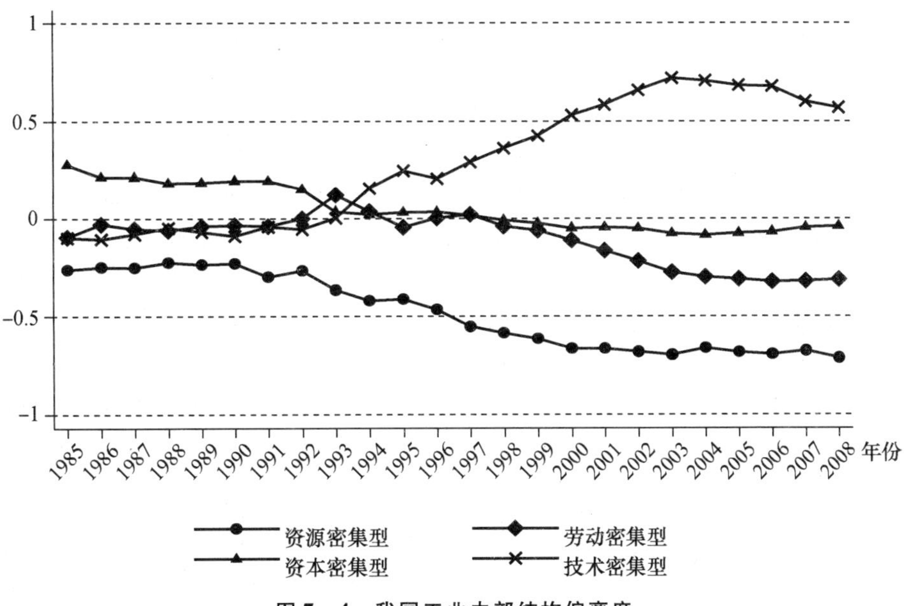

图 7 -4　我国工业内部结构偏离度

（二）工业结构与就业结构的趋势

基于以上分析，我们对新型工业化战略下未来工业就业增长进行预测。首先对工业就业人数进行修正。本章使用的就业指标是国有及规模以上非国有工业企业从业人员数，这一统计指标主要遗漏了农民工就业。劳动和社会保障部 2006 年调查显示，2006 年外出农民工就业人数达 1.32 亿人，其中工业就业人数占 53.2%。这个调查还给出了农民工就业的行业分布情况，我们计算发现，工业四大部门的农民工就业比例为 8.1∶42.3∶ 12.6∶37.0。表 7 -8 给出了修正后的工业就业人数和产出就业比。可以看到，目前资源密集型部门 2 万元左右就能创造一个就业岗位，资本密集型和技术密集型则高达 7 万元左右才能创造一个就业岗位。

表 7-8　　　　　2008 年四大工业部门产出就业比修正

	资源密集型	劳动密集型	资本密集型	技术密集型
增加值（万元）	2173	17277	25074	39500
从业人数（万人）	784	2589	2692	2596
修正从业人数（万人）	1326	5424	3536	5079
修正产出就业比（元/人）	1.6	3.0	6.9	7.4

对未来 5—10 年各工业部门发展前景的预测：新型工业化战略对于资源环境具有较强的导向性，资源密集型部门的发展将面临考验，其增长率将显著低于 GDP 增长水平，我们预计未来 5—10 年资源密集型部门年均增长率为 5% 左右。考虑到当前重化工业化发展对资本的依赖，我们预计资本密集型部门年均增长率将达到 12%—15%。当前劳动密集型部门受到国际金融危机、成本上升等因素影响发展有所放缓，但考虑到新型工业化战略强调对人力资源的充分利用，在政策导向下我们预计劳动密集型部门年均增长率将达到 10%—12%。新型工业化战略强调对高技术产业，特别是信息产业的倾向性支持，我们预计技术密集型部门年均增长率将达到 15%—20%。

对未来若干年各工业部门产值劳动比的预测：实施新型工业化道路以来，我国陆续出台一系列针对电力、煤炭、钢铁、水泥、有色金属、焦炭、造纸、制革、印染等资源密集型和资本密集型行业调整过剩产能的产业政策。未来若干年资源、资本密集型部门将逐步向集约型发展方式转变，传统上大量使用人力的状况将得到遏制。我们预计，资源密集型和资本密集型部门创造一单位就业需要的增加值将增加 1.5 万—2 万元，产出劳动比将分别上升到 3.5—4 和 8.5—9。劳动密集型部门和技术密集型部门近年来就业弹性下降趋势较为缓慢，考虑到劳动密集型部门内部结构升级的压力和技术密集型部门附加值水平逐步提高，我们预计，这两个部门创造一单位就业需要的增加值将增加 1 万—1.5 万元，产出劳动力将分别上升到 3.5 万—4 和 8 万—8.5 万元。

根据上面的预测，我们对未来若干年工业就业创造能力进行分析。表 7-9 给出了按照产出劳动比上下限和产出增长率上下限预测四种组合预测的工业就业增长情况。可以看到，2014 年我国工业就业人数将达到 2.4 亿人左右，2019 年将达 4.4 亿人左右，工业内部就业结构将大致形成 0.03∶0.27∶0.22∶0.48 的格局，技术密集型部门成为就业比重最大的工业部门。计算发现，2008—2014 年，工业增加值年均增长率为 12.9%—16.7%，工业就业年均增长率为 6.6%—9.9%，就业增长率远低于产出增长率；2014—2019 年，工业增加值年均增长率为 13.2%—17.2%，工业就业年均增长率为 12.6%—16.5%，就业增长率略低于产出增长率。可见，由于资源密集型、资本密集型行业的结构调整以及劳动密集型、技术密集型的结构升级，未来 5 年我国工业吸纳就业能力不会有太大改观；经过结构调整之后，持续增长的工业部门将迅速扩大创造就业的能力。因此，有效贯彻新型工业化道路，大力发展技术密集型行业，在保持工业快速增长的基础上，遏制就业弹性下降势头，最终新型工业化道路下人力资源充分利用的问题将得到解决。

表 7－9　　未来若干年我国工业就业人数预测

	年份	资源密集型		劳动密集型		资本密集型		技术密集型		合计	
部门增长	—	5%	5%	10%	12%	12%	15%	15%	20%	下限	上限
产出劳动比上限	2014	693	693	6183	6766	4910	5604	9347	11564	21134	24627
	2019	885	885	9958	11925	8653	11271	18800	28774	38296	52854
产出劳动比下限	2014	792	792	6956	7612	5199	5933	9931	12286	22879	26624
	2019	1011	1011	11203	13415	9162	11934	19975	30572	41352	56932

第三节　中国工业结构变动对就业影响的实证分析

一　中国工业结构变迁的就业效应

工业结构升级在带动就业增长的同时，也伴随着对就业的破坏效应。我国工业结构升级的就业破坏效应首先体现在工业结构的要素使用方式发生了变化，我国第二、第三产业的技术路径均表现出劳动节约型特征，出现了明显的资本替代劳动现象。表 7 - 10 给出了我国四个时期的资本劳动比年均增长率和就业弹性。第一个时期（1978—1991）到第二个时期（1991—2001）资本劳动比年均增长率提高了 6.3 个百分点，就业弹性下降了 0.15；第二个时期（1991—2001）到第三个时期（2001—2007）资本劳动比年均增长率提高了 1.2 个百分点，就业弹性仅下降了 0.03。而第二、第三产业的表现与全国水平一致，即资本劳动比的增长速度与就业弹性的下降速度成正比。可见，资本深化速度过快是我国工业结构就业吸纳能力下降的原因。

表 7 - 10　　　　我国资本劳动比与就业弹性

年份	资本劳动比年均增长率			就业弹性时段均值		
	全国	第二产业	第三产业	全国	第二产业	第三产业
1978—1991	4.2	5.0	0.2	0.27	0.43	0.46
1991—2001	10.5	8.2	7.7	0.12	0.32	0.38
2001—2007	12.7	11.4	9.3	0.09	0.40	0.31
1978—2007	8.1	7.4	4.6	0.14	0.27	0.44

注：表中数据为笔者计算。

工业结构升级的就业破坏效应还体现在工业结构剧烈变动导致结构性失业。在劳动力市场尚不健全的情况下，我国劳动供求之间存在不匹配现象日益突出。在本章第二节分析中已发现，近年来我国第二、第三产业内部结构发生了较大变化，生产性服务业和技术密集型工业等新兴产业发展迅速，但是新兴产业劳动力需求并没有得到满足，普遍存在较大的结构偏离度。与此同时，流通服务业和劳动密集型工业等传统产业发展速度减缓，由于这些行业就业弹性较高，就业比重的降低导致劳动力需求下降较多。新兴产业岗位空缺和传统产业低技能劳动力失业现象并存。由于我国并没有岗位空缺的劳动统计数据，因此很难准确地度量结构性失业的程度。不过可以肯定的是，结构性失业与工业结构变迁的剧烈程度密切相关。

为了分析工业结构升级对就业的不同效应，我们将工业结构分解为工业结构升级方向、工业结构升级速度和要素结构升级速度。工业结构升级方向用来衡量工业结构由低级向高级演进的程度，表示工业结构对就业的创造效应；工业结构升级速度和要素结构升级速度用来衡量工业结构对就业的破坏效应。考虑到工业结构和就业结构的非线性关系，我们构建如下模型：

$$L = f\ (STRFX,\ STRSD,\ STRKL) = a(STRFX)^{\alpha}\ (STRSD)^{\beta}\ (STRKL)^{\lambda} \tag{7-1}$$

其中，L 表示就业人数，我们用第二、第三产业就业人数表示；*STRFX* 表示产业结构升级方向，我们用第二、第三产业产值与总产值比重表示；*STRSD* 和 *STRKL* 分别表示工业结构升级速度和要素结构升级速度，我们用表示速度的 K 值公式计算：$STRSD = \sum_{i=1}^{2} |p_{i,t} - p_{i,0}|$ ，$STRKL = \sum_{i=1}^{2} |q_{i,t} - q_{i,0}|$ ，其中 $p_{i,t}$ 和 $q_{i,t}$ 表示 i 产业（$i=2，3$）第 t 期的产值比重和资本劳动比，$p_{i,0}$ 和 $q_{i,0}$ 表示 i 产业第 0 期的产值比重和资本劳动比，我们以 1978 年为基期计算。对（7－1）式两边取对数得到回归方程。

$$\ln L = \ln a + \alpha \ln STRFX + \beta \ln STRSD + \lambda \ln STRKL \tag{7-2}$$

我们采用 1993—2007 年省级面板数据进行分析。检验过程分两步：首先对各变量进行单位根检验；然后在各变量都是同阶单整的情况下，对面板数据进行回归并对回归残差项进行单位根检验，以验证变量之间存在长期因果关系。

本章采用 IPS 和 LLC 方法用 Stata10.0 进行面板单位根检验。IPS 方法假设面板数据的各单元为不同根的单位根过程（Individual Unit Root Processes），而 LLC 方法假设面板数据的所有单位为同根的单位根过程。考虑到我国各地区的产业发展和政策环境不同，我们有理由相信省级面板数据是不同质的序列。因此，我们以 IPS 检验的结果为主，LLC 检验结果为参考。表 7－11 给出了检验结果。

结果显示，各变量时间序列的 IPS 检验结果都显示在 1% 的显著水平上存在单位根，LLC 检验结果显示 ln*STRKL* 不存在单位根。对各变量的一阶差分值检验，各变量在 1% 的显著水平上拒绝存在单位根的原假设，即各变量的一阶差分值都是平稳的，因此我们模型中的变量都是一阶单整 I（1）。

表 7-11　　1993—2007 年面板数据单位根检验结果

变量	水平值		一阶差分值		
	IPS 检验	LLC 检验	IPS 检验	LLC 检验	滞后期
ln*L*	-0.666 (1.000)	1.48916 (0.9318)	-1.915*** (0.004)	-5.22175*** (0.000)	2
ln*STRFX*	-0.186 (0.158)	0.29742 (0.6169)	-2.317** (0.049)	-16.076*** (0.0018)	3
ln*STRSD*	-0.137 (0.422)	-2.771 (0.7441)	-1.874*** (0.013)	-17.195*** (0.001)	2
ln*STRKL*	-1.680 (0.952)	-2.48983** (0.0064)	-2.481*** (0.006)	-5.41777** (0.0000)	2

注：两个检验的原假设都是数据序列为非平稳的单位根过程；报告了 IPS 检验和 LLC 检验的 t-bar 统计值和 t-star 统计值，括号里是统计值的显著性水平；滞后期根据 AIC 和 BIC 值选择；所有检验均包括时间趋势项和截距项，** 和 *** 表示 5% 和 1% 水平显著。

面板数据的协整检验原理和时间序列一样，首先对协整方程进程回归然后对误差项进行单位根检验。如果误差项检验显示为平稳序列，则可以认为存在协整关系。我们采用固定效应模型对（7-2）式进行回归，得到如下结果：

$$\ln L = 7.2641 + 2.5996\ln STRFX - 0.1163\ln STRSD - 0.1224\ln STRKL$$

其中，豪斯曼检验统计值为 12.59，调整 R^2 为 0.8533，F 值为 244.34，各变量都在 1% 水平显著。进一步对残差项进行单位根检验。

表 7-12 显示，残差序列在 5% 显著水平上是平稳的。因此可以认为，在协整方程中各变量存在长期稳定关系。从各变量的回归系数看，非农就业与工业结构变动方向（*STRFX*）正相关，即工业结构向第二、第三产业升级有利于提高就业水平；非农就业与产业结构变动速度（*STRSD*）和要素结构升级速度（*STRKL*）负相关，即工业结构升级速度越快、要素结构升级越快，就业水平越低，这与我们的理论假设一致。从回归系数大小看，工业结构变动方向对就业的影响为 2.5996，工业结构变动速度和要素结构升级速度为 -0.1163 和 -0.1224，表明工业结构对就业的创造效应远远大于工业结构对就业的破坏效应。

表 7-12　　1993—2007 年面板数据残差序列单位根检验结果

残差项	IPS 检验	LLC 检验	滞后期
E_{it}	-2.406** (0.017)	-4.89876*** (0.0000)	2
E_{it}	-2.351** (0.036)	-1.35486** (0.0877)	3

注：两个检验的原假设都是数据序列为非平稳的单位根过程；报告了 IPS 检验和 LLC 检验的 t 统计值和 t 统计值，括号里是统计值的显著性水平；滞后期根据 AIC 和 BIC 值选择；所有检验均包括时间趋势项和截距项，** 和 *** 表示 5% 和 1% 水平显著。

通过本节的分析我们发现，我国第二、第三产业技术进步都表现出劳动节约型的技术路径。由劳动密集向资本密集的转变降低了工业结构的就业吸纳能力。同时，我国正处于工业化中期阶段，工业结构的剧烈变动对劳动就业也存在不利影响。从长期来看，工业结构的就业创造效应大于工业结构的就业破坏效应，工业结构变动的就业净效应为正。

二　中国工业行业资本深化和技术进步的就业效应

对工业结构的分析表明，我国工业结构已经由劳动密集型转变到资本、技术密集型发展阶段，但走新型工业化道路以来以信息产业、机械制造为主导的技术密集型工业快速发展并没有降低工业的就业吸纳能力。如何解释这种现象？

我国第二产业资本深化是在与要素禀赋存在偏差的条件下发生的。资本深化和重化工业化是工业化升级的必然阶段，工业化加速阶段的显著特征是资本积累导致资本劳动比上升（Hoffmann，1958）。我国资本深化与重化工业化的关系如何。如果重化工业化为资本深化所推动，那么 2001 年以来的重新重化工业化与消费结构升级密切相关的观点有待商榷；如果资本深化为重化工业化所推动，那么重新重化工业的就业效应究竟如何？

作为一种技术选择，资本深化在理论上能够促进技术进步和产业结构升级。那么，在考虑技术路径偏差的条件下，我国工业技术进步的就业效应到底如何？不同要素密集型行业的技术进步的就业效应有何差异？本小节通过实证分析试图对上述三个问题进行回答。

（一）工业资本深化的就业效应

为了在同一个坐标上比较工业整体的资本劳动比、资本生产率和劳动生产率增长变化情况，以上一年为基期（上一年 =100）将三个指标指数化，结合工业行业就业弹性，得到图 7 – 5。

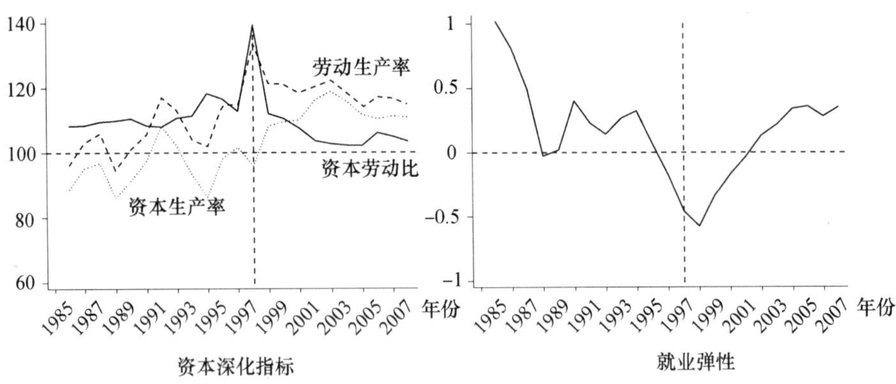

图 7 – 5　工业资本深化相关指标增长和就业弹性

1985—2008 年，工业资本劳动比都呈增长状态。但以 1998 年为界，存在 1985—1998 年加速增长时期和 1998—2008 年减速增长时期。可以看到，资本深化速度与就业弹性存在显著的负相关关系：资本深化加速增长就业弹性下降；资本深化减速增长就业弹性上升。观察其他两个指标，第一个时期资本生产率持续下降，而劳动生产率增长也相对缓慢；第二个时期伴随着资本劳动比减速增长，资本生产率和劳动生产率就呈加速增长态势。显然，第二个时期资本深化减缓不仅提高了就业弹性，而且提高了增长效益。

为了评估资本深化的就业效应，表 7 – 13 显示了工业四大部门的资本深化相关指标。

可以看到，资本劳动比由高到低排名依次为资本密集型、资源密集型、技术密集型以及劳动密集型产业。资本劳动比的大小反映了不同类型技术选择的就业吸纳能力的差异。从资本生产率和劳动生产率来看，技术密集型都是最高的，而资源密集型都是最低的，资本密集型与劳动密集型

表 7－13　　工业四大行业资本深化指标对比

年份	资本劳动比				资本生产率				劳动生产率			
	Ⅰ	Ⅱ	Ⅲ	Ⅳ	Ⅰ	Ⅱ	Ⅲ	Ⅳ	Ⅰ	Ⅱ	Ⅲ	Ⅳ
1985	1.24	0.44	1.66	1.05	0.41	1.41	0.53	0.59	0.51	0.62	0.87	0.62
1997	3.35	2.55	5.68	2.99	0.18	0.54	0.24	0.58	0.60	1.37	1.37	1.73
1998	4.87	3.37	8.07	3.97	0.15	0.51	0.22	0.61	0.74	1.72	1.78	2.44
2008	10.91	4.56	16.67	5.47	0.25	1.46	0.56	2.78	2.77	6.67	9.31	15.21
1985—1997	1.70	4.82	2.43	1.84	-0.56	-0.62	-0.54	-0.01	0.19	1.21	0.56	1.80
1998—2008	1.24	0.35	1.06	0.38	0.66	1.87	1.54	3.52	2.73	2.88	4.25	5.24
1985—2008	7.78	9.38	9.06	4.19	-0.38	0.04	0.06	3.74	4.48	9.76	9.65	23.59

注：Ⅰ、Ⅱ、Ⅲ、Ⅳ分别表示资源密集型、劳动密集型、资本密集型和技术密集型工业部门；时段数据表示年均增长率。

相比劳动生产率较高而资本生产率较低。以上分析说明，技术密集型部门技术效率的改善并没有使技术选择过多的向资本替代劳动的路径偏差，同时使增长更加具有效率。资源密集型的部门特征决定了它的资本生产率和劳动生产率都是最低的，这些行业的增长即缺乏效率同时也不利于就业。

可以发现，即使是劳动密集型部门也发生了显著的资本深化，尽管它的就业吸纳能力依然高于其他类型的行业。因此，从长期来看，解决就业问题终究需要依靠技术进步和效率改善，技术密集型行业依靠效率提高相对排斥了较少的劳动力。因此我们认为，资本深化对就业的影响应该从技术进步（效率改善）和吸纳就业能力两个方面来评价。如果我们将劳动生产率和资本生产率作为效率评价指标，将资本深化程度作为就业能力评价指标，我们可以判断，在长期中只有不断提高技术效率（资本和劳动生产率水平）才能提高工业的就业吸纳能力（见表 7－14）。

表 7－14　　四大工业部门就业效应评价

	技术密集型	资本密集型	劳动密集型	资源密集型
效率改善	强	强	弱	弱
就业能力	强	弱	强	弱
综合评价	强	中	中	弱

（二）重化工业化的就业效应

以全部工业行业资本劳动比代表资本深化，重化工业发展指标我们用霍夫曼系数代表，即重工业不变价增加值与轻工业不变价增加值代表。检验过程分四步：首先，我们对两组数据进行单位根检验；其次，进行协整检验；再次，格兰杰因果关系检验；最后，误差修正检验。

从表 7－15 的单位根检验结果可以看到，KL 和 HOLF 均为非平稳序列，而一阶差分均为平稳时间序列，我们判断二者之间可能存在着协整关系。用约翰森（Johansen）检验法检验 KL 和 HOLF 之间是否存在长期均衡关系，也即是否存在协整关系。检验结果如表 7－16 所示。

表 7－15　　　　资本深化和霍夫曼系数单位根检验

变量	检验形式	ADF 检验值	临界值	检验结果
KL	（C、T、3）	－2.872023	－3.268973	非平稳
HOLF	（C、0、0）	－1.31377	－4.416345	非平稳
d KL	（C、T、1）	－2.763636	－2.6422	平稳
d HOLF	（C、0、0）	－5.074639	－4.467895	平稳

注：KL 是资本劳动比，代表资本深化指标；HOLF 是霍夫曼系数，代表重化工业化，下同。

表 7－16　　　　资本深化和霍夫曼系数协整检验

零假设向量数	特征值	似然比统计量	5% 临界值	P 值
无（r＝0）	0.495626	15.99584	15.49471	0.0420
至多 1 个（r≤1）	0.108949	2.307081	3.841466	0.1288

注：数据生成选择了无线性趋势，协整方程同时包含截距项和无线性趋势项。

从结果看到，似然比统计量大于临界值在 5% 的显著水平上拒绝两个变量之间不存在协整关系的零假设。我们根据标准化协整向量为（1.000，　－4.2751C），得到以下协整方程：

$$KL = 3.654 + 4.2751HOLF$$

$$(0.071) \qquad (0.07)$$

协整方程的 t 值非常显著，意味着重化工业化和资本深化在长期具有稳定的正相关关系。下面我们用格兰杰检验分析两个变量的因果关系（见表 7－17）。

表 7-17 资本深化和霍夫曼系数格兰杰因果关系检验

原假设	F 值	概率	样本数	滞后期
HOLF 不是 KL 的格兰杰原因	0.83305	0.45171	22	2
KL 不是 HOLF 的格兰杰原因	3.97701	0.03829		
HOLF 不是 KL 的格兰杰原因	0.54624	0.65872	22	3
KL 不是 HOLF 的格兰杰原因	3.39003	0.04817		

注：滞后期根据 AIC 和 BIC 值选择。

从结果可以看到，资本深化和重化工业化存在单向的因果关系，即 1985—2008 年我国重化工业化是资本深化的格兰杰原因；反之则不成立。下面我们用误差修正模型进一步检验 KL 和 HOLF 的内在联系。

从误差修正模型可以看到重化工业化对资本深化作用显著，这与格兰杰因果关系检验的结论是一致的。同时，前一期的霍夫曼指数对当前资本深化就有显著作用。这表明重化工业化在短期内就导致了资本深化的加剧。因为我们认为，至少在工业行业中国的资本深化是由重化工业化推动的，这是对我国资本深化在非市场条件下发生机制的一种解释。

表 7-18 资本深化和霍夫曼系数误差修正检验

方程	D (KL)	D (HOLF)
CointEq1	0.009100 (0.05108)	0.046089 (0.01414)
D (KL (-1))	0.353685 (3.24659)	-0.043168 (1.10191)
D (KL (-2))	-0.237676 (-1.81914)	0.011772 (-1.65943)
D (HOLF (-1))	0.410195 (0.82416)	-0.128546 (1.73092)
D (HOLF (-2))	-1.008502 (0.81793)	-0.467852 (1.22638)
C	0.172215 (0.12679)	-0.172174 (-1.04411)
R^2	0.840867	0.815173
调整后的 R^2	0.681733	0.630346
F 值	5.284037	4.410469

注：在误差修正模型中数据项含截距项，无趋势项；方程数为 1 个，滞后阶数为 2。

计算1985—2008年重工业不变价增加值、资本和就业占整个工业的份额。从图7-6可以看到，我国近年来确实表现出明显的重化工业化趋势。1999—2008年，重工业增加值份额从58.1%上升到65.0%，资本份额从69.5%上升到73.8%，而就业份额却从58.4%下降到57.7%。重化工业化对工业就业的负面影响是显而易见的。

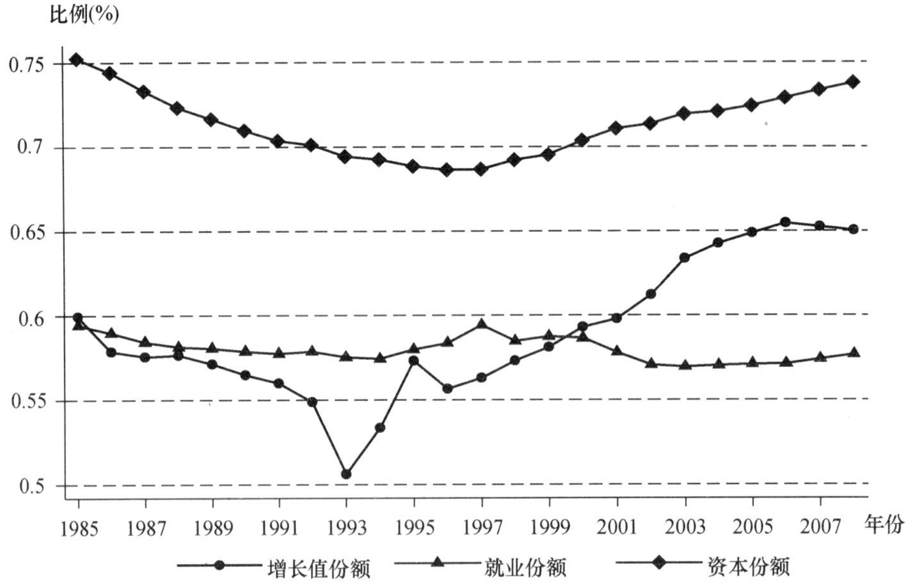

图7-6　重工业各项指标占工业的比例

本书认为，重工业化除了具有资本密集的特征外，还具有技术密集的特征①。因此，对重工业化就业效应的研究应该考虑短期资本深化对就业的影响和长期对就业的综合影响。为此，本书构建了两个模型分析重化工业化的就业效应。

模型1：重化工业化对就业的综合影响。重化工业化在可能通过技术

---

①　在本书的工业分类中，技术密集型行业绝大部分属于重工业。

进步在长期减缓资本深化程度进而提高就业水平。因此我们采用分布滞后模型进行分析，如下面的模型所示，L 表示全国的就业水平；$HOLF$ 是工业霍夫曼系数，代表重工业化水平；a 是常数项，b 是回归系数，ε 是误差项，k 代表滞后期数。

$$L = a + \sum_{i}^{k} bHOLF(i) + \varepsilon \tag{7-3}$$

模型2：排除资本深化后重化工业化对就业的影响。重化工业化在短期导致资本深化对就业可能不利。因此，我们加入资本深化因素就可以了解排除短期内重化工业化对就业替代效应后“净技术进步”对就业的影响。如（7-4）式，KL 是资本劳动比，代表短期内的就业效应。

$$L = a + \sum_{i}^{k} bHOLF(i) + \sum_{i}^{k} cKL(i) + \varepsilon \tag{7-4}$$

我们共有1985—2008年间23年的数据①。首先使用Stata10.0对模型1采用逐步回归方法进行拟合，滞后项系数的选取标准是回归方程的F值显著性以及滞后项的显著性和稳定性，滞后期数限定在12期。最后我们发现仅有当期和滞后6期的霍夫曼指标进入方程。结果见表7-19。

表7-19　　重化工业化就业效应（模型1）回归分析

	回归系数	T值	P值（5%）
常数项	61129.34	21.66	0.000
HOLF	13167.23	13.55	0.000
HOLF（-6）	6950.545	3.02	0.009

模型的杜宾—沃森（Durbin-Watson）值为1.730，18个自由度和两个解释变量的DW上限值为1.696（5%显著水平），可以认为回归模型不存在自相关问题，同时模型的各系数都是显著的，R^2 为0.927，调整后的 R^2 为0.917。F值为95.59，也是高度显著的。因此可以认为，该模型的回归效果较好。

---

① 全国就业人数来自《中国统计年鉴》（2009），工业霍夫曼系数和资本劳动比为本书计算。

下面我们对模型2进行拟合。同样我们设定滞后期限度为10期，我们发现由于资本劳动比进入方程，霍夫曼系数的当期无法进入方程。这是因为当期资本劳动比和霍夫曼指数高度相关，这在上一小节已经说明。采用分布回归法最后进入方程的只有滞后两期的资本劳动比和滞后6期的霍夫曼系数。然而存在的问题是DW值仅有0.336，远小于3个变量19个自由度的临界值0.859（5%水平下限值），为消除自相关问题我们采用一阶差分方法进行拟合。结果如表7-20所示。

表7-20　重化工业化就业效应（模型2）回归分析

	回归系数	T值	P值（5%）
常数项	601.6298	13.16	0.000
ΔKL（-2）	-381.4255	-2.79	0.014
HOLF（-6）	663.1918	3.08	0.008

这时回归的DW值为2.038，大于3个解释变量18个自由度的自相关极限值1.696。各系数也是显著的，R^2为0.527，调整后的R^2为0.456。F值为8.34，显著度也较高。可以认为该模型拟合效果也较好。

从模型1的结果来看，当期和滞后6期的霍夫曼指数对就业均有影响，表明其对就业既有短期影响也有长期影响。霍夫曼系数上升10个百分点在当前会增长全社会就业1316.7万人，而6年后还会增加就业695.1万人。从模型2的结果来看，重化工业化导致的资本深化对就业是不利的，并且在短期（2年）就能体现出来。而排除资本深化的影响后，重化工业化在长期（5年）可以带动就业的增长。

重化工业化在短期确实可能对就业产生不利影响，这是因为短期内重化工业化导致了资本深化，并且这个过程很快就体现出就业负效应。但是在长期重化工业化对就业是有利的。在模型2中可以发现资本深化的短期负效应小于重化工业化的长期正效应，因此可以判断重化工业化总体上是增加就业的。我们的分析结论和赵建军（2005）一致，后者认为发展劳动密集型产业对于缓解当前的就业压力有积极作用，但在长期中，资本技术密集型产业（重工业）对就业的效应更为突出。

（三）工业技术进步的就业效应

研究技术进步对就业的影响首先需要对技术进步进行定义。我们采用全要素生产率衡量技术进步。相对于狭义技术进步，全要素生产率还包括了人力资本、管理水平、要素配置等因素。

我们采用 DEA 方法测算工业行业的全要素生产率。计算 1985—2008 年全部 33 个工业行业以及工业内部分资源密集型、劳动密集型、资本密集型和技术密集型四大部门的全要素生产率、技术变化指数和技术效率指数，对指数进行换算得到累积计算的马尔姆奎斯特（Malmquist）指数以及分解指标（见图 7－7 和图 7－8）。

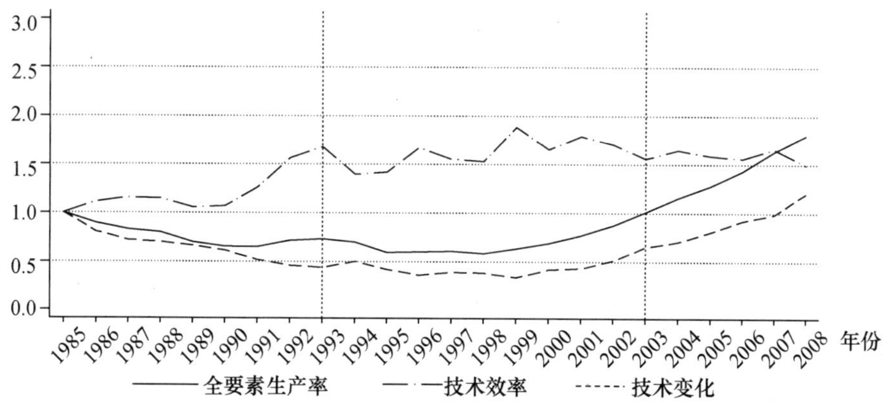

图 7－7　工业全要素生产率、技术效率和技术变化

1985—2008 年，用 DEA 方法测算的工业全要素生产率年均增长率为 2.59%，技术效率年均增长率为 1.77%，技术改变年均增长率为 0.81%。我国工业全要素生产率增长集中在 1989—1993 年和 1998—2003 年两个时期。在前一个时期工业全要素生产率的增长主要来源于技术效率，而在后一个时期，技术变化对全要素生产率增长的贡献超过了技术效率。总体上看，2000 年以后，我国工业技术变化平均增长率开始超过技术效率平均增长率。

为了分析技术进步对就业的影响我们遵循法雷尔（1999）的方法获取就业需求方程。我们假设生产函数是规模报酬不变的柯布—道格拉斯（Cobb－Douglas）生产函数：

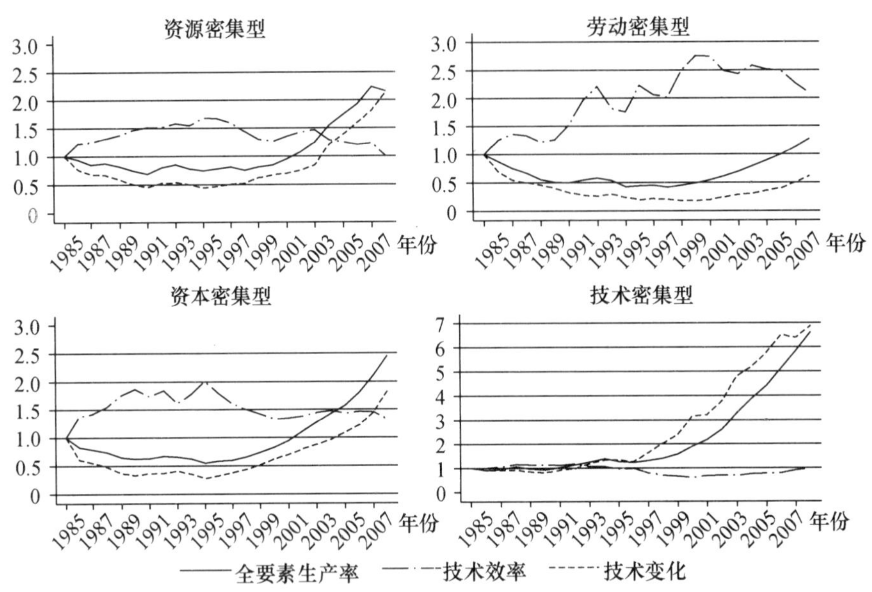

图 7-8 工业四大部门全要素生产率、技术效率和技术变化

$$Y_{it}=A_{it}K_{it}^{\gamma}L_{it}^{\sigma} \tag{7-5}$$

其中，Y、K、L 分别代表产出、资本和劳动；A_{it}是全要素生产率，i 和 t 分别代表产业和时间项。在均衡条件下劳动边际产出（$\partial Y_{it}/\partial L_{it}$）等于劳动工资（$W_{it}$）根据（7-5）式可以解得 $W_{it}=\sigma A_{it}K_{it}^{\gamma}/L_{it}^{1-\sigma}$，等式两边同取对数得到就业需求方程为：

$$L_{it}=\alpha_i+\mu_t+\beta_1+\beta_2 a_{it}+\beta_3 k_{it}+\beta_4 w_{it}+\varepsilon_{it} \tag{7-6}$$

其中，β_1 是常数项，α_i 和 μ_t 分别代表不可观测的行业效应和时间效应。变量 a_{it}是技术进步项，我们用上文测算的马尔姆奎斯特指数及分解项累计值表示，以观测不同类型的技术进步对就业的影响。β_2 系数如果为正，表示在控制其他因素的前提下技术进步能够带来更多的就业；如果 β_2 为负，表示技术进步更多地表现出节约劳动的效果。β_3 代表了资本投入对就业的影响，在资本充分利用的前提下，资本的增长能够带来相应水平的劳动就业增长。当然，如果资本增长速度快于劳动增长速度，长期中可能导致资本对劳动的替代。β_4 代表了控制其他因素时实际工资水平的就业的影响。在劳动力市场完全条件下，实际工资与劳动需求是呈反向关系的。然而，我国工业行业依然存在无限供给的劳动力，工业的劳动供给曲线尚未达到向后弯曲的阶段，实际工资水平对就业的影响同样需要实证验证。

利用上述的劳动需求模型实证分析工业整体及四大工业部门技术进步的就业效应。技术进步我们用上文测算的马尔姆奎斯特指数及分解项累计值表示，以观测不同类型的技术进步对就业的影响。工资数据来源于历年《中国统计年鉴》工业分行业在岗职工平均年货币工资，并用工业投入品物价综合指数平减得到实际工资序列。

采用面板数据模型进行回归分析。利用豪斯曼检验选取固定效应模型（FE）和随机效应模型（RE）。为消除截面异方差的影响，使用广义最小二乘法（EGLS）对模型的异方差和序列相关性进行校正。同时，考虑1998年我国工业就业统计口径的变化，我们在模型中加入了时间虚拟变量（1998年之前为0，1998年之后为1）。我们的拟合结果如表7－21所示。从拟合结果中我们发现：

（1）资源密集型部门、资本密集型部门和技术密集型部门的TFP都在1%水平上显著为负，劳动密集型部门的TFP仅在10%水平上显著为负。这一结果与前文的分析一致，即我国工业大部分行业的技术路径都表现出较强的资本替代劳动特征。劳动密集型技术进步对就业的影响并不显著，这是因为劳动密集型技术进步对劳动的替代较小，同时从前文的分析可知劳动密集型部门技术进步率不高，因而规模扩张的就业创造效应也较小。

表7－21　　工业面板数据拟合结果

	回归模型	技术进步	资本	工资	虚拟变量	常数项	调整后的 R^2	豪斯曼统计值	模型	观测值
工业整体	TFP	0.271*** (11.2)	0.447*** (20.34)	－0.284** (－6.33)	－0.437*** (－16.28)	－0.437** (－16.28)	0.702	243.6	FE	792
	TECH	0.232*** (14.1)	0.475*** (22.43)	－0.280** (－7.08)	－0.404*** (－15.48)	4.646*** (19.71)	0.7405	229.45	FE	792
	EFF	－0.072** (－4.11)	0.358*** (17.65)	0.015** (0.43)	－0.496*** (－17.09)	2.878*** (12.36)	0.737	72.87	FE	792

续表

	回归模型	技术进步	资本	工资	虚拟变量	常数项	调整后的 R^2	豪斯曼统计值	模型	观测值
资源密集型	TFP	-0.240** (-4.51)	0.530*** (10.12)	-0.231 (-3.97)	-0.467** (-8.88)	3.560** (7.51)	0.664	1.25	RE	120
	TECH	-0.161** (-3.62)	0.559*** (10.31)	-0.216 (-3.61)	-0.483** (-9.02)	3.275** (6.16)	0.644	0.17	RE	120
	EFF	0.001* (0.02)	0.533*** (9.01)	-0.242 (-3.78)	-0.528*** (-9.52)	3.646** (9.00)	0.603	14.13	FE	120
劳动密集型	TFP	0.001* (0.03)	0.158** (4.58)	0.312** (4.3)	-0.604*** (-10.59)	1.671** (3.23)	0.646	7.64	FE	264
	TECH	0.016* (0.95)	0.142** (4.13)	0.308** (4.08)	-0.600*** (-10.69)	1.793** (3.55)	0.548	8.47	FE	264
	EFF	-0.016* (-0.91)	0.144** (4.17)	0.319** (4.41)	-0.595*** (-10.52)	1.696** (3.61)	0.548	7.8	FE	264
资本密集型	TFP	-0.068** (-3.61)	0.387*** (10.79)	-0.329** (-6.32)**		5.108*** (19.74)	0.639	6.95	RE	288
	TECH	-0.018** (-1.65)	0.381*** (10.13)	-0.364** (-6.97)		5.421*** (22.19)	0.636	6.88	RE	288
	EFF	-0.014* (-0.72)	0.353*** (9.28)	-0.356** (-6.67)		5.533*** (23.52)	0.631	5.95	RE	288
技术密集型	TFP	-0.135** (-1.47)	0.446*** (6.37)	-0.331** (-3.22)		5.398*** (10.9)	0.655	16.85	FE	120
	TECH	-0.276** (-4.42)	0.551*** (7.94)	-0.462** (-5.02)		5.816*** (14.74)	0.640	7.34	FE	120
	EFF	0.352** (4.26)	0.580*** (7.98)	-0.615*** (-5.8)		6.809*** (14.65)	0.634	16.21	FE	120

注：TFP、TECH、EFF 分别表示全要素生产率、技术变化和技术效率；各变量系数的括号内为 t 检验值；*、** 和 *** 分别表示 1%、5% 和 10% 水平上显著；资本密集型和技术密集型回归模型为包括虚拟变量。

(2) 从工业整体看，TFP 在 1% 水平显著为正，表明技术进步增加工业的就业需求。为什么 TFP 的就业效应在工业整体和各部门会有不同的表现呢？本章测算各部门 TFP 的方法是单独将各部门内部行业作为一个决策单元用 DEA 方法计算，其含义是部门之间的 TFP 水平不存在必然的联系；而工业整体的 TFP 是将所有工业行业作为一个决策单位，其含义是各部门、各行业之间的 TFP 是相互关联的。算法的差异体现出技术进步对就业的产业关联效应：技术进步对各部门的就业效应虽然为负，但是，随着各部门技术进步在所有行业间扩散，生产专业化程度不断提高形成新的产品和新的行业，从而创造新的就业需求。最终从总体上看，技术进步对就业的正效应反而为正。

(3) 从 TFP 的分解项可以找到 TFP 影响就业的不同路线。除劳动密集型部门外，技术变化（TECH）在其他部门均显著为负。DEA 方法测算的技术变化更多地体现为部门内各企业在生产的技术创新、改进和产品研发方面的投入导致的技术进步。在人力资本相对匮乏的条件下，工业企业的技术创新活动更多的是以资本为载体，因此，技术改变减少就业需求是显而易见的。不过，工业整体的技术改变却增加了就业需求。这同样可以反映出工业行业技术改变对就业具有较强的产业关联效应：企业的技术创新通过产业关联作用和产业链的延伸刺激了其他企业和行业的发展，从而增加了就业需求。

(4) 技术效应（EFF）在各部门有不同表现。DEA 方法测算的基数效应更多地表现为企业制度变革、管理水平的改善和包括劳动在内各种要素资源利用效率提高导致的技术进步。这样看来，技术效率对就业的影响主要体现在“减员增效”上。在 20 世纪 90 年代末，我国工业行业的冗员问题是显而易见的。吴延瑞（1999）利用抽样调查的方法对我国国有企业冗员问题进行分析，根据他的估计，我国国有企业约有 30% 的隐性失业人员；其他一些调查也得出了 6%—50% 不等的结果。从我们的拟合结果看，工业整体、劳动密集型部门和资本密集型部门的技术效率改善对就业需求存在负影响。这表明，我国大部分工业行业的冗员问题在逐步消除。而资源密集型行业和技术密集型行业的技术效率对就业的影响为正。从前文的分析可知，这些行业大部分为国有企业或者存在较高的行业壁垒，相对缺乏有效管理和人员使用的激励措施，即使劳动力并未充分发挥作用也会长期被留在企业中，而不会像其他所有制企业或市场竞争激烈的行业一样被马上解雇。事实上，技术效率的改善虽然在短期内可能导致就业需求的减少，但技术效率的改善会进一步提高企业的生产率水平，进而提高企业的市场竞争力，最终创造更多的就业需求。由于方法的限制，本章并没有分离出技术效率对就业的这种间接效应。这可能也是我们在实证检验时各部门技术效率系数显著性不高的原因。

（5）工业整体及各部门的资本投入系数均为正，除劳动密集型行业在5%水平显著外，其他部门都达到1%的显著性水平。这表明，在排除技术路径变化导致资本对劳动的替代效应后，资本的增加从绝对数量上增加了就业需求。比较发现，除劳动密集型部门外，工业整体和其他部门的资本投入是就业增长的主要来源。由于资本投入仍是我国工业经济增长的主要动力，资本投入增加就业需求实际上反映的是就业增长的顺周期性。然而，劳动密集型部门作为吸纳就业的主要部门，资本投入对就业增长的作用却并不显著。图7-9显示了各部门资本劳动比较生产率（资本份额比就业份额）。可以看到，资本并没有投入到就业吸纳能力较强的劳动密集型部门，而是更多的投入到就业吸纳能力较弱的资源、资本密集型部门。投资结构的不合理在一定程度上解释了我国工业增长拉动就业能力不足的特征。

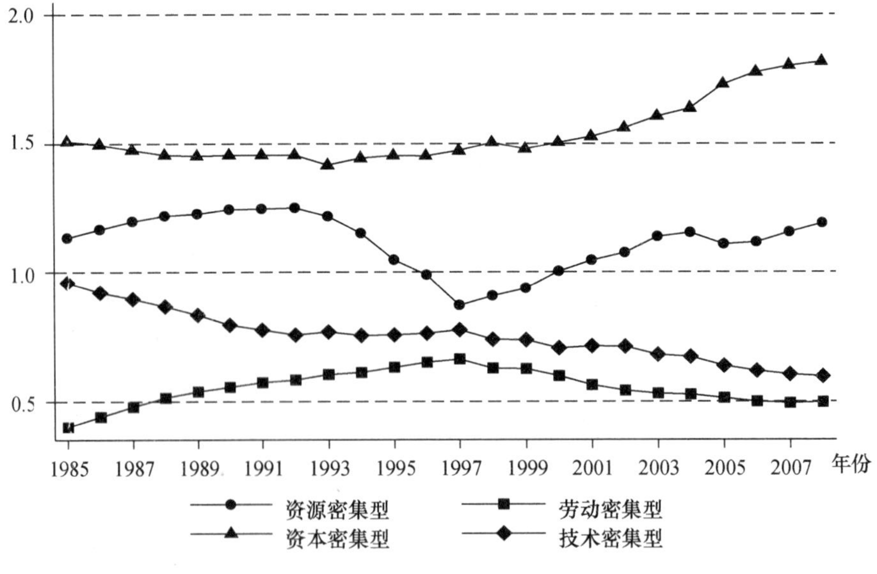

图7-9 工业四大部门资本劳动比较生产率

（6）从实际工资的系数看，工业整体、资源密集型部门以及资本密集型部门的系数均在5%水平上显著为负。这表明，市场化条件下的工资理论已经可以解释我国大部分工业行业的就业需求。然而，劳动密集型行业的实际工资系数在5%水平上显著为正，而且实际工资是劳动密集型部门就业需求增长的主要因素。这表明，我国工业行业二元化的劳动力市场仍然存在。在有剩余劳动力无限供给的条件下，国有化程度较高和进入门槛较高部门的工资形成机制依然是制度性的，传统体制内的工资水平仍呈现较快上涨，根据我们的计算，1985—2008年，资源密集型和资本密集型部门的人均实际工资分别上涨了694.9%和749.4%，远远高于劳动密集型部门的420.0%。工资水平的上升使这些部门更多的使用相对廉价的资本，从而诱导产业技术选择向资本替代劳动倾斜。与此相反，市场化程度较高和进入门槛低的劳动密集型部门工资水平的适当上升刺激了劳动供给，从而吸纳了大量农村剩余劳动力。可见，我国劳动力市场工资决定就业需求的机制与市场化条件下的工资理论仍有差异。因此，放松对劳动力价格的政府控制，让企业自主决定工资价格水平，将会促进劳动力就业市场机制的正常发挥。

三　需求约束下中国产业结构的就业效应

关于我国产业结构的就业问题大部分国内学者主要集中在产业结构和就业结构的互动问题上。事实上，自20世纪90年代以后，我国的工业化已经从供给约束型转为需求约束型。居民收入水平的提高和出口的迅速增长对我国产业结构的就业模式必然会产生影响。劳动就业需求问题的侧面也就是产品生产的侧面，而最终决定产品生产的就是最终需求。我们利用投入产出分析模型将最终需求结构、产业结构和就业结构联系起来，分析我国就业结构演变的机制和特征，探寻影响产业结构就业的关键因素和主要问题。

本节在胡秋阳（2003）的基础上，利用投入产出方程构建了一个动态模型，对我国2002—2007年间产业结构的劳动投入问题做了实证分析。

产业结构的变动会影响就业结构的变动，需求结构是决定产业结构的重要因素。因此，可以认为就业结构最终是由需求结构所决定的。本节对我国就业结构变动进行因素分解。模型分析显示，就业结构变动受到消费、投资等国内最终需求在产业结构上变动、出口结构变动、中间投入结构变动、进口代替结构变动、产业的比较劳动生产率结构变动等因素的影响[①]。表 7－22 给出了结果。

表 7－22　　我国就业结构变动的因素分析（2002—2007）

		各因素贡献率（对基期人数）（%）									
		变动（万人）	合计	最终需求				中间投入	进口替代	劳动生产率	其他
				小计	消费	投资	出口				
2002—2005年	经济总体	2086.0	0.00	－22.31	－18.39	－0.64	2.10	3.57	－0.74	15.01	－0.91
	第一产业	－2902.8	－5.20	－11.86	－12.39	0.53	0.33	3.07	－0.52	5.65	－1.87
	第二产业	2314.8	2.46	－1.53	－1.07	－1.30	1.45	1.66	－0.06	2.10	－0.31
	工业	1256.9	1.25	1.03	－1.01	－0.07	1.43	1.76	－0.05	－0.55	－0.27
	轻工业	625.0	0.63	－0.12	－0.63	0.07	0.49	0.40	0.00	0.42	－0.12
	重工业	632.0	0.62	1.00	－0.38	－0.14	0.94	1.36	－0.05	－0.97	－0.15
	第三产业	2674.0	2.74	－9.04	－4.92	0.13	0.33	－1.16	－0.16	7.26	1.26
	流通服务业	565.8	0.44	－1.94	－1.29	0.02	0.35	－1.75	－0.13	3.32	－0.09
	生产生活服务业	727.8	0.81	－0.47	－0.29	0.11	0.00	0.23	－0.03	0.78	0.03
	精神素质服务业	668.8	0.70	－1.00	－1.04	0.00	－0.01	0.37	0.01	0.76	0.62
	公共服务业	711.6	0.78	－2.30	－2.30	0.00	－0.01	0.00	0.00	2.39	0.70
2005—2007年	经济总体	1164.0	0.00	－18.13	－8.03	－3.06	－1.75	－2.6	0.26	12.01	3.17
	第一产业	－2523.2	－3.96	－7.55	－4.39	－2.39	－0.77	－3.84	0.05	4.47	2.91
	第二产业	2534.2	2.93	－2.08	－0.37	－0.14	－0.44	1.4	0.2	1.9	0.38
	工业	1518.5	1.73	－2.02	－0.47	－0.02	－0.45	1.55	0.2	1.03	－0.13
	轻工业	696.4	0.79	－1.19	－0.26	－0.07	－0.43	0.91	0.09	0.57	－0.03
	重工业	822.1	0.94	－0.26	－0.21	0.06	－0.02	0.64	0.11	0.46	－0.1
	第三产业	1153.0	1.02	－8.39	－3.27	－0.52	－0.54	－0.17	0.01	5.64	－0.12
	流通服务业	176.8	0.06	－3.35	－0.89	－0.31	－0.61	－0.07	0.09	1.56	0.29
	生产生活服务业	494.1	0.55	－1.65	－0.8	－0.2	0.06	0.02	－0.06	1.33	0.19
	精神素质服务业	237.2	0.2	－0.75	－0.42	－0.01	0.02	－0.17	－0.03	1.19	－0.38
	公共服务业	244.9	0.22	－1.17	－1.16	0	－0.01	0.05	0	1.55	－0.21

① 模型推导可与笔者联系。

续表

		各因素贡献率（对基期人数）（%）									
		变动（万人）	合计	最终需求				中间投入	进口替代	劳动生产率	其他
				小计	消费	投资	出口				
2002—2007年	经济总体	3250.0	0.00	-30.11	-27.69	-3.01	0.60	1.07	-0.47	27.48	2.03
	第一产业	-5426.0	-9.16	-18.81	-17.33	-1.08	-0.39	-0.95	-0.47	10.31	0.76
	第二产业	4849.0	5.39	-1.96	-1.51	-1.59	1.13	3.15	0.15	4.08	-0.02
	工业	2775.4	2.97	-0.57	-1.54	-0.15	1.12	3.39	0.16	0.41	-0.42
	轻工业	1321.3	1.42	-0.81	-0.93	0.01	0.12	1.30	0.09	0.99	-0.15
	重工业	1454.1	1.56	0.24	-0.61	-0.16	1.00	2.10	0.07	-0.58	-0.27
	第三产业	3827.0	3.76	-9.34	-8.85	-0.34	-0.14	-1.13	-0.15	13.09	1.29
	流通服务业	742.6	0.50	-2.72	-2.25	-0.28	-0.19	-1.77	-0.04	4.86	0.17
	生产生活服务业	1221.8	1.36	-1.42	-1.44	-0.04	0.06	0.35	-0.08	2.34	0.18
	精神素质服务业	906.1	0.90	-1.52	-1.50	-0.01	0.00	0.24	-0.02	1.89	0.31
	公共服务业	956.5	1.00	-3.67	-3.66	0.00	-0.01	0.05	0.00	4.01	0.62

资料来源：笔者计算。

（一）第一产业就业结构变动因素分析

在前期第一产业就业比重下降了5.2个百分点。由于第一产业消费诱发系数极高，因此第一产业消费比重下降是就业比重下降的主要原因。而抑制第一产业剩余劳动力转移的最大因素是比较劳动生产率。第一产业劳动生产率增长的速度低于第二、第三产业劳动生产率增长的速度，也就是说，整体劳动生产率提高使第一产业中剩余劳动力增长的速度低于其转移的速度。表现出来便是第一产业比较劳动生产率上升增加了其就业比重。另外，这一时期第一产业中间投入份额的上升是抑制第一产业剩余劳动力转移的另一个重要因素。

在后期第一产业就业比重下降了3.9个百分点。可以看到，第一产业中间投入比重开始下降，加快了第一产业剩余劳动力转移。同时投资和出口比重下降也是就业比重下降的原因。比较劳动生产率因素依然不利于减少第一产业的就业比重。

综上所述，整个时期第一产业就业比重下降了9.16个百分点。消费结构升级（第一产业消费比重降低）是第一产业剩余劳动力转移的最大动力。第一产业中间投入比重下降也在一定程度上加快了转移速度，而第一产业比较劳动生产率过高却是阻碍劳动力转移的最大障碍。

（二）第二产业就业结构变动因素分析

前期第二产业就业比重上升了2.5个百分点。可以看到，消费和投资结构变动并没有带来第一产业就业比重上升。第二产业资本诱发系数远低于三次产业的总体水平，即一单位投资对提高第一、第三产业就业比重的贡献大于第二产业，这样就出现了“有投资无就业”状况——我们可以称之为“缺乏效率的需求结构变化”。比较劳动生产率变化和中间投入结构变化是这一时期第二产业就业份额上升的主要原因。这说明第二产业产业结构和就业结构偏离状况有所改善，产值的就业弹性和劳动密集度有所提高；中间投入比重也由第一产业向第二产业转移。值得注意的是，第二产业内部各行业就业结构变化的主导因素是不同的。工业（重工业）就业份额上升主要依赖中间投入和出口，而比较劳动生产率的变化是不利于就业的，这说明工业（重工业）产值结构与就业结构偏差有所加大。而轻工业就业比重变化因素与第二产业整体水平一致。尽管如此，由于重工业中间投入份额有很大幅度上升，使其对就业增长的贡献于轻工业相当。

后期第二产业就业比重上升了2.9个百分点。这一时期第二产业消费、投资、出口比重均是上升的，而三个最终需求都表现出不利于就业比重上升的情况。因此，可以认为这一时期第二产业三个最终需求都出现了“缺乏效率的需求结构变化”。主导就业比重上升的因素依然是比较劳动生产率和中间投入。从第二产业内部看，工业（重工业）比较劳动生产率过低的状况有所改善，这也直接促使重工业对就业增长的贡献高于轻工业。

综上所述，整个时期第二产业就业比重上升了5.4个百分点。比较劳动生产率过低状况的改善和中间投入份额上升是第二产业就业比重提高的主要因素。相比之下，第二产业需求份额的提高却没有带来就业相对增长，第二产业内部发生了“缺乏效率的需求结构变动”，其中又以消费和投资更为突出。

（三）第三产业就业结构变动因素分析

前期第三产业就业比重上升了2.5个百分点。这一时期第三产业消费份额是下降的，而投资和出口份额上升。由于第三产业有较高的消费诱发系数较高，消费份额下降成为阻碍第三产业就业比重提高的主要因素，这在第三产业内部均有体现。而中间投入份额下降也对第三产业就业产生不利影响，这种状况主要发生在流通服务业。与第二产业一样，比较劳动生产率的改善成为这一时期第三产业就业份额上升的主要动力。但与第二产业截然不同的是，投资和出口份额上升对第三产业就业增长都有突出的作用。

后期第三产业就业比重上升了1.0个百分点，相比于前期有所下降。其原因在于这一时期第三产业三种需求比重都呈下降趋势，需求结构变动对第三产业就业产生不利影响。而中间投入份额比重持续下降也是这一时期第三产业就业增长放缓的原因之一。

综上所述，整个时期第三产业就业比重上升了3.5个百分点。最终需求比重和中间投入份额下降是阻碍第三产业就业的主要原因。第三产业就业比重提高的唯一动力是比较劳动生产率的上升。而我们知道，第三产业比较劳动生产率已经接近于均衡值1，其上升的空间将会越来越小。这样看来，第三产业就业增长将遇到很大困难。

通过本节的分析，我们发现：（1）加快消费需求结构升级是促进农村剩余劳动力转移的有效路径。（2）我国需求结构变化表现出了不利于就业结构变化的情况，主要体现在第二产业需求诱发就业能力不足却占据较大份额的国内需求，消费和投资比重的上升反而降低了第二产业就业份额；第二产业出口份额增长虽然带动了就业增长，但相比于第三产业依然是缺乏效率的。（3）我国第三产业就业增长缓慢的原因在于需求结构并没有偏向于第三产业，这对第三产业就业极为不利；在第三产业容纳就业趋于饱和的情况下，加快发展生产性服务业提高第三产业在中间投入中的比重是未来第三产业就业的关键环节。

第四节　本章结论与对策建议

本章在构建我国工业结构升级与就业的关联机制的基础上，从工业结构与就业结构变动、技术进步与就业、需求结构与就业三个角度对我国工业结构升级的就业效应作了深入分析。本章研究的最终落脚点在于，我国工业结构变迁的就业效应究竟如何，就业结构滞后的根本原因是什么；在新型工业化道路下，如何平衡产业结构升级与就业的关系，就业路径如何选择。

一 主要结论

（一）工业结构与就业结构不匹配

造成我国产业结构与就业结构不匹配的直接原因主要有两点：一方面，我国第二、第三产业的技术路径均表现为劳动节约型，资本对劳动的过度替代影响了产业结构的就业吸纳能力。另一方面，新兴产业对劳动力需求得不到满足，而衰退产业排挤出大量失业劳动力，转型时期产业结构的剧烈变动导致结构性失业。

造成我国产业结构与就业结构不匹配的根本原因是政府对要素市场的干预以及重工业发展战略。我们研究发现，我国第二产业的技术路径变化表现出一种非市场化的原因。以资本密集型为主导的技术进步路径与我国劳动力资源现状和要素禀赋结构要求大相径庭，从而产生了强烈的就业排斥效应，其背后的根源在于政府对要素市场的干预以及重工业发展战略。

（二）重化工业化与就业并不矛盾

虽然重化工业化在短期导致资本对劳动的替代，但从长远来看，重化工业化能提高整个国民经济的就业水平。应当说，改革开放以来我国重化工业化的发展既是工业自身发展的结果也有政府参与的因素。但无论怎样，重化工业化与我国工业化发展阶段是吻合的，对于这一必经阶段没有必要也没有理由去排斥它。未来几年我国工业吸纳就业能力不会有太大改观；经过结构调整之后，持续增长的工业部门将迅速扩大创造就业的能力。因此我们认为，有效贯彻新型工业化道路，在保持工业快速增长的基础上，遏制就业弹性下降势头，最终在新型工业化道路下人力资源充分利用的问题将得到解决。

（三）工业部门技术进步有利于扩大就业

我们研究发现，技术进步与就业并不矛盾。我国工业技术进步对就业增长具有正面影响，这主要源于技术进步的产业关联效应能够带来更多的就业需求。鼓励技术创新、促进技术进步、发挥技术进步对产业发展的带动作用是实现就业可持续增长的必然举措。同时，劳动密集型技术进步对就业的替代作用相对较小，发展劳动密集型技术进步能够缓解当前日益严重的就业压力。更为重要的是，在面临成本上升、需求不足等问题时，发展劳动密集型技术进步能够促进这些行业本身进行升级改造，进而创造出更多的就业需求。

（四）技术密集型行业蕴涵巨大就业空间

近十年来，机械加工、通信设备等代表工业结构升级方向的技术密集型部门快速发展，其产值份额和就业份额分别超过资本密集型和劳动密集型行业，成为我国工业发展的主导部门。技术密集型部门快速发展的同时，就业弹性并没有降低，其巨大的就业空间正在逐步释放。我们综合资本深化的技术进步效应和短期就业效应可以判断，技术密集型部门相比于劳动、资本、资源密集型部门具有更强的就业吸纳能力。

（五）亟待推进消费结构升级，扩大就业

我国已经形成以第三产业消费带动就业增长的发展模式。但第三产业的消费份额依然不高，近年来，甚至出现下降趋势，这直接影响了第三产业的就业增长。2008 年金融危机以来，我国出口需求大幅度下降，在投资可能带来产能过剩加剧的背景下，扩大内需促进经济持续稳定发展，成为目前国家宏观调控的主要方向。因此，进一步推进消费结构升级促进第三产业就业应当成为当前实现充分就业的重要手段和国家宏观调控的主要目标。

（六）双管齐下，内外需并重扩大就业

本章研究发现，随着我国外向度水平的提高，出口带动就业增长的作用越来越明显。出口带动就业增长较多的行业是劳动密集型制造业以及服务贸易行业。此外，我国第一产业在农产品出口上具有比较优势，进一步维持持续的农产品出口增长有利于缓解劳动力转移的压力。受人民币升值、成本上升以及 2008 年国际金融危机的影响，我国出口贸易行业面临巨大的生存压力，比较优势正在逐步减少，出口萎缩对就业造成较大负面影响。但在当前复杂形势下，解决就业问题仍需要内外需双管齐下。第一，出口萎缩对依靠出口数量和低廉劳动力成本优势的行业形成较大冲击的形势下，那些附加值高、议价能力强的行业应抓住机遇提高出口份额，进一步扩大就业。第二，扩大内需是我国经济增长、提高就业水平的长期战略方针，但在当前就业形势日趋严峻的形势下，扩内需促就业势在必行。应进一步提高制造业、旅游业、运输业等行业的国际竞争力，发展工业出口贸易和服务贸易扩大就业。同时进一步提高居民收入水平，加快挖掘国内市场潜力，促进消费层次高级化、多元化发展，逐步形成主要依靠内需带动经济增长和扩大就业的长期、稳定、可持续发展模式。

二　主要政策

我们认为，政府可以通过技术创新促进工业结构优化升级，引导投资优化，从而达到以工业化带动就业，以人力资本充分利用推动工业化。政策可以从以下几个方面着手：

（一）确立就业优先的宏观经济政策目标

将就业政策作为宏观经济政策的重要内容，在制定产业政策、投资政策、金融政策时，要把扩大就业作为基本目标。特别是在就业形势日趋严峻的时期，要把控制失业率、新增就业机会作为促进社会发展和国民经济增长的出发点和评价政府政绩的重要指标。在金融危机背景下，政府在制定宏观经济反周期政策时，要把促进就业列为优先目标，要把扩大就业、减少失业的公共财政预算和支出作为公共财政的重要内容，优先予以安排。最终实现国民经济快速发展和促进充分就业双重目标。

（二）调节工业结构，充分开发利用劳动力资源

协调推进工业结构调整和就业结构改善。第一，要继续大力发展高新技术产业。通过技术优惠和税收补贴等方式，鼓励企业进行研发创新，提高产业科技含量，提升我国经济的国际竞争力。第二，扶持就业容量大的劳动密集型中小企业。进一步贯彻落实鼓励中小企业和非公有制经济发展的政策措施，充分发展中小企业在吸纳劳动就业方面的重要作用。第三，发展第三产业，尤其是新兴服务业。金融保险、信息咨询、中介服务等新兴服务业具有较大的发展潜力和就业空间，代表着未来第三产业的就业方向。产业政策可适当向有优势的新兴服务业倾斜，降低服务业准入门槛，优先选择开放一些具有国际竞争力的新兴服务业。

（三）调节投资结构，采取适度劳动替代资本战略

本章研究发现，资本并没有投入就业吸纳能力较强的建筑业和劳动密集型部门，而是更多地投入到就业吸纳能力较弱的资源、资本密集型等国有比重较高的部门。我们建议：第一，在引导政府和社会投资时，应当参考各行业部门的就业吸纳能力确定投资领域，将就业因素作为核准社会投

资项目的重要目标和决定政府投资项目的主要参考。第二，大力扶植低端制造业和建筑业，并逐步实现产业升级；大力发展服务贸易、金融服务业、生产性服务业等第三产业。第三，国家的信贷政策需要改变偏向于国有企业，从当充分重视劳动密集型中小企业的投资需求，进一步完善资本市场，让各行业部门按照市场要求具有公平的机会获得资本要素。

（四）实施人力资源开发战略，建立统一的劳动力市场

研究发现，转型时期产业结构的剧烈变动必然导致大量的结构性失业和摩擦性失业，同时产业升级对劳动力素质的要求也会越来越高。户籍制度等阻碍劳动力流动的体制机制障碍导致我国剩余劳动力转移对产业结构升级和经济增长的贡献作用尚未充分发挥。因此我们建议：第一，进一步加强人力资本开发，大力加强职业教育和培训，以适应产业结构升级和技术进步对劳动力知识水平和劳动技能提出的更高要求，提高产业结构的就业匹配率。第二，消除劳动力市场的制度性壁垒，彻底改变目前由地域、身份、行业等原因人为造成的劳动力市场分割状态，建立统一的基于职业划分的劳动力市场，促进劳动力按照市场需要充分自由流动，达到劳动力资源的最佳配置。第三，完善失业调查和保障制度以及再就业服务体系；完善公共就业服务制度，及时准确地向社会提高劳动力市场的各类信息，提高服务能力和水平。

（五）放松政府管制，深化生产要素价格改革

我国工业行业二元化的劳动力市场仍然存在。劳动要素价格对就业需求的调节机制在不同行业有较大差异。应放松对资本、劳动要素市场的管制，让企业自主决定要素价格水平和技术类型。我们建议：第一，深化劳动力价格改革，完善工资收入分配与再分配机制，使劳动工资与劳动生产率水平和劳动者素质相适应。第二，推进利率市场化改革，充分发挥利率的资源优化配置功能，引导资本合理流动。第三，培育技术市场，促进形成技术价格市场机制，使技术价格既能反映市场供求状况，又能体现出不同技术类型的差异。

第三部分

企业组织模块化、产业组织专业化与工业结构优化升级

在我国工业化加速推进的过程中，社会分工更加细化，专业化程度日益提高。模块化作为新型的社会分工形式，将对推动我国企业组织化，实现工业结构升级发挥支撑作用。

本部分由企业组织模块化与工业结构优化升级和地区产业专业化与工业结构优化升级两章组成。分别从模块化对企业组织创新影响的角度以及从地区专业化对产业组织创新影响的角度，探讨工业结构优化升级问题。此部分探讨的是企业组织和产业组织变化对工业结构优化升级的影响，这是我国实施“新型工业化”战略的重要微观作用渠道。

第八章　企业组织模块化与工业结构优化升级

本章从企业组织模块化的含义出发，结合中国工业组织模块化发展的现状，分析其对工业结构优化升级的影响，并发现，模块化组织在一定程度上促进了我国企业的工艺升级、产品升级以及功能升级，但还是存在模块化发展处于价值链的低端，自主创新能力较弱，受关键技术与标准制约明显，生产性服务业对工业模块化发展的支撑乏力等问题。因此，如何促进模块化组织发展，推动工业结构优化升级是本章的主要内容。

本章先从理论上阐述了模块化促进工业结构优化升级的一般机理，为后面的分析奠定理论基础。随后进行了统计分析，阐述了模块化在我国工

业中应用的一般情形，从资源配置效率、产品升级、功能升级等主要方面分析了对工业结构优化升级的影响，同时以电子计算机及外部设备产业为例进行了典型性分析。然后从产业组织、价值链、自主创新能力等方面分析了阻碍工业模块化发展及其结构升级的主要问题，并就其深层次的原因进行了深入剖析。最后提出了促进模块化分工体系的建立，加快信息化和基础设施建设，提升企业自主创新能力，支持大型模块企业兼并重组以及推进现代服务业和先进制造业发展的政策建议。

本章的主要贡献在于：（1）从理论上多视角地揭示了模块化促进工业结构优化升级的一般机理。（2）从统计数据上证明了模块化程度高的企业其创新对产品升级影响较为显著。（3）通过计算机制造的案例分析，详细地探讨了模块化组织对于工业结构优化升级的具体促进作用机制。

第九章　地区产业专业化与工业结构优化升级

本章从探讨分工、专业化和产业发展的互动关系出发，并研究发现，地区产业专业化正取代地区产业多样化，成为中国各个区域的工业结构优化升级的主导方向，而技术进步和交易费用变化是其演化的主要影响因素。在此背景下，如何通过政策引导来促进东部、中部、西部地区产业专业化的协调发展，推动工业结构优化，缩小地区间差距就显得尤为重要。

本章首先从分工、专业化和产业发展的关系出发，探讨了地区产业专业化与工业结构优化升级之间的互动关系。然后从统计的角度测算了中国地区产业专业化的演变趋势，并从理论和实证的角度系统地揭示经济发展过程中地区产业专业化演变规律的一般形成机理和具体影响因素。由此，我们揭示了中国地区产业结构演化路径背后所蕴涵的深层经济原因。最后，我们通过基于回归的不平等分解方法，对造成东部、中部、西部地区之间地区产业专业化发展差异的影响因素进行了重要性排序，从而为找到促进地区产业专业化发展的政策着力点提供了理论依据。

本章的主要贡献在于：（1）从一般机理上解释了在经济发展的不同阶段，地区产业结构呈现出先多样化后专业化的理论原因。（2）通过中国东部、中部、西部各省的面板数据，结合地区产业专业化演化的一般规律进行了系统的理论研究和实证分析，从而为我国地区产业结构优化指明了具体的方向。（3）首次对我国东部、中部、西部地区产业专业化发展差异的影响因素进行了重要性排序，以便采取有针对性的政策。

第八章　企业组织模块化与工业结构优化升级

改革开放30多年来，我国经济发展总体上保持着强劲势头，经济总量快速提升，三次产业结构逐步优化。工业体系完备、工业化深入推进以及产业之间融合发展的趋势更加明显。但与之相随，粗放型经济发展方式与短缺资源之间的矛盾以及产能过剩等结构性问题日益突出，产业结构升级压力增大。另外，从国际形势来看，我国经济发展外贸依存度高，而国际分工地位相对低下；并且当前全球经济下行趋势明显，金融危机的影响仍具有很大的不确定性，国际经济竞争也会更加激烈。因此，顺应国内经济发展的内在要求和应对全球化发展的新挑战，促进产业结构的优化与升级是必由之路。

在信息经济与经济全球化时代，我国工业结构升级滞后日益突出，并成为经济发展的主要制约因素。突出体现在生产技术体系未能随经济实力的增强作出相应的调整，高技术含量产品的供给能力相当有限，多数行业产品的差别化率低，集中在单一品种和档次上。技术水平落后使得供给结构不能适应市场需求高级化的趋势，造成有些行业供给不足、有些行业过度竞争的格局。在当前工业中部分传统行业产能过剩、资源稀缺、发展方式相对落后等结构性问题更加突出的背景下，工业结构的调整升级问题更为紧迫。信息技术的发展，使现阶段产业组织形态演变为一种基于模块化分工的网络模式，企业不再是自我封闭的利润实体，而是全球生产网络中的一个节点，成为全球分工生产体系的一部分。垂直一体化的大型企业越来越难以生存，取而代之的则是网络化的模块组织。企业的内部网络和外部网络逐渐融合，形成一个开放的价值网，构成价值网的组织基础就是承担不同专业化分工的模块化组织，而模块化组织采取的则是一种基于核心能力的分工形式。基于模块化分工的企业价值网是一种高效的组织形态，正成为占主导地位的产业组织形式。为了促进我国工业结构优化升级，对于企业内部组织尤其是大型企业组织，应重在发展企业内分工；对于企业之间网络，应重在发展企业间网络分工。在制度建设上，我们还应打破分工的一般性限制因素，这样，不仅可以促进市场分工的发展，而且客观上对企业内分工和企业间网络分工的发展都有裨益。

作为一种新的产业发展模式，模块化在许多产业如计算机、汽车、消费电子、物流、IT服务等行业有着较为普遍的应用与发展。模块化发展有利于推动产品与技术创新，大大缩短产品生命周期，进而加快了产业结构优化升级的进程。近些年来，在外商直接投资推动和政府培育下，我国工业的模块化发展得以快速推进，并取得了较为明显的成效。基于这些考虑，本书选取模块化作为研究视角分析工业结构优化升级的推动力量，结合中国工业模块化发展的现状，分析其对工业结构优化升级的影响；并就发展中存在的主要障碍及其原因进行分析论证；最后提出政策建议。在研究内容具体安排上，本章共分为四部分。第一部分从理论上探讨了模块化促进工业结构优化升级的一般机理，为后面的分析奠定理论基础；第二部分为实证分析，阐述模块化在我国工业中应用的一般情形，从资源配置效率、产品升级、功能升级等主要方面分析对工业结构优化升级的影响，同时以电子计算机及周边设备产业为例进行了典型性分析；第三部分则主要从产业组织、价值链、自主创新能力等方面分析阻碍工业模块化发展及其结构升级的主要问题，并就其深层次的原因进行深入剖析；第四部分为结论与政策建议。

第一节　模块化促进工业结构优化升级的一般机理

根据日本经济学家青木昌彦（2003）的理解，模块化（Modularity）是指把复杂的系统分拆成不同模块（Module）[①]，并使模块之间通过标准

① 根据青木昌彦的定义，模块是指可组成系统的、具有某种确定独立功能的半自律性的子系统，可以通过标准化的界面结构和其他功能的半自律性子系统按照一定的规则相互联系而构成更加复杂的系统。

化接口进行信息沟通的动态整合过程。具体而言，它分为模块分解（Modular Decomposition）与模块集成（Modular Integration）两个过程。前者是指将一个复杂系统按功能分解为各个模块；后者则将各个模块按一定的规则组合成复杂的系统。对模块化内涵可以从多个层面理解：

第一，在产品设计与生产层面。如计算机作为一个复杂系统，可以分解为显示器、主板、机箱、内存、光驱、硬盘、键盘等众多模块，这些模块具有独立功能，又可以组成计算机这个复杂系统。

第二，企业组织层面。传统的一体化层级组织被非层级的模块化组织取代，形成一种广泛的分工协作体系，并表现出可渗透、网络化和竞合性等特性（Schilling and Steensma，2001）。

第三，产业价值链层面。模块化分工使不同国家或不同企业基于自身比较优势，从事一个或若干个模块的生产，由此形成的各环节价值模块共同构成了完整的模块化产业链，等等。

模块化是新产业结构的本质（青木昌彦等，2003）。模块化的发展及其在工业中的广泛应用，改变了工业活动的生产模式与组织形式，进而对工业结构产生影响。本节主要从模块化组织的特性、核心企业与模块供应商之间的良性互动机制两个角度来阐述模块化促进工业结构优化升级的一般原理。

一　模块化组织特性视角

一般而言，模块化能够促进工业升级，因为其组织特性有利于促进知识流动和技术创新，以及工业行业间的融合发展。模块化组织有利于知识转移与扩散，一方面由于知识在组织内呈网络式传递，而非原先的内部一体化的科层传递模式，这保证了知识传递与吸收模仿的准确性与丰富性，增强了知识外溢效果；另一方面，模块化组织内部企业虽具有相对的独立性，但组织的兼容性决定了企业间通常具有共同的价值观、组织文化，有利于降低知识流动的交易成本，提供了比组织外的纯粹市场更好的交流平台。

模块化有利于技术创新，是由模块化组织内广泛存在的竞争与合作关系决定的。在组织形式上，各模块产品由各具有比较优势的专业模块供应商来提供，最后由模块集成厂商来组合生产完整的产品。这种松散动态的组织其实是一个允许“浪费”的系统，尤其是同一模块的众多供应商之间“背对背”竞争的“淘汰赛”，产生模块的创新激励；在这种激励下，企业的资源利用效率和创新能力得以促进和提升。同时，组织的非线性化特点使得不同模块的并行创新成为可能，利用企业内外各种优势资源进行合作创新的过程，既分散了创新风险，也提高了产品开发的速度，培养了自主研发能力。

模块化使工业运行模式发生变化，原有的工业行业界限变得模糊，各行业之间可能产生重叠、渗透、替代，使企业的组织形式、功能和范式转变，促使企业环境网络化，存在形式模块化。基于此，在一个行业的模块化发展中获取的某种特定能力会应用于其他领域，或者转向其他的产业链，进而工业行业间显现融合发展的状态。

简言之，模块化在工业中应用有利于企业重组工艺流程和改善生产系统，发挥企业的比较优势，实现规模经济；而模块化组织内部的知识流动和技术创新引起工业产品功能多样化与升级换代，缩短产品生命周期；自主研发能力和技术水平的提升则使企业向产业链高端即附加值更高、技术水平更高的环节延伸；甚至转向新的产业链。由此，模块化通过实现工业流程升级、产品升级、功能升级和链升级（Humphrey and Schmitz，2002）等形式促进工业的转型与结构升级。

二　核心企业与供应商良性互动视角

从另一个角度来说，模块化作为一种新型国际分工技术，为核心企业和模块供应商提供了共同升级的良性互动机制。在模块化的价值链中，由于参与各方在关系上的互补性，模块供应商可以实现向价值链中高端环节的持续性爬升。如果发展中国家制造商能嵌入这类价值链中，就会处于有利的产业结构升级环境中。

（一）改变少数核心企业主导产业发展的格局

产业模块化把模块供应商与核心企业之间长期以来的附属型关系转化为互补型甚至对等型关系，从而削弱了核心企业的产业控制力，使模块供应商成为产业发展的重要角色。在模块化的价值链中，新兴工业化国家和地区的模块供应商通过专业化、规模化经营，其能力范围包含了低端的加工、制造以及中高端的设计、开发以及物流等综合服务，进行全球经营、全球供应，能力得到了大大强化，甚至控制了某些价值模块很大的市场份额，直接对核心企业产生了逆向控制，在产业价值链分配中处于更有利的位置。此外，虽然核心企业仍然控制着产品最终价值的形成，但核心企业不仅在模块制造环节需要模块供应商稳定、及时的供应，在技术标准确立和升级上也需要取得更多模块供应商的支持和配合。这样，模块供应商与核心企业之间在能力上就呈现出互补式、分享式关系结构，从而给模块供应商以及所在国（或地区）提升国际分工地位创造了有利条件，使之处于有利的产业结构升级环境中。

（二）促进核心企业的“归核化”和模块供应商能力的升级

随着制造业全球外包的持续增长，核心企业纷纷释放非核心业务，聚焦于决定竞争优势的核心领域，如研发、营销和其他与品牌开发相关的活动，核心企业越来越依赖专业化供应商提供同类最佳的生产服务并迅速获得创新的价值。为了提供完整的外包服务，模块供应商必须不断增加新的能力领域、业务范围，以降低成本、提高质量、缩短交货周期，进而促进其规模的扩大和能力的深化。在模块供应商能力不断强化的过程中，核心企业外包的预期也进一步增强，形成了模块供应商和核心企业的共同成长与演化。模块供应商也逐渐从 OEM、ODM 向 DMS 和 EMS 等高级形态演进，并促进工业结构升级。

（三）提升模块供应商的自主创新能力

产业模块化通过并行创新机制促进了模块供应商与核心企业的能力分享与合作，增强了知识外溢，提升了模块供应商的自主创新能力。模块化系统内“公开的信息”和“隐形的信息”使各子模块之间既独立又统一，这种独特结构大大加强了模块供应商的自主创新能力。首先，模块化系统内各子模块之间“背对背”竞争具有“淘汰赛”的激励效果。多家模块供应商在某一价值模块领域进行研发竞争，与产品或系统的技术升级保持同步，以免被淘汰。在这种模块化生产的“背对背”的竞争当中，只有成功的企业才可以获得全部的模块价值，因而具有白热化的“淘汰赛”效果，自然产生了激励研发主体开发出符合理想界面标准和绩效标准的模块产品，使得模块制造的竞争更激烈，保证了创新动力的充足性。其次，产业模块化分工，核心企业与模块供应商间可以通过并行创新这种有效方式来提高产品开发速度，降低研发风险。

（四）降低进入壁垒，促进制造业的竞争与重组，为模块供应商转型创造了条件

在模块化结构下，企业在同一层面上展开竞争，许多企业瞄准同一个

模块进行设计，同时开展众多的实验和生产。并且可以自由地、随机应变地参与或退出合伙企业、技术合作、承包关系等。企业只要遵守明确规定的设计规则，确保模块之间能够正确地发挥作用，可以自由、广泛地尝试各种生产方法和工艺。同时，企业也可以根据模块化的原理对市场进行自由的分割。因而，规模经济和行政法规因素基本不成为企业的进入壁垒。在产业模块化下，由于可以共享产业供应基础，因而在很大程度上使核心企业不再需要在厂房和设备方面进行大规模专业化投资，产业进入壁垒进一步降低，进而加剧了产业的竞争与分化重组。新进入者也可以充分利用供应基础，快速获得生产能力的扩张。某些模块供应商随着其能力领域不断扩展，纳入更多价值环节，有可能成为品牌制造商，与核心企业共享供应基础，并成为其竞争对手。

第二节 模块化对我国工业结构优化升级的影响

社会分工进入“生产工序型分工”或“产品内分工”（卢锋，2007）阶段，模块化的方法在工业中逐步得以普及，并体现于国际产业转移过程中。作为发展中国家，在改革开放和体制改革的有利条件下，中国充分利用工业模块化发展的良好机遇，以自身特有的形式切入国际模块化分工体系中，推动工业的发展与结构调整。本节主要是实证分析，从资源配置效率、工艺升级、产品升级、功能升级等方面论证模块化对我国工业结构的影响，并以模块化程度较高的电子计算机与周边设备产业作为典型进行案例分析。

一 模块化方法运用于我国工业的表现形式

随着技术的进步和需求结构高度化，对工业产品工艺要求越来越先进，功能越来越多样化，因而产品本身的设计与结构也越来越复杂。为了应对这种复杂性，基于企业能力的限制和外界竞争环境的变化，工业生产的模块化应运而生，并发挥出它自身拥有的巨大优势。在我国，尤其是20世纪90年代以来，在外资和政府推动作用下，模块化在我国IT制造、消费电子、汽车等诸多典型行业得以快速发展，并逐步延伸到其他工业产业中。由此，工业企业的内部结构、产业组织形式以及与世界相应产业之间的联系等方面发生了显著变化。

首先是企业内部组织形式的变化。从企业内部组织结构来看，传统的工业企业是纵向一体化的组织管理模式。表现为每个工业企业都是“大而全”或“小而全”，作业于每个生产环节、很少依靠其他企业来提供零部件，生产通过工序联系起来，企业内部是一种紧密的层级式结构。产品实现模块化生产后，产品分解为众多的专用模块和通用模块。这些模块并不全部由原有工业企业生产，而是外包给其他的模块企业。比如，有一些实力较强的自主品牌企业或外资品牌企业，在我国工业企业的模块化发展过程中，在企业内部保留产品战略、产品研发、功能设计、营销等活动，而将零部件生产、原型制造、测试、包装等环节交由其他专业化厂商。原有的工业企业则专注于体现自身的核心竞争力的业务，其他企业则成为模块供应商。由此，原先实施内部纵向一体化战略的企业开始向纵向非一体化或网络化组织方向演进。

其次是产业组织的变化。微观上企业内部结构组织形式的模块化引起中观上产业组织形式的变化。工业中的行业实现模块化发展，就出现一个处于核心地位的企业（一般是原有的内部一体化的品牌企业）与众多的模块供应商之间的广泛的协作关系；同时，为了争取同一模块的生产订单，模块供应商之间也存在激烈的市场竞争。这种分工协作与竞争关系并存的现象存在于我国工业模块化的发展过程中。这种新型的工业模块化产业组织形式已经不同于传统的产业组织形式。传统的工业产业组织由于企业的内部一体化运作，边界清晰，产业的集中度显得比较高，且容易出现市场垄断。而模块化的产业组织更具有动态化、柔性化、扁平化特征，产业组织边界较以前更为模糊，市场集中度明显降低。

在我国工业经济中，随着竞争的日益激烈，产业规模的不断扩大，对成本降低的要求不断上升，大量的模块制造商和模块整合商集聚于某一特定的地理空间，共同从事模块化产品的设计、制造和整合，出现了模块化的产业集群现象，并实现了一定程度的网络经济效应。如在我国经济发达的沿海省份中，出现了珠江三角洲、长江三角洲、环渤海地区和福建沿海四个 IT 制造产业集群以及上海及周边地区、吉林、武汉等地区的汽车产业集群。这是工业模块化发展到一定程度的必然结果。当然，现阶段我国由模块化所形成的工业网络经济效应还不是很突出，有效竞争不足，模块产品相似度比较高等现象明显。

最后是产业价值链的重构。由于处于国际国内两个市场的全球化环境中，我国的工业发展在形成了自身的产业价值链的同时，也加入了国际价值链中。近些年来，随着模块化技术的应用，我国工业企业间及其与国际间的分工形式发生了较大变化，产业内的模块化分工更加细化，形成了一定程度的国际国内分工协作体系。这些变化也反映在产业链上。

工业制造业比较完整的产业链包括上游的研发、设计、采购等环节；中游的加工、组装与制造等环节以及品牌、物流、金融服务等下游环节。一般而言，上下游的附加值高，中游的附加值低。产业价值链呈现两头高、中间低的“微笑曲线”形状。在制造业模块化发展过程中，为了削减成本，跨国公司把以低附加值生产工序为中心的生产环节转移至发展中国家。在这一潮流中，中国迅速成为委托加工的基地。我国在积极加入全球分工时，不幸陷入了价值链的低端位置。发达国家通过向我国进行采购或模块的委托加工，一方面压低制造工序的费用，另一方面专门从事附加值最高的微笑曲线两端。以个人计算机为例，上游的操作系统和微处理器与下游的售后服务等工序的附加值较高，该类模块主要由发达国家提供；个人计算机的组装环节等劳动密集型工序由于技术含量低、模块化作业的标准化以及竞争加剧等原因，利润空间非常小。对我国而言，如何提升产品的附加值、向产业价值链高端攀升则成为一个至关重要的问题。

就国内而言，工业模块化的发展改变了企业结构和产业组织形式，内部一体化经济向集群经济、块状经济演进的趋势已经日益显现。相应的，国内工业价值链随着模块化分工逐渐得以延伸，国有经济、民营经济、内资与外资经济在工业发展中占据产业链的一定位置。从工业的区域分布来看，工业模块化发展使东部沿海的工业生产制造环节向相对落后的中、西部转移甚至向海外延伸进而产业链在国内外区域间重置成为可能。

二 模块化对工业结构优化升级的影响

模块化作为一种新的生产组织模式，改变了我国工业相当部分行业的产业运作模式，通过对产业资源的重新优化配置发挥了企业的比较优势、提高了资源利用效率；同时，模块化也产生了不同于之前内部一体化的组织模式的创新激励，在改革生产工艺的基础上，生产制造能力得到提升，产品升级速度加快；在参与全球化的国际产业分工体系并确定在产业价值链中的重要位置的基础上，我国工业也面临进一步朝产业链中高端继续攀升的趋势。因此，模块化发展对我国工业产业结构的优化与升级产生了深远的影响。

（一）产业资源配置效率的提升

模块化促进了资源的充分利用。我国工业在早期的发展中存在着大量的重复投资与建设的现象。虽有丰富的劳动资源和得天独厚的自然资源以及原材料采购环境，但由于企业的市场网络不健全，销售渠道狭窄，产品在市场上销路不畅，最终造成了大量的设备闲置、市场资源极大浪费，导致规模不经济的后果。

20 世纪 90 年代以来，随着发达国家跨国公司或以合资或独资的形式在我国设立分支机构，或通过全球外包、OEM 等非股权投资方式，向我国进行产业转移，我国工业一些行业的模块化发展进程得以推进。工业行业实现模块化发展，伴随着企业与产业组织形式的变化，工业产业资源得以重组利用。原先的闲置市场资源在国内外企业品牌和市场的牵引下能够得到充分的挖掘与整合，推动企业将现有的生产线和劳动力资源充分运转，从而提高资源的利用效率。

模块化发展也发挥了企业的比较优势，实现规模经济、降低了成本。工业的模块化发展意味着将复杂的工业产品进行功能分解，并使各个功能模块分散在各个优势企业中进行开发、生产。在实际发展过程中，企业实施产品模块化战略并将部分业务环节外包已经是一种较为普遍的经济活动。它有利于企业降低交易成本、实现规模经济、节省工资和利润的支出以及满足企业战略需求。

随着我国工业化的快速发展及其在开放经济条件下与国际接轨，工业的现代知识体系日趋复杂，任何单个企业不可能掌握全部知识和创新资源，依靠知识分工，将复杂的知识系统模块化，并通过标准化的界面将各个模块对接，这是工业模块化深入发展的必然趋势。这一方面使企业集中资源从事自己的专长工作，培养或专注于自己的核心竞争能力，发挥工业企业的比较优势；另一方面，它使企业充分利用外部资源，实现强强联合，实现规模经济，降低企业成本，也增强企业并行开发与发展的能力。

（二）模块化发展促进了工业工艺流程升级

流程升级也可称为过程升级，即通过重组生产过程，改善生产系统；或是引进新设备、新技术、新工艺流程、新管理方式方法，使投入产出更有效率。

我国工业模块化发展参与全球生产分工主要存在两种途径：一种是以外资企业为主导，即引进国外资本，利用外商直接投资，承接国际制造业产业转移，从事国际的模块代工生产；另一种是以内资企业为主，即内资企业承接跨国公司及其在华投资企业的模块外包业务，为外商投资企业进行产业配套生产。无论是哪一种形式的发展，在当前工业模块化发展的初期，内资企业融入国际分工体系，都面临着适应跨国公司既有行业规范和生产标准的要求，同时也有重组原有生产过程，改善工艺流程的压力。

在这种要求和压力下，企业自主改进努力是企业获取学习能力的主要来源之一，在一定程度上推动了我国工业企业生产上的工艺改进、劳动生产率提高及质量控制能力的增强、企业经营管理水平提高、组织的结构改进和效率提升以及职工素质和熟练程度的提高。另外，我国工业中一些外向性不很突出的行业中，伴随着企业制度的改革以及企业内部模块化分工的发展，所形成的分工协作体系也促使了企业适应外部环境的变化趋势，重组生产过程，引进国外先进设备，并提升了原有生产工艺水平，实现过程升级。国家商务部网站专题数据（见表8－1）显示，企业发展中的创新对工艺影响较为显著地体现在诸多方面，如提高生产的灵活性、提高生产效率、降低人力成本、节约原材料、降低能耗、减少污染、改善工作条件等。这些影响在不同规模的企业、在不同的行业以及在不同的地区是存在着差异的。我国工业发展至今，生产能力和制造水平已位居世界前列，并已形成不少工业行业品牌，这与参与承接国际制造的模块化发展模式和自身一定程度的模块化发展对促进先进的生产工艺和流程在我国工业中的应用不无关系。事实上，在模块化发展较快的典型行业如消费电子、信息技术与通信设备、汽车、工程机械等产业都经历这些过程。

（三）模块化发展促进了工业的产品升级

产品升级包括从生产简单产品到生产复杂的同类型产品，比竞争对手更快地进行产品开发与质量提升，使得新产品、新品牌的市场份额得以提升，或者是根据单位增加值，转向更高端、更有潜力的产品线。

表 8-1　创新对工艺影响程度为“高”的企业分布情况（2004—2006）

		占工艺创新企业数的比重（%）						
		提高了生产的灵活性	提高了生产效率	降低了人力成本	节约了原材料	降低了能源消耗	减少了环境污染	改善了工作条件，提高安全性
按企业规模分组	大型	48.9	68.7	48.3	51.2	53.0	52.3	53.8
	中型	39.9	58.7	40.4	40.0	41.0	42.2	43.7
	小型	37.5	55.2	36.9	33.7	34.3	38.2	41.5
按行业分组	采矿业	27.1	61.6	36.2	34.0	35.2	29.3	58.7
	制造业	38.6	56.2	38.0	35.5	36.0	39.7	41.7
	电力、燃气和水的生产、供应业	35.7	55.0	37.6	36.4	44.3	38.5	53.9
按地区分组	东部地区	38.5	57.1	38.1	34.5	34.9	39.2	41.6
	中部地区	39.0	56.1	38.0	36.6	39.3	39.2	43.4
	西部地区	36.0	51.7	36.6	39.3	38.7	41.2	45.2

资料来源：中华人民共和国商务部网站。

在模块化平台下，我国工业企业进行产品或服务创新具备以下三个优势：第一，随着产品构架的模块分解，创新任务也被分解，同时分散了企业产品创新的风险性。第二，对功能模块的系统操作及通用模块与定制模块的有效匹配，不仅节约了开发成本，而且还快速地实现了产品创新的多样化，提高了产品创新速度。第三，不仅产品可以被分解成许多独立的功能模块，同一功能模块也往往存在多个相互独立的企业在从事多年相似的工作，这将促进企业间的竞争，从而不断进行产品创新。

由于以上的优势，结合 20 世纪 90 年代以来较为明显的外部竞争环境的变化和消费者需求结构的升级与多样化特点，企业具有促进产品升级换代的内在动力和外在压力，纷纷增加了对产品技术的研究与开发投入，尤其是具备较强实力的大中型企业更为明显，并设置了相应的研究机构和科研或技术人员。同时企业也利用了与外资合作或为跨国公司进行代工制造的机会，通过干中学和制造模仿等途径，进行产品创新和功能提升，改变了过去产品种类单一与功能单一的不足；而且，在模块化制造这种并行创新或者网络创新模式下，产品创新与升级的速度越来越快，产品的生命周期也越来越短。从当前我国的计算机制造行业、消费电子行业等模块化程度较高的产业来看，这种特征最为明显。商务部资料显示（见表 8－2），2004—2006 年，创新对产品升级影响（分别为“增加了产品品种或功能”、“提高了产品性能或质量”和“开拓了新的市场或扩大了市场份额”三个方面）较为显著的企业分布中，规模以上的工业企业都在 50% 以上；在大型企业的比重要高于中小型企业，且都在 70% 以上；在行业中，模块化程度高的制造业比重较高；在地区分布中，工业经济发达、模块化程度较高的东部沿海比重也较高。

表 8－2　创新对产品影响程度为“高”的企业分布情况（2004—2006）

	占产品创新企业数的比重（%）		
	增加品种或功能	提高性能或质量	开拓或扩大市场份额
规模以上工业企业	54.1	56.6	58.9
按企业规模分组			
大型	71.0	70.5	71.1
中型	60.2	61.7	63.1
小型	51.9	54.8	57.4
按行业分组			
采矿业	56.6	54.9	57.6
制造业	54.1	56.6	59.0
电力、燃气和水的生产、供应业	33.8	42.6	37.7
按地区分组			
东部地区	54.9	56.8	60.4
中部地区	53.1	56.5	55.8
西部地区	50.0	54.8	53.4

资料来源：中华人民共和国商务部网站。

当前，随着经济发展的信息化、网络化和知识化，模块化发展背景下的工业产品升级越来越具有以下特点：第一，产品的个性化、多样化。模块化制造的激烈竞争使国内的企业越来越注重消费者需求的个性化和多样化，甚至让顾客参与产品设计成为一种时尚。第二，多功能化。将各个具有不同功能的模块产品进行组合，形成一种多功能的新产品，满足用户需求。第三，智能化。知识和技术在经济发展中的作用日益显著，产品的高科技化与智能化特点更加突出。第四，集成化。传统的建立在劳动分工基础上的功能部门管理方式阻碍快速的产品创新，模块化生产所形成的现代集成制造系统在产品创新过程中发挥着越来越大的作用。

（四）模块化发展在一定程度上促进了工业的功能升级

功能升级，也称为部门内升级，即不断提升研发设计、生产、营销以及组织管理能力，改变在产业价值链当中的位置，专注于价值量更高的环节，外包或外购低价值环节。如从 OEM 到 ODM，再到 OBM 的转换过程。

近 30 年来，我国制造业发展主要是在与世界发达国家合作基础上发展起来的，比较明显的有汽车、化工、机电、信息、生物等行业，产业发展靠国内外市场拉动及国家政策扶持。我国产业链多数属于资源导向型和需求导向型产业链，在需求导向方面上下游资源都控制在国外资本手中，我国企业主要是处于加工生产环节也就是 OEM 生产（贴牌生产）环节，即主要从事制造业模块的代工。经过几十年的发展，更多的中国企业成为 OEM 产品的生产商，生产领域涉及服装鞋类、玩具、日化、消费电子（家电）、IT、通信等行业，地域分布遍及广东、福建、浙江等沿海省份和城市。而且，这些产业的模块化代工当前已经比较成熟，在生产水平提高、生产工艺比较成熟并成为世界制造业基地的同时，正逐渐朝产业链的中端甚至高端攀升。

这种 OEM 的生产方式在我国工业化时期对我国经济发展发挥了显著的积极作用，有利于我国企业进入世界经济体系中，开拓国际市场，促进工业的功能升级。虽然我国的大多数产业目前与发达国家存在较大的差距，但附加价值高、技术含量高的产业所占比重正在不断提高。正是由于这些，我国工业的发展才有了今天的积累，具备了产业链升级的条件。当前，深圳、东莞、惠州等地的加工贸易企业已经具有明显的由 OEM 向 ODM 方式转换的特征，而且这些企业凭借 ODM 的特色，实现了超常规的发展。第三次世界产业大转移方兴未艾，产业的融合发展是必然趋势，随着国内市场环境和体制环境的逐渐完善，模块化的发展模式势必会在更大的程度上促进我国工业及其结构的优化升级。

三　案例分析——电子计算机及其周边设备

在我国，电子计算机、汽车制造等是模块化发展较早、模块化程度较高的代表性行业。经过近些年尤其是20世纪90年代以来的快速发展，模块化的发展模式对这些产业的影响是深刻而显著的：生产流程和工艺水平有较大改善，产品更新换代的速度不断加快，能够快速适应甚至诱导人们需求结构的变化。为了具体分析模块化发展对工业发展的影响，拟选取电子计算机、汽车制造这两个典型行业来加以说明。

在IBM推出360系统之前，计算机各个组成部分之间是不能兼容的。消费者要想使用新的系统，就必须重新设计。自从模块化的设计原理应用到计算机产品之后，在遵循整个计算机系统既定的设计规则之下，各个构件或模块就具有可分解性和各自独立的功能，并且在内部能够相互兼容，共同构成了计算机产品的整个模块化系统。计算机的模块系统结构如图8-1所示。

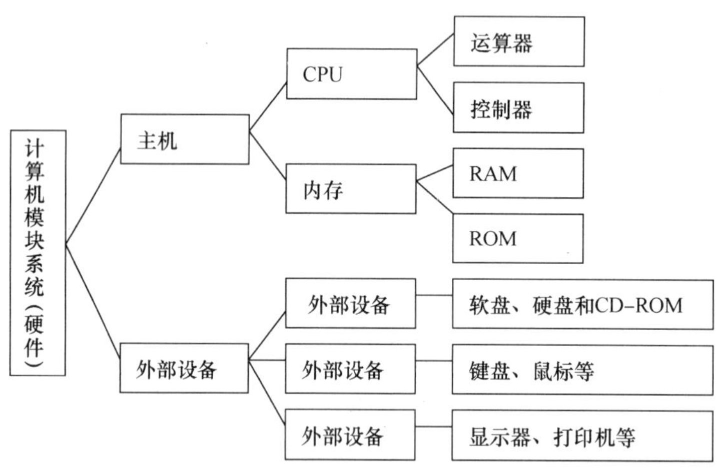

图8-1　计算机硬件模块化系

在20世纪80年代以前，我国国内出现的计算机产品主要是依靠进口；同时，在国家政策大力扶持下，我国计算机产业在诞生初期取得了一定的进步，并出现了浪潮、长城等一批依靠计算机制造起家的企业，但此时的计算机产品与功能都比较单一。而20世纪90年代以后，随着产业政策的调整，国家取消了计算机产品进口许可批文，同时大幅降低关税，以美国为首的计算机跨国公司开始大举进入中国，冲击国内原有行业市场。随着计算机产业内甚至产品内分工的深化发展，利用我国沿海地区的廉价劳动力资源的比较优势，外资计算机企业大规模向我国珠江三角洲地区转移，计算机领域的外商直接投资和合资、合作企业大量增加，我国沿海地区由此迅速成为国际计算机产业的制造与代工基地。借助于这一机遇，我国计算机产业进入模块化的大发展时期，对发展模式、产业组织以及产业市场等方面带来深刻变化。

首先是计算机产业组织形式发生变化，形成了模块化的区域集群。借助于外资和政策的推动，我国计算机产业的模块化加速发展使产业组织形式发生了显著变化：计算机产品的生产打破了原先企业内部一体化的组织形式，产品模块化后形成的各个模块如显示器、外设、存储设备、CPU等由各个具有比较优势的供应商来提供，最后由专门的品牌企业来组装，由此形成众多企业之间基于计算机产品内分工的分工协作体系。这种组织形式因而也显得更加开放，并且在地理区位上也更加集中，形成模块化集群。目前，国内最具有代表性的是珠江三角洲、长江三角洲、环渤海地区以及福建沿海地区等区域的模块化产业集群（见表8－3）。

表8－3　我国计算机产业区域模块化集群

区域名称	主要地区	主要产品或功能
珠江三角洲	广东省	计算机及周边设备生产、通信电子等
长江三角洲	上海、浙江、江苏	计算机装配、集成电路、电子元器件等
环渤海地区	北京、天津、大连、青岛	电子电器、研发、通信、软件等
福建沿海地区	福州、厦门	计算机及外设、微电子、软件等
中西部地区	武汉、成都、西安	计算机销售、研发、光电、通信等

资料来源：笔者整理。

其中，以珠江三角洲为中心的高新技术产业带，其计算机模块化水平较高，已经形成IT模块化簇群。深圳至东莞产业走廊几乎汇集了全球90%以上的计算机产业巨头，已成为世界著名的计算机模块生产基地。长江三角洲地区的计算机产业主要集中在上海及周边地区和江苏、浙江两省，代表性产品是集成电路、笔记本电脑、硬盘驱动器、显示器、打印机、扫描仪等，形成三大产业基地：集成电路产业、计算机产业、软件产业。环渤海地区模块化集群，包括北京、天津、青岛、大连、济南等地，主要从事通信、软件、元器件的生产，目前除承担制造职能外还承担研发职能。尤其是北京，是全国电子信息产品的研发、集散中心和国内外知名公司总部的汇集地。福建沿海地区的信息产业集群，主要包括厦门、福州、泉州等地，是数字化家电系统、系统软件、计算机、通信终端设备、显示器、新型电子元器件等核心信息技术产业基地。另外，中西部地区如武汉、成都、西安等地已经成为计算机及其周边设备产品的集散地，形成了强大的研发与销售网络体系。

其次是工艺水平迅速提高，生产能力大大增强。由于模块化运作解决了模块之间的兼容性问题、克服了重复设计的烦琐过程，这一新的生产模式和组织模式在我国计算机行业的应用充分发挥了我国劳动力资源禀赋的比较优势，节约了资源，降低了成本，大大提升了产业的生产工艺水平，使投入产出更具有效率。

同时，模块化的专业化生产具有内部一体化生产模式所没有的优势，它使各个模块供应商实现了规模经济，发挥了其在技术和知识方面的专业优势，在快速适应市场变化的同时，生产能力也得以大大提升。图 8-2 显示，我国微型计算机的产量由 2001 年的 923 万台逐年快速递增，到 2008 年已经达到 13666.6 万台，增长了近 15 倍。这种巨大的产能增长是纵向一体化的生产模式难以达到的。

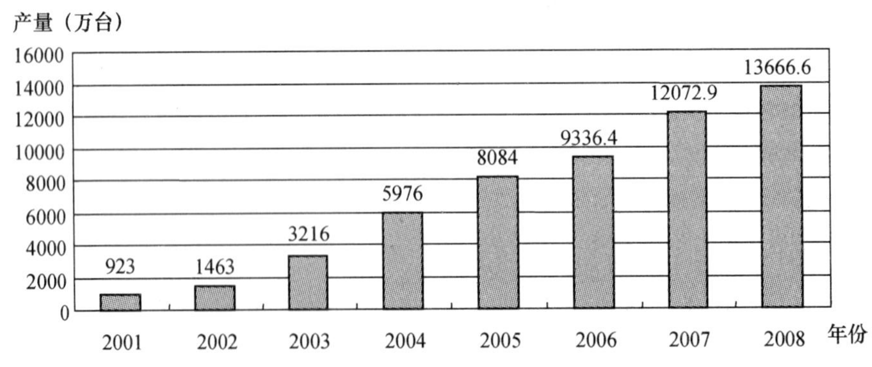

图 8-2　2001—2008 年我国微型计算机产量

资料来源：中经网、中国电子行业信息网、赛迪网。

最后是产品创新速度加快，生命周期缩短。模块化带给计算机产业最明显的变化就是技术进步及其产品创新。由于模块化生产在创新方面的优势，各功能模块在遵循计算机设计规则的前提下可以并行创新，从而缩短创新过程，加快产品的升级换代。

在计算机行业，随着信息技术的进步，计算机产品升级主要表现在以下几个方面：

其一是模块产品创新。当前，微软新一代 Windows 操作系统不断推陈出新；随着双核处理器的普及，以及英特尔四核处理器的发布，处理器多核已经到来；大容量、高速存储取得突破，新的存储技术产品如磁随机存取存储器、非易失性铁电存储器纷纷推向市场，“相变”存储器的科研工作取得突破；计算机外部设备如打印机功能日益强大、键盘设计越来越智能化、人性化，等等。这些模块部件的更新换代引发了计算机产品功能上的快速提升，极大地满足了人们的个性化需求。同时，这种模块化条件下的创新与技术进步的加速缩短了计算机产品的生命周期，“卖计算机就像卖海鲜”现象屡见不鲜，也逐步使人们的消费结构得到调整。

其二是产品结构的优化。计算机产品主要包括台式机、笔记本以及服务器三类。近些年，在满足人们对计算机的基本需求之后，计算机产品低能耗、高集成度、小型化、轻型化以及安全化的趋势越来越明显。从产品构成看，台式机的产量开始趋于下降，而笔记本的使用正在快速普及。

如图 8 - 3 所示，从 2003 年至今，台式机的增长趋缓的势头十分明显，而笔记本电脑则正快速增长。表明台式机在满足人们基本需要达到市场饱和之后，计算机产品正在快速经历着产品的升级换代，产品结构和需求结构更加优化。

其三是国内的计算机已经演进至产业生命周期的成熟期。在模块化发展模式的开放市场条件下，产品经过不断的研发创新，功能日渐完善，产品已达到非常成熟的发展阶段。根据产业生命周期的一般规律，产品进入成熟期时，市场会趋于饱和，企业利润率下降。同样，在我国计算机市场，竞争激烈。虽然随着技术的成熟，产业链各环节的成本都在不断降低，以及用户需求在不断增加，但在同质化、价格战的竞争中，个人计算机价格持续下滑，利润稀薄。如图 8 - 4 所示，计算机行业的各项利润率正在缓慢下降，究其原因，除了我国计算机产业处于模块化发展的代工阶段、附加值不高以及最近几年来企业生产成本上升等原因外，其中一个重要原因是产业发展进入成熟期而导致的“微利经济”。

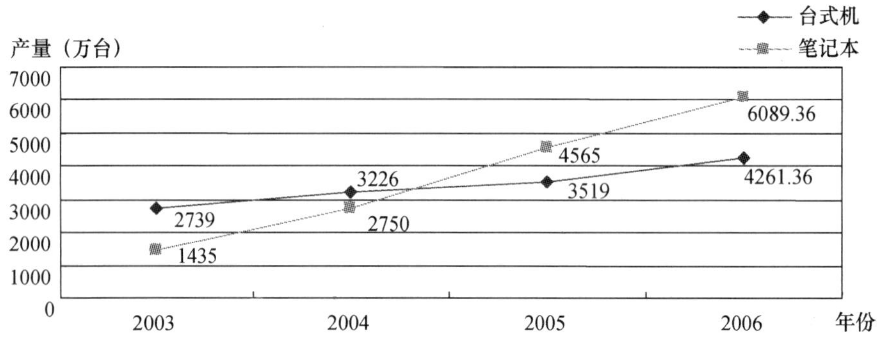

图 8－3　中国近年来计算机产量构成

资料来源：中经网、中国电子行业信息网、赛迪网。

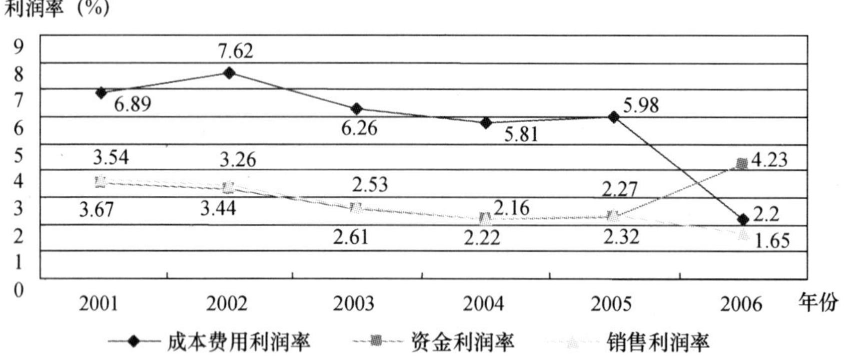

图 8－4　2001—2006 年中国计算机制造业利润率走势

资料来源：中经网、中国电子行业信息网、赛迪网。

其四是计算机产业的产业链功能提升。计算机产业的价值链主要包括上游的操作系统、处理器等核心模块研发与生产、中游的整机组装与非核心模块的生产以及下游的计算机销售、品牌等服务。凭借原有的计算机工业基础，抓住行业模块化发展的机遇，通过长期的代工生产与学习模仿，中国计算机产业迅速发展，在产业链的功能上有一定程度的提升。经过若干年的发展，国内计算机行业从产业链中纯粹的代工环节开始向中下游延伸。在计算机品牌营销上，现在已拥有联想、方正、同方、长城、紫光、曙光、浪潮等一批民族企业，也开发出服务器等高端产品，并在国内市场上与国外计算机公司有着较强的竞争力。具有代表性的企业如联想，自2005年并购IBM的个人计算机业务以来，已走向国际化的发展道路。

表8-4　2006—2007年计算机硬件行业中硬件业务与非硬件业务毛利所占比重对比

单位：%

年份/项目/内容	2007		2006		2007毛利所占比重增减	
	硬件业务毛利所占比重	非硬件业务毛利所占比重	硬件业务毛利所占比重	非硬件业务毛利所占比重	硬件毛利所占比重增减	非硬件毛利所占比重增减
长城开发	100.00	0.00	100.00	0.00	0.00	0.00
深圳华强	72.37	27.63	78.88	21.12	-6.50	6.50
长城电脑	97.68	2.32	96.69	3.31	0.99	-0.99
长城信息	88.23	11.77	64.21	35.79	24.02	-24.02
紫光股份	44.72	55.28	55.90	44.10	-11.18	11.18
南天信息	32.73	67.27	42.96	57.04	-10.23	10.23
浪潮信息	97.84	2.16	97.96	2.04	-0.13	0.13
新大陆	43.88	56.12	21.23	78.77	22.65	-22.65
七喜控股	100.00	0.00	100.00	0.00	0.00	0.00
广电运通	93.32	6.68	94.47	5.53	-1.14	1.14
御银股份	42.13	57.87	50.35	49.65	-8.22	8.22
同方股份	11.43	88.57	10.95	89.05	0.48	-0.48
海星科技	5.16	94.84	21.87	78.13	-16.71	16.71
福日电子	48.76	51.24	42.64	57.36	6.11	-6.11
方正科技	90.46	9.54	99.29	0.71	-8.83	8.83
浙大网新	51.86	48.14	61.54	38.46	-9.68	9.68
华东电脑	50.15	49.85	60.94	39.06	-10.80	10.80
合计	49.42	50.58	54.94	45.06	-5.52	5.52

资料来源：各公司年报。

另外，计算机制造越来越离不开专业化的服务，硬件的模块化也带动了下游服务环节的模块化快速发展。在硬件支持服务基础上，IT 服务得到大力发展，服务内容也更加广泛，计算机行业中的 IT 服务比重逐渐增大。原有的一些硬件品牌企业已开始实施业务多元化战略，开始从事产业链的下游服务业务，其收入比重甚至超过了硬件业务。如表 8－4 所示，在企业硬件业务与非硬件业务收入中，相较于 2006 年的情形，相当部分的企业都出现了硬件业务的毛利率下降、而非硬件业务的毛利率上升的现象。这表明了我国计算机工业在模块化发展经历了一定阶段后所显示出来的发展趋势。并且根据发达国家相应产业的发展经验历程以及计算机产业自身的生命周期演进规律，这种趋势会在产业模块化发展进程中越来越明显。而在某些特定市场上具有较强国际竞争力的本土企业，如东软、华信、海辉、浙大网新和中讯等，或已涉足 IT 服务领域，或已构建全球范围的研发能力，具有大力发展国际服务外包业务的潜力。

由此看来，模块化发展不仅给我国计算机产业带来生产工艺上的改进致使产能大为提升，更使计算机产品升级速度加快，同时产品结构进一步优化，能够适应市场的多样化与个性化需求；而且，这种发展模式使我国计算机产业经过长期的积累和学习模仿之后，正呈现出朝产业链高附加值的环节攀升。尽管整个产业仍处于全球相应产业链的中低端，但这种趋势会越来越明显，模块化发展模式已经在一定程度上提升产业结构层次，并将进一步促进产业结构的优化升级。

第三节　模块化促进工业结构升级中存在的问题及成因

我国工业的模块化快速发展始于 20 世纪 90 年代，发展历史还不长；当前总体上正处于工业化中期阶段，工业经济整体水平还有相当的上升空间，社会分工体系还不尽完善；而且工业的模块化发展在相当程度上又靠外资与政府推动。因此，我国工业的发展水平整体上仍然是大而不强，还存在着一些突出的问题。而这些问题的存在，既有我国工业所处的发展阶段特征的原因，又有体制上的因素影响所致。

一　模块化促进工业结构升级中存在的问题

（一）产业组织不尽合理

模块化发展推进了工业产业组织形式的变化，形成了一定意义上的分工协作体系，产业资源配置效率相较以前有较大提升。但总体而言，现阶段我国工业产业组织仍处于一种不合理的状态。

模块化基于开放的市场平台而有利于产业内乃至产业间分工体系的形成。但当前我国工业结构中不同行业间、不同地区间甚至不同所有制企业间的弱协调性则构成了对于模块化发展的限制。在模块化程度较高的典型行业中，外资往往占据市场的主导地位，且与内资企业处于相对独立的状况。如汽车产业，外资整车及零部件企业直接运用母公司的技术及设计方案，其模块化研发、设计、生产能力都十分先进。但其与内资企业联系较少，模块技术外溢效应并不明显，形成了相对于本土汽车企业的“飞地”。同时，国有垄断行业相当部分仍是“大而全”的内部一体化的运作模式，与民营企业之间联系较少。行业间与地区间的封闭和垄断阻碍了模块化分工协作。这种弱协调性不利于发挥模块化企业的比较优势和实现企业规模经济优势。

由于我国产业的模块化处于产业链的低端环节，代工模块的技术与知识相对较低，容易模仿和掌握，且比较优势主要源于低成本，因此模块企业的替代性强，同一模块企业之间往往处于低水平的价格竞争。另外，国内模块企业规模普遍偏小，中小企业占绝大多数，资源分布零散。这并非是一种最优化的资源配置状态，同时企业利润率低，甚至相当部分企业处于亏损状态。因此，资源整合尚有较大空间，市场集中度有待进一步提高。

模块化进程中同时也伴随着重复建设。从发展过程看，重复建设是我国各地区工业发展中长期存在而至今仍未得到很好解决的问题。尽管政策再三强调各地区应扬长避短、发挥优势、合理分工，建立各具特色的地区产业结构，但由于受传统体制特别是条块分割的影响，加上中央宏观调控乏力，工业建设中重复引进、重复布局现象依然十分突出。它使各地摒弃本地资源禀赋和比较优势，争项目争资金，其结果必然是投资分散，企业及项目小型化、分散化，产业集中度和资本集中度降低，难以实现规模经济和集约化经营。过度的重复建设不可避免会产生企业之间的恶性竞争，导致各种短缺资源的严重浪费，不利于发挥地区间结构互补的优势。这种局面既加剧了我国当前的资源环境的压力，也导致了工业中结构性的产能过剩问题。从总体上看，是不利于工业模块化发展乃至进一步的优化升级的。

（二）模块化发展处于价值链的低端

长期以来，在国际产业的模块化分工体系中，我国工业处于或者以贴牌（OEM）生产方式参与产业链的模块化分工，或者从事低附加值的模块生产或服务提供的地位，位于价值链的低端，即“微笑曲线”底端。并且，随着发达国家甚至新兴经济体的工业制造业大量发展研发、设计、品牌营销、供应链管理等服务业业务，成功地实施产业提升和转型；同时发展中国家之间在代工制造环节之间展开激烈的竞争，加工贸易的利润相对而言变得更加微薄，使得“微笑曲线”变得更加陡峭，即产业价值链中游的加工制造环节的模块产品的附加值比例越来越低，而产业链的两端即上游和下游的服务环节的附加值比重越来越高。尤其是20世纪90年代以来，这种“经济服务化”的趋势明显显现出来。这对我国工业模块化的发展提出了严峻的挑战。

统计数据显示，1981—1985年，我国以来料加工、进料加工为主要形式的加工贸易额为93.73亿美元，一般贸易和其他贸易出口为1106亿美元；而到了2001—2005年，前者为13136.49亿美元，后者为10715亿美元。这种反超固然反映了我国工业以加工装配等生产活动参与国际产业模块化分工的成绩和进步，但同时也反映出国内工业模块化发展在产业链中所处的位置较为低下。从产业链附加值较高的上下游服务环节来看，我国工业所占的比重是相当低的；在分工体系中，这些服务主要由国外企业来完成。这也可以从国内外制造业产值中生产性服务的投入差距显现出来。如表8-5所示，在制造业产业链上下游的典型生产性服务中，其在制造业中所占比重，除了少数服务行业如交通运输仓储业、邮政及信息传输等传统性服务业外，中国整体上要小于发达国家，尤其是在现代服务业如计算机服务和软件业、金融保险业、租赁和商务服务业以及科学研究和综合技术服务业等方面，更是如此。同时，在某些服务领域也低于一些发展中国家，如“金砖四国”。这表明我国工业模块化发展在世界产业链中所处的位置与国外仍有相当的差距。

表 8-5 典型生产性服务行业占各国制造业总投入比重与中国的差距

国际 行业	美国	日本	法国	英国	巴西	俄罗斯	印度	印尼
交通运输仓储业	-0.45	-0.29	-1.35	-0.48	-1.27	0.22	1.30	-0.16
邮政及信息传输服务业	-0.02	0.51	-0.08	-0.10	0.16	-0.70	-0.30	-0.53
计算机服务和软件业	0.58	0.61	0.91	0.39	0.01	-0.21	0.09	-0.03
批发零售贸易业	2.85	1.46	-0.73	4.36	0.47	3.35	2.44	4.31
金融保险业	1.19	0.94	1.17	2.29	2.93	-0.32	2.98	0.25
租赁和商务服务业	5.38	6.02	5.85	2.48	-0.27	-1.00	-1.06	-0.64
科学研究及综合技术服务业	0.53	0.60	1.55	0.02	-0.19	0.84	-0.19	-0.08

资料来源：部分转引自李善同、高传胜等《中国生产者服务业发展与制造业升级》，上海三联书店 2008 年版。其中，表中数据为各国典型生产性服务业占制造业总投入比重与中国相应比重之差。

从过去的工业发展历程看，加工贸易的模块化发展模式充分发挥了劳动力资源成本低的比较优势，促进了工业化进程，这也是其他发展中国家工业化的有益探索和宝贵经验借鉴；但就长期而言，我国的工业化必须向产业链的高附加值的服务环节方向发展，以推进工业结构的优化与升级。这不仅是我国工业化进一步发展的方向，也是当前劳动力成本上升、资源供求短缺矛盾显现对发展模式的客观要求。

（三）自主创新能力较弱，受关键技术与标准制约明显

我国工业模块化发展处于世界产业链低端的现状与模块产品尤其是关键模块产品的技术水平不高有着密切的联系。尽管模块化发展在一定程度上促进了工业经济结构的优化与升级，但企业长期囿于附加值较低的低技术、劳动密集型的加工组装环节，对其他模块尤其是关键模块所获取的知识与技术有限，是不利于技术进步的。其次，尽管在跨国公司向我国进行产业转移的过程中，国内模块生产企业通过模仿和“干中学”获得了一定的学习效应，但由于跨国企业通过严格控制和把握关键技术以及产业标准来保持对产业链的控制，使得产业模块化发展中的技术外溢效应并不充分。例如，一些跨国制造企业在中国进行投资时，往往利用母国的资源体系，采取封闭的运行模式。尤其是在关键技术上，与中资企业合作时，制

定非常严格的技术保密或使用条款，削弱了国内企业在模块化发展中的技术学习与消化。另外，在模块化发展中的技术战略失误也使行业丧失了良好的技术进步的机遇。比较典型的如我国汽车行业的“市场换技术”战略，事实证明这一战略的失误在一定程度上导致了我国汽车工业关键技术发展迟滞。目前高端产品和高新技术基本控制在跨国零部件集团手中；汽车电子技术、高档传感器、微处理器和复合新材料等基本依赖外方。同时，在引进外资时，对国外技术“重引进，轻消化”的倾向比较突出，导致重复引进，效率低下，也不利于模块技术的自主创新。表 8 -6 显示，1995—2007 年，在我国大中型工业企业技术获取来源中，技术的消化吸收经费支出虽然在快速增长，但占的比重一直偏低；而在引进国外技术方面的支出占相当高的比例。这表明企业不太注重自身创新能力的培养，不善于利用在企业模块化发展机遇中对技术进行消化与吸收，而是在较大程度上依赖国外技术资源。长期如此，企业的创新能力得不到提升，就有

表 8 -6　　我国大中型工业企业技术获取情况

单位：亿美元

年份	引进国外技术支出	消化吸收经费支出	购买国内技术支出
1995	361	13	26
1996	322	14	26
1997	237	14	15
1998	215	15	18
1999	208	18	14
2000	245	18	26
2001	286	20	36
2002	373	26	43
2003	405	27	54
2004	368	54	70
2005	297	69	83
2006	320	82	87
2007	452	107	130

资料来源：根据国家统计局网站数据整理。

可能被锁定在产业链的低附加值、低技术水平的加工制造阶段，工业结构的升级调整就会面临很大的困难。

企业技术创新与研发的资金投入不足也制约了技术水平的提高。在我国各种规模的工业企业中，大中型工业企业规模大，经过长期的积累，具有较强的资金实力，代表我国工业技术研发的主体，其研发投入总体上虽呈现逐年上涨趋势，但投入比例偏低。同时也应看到，我国工业的模块化企业大多数是中小企业，自身规模比较小，资金积累不足，融资渠道又十分有限；有限的资金投入对新技术的吸收转化与创新难以进行有力支撑。2006 年的全国工业企业创新调查统计数据显示，有创新活动的企业，大型规模企业中有 83.5%，中型企业有 55.9%，小型企业最低，只有 25.2%。联合国开发计划署公布的 72 个国家技术成就指数，世界平均值为 0.374，我国为 0.299，排名为第 45 位。另外，国外的发明专利授权量占 69.3%，国内工业企业只占 9.1%。20 世纪 90 年代后期，经济合作与发展组织（OECD）以研究开发经费占销售收入的比重超过 3% 作为划分高技术产业的标准。而实际上，我国制造业大类行业中长期不足 1%（见表 8－7），而发达国家多在 10% 以上。投入的差距也造成了中外技术水平的差距。

表 8－7　　我国大中型企业研发经费投入强度

年份	1995	1996	1997	1998	1999	2000	2001	2002	2003	2004	2005	2006	2007
研发经费投入强度（%）	0.46	0.48	0.52	0.53	0.6	0.71	0.76	0.83	0.75	0.71	0.76	0.77	0.81

注：研发经费投入强度指研发经费支出与主营业务收入之比。

资料来源：根据中国国家统计局网站数据整理。

综上所述，模块化进程中，我国工业企业由于自主创新能力较弱，会导致我国工业在向产业链高端攀升的过程中，明显地受到发达国家在关键技术、产业标准上的制约和自主创新能力不足的限制，进一步升级的阻力较大。

（四）生产性服务业对工业模块化发展的支撑乏力

工业的发展离不开服务业的发展，尤其是生产性服务业的发展。一方面，制造业模块化分工与发展离不开生产性服务的提供，并且会对其服务需求总量、服务质量及专业化提出越来越高的要求；另一方面，生产性服务业也是工业产业链中非常重要的环节，其重要性甚至超过了加工制造。如前所述，在国际竞争日益国内化、国内竞争也日趋国际化的背景下，国际竞争的焦点和全球价值链当中的主要增值点和盈利点越来越集中于微笑曲线两端的高级生产者服务环节。工业模块化向价值链中这些服务环节（如研发、品牌营销、技术支持与培训等）爬升以促进工业结构优化升级的趋势更加凸显，这也是发达国家以及后起的新兴国家工业化发展有益的经验借鉴。

当前，我国生产性服务业发展的总体情况是企业内部供给过多，外部化与专业化发展不足，对工业模块化发展支撑乏力。这种现状，不仅造成我国工业缺乏行业关键模块的技术，而且还缺乏知名品牌和知名企业。更为重要的是，在嵌入世界产业链的过程中，只能从事劳动密集型和低技术的加工制造。这种位于产业链低端的代工制造对诸如批发零售、运输仓储等传统服务需求较高，对研发设计、金融保险、IT 服务等高端服务的需求诱导作用不突出。由此，生产性服务业会在较长时间内以传统的生产性服务为主。生产性服务对工业模块化发展的支撑作用不强，不利于工业升级发展，有可能陷入“低端生产性服务→价值链低端加工制造→低端生产性服务→工业结构升级障碍→低端生产性服务”的恶性循环中。

当然，我国生产性服务业不发达，以致对工业模块化发展作用不明显，这种现状的出现既有观念上的影响，也有体制的原因。从观念上看，比较多的企业倾向于在企业内部自我服务，实行“大而全、小而全”的发展模式，通常不将生产性服务环节外包出去，以致不能有效地利用外部资源，服务效率低下，服务质量与及时性差。而很多地区在发展经济过程中，也是重工业轻服务，把生产性服务置于经济发展战略之外。体制上的原因，如生产性服务业的市场制度并不健全；市场化程度低，政府的行政干预范围较广。如对市场壁垒高、知识产权制度不完善、行业缺乏统一标准等。这些都导致高端的生产性服务业得不到应有的发展。

二　主要原因分析

工业模块化发展中存在的这些突出问题，与我国经济发展总体水平、所处的发展阶段、分工程度等有关。从总体上说，我国是一个发展中国家，工业化尚没有完成，正处于体制转轨和发展方式转变的过渡时期。工业的模块化发展程度不高，还处于起步阶段。根据其他新兴经济体模块化发展历程看，我国当前工业模块化中存在的问题具有一定的普遍性。但也必须看到，我国工业的低模块化水平也有国内特殊的原因所致。从根本上来说，模块化的低水平与我国工业经济总体的发展环境、与当前的市场经济体制的完善程度有着内在的联系。

（一）市场分工深化受到抑制

模块化是以开放的市场体系为平台，以资源要素能够自由流动为前提的。改革开放30多年来，我国市场经济建设取得了较大的成就，但传统体制与观念等因素仍在相当程度上制约着市场分工的进一步发展，进而对模块化方法在我国工业中的应用构成阻力。主要表现在以下几个方面：一是地区经济发展不平衡，区域市场条块分割，地方保护主义色彩依旧很浓厚。在工业模块化发展过程中，各级政府尤其是地方政府虽然也是予以大力政策支持，但在相对保守的发展观念和相对封闭的区域市场条件下，统一的、开放的大市场体系难以建立起来，阻碍了资源自由的有效的流动，模块化发展应有的区域间的分工协作就受到相当大的局限，而无法充分体现出比较优势、规模经济效应。同时也因为市场的封闭性导致市场需求受到抑制，工业模块化发展的需求诱导动力不足。二是部分传统国有企业的垄断不利于模块化的发展。一方面市场进入壁垒高，其他企业进入难，无法形成有效竞争，不利于模块化创新的进行；另一方面，这些行业又恐失去对生产经营管理的控制权和额外利润被别的企业攫取，倾向于内部一体化生产与经营，或尽量不将生产与服务环节外包，依然是“大而全、小而全”的经营管理模式，不利于分工的深化发展，进而阻碍产业的模块化发展。

（二）金融市场发育不完善不利于工业模块化发展

金融市场发育不完善导致企业融资十分困难。企业往往因为缺少必要的资金来源而无法在产品开发与设计、重大设备和关键人才引进、生产线购置等环节有所作为，在品牌培育、营销渠道和网络构建等方面也因资金短缺而难以成事。模块化中小企业主要从事低附加值的加工贸易，自身资金积累十分有限，因此其融资就显得至关重要。

在我国现有金融体系中，以国有资本居于垄断地位的大中型银行融资占据主导，其他资金融通形式发展相对不足。前者的借贷活动倾向于信贷需求规模大、信息透明、风险较小、收益好的企业客户，对需求零散、信息透明度较差的中小企业信贷供给不足；而后者虽然发展形式多样，但目前针对中小企业融资的金融组织模式基本上还处于探索阶段，实际效果也不明显。这样，在这种金融服务结构中，能够为中小企业提供信贷融资服务的市场供给严重不足，势必影响到模块化企业的发展，形成工业模块化发展的障碍。作为金融结构问题的另一个重要方面，风险投资在我国发展的不足也制约了中小企业的发展，尤其是对于科技型的中小企业的研发投入、科研成果的产业化是极为不利的，抑制了企业的模块化创新。表8－8显示，从科技活动经费的筹集来源来看，企业的技术创新资金投入越来越依靠企业自身的积累，源于政府的投入变化不大，而来源于金融结构的贷款却呈递减的趋势，而且政府的投入与金融机构的贷款在现行的金融制度下倾向于国有大中型企业。在此种情形下，理应作为模块化发展模块创新主体的中小企业在低附加值的加工贸易活动中可以用于研发的投入就会显得严重不足，在宏观经济形势趋弱时经营都可能存在问题。这样，技术进步会相当迟缓，对于工业结构优化升级构成明显的发展障碍。

表8－8　　全国科技活动经费筹集

年份	科技活动经费筹集总额（万元）	政府资金		企业资金		金融机构贷款	
		数值（万元）	比重（%）	数值（万元）	比重（%）	数值（万元）	比重（%）
1995	9625070	2487311	25.84	3051918	31.71	1270806	13.20
1996	10431730	2719714	26.07	3128228	29.99	1497880	14.36
1997	11819282	3098706	26.22	3483689	29.47	1551858	13.13
1998	12897557	3538300	27.43	4025040	31.21	1709832	13.26
1999	14606085	4729764	32.38	5102899	34.94	1287921	8.82
2000	23466834	5933920	25.29	12963664	55.24	1962129	8.36
2001	25893991	6563595	25.35	14583833	56.32	1907606	7.37
2002	29379898	7761912	26.42	16766868	57.07	2018777	6.87

续表

年份	科技活动经费筹集总额（万元）	政府资金		企业资金		金融机构贷款	
		数值（万元）	比重（%）	数值（万元）	比重（%）	数值（万元）	比重（%）
2003	34590986	8392833	24.26	20535424	59.37	2593378	7.50
2004	43283258	9855191	22.77	27712063	64.02	2650049	6.12
2005	52508284	12130537	23.10	34402879	65.52	2768395	5.27
2006	61967083	13678454	22.07	41069478	66.28	3742727	6.04
2007	76951501	17035547	22.14	51894786	67.44	3843140	4.99

资料来源：中华人民共和国商务部网站。

（三）研发及其配套体制不完善

在市场发展所处的特定阶段，由于各方面的原因，我国的研发及其配套体制依旧不完善，影响了模块化整体创新水平。从政府角度而言，政府控制的科研经费太多，权利监督乏力，容易形成条块分割、政出多门、多部门多头分配资源，致使有限的科技资源难以集中，使用效率低下，难以适应重大科技攻关尤其是拥有自主知识产权的关键技术的研发。对企业而言，尤其是中小企业，由于融资渠道有限、知识产权保护等激励机制不完善，创新能力低下，创新动力不强，同时也容易导致“搭便车”行为。在创新应用方面，产学研结合不紧，研究或创新成果的产业化比率不高，从而造成研发对工业模块化发展的支撑力度严重不足。因此，在发达经济掌握了产业模块化发展的关键技术和标准条件下，我国在模块的技术创新方面存在缺陷，同时沿着发达国家既有技术与标准存在路径依赖；在短期内难于通过大规模研发予以赶超，而且在拥有自主知识产权的关键技术方面没有多大程度的突破，因此就会导致工业的模块化发展位于世界产业价值链的低端。总的说来，现行的研发制度下，政府掌握的研发资源使用效率不高，作为市场主体的企业创新激励不强、自主创新能力低下，整个市场还没有形成以企业为主体、政府发挥调控作用的科学而较为开放的创新体系。这成为工业模块化创新的严重障碍。

（四）模块化发展的其他基础环境问题

工业的模块化发展是建立在良好的外部基础环境和企业的信息化平台之上的，尤其是通信、信息化的基础设施的完善以及企业信息化程度，对降低模块化企业运营的交易成本（包括物流成本、沟通成本、协调成本等）进而促进其发展具有重要意义。从基础建设来看，虽然政府当前正大力投入城市信息基础设施建设，但其发展还是滞后于经济发展的要求。总量供给不足，区域信息化建设发展水平不一致，重复建设严重。从企业方面看，目前企业信息化建设成功的项目所占的比重并不多，并且还处于较低的层次，信息化的应用更是得不到普及。这些都不利于模块化的发展。

从法律制度环境看，知识产权的保护政策和体系还不够完善，不利于我国工业的模块化发展和工业结构的升级。由于知识产权保护的不力，企业在寻找外包伙伴的时候，最关心的是自身的核心竞争力是否有被泄露出去的风险，这也使得在进行外包时变得小心翼翼。如果政府不对知识产权的保护力度提高，将会产生阻碍行业模块化外包发展的不利影响。

第四节　本章结论及对策建议

目前我国正处于工业化中期，制造业大而不强，模块化发展中还存在着种种问题，并对工业的模块化深入发展形成明显的障碍。在借鉴国际经验的基础上，结合工业经济发展的实际情况，要以模块化促进工业结构的进一步优化升级，必须打破工业行业垄断和区域垄断，建立模块化分工体系，优化工业产业组织；同时还需要完善配套制度和信息化与基础设施建设，建立工业模块化发展的制度等基础环境；而针对企业研发投入不高、创新不足等问题，则需要加大模块尤其是关键模块的研发投入；另外，通过企业的兼并重组，发挥优势企业的带动作用；以及发展现代生产性服务业，强化其对制造业的服务功能与支撑作用等，也是十分必要的。

一　促进模块化分工体系的建立

（一）打破国有企业的行业垄断，推进产业内模块化分工

针对我国工业中的部分行业的垄断现象和内部一体化运作模式，政府应培育合格的市场竞争主体，进一步完善国有企业的公司治理结构；创造公平合理的竞争环境，推进国有企业与民营企业在市场中的平等竞争地位的建立，并以此促进大中小企业之间合理模块化分工的形成。有声誉、信

息、知识和资本优势的大企业应把自己定位于模块整合者或产业标准的制定者，通过柔性契约网络在全球整合资源，最终完成产业的功能升级，成为模块化网络中的旗舰企业。中小企业应把自己定位于可以发挥自己独特优势的模块供应商，尽快完成工艺升级和产品升级。

（二）消除地方政府的区域垄断，推动地区间模块化分工

为消除国内产品与要素市场的地方割据现象，解决各地方产业结构同构问题以及重复建设问题，政府应致力于消除地方保护主义，规范地区竞争行为，建立和完善统一的市场体系，使资源能在全国范围内合理配置。并通过加快产业重组和企业内部流程重组，形成具有规模经济、专注于核心价值模块开发的品牌制造商和能为国内外品牌厂商提供专业化服务的模块供应商。

二　完善相关配套制度

（一）建立专利保护制度，参与国际标准制定

在模块化框架下，一国工业的竞争力并不完全在于最终产品的生产，而在于对关键价值模块和技术标准升级的控制。专利影响的是企业，而标准影响的是行业。中国应在提高研发能力的同时，沿着“技术专利化—专利标准化—标准许可化”路径形成研发与“游戏规则”制定的良性互动。

从制度保障上来看，首先应当建立一整套保护专利和知识产权的法律法规，提高我国专利保护程度和专利费的收取比例，尽快使自主创新的模块企业收回研发成本，鼓励创新活动的进一步开展。其次，应积极组建促进知识产权及专利技术产业化、标准化的非政府中介咨询机构，依法开发利用国内外专利技术支撑企业自主创新活动。就国际技术标准而言，短期内中国难以摆脱国际工业技术标准跟随者的角色。但根据现有的工业发展技术水平，同一行业内具备全球加工能力的企业完全可以组成产业联盟，在某些领域参与国际标准的制定，争取产业发展利益。产业联盟具有影响用户预期、支持相关企业进行互补产品开发、采用有利于市场渗透的定价策略等作用，有利于率先建立规模化的用户安装基础，有利于在技术标准的市场竞争中领先。而各行业协会在引导、扶持相关产业内领先企业组成联盟、制定标准上应该发挥重要作用。

（二）完善风险投融资制度

由于风险投资制度的自身特点，它通过一系列的制度安排，能够较好地解决创新项目融资过程中面临的风险、权益和信息这些一般性的问题，因而风险资本可以成为模块产业内中小企业创新资本的主要来源。更为关键的是，风险投资制度保证了开放而分散的模块创新组织能有效地提高创新效率；风险投资家位于创新网络的中心，促进各相关创新模块之间的联系，并促进了界面标准化的演进；而且，在风险资本的分段投入过程中，风险资本家能够不断地明确对若干竞争性模块的价值评估，从而实现对竞争性创新模块的筛选和淘汰。

（三）加强信息化建设和基础设施投资

模块技术的发展对产业信息化的要求很高，政府和企业应大力合作，构建供应链整合的信息化平台。政府主要加强信息基础设施建设，建立和完善公共信息服务平台、电子商务体系和电子政务体系。企业则应加强产品流程、企业业务链和企业价值链的信息化建设，引入先进的企业信息化管理软件和构建企业间信息交流平台，从而满足企业之间模块化分工对信息交换的高要求。加大对铁路、公路、港口、机场等基础设施的投资，特别是加强中西部不发达地区的基础设施建设。以此促进同类企业之间跨区域的兼并重组、提高生产集中度，使模块化的生产体系能在更大的地理范围内、以更低的交通运输成本进行，并使模块集成企业能在全国范围内选择具有规模经济和技术优势的中小专业化模块生产企业供应所需零件。

三　加大模块研发投入

（一）多主体、全方位推动模块技术研发活动

第一，资助企业研发活动。通过设立针对性强的专项模块技术研发基金，对企业及科研机构的研发活动直接发放补助金及委托费。

第二，政府直接参与研发活动。目前，国内的高校及各科研院所从事基础理论研究较多，政府应鼓励其与企业间加强合作。对于某些关键模块、核心技术的突破性研究，政府可以出资专门设立特殊法人，集合高校、科研院所及企业多方力量专门从事该项研究。

第三，建立企业联合开发制度。各企业可以就特定模块技术进行联合研发，这样，既可以超越企业内部的技术限制，又可以顾及科技开发风险大、信息难以独占的准公共物品特点。通过政府大力资助企业联合开发，

争取在若干核心模块技术和产品中拥有自主知识产权，向价值链的高端环节延伸。

（二）加强核心模块研发

在嵌入全球模块化网络的过程中，主导厂商为了自身利益会进行必要的技术转移，中国企业可以获得工艺升级和产品升级所需的一系列知识。但是，主导厂商在进行技术转移和知识外包的过程中，必然保留关键模块和核心技术知识，以维护其核心竞争力。

关键模块和核心技术的研发是一国实现功能升级乃至跨产业升级的关键环节。中国可以通过全球购买或者通过国际并购的方式取得核心模块的关键技术；还可以通过设立政府性的研发基金以及政策的导向与扶持，集中开发关键模块。同时鼓励企业进行全球化布局，将那些边缘性的模块实行外包，把一些逐渐失去竞争优势的环节转移出去，实行逆向外包，以充分利用其他国家的资源与成本优势，促进工业升级。

（三）提升中小模块企业研发能力

对于处于产业发展创建、成长期的中小型模块企业，政府产业政策扶持的重点应集中于模块的技术研发创新能力的提升，以帮助其尽快完成工艺升级和产品升级。首先，应充分发挥行业协会、科研院所以及技术服务企业机构的作用，形成技术服务网络和技术专家队伍，加强面向中小模块企业的技术诊断、技术咨询、技术评估、技术中介活动。其次，在中小模块企业相对集中和具有产业优势的区域，鼓励有条件的模块企业与高等院校、科研机构、技术中介服务机构等共同投资，联合建立公共技术平台，加大对行业共性、关键的模块技术的研发，为企业提供设计、信息、研发、试验、检测、咨询、培训等支持和服务，提高中小模块企业的技术创新能力。

四 支持模块企业兼并重组

重点扶植与培育重组型企业集团。在模块化特征明显的装配型行业（大而全、小而全的企业主要集中在这一行业），形成大型整机厂与中小型专业化零部件厂密切合作的分工协作体系。可取的方法是，通过大企业承包中小企业，先改造中小企业，然后使大企业摆脱大而全的生产方式。因为大企业可以凭借自己雄厚的经济实力，在对中小企业的承包中，按其需要，将中小企业改造成为其服务的小而专的零部件企业，然后使其自己转变为专业化的整机厂。产业政策应协调此过程中企业间的利益分配问题，促进大企业对中小企业的承包，最终使大企业和中小企业都因专业化生产而大大扩大生产批量，并由此获得规模经济。

对于某些处于成熟期、衰退期的行业，存在厂商众多、产能过剩，但彼此之间缺乏内在的技术支持和生产联系，而模块产业链高端的研发营销等环节被跨国公司与国际资本垄断与控制的情况。政府要积极鼓励企业间的兼并合作，尤其是跨区域的合并重组，淘汰落后产能，推动企业尽快实现功能升级，以便在更高层次、更大规模和全球范围内参与竞争。要做到这一点，关键是要制定支持合法的经济垄断、消除行政性垄断的政策措施。

目前，我国地方政府对辖区内国有企业仍具有程度不一的干预甚至支配权力，无论是面临当地经济社会发展的压力或是财政税收上的考虑，他们都不希望本地企业被外地企业收购兼并，这就从体制上增加了优势企业进行跨区兼并重组的难度。对此，政府一是要加快建立维护市场公平竞争的法律法规，打破地方封锁和地方保护。二是要改革现有财政税收体制，保证被兼并企业所在地区财政税收不出现明显流失，为跨地区、跨所有制企业之间的兼并重组消除体制障碍。三是在相关项目核准、信贷支持、企业证券发行、原料和运力保障方面应优先予以考虑。

五　推进现代服务业和先进制造业发展

服务活动的模块化使得以往由制造企业内部自行提供的服务逐渐分割给专业服务企业。在中国，本应作为中间投入的服务业多由制造企业自身完成，大量可以通过社会分工节省成本的机会没有被恰当地利用。服务活动的模块化以及由此带来的服务效率的提高，能够向制造企业提供更多、更专业化和更高质量的服务，有助于改变制造企业将所需要的服务内部化的倾向，从而降低企业成本，提高生产效率，促进制造业更好更快地发展，并使得制造企业能专注于研发设计、营销售后等核心竞争力的提升，从而有助于其提高技术水平和品牌价值，促进传统制造业向先进制造业升级。

现代服务业是指其需求主要受工业化进程、社会生产分工的深入影响而加速发展的服务业。它拥有日益增多的专业化厂商和各类专家，产出中含有大量人力资本和知识资本是现代服务业的重要特征。我国服务业发展总体滞后，结构不尽合理，过于依赖“生活型”传统服务业的低质结构，“生产型”现代服务业发展落后已经成为产业结构优化的主要制约因素。因此，政府应通过制定促进企业主辅分离，推进企业内置服务外包，加快城市化进程等的相关政策，加快发展信息、物流、金融、科研等现代服务业作为实现三次产业协调发展，促进产业结构优化的突破口。

第九章　地区产业专业化与工业结构优化升级

在模块化分工下，大量涌现的地方产业集群使得地区产业专业化取代地区产业多样化成为区域工业结构优化升级的主导方向，而技术进步和交易费用变化是其演化的主要影响因素。中国的地区工业结构演变符合先多样化后专业化的一般规律，并且大部分省份已经进入地区产业专业化的发展阶段。在此背景下，如何通过政策引导来促进东部、中部、西部地区产业专业化的协调发展，进而推动工业结构优化以及缩小地区间差距就显得尤为重要。

在本章中，我们从地区专业化对产业组织创新影响的角度出发来探讨工业结构优化的问题。我们首先从分工、专业化和产业发展的关系出发，探讨了地区产业专业化与工业结构优化升级之间的互动关系。然后，我们从统计的角度测算了中国地区产业专业化的演变趋势，并从理论和实证的角度系统地揭示经济发展过程中地区产业专业化演变规律的一般形成机理和具体影响因素。由此，我们揭示了中国地区产业结构演化路径背后所蕴涵的深层经济原因。最后，我们通过基于回归的不平等分解方法，对造成东部、中部、西部地区之间地区产业专业化发展差异的影响因素进行了重要性排序，从而为找到促进地区产业专业化发展的政策着力点提供了理论依据。本章的主要工作包括：第一，从一般机理上解释了在经济发展的不同阶段，地区产业结构呈现出先多样化后专业化的理论原因。第二，通过中国东部、中部、西部各省的面板数据，结合地区产业专业化演化的一般规律进行了系统的理论研究和实证分析，从而为我国地区产业结构优化指明了具体的方向。第三，通过基于回归的不平等分解方法，首次对我国东、中、西部地区产业专业化发展差异的影响因素进行了重要性排序，以便能更好地采取有针对性的政策，促进各个地区产业专业化的均衡发展。

第一节　地区产业专业化与工业结构优化升级的关系

一　分工、专业化和产业发展的相关研究

古典经济学家亚当·斯密（Adam Smith，1776）在《国民财富的性质和原因的研究》中指出分工与专业化是经济增长的源泉，推动经济增长的最根本原因是分工的日益深化与不断演进，经济增长的过程，实质上就是分工不断深化与演进的过程，而分工的深化取决于市场范围的扩大。其理论核心就是斯密定理，即："分工是经济增长的源泉，分工决定市场大小，市场大小又决定分工。"斯密指出分工能够提高生产率的三点原因：（1）劳动者的生产技能（熟练程度）随专业化水平的提高而提高，专业化水平则取决于劳动分工水平；（2）劳动分工能够节约劳动者在工作转换中的劳动时间；（3）劳动分工有利于新机器、新技术的发明与应用。以斯密为代表的古典经济学的基本逻辑是，分工带来的专业化生产导致技术进步，技术进步产生收益递增，而进一步的分工依赖于市场范围的扩大。分工所导致的技术进步在亚当·斯密看来是导致收益递增和产业发展的推动力量。

新古典经济学的集大成者阿尔弗雷德·马歇尔（Alfred Marshall）虽然也继承了斯密的分工理论思想，在其《经济学原理》（1890）中对分工理论进行了研究与阐述。但是，由于当时缺少处理角点解的数学工具，不能将分工理论思想数学形式化。马歇尔采用边际分析的方法，求内点解。在马歇尔的新古典边际分析的框架下，生产者与消费者处于完全分离的状态下，纯消费者必须从外生给定的市场和企业购买所有的商品，个人不能选择分工和专业化水平。这一分析框架的致命缺陷是，新古典经济学研究在给定的分工结构下，实现资源配置的最优化，均衡和帕累托最优资源分配总是同外生给定的生产可能性边界联系在一起。马歇尔用规模经济的概念代替分工概念，将规模经济当做收益递增的实现机制。马歇尔将规模经济分为内部规模经济和外部规模经济来解释规模经济中完全竞争与垄断相兼容的问题：当一个企业的生产力随着企业规模的提高而提高时，就称存

在内部规模经济；而外部规模经济则是指一个企业的生产力随着整个经济或一个部门规模的提高而提高。新古典经济学认为规模经济是实现收益递增从而驱动产业增长的关键力量。而古典经济学中关于分工与经济增长的经典理论在马歇尔（1890）之后，逐渐从主流经济学派中消失了。

阿林·杨（Allyn Young，1928）在其论文《收益递增与经济进步》中进一步对斯密的分工理论进行了拓展，从分工与专业化的角度，更加深入、系统、科学地揭示了收益递增的根源及其自我实现机制。杨指出，生产率的提高是分工水平提高的结果，收益递增来源于劳动分工的演进，即迂回生产方式。经济增长的过程实质上是一个分工不断演进的过程，表现为生产者专业化水平加深。随着分工的不断演进，专业化程度不断加深，迂回分工链条不断加长，不同专业化分工之间相互协调会带来最终产品生产效率的提高以及市场交易的增加，进而促进市场范围的扩大，同时市场范围的扩大又进一步推进专业化分工的发展。在这一过程中，伴随着新机器、新技术的产生和个人专业化水平的提高。这意味着不断出现新的专业和分工领域，相应的产业种类也越来越多，细分产业的生产率不断提高。

斯密与杨的分工理论被称为斯密—杨定理，强调经济增长中的收益递增并非来源于规模经济，而是来自专业化分工经济。杨小凯等新兴古典经济学家运用超边际分析（infra - marginal analyses），将斯密—杨—科斯的思想相结合，引入消费者—生产者相结合及交易费用的分析框架，重新将古典经济学中关于分工与专业化的思想变成均衡模型。新兴古典经济学强调，分工是交换的产物，经济发展是分工与专业化不断深化发展的过程，分工与专业化能够加速知识的积累，实现收益递增；分工演进受到交易费用的制约，交易费用取决于交易机制的效率，交易效率的提高能够进一步推动分工的深化。较高的交易费用会阻碍分工与专业化发展，减少人们之间的交易行为；分工的好处与交易费用增加之间形成的两难冲突，构成分工演进的基本约束。专业化分工与交易行为构成了人类经济社会的基本概貌，而专业化分工与交易费用之间此消彼长的两难冲突及其有效折中则成为贯穿社会经济发展过程的一条主线。

新兴古典经济学关于专业化分工和报酬递增的核心思想是：制度变迁和组织创新对分工深化有着决定性的影响，而能否实现高水平分工则与交易效率有关；分工和专业化水平决定着专业知识的积累速度和人类获得技术性知识的能力，决定收益递增。分工的深化取决于交易费用与分工收益的相对比较，呈现出一个自发演进的过程。因此，通过大量的关于分工组织的试错实验，人们可以获得更多关于分工组织的制度性知识，从而选择更有效的分工结构，改进交易效率，提高分工水平，使生产者获得技术性知识的能力提高，形成内生技术进步和经济发展。上述的自发演进的过程具体描述如下：在经济发展的初始阶段，人们对生产活动缺乏经验，生产效率很低，没有剩余产品进行交易，只能选择自给自足。随着劳动经验的逐渐积累，“熟能生巧”使生产效率有所提高，能够有一定数量的剩余产品进行交换，经济开始逐步增长。通过交换产品，开始产生初步的分工与专业化生产，交易及交易费用由此产生。由于专业化生产加速了经验积累与技能改进，使生产效率进一步上升，经济发展逐步加速，使人们在权衡专业化将带来的收益和将要增加的交易费用后，认为能够支付更多的交易费用，实验新的分工组织，因而进一步提高了分工的水平。这样，就形成了一个良性循环的过程，使分工演进越来越快。伴随着分工的演进，生产者的专业化水平提高、生产效率提高、贸易依存度增加、内生比较利益增加、生产集中度增加、市场一体化程度增加、不同职业随着分工的演进而出现、产业分工结构呈现动态的拓扑性变化。同时，分工的演进，促进市场规模与产品市场需求的扩大，为产业优化升级提供了前提条件与基础。根据斯密定理，市场与分工之间存在着紧密的反馈关系，即分工的深化推动市场规模的扩大，而市场规模的扩大又能够进一步促进分工的演进。随着分工的不断深化，市场规模进一步扩大，人们进行交易的需要不断提高，从而为产业发展的专业化和高级化提供了前提与市场基础。

具体而言，交易费用分为外生交易费用与内生交易费用两种。外生交易费用是客观存在的交易费用，与现存的物质技术条件相关，是指在交易过程中直接或间接发生的费用，不是由于决策者的利益冲突导致经济扭曲的结果，例如，购买商品的谈判费用、运输成本、运输损耗和通信费用等；内生交易费用则是指因道德风险、逆向选择及其他一些机会主义行为，如欺骗和不可信的承诺等引起的费用。

交易费用对分工演进和产业结构的变迁有着极其重要的影响，交易费用越低，分工水平越高。外生交易费用主要是产生于制度之外的，其大小更多地依赖于技术因素，而不是制度因素。如运输费用主要取决于运输里程和运费价格；内生交易费用则与经济制度紧密相关联，能够通过制度创新和改进、习惯的形成加以降低，故对均衡分工网络与产业结构影响的意义更大，因为内生交易费用是由个体的决策，以及他们选择的制度安排所决定的。例如一国贸易壁垒的减少和对外开放的提升，能够有效地减少阻碍产业分工的内生交易费用的发生，促进了一国或一个地区产业专业化的发展。

总之，分工既是经济发展的原因又是其结果，这个因果累积的过程所体现的就是收益递增机制。在分工演进的过程中，分工和专业化水平决定着专业化知识积累的速度与生产者获得技术知识的能力。专业化与加速学习具有良性循环（正反馈）机制，分工过程一定意义上就是知识累积的过程。从专业化分工和交易的角度来看，专业化生产可以产生两类知识积累：一类是专业化生产方面的知识积累，在专业化生产过程中，生产者能够避免重复学习，降低了学习成本。在这个过程中生产者的经验积累通过“干中学”来取得熟能生巧的动态效果，不断地提高其生产熟练程度，推动技术不断进步，推动新技术、新机器的发明与使用，提高生产效率；另一类是交易方面的知识积累，现有交易水平和交易效率开始严重限制知识积累和专业化分工的进程，会促使生产者采取新措施进一步提高交易水平和交易效率。分工作为一种基本的经济制度安排，决定了产业组织的形态与发展过程。

纵观以上关于分工和专业化的理论，我们可以发现分工、专业化对产业结构演化的影响机制主要有两个方面：一是通过促进技术进步，推进产业结构优化升级，这点已被多位学者所证实。如国内学者梁琦和詹亦军（2006）利用长江三角洲制造业 1998—2003 年的数据进行了相关分析研究，结论是：地方专业化有利于产业的技术发展，从而推动产业从劳动密集型向资本密集型升级，使产业结构得到优化。地方专业化产业的技术进步增长率和技术对经济的贡献率都明显高于非地方专业化产业，而且地方专业化有弱化垄断而强化竞争的倾向。二是通过降低交易费用，促进地区间专业分工的产生，从而使得各个地区专注于自己具备比较优势的产业，使得整个国家的产业组织得到优化。这方面的研究尚较少有人问津，而本章正是要从技术进步和交易费用两个方面，全面地探讨地区产业结构优化升级的机理和路径。

二　地区产业专业化与工业结构优化升级的关系

寻找工业结构优化升级的理论依据，其实就是探寻产业组织演进的推动力量。产业组织演进是有规律可循的，产业组织的结构和状况与生产力的水平和状况相适应。不同时期的生产力水平和状况决定了劳动分工与专业化的水平和状况，进而决定了产业组织的结构和状况。分工和专业化经济是产业组织自身演进的理论依据和历史逻辑。因此，分工与专业化经济也是优化产业组织的首要正确选择。个人、家庭和手工业工场等市场主体的专业化分工生产，形成“原子式”自由竞争的产业组织形式。这一时期的产业组织表现为市场机制自发调节下的众多企业之间的古典竞争，即“原子式”的自由竞争，不存在垄断因素；以大机器工厂为基础的专业化分工生产，形成寡头垄断的产业组织形式。随着19世纪末20世纪初以来的兼并浪潮，生产和企业规模的大型化、集中化成为产业组织发展的主要趋势。也在这一时期，主要发达国家的产业组织形式表现为垄断或寡头垄断；信息技术以及经济环境的变化，在许多部门和领域都使分工和专业化以及企业组织发生了巨大变化，从而形成现代模块化的产业组织形式。从专业化经济角度讲，主要表现为企业专业化基础上的规模化。

纵观产业组织发展的历史可以看出，经济发展的过程就是产业的组织结构渐进演变的过程。因此，产业结构调整理论一直是人们关注的热点理论。然而，现有的产业结构调整理论，虽然揭示了第一、第二、第三产业的演变趋势，对于我们把握产业结构调整的方向具有指导意义。但是，无论是克拉克定理、库兹涅茨趋势还是钱纳里标准结构，都不能给特定区域的产业结构调整提供具体的指导意见。而且在实践中也易于将产业结构演变的长期趋势当成各区域近期内的具体发展模式，从而造成区域间产业结构雷同的现象（张哲，2004）。近年来，我国各地产业结构趋同现象与此不无关系，因此我们需要从地区产业专业化的视角对产业结构优化升级进行反思。

区域分工和产业专业化是工业结构优化升级的基础。分工及专业化造成了两个结果：一是产品的多样性；二是生产的专业化。前者是从整个经济社会来看的，随着技术的进步，产品种类会越来越丰富；后者是对单个企业而言的，随着交易费用的不断下降，企业会越来越倾向于专业化生产自己具有竞争优势的产品或生产环节，而将其他产品或生产环节进行外包。随着运输成本的下降，在模块化分工下，产业集群会在特定区域聚集，从而出现了地区产业专业化的趋势。地区产业专业化的不断深化，会进一步提升产业效率，从而促进工业结构优化；而产业集群间的相互学习和配合效应，也将有力地促进工业结构升级。

另外，工业结构调整也是对区域分工和产业专业化的协调和深化。区域分工和产业专业化的过程，可以理解为越来越多的产品生产或基本生产环节从生产活动整体中分离出来，从而实现其最适生产规模的过程。在这一分离过程中，由于被分离出来的产品生产相互之间是在不同地区的不同企业间独立进行的，从而造成各产品、零部件、基本操作环节与整体产品或整体生产的要求不配套，使得有些产品生产过剩，而有些产品生产不足，从而造成资源的浪费。在工业生产中，由于区域产业分工和专业化生产，如果没有相互之间的协调，就可能出现有些工业中间品供过于求，而有些工业中间品供不应求的现象。因此，工业结构调整和优化就是对区域分工和专业化生产所造成的这种不配套进行有意识有目的的一种协调。

因此，区域产业分工—地区产业专业化—产业结构优化升级是区域经济发展的必然过程和经济增长的不竭源泉。其中，区域分工和产业专业化是一个自然演变的过程；而产业结构调整则是一个人为优化的过程。这一人为的优化过程必须建立在尊重地区产业专业化演变规律的基础之上。因此，我们将着重研究地区产业专业化演变的一般规律及其在中国的特殊表现。

第二节　我国地区产业专业化的测度

从理论上来说，在模块化分工下，地区产业专业化呈现出先下降后上升的U形规律。近年来，国外学者通过研究许多发达国家地区产业专业化演化的历史也从实证上证明了这个一般规律（Imbs and Wacziarg，2003）。那么，对于中国而言，其地区产业专业化演变过程是否符合发达国家所表现出的一般性规律呢？在经济发展水平差异巨大的中国各省份之间地区专业化发展水平是否呈现巨大的差异？这种差异究竟受到哪些因素的影响？哪些影响因素对其起到了主导作用？如何通过政策调节缩小这一差异？只有在准确地把握我国地区产业专业化演变规律的一般性和特殊性的前提下，才能客观、科学、合理地制定我国地区产业结构优化升级的相关政策。

一　相关概念的界定

近年来，随着产业集群在世界各地的大量涌现，与“地区产业专业化”相关的三个概念“地区专业化”、“地区间专业化”和“产业地理集中”也频频出现。因此，我们有必要首先明确这些概念的内涵，理清其不同的研究思路，并予以借鉴。

地区专业化（regional specialization）是指某一地区的生产要素集中配置在某些产业，从而少数产业贡献了该地区总产值的大部分；产业地理集中（geographic concentration），也称产业地方化，是指某一产业的大部分产出活动聚集在少数几个地区的现象。它们是相互联系又颇有区别的两个概念：地区专业化从地区角度出发，考察各地区的产业部门构成；产业地理集中则从产业角度出发，考察产业的空间分布。就地区专业化而言，又可以分为地区之间的相对专业化水平和地区自身的绝对专业化水平。前者指的是本地区的产业结构相对于其他地区而言差异有多大，它多用于解释“地区间产业结构趋同”、“地区间一体化水平提高”等现象。后者则表示一个地区自身的产业结构的专业化或多样化程度，与其他地区无关。为了以示区分，我们称前者为“地区间专业化”，后者为“地区产业专业化”。

二　地区间专业化与地区产业专业化现有的实证研究

目前，有关产业地理集中和地区间专业化演变规律的实证研究文献较为丰富。金（Kim，1995）发现美国 1860—1987 年地区间专业化指数及各行业平均集中度的时间序列数据均呈现出倒 U 形曲线的规律。范建勇（2004）使用地区相对专业化指数和地区间专业化指数推断中国正处于地区间专业化演变的倒 U 形曲线上升段且国内地区间一体化水平逐渐提高。而国内相关的应用研究更是汗牛充栋：罗勇和曹丽丽（2005）研究了中国 20 个制造行业地理集中的状况；刘传江和吕力（2005）使用地区间专业化指数分析了长江三角洲地区产业结构趋同问题；白重恩等（2004）使用 Hoover 地方化系数分析了中国地方保护主义的问题。就测算地区专业化的指标而言，樊福卓（2007）构造更具一般性的地区专业化系数，并将用于测度产业地理集中和地区间相对专业化的各类指标统一于这一指标体系之内。但由于地区产业专业化指标并不涉及与其他地区产业结构的横向比较，无法纳入他构造的指标体系中，因而仍然需要对其进行专门研究。

Imbs 和 Wacziarg（2003）以就业和增加值表示的地区产业专业化基尼系数对 50 多个国家 30 多年的产业结构变化进行统计研究，发现地区产业结构在经济发展初期会首先趋于多样化，但当人均年收入达到 9000—1 万美元（1985 年不变美元）时产业会再次出现专业化的倾向，因而地区产业专业化基尼系数会随着人均收入水平的提高形成一个不对称的 U 形曲线我国也有一些学者的研究大体上支持了这一观点。例如，贺灿飞和谢秀珍（2006）通过计算 1980—2003 年中国制造业的省区专业化基尼系数，发现中国总体的产业专业化程度逐步降低，产业结构趋于多样化，以就业衡量的基尼系数从 1980 年的 0. 57 降到 2003 年的 0. 52。但从 90 年代末开始，中国东部沿海省区专业化水平有提升的迹象。林秀丽（2007）利用工业增加值数据，测算从 1988—2002 年每个省区的地方专业化基尼系数，发现中国总体的工业专业化水平呈现出一个 U 形曲线，增加值基尼系数在 1997 年达到最低值后出现了小幅回升的迹象。她还通过研究各省数据发现：西部地区的专业化水平最高，东部次之，中部最低，并将各省基尼系数随时间的变化趋势分为降低型、U 形、增高型和不变形四种。施平和郑江淮（2010）对江苏省产业专业化变迁的分析发现：制造业结构、第三产业结构和三次产业结构的变迁，都随着人均 GDP 的上升而表现出相同的 U 形变迁路径。

但目前对于我国地区产业专业化的实证研究大都使用我国总体或各省相关专业化指标不同年份的变化趋势予以描述。然而我国幅员辽阔，巨大的地区发展水平差异使得仅仅通过对时间序列或单个省份的数据进行归纳总结，很难发现各个省份之间的共同规律。在后文中，我们将通过将地区产业专业化指标与人均 GDP 相联系，把全国、各省以及东部、中部、西部地区放入一个更为可比的框架中，从而提炼出地区产业专业化演变的一般性统计规律。

三　地区间专业化与地区产业专业化现有的理论研究

对于地区间专业化演变倒 U 形规律的成因，新贸易理论和新经济地理理论提出核心—外围模型及其扩展分析予以解释（Fujita，Krugman and Venables，1999）。该类模型认为：当运输成本下降、地区一体化程度增加时，产业聚集的向心力起主导作用，地区间专业化指数将持续上升；而当运输成本进一步下降至极低的水平时，核心地区因拥挤成本产生的离心力开始超越向心力，产业布局将再次趋于分散，地区间专业化指数也将开始下降。该理论关于运输成本下降和地区一体化水平提升促进地区间专业化分工的思想，与新制度经济学和新兴古典经济学对于交易费用降低、交易效率提高促进专业化分工发展的论述有异曲同工之妙（杨小凯，2003）。实际上，交易费用理论在解释地区专业化问题上更具一般性，无论是对于地区之间的专业化分工还是地区自身的专业化水平演变都是适用的。

在对地区产业专业化演变U形规律的解释方面，传统贸易理论认为，比较优势的扩大是地区产业多样化水平的提高的重要原因。其中，李嘉图模型主要强调劳动生产率的比较差异，而赫克歇尔—俄林模型则强调要素禀赋特征。多恩布希、弗希尔和萨谬尔森（Dornbusch，Fischer and Samuelson，1977）提出了一个含有连续商品集的李嘉图模型，在此模型中随着一国劳动生产率的提高，国内生产的具有比较优势的商品范围将扩大，因而一国产业结构趋于多样化。而运输成本和关税的下降则会扩大可贸易商品的范围。Imbs 和 Wacziarg（2003）在此基础上进一步将运输成本视为地区产业专业化的推动力量，并认为当导致多样化的力量超过专业化时，产业结构就会趋于多样化；反之，则趋于专业化。但他们仅作了理论上的推测，并未对其进行实证上的检验。就中国地区产业专业化U形分布的成因而言，林秀丽（2007）认为，西部大部分省区和中部部分省区由于产业结构单一，地方专业化基尼系数非常高；东部和中部大部分省区的产业结构分布比较均匀，缺少专业化生产产业，基尼系数较低；东部少数较发达省区在产业结构较均匀的基础上，有一两个专业化支柱产业，地方专业化基尼系数较高。施平和郑江淮（2010）同样认为，地区专业化发展的基础是形成一些主导产业，而主导产业的规模增长将依赖于其内部的产业分化和高级化，这些都离不开创新活动的支持。而黄新飞和舒元（2007）则认为，贸易开放度促进了中国生产率较高的优势产业发展及地区产业专业化程度的提高，进而使中国专注于生产率较高的行业生产，推动了经济的长期增长。国内外的理论探讨各有千秋，但在地区产业专业化U形规律的形成机理方面仍然缺乏有力的解释。因此，本书通过构建微观基础尝试解释U形规律的形成机理。

与对U形演变规律本身的研究屈指可数相比较，国外学者从MAR外部性、雅各布斯（Jacobs）外部性或波特（Porter）外部性出发，来研究地区产业结构究竟是专业化还是多样化更有利于地区产业增长（Glaeser et al.，1992）、地区就业增长和经济稳定（Malizia and Ke，1993）以及地区产业创新（Feldman and Audretsch，1999）等的文献则丰富许多。目前国内有关地区产业专业化的研究也都大多侧重于对其产生的影响进行评判，如薄广文（2007）关于中国地区产业专业化及多样化对产业增长的抑制或促进作用的研究，李金滟和宋德勇（2008）关于中国地区产业多样化促进经济活动集聚的研究。然而，国内学术界对于地区产业专业化呈U形演变的客观规律作出理论解释的文献目前尚属空白，更未曾有过文献对中国各地区产业专业化演变阶段的具体影响因素给予详细的实证检验。

出于区域经济结构调整及制定产业发展战略的需要，对于地区产业专业化演变的影响因素及不同影响因素的重要性研究显得尤为重要。而近年来对基于回归方程的不平等分解方法的改进（Wan，2002），正好为挖掘不平等的各种决定因素的重要程度提供了很好的工具。与以往的方法相比，新方法有很多优势：第一，它对不平等指标的使用没有任何限制，基尼系数、泰尔指数或其他任何不均等指标皆可使用。第二，它允许加入所有的影响变量，因而分解结果更为精确和可信。第三，它不要求预先设定的等式，只要能够估算出回归方程就可以了。第四，它对回归方程也没有什么限制，可以是高度非线性的，也可以包含交互项（万广华，2008）。除了传统的收入分配领域，该分解技术还被广泛用于解释中国各省市金融发展差异的形成原因（李敬等，2007）、创新能力差异的决定因素（万广华等，2010）。但对于中国地区产业专业化发展的不均衡的原因却没有学者进行深入研究。因此，本书将采用基于回归方程的不平等分解方法，对该问题进行深入解析，为制定相关区域及产业政策提供科学的依据。

第三节　我国地区产业专业化演变趋势的统计描述

在本节中，我们主要使用《中国工业统计年鉴》和《中国统计年鉴》的数据，分别按照工业和全部产业两个口径计算就业和增加值的地区产业专业化系数。然后采用非参数的局部加权散点图修匀技术（locally weighted scatterplot smoothing，简称 lowess）拟合该系数和人均实际 GDP，通过直观的方式确认两者之间是否存在 U 形曲线。最后，通过二次曲线的参数拟合方式，确定函数形式和 U 形曲线最低点位置。

一　地区产业专业化的测度指标选取及 lowess 拟合技术说明

基尼系数、赫芬达尔系数、变异系数等多种指标可以测度一个地区自身产业结构的专业化或多样化程度。鉴于计算地区自身的绝对专业化水平时，不涉及地区之间的相对规模因素①，且各指标测量结果彼此之间高度相关，本书采用广为人知的基尼系数来测度地区产业专业化水平，取值范围为 0—1，数值越高，表明某地区的产业专业化程度越高，而产业多样化程度则越低。我们使用森（Sen）定义的一个离散分布的基尼系数计算公式②：

$$Spec = 1 + \frac{1}{n} - \frac{2}{n^2\mu}\sum_{i=1}^{n}(n+1-i)x_i \qquad (9-1)$$

其中，x_i 表示某一地区 i 产业的就业或增加值，按照 $x_1 < x_2 < \ldots < x_{n-1} < x_n$ 的升序排列，n 是样本数量，$\mu = \frac{\sum_{i=1}^{n} x_i}{n}$ 为样本均值。

对该公式进行变形，计算公式可简化为：

$$Spec = \frac{n+1}{n} - \frac{2(n+1)}{n^2\mu}\sum_{i=1}^{n}x_i + \frac{2}{n^2\mu}\sum_{i=1}^{n}ix_i = \frac{2}{n}\frac{\sum_{i=1}^{n}ix_i}{\sum_{i=1}^{n}x_i} - \frac{n+1}{n} \qquad (9-2)$$

地区产业专业化系数 Spec 的大小反映的是一个地区产业结构专业化或多样化的程度，系数越大表示该地区产业专业化程度越高，系数越小表示该地区产业多样化程度越高。我们还利用《中国统计年鉴》和《新中国 55 年统计资料汇编》中全国和各省的名义 GDP 及 CPI 指数，计算了以

① 参见樊福卓《地区专业化的度量》，《经济研究》2007 年第 9 期。

② 参见 A. Sen and J. E. Foster，*OnEconomic Inequality*，Oxford：Oxford University Press，1997，p. 31。

1985年为基期的全国及各省实际人均GDP。并采用lowess技术对实际人均GDP和地区产业专业化系数之间的关系进行拟合。

lowess即局部加权散点图修匀技术，它由克利夫兰（Cleveland，1979）提出，其基本思想是对于每一个样本点（x_i，y_i）通过采取局部加权平均的方法，在样本点（x_i，y_i）周边对称选取一个占全部样本比例为f的子样本进行回归得到y_i对应的平滑值①，从而排除了距离x_i较远的样本点的干扰。而且在lowess中，这种回归是加权的，以使得中心点（x_i，y_i）具有最高权重，离中心点越远的其他子样本点权重越低。这些回归的子样本区间彼此相互重叠，从而保证了拟合值的相对平滑。

在以下两小节中，我们将分别对我国总体的产业专业化水平以及东部、中部、西部各自的产业专业化水平演化规律进行研究。

二　我国总体地区产业专业化U形演化规律

对于工业的分析，我们采用《中国工业经济统计年鉴》1988—2007年的分行业就业及增加值数据计算出全国总体上的地区产业专业化系数即基尼系数（Gini）②，并对应各年的名义人均GDP（perGDP）进行lowess拟合③。

通过图9-1和图9-2可以直观地发现，我国工业地区专业化系数与名义人均GDP之间存在着开口向上的抛物线关系，也就是经济发展水平同地区专业化系数之间存在着正U形曲线关系。

---

① 按照克利夫兰的建议，我们在下面的拟合中，选取$f=0.5$，即每次使用中心点附近占全部样本50%比例的子样本进行回归。

② 其中，1988—1992年为工业净产值指标。1995年、1996年和1998年无法获得相关数据，2004年的数据《从2004年中国经济普查年鉴》得到。中国工业门类划分标准在1988年、1993年和2003年发生了较大的变动，为了保证指标的连续性和统计口径的一致性，我们仅保留了1988—2007年间数据连续的行业。在此基础上，将“石油加工业”和“炼焦、煤气及煤制品业”合并为“石油加工与炼焦业”；将“普通机械制造业”和“专用设备制造业”合并为“机械制造业”，去除虽数据连续但属非贸易行业的“电力热力的生产和供应业”，经处理共得到20个产业的数据。

③ 本书中出现的以人民币为单位来衡量的实际变量均按可比价格衡量（1985年=100），名义变量均按当期价格衡量。

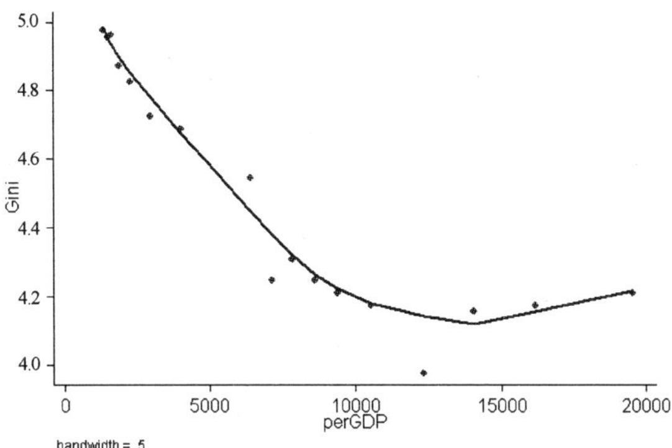

图 9－1　就业基尼系数与人均 GDP 的关系

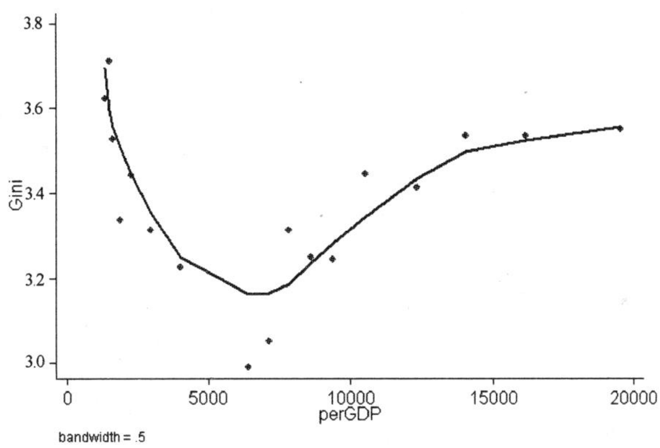

图 9－2　增加值基尼系数与人均 GDP 的关系

接下来，我们采用简单的二次多项式回归来确定各参数，从而推算出 U 形曲线最低点对应的收入水平①。为了剔除物价影响，我们使用地区专业化系数分别对实际 GDP 及其平方项、名义 GDP 及其平方项进行了回归②。

① 二次曲线 $Gini = \alpha + \beta_1\ (GDP)^2 + \beta_2 GDP$ 的最低点对应横坐标为 $GDP = -\beta_2 / (2\beta_1)$。

② 鉴于篇幅限制，表 9－1 至表 9－3 仅报道了对名义 GDP 及其平方项进行回归后所得的最低点收入水平，其各项系数的显著水平与实际 GDP 的回归结果一致，故略去，感兴趣的读者可向我们索取。

并通过对实际 GDP 及其平方项和地区产业专业化指数回归后的残差进行单位根检验，我们发现残差是平稳的，这就表明实际 GDP 及其平方项和地区产业专业化系数之间存在着协整关系，这表明了它们之间存在一种长期或均衡的关系。为了便于跨国比较，我们还将 Imbs 和 Wacziarg（2003）对 14 个 OECD 国家的相关计算结果并列于表 9 - 1 中的第 3 栏和第 5 栏。可见，不论是我国还是 OECD 国家，随着经济的发展，地区专业化均显示出显著的 U 形规律。比较第 2、第 3 栏和第 4、第 5 栏，我们发现无论是就业数据还是增加值数据，中国出现转折点的收入水平都要略低于 OECD 国家，这一点可能与后发国家实施的赶超战略有关。比较第 2、第 4 栏和第 3、第 5 栏，我们发现使用就业数据计算出的 U 形曲线转折点均要晚于使用增加值数据计算的结果，这也许是因为劳动力向附加值更高的产业调整和转移存在一定黏性，因而滞后于工业增加值变化的缘故①。

对于全行业的分析，我们采用的数据为《中国统计年鉴》（1988—2002）“各地区按行业分就业人员数”指标，该指标涵盖《国民经济行业分类与代码》（GB/T 4754 - 1994）中 A—P 全部共 16 个一位数行业。但遗憾的是从 2003 年起《中国统计年鉴》不再报告该指标，转而报告“各地区按行业分职工人数”，它涵盖《国民经济行业分类》（GB/T4754 - 2002）中除 T 国际组织外的 A—S 共 19 个一位数行业，但统计的就业口径较前者狭窄。因此，基尼系数的绝对值会发生改变，但这并不会影响其变化趋势。因而，我们对两段数据分别进行回归（见表 9 - 2）。结果显示，1988—2002 年随着实际人均 GDP 的上升，地区产业专业化水平显著下降；而 2003—2007 年随着实际人均 GDP 的上升，地区产业专业化水平显著增加，U 形曲线的拐点为名义 GDP11129RMB 处。而《中国统计年鉴》中“分行业增加值”指标自 2004 年才开始报告，故无法对其进行有效分析。

① 实际上，这一发现与我国产业结构调整中，三次产业产值份额的变动要领先于就业变动的现象是一致的。

表 9-1　中国及 OECD 国家地区产业专业化指数对实际人均收入及其二次项的回归结果

变量	中国工业就业数据（1988—2007）	OECD 国家就业数据（1960—1993）	中国工业增加值数据（1988—2007）	OECD 国家增加值数据（1960—1993）
实际人均 GDP	-0.0826*** (14.77)	-0.0300*** (11.67)	-0.0417*** (2.89)	-0.0101*** (3.82)
实际人均 GDP 平方项	0.0106*** (10.99)	0.0020*** (13.44)	0.0077*** (3.07)	0.0007*** (5.46)
截距项	0.5677*** (84.00)	0.6590*** (47.64)	0.3815*** (21.87)	0.5029*** (35.55)
R^2	0.9719	0.1370	0.4109	0.0750
最低点实际 GDP（RMB）	3880	4369	2711	3490
最低点名义 GDP（RMB）	14246	16041	8913	11474

注：（1）回归结果由 Stata11.0 统计软件计算得到。括号内为 t 统计量的绝对值，*** 表示在 1% 的显著水平下通过显著性检验。（2）OECD 国家数据计算出的最低点对应收入（美元）按照第 6.3 版 Penn 世界表①中购买力平价（PPP）一栏换算为实际人民币计价的收入水平。

表 9-2　中国全行业就业基尼系数对实际人均 GDP 的分段回归结果

变量	中国全行业就业数据（1988—2002）	中国全行业就业数据（2003—2007）
实际人均 GDP	-0.0218***（10.32）	0.0039***（6.11）
截距项	0.7785***（204.04）	0.7182***（275.05）
R^2	0.8912	0.9257
最低点实际 GDP（RMB）	3322	
最低点名义 GDP（RMB）	11129	

注：回归结果由 Stata11.0 统计软件计算得到。括号内为 t 统计量的绝对值，*** 表示在 1% 的显著水平下通过显著性检验。

① 第 6.3 版 Penn 世界表见 http：//pwt. econ. upenn. edu。

工业化进程中三次产业结构转换，同时也对地区产业专业化的 U 形规律起到了推动和加强的作用。[①]因为当一个地区处于工业化初期，仅有农业部门时，地区产业专业化程度最高。但随着工业化进程加快，工业部门种类逐渐增加，吸引更多的劳动力流入，地区产业结构会趋于多样化。进入工业化后期，服务业的高速发展吸引了经济体中的大部分劳动力，又会使得地区产业结构重新专业化于服务业。

三　我国各省及东部、中部、西部地区的产业专业化 U 形演化规律

我们采用《中国工业经济统计年鉴》1988—2007 年的分地区分行业就业数据分别计算出 28 个省、直辖市、自治区的产业专业化系数，并按照整体及东部、中部、西部地区分别进行 lowess 拟合，结果见图 9－3[②]。接下来，我们采用二次多项式的函数形式来确定各参数。最小二乘法（OLS）、随机效应法（REM）和固定效应法（FEM）都可以用于估计静态面板数据模型，我们首先使用拉格朗日乘数检验（LM）确定应该采用 FEM/REM 而不是 OLS 方法，进而依据豪斯曼检验确定采用 REM 方法，结果见表 9－3。

结合表 9－3 及图 9－3 的拟合结果，我们可以发现，各省及东部、中部、西部地区的 U 形规律均较为显著：实际人均 GDP 和实际人均 GDP 平方项前的系数均在 1% 的显著水平下显著，且组内 R^2 的大小基本合理。这说明各省总体上，以及东部、中部、西部地区随着经济发展均经历了一个产业结构先趋于多样化，再趋于专业化的过程。而在所有省份中完整经历 U 形曲线演变过程的省份如表 9－4 所示。

---

① 参见钱纳里、鲁宾逊、赛尔奎因《工业化和经济增长的比较研究》，吴奇、王松宝等译，上海三联书店 1995 年版，第 56—104 页。

② 东部地区：北京、天津、河北、辽宁、上海、江苏、浙江、福建、山东、广东和海南；中部地区：山西、吉林、黑龙江、安徽、江西、河南、湖北、湖南；西部地区：内蒙古自治区、广西壮族自治区、重庆、四川、贵州、云南、西藏自治区、陕西、甘肃、青海、宁夏回族自治区和新疆维吾尔自治区。此外，由于西藏自治区和海南省数据大量缺失，故将其舍去；重庆的数据并入四川。而西部地区中，内蒙古自治区样本期内 GDP 显著高于其他西部省份，故在研究西部时将其舍去，在研究各省时仍将其包括在内。因此本书的样本数据仅涵盖中国大陆的 28 个省、直辖市、自治区。

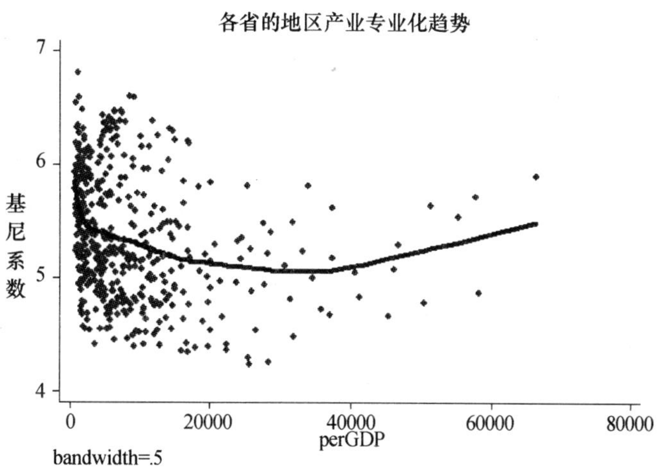
各省的地区产业专业化趋势
7
6
5
4
基尼系数
0
20000
40000
60000
80000
perGDP
bandwidth=.5

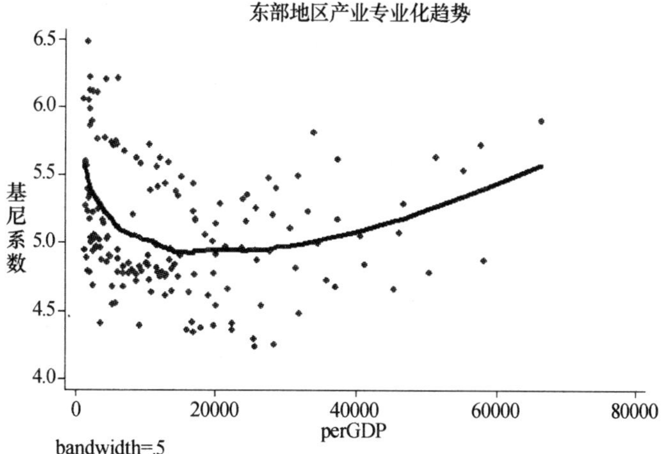
东部地区产业专业化趋势
6.5
6.0
5.5
5.0
4.5
4.0
基尼系数
0
20000
40000
60000
80000
perGDP
bandwidth=.5

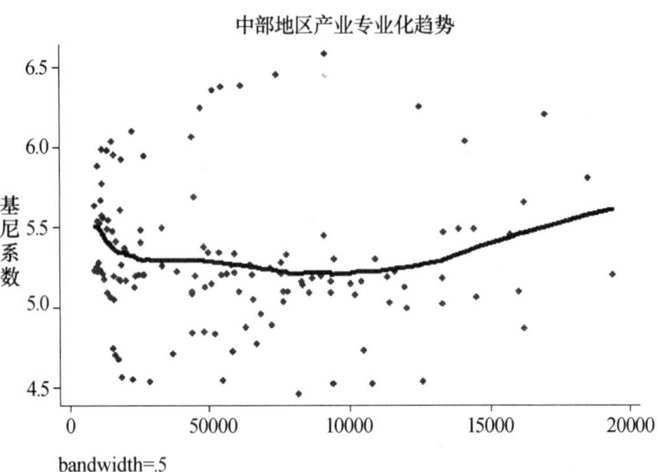

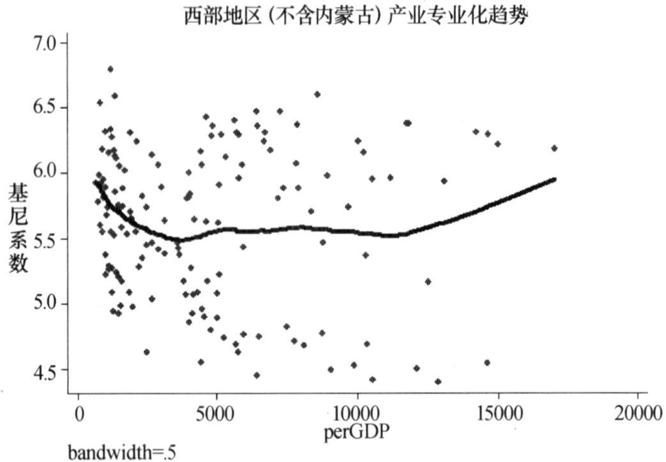

图 9－3　各省以及东、中、西部地区产业专业化基尼系数与人均 GDP 的关系

表 9－3　　我国东部、中部、西部地区产业专业化基尼系数对实际人均收入及其二次项的回归结果

变量	各省地区就业数据（1988—2007）	东部地区就业数据（1988—2007）	中部地区就业数据（1988—2007）	西部地区就业数据（1988—2007）
实际人均 GDP	－0.0141*** （7.51）	－0.0201*** （8.96）	－0.0395*** （5.68）	－0.0597*** （4.09）
实际人均 GDP 平方项	0.0010*** （6.08）	0.0014*** （7.84）	0.0081*** （5.76）	0.0013*** （3.56）
截距项	0.5597*** （60.96）	0.5571*** （41.02）	0.5658*** （32.37）	0.5869*** （32.25）
R^2	0.1134	0.3441	0.2072	0.1219
最低点实际 GDP（RMB）	6933	7065	2433	2296
最低点名义 GDP（RMB）	28687	29268	8290	8039
样本数	476	170	136	153

注：回归结果由 stata11.0 统计软件计算得到。括号内为 t 统计量的绝对值，*、**、*** 分别表示在 10%、5%、1% 的显著性水平下通过显著性检验。R^2 为只反映组内解释的变化比例的 within effect R^2。

表 9－4　　1988—2007 年中国经历完整 U 形规律的省份及其演化阶段

所处 U 形阶段的省份	北京	天津	上海	浙江	江苏	广东
下降阶段年份	1988—2001	1988—1998	1988—1999	1988—2002	1988—2003	1988—1999
上升阶段年份	2002—2007	1999—2007	2000—2007	2003—2007	2004—2007	2000—2007
所处 U 形阶段的省份	福建	山东	黑龙江	吉林	河南	贵州
下降阶段年份	1988—1996	1988—1998	1988—1996	1988—1996	1988—1996	1988—1993
上升阶段年份	1997—2007	1999—2007	1997—2007	1997—2007	1997—2007	1994—2007

那么，这些处于专业化发展阶段的省份之间是否存在着差异呢？我们选择 1999—2007 年作为 12 个省份的共同观察期，这样既保证了充足的样本容量，且在第二期会有 3/4 的样本省份进入上升期，符合研究要求。使

用四个不平等指标：基尼系数（Gini）、变异系数（CV）和泰尔L系数（Theil－L）与泰尔T系数（Theil－T）两个常用的广义熵系数，计算出经历过完整U形规律的12个省份产业专业化系数在1999—2007年的不平等演变规律（见图9－4）。从图中我们可以看出，基尼系数从1999年的0.0447开始一路下降到2003年的最低点0.0320。此后基尼系数不断上升，并在2007年达到了0.0450的观察期峰值，其变化恰好也呈现出先降后升的U形规律。此外，变异系数、泰尔L系数与泰尔T系数也表现出相同的U形变化趋势，只是数值上较小，变化较平缓。因此，虽然各个省份同是处于上升期，但如何解决我国各省之间地区产业专业化发展差异不断扩大的现象成为首要的问题。

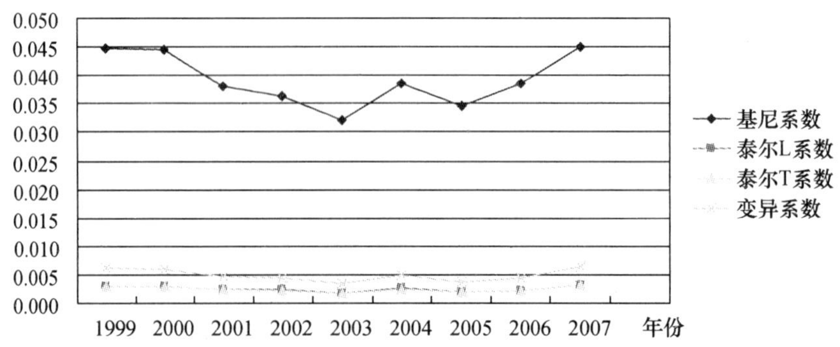

图9－4　中国地区产业专业化的不平等趋势

第四节　地区产业专业化演变趋势的成因分析

在本节中，我们将探寻地区产业专业化演变趋势背后的成因——消费者的偏好特点、厂商利润最大化的决策以及制度改善之间交互作用是如何产生U形规律的。我们通过在一个地区内部引入劳动力跨行业自由流动的机制，提出了一个简化的微观理论模型来解释这一机理。在此基础上，我们通过将原有的单一地区、多个产业的模型扩展为多个地区、多个产业的模型，并增加劳动力的跨地区自由流动机制以及其他重要的影响因素，从而构建了一个地区产业专业化 U 形演变的决定因素模型。最后，我们用中国 1988—2007 年各省及东部、中部、西部的面板数据进行了实证检验[①]。

一　地区产业专业化演变的微观机理

专业化是指经济主体在相当长的时期把主要甚至全部资源配置到一种或几种经济活动中的经济现象。专业化的基本形式有部门专业化、产品专业化和功能专业化。产品专业化是以产品为对象，一个企业只生产、装配品种相同或工艺相近的少数几种产品。作为微观基础的产品专业化的进一步发展，会导致中观层次上的产业内分工，进而出现部门专业化生产。而一个地区部门专业化的发展会进一步促进分工深化和产业的集聚，一个地区的分工形态便开始从产品间分工、产业内分工发展成按产业链不同环节进行专业化分工，这种专业化称为功能专业化。在本书中，我们着重探讨的是一个地区的产业（即部门层次看）专业化，而产业专业化的微观建模基础正是产品专业化。因此，我们提出一个简化的两部门模型，并结合产品专业化的视角来分析地区产业专业化的演变机理。

为何技术进步能够促进产品多样化呢？曹吉云（2008）建立了一个基于反正切效用函数的技术进步促进产品多样化的数理模型对此予以了解释。但在该模型中没有考虑交易费用降低带来的专业化分工对产品种类的影响，从而无法解释地区产业结构先多样化、后专业化的 U 形演化规律。我们对该模型进行了修改和扩展，从而较好地诠释了地区产业专业化的演变机理。

假设一个地区在开始阶段只拥有资源依赖型产业，如农业或采掘业，这些低加工型产业的产品种类单一，从而使得地区产业结构单一，专业化程度高。我们假设资源依赖型产业的产品种类为固定的 m 个，其生产函数如下：

$$Q_0 = A_0 L_0 \qquad (9-3)$$

其中，A_0 为资源依赖型产业的技术水平，L_0 为资源依赖型产业的劳

① 本章中第三至五节主要内容已发表，参见张建华、程文《中国地区产业专业化演变的 U 形规律》，《中国社会科学》2012 年第 1 期。

动力投入。

设 P_0 为矿产品或农产品的价格，资源依赖型产业的劳动力工资收入为：

$$w_0 = P_0 A_0 \tag{9-4}$$

此后，随着该地区的技术进步，在资源依赖型产业的基础上逐渐开始进行资源的加工和消费品的生产，产业门类逐渐齐全，地区产业结构趋于多样化，专业化程度降低，地区产业专业化进入第二个阶段。

在第三阶段，随着交易费用的下降，厂商将放弃劳动生产率较低产品的生产，专业化生产具有比较优势的产品。此时，具有比较优势的产品将逐渐成为该地区的主导产业，从而使得地区产业专业化水平再度上升。后两个阶段可以用模型表述如下：

除资源依赖型产业外的工业部门生产 n 种差异化消费品，设工业消费品的生产函数为：

$$Q_i = A_i\ (L_i - f_i + T_i) \qquad (i = 1,\ \ldots,\ n) \tag{9-5}$$

其中，A_i 为第 i 种工业消费品的生产技术水平，L_i 为生产第 i 种工业消费品所投入的劳动力，f_i 为第 i 种工业消费品生产所必须投入的固定劳动力数量。T_i 为向其他地区外购第 i 种工业消费品所需要的交易费用，它构成保护厂商生产的贸易壁垒。当交易费用因为交通、信息基础设施完善或制度改善而下降时，厂商会因为比较优势而放弃一部分生产率较低的产品，转而生产生产率较高的产品。

利润最大化的垄断厂商将根据边际收益等于边际成本的原则定产和定价：

$$P_i\left(1 - \frac{1}{\varepsilon_i}\right) = \frac{w_i}{A_i} \tag{9-6}$$

其中，ε_i 为第 i 种工业消费品的需求价格弹性。

在需求方面，曹吉云通过对 1996 年 114 个国家 9 大类商品和服务以及 8 类食品需求的价格弹性数据的分析和实证检验，认为反正切效用函数与现实经验更为契合①。根据反正切效用函数及消费者效用最大化假设，可得：

① 曹吉云：《技术进步对产品多样化的影响》，《经济科学》2008 年第 1 期。

$$\varepsilon_i = \varepsilon = \frac{n-1+(n+1)c^2}{2nc^2} \tag{9-7}$$

均衡工业消费品多样化程度 n^* 由（9－8）式和（9－9）式组成的方程组决定：

$$n^* = \frac{L-f+T}{f-(2L-f+T)\left[\frac{A(L-f+T)}{\bar{L}}\right]^2}+1 \tag{9-8}$$

$$nL = (1-\alpha)\bar{L} \tag{9-9}$$

其中，两类产业劳动力总量固定为$\bar{L}$，（1－α）为消费者在工业品上的消费比例。由此可以画出决定均衡工业消费品多样化程度 n^* 的示意图，如图 9－5 所示。

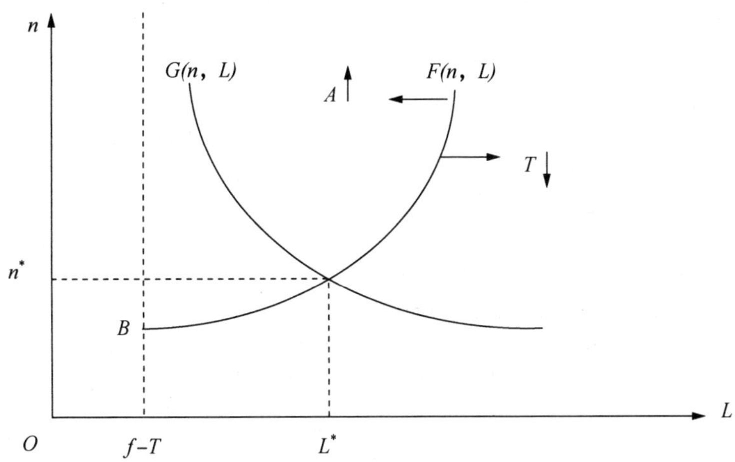

图 9－5　均衡时产品多样化水平

工业消费品生产技术水平 A 的提高会导致图 9－5 中曲线 $F(n, L)$ 以 B 点为轴向左上方向挪动，而曲线 $G(n, L)$ 保持不动，结果是，均衡工业消费品多样化程度 n^* 提高；交易费用 T 的下降会导致图 9－5 中曲线 $F(n, L)$ 以 B 点为轴向右下方向挪动，而曲线 $G(n, L)$ 保持不动，结果是，均衡工业消费品多样化程度 n^* 下降。

因此，在消费者需求多样化的假设下，技术进步将导致产品的销量上升，厂商销售收入增加，从而促进产品多样化生产；而交易费用下降将导致厂商专注于具有比较优势的产品生产，同时外购生产率较低的产品，从而促进产品专业化生产。

这一解释也恰好与演化经济学中“新熊彼特”学派关于技术、制度与产业结构协同演进的观点不谋而合①。比如，在信息和通信技术革命的初期，技术进步的速度会高于交易费用下降的速度，因而地区产业结构趋于多样化；而随着时间的推移，当技术进步的空间逐渐被挤压后，为技术更好地全面商业化推广而出现的制度创新，将带来交易费用的下降。其速度将会逐渐超过技术进步的增长速度，从而使产业结构重新趋于专业化②。

综上所述，一个地区产业专业化的演变会受到该地区的需求、供给及制度三方面的影响。在需求方面，由于消费者偏好的特点符合反正切效用函数，人们对于原有产品的需求会趋于饱和，对于新产品的需求则会逐步上升，这就导致了需求的多样化。在供给方面，厂商技术进步在需求多样化的配合下，提高厂商的利润，诱使新厂商的进入和新产品的出现，从而提高产业多样化程度。在制度方面，交易费用的下降将促进专业化分工，使得厂商致力于从事具有比较优势的产品生产，外购劳动生产率较低的产品，从而提高了本地区的产业专业化程度。

二　地区产业专业化演变的影响因素

上述简化的两部门模型诠释了地区产业专业化的演化机理，然而现实生活中，不仅在一个地区之内，劳动力可以跨行业自由流动；而且在不同地区之间，劳动力受到地区间工资差异的影响，也可以跨地区自由流动，交易费用还包括很多种类。除此之外，规模报酬递增、物价水平、工资水平、劳动力数量以及物质资本存量等相关因素也是影响地区产业专业化的重要变量。因此，我们放松上述微观模型中的假定，以更为全面地考量地区产业专业化可能的决定因素。

---

① 贾根良：《理解演化经济学》，《中国社会科学》2004 年第 2 期。

② 参见克瑞斯提诺·安东内利《创新经济学，新技术与结构变迁》，刘刚等译，高等教育出版社 2006 年版，第 136—148 页。

在地区产业专业化的影响因素方面，多恩布什等人的李嘉图贸易拓展模型考虑了技术进步、运输成本和关税等要素①。但该模型在分析技术进步的影响时，并没有引入具体的生产函数，仅仅对于劳动生产率改进的影响做了定性分析；对于运输成本和关税的影响也仅侧重于可贸易商品的范围扩大上，并没有分析其对于地区产业专业化的具体影响。

为了对地区产业专业化演变背后的推动力量进行理论分析，我们以该模型为基础，加入了一个满足希克斯中性的科布—道格拉斯生产函数，并引入“交易费用”概念来取代原模型中的运输成本和关税，建立一个开放经济中地区产业结构专业化演变的数理模型。该模型分析了在经济发展的过程中，技术进步和交易费用下降对于以临界商品生产范围衡量的地区产业部门数量的影响及其所导致的地区产业专业化水平的变化。

与该模型假设一致，我们按照全部商品在国内地区 i 生产时相对于国外的比较优势从大到小的顺序，对定义在［0，1］区间的连续商品集进行排序。商品 z 与区间内的每一点相对应，国内地区 i 生产一单位商品 z 相对于国外而言投入的劳动需求为 $a(z)$。由于 $a(z)$ 在［0，1］区间内单调递增，我们不妨设 $a(z)=z^{\theta}$，常数 $\theta>1$。由于两个地区相对劳动生产率 $\frac{1}{a(z)}$ 的差异，国内地区 i 专业化生产产品的范围为 $z\in[0,\tilde{z}]$，而国外生产产品范围是 $z\in[\tilde{z},1]$，其中 $0<\tilde{z}<1$ 称为临界商品。假设国内地区 i 厂商均采用科布—道格拉斯生产函数生产商品 z：$Q(z)=\frac{A}{a(z)}K(z)^{\alpha}L(z)^{\beta}$，式中，$Q$ 为产量，A 为国内地区 i 的全要素生产率，L 和 K 分别为劳动和资本投入量，$0<\alpha<1$，$0<\beta<1$。因此，国内地区 i 的厂商在本地区生产并销售商品 z 的利润函数为：

$$\pi(z)=p(z)\frac{A}{a(z)}K(z)^{\alpha}L(z)^{\beta}-wL(z)-rK(z) \quad (9-10)$$

其中，$p(z)$ 为国内地区 i 销售的 z 商品价格，w 和 r 分别为国内地区 i 的工资率和利率。当利润最大化时，有：

① R. Dornbusch, S. Fischerand, P. A. Samuelson, Comparative Advantage, Trade and Payments in a Ricardian Model with a Continuum of Goods. *American Economic Review*, Vol. 67, No. 5, 1977, pp. 823－839.

$$\frac{\partial \pi}{\partial L} = p(z)\frac{A\beta}{a(z)}K(z)^{\alpha}L(z)^{\beta-1} - w = 0 \tag{9-11}$$

因此，
$$p(z) = \frac{z^{\theta}wL(z)^{1-\beta}}{A\beta K(z)^{\alpha}} \tag{9-12}$$

设国外厂商在国外生产并销售商品 z' 的价格 P^* 为外生给定。在运往国内地区 i 的过程中，设包含运输成本在内的总交易费用为 T，则国外商品 z' 运至国内地区 i 销售的价格为：

$$p(z') = TP^* \tag{9-13}$$

对于临界商品 $\tilde{z}$ 而言，有 $p(z) = p(z')$ 成立。代入（9－12）式、（9－13）式可得：

$$\tilde{z} = (\frac{\beta}{w}ATP^*)^{\frac{1}{\theta}}K(z)^{\frac{\alpha}{\theta}}L(z)^{\frac{\beta-1}{\theta}} \tag{9-14}$$

设生产 z 产品所用劳动 $L(z)$ 占总就业人数 L 的比例 $\frac{L(z)}{L} = \gamma z^{\theta}$，常数 $\gamma > 0$，将（9－14）式代入连续分布的地区产业专业化计算公式，可得：

$$Spec = 1 - 2\int_0^{\tilde{z}} \frac{L(z)}{zL}dz = 1 - (\frac{2\beta\gamma}{\theta w}ATP^*)K^{\alpha}L^{\beta-1} \tag{9-15}$$

将（9－15）式两边取自然对数，整理后可得：

$$\begin{aligned} \ln Spec = & -\ln A - \ln T - \ln P^* - \alpha\ln K + (1-\beta)\ln L \\ & + \ln w + ln\theta - \ln\beta - \ln\gamma - \ln 2 \end{aligned} \tag{9-16}$$

根据前面的理论分析推导，由（9－15）式和（9－16）式可知，我们可以得到地区产业专业化与相关决定因素关系的几点推论：

推论1：地区的全要素生产率 A 越高，其能够自给自足生产的产品种类越多，地区产业结构越趋于多样化；

推论2：地区的交易费用 T 越低，其越趋向于通过贸易来购买不具备比较优势的产品，地区产业结构将趋于专业化；

推论3：本地的物价越低，外地的物价 P^* 越高，则本地区越趋于自己生产各类产品而非外购，地区产业多样化程度将提高；

推论4：地区资本 K 越丰裕，地区产业多样化程度越高；

推论5：地区劳动力 L 越丰裕，地区产业专业化程度越高；

推论6：地区工资的提升则会促进地区产业专业化发展。

三　基于中国省际面板数据的实证检验

在数理模型的基础上，我们进一步应用各省的面板数据进行了系统的实证研究，以检验该理论。为了便于证明理论，我们将（9－16）式进行了简化，并考虑到劳动力转移存在黏性，地区产业专业化水平在时间上可能存在一定程度的持续性，本书将地区产业专业化系数的一阶滞后项作为解释变量之一加入模型中。因此，我们设定计量经济模型如下：

$$\ln Spec_{it}=\beta_1\ln Spec_{it-1}+\beta_2\ln A_{it}+\beta_3\ln T_{it}+\mu_i+\nu_{it} \qquad (9-17)$$

其中，i 代表不同的省份，t 代表样本年度，μ_i 是不可观测的各截面单元的个体差异，ν_{it}为随机扰动项。而 $\ln A$ 和 $\ln T$ 正好代表了全要素生产率和交易费用的增长率，由此可见，当全要素生产率的增长超过了交易费用下降的速度时，地区产业专业化程度会不断下降；当交易费用下降的速度超过了全要素生产率的增长时，地区产业专业化程度会再次上升。以下对全要素生产率 A_{it}和交易费用 T_{it}的测算进行说明。

（1）地区产业专业化指数的一阶滞后项 $Spec_{it-1}$ 的测算：我们使用1988—2007 年中国各省的地区产业专业化指数作为一阶滞后项的数值。产业结构的调整是一个复杂长期的过程，劳动力转移也存在黏性，原有的地区产业专业化水平因而在时间上存在一定程度的持续性，我们预期 $0<\beta_1<1$。

（2）全要素生产率 A_{it}的测算：与数理模型设定的柯布—道格拉斯生产函数相一致，我们采用 $\ln Y_t=\ln A_t+\alpha\ln K_t+\beta\ln L_t$ 来计算中国各省1988—2008 年的全要素生产率。具体的数据情况为：总产出 Y_t 用各省年度实际 GDP 总量代替；劳动总投入 L_t 用各省历年就业人口数代替；总资本存量 K_t 用实际资本存量表示。前两者的数据来源于各年度分省统计年鉴，实际资本存量数据来自白重恩等计算的 1978—2006 年中国各省实物资本①，我们根据其计算方法补充了 2007—2008 年的实际资本存量。在估计资本和劳动的产出弹性时，我们分成东部、中部、西部地区，分别在两段时间（1988—1997 年和 1998—2008 年）内进行估计。全要素生产率 *TFP* 的提升使得企业可以生产更多种类的产品，增加地区产业多样化水

① C. E. Bai，C. T. HsiehandY. Qian，*The Return to Capitalin China*. Brookings Papers on Economic Activity，No. 2，2006，pp. 61－88.

平，我们预期 $\beta_2<0$。

（3）交易费用 T_{it} 的测算：我们采用杨小凯所定义的交易费用，不仅考虑制度因素的影响，还将运输成本、交易设施等技术因素也囊括其中[①]，包括外生交易费用和内生交易费用。其中，外生交易费用是可以通过交通、信息等基础设施的完善来减少的，而内生交易费用则是可以通过制度和合约的安排而降低的。具体而言，我们使用指定省份交通基础设施的完善程度（Transport）来测度直接外生交易费用的下降，通过加总铁路里程、公路里程和内河航道里程之后，除以各省的国土面积得到该指标[②]；采用邮电业务总量这一比较综合的指标来反映各省份的信息基础设施的完善程度（Information）[③]；对于中国而言，改革和开放是最为重要的两大制度创新，它们大大降低了中国各省的内生交易费用，极大地促进了经济发展[④]。我们使用非国有企业就业在该地区总就业的比重来测度改革进度（reform），并使用各省进出口总额（Trade）和外商直接投资（FDI）占 GDP 的比重作为地区开放度的指标，共同测度内生交易费用的降低。我们将以上 5 个指标换算成标量后取倒数，并按照相等的权重进行平均，获得一个综合的交易费用指标。

按照估计（9－17）式，我们预期各系数符号如下：代表各省上一期产业专业化水平对本期影响的系数 $0<\beta_1<1$，代表技术进步对地区产业专业化影响的系数 $\beta_2<0$，代表交易费用下降对地区产业专业化影响的系数 $\beta_3<0$。由于（9－17）式将被解释变量的一阶滞后项作为解释变量之一，会导致解释变量与随机扰动项相关，如果采用标准的随机效应或固定效应进行估计，其结果将是有偏的。因此，本书采用差分广义矩（difference－GMM）估计和系统广义矩（system－GMM）估计来估计动态面板。

---

① 杨小凯、张永生：《新兴古典经济学与超边际分析》，社会科学文献出版社 2003 年版。

② S. Démurger, Infrastructure Development and Economic Growth: An Explanation for Regional Disparities in China? *Journal of Comparative Economics*, Vol. 29, No. 12001, pp. 95－117.

③ P. Hendriks, Why Share Knowledge? The Influenceof ICT on Motivation for Knowledge Sharing? *Knowledge and Process Management*, Vol. 6, No. 2, 1979, pp. 91－100；刘生龙、胡鞍钢：《基础设施的外部性在中国的检验：1988—2007》，《经济研究》2010 年第 3 期。

④ R. E. Hall, C. I. Jones, Why Do Some Countries Produce So Much More Output Per Worker Than Others? *Quarterly Journal of Economics*, Vol. 114, No. 1, 1999, pp. 83－116.

采用萨根统计量来检验工具变量选取的有效性，若接受原假设则表明工具变量的选取是有效的；另外，我们以一阶差分转换方程的一阶、二阶序列相关检验 AR（1）、AR（2）来判断残差项是否序列相关。由于两步法不容易受到异方差的干扰，本书采用两步法对（9－17）式进行估计。

估计结果如表9－5所示，前4列是差分 GMM 的估计结果，后4列是系统 GMM 的估计结果。萨根统计量不显著说明工具变量选择是有效的，AR（1）检验拒绝原假设而 AR（2）检验接受原假设，表明原方程的残差序列不相关。对于模型中各系数的具体实证结果分析如下：

（1）地区产业专业化指数的一阶滞后项均显著为正，证明了我们关于劳动力转移存在黏性，地区产业专业化水平在时间上可能存在一定程度的持续性的假说。

（2）与理论模型预期基本一致，各省份总体上以及东部、中部、西部地区的技术进步系数显著为负。说明东部、中部、西部地区全要素生产率的增长推动了地区产业结构的多样化。

（3）与理论模型预期基本一致，各省份总体上以及中部、西部地区的交易费用系数显著为负。说明东部、中部、西部地区交易费用的下降对地区产业专业化起到了显著的推动作用。

表9－5　我国各个省份及东部、中部、西部地区产业专业化影响因素的实证检验结果

因变量	对数形式的地区产业专业化系数							
估计方法	差分 GMM				系统 GMM			
地区	全部省份	东部地区	中部地区	西部地区	全部省份	东部地区	中部地区	西部地区
L lnSpec	0.473*** (6.01)	0.331*** (4.12)	0.272*** (3.35)	0.742*** (9.72)	0.626*** (12.37)	0.293*** (3.13)	0.335*** (4.31)	0.697*** (10.35)
lnA	-0.137*** (4.65)	-0.023** (2.40)	-0.251* (1.81)	-0.177* (1.69)	-0.209*** (3.85)	-0.086*** (2.96)	-0.170** (2.47)	-0.192** (2.51)
lnT	-0.212*** (6.80)	-0.175*** (5.42)	-0.177** (2.23)	-0.281** (2.43)	-0.247*** (7.11)	-0.132*** (4.02)	-0.146* (1.77)	-0.237** (2.38)

续表

因变量	对数形式的地区产业专业化系数							
估计方法	差分 GMM				系统 GMM			
地区	全部省份	东部地区	中部地区	西部地区	全部省份	东部地区	中部地区	西部地区
Abond test for AR (1)	0.013	0.021	0.016	0.035	0.009	0.015	0.011	0.027
Abond test for AR (2)	0.437	0.325	0.531	0.230	0.397	0.366	0.318	0.291
Sargan test	1.00	1.00	1.00	1.00	1.00	1.00	1.00	1.00

注：估计结果由 stata11.0 统计软件计算得到。回归系数括号内为 t（z）的绝对值，*、**、*** 分别表示在 10%、5%、1% 的显著性水平下通过显著性检验。AR（1）、AR（2）、萨根检验报告的数值为 prob > z 的值。

第五节　我国地区产业专业化发展不均衡的成因分析

在上一节中，我们分析了技术进步和交易费用的交互作用是如何形成地区产业专业化的 U 形演化规律的，但具体而言，有哪些因素、在多大程度上影响了地区产业专业化的发展呢？我们对相关影响因素进行了计量分析，并按其对中国地区产业专业化发展不均衡贡献的大小进行了排序，从而为制定促进地区产业专业化发展的相关政策提供了科学的指导。

正如本书第三节所说明的，处于 U 形曲线上升阶段的各省之间地区产业专业化发展不均衡且彼此间的差距不断扩大。在宏观计量模型的基础上，我们进一步应用 12 省份 1999—2007 年的面板数据进行了系统的实证研究，并结合基于回归的不平等分解方法，对中国地区产业专业化在各省份之间发展不均衡的具体成因进行了分析。我们的计量模型（9－16）式可以进一步细化为：

$$\ln Spec_{it} = \beta_1 \ln Spec_{it-1} + \beta_2 \ln TFP_{it} + \beta_{31} \ln Transport_{it} + \beta_{32} \ln Information_{it}$$

$$+\beta_{33}\ln Reform_{it}+\beta_{34}\ln Trade_{it}+\beta_{35}\ln FDI_{it}+\beta_{4}\ln\Delta CPI_{it}+\beta_{5}\ln K_{it}$$
$$+\beta_{6}\ln L_{it}+\beta_{7}\ln Wage_{it}+\mu_{i}+\nu_{it} \quad (9-18)$$

其中，i 代表不同的省份，t 代表样本年度，μ_i 是不可观测的各截面单元的个体差异，ν_{it}为随机扰动项。以下对各解释变量的测算进行说明。

（1）地区产业专业化指数的一阶滞后项 $Spec_{it-1}$ 的测算：我们使用1998—2007 年 12 省份的地区产业专业化指数作为一阶滞后项的数值，我们预期 $0<\beta_1<1$。

（2）全要素生产率 A_{it}及资本存量 K、劳动投入 L 的测算：我们用与模型（9－17）相同的方法计算中国 12 省份 1999—2008 年的全要素生产率及资本存量、劳动投入量，我们同样预期 $\beta_2<0$。而资本存量的增加将会使得企业家更易于向其他领域扩展，我们预期 $\beta_5<0$。由支柱产业繁荣引致的劳动力大量聚集于本地区，将会使得地区产业专业化水平得到进一步提升，我们预期 $\beta_6<0$。

（3）交易费用的测算：不同于（9－17）式中的加总做法，我们分别测算各项指标——交通基础设施、信息基础设施、改革进度（Reform）、对外贸易（Trade）及外商直接投资（FDI）的作用。

（4）周边地区物价 P^* 的测算：我们使用全国的消费者价格指数（CPIt）与各省的消费者价格指数（CPIit）的差值 ΔCPI 来反映周边地区物价与本地区物价之差。随着 ΔCPI 的上升，外地商品销往本地的售价将越来越高，此时，本地厂商将倾向于扩大产品种类，以赚取超额利润。因此，地区产业专业化水平与周边地区物价负相关，β_4 预期为负数。

（5）工资 w 的测算：我们使用各省市的工资总额除以就业人数来测算一个地区的平均工资水平（Wage）。按照克鲁格曼（Krugman）两地区模型所述：如果一个地区制造商较多，作为工人的消费者就能以较低的交通成本购买所需商品，从而该区域价格指数较低、实际工资水平较高，劳动者倾向选择在该地区生活和工作，产业进一步集聚①。因此，地区产业专业化水平与该地区的工资水平正相关，β_7 预期为正数。

由于（9－18）式将被解释变量的一阶滞后项作为解释变量之一，会

① P. Krugman, Increasing Returns and Economic Geography. *The Journal of Political Economy*, Vol. 99, No. 3, 1991, pp. 483－499.

导致解释变量与随机扰动项相关，仍采用差分广义矩（difference - GMM）估计和系统广义矩（system - GMM）估计来估计动态面板，并采用两步法对（9 - 18）式进行估计。

表 9 - 6　我国 12 省份地区产业专业化影响因素的实证检验结果

因变量	lnSpec			
估计方法	差分 GMM		系统 GMM	
自变量	估算值	z—值	估算值	z—值
L lnSpec	0. 275***	6. 71	0. 309***	7. 59
lnTFP	- 0. 107**	- 2. 29	- 0. 085*	- 1. 80
lnTransport	0. 013**	2. 48	0. 034***	2. 86
lnInformation	0. 021*	1. 85	0. 047**	2. 35
lnReform	0. 014*	1. 79	0. 025*	1. 83
lnTrade	0. 116***	5. 56	0. 076***	4. 93
lnFDI	0. 042***	3. 08	0. 031***	3. 88
lnΔCPI	- 0. 019***	- 2. 79	- 0. 023***	- 3. 04
lnK	0. 142***	4. 12	0. 160***	4. 71
lnL	0. 091***	3. 31	0. 077***	3. 43
lnWage	0. 026***	3. 19	0. 038***	5. 61
Abond test for AR（1）	0. 027		0. 016	
Abond test for AR（2）	0. 505		0. 482	
Sargan test	1. 00		1. 00	

注：估计结果由 stata11. 0 统计软件计算得到。*、**、*** 分别表示在 10%、5%、1% 的显著性水平下通过显著性检验。AR（1）、AR（2）、萨根检验报告的数值为 prob > z 的值。

由表 9 - 6 可知，除了资本存量系数为正与理论模型不符外，其他系数符号均和理论模型一致。这可能是因为，我国金融机构偏好于向国有企业贷款，而国有企业改革所确定的剥离辅业的目标，又使得国有企业近年来的专业化程度不断提高，从而资本存量与地区产业专业化呈正相关。利用估计的回归系数，我们使用万广华提供的软件进行不平等的分解。分解的结果见图 9 - 6，它直观地描述了不同经济因素对地区产业专业化不平等贡献的百分比。按照对不平等贡献的大小，地区原有产业专业化水平、工资水平、交通基础设施、对外贸易及外商直接投资依次为导致中国地区产业专业化差异最为重要的影响因素。

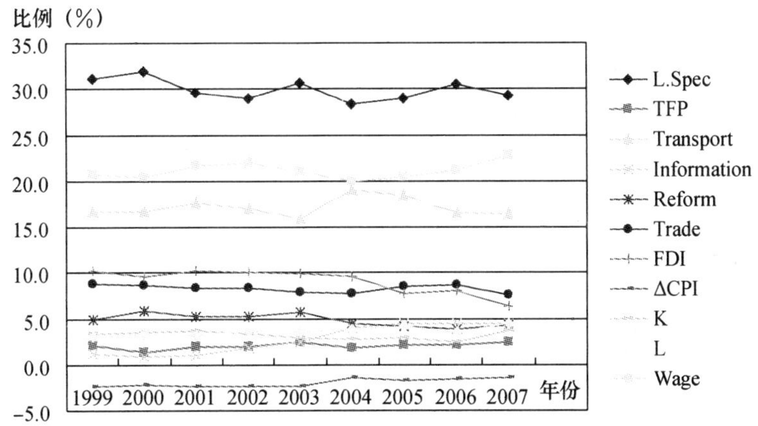

图 9-6　各种因素对地区产业专业化不平等的贡献

从以上分解结果，我们可以得出以下五点政策结论：

第一，地区原有产业专业化水平的差异对其未来期不平等的贡献率约为 30%，这揭示了地区产业结构向专业化方向的调整将是一个长期的过程。各省市应在原有优势产业的基础上，以增量调整来促进存量调整，淘汰落后产能，缩小各地区产业专业化的不平等程度。

第二，各省市工资水平的差异是排名第二的影响因素，对地区产业专业化不平等的贡献率约为 20%。各地区的职工收入差距已经成为影响地区产业专业化水平极其重要的因素。对此，政府应完善收入分配机制，加强对落后地区的转移支付，努力提高当地职工收入，从而缩小产业专业化的地区差距。

第三，交通基础设施状况紧随其后，其对地区产业专业化不平等的贡献率约为 15%。这说明交通基础设施完善带来的交易费用降低极大地促进了地区产业专业化水平的提高。因此，政府在加快落后地区交通基础设施建设上还应增加投入。

第四，对外贸易和外商直接投资也是地区产业专业化的重要影响因素，前者的贡献为7%—9%，后者的贡献为6%—10%。因而提高内陆地区的对外贸易量，更多地吸引外商投资，也能促进产业结构调整及地区产业专业化的均衡发展。

第五，改革进度、劳动力数量、信息基础设施建设、资本存量、全要素生产率以及物价水平对地区产业专业化不平等的影响较小，其贡献均在5%以内。这说明政府通过进一步推进改革、增加劳动力流动、完善信息基础设施建设、提高资本存量及全要素生产率，也可以促进各省之间地区产业专业化的均衡发展，但作用影响较小。

第六节　本章结论与政策建议

在本章中，我们首先阐述了地区产业专业化与工业结构优化升级之间的关系：区域分工和产业专业化是工业结构优化升级的基础，而工业结构优化升级也是分工和专业化进一步深化的客观要求。随后，我们试图从理论和实证的角度，系统地揭示经济发展过程中地区产业专业化演变的一般规律，并由此理解中国地区产业结构演化路径背后所蕴涵的深层经济原因。我们发现在经济发展过程中，中国地区产业专业化的发展历程符合U形规律：即在经济发展的初期，地区产业结构趋于多样化，但在经济发展的后期，地区产业专业化程度则不断提高。无论是全国层面、东部、中部、西部区域还是分省数据，这一规律都成立，并且地区产业专业化的发展阶段与人均GDP水平密切相关。

为什么地区产业专业化的演变会出现U形规律？我们的解释是在经济发展过程中，技术进步推动了地区产业多样化，而交易费用降低则促进了地区产业专业化。当技术进步的增长速度快于交易费用的下降速度时，地区产业结构将会趋于多样化；反之，地区产业专业化将会成为经济发展中的主流。对此，我们给出一个简约的数理模型从微观上证明了这一结论。并给出了一个详尽的数理模型，探寻了中国现实经济中，造成中国各省地区产业专业化发展不均衡的各种决定因素。基于不平等的分解表明，决定地区产业专业化差异的重要因素是本地区原有产业专业化水平、工资水平、交通基础设施、对外贸易及外商直接投资。

根据研究结果，我们可以得到三方面的政策启示：第一，由于地区产业专业化已经成为经济发展进入较高阶段的必然趋势，东部、中部、西部地区的决策者都必须重视产业结构向专业化方向的调整。尤其是刚刚进入地区产业专业化上升期的中西部地区，如何赶超东部沿海省市，促进本地区产业结构调整优化，是迫在眉睫的发展战略问题。第二，伴随着我国居民收入分配问题日益受到中央政府重视，若能在缩小地区职工工资差异的同时促进产业结构调整与向专业化方向的发展，将是一石二鸟的政策处方。第三，交通基础设施、对外贸易以及外商直接投资对地区产业专业化不平等的巨大影响使得东部的省份有着先发优势，而原有地区产业专业化的水平对后期专业化发展的决定性作用，又使得这一优势进一步强化。中央政府必须给予内陆省份更大规模的基础设施投资额度、更优惠的进出口及招商引资政策，才能帮助中西部地区摆脱产业专业化发展的“低水平均衡陷阱”，有效地促进地区产业结构的调整优化。

第四部分

协调发展战略下的工业结构优化升级

在工业化进程中，工业的发展将面临不同的发展环境，只有在协调发展不同产业、不同区域、国际贸易与投资等外部环境的基础上，工业结构优化升级才能顺利完成，才能走新型工业化道路。本部分由三次产业协调发展与工业结构优化升级、区域经济协调发展与工业结构优化升级、开放经济条件下的工业结构优化升级三章组成。

第十章　三次产业协调发展与工业结构优化升级

现阶段我国正处于工业化中期，与发达工业化国家发展历程相比，我国农业、工业比例相对协调，但“三农”问题依然突出；第三产业尤其是生产性服务业发展滞后，制约了工业结构向技术创新、知识密集型方向发展。因此，如何促进第三产业发展，稳定农业并突破其他产业对工业发展投入的限制是本章的主要内容。

本章首先讨论三次产业协调发展通过产值、就业和消费结构变动促进工业结构升级的机理，接着讨论美国、英国、日本在工业化阶段的经验教训。再分析我国现阶段产业结构变动的演进特征。最后，探讨第三产业的核心生产性服务业滞后的深层原因，并提出相应的对策建议。

本章的主要贡献在于：（1）系统地讨论三次产业结构对工业优化升级影响，总结出工业化中三次产业相互协调发展规律。（2）根据我国产业结构演进，发现当前我国第三产业发展滞后可能制约了工业结构的升级，而第三产业中生产性服务业对工业发展作用最为重要。（3）研究了不同区域产业间协调的差异问题，发现东部、中部、西部生产性服务发展的关键因素分别是专业化分工、工业化程度和产权结构，政府应在鼓励专业化、加快工业投入、促进竞争等政策上有所侧重。

第十一章　区域经济协调发展与工业结构优化升级

本章从区域协调发展角度，基于产业层面和城市层面，提出了产业国家功能集中度的概念，并对我国现阶段产业国家功能的空间布局进行了定量研究。

本章先分析收入差距扩大、过度集中通过对要素、需求结构的影响，减少了有效需求，限制了工业结构升级的机理。接着讨论在产业国家功能集中和新兴产业布局上中美两国的不同，发现我国区域发展不协调的主要原因，在于我国各类产业的国家功能过度集中到了北京、上海、深圳等东部大城市，因此，未来的对策是：必须通过产业转移、新一轮新兴产业布局中西部重点城市、在中、西部建设国家级高新技术产业中心，等等。

本章的主要贡献在于：（1）从理论上揭示了生产和人口在东部大城市过度集中，在造成区域经济发展不协调的同时，阻碍了我国工业结构的优化升级。（2）基于产业层面和城市层面，对我国各类产业的国家功能集中度进行了定量研究，发现我国各类产业中心过度集中于北京、上海、深圳等东部大城市，是造成我国区域经济不协调的主要原因。（3）产业从东向西的梯度转移并不能达到区域经济协调发展，而应具有前瞻性的将新一轮新兴产业布局在中、西部重点城市，在中西部建设国家级高新技术产业中心，实现我国产业空间合理布局和区域经济协调发展，促进我国工业结构优化升级。

第十二章　开放条件下中国工业结构优化升级

随着全球化进程的加快和我国加入世界贸易组织，世界其他国家对我国的影响越来越大。而我国已经成为世界第一大出口国，外部市场需求对工业发展举足轻重。在新的分工条件下，在全球价值链中所处的位置决定了长期工业结构水平。那么如何利用贸易和外商直接投资提升在全球价值链中的地位、不同技术水平产业如何选择等问题亟待解决。

本章用全球价值链理论解释贸易、外商直接投资对促进工业结构优化升级的途径及作用条件，接着分析我国对外贸易、外商直接投资的现状，与工业结构升级的相关关系及未来的趋势与挑战。然后分析电子信息业、汽车、船舶制造、纺织品服装业结构变动过程中，利用贸易和外商直接投资的优点和困惑，最后给出技术创新、抢占价值链顶端等建议。

本章的主要贡献在于：(1) 用全球价值链的新理论重新解释中国工业升级面临的新环境。(2) 与现有的研究结论不同，通过对 1995—2008 年数据检验，外商直接投资的增加并没有显著地促进工业结构优化升级。(3) 通过案例研究取得新的发现：传统的依靠外资从 OEM（贴牌生产）—ODM（原始设计制造）—OBM（自有品牌生产）的传统升级道路是无法实现真正的结构升级的，必须拥有自己的品牌，兼做 OEM 和 ODM。

第十章　三次产业协调发展与工业结构优化升级

协调发展是指在尊重客观规律、把握系统相互关系原理的基础上，通过建立有效的运行机制，综合运用各种手段、方法和力量，使系统间的相互关系达成理想状态的过程，从而实现系统整体功能最大化的过程，产生“1 +1 >2”的效应。产业作为经济社会的子系统同样遵守这一规律，产业间的协调发展能够使经济社会产出实现极大化，能够促进经济整体效率的提升，实现产业结构和工业结构的不断升级；反之则会阻碍经济社会的发展。产业间协调发展通过什么样的机制促进工业结构升级？我国产业发展的现状如何？如果发展存在失调，应采取怎样的措施纠正之？对这些问题的回答，不仅关系到我国新型工业化能否顺利实现，工业结构能否顺利升级，而且关系到能否实现经济增长方式的平稳转换。

工业结构升级必然受到外部产业环境的影响，因此本章基于第一、第三产业与第二产业的协调发展，回答以上问题。第一节分析产业协调发展促进工业结构优化升级的一般机理，包括第一、第二产业及第二、第三产业协调发展与工业结构优化的互动作用。第二节讨论老牌工业国家英国、美国及后起之秀日本产业发展与工业结构优化的关系，最后总结对中国的启示，发现只有在顺应工业一般发展规律的基础上，适当调整才能保证工业结构技术水平的提升。第三节分析新中国成立以来产业发展与工业结构变动的关系，发现现阶段第三产业滞后于工业发展。第四节讨论如何发展第三产业，找出直接促进工业发展的生产性服务业的影响因素。最后给出减少垄断、促进竞争、激励创新、加强出口等对策建议。

第一节　产业协调发展促进工业结构优化升级机理

产业结构是经济资源配置长期作用的结果，也在很大程度上决定了经济资源的配置与使用效率。产业结构的协调发展能推动工业结构升级和经济增长；反之，会阻碍或延缓工业结构升级和经济增长。产业一般被划分为第一、第二、第三产业，第一产业主要是农业，为经济提供粮食和原材料；第二产业为工业和建筑业，其中工业是主导，提供机器设备和制成品，推动社会发展；第三产业为除第一、第二产业外的所有行业，主要包括服务业，提供各种无形的消费服务和专业性服务。产业结构是工业发展面临的外部产业环境，各次产业之间互为投入的联系。工业结构升级则要求第二产业中的工业由资源和劳动力大量投入、低技术向环境友好、能源节约、高技术转变，只有作为投入的第一、第三产业的相对应的提升才能顺利实现。本节首先界定产业协调发展的内涵是产值和价值关系比例合理，再分别分析第一、第三产业与第二产业协调发展促进工业生产效率提高的途径。

一　产业协调发展的内涵

产业的协调发展包括：各产业间由技术水平决定的物质投入比例适当，商品交换的价值关系适中，符合市场的要求。各部门的产品都是社会总产品的一部分，而每个部门生产所需要的生产资料都不能不来自其他部门。这种产业间的物质联系客观上要求只有经济中各部门生产规模符合一定的比例，其他产业的生产效率才能提高；否则，将出现生产的“木桶效应”。而各部门之间产品的供给和需求必须通过交换来实现。各部门之间相互提供的物质产品的比例关系，不仅仅取决于生产或其他活动的技术关系，还取决于商品交换的价值比例。产业间的协调发展不仅需要各部门间的物质比例符合技术关系的要求，而且需要价值比例符合市场交换的要求。马克思（1858）的再生产理论揭示了产业间的协调发展必须满足各部门间的价值关系。

工业结构升级离不开产业结构的协调发展，各次产业间的物质联系尤其是与工业间的联系直接决定了工业结构升级的速度和质量；而价值联系则是市场经济条件下物质联系的延伸和表现，决定着工业结构升级的实现。主要表现为第一、第二产业产值、劳动力结构的变动符合工业发展规律，第一产业产值持续下降直至保持相对低的稳定水平，劳动力大量流入第二产业；第二产业产值持续上升，劳动生产率不断增强，吸收大量农村剩余劳动力。在工业化发展后期，第二产业产值趋于稳定，第三产业快速发展，大量劳动力从第二产业开始流入第三产业。另外，产业协调发展又需要在工业结构不断高度化的基础上不断由低级形态向高级形态转化，即生产率和全要素生产率的提高，工业中包含的技术水平的提高。

二　第一、第二产业协调发展与工业结构优化升级的机理

随着工业化进程的推进，尽管第一产业农业贡献的绝对量在提高，但其产值和就业在国民经济中所占份额都在不断降低。而且农业仍是国民经济的基础，不会随着比重的变化而改变。纵观历史发展，农业生产技术的进步与健康发展是整个社会以及其他产业产生、发展的前提和必要条件。农业的发展通过产值、就业结构的变动推动工业结构升级。

一般而言，在工业化的开端，第一产业产值会加速下降而第二产业的产值则会迅速增加。克拉克（1940）认为，随着经济的发展，第一产业国民收入和劳动力的相对比重逐渐下降；第二产业国民收入和劳动力的相对比重上升，经济进一步发展，第三产业国民收入和劳动力的相对比重也开始上升。不同产业间产值份额的变化是部门间生产效率变化的一种反映。伴随着工业化的推进，第二产业在国民经济中比重的上升而第一产业的份额则不断下降的协调发展，提高了工业部门的生产效率，推动了工业结构升级。由于提供粮食是第一产业的最基本、最重要的任务，不可能在国民经济中消失。因而，当社会经济发展到一定程度，尽管农业在国民经济中的份额很低但不会等于零而是保持相对恒定的水平，其产值结构的变化就很难强有力地继续推动工业结构升级。

第一、第二产业结构变动不仅仅包含产值结构的变动，更包含劳动力就业结构的变动。工业化的推进，不仅使原有工业部门迅速扩张，而且新兴产业部门也不断涌现，而产业的扩张需要投入大量的劳动力。刘易斯（1954）认为，发展中国家中存在大量剩余劳动力，表现为两种形式：第一种是不带剩余产品的农业劳动力，即边际生产力为零或很低的劳动力。

而工业部门边际生产率较高，劳动者获得远高于农业劳动者的劳动工资。工资差异诱使农业剩余人口向城市工业部门转移。第二种就是带有剩余产品的剩余劳动力。这部分劳动力对农业生产来说是必要的，他们只有在特定的情况下（比如农业现代化水平提高）才会表现为剩余劳动力。而第一产业的发展，一方面使原有剩余劳动力不断地向第二产业转移；另一方面，生产效率的提高，不断地使“带有剩余劳动产品的”从第一产业中释放出来，源源不断地补充到第二产业中，这正是第一、第二产业结构协调发展另一个表现。

因此，无论是第一、第二产业的产值结构还是劳动力结构的协调发展都有力地推动了工业结构升级，而产值结构和劳动力结构的协调发展则是第一、第二产业结构协调发展的内容。

三　第二、第三产业协调发展与工业结构优化升级的机理

第三产业（主要是服务业）的发展是其他产业发展的黏合剂，其作用在于提供了经济总体生产率（Riddle，1986）。随着工业化进程的推进，生产力提高，具有较高收入弹性的服务业，必然获得较快的发展，其产值份额在国民收入中的份额会越来越大。格鲁布尔和沃克（Grubel and Walker，1989）按照服务对象不同，将服务业分为消费性服务业、生产性服务业与公共服务业三大类，对工业结构的影响有所差异。

消费性服务的主要功能是提高城乡居民的生活质量，降低劳动者再生产劳动力的成本，提高劳动者素质，提高劳动质量，间接地提高了工业部门的劳动生产效率。而公共服务尤其是教育和医疗事业的发展，则对人力资本的生产具有举足轻重的作用。教育不但是一种消费，同时也是一种投资活动（贝克尔，1989），这导致人力资本的增加。而舒尔茨（1990）认为，人力资本既有助于提高劳动生产率，也有助于提高企业家式的才能。消费性服务业和公共服务通过直接作用于劳动者而间接地提高工业部门生产效率，促进工业结构升级。

生产性服务业是制造业企业为了加强自身核心竞争力，而将一部分业务外部化形成的。当前，学者对其所包含的具体活动的外延还没有形成统一的意见。我国政府在《国民经济和社会发展第十一个五年规划纲要》中将生产性服务业分为交通运输业、现代物流业、金融服务业、信息服务业和商务服务业。顾乃华等（2006）认为，由于生产性服务业作为中间

投入直接参与生产过程中，实质上是充当人力资本和知识资本的传送器，使生产迂回程度增加，生产更加专业化、资本更为深化，并提高劳动和其他生产要素的生产力。吕政等（2006）认为，在为客户提供专业化服务的同时，自身业务水平不断改进，生产效率不断提高，提高了工业中间投入质量。因此，生产性服务业直接作用与工业企业，通过成本渠道、就业渠道和消费渠道促进工业结构升级。

（一）成本渠道

企业成本的变动往往反映其生产效率的变化，生产性服务是工业企业的投入品。生产性服务业与工业的市场结构不同，工业企业数量众多，竞争程度较高。而生产性服务业大部分是知识密集型行业，具有较强的规模报酬递增效应，是垄断竞争市场。因此，生产性服务业对工业结构变动的影响会引起市场环境的变化，比较复杂。下面我们构建一个理论模型，分析生产性服务业规模扩大，对工业生产效率的提高（表现为生产成本）的影响机理进行说明。

假定工业企业采用扩展的柯布—道格拉斯生产函数进行生产，不仅投入劳动和资本，还将生产性服务业作为投入要素。S 代表各种生产性服务的组合，满足不变替代弹性函数：

$$S = \left[\sum_{i=1}^{n} {s_i}^{\beta}\right]^{\frac{1}{\beta}} \quad 0<\beta<1 \tag{10-1}$$

其中，β 表示其他厂商对生产性服务多样性的替代程度，令 $\sigma = \frac{1}{(1-\beta)}$ 表示任意两种生产性服务间的替代弹性。n 表示生产性服务的种类，s_i 代表个体厂商提供的生产性服务。

提供生产性服务的个体厂商具有相同的生产函数和成本结构，只需要一种要素投入即劳动，w 为劳动的工资，F 为以劳动投入量来度量生产的固定成本。则给定单个厂商的生产数量 q_i，则需要投入的成本为：

$$wq_i + wF \tag{10-2}$$

为了简化分析，本书假设工业企业生产最终一单位产品所需要的资本数量是给定的且其价格为外生给定，不考虑资本成本变动，只考虑劳动和生产性服务两种服务投入，且单位产量的成本分别为劳动工资 w 以及投入的生产性服务成本 P，根据这些假设，我们有：

$$f(L,S)=L^{\alpha}S^{1-\alpha} \tag{10-3}$$

$$C(w,\ p)=wL+PS \tag{10-4}$$

根据一阶条件，推导出单位产量的成本函数为：

$$C(w,\ p)=\frac{1}{\alpha}\left(\frac{1-\alpha}{\alpha}\right)^{\alpha-1}w^{\alpha}P^{1-\alpha} \tag{10-5}$$

由 Fujita 等人的定义，生产者服务价格指数为：

$$\begin{aligned} P(n,p) &= \left[\int_0^n p_{(i)}{}^{1-\sigma}di\right]^{\frac{1}{(1-\sigma)}} \\ &= P_i n^{\frac{1}{(1-\sigma)}} \\ &= w/\beta\times n^{1/(1-\sigma)} \end{aligned} \tag{10-6}$$

将（10－6）式代入（10－5）式可得：

$$C(w,\ p)=\frac{1}{\alpha}\left[\frac{\alpha\beta}{(1-\alpha)\ (1-\beta)^2}\right]^{1-\beta}n^{\frac{\beta(1-\alpha)}{1-\beta}}w \tag{10-7}$$

将（10－7）式对 n 求偏导，得：

$$\frac{\partial c}{\partial n}=-\frac{\beta(1-\alpha)}{n(1-\beta)}C(w,\ p) \tag{10-8}$$

由于 $0<\alpha$，$\beta<1$，$C(w,\ p)\ >0$，$n>0$，所以：

$$\frac{\partial c}{\partial n}<0 \tag{10-9}$$

由（10－9）式可知，随着生产性服务业的发展（企业数量增加），降低了工业企业的成本，提高了生产效率；反之，如果生产性服务业发展滞后，不能满足工业企业的需要，将会阻碍工业企业生产效率的提高。

（二）就业渠道

第二、第三产业协调发展对工业结构的影响还通过就业结构的变化实现。根据库兹涅茨的研究，到工业化中期，第一产业的国民收入比重和相对劳动力比重继续减退，第二产业的国民收入比重上升，但其劳动力比重随着技术有机构成的提高，尽管对国民收入的增长有很大贡献，但不可能大量雇用劳动力，甚至还需要减少部分劳动力。而第三产业劳动力比重上升速度快于国民收入比重上升速度。在经济发展水平较高阶段，不管是劳动力还是产值比重，第三产业都是最高的并有继续提高的趋势。随着技术进步的加快，低素质的劳动力无法适应高技术要求的传统产业和新兴高技术产业，因而可以保证工业在吸收就业以及向第三产业释放部分劳动力时，保留下来的都是生产效率较高的劳动力，从而保证工业部门的生产效率。

（三）消费渠道

第二、第三产业就业结构的变化通过消费结构的变化影响工业结构的优化。克拉克认为，产业结构演进的动因在于经济发展中各产业出现收入的相对差异，人们不断由收入低的部门向收入高的部门流动。收入水平的提高，会带来消费结构的相应变动，即需求结构的升级，表现为：原有产品需求量增加和要求新产品的产生，也要求作为供给方的生产者作出相应的变动，原有工业部门规模扩大和技术的革新，最终表现为工业结构的优化。

因此，第一、第二产业的协调发展主要表现了工业化初期和中期，第一产业产值下降，并为第二产业提供劳动力，第二产业产值增加，就业增加，生产率提高。第二、第三产业的协调发展表现在工业化中期和后期，第二产业产值保持稳定，劳动生产率持续提高，减少劳动力雇佣，第三产业尤其是生产性服务业产值快速上涨，吸收大量人力资本，生产率上升速度快于第二产业。三次产业协调发展通过产值、就业、消费结构变动，影响各产业间物质投入和价值关系，最终促进工业生产效率提高，技术进步和高度化发展，表现为工业结构优化升级。

第二节　发达国家产业协调发展与工业结构优化升级的经验分析

从各国经济发展的历程看，各国产业结构发展的演变既有一定的差异也有一定的共性。其中一个重要的特性就是：产业结构随经济的发展而不断的变动，主要表现在产业协调发展与高级化相互依赖、相互作用，推动工业结构不断升级，从低级形态向高级形态演进。本节主要目的是找出美国、英国和日本三个不同工业化进程阶段的发达经济体中，三次产业与工业结构的关系，是否符合传统工业结构优化升级的一般规律，市场与政府作用分别是什么，以及对我国的启示。

一　美国工业化阶段产业结构发展

美国是自由主义色彩浓厚的传统市场经济国家，崇尚市场的自然力量，反对政府的直接干预。美国主流经济学家认为，价格机制会保障产业向着正确的方向迈进，而政府在产业发展过程中由于具有有限理性，政府的干预往往会扭曲产业发展的道路，无益于产业竞争力的提高与产业的健康发展。因此，美国产业结构的发展主要在市场机制起作用下，政府仅仅在于维护这一机制的平滑运行。

20 世纪初，随着第二次工业革命的开始，美国完成了从农业占主导向工业占主导的转变，1899 年美国的工业增加值已经远远超过农业的 18%，达到 44.1%，这一比例也高于服务业的 38%，而同一时期，标准比例[①]则分别为 11%、48.4% 和 40.7%。美国的产业结构与标准的结构偏差不大，相对比较合理。美国制造业产值在 GDP 中的份额占 25.4%（基准的比重为 29.6%），相对劳动生产率[②]也比较高。随着工业化的推进，尽管三次产业的增加值在 GDP 中的比重也不断地变化，但一直到 20 世纪 70 年代，各产业间的结构没有发生大的变化。相对劳动生产率也基本上保持不变。

70 年代以后，美国的经济已经跨越工业化时代，开始进入后工业化时代。这一阶段各产业结构变化的特征是：第一、第二产业在经济中的比重继续下降并趋于稳定，在 GDP 中的份额分别由 1971 年的 3% 和 40% 下降到 2004 年的 1.2% 和 22.2%，而服务业的比重却由原来的 54.3% 上升到 76.6%。但相对于工业化时代，制造业的相对劳动生产率从原来 1.3 左右下降到 1.0。技术进步导致的工业结构高度化会带来劳动生产率的提高，但在后工业化时代，技术创新不一定带来生产效率尤其是劳动生产效率的提高。这是因为，技术创新有两种：一种是通过生产过程创新，另一种是通过产品创新开辟新市场。只有第一种技术创新才能推动劳动生产效率的提高，而在知识经济时代，技术创新往往以后者为主。生产方式的转变需要更多的服务尤其是生产性服务来支撑，因此，服务业在 GDP 中比

---

① 美国 1900 年的人均 GNP 为 249 美元，按照 1958 年的美元进行折算，超过 1000 美元。

② 由于无法获取该时期不同国家资本服务的数据，故用相对劳动生产率作为全要素生产率的替代指标。从可获得的数据看，这一时期为样本期间的最高值。

重上升就成为新的历史时代的特征。

美国产业结构发展大致有以下特点：（1）属于典型的市场主导下的自然演进模式。美国市场机制完善，竞争充分，因此，其产业结构的演进和发展遵循产业发展的一般客观规律，各次产业地位随着主导产业顺次演进而更替。（2）与标准产业结构相比，美国的各次产业的产值结构相对比较合理。（3）工业化时期不仅制造业所占比重不断增加，相对劳动生产率较高。产业结构的协调发展不断地推动工业结构的高度化，工业结构的高度化又使产业结构在更高层次上保持着合理化。

二　英国工业化阶段产业结构关系

与美国类似，英国的产业结构同样属于依赖市场的力量自然演化而发展,但也具有自身的特点。与美国工业化时期相比，产业结构与标准产业结构相比有一定偏离。农业产值在20世纪初仅占国内生产总值的6%左右，第二、第三产业所占比重偏高，分别为49%和44.7%。结构相对失调的后果是：英国的相对劳动生产率比美国低。1907年和1924年，英国的相对劳动生产率分别为1.01和1.02，分别比美国低24%和7%。然而，20世纪60年代中期，随着产业结构的调整，农业的份额下降至3.4%，远远低于标准结构中农业的比例，服务业的比重为43%，与标准结构的40.7%相差不大，第二产业在GDP中53.6%的份额略高于标准结构中48.4%的比重。与20世纪20年代相比，英国的产业结构进一步趋于合理化。相对劳动生产率也不断提高，从1901年的1.01上升到60年代的1.37。这一事实同样表明，产业结构合理能促进工业结构高度化。

20世纪80年代后，英国开始步入知识经济时代，其制造业相对劳动生产率也开始下降。这说明，在后工业化时代的确存在制造业相对劳动生产率下降的趋势，但同期英国的相对劳动生产率高于美国。从另一个侧面表明，标准的产业结构仅仅能为我们提供一种判别产业结构是否合理的粗略线索。英国产业结构发展过程具有如下特点：（1）同样遵循了产业结构发展的一般规律，而且其产业结构与标准产业结构相比，偏差程度不大。（2）产业结构失调的发展阻碍了工业结构升级，而协调的产业结构则推动工业结构升级。（3）各个国家的产业结构发展具有自身的特征。

三　日本工业化阶段的产业结构调整

日本作为资本主义的后进国家，之所以能够迅速赶上发达国家，很大程度上是在借鉴先进国家的产业结构发展与升级规律，并依靠自身的后发优势，成为依赖政府产业政策促进产业结构协调发展和工业结构高级化的典型国家。

20世纪初，日本依然是一个农业国家。1908年，农业在GDP中的比重超过40%，第二产业比重仅占21%，在三个产业中处于最低水平，处于工业化的启动阶段。进入20年代末期，日本扩充军备，加快发展重工业和化学工业。农业在GDP中的比重迅速下降，而工业产值比重上升很快。1925年农业和工业在国民经济中的份额为28.1%和37.7%，进入工业经济，日本制造业相对劳动生产率从1908年的1.31提高到1925年的1.54。

第二次世界大战结束后，日本开始大力推行产业合理化，逐步使产业结构由轻工业—农业主导型向重化学工业主导型转化，发展出口贸易，大力推进资本积累，同时，积极培育中小企业。经过一系列政策调整，加上当时有利的国际环境，日本产业结构迅速走向合理化和高级化。1955年，日本经济基本上已经恢复，三次产业在GDP中的份额依次为19.2%、33.7%和47%，而标准的产业结构比重分别介于19.4%—26.5%、36.9%—42.4%和36.6%—38.1%之间，工业比重稍稍偏低，而服务业比重偏高，但整体而言，与标准产业结构偏差不大。在60年代中期，三次产业结构的比重依次为9.7%、47.9%和42.4%，而标准的产业结构比重为10.9%、48.4%和40.7%。70年代，农业在国民经济中份额继续下降，从60年代中期的9.7%下降到70年代初期的6.0%，下降了将近4个百分点，而同一时期第二产业比重刚好上升了将近4个百分点，第三产业的份额基本保持不变。基本实现工业化，产业结构趋于合理。不仅制造业的比重在国民经济中的比重不断增加，而且相对劳动生产率也逐步提高。相对劳动生产率由1955年的1.60上升到60年代的1.89，基本上达到历史最高点。

20世纪70年代末，日本开始调整产业结构，逐步淘汰高能耗的产业，改造能源密集型的产业，使产业结构从过去的“重厚长大”，转向“轻薄短小”，大力发展第三产业，相对劳动生产率也由20世纪60年代中期的1.89下降到70年代的1.46。80年代之后，日本开始进入后工业时代。农业比重在国民经济中的份额不断持续下降，而服务业的比重持续上升。第一产业和第二产业在国民经济中的比重由80年代的3.7%和42%下降到2004年的1.3%和30%，服务业则由54.4%上升到68.5%，在GDP中占一半以上，具有知识经济时代的结构特征。纵观日本工业化过程，尽管产业结构是在政府政策的导向下快速转变，但各次产业间基本上保持了协调发展，工业结构也实现同步高度化。

日本产业发展的历史比较清晰地描绘了一个农业国家向工业国家转变过程中，产业协调发展对工业结构升级的影响。具有如下特点：（1）产业结构调整是在政府政策的主导下发生的，但政府干预强调以市场机制作为资源配置的主要手段。（2）由于政府干预，产业结构变动幅度较大。同欧美先进国家相比，日本的工业化迟了50—100年，但日本用100年时间完成了欧美发达国家150—200年的发展过程，其发展速度和结构转换的速度是惊人的。（3）遵循了产业结构发展的一般规律，产业结构的发展并没有出现逆转现象，各次产业的产值结构也保持相对合理，同时推动着工业结构不断高度化。

四　对中国的启示

从发达国家产业结构发展的规律来看，工业化进程中，产业结构的协调发展推动了工业结构升级。在全球化迅猛发展的今天，我国的产业结构调整已经融入世界产业结构的大系统中，借鉴经验，充分利用发展中国家的比较优势和后发优势，对于推动我国产业结构协调发展，促进工业结构升级，加快经济发展具有重要意义。

（1）只有产业结构的协调，才能推动工业结构升级。产业调整的一般规律是：在工业化早期，依靠技术进步先后发展轻重工业，在工业化中期和后期，快速发展第三产业，并逐步淘汰或转移工业中能源密集型产业。

（2）明确产业结构调整的方向。一方面，应该充分认识到由于资源禀赋、进入工业化的时间等诸多的差异性，各国工业化过程中产业结构都有其自身的特点。在遵循产业结构发展一般规律的前提下，结合我国国情，制定具有适应性和灵活性的产业政策。另一方面，要紧跟世界产业结构发展的潮流，顺应趋势，充分利用国外资源和市场，承接国外产业转移，推进我国产业结构协调发展和升级。

(3) 政府的政策能加快产业结构的调整，但产业结构的发展离不开市场的作用。美国、英国产业结构发展的历程表明，以市场为主导，产业结构的自然演化更容易形成合理的产业结构。即使日本的产业结构政策也是以市场作为资源配置的主要手段，但在实施阶段仍出现过失调。产业结构是否协调，工业结构能否升级并不取决于官员的决心等主观因素，而是在于市场检验。因此，制定产业政策时，必须以市场为导向，遵循产业发展的客观规律。

第三节　中国产业结构演进与现状分析

理论分析表明，产业间及其内部的产业关联决定了产业结构协调发展能推动工业结构升级。而先行工业化国家产业发展的历程则为这一结论提供经验证据。美国、英国、日本通过市场力量或政府指导，至少经过 50 年实现工业化。自新中国成立以来，经过 60 多年的发展，从工业结构上看我国已经进入了工业化中期，正处于由制造大国向制造强国迈进的关键时期，那么我们更应该保持产业结构协调发展以推动工业结构升级，合理推进工业化进程。然而，我国产业结构发展的演变是否符合工业化发展的这一一般规律？产业结构的发展可能存在哪些问题？

一　中国产业发展与工业结构升级阶段

(一) 向重工业倾斜发展的阶段 (1949—1977)

新中国成立初始，中国工业生产水平十分低下。1949 年，主要工业品的产量是：原煤 3243 万吨、钢 15.8 万吨、水泥 66 万吨、化肥 0.6 万吨、棉布 18.9 亿米。社会总产值中农业产值比重达到了 58.5%，工业产值仅占 25.13%，是一个典型的农业国。由表 10－1 可知，经过近 30 年的演变，农业总产值在社会总产值中的比重由新中国成立初的 58.53% 降至 1977 年的 20.87%，年均下降 3.62%；工业和建筑业分别由新中国成立初期的 25.13% 和 0.72% 上升到 1977 年的 62.05% 和 7.7%，年均上升率分别为 3.28% 和 8.83%；运输业的比重 1949 年为 3.41%，1977 年为 2.98%；商业的比重 1949 年为 12.21%，1977 年为 6.4%，年均下降 2.28%。

表 10 - 1　　　　1949—1977 年中国三次产业产值构成

单位：%

年份	第一产业	第二产业		第三产业
		工业	建筑业	
1949	58.53	25.13	0.72	15.62
1952	45.42	34.38	5.62	14.58
1956	37.22	39.17	8.91	14.70
1957	33.43	43.84	7.35	15.38
1958	26.47	50.65	9.45	13.43
1962	32.44	51.11	4.11	12.34
1967	33.31	49.82	5.58	11.29
1968	35.05	48.53	4.98	11.44
1969	29.77	52.29	6.97	10.97
1970	26.87	55.71	7.13	10.29
1971	25.41	57.44	7.40	9.75
1972	24.45	58.35	7.35	9.85
1973	24.56	58.50	7.01	9.93
1974	25.00	57.46	7.74	9.8
1975	23.42	59.62	8.12	8.84
1976	23.15	60.33	8.01	8.51
1977	20.87	62.05	7.70	9.38

资料来源：由《中国统计年鉴》（1990）计算所得。表中数据根据当年价格计算。

在 1949—1977 年的 28 年间，农业产值比重下降了 37.66 个百分点；而工业占比重则上升了 36.92 个百分点。同时，工业产值中轻、重工业的比重分别由 1952 年的 64.5%、35.5% 变为 42.7% 和 57.3%。脱离了产业结构阶段有序发展的轨道，在人均 GDP 水平极低和产业总体呈现劳动集约特征的条件下，优先发展重工业，我国的产业结构直接由以农业为主向以重加工工业为重心的发展阶段转移。由于社会经济资源有限，重工业长期超常规的发展必然导致轻工业发展的经济资源不足，造成社会消费水平低下，使轻重工业比例严重失调。与产业结构标准模式相对比，我国的产业结构与标准的产业结构相距甚远。改革开放后，产业结构的逆转也证明了这一结论。

（二）产业结构纠偏阶段（1978—1992）

改革开放后，为了扭转产业之间及产业内部发展的严重失调现象，促进产业结构协调发展，我国实施了一系列结构调整政策，根据产业结构变动的特征，大致分为两个时期。

第一个时期，1978—1984 年，以农村改革为契机，主要调整农业与工业之间以及工业内部轻重之间的发展关系。经过实行农村承包责任制等一系列政策，产业结构开始朝着相对协调的方向发展。由表 10－2 可知，第一产业的比重迅速上升，而第二产业比重下降。到 1982 年，第一产业的比重达到了 33.4%，比 1978 年的 28.2% 提高了 5.2 个百分点。第二产业中工业的比重却由 1978 年的 44.1% 下降到 1984 年的 38.7%，下降了 5.4 个百分点，下降的幅度大于第二产业整体下降的幅度。而同时，第三产业仅上升了 0.9 个百分点。这些事实表明，这个时期实行的农村经营体制改革极大地解放了农业生产力，推动了第一产业的发展，工农业比重的逆转，实质上是对不协调的产业结构进行调整的结果。

第二个时期，1985—1992 年，第一产业的比重再一次开始下降，第二产业比重稳中有升，第三产业有所发展。第一产业的比重从 1985 年的 28.4% 下降到 1992 年的 21.8%。同一时期，第三产业的比重由 28.7% 上升到 34.8%。通过资源的重新配置和调整，社会资源开始向第三产业转移。同时，第二产业比重保持在 43% 左右，或者说基本维持不变。产业结构开始逐步向着协调的方向发展。

工业结构内部发展也趋向协调，不仅轻工业快速增长，而且轻重工业内部加工工业发展也较快。1979—1984 年间和 1985—1990 年间，我国独立核算工业企业的轻工业产值年均增长速度分别达到 11.7% 和 11.24%，分别高于同期重工业增长速度 5.1 个和 1.72 个百分点；轻工业占整个工业比重由 1978 年的 42.7% 上升到 1990 年的 49.9%，重工业则由 1978 年的 57.3% 下降到 1990 年的 50.1%。在轻工业内部，以农产品为原料的轻工业和以工业品为原料的轻工业所占比重持续提高，由 1979 年的 29.9%

表 10－2　　　　1978—1992 年中国三次产业产值构成

单位：%

年份	第一产业	第二产业		第三产业
		工业	建筑业	
1978	28.2	44.1	3.8	23.9
1979	31.3	43.6	3.5	21.6
1980	30.2	43.9	4.3	21.6
1981	31.9	41.9	4.2	22.0
1982	33.4	40.6	4.1	21.8
1983	33.2	39.9	4.5	22.4
1984	32.1	38.7	4.4	24.8
1985	28.4	38.3	4.6	28.7
1986	27.2	38.6	5.1	29.1
1987	26.8	38.0	5.5	29.6
1988	25.7	38.4	5.4	30.5
1989	25.1	38.2	4.7	32.1
1990	27.1	36.7	4.6	31.6
1991	24.5	37.1	4.7	33.7
1992	21.8	38.2	5.3	34.8

资料来源：《中国统计年鉴》（2006），表中数据为当年价格比例。

和 13.2% 增加到 1985 年的 34% 和 16%。

伴随着产业结构日益协调，这个阶段我国的工业结构不断向高度化方向迈进。1980 年，第二产业全要素生产率增加值达到 1.0%，1983 年前，均大于 0.9%。但 1987 年下降到 0.78%，随着产业结构的继续调整，生产效率经历了短暂的下降后迅速上升，1988—1992 年分别为 0.82%、0.90%、0.84%、0.87% 和 0.78%。尽管生产效率增加值有所回升，但仍低于标准值，说明我国工业结构有所升级，但远低于国际标准水平。

（三）再重工业化阶段（1993 年之后）

经过近 15 年的调整，畸形的产业结构得到初步的矫正，从 1993 年开始，我国市场经济体制改革全面启动，市场在结构的调整中开始发挥越来越重要的作用。1993—2006年，农业增加值的比重继续降低，由19.7%下降到11.7%；第二产业的比重稳重有升，上升了5%，达到48.9%，其中工业增加值在第二产业中占88.5%；第三产业增加值的比重由33.7%上升到39.4%。从工业内部来看，工业结构再次呈现重型化特征。1993年，我国轻工业占工业产值的比重为44%，重工业份额为56%。到2006年，轻工业比重下降到29.9%，而重工业则上升到70.1%，体现了工业进程加速中的结构转变特征。这表明，在市场需求拉动和政府政策引导下，重化工业重新复苏，成为工业和经济增长的主导力量。工业结构表现出一定的高度化，带动了经济快速增长。

表10-3　1993—2006年中国三次产业产值构成

单位:%

年份	第一产业	第二产业		第三产业
		工业	建筑业	
1993	19.7	40.2	6.4	33.7
1994	19.8	40.4	6.2	33.6
1995	19.9	41.0	6.1	32.9
1996	19.7	41.4	6.2	32.8
1997	18.3	41.7	5.9	34.2
1998	17.6	40.3	5.9	36.2
1999	16.5	40.0	5.8	37.7
2000	15.1	40.4	5.6	39.0
2001	14.4	39.7	5.4	40.5
2002	13.7	39.4	5.4	41.5
2003	12.8	40.5	5.5	41.2
2004	13.4	40.8	5.4	40.4
2005	12.5	42.0	5.5	40.0
2006	11.7	43.3	5.6	39.4

资料来源：《中国统计年鉴》(2006)，国家统计局网页。表中数据为当年价格比例。

从全要素生产效率绝对数值看，我国工业结构继续保持不断升级。生产效率增加值从1993年的0.83%上升到1997年的0.87%，1995年达到最高点1.0%。但随后，全要素生产效率急剧下降且趋于平稳。1988年，全要素生产率增加值仅为0.48%，为1980年以来第一次低于0.5%，与1997年相比下降了45%，而且此后基本上保持在0.5%左右。这固然有1998年后的亚洲金融危机对工业结构的升级造成的影响，但之后全要素生产效率一直较低的事实从另一个侧面表明，我国的重工业化并没有实现工业结构的升级，而是呈现“逆高度化”。

表10－4　　第二产业全要素生产率（1980—2006）

年份	1980	1981	1982	1983	1984	1985	1986	1987	1988
TFP	1.00	0.94	0.95	0.92	0.84	0.81	0.78	0.78	0.82
年份	1989	1990	1991	1992	1993	1994	1995	1996	1997
TFP	0.92	0.87	0.90	0.78	0.83	0.94	1.00	0.90	0.87
年份	1998	1999	2000	2001	2002	2003	2004	2005	2006
TFP	0.48	0.46	0.47	0.46	0.46	0.47	0.44	0.51	0.51

注：全要素生产率增长率（TFP）的计算使用DEA方法而得。第二产业资本服务价格根据历年《中国统计年鉴》中固定资产投入数据，利用永续盘存法计算而得，其中，固定资产折旧率去5%；第二产业总产值及就业数据取自中国历年统计中的相应数据。

改革开放前，由于特殊的历史背景和发展战略，以牺牲农业和轻工业发展来换取重工业的优先发展，虽然在我国在人均国民收入处于较低水平时，虽然基本建成了一个门类齐全的工业化体系，并为后来我国工业化快速推进奠定了基础。但这种环境下，产业结构的变动偏离了产业结构发展的一般规律，工业尤其是重工业占比过高，而农业占比过低，使我国经济生活出现紊乱。改革开放后，畸形的产业结构得到矫正，产业结构逐步趋向协调。农业快速发展，产值占比提高，工业中轻工业发展迅速，第二产业全要素生产效率保持相对高位运行，工业结构一度得到升级。随着市场经济的确立，我国逐步进入再重化工业时代，农业产值的比重逐渐下降，工业产值的比重逐步上升；中国的主导产业已由农业演变为工业，但第三产业始终未占主导地位。由此可见，产业结构协调发展目标的实现依然任重而道远。由于我国产业结构处于失调状态，我国工业结构并没有实现不断的高度化，而是表现为工业结构演进中的“虚高度”。

二　面临的问题：第三产业发展滞后

以工业为主的第二产业的发展带动了我国经济的高速增长，工业行业发展比例关系向适应工业化方向转变。工业行业发展比例关系基本协调，加工工业与能源、原材料工业不协调的问题得到基本解决。随着技术引进和国产化进程加快，使得我国电力、钢铁、汽车等工业行业的技术装备水平不断提高。目前，我国钢铁工业的技术装备水平达到国内、国际先进水平的比重超过50%，特别是轧钢技术装备90%以上达到国际先进水平。制造业结构中呈现出明显的高度化。制造业中机械电子等加工组装工业比重明显增加。1995—2006年，机械电子等加工组装工业在工业总产值中所占比重增加了6.4个百分点；机电产品成为出口的主导，2006年占出口份额的56.7%。同时，工业部门内部也呈现出一定的加工深化趋势。如服装与纺织工业总产值之比从1980年的0.15提高到2006年的0.43，金属加工深度值①从1980年的2.07提高到2006年的5.68，但仍存在工业结构内部结构失衡、第三产业发展滞后等问题。

（一）工业内部结构失衡

在工业结构内部，总量扩张虽然明显，但生产结构不够合理。

一是传统工业比重过大，高新技术产业规模偏小。目前，我国传统产业占90%以上，高技术产业不到10%，远远低于发达国家高技术产业所占比重。我国出口的增长主要是依赖外商投资企业和大量加工贸易实现的，来料加工和进料加工的贸易所占比重高达80%以上，国内企业主要承担高技术产品的加工组装等劳动密集型工序，而实际技术密集程度、研发比重和附加值都相当低。

二是产业技术结构不够合理，企业自主研发能力弱，关键设备依靠进口。目前，我国工业技术的发明专利中，国外授权量达到总量的2/3。2007年，我国高技术产业中国有企业数量共计1817家，比2006年下降143家，延续了过去几年快速减少的趋势；“三资”企业的数量共计8028家，比2006年增加1029家。我国主要机械设备技术来源的一半以上、多

---

① 金属加工深度值为机械工业与黑色金属和有色金属之和之比。

数电子信息设备的核心技术需要从西方发达国家引进。例如，我国光纤生产能力和市场空间都很大，但光纤设备全部都需要从西方进口，集成电路芯片制造装备的95%，轿车制造装备、高档数控机床、纺织机械及胶印设备的70%左右依赖进口（杨合湘，2008）。

（二）第三产业比重偏低

在我国三次产业结构中，存在着第一、第二产业比重偏高，第三产业比重偏低的总体不协调状况。从国际三次产业构成比较看，我国第一产业的产值构成比重大大高于其他国家，而第三产业的产值构成又太低，不仅远远低于发达国家，且与世界平均水平和一般发展中国家也有较大差距。第一产业的产值比重从1978年的28.2%下降到2006年的11.7%，而第三产业的比重从则由23.9%上升到39.4%。高传胜和李善同（2008）指出，2002年，美国的生产性服务业的增加值已占到其GDP的47.83%，而我国生产性服务上在GDP中所占份额只有16.1%，12年间，发展水平仅上升了一个百分点，远落后于发达国家，生产性服务业已经成为急需破除的瓶颈因素之一。改革开放后，第一产业比重下降，第二产业比重有所上升，这虽然符合产业发展规律，但是，我国农业基础薄弱，迅速成长的工业并没有对农业提供应有的技术改造和服务。第三产业发展不仅严重滞后而且结构不合理，对第一、第二产业的制约作用也相当突出。这表明，我国产业结构不仅处于较低水平而且发展失调。

我国产业发展过程中第一产业在依然处于基础地位，农业发展的滞后，内部结构不合理，不利于工业结构升级。从世界发展趋势来看，知识密集型生产性服务业，正在成为企业提高劳动生产率和货物商品竞争能力的关键，更是企业构成产品差异和决定产品增值的基本要素。大力发展生产性服务业，是在工业经济高速增长的条件下加速工业结构升级、实现整个第二产业由粗放型增长向集约型增长的关键环节，是制造业提高核心竞争力的必然选择。因此，需要着重分析影响生产性服务发展的主要因素以及与我国工业结构变动的关系，深入了解如何通过发展生产性服务业来促进工业结构优化升级。

第四节　发展第三产业的关键：生产性服务业

我国现阶段正处于工业化中期，工业是主导产业，第三产业增长加快。正如第一节所述，第三产业服务业主要有消费性服务业、公共服务和生产性服务业，而对工业结构升级有直接促进作用的是生产性服务业。生产性服务业（又称生产者服务业）是现代服务业的核心，它是一种高智力、高集聚、高成长、高辐射的现代服务业，贯穿于生产、流通、分配和消费等社会总生产的各个环节之中。生产性服务业对制造业发展、升级与竞争力提升具有重要支撑作用（李善同、高传胜，2008），其中的重要原因之一，是因为生产者服务大部分是以人力资本和知识资本作为其主要投入，因而其产出中包含有大量的人力资本、知识资本成分。

生产性服务业通过成本、就业和消费三种渠道促进工业企业生产效率的提高。正是通过生产者服务，社会当中日益专业化的知识资本、人力资本才得以释放出来，并源源不断地导入商品和服务的生产过程，提高生产过程的运营效率、经营规模以及其他投入要素的生产率，并增加其产出价值。格鲁布尔和沃克（1990）的研究表明，在20世纪80年代末，加拿大、美国和日本等国家生产性服务业占本国名义GDP的份额已经在28%—33%之间，极大地促进了工业中创新的出现。

一　生产性服务业发展影响因素

那么，影响生产性服务增长的因素有哪些呢？根据生产性服务的定义和特点，现有研究认为，主要因素是专业分工、产权结构、服务效率、工业化程度等。本章在讨论各种因素产生作用的途径上，利用中国1997—2006年间除西藏、港澳台地区外的省际面板数据，分析生产性服务增加值比重变动与以上四种因素的相关程度，借以找出促进生产性服务发展，推动产业协调发展，最终带来工业结构优化升级的具体措施。

（一）专业分工

随着需求日益多样化以及市场竞争的加剧，企业将一些内部化的职能如法律、售后服务等活动外部化，这些外部化的部门逐渐形成一个产业

（吕政等，2006）。在与原来企业分离之后，随着学习效应的不断释放，生产性服务业经营更加专业化，其成本降低而效率提高，并进一步加速生产性服务业外部化。杨（1928）认为，分工不仅表现为市场规模的扩大，而且表现为生产过程中采用迂回的生产方式。迂回生产实质上是分工环节不断细化和深化、中间产品不断复杂化的过程，拉长产业活动的链条。生产性服务业专业化之后，在激烈的市场竞争中不断进行技术创新，其内部的市场细分程度更高，服务专业也水平也更高。这使制造业进一步采取更加迂回的生产方式，不断加大中间投入品中服务投入所占比例。这两种因素不断相互作用，促进生产性服务业不断发展。即专业化程度加深将促进生产性服务业发展。

（二）产权结构

不同的产权制度导致不同的市场绩效，通常认为公有产权的效率低于私有产权（Shleifer，1994）。产权结构通过两个方面对生产性服务业的发展产生影响。一方面，生产性服务业内部，非国有企业往往比国有企业绩效高；另一方面，外部其他相关行业的产权结构影响其购买生产性服务业的比例，从而很大程度上决定了生产性服务业发展的市场空间。经过30多年改革，我国非国有企业利润动机和创新能力不断增强，企业逐渐将一些服务开始外包。但国有企业产权依旧模糊，缺乏有效的创新激励，对提高生产效率的动力不足，甚至部分国有企业还承担着增加就业、稳定社会等社会职能，削弱了投入生产性服务业进行技术创新的动力。因此，国有制造企业比重越高的地区，制造企业进行服务外包越困难（顾乃华等，2006），越不利于当地生产性服务业发展。反之，非国有经济比重越高越能促进生产性服务业发展。

（三）服务效率

从微观角度看，不同产业部门的发展首先取决于效率的高低。生产性服务业效率的提高从两个方面影响其自身的发展：一方面，从与其他行业的关联看，生产性服务效率的提高将会以更低的成本为下游企业提供中间投入服务，从而提高了下游企业竞争力，这进一步为自身的发展提供了广阔的市场基础。另一方面，从生产性服务业内部看，可以降低自身的运行成本，增加利润，扩大积累。同时，服务效率的提高可以为该领域从业者提供更加优厚的劳动报酬，使更多的劳动力流入生产性服务业，尤其是高素质人力资本的流入，加速其发展。因此，生产性服务业效率越高生产性服务业发展越快。

（四）工业化程度

生产性服务业发展离不开现代工业的有力支撑，工业结构状况和工业化程度通过不同的方式影响生产性服务业发展。工业结构影响生产性服务业行业内部不同质行业的发展。劳动密集型行业的主要投入是以交通运输为代表的传统生产性服务，而高新技术产业则投入以知识为代表的现代生产性服务（Guerrieri and Meliciani，2005）。工业内部结构特征将会导致生产性服务业行业需求的差异，进而影响生产性服务业发展。一般而言，高新技术产业能促进以研发、品牌管理为代表的现代生产性服务业的发展。在资源给定的情况下，现代生产性服务业发展所需的资源投入会挤占传统生产性服务业发展的所需资源的投入。如果“挤出”效应足够大，那么高新技术产业的发展会阻碍传统生产性服务业的发展；反之亦然。另外，由于生产性服务是作为其他商品生产的中间投入而存在，因此，生产性服务业发展受经济增长和工业化程度加深，尤其是制造业扩张所引致的需求的影响（Rowthorn and Ramaswamy，1999）。从发达国家发展的一般历程看，工业化时期生产性服务业投入第二产业的比例往往都较高。这是因为，工业化的推进为生产性服务业提供了广阔的市场，促进生产性服务业发展。即工业结构影响不同质的生产性服务业发展，且在目前中国转型时期，工业化程度越深，生产性服务业发展越快。

二　中国生产性服务影响因素实证分析

（一）模型设定及变量说明

不同的研究对服务业发展指标的选取也有相当的差异。经常使用的指标有增加值比重、就业比重、人均服务业产品占有量、产业密度等。本书采用生产性服务业增加值比重衡量其发展情况。为了准确地考察生产性服务业发展的影响因素，本部分将时间序列数据扩展为面板数据。借鉴已有的研究成果以及根据前述的理论分析，构建模型如下：

$$ps_{it} = c_0 + c_1 div_{it} + c_2 effi_{it} + c_3 pro_{it} + c_4 manu_{it} + c_5 ind_{it} + c_6 lq_{it} + c_7 ftdd_{it} + u_{it} \quad (10-10)$$

其中，ps_{it}是地区 i 在第 t 年生产性服务业增加值在该地区 GDP 中的份额，代表生产性服务业的发展程度，是模型的被解释变量。div_{it}为地区

i 在第 t 年工业增加值占工业总产值的比重，反映专业化程度，该指标越小表示社会专业化程度越高。$effi_{it}$ 为地区 i 在第 t 年生产性服务业增加值占该地区 GDP 的比例与该地区生产性服务业劳动投入占总投入比例的比值，其含义是效率指数，衡量生产性服务业效率的高低。pro_{it} 是地区 i 在第 t 年非国有固定投资占总投资的份额，度量非国有产权的发展情况。$manu_{it}$ 定义为地区 i 在第 t 年高新技术产业增加值在工业增加值中的比重，代表地区工业结构高级化的状况。该变量越大对以交通运输为代表的传统生产性服务业需求越小，即不利于现阶段生产性服务业的发展。ind_{it} 为地区 i 在第 t 年第二产业增加值占 GDP 的份额，反映工业化进程情况。本书选取 lq_{it} 和 $ftdd_{it}$ 作为控制变量，其中 lq_{it} 代表制造业雇员的集中度系数，其定义为地区 i 在第 t 年制造业就业人数占该地区总就业比例与当年整个国家制造业就业人员占全国总就业比例的比值，度量地区制造业的集中度。一般认为，一个地区制造业越集中，越有利于其生产性服务业发展。$ftdd_{it}$ 含义为地区 i 第 t 年的进出口总额占该地区 GDP 的比重，代表地区对外开放程度。一个地区对外越开放，其贸易量越大，越能促进生产性服务业发展。c_0 为常数，u_{it} 为随机误差项。

本部分选取全国不包括西藏、港澳台的 30 个省、自治区和直辖市 1997—2006 年的面板数据，共计 300 个样本。同时还将各省归并为东部、中部、西部三个地区，形成地区面板数据。数据来自历年《中国统计年鉴》和《高新技术产业统计年鉴》，均用相应指数进行平减。由于生产性服务业增加值平减指数缺失，采用第三产业平减指数代替。

（二）分析结果

首先，对模型的设定进行豪斯曼（Hausman）检验，各地区在 1% 的显著性水平下均拒绝随机效应的虚拟假设，因此，选用固定效应模型。为了减少横截面数据造成的异方差影响，使用可行的 GLS 法进行估计，估计结果如表 10－5 所示。

从估计结果看，$\bar{R}^2$ 不小于 0. 89 且 F 值均在 1% 的水平下显著，说明模型拟合情况较好。对回归结果进行分析，可以得出以下几点结论。

对东部地区而言，专业分工、服务效率、产权结构以及对外开放度的回归系数分别为 －0. 30、0. 16、0. 14 和 0. 01，且在 1% 和 10% 的水平下显

表 10-5　　按地区分生产性服务业发展的影响因素回归报告

变量	预期符号	东部	中部	西部
div	-	-0.30*** (0.00)	-0.11* (0.07)	-0.36*** (0.00)
effi	+	0.16*** (0.00)	0.14*** (0.00)	0.08*** (0.00)
pro	+	0.14*** (0.00)	0.20*** (0.00)	0.33*** (0.00)
manu	-	-0.01 (0.14)	-0.41 (0.22)	-0.20** (0.04)
ind	+	0.09 (0.23)	0.03* (0.10)	0.16 (0.15)
lq	+	-0.02*** (0.01)	0.00 (0.78)	0.04 (0.18)
ftdd	+	0.01** (0.08)	0.17 (0.22)	0.12* (0.10)
c_0		0.01 (0.08)	-0.05 (0.42)	0.00 (0.90)
F		83.21*** (0.00)	32.92*** (0.00)	37.83*** (0.00)
$\bar{R}^2$		0.92	0.90	0.89
样本数		120	90	90

注：括号内数据为 p 值；***、**、*分别表示符合 1%、5%、10% 的显著性水平；东部、中部和西部的划分以国家统计局的划分为标准。

著。说明分工深化、服务效率提高、非国有产权比重增加以及对外开放程度提高对东部地区生产性服务业的发展均有促进作用且依次减弱，专业分工深化的影响几乎是效率提高和产权结构变化对其影响的两倍。从理论上讲，随着分工的深化，其他产业专注于自身核心竞争力的提高，将一些原本内化的服务活动外部化，促进了生产性服务业的“名义”增长；另外，制造业不断为生产性服务业创造新增需求，促进了其“实际”增长。从数值上看，服务效率提高对生产性服务业发展的影响比非国有产权比重增加的影响仅高 0.02 个百分点，相差幅度不大，但从相对意义上看，二者相差 14%。对外开放程度提高从统计意义上显著促进了生产性服务业发展。工业化程度的回归系数为 0.09，但在 10% 的水平下不显著。这意味着工业化进程推进对东部地区生产性服务业发展的促进作用不明显，与经验判断不一致。可能原因是当前大部分制造企业在是否加大服务外包的问题上非常矛盾。一方面，随着竞争的加剧，需要企业投入更高级生产要素提高其竞争力或需要将一些不属于企业的核心业务外包出去以降低成本；另一方面，在目前市场体系尚不完善及服务业尚不发达的情况下，企业将业务外包出去容易在发展过程中"受制于人"，削弱了企业外包的积极性。工业结构的回归系数为负且不显著可能原因是东部地区高新技术产业发展所带动的现代生产性服务业的发展对传统生产性服务业的发展没有产生较强的挤出效应。制造业集聚的回归系数为 -0.02，且在 1% 的水平下显著，与预期不符。可能是数据中有异常值。

对中部而言，产权结构、服务效率、专业分工和工业化发展程度的回归系数分别为 0.20、0.14、 -0.11 和 0.03，且通过了 1% 和 10% 的显著性检验。与东部地区类似。但工业化发展程度对中部地区具有显著作用，而且非国有产权比重提高对中部地区生产性服务业发展的影响最大，分别比服务效率提高以及分工深化的影响高 43% 和 82%。而效率提高以及分工深化对其影响程度依次降低。从计量结果看，高新技术产业的发展、产业集聚以及对外开放度均不显著。这些因素对中部地区生产性服务业发展的影响不明显。

对西部而言，专业分工、产权结构、对外开放度以及服务效率的回归系数分别为 -0.36、0.33、0.12 和 0.08，且在 1% 和 10% 水平下显著。专业分工深化以及产权比重的提高能有力推动西部地区生产性服务业的发展。对外开放程度对西部的影响高于东部，每提高 1%，东部生产性服务业能增长 0.01%，而在西部则能增长 0.12%。服务效率提高的系数为正，但与其他地区相比，其对西部地区生产性服务发展的促进作用仅是东部和中部的一半左右。此外，工业化进程和制造业集聚的回归系数不显著，对西部地区生产性服务业发展的影响不显著。工业结构的回归系数为 -0.2，且在 5% 水平下显著，这意味着高新技术产业的发展显著制约了当前西部地区生产性服务业发展，与理论分析相一致。

因此地区发展程度不同，各因素的重要性也不同，对东部、中部、西部生产性服务发展的关键因素分别是专业化分工、工业化程度和产权结构。整体而言，专业化分工、服务效率、产权结构对东部、中部、西部的影响均符合预期且显著，开放程度对东、西部有影响，高新技术比例、工业化进程和制造业集中度分别只对西部、中部和东部有影响。那么，中央政府应该鼓励企业专业化经营，促进专业化；加强公平竞争环境建设，提高企业服务效率；促进产权改革，增加非国有企业比例等方面。不同地区政府不能采取相同的政策，而应有所偏重，东部应鼓励企业专业化，为外包顺利进行提供政策支持；中部地区则应继续加快发展第二产业，为生产性服务发展提供有效市场需求；西部则应做好产权界定，鼓励非国有企业发展，改善市场结构和竞争环境。

三　生产性服务业与制造业关系的进一步考察

尽管世界上大多数经济体尤其发达经济体的发展历程表明，工业化阶段既是专业化分工加速深化的阶段，也是服务业尤其是生产性服务业加速发展的时期（程大中，2008）。然而，上述研究表明：工业化发展程度仅对中部地区生产性服务业发展有显著影响，而对东部和西部地区无显著作用。可能与我们选取的指标有关和数据的质量有关。一般而言，生产性服务业是伴随着工业化尤其是制造业发展相伴而生并发展壮大。因此，为了推动生产性服务业的发展，我们进一步深入分析当前时期，中国制造业与生产性服务业间的发展关系。

随着工业化进程的推进，我国生产性服务业获得了巨大发展。我国生产性服务业的增加值由1987年的1462亿元（1990年不变价格，下同）增加到2006年的5203亿元，增加了3.55倍。1987—2006年间，我国的生产性服务业和制造业都获得了极大的发展，经历了三个阶段。在1987—1996年稳步增长之后，从1996—2000年增加值有微幅下降，从2001年至今保持增长趋势，但增长缓慢。从增加值看，生产性服务业与制造业的大致保持了同步波动。从生产性服务业与制造业占国内生产总值的份额来看，在1987—2006年的20年里，制造业占国内生产总值的份额先下降后上升，大致呈U形，生产性服务业也大致呈U形。但是，制造业在国内生产总值中的份额远远大于生产性服务业所占份额。制造业在GDP中的份额最高达到25%，最低值也占到14%左右。但生产性服务业在 GDP 中的份额在 20 世纪 90 年代以前不足 12%，1996 年后其份额基本上保持在 12% 左右。生产性服务业严重滞后于制造业的发展。

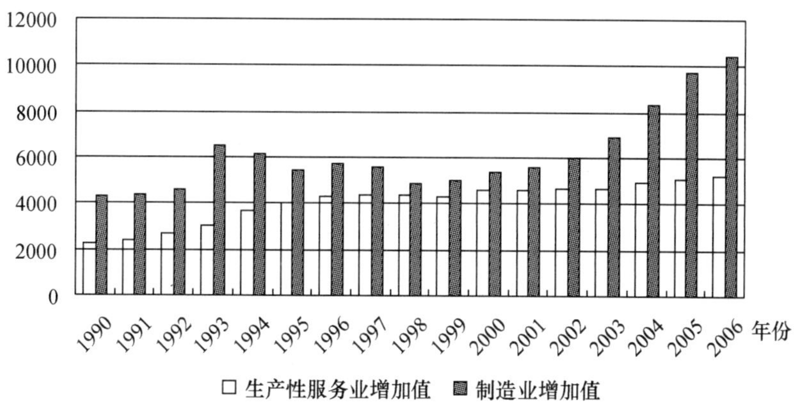

图 10－1　中国生产性服务业与制造业增加值（亿元）（1990 不变价）变动图（1987—2006）

制造业和生产性服务业无论从增加值还是在国内生产总值中的份额变化趋势来看，制造业的变动幅度远远大于生产性服务业的变动幅度。1987—1998 年，制造业在国内生产总值中份额下降幅度约为 48%，1998—2006 年增加了 76%，生产性服务业下降和上升幅度仅为 4%。在 20 年间，制造业增加值的最大增幅达到 114%，降幅达到 25%，同周期的生产性服务业增加值最大涨幅仅为 20%，降幅仅为 1%。交通运输、邮电通信业和金融业与制造业的关系与整个生产性服务业与制造业的变化关系基本类似，科技服务业无论是从总量上还是在国内生产总值的份额上都比较小，因此所表现出来的波动不太明显。我国生产性服务业与制造业发展的历程表明：从长期变化趋势上看，二者具有相似性。但从短期来看，制造业与生产性服务业之间变化趋势又非完全同步变化。

那么，两者之间的变动是否存在相对稳定的相关关系呢？是制造业的快速发展带来生产性服务的增长，还是生产性服务的发展促进了制造业的快速增加？还是两者是互为因果的关系？这种关系的分析对未来工业结构优化升级应采取的措施提供支撑。因此本节采用三变量误差修正模型对

1998—2006 年的生产性服务业和制造业数据进行了拟合，由图 10－2 可知，从长期看，制造业的增加值的提高是生产性服务业增加值提高的原因；反之，则不成立。这意味着，生产性服务业增加值与制造业增加值间存在单向因果联系。更具体地说，在长期中，我国制造业和生产性服务业间不仅存在一种稳定的均衡关系，而且生产性服务业发展的主要动因来自于制造业发展对其所产生的需求，即生产性服务业与制造业关系中的“需求遵从论”适合中国。

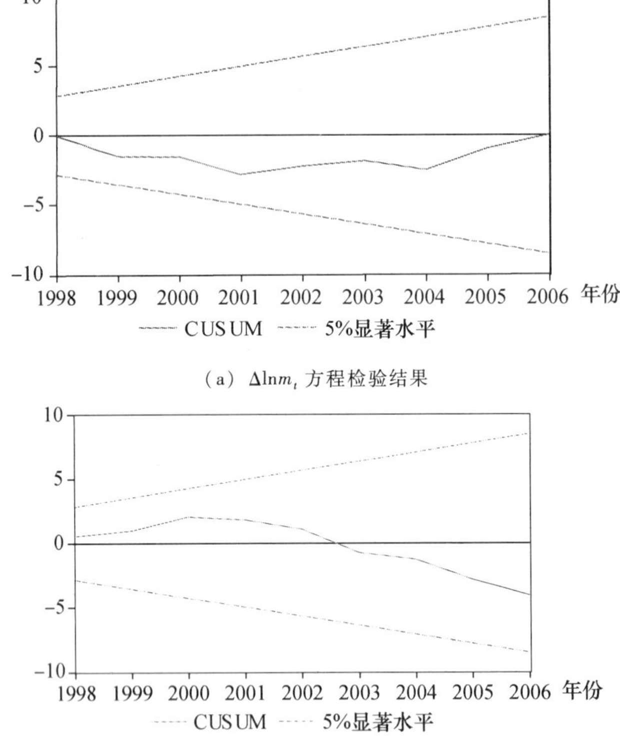

（a）$\Delta \ln m_t$ 方程检验结果

（b）$\Delta \ln ps_t$ 方程检验结果

图 10－2　有约束误差修正模型的 CUSUM 检验结果（1987—2006）

因此，随着我国制造业的高速发展，生产性服务业也会获得长足的发展。在我国现阶段，由于生产性服务业发展的“需求依赖性”，导致生产性服务业发展滞后于制造业的发展。从发展经验看，只有当生产性服务业发展的滞后程度成为制造业发展的瓶颈制约时，才会引起新的一轮生产性服务业的扩张，这样就导致生产性服务业发展远滞后于制造业。另外，由于体制、政策的原因，生产性服务业的市场准入门槛普遍高于制造业，管制较多，市场化程度低。较高的进入门槛和狭窄的市场准入范围将大多数潜在投资者拒之门外，甚至其他行业的国有企业也难以进入。这进一步加剧了生产性服务业发展的滞后程度。

生产性服务业发展对制造业发展的长期影响不明显。这可能是由于我国生产性服务业市场化程度低，国有企业在生产性服务业中占据主导地位，各种生产性服务普遍存在价格高而服务质量和效率低下。因此，生产性服务对制造业的成本降低以及生产效率的提高不明显。此外，我国制造业主要是劳动密集型的，附加值较低的、加工贸易为主，技术水平不高，缺乏产品设计和研发优势，造成企业在生产过程中生产性服务投入的比例较低。这就割断了生产性服务业与制造业间的垂直联系，生产性服务业就不能有效提高制造业的竞争力，不利于制造业的发展。

制造业与生产性服务业间的发展关系在短期内互为因果，是一种互动关系。生产性服务业的发展阻碍或延缓了制造业的发展，可能因为一种产业发展占用了有限的资源，相应减少了另一种的投入。随着时间推移，生产性服务业投入的增加或效率的提高，将会拉动制造业需求的增加或者提升制造业效率，进而促进制造业的发展。制造业增加一个单位对生产性服务业的发展也具有正负两种效应。制造业增加值的滞后 1 期对生产性服务业的影响是负效应。而在滞后 2 期其系数为正且显著，即在滞后 2 期制造业的发展拉动了生产性服务业的增长。这可能是由于需求的滞后效应造成的。

长期中两者的联系为“需求遵从型”，二者间的因果联系随着时间的延续而发生了明显的变化，制造业的发展对生产性服务业发展具有显著的影响，而反向影响微弱。这一现象可能是由转型期内我国市场体制的不完善以及服务业垄断经营所造成的。为了适应专业分工日益细化的趋势以及提高自身核心竞争力，在制造业发展过程中，不断将生产性服务业分化和外包，促进了生产性服务业“名义”增长；另外，制造业在生产过程中不断加大生产性服务投入比例，促进了其“实质”增长。这都促进了生产性服务业的发展。而伴随着服务过程中学习效应的释放，生产性服务业可以为制造业提供数量更多、质量更高的高级生产要素，提高了制造业的生产效率，进一步促进制造业发展。服务业的垄断经营使其在不提高技术水平或者在没有进行服务创新的前提下获得垄断利润。这导致生产性服务业缺乏服务创新的动力，不能满足制造业的发展的需要，抑制了消费，也抑制了自身的发展。

第五节　本章结论及对策建议

本章探讨了产业协调发展促进工业结构升级的基本机理，在工业化初期和中期，第一产业通过为工业提供基础投入品和农村剩余劳动力，促进第二产业产值和就业人口大量增加，带来一国从农业国向工业国转变。在工业化中期和后期，第一产业在一个较低的比例上保持稳定，第二产业产值增加，生产效率提高，并释放出大量劳动力；第三产业产值迅速提高，并吸收劳动力，同时知识密集型生产性服务快速发展，进一步提高工业投入生产效率，推进工业结构高度化发展，整个经济体也由资本密集型向知识密集型发展。结合美国、英国、日本工业化升级阶段发现，发达国家主要在市场作用下，或者给予一定的政策干预实现工业化，整个过程中产业协调发展加快工业升级，产业失调则阻碍了经济发展，需要通过政策引导进行调整。

第三节考察了我国产业发展的现状及对工业结构升级，我国新中国成立初期重工业优先发展战略扭曲了三次产业比例，阻碍了工业化由初期向中期的转变，通过改革开放后政府和市场的力量逐步纠正，但目前仍存在工业内部高新技术产业比例过低、第三产业薄弱等问题，是产业结构失调阻碍工业结构升级的表现。因此，针对我国产业发展失衡的现状，必须重点发展服务业，尤其是生产性服务业，以弥补中国第三产业发展的滞后。在第四节中，本书分析发现生产性服务业发展的主要影响因素有专业化分工、产权结构、服务效率、工业化程度等。对我国 1997—2006 年省级面板数据的实证分析表明专业化分工深化对东部地区，工业化程度对中部，产权结构对西部作用最显著。且生产性服务业与制造业间发展的短期关系为“互动型”而长期联系为“需求遵从型”。即长期我国工业化进程中制造业发展带来生产性服务增长，而生产性服务增长并没有促进制造业升级。可能原因是生产性服务业中存在垄断，技术创新能力不足，工业长期超前发展等。

基于上述研究的基础上，在三次产业协调发展促进工业结构优化升级的角度，提出如下政策建议：

（1）巩固农业的基础地位，加快农业内部结构的调整。继续加强以水利为重点的农业基础设施建设，加大投资力度。加强农业科技研究，提高农业科技创新和转化能力，全面提高农业的科技含量，转变农业增长方式；优化农业产业结构和产品结构，发展高产、高效、优质、生态、安全的农产品，使农业发展适应工业结构升级的要求。继续健全和完善农村土地流转制度，扩大农业的规模化经营，提高农业生产效率。

（2）强化创新体系建设，大力发展高新技术，推动工业内部结构的优化升级。调整政策导向，加强制度创新，激励创新主体，培育和完善市场机制。打破垄断，降低进入门槛，切实移除民营经济发展的“玻璃门”。同时，各级政府要做好总体规划，增加投入，推进自主创新成果产业化，引导形成一批具有核心竞争力的先导产业和一批具有自主知识产权的知名品牌，培养知名的民族企业和品牌产品。加快发展高新技术产业，特别是要加快发展电子信息产业、生物产业、航空航天产业、新材料新能源产业等战略性新兴高新技术产业，推动新兴产业的规模化、产业化发展。以市场为导向，以适用为取向，以调整为主线，以改革为动力，以政府服务为支撑，通过高新技术和信息化推动传统工业的改造，促进工业结构的不断升级。

（3）适应新型工业化和居民消费结构升级的新形势，重点发展现代服务业，规范提升传统服务业，提升技术结构，扩大第三产业规模，优化内部结构，全面提高服务业发展水平，尤其是生产性服务业发展，推动工业结构升级。在短期内，利用制造业与生产性服务业发展间的互动联系，同步发展制造业与生产性服务业，形成经济良性循环发展。从长期来看，坚定不移地推进我国生产性服务业的改革，打破生产性服务业的垄断局面，放宽准入领域，降低准入条件，培养多元化的竞争主体等，以提高生产性服务业效率和质量。

（4）积极推进我国生产性服务业产权制度改革，完善激励机制。不断增强企业的自主创新能力和加快技术进步速度，从而提高生产性服务企业的服务能力，加强制造业与生产性服务业之间的联系，引导二者形成良好的互动关系。继续深化市场体制改革，设立生产性服务业发展引导基金，促使生产性服务业不断从原有制造业中分离。生产性服务业往往是知识密集型行业，营造良好的发展环境，吸引和凝聚高端人才尤其是关键性人才，并鼓励他们来创业和发展。

（5）继续大力发展我国制造业，为生产性服务业发展开拓更为广阔的市场。理论和实证分析表明，分工深化、非国有经济比重增加和服务效率提高均能有效促进东部、中部和西部地区生产性服务业的发展，那么就应该加大政策支持力度促进其发展。比如研发、设计等技术服务企业可以被认定为高新技术企业，使其享受相应的优惠政策；设立生产性服务业发展引导资金等，强化专业化服务企业的分工优势；激励企业进行技术创新，不断为生产性服务业创造新的需求。

（6）根据各区域发展状况，给予区别性政策引导。由于区域经济发展的不平衡，影响生产性服务业的因素不尽相同。具体而言，对东部地区而言，以推进社会分工深化为重点，积极促进生产性服务业服务效率和非国有经济比重的提高；对于中部地区，政策的重心应是大力转变产权结构，同时创造良好的市场环境，促使服务效率提高与社会分工深化；对西部地区来说，强有力地推进社会分工深化以及提高非国有经济在经济中的比重应同时并举；另外，通过积极推进边境贸易发展，提高对外开放程度，促进生产性服务业发展。

（7）要把大力发展服务外包作为转变外贸增长方式、提升对外开放水平的重要内容。积极承接信息管理、数据处理、财会核算、技术研发、工业设计等国际服务外包业务，从发达国家中学习如何协调三次产业，并吸收生产性服务发展的技术外溢。要加快建立和完善法律法规制度，推进建立现代企业诚信制度，加强知识产权保护，确保服务外包发展的良好环境。要积极争取财政和金融支持，推动服务外包投资促进工作，培育一批具有自主知识产权、自主品牌和高增值服务能力的服务外包企业。要建立支持国内企业“走出去”的服务平台，提供市场调研、法律咨询、信息、金融和管理等方面的服务。

第十一章　区域经济协调发展与工业结构优化升级

资源环境的现实约束和国家产业竞争的现实背景，要求中国的城市化和区域协调发展不能走发达国家过去走过的工业化道路，必须走新型工业化的道路，并通过产业结构优化升级才能实现，而中国的产业结构优化升级和新型工业化也必须在城市化和区域协调发展的基础上才算得上真正完成。如果仅仅是东部地区或某些大城市实现了新型工业化和产业结构优化，而广大中西部地区仍然处于落后的产业结构和工业化阶段，那么我们国家就不能真正实现新型工业化和产业结构优化。区域经济协调发展如何对工业结构优化升级产生影响的？两者的内在联系是什么？发达国家是如何处理区域协调发展与工业化的？我国在工业升级过程中如何平衡发展东中部？这些问题需要深入研究，本章主要从收入差距、避免过度集中两个角度问答以上四个问题。

新型工业化道路并不只是工业的优化升级，还必须考虑我国现阶段的国情，合理分布产业，协调各地区产业，达到区域协调发展。本章首先定义了区域经济协调发展，即人口、经济与自然地理环境相协调，地区收入差距在适当范围内，避免过度集中和产业同构。接着分析地区收入差距过大和过度集中如何通过影响要素结构和有效需求升级阻碍工业结构优化升级的机理。第二节讨论美国产业空间分布，并与我国进行对比，发现我国产业国家功能过度集中于北京、上海、深圳等东部城市，区域间产业布局不够合理。因此，需要通过产业转移促进我国空间结构优化，协调地区发展。科学产业转移并不能自发自主进行，在第三节中讨论了产业转移的原则，发达国家大都市经验，并提出挑选新一轮新兴产业在中、西部布局的前瞻性建议。第四节讨论中、西部地区如何打造重要城市承担新兴产业中心的策略与政策。

第一节　区域经济协调发展对工业结构优化升级的影响机理

区域经济协调发展具有四个方面的内涵。

第一，人口、经济与自然地理环境的协调。区域经济和人口发展与自然地理环境相协调是区域协调发展的基础。水、土地、空气与自然地理环境既是区域经济和人口发展的外部条件，又构成区域经济和人口发展的约束变量。如果区域经济和人口发展与自然地理环境相协调，既利用了自然地理环境又使自然地理环境得以保护，则区域经济和人口可以健康发展。反之，只开发利用，不重视保护，则自然地理环境的破坏最终会阻碍区域经济和人口的发展。

第二，地区收入差距在适当的范围内。地区间绝对的收入相等很难做到，区域协调发展的内涵是区域间收入差距在适当的范围内。所谓适当的范围，一是指地区收入差距在人们的心理承受范围之内，如果超过了人们的心理可承受范围，则可能成为社会不稳定的因素；二是指收入差距不应阻碍国家经济的健康稳定持续发展。

第三，避免过度集中。区域经济的协调发展，需要适度的城市集中，过度集中对经济是有害的。所谓生产和人口过度集中问题，是指经济活动和人口在少数大城市高度集中，引发了房价过高、交通拥挤、城市环境恶化等城市病。在经济发展文献中，威廉姆森（Williamson，1965）假说提出：一个高的空间或城市集中度在经济发展的早期阶段是有益的。通过空间上集中工业化（通常发生在沿海城市），经济在“经济基础设施”——有形基础设施资本（交通和通信）和管理的资源上得到节省。当经济是“信息不足”的时候，这种空间集中还能促进信息外溢和知识积累。当发展继续时，最终因为两个原因不再集中：一是经济能承担得起经济基础设施和知识资源向腹地蔓延；二是高度集中的城市因出现交通拥挤、房价过高、城市环境恶化、贫民区治安混乱等城市病而变得高成本。

第四，避免低水平产业同构与恶性竞争。区域经济得以协调发展，还需要避免低水平产业同构与恶性竞争。产业同构是指在经济发展过程中区域间产业结构呈现出某种共同趋向，具有不同资源禀赋的区域，形成了相同或大体相同的产业结构格局。产业同构会导致恶性竞争，对区域经济发展至少有如下四点损害：一是造成大量的生产能力闲置，很多产业得不到充分发展；二是不利于统一的、开放的、全国性的大市场的形成和发展；三是违背比较优势原理，破坏了区域的合理分工协作；四是扰乱了市场秩序，不利于经济的健康发展。

收入差距、过度集中是以上四个内涵中不能通过市场机制逐步解决，而且是影响工业结构升级的重要原因。工业结构化升级涉及要素结构、需求结构、产业结构的演变升级，那么收入差距和过度竞争是如何影响工业结构与区域经济协调发展的呢？本节从地区、城乡收入差距过大影响要素结构与需求结构升级，并直接和间接影响产业发展；行业过度集中影响要素结构和需求结构，不利于工业结构优化四个方面分析了区域间收入差距、过度集中对工业结构升级的影响。

一　收入差距影响要素结构与需求结构升级

（一）地区、城乡间收入差距制约农村地区人力资本的提升

人力资本是指通过教育、培训、健康投资和劳动力迁移流动等形式凝结在劳动者身上的能力。地区收入差距和城乡差距会导致各地区和城乡之间对教育、职业培训、文娱健康等方面投入的差距，制约了我国特别是中、西部广大农村地区人力资本的提升，从而严重阻碍了我国农村劳动力素质的提升。

劳动者的身高、体重和健康状况，加上其营养的摄入量、锻炼和健康护理，构成了人力资本的体力因素；而其天资禀赋、受教育程度、好学精神和工作经历等，则构成其人力资本的智力因素[①]。人力资本在很大程度上更依赖后天的投资，可以通过教育和保健来提升。由于长期积累的因素，我国特别是中、西部广大农村地区基础设施薄弱、劳动者受教育程度低、对职业培训、文娱健康等方面的投入少，人力资本处于薄弱阶段。而地区收入差距和城乡差距的扩大，必然会拉大各地区和城乡之间对人力资本后天的投资，限制了我国农村地区人力资本的提升和劳动者素质的提升。

① 参见蔡昉、林毅夫《中国经济》，中国财政经济出版社 2003 年版，第 41 页。

（二）地区、城乡收入差距的扩大阻碍了消费结构的升级

一般来说，高收入消费者的消费倾向较低，而低收入者的消费倾向较高。收入差距的扩大会使财富向少数人集中，全体居民的消费倾向随之下降，从而减少了消费需求，社会整体的消费倾向降低。消费集中于需求收入弹性较低的生活必需品等低档商品，而降低了带动作用较大的正常商品和奢侈品的消费，限制了需求结构升级。大量的实证研究表明，收入差距确实影响着消费需求。李军（2003）、张艳华和李秉龙（2004）均揭示出收入差距的扩大降低了居民的消费需求。李俊霖、莫晓芳（2006）实证分析表明，我国城镇居民收入分配差距与消费需求之间有显著的负相关关系，城镇居民收入分配差距的扩大，是导致城镇居民消费倾向不断下降、消费需求增长乏力的重要原因。

二　地区收入差距影响产业增长

当前对中国收入差距程度进行的研究结果高度一致地支持“收入差距扩大论”。李实（2003）对居民收入差距的研究文献进行了综述，他将居民收入差距分解为农村内部、城镇内部、城乡之间和地区之间的收入差距，分别考察了各种收入差距的变化趋势。宋洪远、马永良（2004）的研究表明，城乡在收入上的差距始终是最大的，并且呈现出总体扩大的趋势。这种扩大的收入差距对产业增长有什么影响呢？研究这种影响可以从间接影响和直接影响两个方面展开。

（一）间接影响：消费不足，需求、投资乏力，阻碍产业升级

马敏娜（2001）认为，收入差距扩大导致居民消费倾向及总体消费水平下降，消费需求断层，使得扩大需求的政策收效甚微。罗良文（2003）的实证研究表明，城乡收入与消费差距之间存在明显的正相关关系，城乡收入差距的扩大导致相当一部分城镇工业品无法实现消费，从而导致消费需求不足。任国强、夏立明（2005）用1981—1999年的数据，臧旭恒、张继海（2005）用1985—2002年的数据，结果均表明，收入差距与总消费之间呈显著的负相关关系，收入差距扩大将降低总消费。李军（2003）、袁志刚和朱国林（2002）则从理论上严格证明了收入差距扩大与消费需求之间的负相关关系。陆铭等（2005）认为，收入差距对于经济的间接影响主要来自于投资渠道，并且在即期内呈现出强的负面影响，之后变为正，再逐渐下降至微弱的负影响。从累积效应来看，收入差距对

于经济增长始终呈现出负的影响。聂国卿、陆远如（2004）认为，中国转型期收入分配的不公严重破坏了社会激励机制，影响了资本积累，扭曲了需求结构，使产业结构的调整与升级受阻，进而引发结构性经济过剩，不利于长期经济增长。

（二）直接因果关系

刘霖、秦宛顺（2005）利用1982—2001年中国GDP增长率与居民收入分配基尼系数的数据表明，二者之间存在双向因果关系，即一方面经济增长推动了收入分配差距的扩大，另一方面收入分配差距的扩大对经济增长也有一定的促进作用。周文兴（2002）的研究表明，城镇居民收入分配与经济增长之间存在协整关系，收入分配与经济增长之间存在同方向的长期均衡关系。王小鲁、樊纲（2005）利用1996—2002年中国30个省级面板数据检验，结果表明，经济发展并不必然带来收入差距下降的后果，如果其他条件不变，收入差距在今后长时期内还将继续上升，而下降还遥遥无期且不能确认，从而对社会公正和稳定提出极大的挑战，不排除陷入所谓“拉美增长陷阱”的可能性，即分配不公和增长停滞的恶性循环。

收入差距过大对于经济增长的效应，研究结果并不一致：间接研究支持负面影响的结论，直接研究的结论则正、负影响都有。总的来说，收入差距必须保持在适度合理的范围内，收入差距过大会降低消费需求，损害经济增长。

三　过度集中影响要素结构与需求结构升级

（一）过度集中导致大城市房价收入比上涨

当前，我国一些大城市生产与人口过度集中问题已经有所显现。一方面，深圳、北京、上海、广州、天津、杭州、青岛等大城市房价快速上涨，当地人似乎不堪重负；另一方面，作为我国城市新增人口主要来源的进城农民工和应届大学毕业生，又大量涌进这些城市。与此同时，这些城市仍然受到资本的青睐，它们依然是投资的热土。

生产和人口的过度集中导致了大城市的房价不断攀升，房价收入比上涨。表11－1中反映的是中国2001—2007年全国及各直辖市的房价与房价收入比情况，从商品房屋平均销售价格很明显看出：（1）全国及各直辖市的房价逐年攀升，如果不考虑通货膨胀，与2001年相比，2007年全国的房价增长了78.1%，重庆增长了88.7%，而北京、上海、天津不止

表 11－1　2001—2007 年全国及各直辖市的房价与房价收入比情况

年份	2001	2002	2003	2004	2005	2006	2007
a1：商品房屋平均销售价格（元/平方米）							
全国	2170	2250	2359	2778	3168	3367	3864
北京	5062	4764	4737	5243	6788	8280	11553
天津	2375	2487	2518	3155	4055	4774	5811
上海	3866	4134	5118	6639	6842	7196	8253
重庆	1443	1556	1596	1756	2135	2269	2723
a2：城市人均住宅建筑面积（平方米/人）							
全国	20.8	22.8	23.7	24.97	26.11	27.06	27.06
北京	25.4	26.4	24.8	25.12	32.86	26.65	26.65
天津	21.1	22.2	23.1	24.65	24.97	26.05	26.05
上海	26	28	29.3	32.1	33.07	34.83	34.83
重庆	22.5	23.9	25.7	28.25	30.68	31.36	31.36
a3：城镇居民人均可支配收入（元/人）							
全国	6859.6	7702.8	8472.2	9421.6	10493	11759.5	13785.8
北京	11577.8	12463.9	13882.6	15637.8	17653	19977.5	21988.7
天津	8958.7	9337.6	10312.9	11467.2	12638.6	14283.1	16357.4
上海	12883.5	13249.8	14867.5	16682.8	18645	20667.9	23622.7
重庆	6721.1	7238	8093.7	9221	10243.5	11569.7	12590.8
a：房价收入比［a＝（a1×a2）/a3］							
全国	6.58	6.66	6.60	7.36	7.88	7.75	7.58
北京	11.11	10.09	8.46	8.42	12.64	11.05	14.00
天津	5.59	5.91	5.64	6.78	8.01	8.71	9.25
上海	7.80	8.74	10.09	12.77	12.14	12.13	12.17
重庆	4.83	5.14	5.07	5.38	6.39	6.15	6.78

翻了一番。（2）位于东部地区的北京、上海、天津的房价明显高于全国平均水平，而位于西部地区的重庆市的房价则还要低于全国平均水平。（3）4 个直辖市的增长幅度均超过了全国的增长幅度，北京、上海、天津房价的增长幅度要比重庆的大。

此外，从房价收入比可以看出：（1）全国及各直辖市的房价收入比呈上升趋势；（2）北京、上海、天津的房价收入比明显高于全国平均水平，而重庆的房价收入比要小于全国平均水平。尽管全国及各直辖市的城镇人均可支配收入也在每年增长着，但是，从房价收入比上升的结果可以看出，收入增长的速度赶不上房价的增长速度，这在北京、上海等高度集中的东部地区大城市表现得更明显。一国人口有着劳动力和消费者的双重属性，过度集中使大城市的房价不断攀升、房价收入比上涨，对一国人口的消费行为和人力资本投资有着重要影响，并进而制约着一国的要素和需求结构。

（二）过度集中降低了对人力资本的投资

过度集中使大城市的房价不断攀升，但城市居民收入增长的速度赶不上房价的增长速度，而住房是城市居民的必需品，住房方面支出的剧增必然会导致对教育、职业培训、文娱健康等方面投入的减少，挤出效应明显，从而影响到人力资本的形成，这对要素结构的升级产生了不利的影响。"房奴"一词就产生于这种挤出效应，按照现在大中城市的商品房平均价格衡量，一个工薪阶层的三口之家要负担一套住房的平均月供可能占到月收入的一半甚至2/3①。这会极大地降低居民的生活质量，抑制正常的购买需求和其他支出，甚至迫使他们增加劳动时间，比如说打第二份工等。加上医疗保障体系的不完善，部分劳动者还是大病小看，小病扛着。这样的状况，必然损害到我国劳动力的质量和可持续发展。尽管我国有着巨大的人口红利，但人口老龄化已经悄然走来。透支未来、缩短劳动力有效期的做法是不可长久的。再者，对后代的培养支出水平的下降更会降低人力资本积累水平，不利于要素结构的升级，损害到经济的长期发展。

（三）过度集中减少其他合理消费需求，阻碍了需求结构的升级

正如上文所述，过度集中使大城市的房价不断攀升，但城市居民收入增长的速度赶不上房价的增长速度。而住房是城市居民的必需品，住房方面的消费城市居民无法削减。面对不断攀升的房价，居民不得不减少其他消费需求，从而需求结构难以升级。

① 《评论：房价过高是经济长期发展的隐患》，2007年8月23日07：05新京报凤凰网（http：//finance. ifeng. com/news/opinion/200708/0823_ 196_ 198840. shtml）。

苏学愚、李中明（2005）的研究表明，过高房价对居民消费需求有如下几方面的影响：

（1）造成一部分人购买力下降，推迟了消费升级的时间。对于一部分消费者尤其是低收入者来说，不得不放弃了近期购买新住房或更换更大房子的决定。

（2）加剧了两极分化，整个社会的消费率降低。由于住房是必需品，过高的房价使低收入者只能推迟购买，但在推迟的时期里，房价又在上涨，必须把更多年的积蓄花在购房上面，使其变得更为贫困。而一部分收入比较高的人，把钱投机于房地产市场，把价格抬高，再伺机出手，获取投机利润，比较有钱的住房投机者变得更富；同时，房地产业的利润变得更高，房地产商积聚了社会的很大一部分的社会财富。

（3）使投资需求过大，消费减少。过高的房价，使得一部分居民把本应用于其他消费的资金用于房地产投机，以获取暴利，结果又拉动房地产进一步升温。房地产热又拉动了原材料、运输等价格的上涨，导致这些产业的投资大量增加。

（4）消费预期过大，现期消费减少。一些现期不准备买房的消费者，由于预期到未来的购房支出将增加，而相应减少现期的消费。

（5）消费信贷风险增大。由于住房价格预期还会上涨，一部分本来购买力不够的消费者加入了购房的行列，往往首付金就需要借贷，这部分人的还贷风险提高；同时，房价越高，泡沫成分就越多，住房投资风险就越大，房地产信贷的风险越大，就会设置更高的门槛来规避风险。这样就造成一部分消费者信贷费用的增加，还款能力也下降，同时使银行资金更加处于不安全的境地。

四　过度集中对工业结构优化升级的影响机理

（一）过度集中导致出口部门过度扩张

近年来，中国出口飞速增长，出口部门过度扩张。从表 11－2 中我们可以明显看出，中国在 2001—2007 年间，无论是货物出口总额还是出口占 GDP 的比重都在逐年增加。正如张斌（2004）[①] 所评论的：飞速增长

① 《南方周末》2004 年 7 月 8 日：《重新思考经济发展战略　跳出三重出口陷阱》。转引自 http：//finance. sina. com. cn/financecomment/20040708/0944858157. html。

的出口并不都是成功的标志，其中还蕴藏着可持续增长的陷阱。如果中国的出口部门被长期锁定在劳动密集型的低端产业，打工仔提高收入的愿望就将成为镜花水月。如果出口部门继续受到产业政策和汇率政策的保护，内需生产部门就会受到严重歧视，这势必会破坏中国经济的可持续增长。如果出口长期超过进口，持续的贸易顺差必将引发人民币升值预期，破坏国内的宏观经济稳定。

表 11－2　中国 2001—2007 年货物出口总额及出口占 GDP 比重情况

	2001 年	2002 年	2003 年	2004 年	2005 年	2006 年	2007 年
国内生产总值（亿元）	109655	120332	135822	159878	183217	211923	249529
货物出口总额（亿元）	22024.4	26947.9	36287.9	49103.3	62648.1	77594.6	93455.6
出口占 GDP 比重（%）	20.09	22.39	26.72	30.71	34.19	36.61	37.45

资料来源：历年的《中国统计年鉴》。

为什么出口部门会过度扩张？这与过度集中有很大干系。由于经济、政治等众多因素的影响，过度集中导致了出口部门的过度扩张。

从经济因素出发，生产和人口大量聚集在东部沿海地区，而这些地方的产品主要用于出口。人口的过度集中会降低出口部门的劳动成本，生产的聚集会提高出口部门的生产效率，生产和人口的过度集中实际降低了出口部门的边际生产成本并提高了出口部门的边际收益，从而让出口部门选择生产更多的产品用于出口，最终出口部门不断扩张。

从政治角度考虑，出口是拉动经济增长的一大引擎而且出口部门聚集了大量的劳动力，出于政府绩效和稳定就业的考虑，政府出台的产业和汇率等政策为出口部门提供着保护和支持。另外，在出口部门的扩张过程中，出口部门形成的利益集团，为了争取自身的利益，这些利益集团不惜“寻租”来影响政府出台和维持有利于出口部门的政策。

为了更好地解释这一现象，我们绘制了图 11－1 来简单分析生产和人口过度集中是如何影响着出口部门的生产行为并最终导致了出口部门扩张。如果我们只考虑劳动成本，出口部门将会选择在能使边际劳动成本（MC）和边际收益（MR）相等的那个产量水平生产，是出口部门的最佳产量水平，低于或超过这一水平生产都不能使得出口部门利润最大化。在图 11－1 中，出口部门原本面临的边际劳动成本曲线和边际收益曲线分别为 MC_1 和 MR_1，它所对应的最佳生产水平为 Q_1。但是，因为人口的过度集中，大量劳动者涌入城市，而且涌入的这些人对住房和土地成本缺乏敏感性，很多人只要工资不低于他们在城市的生存成本，他们就不会离开城市。这时出口部门所面临的边际劳动成本较原来要更低，边际劳动成本曲线由 MC_1 演变成 MC_2、MC_3。当面临的边际劳动成本曲线和边际收益曲线分别为 MC_2 和 MR_1 时，出口部门的最佳产量水平将上升为 Q_2 了。不止于此，生产的集中还会导致出口部门效率的增加，出口部门的边际收益将随之增加；而政府出于繁荣经济的考虑还会对出口部门作出很多政策上的支持，这进一步增加了出口部门的边际收益，边际收益曲线由 MR_1 演变成 MR_2、MR_3。在图 11－1 中，当面临的边际劳动成本曲线和边际收益曲线分别为 MC_3 和 MR_3 时，出口部门的最佳产量水平将继续上升到 Q_3。在生产和人口过度集中的情形下，出口部门面临的边际劳动成本曲线和边际收益曲线不断发生迁移，出口部门不断选择在更高的产量水平上生产，这必然导致了出口部门占所有部门比重的增加，从而出现了出口依存度不断上升的现象，不利于产业结构的优化升级。

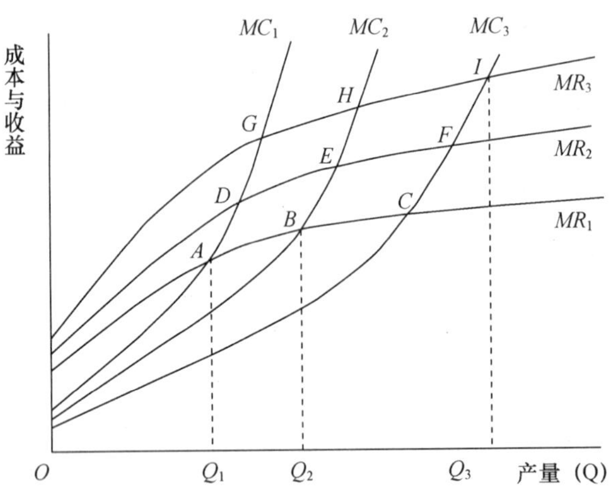

图 11－1　生产和人口过度集中与出口部门过度扩张的经济学分析

注：MC_1 表示出口部门的现实边际劳动成本；MC_2 表示未考虑住房成本的出口部门的边际劳动成本；MC_3 表示不考虑住房和土地成本的出口部门的边际劳动成本；MR_1 表示出口部门的边际收益；MR_2 表示因出口产业集中效率增加后的出口部门的边际收益；MR_3 表示不仅因出口产业集中导致效率增加，而且还有政府政策支持的出口部门的边际收益。各条 MC 曲线和 MR 曲线分别交于 A、B、C、D、E、F、G、H、I 等点。

（二）导致有效需求不足降低技术创新效率

过度集中导致了房价过高、消费需求不足，而消费需求的不足严重制约着技术的创新和进步。消费需求的不足是如何制约着技术的创新和进步呢？范红忠（2007）提出了有效需求规模假说，分析了有效需求规模对技术创新产生影响的三个机制：

（1）分摊研发成本，提高研发盈利的预期水平。技术创新面临非常高的失败率和巨大的固定成本投入，较大的市场需求规模，有利于降低技术创新的风险，分摊研发成本，为预期技术创新盈利提供可靠的保证。

（2）影响市场结构和技术创新的动力决定因素。市场需求规模对市场结构有决定性影响，市场结构对厂商采用新技术的动力有着决定性影响。产业组织理论认为，在垄断性市场结构下，厂商缺乏技术创新的动力；而在竞争的市场结构下，厂商必须不断创新，才能生存和发展。市场需求规模越大，市场竞争越激烈，技术创新的动力也就越大。

（3）在长期对技术创新的效率有决定性影响。创新基础设施、基于产业集群的微观创新环境以及产业集群和创新基础设施之间的联结是弗曼等人（Furman et al.，2002）国家创新理论的三个组成因素，而市场有效需求规模对这三个因素均有决定性的影响。第一，市场需求规模对一国创新基础设施的决定性影响。一国市场需求尤其是对创新产品的短期需求增加，有助于提高一国科研人员、科研设备、实验室数量和知识存量的积累，从而改善该国创新基础设施和宏观创新环境。当无数个短期市场需求规模的增加，积累成现有的市场规模存量时，一国现有的市场需求规模就决定了一国现有的创新基础设施。第二，一国市场需求规模对基于产业集群的微观创新环境有着决定性影响。波特（1990）总结出要素环境、需求环境、产业集群内相关和支持产业的发展程度、企业战略结构和竞争的性质是产业集群的微观创新环境。一国市场需求规模对上述四个特性均有决定性影响，市场规模越大，技术创新效率越高。

因此，范红忠（2007）认为，市场需求规模的增加，在短期提高技术创新的预期收益，对一国技术创新有需求拉动效应；在长期，通过影响市场结构，改善创新基础设施和基于产业集群的微观创新环境，提高技术创新的动力和效率，对技术创新有供给推动效应。因此，一国市场需求规模在很大程度上决定了一国的研发投入水平和自主创新能力。

（三）过度集中对产业结构升级的交互影响

前文已提到过度集中影响着要素结构和需求结构，而要素结构和需求结构的变化都会影响到产业结构，从而过度集中也会通过传导对产业结构产生交互影响。

1. 要素结构影响产业结构

生产要素的拥有状况和它们之间的相对价格水平会影响产业结构的变动。第一，劳动力是最基本的生产要素、劳动力的数量和素质是产业结构演进的必要条件。第二，资金供应状况通过对产业结构变动的直接原因——资金总量和资金投向——两方面产生影响。第三，技术创新与技术结构变动是产业结构优化变动的决定性因素。技术结构是指先进程度不同的各种技术之间的质的组合与量的比例关系，它在同一产业内部反映了资源的组合方式，在产业间反映了资源的转换关系；而技术创新是推动技术结构变动的动因。虽然自然资源拥有量对工业部门结构的影响具有相对性，受资源制约的国家或地区可以借助于科技创新和国际贸易来缓解和克服。但自然资源禀赋差异对不同的国家或地区的农业、采掘业、轻纺工业的发展仍有不同程度影响。

2. 需求结构的变化影响产业结构

需求结构变化对产业结构的变动的影响最为直接。

第一，产业结构变动取决于中间需求和最终需求的比例。中间需求和最终需求的比例关系变动将导致产业结构的相应变动，最终需求结构和规模的变化是促进产业结构演进的最重要的动因之一。

第二，不同人均收入水平阶段上的个人消费结构影响产业结构。需求收入弹性较大的正常商品和奢侈品产业的带动作用较大，产业链较长，而需求收入弹性较低的生产必需品等低档商品的产业链较短，产业带动作用小。社会整体的消费倾向较低，则需求集中于产业链较短的产品，不利于产业结构升级。

第三，消费和投资的比例影响产业结构。最终需求中消费和投资的比例直接决定了消费资料产业同生产资料产业的比例关系，前两者比例的变动直接引起后两者的比例变动。

第四，投资结构影响产业结构。投资是构成现实最终需求、形成新的生产能力和实现产业扩张的重要条件；资金投向不同产业方向所形成的投资配置量比例，是改变原有产业结构的直接原因。

第二节　中美产业国家功能集中度及新兴产业空间分布的比较

收入差距、过度集中等区域协调发展问题通过对要素结构、需求结构升级产生影响，进而对产业结构升级产生直接和间接影响。因此，首先要避免产业功能的过度集中，从而减少收入差距的扩大，进而利用市场机制协调人口、自然与资源发展，减少市场同构和过度竞争，从而达到工业结构与区域结构协同发展。但如何把握产业集中的程度呢？发达国家在产业布局上的经验是什么？本节以美国为例，对比中美产业国家功能的集中度及新兴产业空间布局，分析我国应该如何避免过度集中。

一　中美产业国家功能集中程度的比较

产业集中程度有不同的度量方法，较简单的方法一般采用一个城市就业人口或产业总产值占全国就业人口或产业总产值的比例，并对计算结果进行排序。由于各国经济发展水平和阶段不同，该结果不能很好地运用于国际比较。本节比照都市区功能概念，提出产业国家功能概念，分析中美两国产业集中的程度。

（一）产业国家功能集中度

Blotevogel（1998）在研究莱茵—鲁尔都市区各城市在都市区经济体系中发挥的作用过程中，提出了城市的“都市区功能”这一概念。所谓都市区功能，是指都市区内一个城市具有向其他城市和地区提供某些产品和服务的功能。为了说明城市的都市区功能强弱大小，他用莱茵—鲁尔都市区中某城市的某个产业的就业人口数量，减去该城市的人口规模与该产业全国平均就业率的乘积，后者表示为该城市生产的该产业就业人口数量，相减的结果就是为该城市以外的其他地区进行生产的就业人口。结果如果是大于零，就说明这个城市的这一产业具有都市区功能。用公式表示如下：

$$y_0 = m - n \times (M/N) \qquad (11-1)$$

其中，m 指都市区中某城市的某个产业的就业人口数量，n 指该城市的人口规模，M 指全国该产业就业人口，N 指全国总人口数量，$n \times (M/N)$则指该产业全国的平均就业水平乘以这个城市的人口规模。如果

$y_0 \geqslant 0$，那么说明该城市在这一产业上具有都市区功能，y_0 越大说明该城市的这一产业的都市区功能越强大。

借鉴 Blotevoge（1998）都市区功能的概念，本书提出产业国家功能这一概念。产业国家功能是指，如果一国某个都市区的某个产业除了向本都市区提供产品或服务外，还向该国其他地区提供产品或者服务，就认为该都市区在这个产业上具有国家功能。产业国家功能的大小可以通过下面的公式计算：

$$y_{ij} = m_{ij} - n_i \times (M_j/N) \qquad (11-2)$$

其中，m_{ij}指 i 都市区的 j 产业的就业人口数量，n_i 指 i 都市区拥有的总人口数量，M_j 指在全国 j 产业的就业人口数量，N 是全国的总人口数量，如果 $y_{ij}>0$，那么就表明 i 都市区具有 j 产业国家功能。y_{ij}的值越大，产业国家功能越强。

令一国某个都市区的某个产业国家功能占该国所有都市区的该产业国家功能总和的比重为 β_{ij}，其计算公式为：

$$\beta_{ij} = y_{ij}/\sum_i y_{ij} \quad (\text{其中}, y_{ij} > 0) \qquad (11-3)$$

其中，$\sum_i y_{ij}$ 是一国所有都市区 j 产业国家功能的总和。就某个都市区而言，我们界定 β_{ij}是 i 都市区 j 产业国家功能的集中度。在总体上，j 产业国家功能集中度是 β_{ij}排在前几位的都市区的 β_{ij}之和或者排在前一位的都市区的 β_{ij}。如果 i 都市区 j 产业国家功能的集中度 β_{ij}在一国所有都市区中最高或次高，我们就称 i 都市区是该国的 j 产业中心以及第一中心或第二中心。

在行政区域划分上，中国的地级市不仅包括中心市区，还包括市区周围的郊区和市辖县，我国的地级市实际相当于美国的都市区。所以，我们选取了 2006 年的 286 个中国地级市和就业人口在 10 万人以上的 160 个美国都市区作为我们的研究对象。美国都市区各产业就业人口数据来源于美国劳工局网站，美国都市区人口数据来源于美国人口统计局网站[①]。中国城市各产业就业人口数据来源于 2007 年《中国统计年鉴》和《中国城市

① 美国劳工局网站是 http://www.bls.gov/OES，美国人口统计局网站是 http://www.census.gov。

统计年鉴》。

（二）比较分析结果

通过（11－2）式和（11－3）式，计算出中国城市和美国都市区的产业国家功能集中度。并分别挑出最高和次高的都市区，制成国家功能集中度最高和次高的城市表（见表11－3和表11－4）。并制成更为直观的集中度最高的都市区及其空间分布表（见表11－5）。

表11－3　　中国各产业的国家功能集中度最高和次高的城市

产业	最高产业国家功能集中度		次高产业国家功能集中度	
	最高城市	集中度	次高城市	集中度
制造业	深圳市	0.06	上海市	0.06
电力燃气水业	北京市	0.05	上海市	0.04
建筑业	北京市	0.07	成都市	0.06
运仓邮政业	北京市	0.17	上海市	0.12
批发零售业	北京市	0.16	上海市	0.09
住宿、餐饮业	北京市	0.25	广州市	0.09
金融业	北京市	0.13	上海市	0.12
房地产业	北京市	0.29	深圳市	0.13
租赁商务业	北京市	0.38	上海市	0.12
水利环境公设管理业①	北京市	0.12	上海市	0.07
居民和其他服务业②	北京市	0.23	海口市	0.13
教育业	北京市	0.15	上海市	0.07
公管和社会组织③	北京市	0.13	深圳市	0.05
IT产业	北京市	0.37	广州市	0.07
科研地勘业	北京市	0.29	上海市	0.11
卫生社保业和社福④	北京市	0.13	上海市	0.11
文体娱乐业	北京市	0.27	上海市	0.07

注：①水利环境公设管理业指水利、环境和公共设施管理业；②居民和其他服务业指居民服务和其他服务业；③公管和社会组织指公共管理和社会组织；④卫生社保和社福业指卫生、社会保障和社会福利业。

通过表 11 - 3 可以看出：（1）在 17 类产业中，除了深圳是制造业国家功能集中度最高的都市外，其他 16 种产业的国家功能集中度最高的都市区都是北京。在美国劳工局划分的 22 种产业中，国家功能集中度最高的都市区有 11 个。

（2）在空间分布方面，中国 17 个产业国家功能集中度最高的两个城市深圳和北京都位于中国东部，而美国 11 个产业国家功能最高的都市区在空间上分布比较均衡，如华盛顿—阿灵顿—亚历山德里亚都市区和纽约—北新泽西—长岛都市区位于美国的东部地区，底特律—沃伦—利沃尼亚都市区位于美国北部地区，菲尼克斯—梅萨—斯科茨代尔都市区和达拉斯—沃斯堡—阿灵顿都市区位于美国南部地区，洛杉矶—长滩—圣安娜都市区位于美国西部地区，而芝加哥—内珀维尔—乔利埃特都市区又位于美国中部地区。

表 11 - 4　　美国各产业的国家功能集中度最高和次高的都市区

产业	最高产业国家功能集中度		次高产业国家功能集中度	
	最高都市区	集中度	次高都市区	集中度
管理业	华盛顿—阿灵顿—亚历山德里亚	0.11	洛杉矶—长滩—圣安娜	0.10
商业和金融业	华盛顿—阿灵顿—亚历山德里亚	0.14	纽约—北新泽西—长岛	0.08
计算机数学科学	华盛顿—阿灵顿—亚历山德里亚	0.20	波士顿—剑桥—昆西	0.09
建筑和工程业	底特律—沃伦—利沃尼亚	0.15	圣何塞—森尼韦尔—圣克拉拉	0.09
社区和社会服务业	纽约—北新泽西—长岛	0.24	波士顿—剑桥—昆西	0.09
法律产业	纽约—北新泽西—长岛	0.24	华盛顿—阿灵顿—亚历山德里亚	0.23
教育、培训、图书馆业	纽约—北新泽西—长岛	0.23	波士顿—剑桥—昆西	0.10
保护服务业	纽约—北新泽西—长岛	0.28	迈阿密—劳德代尔堡—迈阿密滩	0.10

续表

产业	最高产业国家功能集中度		次高产业国家功能集中度	
	最高都市区	集中度	次高都市区	集中度
食物配制和服务业	拉斯韦加斯—帕拉代斯	0.10	奥兰多—基西米	0.06
建筑清洁维护业	华盛顿—阿灵顿—亚历山德里亚	0.11	拉斯韦加斯—帕拉代斯	0.11
个人护理服务业	纽约—北新泽西—长岛	0.17	拉斯韦加斯—帕拉代斯	0.12
销售及相关产业	迈阿密—劳德代尔堡—迈阿密滩	0.07	波士顿—剑桥—昆西	0.05
办公室和行政产业	纽约—北新泽西—长岛	0.10	洛杉矶—长滩—圣安娜	0.08
农林渔等产业	贝克斯菲尔德都市区	0.20	弗雷斯诺	0.18
建设和提炼业	菲尼克斯—梅萨—斯科茨代尔	0.10	休斯敦—舒格兰—贝敦	0.08
安装维护产业	达拉斯—沃斯堡—阿灵顿	0.04	印第安纳波利斯—卡梅尔	0.04
制造业	芝加哥—内珀维尔—乔利埃特	0.09	密尔沃基—沃基肖—西艾利斯	0.06
交通运输业	芝加哥—内珀维尔—乔利埃特	0.09	孟菲斯	0.07
生命、身体和社科产业	华盛顿—阿灵顿—亚历山德里亚	0.19	波士顿—剑桥—昆西	0.11
艺术设计娱乐体育媒体业	洛杉矶—长滩—圣安娜	0.27	纽约—北新泽西—长岛	0.19
保健医生技术业	波士顿—剑桥—昆西	0.18	费城—卡姆登—威尔明顿	0.07
保健支持业	纽约—北新泽西—长岛	0.29	费城—卡姆登—威尔明顿	0.05

（3）在中国的17个产业中，11个产业的国家功能集中度次高的都市区是上海，广州和深圳各是两个产业的国家功能次高的都市区，成都是建筑业国家功能次高的城市，海口是居民和其他服务业国家功能次高的城市。而美国22个产业国家功能次高的都市区分散在14个都市区，其中费

城—卡姆登—威尔明顿、奥兰多—基西米、休斯敦—舒格兰—贝敦、印第安纳波利斯—卡梅尔、密尔沃基—沃基肖—西艾利斯、孟菲斯、圣何塞—森尼韦尔—圣克拉拉、弗雷斯诺 8 个都市区都不是产业国家功能最高的都市区。

（4）从单个产业国家功能集中度的大小来看，中国的 IT 产业在北京的国家功能集中度达到 37%，租赁商务服务业在北京的国家功能集中度达到 38%，而在美国只有保健支持业的国家功能集中度在纽约—北新泽西—长岛都市区达到最高的 29%。

因此，与发达工业化国家美国相比，中国的北京、上海承担了过多国家产业中心的功能。美国各产业的中心相对分散，由位于不同地区的大都市区承担不同的国家产业中心的功能，有利于不同地区实现合理专业分工，避免各产业国家功能在一个都市区过度集中，从而有利于区域协调发展。

表 11－5　中美产业国家功能集中度最高的都市区及其空间分布

<table>
<tr><td rowspan="2">中国</td><td colspan="2">深圳</td><td colspan="2">北京</td><td colspan="8">共计</td></tr>
<tr><td colspan="2">东部</td><td colspan="2">东部</td><td colspan="8">2 个</td></tr>
<tr><td rowspan="2">美国</td><td>华盛顿—阿—亚都市区</td><td>底特律—沃—利都市区</td><td>纽约—北新—长都市区</td><td>洛杉矶—长—圣都市区</td><td>波士顿—剑—昆都市区</td><td>拉斯韦加斯—帕都市区</td><td>迈阿密—劳—迈都市区</td><td>贝克斯菲尔德都市区</td><td>菲尼克斯—梅—斯都市区</td><td>达拉斯—沃—阿都市区</td><td>芝加哥—内—乔都市区</td><td>共计</td></tr>
<tr><td>东部</td><td>北部</td><td>东部</td><td>西部</td><td>东部</td><td>西部</td><td>东南部</td><td>西部</td><td>南部</td><td>南部</td><td>中部</td><td>11 个</td></tr>
</table>

注：华盛顿—阿—亚都市区指华盛顿—阿灵顿—亚历山德里亚都市区；底特律—沃—利都市区指底特律—沃伦—利沃尼亚都市区；纽约—北新—长都市区指纽约—北新泽西—长岛都市区；洛杉矶—长—圣都市区指洛杉矶—长滩—圣安娜都市区；波士顿—剑—昆都市区指波士顿—剑桥—昆西都市区；拉斯韦加斯—帕都市区指拉斯韦加斯—帕拉代斯都市区；迈阿密—劳—迈都市区指迈阿密—劳德代尔堡—迈阿密滩都市区；菲尼克斯—梅—斯都市区指菲尼克斯—梅萨—斯科茨代尔都市区；达拉斯—沃—阿都市区指达拉斯—沃斯堡—阿灵顿都市区；芝加哥—内—乔都市区指芝加哥—内珀维尔—乔利埃特都市区。

二　中美新兴产业空间分布的比较

新兴产业是指随着新的科研成果和新兴技术的发明工程化、产业化、市场化而出现的新的部门和产业。事实上，新兴产业始终是相对于某个时点或时代而言的，过去的新兴产业会变成现在的传统产业，现在的新兴产业又将被未来的新兴产业所替代。所以，对现在这个时点或时代而言，新兴产业又可进一步分为上一轮新兴产业和新一轮新兴产业。上文对中美产业国家功能集中程度的比较表明，中国产业空间分布比较集中而美国产业空间分布得相对分散。事实上，不仅如此，中国新兴产业仍然是集中分布在东部发达地区的城市，而美国新兴产业分布得相对分散。

在中国，IT 产业国家功能集中度最高的城市是北京，国家功能集中度高达 37%，次高的是广州；科研地勘业国家功能集中度最高的城市是北京，集中度也高到 29%，次高的是上海等。这些新兴产业空间分布跟各产业空间分布相似，过多集中在北京、深圳、上海、广州等这些东部发达地区。

在美国，新兴产业分别相对分散，不仅分布在经济发展较快的地区，在相对落后的地区也有分布。美国南部的休斯敦是个鲜活的例子。休斯敦位于得克萨斯州东南部，是美国南部的城市。它是一个依靠石油工业起家的城市，但在联邦政府支持下大力发展高科技产业和现代服务业。1961 年，联邦政府在 20 多个候选城市中选定休斯敦为美国国家航空航天局（NASA）宇宙飞船控制中心（约翰逊航天中心）所在地。另外，休斯敦面向未来积极发展现代服务业，医药业成为休斯敦除宇航业外另一高科技支柱产业。如今休斯敦在保持了石油业传统优势的同时，宇航业和医药业、高等教育等现代服务业已获得了世界性的声誉和地位。

第三节 我国产业升级过程中空间结构优化与区域协调发展

与美国相比，我国现阶段产业布局过度集中于北京、上海、深圳等东部地区，这几个大城市承担了过多的国家功能。而新型工业化道路则要求各产业升级过程中区域协调发展。那么我国必须改变局部过度集中的空间布局，将一些产业从东部向中、西部地区转移。这样才能平衡东、中、西部空间结构，一方面缓解东部大城市已经开始出现的“高房价，交通拥堵，环境恶化”等城市病，避免过度集中和产业同构带来的恶性竞争；另一方面使中、西部地区经济发展与人口、资源、环境相协调，缩小地区间及城乡间收入差距。从而达到工业结构优化升级与区域平衡发展，最终使全国各地区共同分享工业化带来的经济发展。那么如何促进产业转移，什么产业的转移才能达到区域协调发展的目的？国内外有什么经验可以借鉴呢？本节认为，不能单纯依靠市场力量将低技术产业转移到中西部地区，而是将新一轮新兴产业通过政策倾斜向中西部布局。同时借鉴法国巴黎、美国休斯敦、日本札幌和新中国成立初期的经验教训进行布局，注意中、西部劳动力资源充分利用和环境保护相协调。

一　产业转移与区域协调发展

产业转移是经济发展过程中普遍存在的一种经济现象，它是指由于资源供给或产品需求条件的变化，引起产业在一国内部、以企业为主导的转移活动，是一个具有时间和空间维度的动态过程，是通过生产要素的流动从一个区域转移到另一个区域的经济行为和过程，是国家或地区产业结构调整和升级的重要途径[①]。产业转移有其优点但也有其不足，在我国产业升级过程中我们可以利用但不能依赖产业转移。

（一）产业转移的优点

产业转移具有整合各区域资源及市场、保持和提升企业竞争力、带动不发达区域发展的作用。对发达地区而言，产业转移可帮助发达地区拓展产业腹地与促进产业结构调整升级；对不发达地区而言，承接发达地区产业转移可带来要素注入效应、技术溢出效应、关联带动效应、优势升级效应、结构优化效应、竞争引致效应、观念更新效应、体制转型效应，能将不发达地区经济融入发达地区乃至世界经济体系之中。承接发达地区产业转移是不发达地区经济启动发展的良好契机，有利于充分发挥不发达地区的资源与劳动力优势，提升产业技术水平和优化产业结构、扩大优势产业规模，加快经济发展。

卢根鑫（1997）认为，国际产业转移就其推动发展中国家经济发展而言，表现在要素转移效应、结构成长效应、引起就业结构的变化、提高社会平均资本的有机构成、加速国内生产总值的提高等方面。罗建华

① 参考李松志、杨杰（2008）对产业转移的定义。

（2005）认为，国际产业转移的区域分布不平衡是导致近年来中国区域经济增长差异的重要原因，国际产业转移加快了东部工业化进程，带动国内企业技术创新和制度变革，改善了市场行为，促使产业结构的调整。王先庆（1998）指出，产业转移是一种“双赢”而非“单赢”，产业转移的效应主要是整合升级效应，不仅会使转移方自身的结构优化和内部空间联系有机化，而且会优化被转移方的产业结构，从而强化转移方与被转移方之间的外部联系。陈刚（2001）认为，产业转移对欠发达区域发展的作用主要表现为要素注入效应、技术溢出效应、关联带动效应、优势升级效应、结构优化效应、竞争引致效应和观念更新效应。马子红（2008）认为，区际产业转移，不仅有利于发达地区的产业升级换代，而且有利于欠发达地区加快产业结构调整，缩小同发达地区的差距。

（二）产业转移的局限

1. 生产梯度推移黏性

但产业转移并不会自发产生，即生产梯度黏性，另外，即使转移也可能会将产业技术低的产出转移出去，从而导致不发达地区被发达地区锁定。所谓生产梯度推移黏性（the Stickiness of Grades Process），是指在产业梯度转移过程中，由于历史的、现实的和潜在的诸多因素，导致梯度推移不能循序进行的现象，产业转移很难发生。

魏敏、李国平（2005）指出，出现梯度推移黏性的原因在于：（1）初始投资地的人缘地缘关系。即企业转移生产将失去原先在本地已经获取的固定客户和关系网络。（2）除非处于非常好的商业区位，或者企业的资产专用性不是很强，否则企业转移生产后，其厂房、机器、设备等资产中的大部分都将成为沉没成本。（3）企业的转移会使它不能够享受当地业已形成的生产协作网络所带来的便利。这种便利从某种意义上是一种产业聚集效应，比如浙江某些县市的打火机产业、皮鞋产业动辄占据全国甚至全世界的大部分份额，这些同行除了彼此之间的激烈竞争外，也存在全面的在物资交换、资金融通、共同开发资源、合资兴办企业，以及人才、信息交流等领域的广泛合作。（4）基础设施问题。西部地区的基础设施建设长期远远落后于东部地区，使企业的生产经营成本大大增加，阻碍了企业西进。（5）西部地区市场化程度低，市场容量小。小的市场容量意味着较低的利润空间，降低了东部企业转移生产的动机。（6）投资信息传导机制。西部地区面向外资的社会化服务体系尚不健全，潜在投资者很难获得国家产业政策的投资信息，对投资项目的保险系数和回报率还不清楚，甚至投资也不知往哪儿投。（7）政府政策与行为。西部地区政府行政效率低下，贪污腐败现象较东部严重，地方保护主义盛行，阻止了生产向西部的转移。

陈计旺（2007）研究指出，产业转移黏性还来自以下几个方面：（1）劳动力的无限供给和自由流动导致产业转移推力不足。劳动力密集产业通常被认为是发生梯度推移的主要选择，我国从西部到东部的人口流动几乎是自由的，另外劳动力的无限供给使得东部劳动密集产业的成本并未出现显著的上扬，因此，未能对劳动密集产业的梯度转移产生足够推力。（2）东部发达地区参与国际分工对产业转移的抑制作用。参与国际分工为东部地区的劳动密集型产业提供了可供开拓的市场空间，延长产业的生命周期，减缓了向欠发达的地区转移的趋势。（3）政府对经济增长率和财政收入的追求使产业转移难以顺利推进。低价甚至违规提供土地和宽松的环境政策，使本该向外转移的产业得以继续生存。即使需要向外转移，当地政府也采取措施鼓励其转移至管辖区内。比如江苏鼓励苏南企业到苏北地区投资，广东采取措施鼓励珠江三角洲丧失比较优势的产业向省内其他地区转移。（4）中央某些政策的实施，减轻了东部地区原材料压力，客观上阻碍了东部产业的西移。例如，“西气东输”、“西电东送”、“北煤南运”等工程，大大缓解了东部地区的能源问题和产业生产成本上升的压力，为一些资源密集型、劳动密集型产业留在当地继续发展提供了空间。

因此，等待市场机制引导东部产业向中、西部转移，是困难而迟缓的，要实现区域协调发展，有必要采取倾斜性政策，以抵消生产转移的市场黏性，鼓励资金和人才向中西部转移。

2. 转移出的技术落后产业，难以实现区域协调发展

发达国家偏向把处于成熟期、衰退期和低附加值的生产环节向外转移，而把技术含量高、具有良好发展前景的产业和高附加值的生产环节留在国内，以保持自己的技术优势并获取高额利润。因此，产业转移在促进发展中国家或地区工业化的同时，对发展中国家也有不利影响。余慧倩（2004）提出，承接地要谨慎对待产业转移，产业转移使产业承接地处于

垂直型国际分工格局中处在产业链和价值链的低端，不能天然地推动技术进步，并会产生拉大转出地与承接地之间技术差距的威胁；同时各地区为争夺产业转移会产生内耗，限制了技术的开发等消极影响。

较之东部地区，中西部地区矿产、能源、劳动力等资源丰富，但资金、技术、人才等相对缺乏。在产业转移过程中，向中、西部迁移的产业往往处于成熟期、衰退期和低附加值的生产环节，而技术含量高、高附加值的生产环节留在东部地区。另外，为了争夺产业转移，中、西部各地区会相互竞争、竞相压低门槛，甚至不惜代价引进大量污染产业，产生了不必要的内耗，降低了引进产业的技术先进性。在我国产业升级过程中如果完全依赖产业转移，东部地区和中、西部地区的技术差异将扩大、产业层次差异将更明显，这将进一步拉大东部、中部、西部的地区收入差距，区域经济协调发展的目标亦将难以实现。

（三）通过产业转移促进区域协调发展原则

产业转移具有优点但又存在局限，为了促进区域协调发展，我们可以利用但不能依赖产业转移。随着东部地区经济高速发展，传统产业发展所面临的环境、资源约束日趋加剧，要素成本不断提高，“民工荒”、“地荒”、“水荒”、“电荒”、“油荒”等现象先后出现，产业结构调整升级已经成为必然要求，产业区际转移势在必行。那么，中西部在吸收产业转移过程中需要坚持什么原则呢？中西部地区通过承接产业转移，结合自身优势，培育具有生态环保性、技术竞争性、发展持续性的支柱产业，必然能够推动中西部地区发展方式转变。在利用产业转移过程中，必须坚持以下原则。

1. 保护自然环境

坚持经济、生态环境、资源、人口的协调发展是区域经济协调发展的基本要求。东部一些省份进行转移产业结构，大量的工厂内迁，需要防止污染较大的工厂转移到西部；而西部地区发展产业时，也要注意环保问题。2006 年，西部城市的污水处理率低于全国平均水平，将近 70% 的污水未经处理直接排入水体。在国家监测的数十条西部城市河段中，绝大多数河流存在不同程度的污染，西部污染型缺水城市的数量正呈上升趋势。2006 年，45% 以上的西部城市二氧化硫年均值超过国家二级标准。西部生态环境已然不堪重负，如果强行推引制造业向中西部地区大规模转移，将会造成不可估量的严重后果①。

2. 增加转移产业的附加值

前文已提到，向中、西部迁移的产业往往处于成熟期、衰退期和低附加值的生产环节，而技术含量高、具有良好发展前景的产业和高附加值的生产环节留在东部地区。在产业转移过程中，中、西部地区必须要增强对资金和技术的吸引力，增加转移产业的附加值。

3. 充分利用中西部的劳动力资源

具有充足、高素质且价格较低廉的劳动力资源的国家或地区，往往成为产业转移的目的地。中、西部地区拥有丰富的劳动力资源，在产业转移过程中要充分利用其资源；中、西部地区应该加强对教育和培训方面的投入，努力提高劳动者素质。

二 促进区域经济协调发展的国内外经验

（一）法国平衡大城市的经验

法国曾是区域发展极不平衡的国家，北部和东部地区相对发达，中部、西部以及山区地带则相对落后。其中，位于北部的首都巴黎地区又远较其他地区发达。为了发展地方的中、小城市和乡镇，缓解大城市人口集中和工业集中的压力，法国政府从20世纪50年代，特别是60年代初开始实施领土整治计划和工业分散政策。

法国政府在制度、人力、财力上采取了各种措施，具体说来，包括：(1) 加强除巴黎以外的外省大城市，尤其是地区首府的地位，使之从对巴黎的依附中摆脱出来。并在抵制巴黎地区的强大吸引力时起到平衡作用，政府严格筛选具有一定规模和基础的几个城市给予自主发展的政策，这些城市在工业、第三产业、科学、教育、文化方面已有足够程度的发展，可以起到推进作用，甚至能在本地区代替巴黎的吸引力。(2) 鼓励工业分散，发展落后地区。首先，政府明令禁止在巴黎、里昂、马赛三大地区以及东部、北部工业区新建和扩建工厂，不执行者课以重罚和给予处分。其次，重点在西部、西南部、中部的落后地区，有自然资源、传统工业衰落以及“新工业区”，奖励地方企业在当地扩建和新建工厂。

① 参考《西部不堪产业转移之“重”》，《人大建设》2009年第1期。

法国政府的政策特别是巴黎地区分散措施的实施取得了一定效果。东部和西部地区工业和第三产业就业人员的增长超过巴黎地区，如在1962—1968年间，前两个地区的工业就业分别增加了4.8%和16.8%，第三产业就业者分别增加了16.9%和15%；而巴黎地区则分别下降1.1%和增长了14.7%。波尔多、图卢兹、里尔、斯特拉斯堡、南特、尼斯、土伦和格勒诺布尔等城市在国民经济中的地位得到了加强。图卢兹自从国立航空大学和全国航天研究中心迁入，世界飞机巨头空中客车总部的设立，已经逐渐发展为法国乃至全欧洲的宇宙和航空中心。

（二）美国休斯敦的发展经验

休斯敦位于美国得克萨斯州东南部，是仅次于纽约、洛杉矶和芝加哥的全美第四大城市，也是美国南部的第一大城市。作为美国的石油工业中心和航空航天中心，休斯敦地区集中了5000多家与能源相关的公司。全美45%的初级石化产品生产，48%的乙烯和66%的环氧树脂都产自这一地区。休斯敦石化产品年出口额接近28亿美元。《财富》杂志500强中有22家企业的总部设在休斯敦。如今休斯敦在保持了其石油业传统优势的同时，其宇航业、医药业、高等教育等现代服务业已获得了世界性的声誉和地位。

休斯敦在发展过程中主要做到了如下几点：（1）石油工业中心的地位是城市发展的加速器和支柱。虽然在石油发现之前，休斯敦的规模和金融、交通、商业物资的集中就使它成为得克萨斯地区的门户，但真正让休斯敦迅速实现工业化还是始于1901年石油的发现。第二次世界大战期间联邦政府大力资助当地的石油化工业，第二次世界大战后成为新兴的石化工业中心和技术服务中心。（2）人工运河的修建和港口的建设极大改善了休斯敦的交通和运输条件。石油的发现使联邦政府下定决心资助休斯敦修建深水运河，以方便石油输出。休斯敦运河及港口运输条件的不断改进，吸引了新兴的石油业和相关工业在运河区投资。（3）在联邦政府支持下，发展宇航业、医药业和高等教育等高科技产业和现代服务业。

（三）日本札幌的发展经验

札幌远离日本本土，位于自然条件恶劣的北海道，明治初期几乎是不毛之地，经过近一个世纪的开发，尤其是在1965—1975年的10年间，札幌取得了斐然的成长和发展，人口增加了一倍，实现了从所谓行政式城市向经济、文化等具有各方面功能城市的转变，成为日本屈指可数的综合性功能城市①。

札幌取得如此瞩目的发展，主要得益于以下几个方面：（1）打造明星城市，高等教育先行。札幌是日本北部的教育中心，拥有各种大学及短期大学共 39 所。这些学校培养了大批人才，为札幌的发展作出了重要贡献。（2）扬长避短，培育札幌的国家功能。札幌市乃至北海道的发展起步较晚，因此制造业较东京、大阪这些老牌城市缺乏竞争力。但札幌拥有大片的森林和高山，风景秀丽，独特的北国风光更是日本一绝。因此市政府大力发展旅游业，并将其打造为龙头产业。（3）重视历史文化的保护和现代文化的开发。札幌虽然只有百年历史，著名的古迹和文物不多，市政府对仅有的札幌钟楼、北海道厅旧红砖厅舍等文化遗产严格保护，吸引了大批的游客，提升了城市的文化内涵。重视对现代文化的开发，如札幌啤酒博物馆已成为当地经济发展的历史见证和北海道知名的观光景点。（4）冬奥会促进了城市建设，提高了城市知名度和美誉度。第 11 届冬奥会在此举行，除了给札幌提供一个全面展现实力、宣传城市品牌的机会外，更推动了当地的城市建设和基础设施的完善。

（四）新中国成立初期产业布局的经验教训

新中国成立初期，我国产业布局特别强调均衡布局的思想，这种思想突出表现在“一五”计划和“三线”② 建设时期。

从 1953 年开始的“一五”时期，中央政府确定了重工业优先发展的战略，根据区域均衡、资源分布、重点发展内地工业及国防安全等的建设原则，苏联援建的 156 项工程主要配置在东北地区、中部地区和西部地区。106 个民用工业项目：布置在东北地区 50 个、中部地区 32 个；44 个国防项目：布置在中部地区和西部地区 35 个，其中有 21 个安排在四川、

① 清华大学经济管理学院编译：《日本北海道综合开发计划和政策法规》，中国计划出版社 2002 年版，第 127 页。

② 中国从当时战略需要出发，根据战略位置不同，将全国各地区划分为一、二、三线，三线地区是全国的战略大后方（简称“三线”）。三线地区包括四川、贵州、云南、陕西、甘肃、青海、宁夏的全部或大部分地区，河南、湖北、湖南、山西的西部地区，广东北部、广西西北部地区。一线是指东北及沿海地区，二线则是位于一、三线之间的广大地区。

陕西两省[①]。150 个施工项目中内地安排了 118 项，占 79%，沿海地区只占约 21%[②]。

1964—1980 年，根据党中央和毛泽东作出的战略决策，在西南、西北内陆地区进行了规模宏大的备战性质的经济建设，史称“三线建设”。根据要把备战和长远建设相结合的精神，我国的“三线建设”在发展国防科技工业的同时，着力对西南、西北内地进行了综合性开发。铁路、公路的开通，矿产资源的开发，科研机构和大专院校的内迁，使长期不发达的内地和少数民族地区涌现出几十个中小工业城市，其中攀枝花、六盘水、十堰、金昌等更成为著名的新兴工业城市。

新中国成立初的几十年，我国为了实现全国经济协调发展，大规模地将工业布局向内地推进并实行倾斜的区域政策促进内地经济发展。这些举措由于：（1）片面地强调重工业的发展而忽视了经济结构的平衡；（2）只注重经济数量和速度的增长而忽视了经济效益与质量的提高；（3）重内地、轻沿海，重生产、轻生活，在面临外敌威胁，国家经济极其困难的情况下只有靠高积累，低消费来维持；（4）工程投资及规模过大、时间过急、工程质量难以保证，且选址不科学如片面强调“山、散、洞”等原因，导致了全国产业布局的高成本和低效率。

但是，这些举措仍奠定了中国的工业基础，而且使得工业布局趋向平衡是对区域经济协调发展思想的一系列探索和尝试，中、西部地区一批新兴工业城市相继涌现，产生了大量有影响力的企业，为区域经济协调发展作出了不可磨灭的贡献。例如，武钢是新中国成立后由国家投资建设的第一个特大型钢铁联合企业，1955 年 10 月破土动工，1958 年 9 月 13 日正式投产，如今已与宝钢（位于上海）、首钢、鞍钢（位于辽宁）齐名，成为当前中国钢铁产业的巨头之一。

---

① 参见薄一波《若干重大决策与事件的回顾》上，第 298 页。当时全国的区域划分为东部地区，包括辽宁、河北、天津、北京、山东、江苏、上海、浙江、福建、广东、广西；中部地区，包括黑龙江、吉林、内蒙古、山西、河南、湖北、湖南、安徽、江西；西部地区，包括陕西、甘肃、宁夏、青海、新疆、四川、云南、贵州、西藏。“一五”时期的“沿海”是指东部地区，“内地”是指中西部地区。

② 参见何一民、周明长《156 项工程与新中国工业城市发展（1953—1957）》，《当代中国史研究》2007 年第 3 期。

从法国平衡巴黎地区发展可以看出，可以通过限制原有特大城市发展，并在周边地区选取具有一定基础和规模的城市，给予优惠措施，鼓励企业发展。美国休斯敦则是在只具有能源优势的地区发展宇航业等高新技术及现代服务业，平衡当地发展，分散大城市功能中心。日本札幌则是放弃与大阪、东京优势的制造业，结合本地自然资源优势，发展旅游和高等教育业，并通过举办奥运会等提升城市形象。可以看出，结合当地优势，布局新兴产业，限制特大城市发展，鼓励分散是这些国家战略的共同点。但新中国成立初期的战略只遵循了工业分散、国家安全的原则，虽然工业布局趋于平衡，但各地优势并没有很好地发挥，也没有培育出具有辐射作用的大型工业城市，出现了先前过于分散到中西部，随后又过度集中到东部沿海的不平衡发展路径。因此，需要将新一轮新兴产业布局到非特大城市之外，并在中西部打造重要城市以此平衡工业结构升级过程中的区域发展。

三　新一轮新兴产业布局与区域协调发展

（一）新一轮新兴产业合理布局的意义

从历史经验来看，新兴产业本身蕴涵着经济发展的机遇。每一次技术革命的发生，总会出现新兴产业。在新兴产业兴起并成长为主导产业过程中，抓住产业更替机遇国家可以后来居上，丧失机遇便会衰落。现代日本和韩国的崛起都是在政府的推动下，通过对新兴产业的突破实现的后来居上，美国正是抓住每次新兴产业更替的机遇才逐渐崛起而保持领先优势的。正如宇德海（2002）的研究表明，在新兴产业领域取得突破是每一个国家跻身世界先进行列的基本经验，是落后国家跨越式发展实现后来居上的有效途径。事实上，只有在新兴产业中占据一席之地，才有可能跻身于先进国家的行列。

新兴产业对中国具有更重要作用：第一，是经济发展的一大动力。新兴产业产品附加值高、生产增长率高，对国民经济现代化具有较强的推进和推动作用。第二，有利于经济发展方式的转变。改革开放以来，我国经济总量快速增长，但发展方式没有得到根本转变，走的是一条依靠廉价劳动力资源而迅速扩张的外向型道路，从而积累了诸多矛盾和问题。新兴产业多是知识技术密集型产业，更注重环保节能，有利于产业结构的优化，有助于经济可持续发展。

从中国和美国国家功能集中度的比较中，我们发现：（1）中国各产业的国家功能、重要的产业中心和总体国家功能过度集中在北京、上海、深圳、广州。(2) 承担重要国家功能的城市不够多，且空间上全部集中在东部。考虑到我国人口总量是美国的4倍多，这一问题就更加突出。要实现区域协调发展，我们不能只是把上海、北京的落后产业向中、西部地区转移，更要把一些重要产业的国家功能向中、西部城市分散，培育更多承担重要的国家功能产业中心。因此，考虑到自发产业转移具有黏性和低技术性，前瞻性的布局新兴产业对于区域协调发展甚是关键。

根据我国国情，我们认为，未来发展的新一代新兴产业将是：(1) 绿色健康粮食与食品产业；(2) 环保技术与节能环保性汽车产业；(3) 新能源产业；(4) 新材料、新建筑材料及新一代建筑产业；(5) 城市规划和新一代房地产开发业；(6) 文化、体育、休闲娱乐和医疗健康服务业；(7) 基因与生物技术产业；(8) 智能机器人技术产业；(9) 航天、航空技术产业；(10) 创意产业。

(二) 如何进行新一轮新兴产业布局

随着时间的推移，老一代新兴产业势必会融入传统产业的范畴，关注新一代新兴产业的布局和发展，显得尤为重要。在当前中国，该如何布局新一代新兴产业呢？值得深思和探讨。

根据发达国家经验和我国东部大城市过度集中的现实，在新兴产业布局过程中，应该对中、西部地区适度倾斜，打造重点城市，将更多新兴产业的国家功能向中、西部城市分散。东部地区资金、技术等优势明显，中、西部地区城市更应充分利用自身的资源优势，因地制宜选择新一轮新兴产业。

武汉、长沙、郑州地处中部腹地，交通便利，人口密集，历来是兵家必争之地。西安地处关中平原，是西北地区的咽喉，也是连接西北和西南地区的枢纽。武汉、长沙、郑州、西安四个城市，地理位置、自然条件优越，且有着良好的工业基础。因此，可以在武汉、长沙、郑州、西安等中、西部城市打造新一轮新兴产业中心，将变东部单极辐射为东部、中部、西部多极辐射，有助于泛长江、泛珠江、泛渤海和陇海兰新等经济带的协调发展，有助于培育中、西部的自我发展能力，实现全国各地区协调发展。

在进行新一轮新兴产业布局必须得考虑到如下几点：第一，必须在中西部地区建立起具有领先水平的一个或几个新一代新兴产业。第二，发挥各地区区域优势，因地制宜。东部地区主要城市经济较发达，教育、科技人才集中。中部地区水、矿产、能源、旅游资源丰富，交通便利，传统工业具有相当的比较优势，高校及科研院所集中。西部地区地域广阔，自然资源丰富。第三，要加强各地区分工与协作，科学确立主导新兴产业，避免低水平的产业同构与恶性竞争。第四，国家政策的引导作用，政策只能具有导向性，不能代替市场基础作用。

第四节　本章结论及对策建议

工业结构优化升级过程中必须考虑自然资源与地理区位的现实约束，且新型工业化道路不再是单纯依靠要素的投入来实现，必须是技术进步来推动全面协调发展。区域经济协调发展是工业结构优化升级的必然要求，且区域间协调发展能促进一国产业梯度形成，增加有效需求，推动经济可持续发展；区域间发展不平衡则会带来收入差距过大，局部过度集中或地区分割，增加交易成本，阻碍工业结构升级甚至社会发展。区域协调发展包括人口、经济、自然资源的相互协调，收入差距合理可控，避免过度集中和行业同构四个方面的内容。其中过度集中和收入差距是区域协调发展的最大限制，且不能通过市场机制自发解决，而过度集中是收入差距过大的重要原因之一，因此，本章从过度集中角度分析如何实现区域协调发展。

收入差距过大和过度集中均通过影响要素和需求结构升级作用于工业结构优化升级的。收入差距过大降低了不发达地区对人力资本的投资，且降低了社会整体的有效消费需求；过度集中容易造成大城市房价收入比过高，削弱了对教育等的消费和投资能力，阻碍了消费结构的升级，并导致出口部门过大，降低了技术创新效率，且会对产业升级产生交互影响。第二节通过对中美产业国家功能集中度的计算，发现我国现阶段产业过度集中于北京、上海、深圳等东部城市，且产业中心过少。因此，我国在产业升级过程中，平衡区域发展是必经之路。第三节，通过对法国巴黎、美国休斯敦、日本札幌的产业平衡经验分析发现，并不能简单地将发达地区产业转移到不发达地区，必须通过政策倾斜，结合不发达地区工业和资源现实，前瞻性地布局新兴产业，同时限制原有特大城市同类产业发展，才能避免新中国成立初期“三线建设”的缺陷。另外，只有在不发达地区培育重点城市，打造新兴产业中心才能起到辐射和带动作用。我们认为，绿色健康粮食和食品工业等十大产业将是未来新兴产业发展方向，武汉、长沙、郑州、西安具备成为中、西部国家重要产业中心的基础和潜力。

根据本章的研究，我们认为，中西部城市可以从投资政策、教育政策、品牌策略等方面进行提升，因地制宜发展新兴产业中心，在我国产业升级过程中实现区域协调发展，具体对策如下。

一　政策倾斜，引导投资分散

明星城市的经济基础承担着重要的国家功能，一般是国家某产业的中心。我国 17 个产业中，16 个产业的第一中心是北京、11 个产业的第二中心是上海。国家功能在东部地区的高度集中，不仅影响东部城市的可持续发展，而且抑制了中、西部城市的发展。

国家应该借鉴法国建设 8 个平衡大城市的经验，如禁止或限制东部城市某些领域的投资，通过采取倾斜性政策，鼓励中、西部某些领域的投资，鼓励东部某些产业和国家部门向中西部城市转移。例如西安航天航空业基础好，可以建设成国家的航空航天和飞机制造中心，从而促进中、西部地区发展，分散东部投资。这需要中央政府的扶持，又需要限制东部城市发展这些产业。此外，武汉具有建设成汽车制造中心、长沙也具有建设国家的文化娱乐中心的潜力。可以通过限制东部沿海地区这些产业投资，而对中西部给予研发补贴、信贷支持等方法鼓励沿海同类企业向中西部聚集。

二　面向未来，空缺定位的选择主导产业

在中、西部重要城市主导产业的选择上，不能寄希望于东部城市的产业转移，这样不可能实现区域协调发展。根据中美国家功能空间分布的研究结论和休斯敦、札幌、图卢兹的发展经验，中西部重要城市在主导产业的选择上，要面向未来，空缺定位，选择新一代新兴产业尤其是高科技产业和市场前景广阔的服务业为主导产业。在当前的历史条件下，单靠市场机制，中西部城市的新一代新兴产业很难发展壮大并成为国家的产业中心。需要中央政府采取倾斜性政策，支持中西部重要城市成为国家某些新

一代新兴产业的中心，而且是第一中心。对此，东部城市既要善于，又要敢于放弃对一些新一代新兴产业国家产业中心的竞争。

三　按照紧凑新城理念，建设多中心都市区

我国中西部武汉、长沙、西安、郑州等重要城市，局部过度集中问题已有所显现，能否建设好卫星城市，关系到这些城市能否吸引资金和优秀的人才。同我国大多数城市一样，中、西部重要城市卫星城或城市新区建设，存在严重城市蔓延问题和城市功能不完善问题。所谓城市蔓延问题，是指这些城市新区或卫星城，土地利用率低，各单位之间过于分散，居住区和工作区过于分散，造成了“路宽人少车马稀”局面。城市功能不完善，是指新城或卫星城没有城市中心，新城功能单一，而城市的休闲、娱乐、购物、教育、医疗、文化传播等功能十分欠缺。中西部城市要按照紧凑新城的新城市主义的理念，建设卫星城市和新城。注重新城的综合城市功能的培育，考虑人的步行能力，提高土地容积率，减少在卫星城和新城的生活成本，增加卫星城和新城对资金和优秀人才的吸引力。

四　放宽人口流动政策，吸纳人才回流

虽然各地户籍政策有所放松，但住房和新的户口政策实质上仍然是农村劳动力实现市民化的主要障碍。中、西部重要城市政府应该看到，农民工的大量聚集对卫星城和新城的城市基础设施建设有着巨大的推动作用，同时农民工的大量聚集可以减少卫星城和新城的劳动力成本，增加新城对资金的吸引力。这一点从深圳、苏州、东莞等中小城市的发展中可以证明。中西部城市在建设卫星城和新城方面要借鉴台北县的经验，不仅要放宽人口限制，而且要采取激励措施，鼓励农民工在卫星城和新城安家落户，使中、西部重要城市承担起农村人口吸纳的国家功能，从根本上促进区域协调发展。

五　增加高等教育投入，提升城市吸引力

良好的高等教育不仅增加了城市对优秀人才的吸引力，也有助于在青年学子中建立良好的形象和情感联系，提高城市美誉度。且一流的大学是新文化、新思想和新科技的发源地，是学术与文化精英的聚集地。例如，美国的“硅谷”内拥有8所大学、9所社区大学和3所技工学校，其中斯坦福大学和加州大学伯克利分校是世界一流大学。英国的剑桥科技园是依托著名的剑桥大学发展起来的，而我国的中关村科技园区临近北京大学和

清华大学。城市拥有一流大学，使居民边工作边学习成为可能，减少了居民的继续教育成本，有助于不断提高劳动力的科技素质和业务素质，提高劳动力的劳动效率。

当前，我国重点建设北大、清华两所大学，而对其他大学扶持力度较小。但两所大学都集中在北京，成为加重北京过度集中的一个因素。东部地区地方政府财力雄厚，对属地内的大学能够支持更多的资金，而中、西部政府财政困难，无力支持属地内的大学，这种教育政策实际上成为对东部大学的倾斜性财政支持政策。为了区域协调发展，国家可以采取超常规的办法，在长沙、武汉、西安、郑州，甚至新疆的乌鲁木齐、成都等中西部重要城市培育世界一流大学。增加中、西部城市人才培养，提高人力资本存量，促进科技创新和技术进步，并可以提升中西部城市的美誉度，吸引投资和人才的流入。

六　加强中西部城市营销，提升软实力

在中西部打造新一轮新兴产业还需要采取品牌策略，注重城市总体形象和美誉度的建设宣传工作。笔者曾对华中科技大学本科应届毕业生进行了随机问卷调查，收回有效问卷 57 份，结果如表 11 - 6 所示。城市吸引力调查表明，城市总体形象和美誉度，是影响城市吸引力的第二重要因素，仅次于城市的经济发展水平与前景对城市吸引力的影响。

表 11 - 6　　影响城市吸引力的十大因素及排序

影响城市对您吸引力的因素	分值（十个因素满分为 100 分）	排序
1. 城市给人的总体形象和声誉	13.1	2
2. 城市自然环境与气候的舒适度	12.8	3
3. 城市街道与居住环境的整洁度	8.4	6
4. 政府部门行政服务的效率和态度	8.9	5
5. 城市的经济发展水平与前景	19.6	1
6. 城市居民思想的开放性和先进性	7.4	9
7. 城市居民的诚信度	8.1	8
8. 城市居民的文化素质和涵养	9.7	4
9. 城市人口规模的大小	4.6	10
10. 城市房价	8.3	7

注：表 11 - 6 中分值是所有被调查者打分的平均值。

课题组的调查表明，城市的总体形象和美誉度受下列6项因素影响：（1）城市自然环境与气候的舒适度；（2）城市街道与居住环境的整洁度；（3）政府部门行政服务的效率和态度；（4）城市居民思想的开放性和先进性；（5）城市居民的诚信度；（6）城市居民的文化素质和涵养。而主观能动性在城市总体形象和美誉度建设中可以发挥巨大的作用。中、西部城市可以借鉴札幌的经验，一方面，针对自然气候扬长避短，如乌鲁木齐气候寒冷可以多建设地下商业街和地铁，开展夏日游活动；另一方面，加强宣传工作，通过电影、小说等营销城市。

第十二章　开放条件下中国工业结构优化升级

自从实行改革开放政策以来，中国经济快速发展，经济结构不断优化升级，目前已经完成从农业大国向工业大国的转型，并已成为世界第二大经济体，第一大出口国和第二大进口国。与此同时，随着全球化的深入和中国对外开放度的不断提高，中国经济将不可避免地受到外部经济的影响。国际经济学研究表明：一国影响另一国的主要渠道是国际货物市场（贸易）和国际资本市场（金融投资）。一方面，随着国际贸易一体化增强，特定国家的生产率冲击（正）→本国消费/投资繁荣→进口需求增加→贸易国经济提高→产业结构升级；另一方面，金融一体化增强，生产率冲击（正）→资本升值→投资增加→资本存量上升、资本边际生产率下降→国际资本边际回报率改变→资本重新配置→产业结构调整。

而在新的分工体系——产品内分工兴起的情况下，全球价值链将参与国经济更密切地联系在一起。而能否抓住国际产业转移的机遇，利用贸易、外商直接投资推动经济结构优化升级决定了一国经济发展的前景。那么，利用国际分工拉动升级的条件和环境是什么？对中国而言，贸易结构、外商直接投资结构的调整是否有利于促进工业结构优化、提升产业在全球价值链中的地位？不同行业的具体选择是什么等问题就显得异常重要。因此，本章在开放条件下，分析国际分工对工业结构调整的影响，讨论参与国际分工是否一定能带来结构优化，拉动结构优化的条件和路径。其次，描述改革开放以来，中国对外贸易、外商直接投资结构的现状，实证研究其对工业结构优化升级的影响，并分析具体原因，探讨我国可能面临的其他挑战。再次，选取中国台湾电子信息产业，中国大陆汽车产业、船舶制造工业、绍兴纺织品服装业参与国际分工与工业结构调整过程为例，比较不同行业可能的升级路径。最后，总结开放条件下促进工业结构优化的条件，并提出相应的对策建议。

第一节　国际分工与工业结构调整机理

第二次世界大战至今，国际产业转移经历了三个阶段。第一个阶段为20世纪五六十年代，美国将纺织、钢铁等传统产业转移到日本和联邦德国，自己则集中力量发展半导体、通信和电子计算机等技术密集型产业。第二个阶段为20世纪七八十年代，日本先是将纺织等劳动密集型产业转移给东亚“四小龙”，接着又将资本密集型产业转移出去。第三个阶段为20世纪90年代至今，全球化的主导者跨国公司，将附加值低的产品生产工序外包给他国，或到他国投资设厂进行生产，自己只保留产品的研发、设计和营销等附加值高的工序。本阶段本质是不同国家（或地区）依据自身的成本优势对价值链的不同环节进行承接和重整，不再是最终品生产的转移而是生产环节的转移。

前两个阶段基本上可以采用产品生命周期理论进行解释，体现的是产品在不同国家的生产转移，主要通过贸易和外商直接投资来实现。第三阶段的产业转移需要用全球价值链的理论来解释。而全球价值链分工是今后发展的方向，作用越来越重要。国际贸易、外商直接投资是国家参与国际分工的具体途径与方式。本节我们主要从全球价值链角度探讨工业结构变动的机理，并分析国际贸易和外商直接投资是如何促进一国工业结构优化升级的。

一　全球价值链与工业结构变动

价值链理论最早由哈佛商学院迈克尔·波特（Michael Porter）1985年在《竞争优势》一书中提出。每一个企业所有活动都可以用价值链表示出来，不同的企业参与的价值活动里，并不是每个环节都创造价值，实际上只有某些特定的“战略环节”[①] 才真正创造价值。格里菲等（Gereffi and Korzeniewicz，1994）将价值链分析法与产业组织研究结合起来，提出

① 在产业链中，附加值更多地体现在设计和销售两端，处于中间环节的制造附加值最低。

全球商品链分析法，并区分了购买者驱动型和生产者驱动型两类①。由于全球商品链无法解释许多已有典型网络组织形式，已被从组织规模、地理分布和生产性主体三个维度来界定的全球价值链所替代（Sturgeon，2000）。全球价值链从组织规模看，包括参与了某种产品或服务的生产性活动的全部主体；从地理分布来看，必须具有全球性；从参与的主体看，有一体化企业、零售商、领导厂商、交钥匙供应商和零部件供应商。

基于全球价值链模式的产业转移对东道国的影响是双向的。一方面，通过嵌入全球价值链，东道国企业可以根据各自比较优势合理配置资源，从而发挥规模经济和比较优势；另一方面，技术不会像其他要素如劳动力、资金一样自动地从价值链的高端向低端扩散。跨国企业通常会把自身与代工企业的技术关联限制在安全的范围内，以阻碍其功能升级和链条升级。因此，融入全球价值链并不一定意味着产业结构升级。

根据全球价值链上不同主体间权力对称程度的不同，汉弗莱和施米茨（Humphrey and Schmitz，2002）把价值链治理模式分为市场型②、网络型③、准科层型④和科层型⑤四种类型，根据这四种价值链治理模式，地方产业集群嵌入全球价值链的方式也相应被分为四种；将产业集群的升级分为：工艺升级⑥、产品升级⑦、功能升级⑧、部门间升级⑨。王凤荣和王慧（2007）将集群升级区分为了显性升级与隐性升级。显性升级是企业集群

① 购买者驱动型商品链，是指大型零售商，经销商和品牌制造商在散布于全球的生产网络的建立和协调中起核心作用的组织形式。生产者驱动型商品链，是指大的跨国制造商在生产网络的建立和调节中起核心作用的垂直分工体系。

② Arm's length market relations，购买者和供应者之间不存在密切关系，不同主体之间的交易完全按照市场规则进行运作。

③ Networks，价值链上的主体之间彼此合作、互相依赖，有相互补充的能力而不存在控制与被控制关系。

④ Quasi hierarchy，这种链上存在着主导公司，由于能力上的差异，它能对链上的其他企业实施高度控制。

⑤ Hierarchy，价值链存在于垂直一体化公司内部，表现为母公司控制它的附属公司。

⑥ Process upgrading，通过对生产体系进行重组或采用更优良的技术提高投入产出率。

⑦ Product upgrading，引进更先进的生产线，比对手更快地推出新产品或改进老产品。

⑧ Functional upgrading，获取新功能或放弃现存功能，如从生产环节向设计和营销等利润丰厚的环节跨越。

⑨ inter - sectoral upgrading，即集群企业转而从事新的生产性活动。

在全球价值链U形曲线上从低附加值环节向高附加值环节的位置攀升，是技术导向性的升级模式；隐性升级本质上是企业集群治理效率的提升，倚重于集群网络资本的生成与整合。而影响外生型集群企业升级的主要因素包括集群嵌入的全球价值链治理模式、集群产业特征与价值链驱动模式、企业竞争能力及其在集群中的地位等几个方面（戴勇，2009）。

大量本土企业的全球价值链“低环嵌入”是当今国际分工条件下中国实行开放经济的重要伴随性现象。然而，以不适当的方式加入全球商品价值链，容易被锁定在低附加价值的低端路径，从而出现“贫困的增长”（刘志彪，2007）。具有先发优势的领先企业，利用各种手段在其“战略性环节”对落后地区企业设置了进入壁垒，试图将其“锁定”在价值链低端。杨东进（2008）指出，自主全球价值链模式在自主品牌建设方面的实际绩效优于嵌入全球价值链模式①。如何摆脱这种“依附经济”关系，关键在于增加对产业部门的高级生产要素的投入，即要在产业生产领域增加知识资本、人力资本、技术资本密集的高级生产者服务的投入，把价值链转化为具有促进产业升级功能的学习链和创新链。

二　贸易促进产业结构优化的途径与条件

价值链涉及设计、生产、销售、售后各个环节，在每个环节中，企业通过贸易、外商直接投资参与国际分工。劳尔（2002）指出人力资本、科技成果、外商直接投资、技术进口等是提高制造业竞争力的内在动力。亚洲“四小龙”的产业升级则主要依靠出口活动，目前中国已经成为全球第一制造大国和出口大国，出口结构的升级速度超过了产业结构的变化速度。产出结构决定了贸易结构，贸易结构通过进口累积效应、技术溢出效应、出口竞争效应来改善产业结构。

进口溢出途径有四种：（1）中间产品尤其是资本品的进口，增加国内资本存量，具有累积效应，直接提高本国资源的生产率。（2）凝聚在产品中的知识和技术在各国扩散，提供了学习国外生产方法、产品设计、

① 自主全球价值链模式，是指坚持自主创新，树立自主品牌，在模仿的基础上，整合全球资源，进行联合开发和“干中学”，利用自主研发平台使技术知识和经验成为组织内的技术能力。而嵌入全球价值链模式是指希望按照“引进—消化—创新”的模式在内部产生技术外溢效应和学习效应，逐步实现产业升级和自主品牌的生产。

组织形式和市场条件的低成本途径，可以让发展中国家更有效的配置国内资源来实现自身的技术进步。(3) 模仿国外技术并进行适宜国内生产的改造。(4) 贸易本身会促进一些新的技术的产生，从而间接地提高国内企业的生产能力 (Coe et al.，1997)。

出口中学习效应途径有两种：(1) 出口企业通过与外国消费者的相互作用，对产品质量的更高要求会促进出口企业生产率提高。(2) 通过进入发达国家市场，学习产品设计、建立能提高工艺过程的市场网络获得技术扩散。

出口竞争效应途径有两种：(1) 国际市场竞争迫使效率低的企业退出国际市场，促使出口企业不断提高效率、改进产品质量、采用新的技术或设备等活动来降低成本。(2) 贸易可以促使各国按比较优势分工，加上规模效应的存在，一国在更有效率的产业上专业化。

然而，王永齐 (2006) 指出，贸易收益主要来自内生在贸易品中的技术溢出效应，溢出效应的大小与贸易结构有着直接的关系。局限于初级产品的贸易不仅没有技术溢出吸收，反而消耗了本国大量资源，破坏本国环境。产生进口溢出、出口中学习及出口竞争效应的前提是与发达国家能够产生技术外溢部门的贸易，且本身具有吸收溢出效应的能力。通过贸易促进工业结构升级必须具备以下三个条件：(1) 进入国际市场。出口企业比非出口企业生产效率更高，企业进入国外市场后生产成本会降低，并通过指导和示范作用直接或间接地传递给当地企业，从而对本国企业有正的外部性 (Clerides et al.，1998)。(2) 具有模仿和创造的技术投入，模仿在日本和东亚新兴经济体中起了重要作用。通过贸易可以节约一部分研究与开发费用，尤其是发展中国家可以通过进口学习和吸收发达国家的先进技术，促进生产技术的提升。(3) 促进本国市场的竞争。竞争的加剧，使得低效率的国家和企业退出市场，资源向效率高的行业和企业流动，资源配置得到优化。竞争会减少垄断租金，降低产品成本和价格，只有高效率的企业，才能在出口市场获得市场份额和利润，而效率较低的企业会遭受损失。

三　外商直接投资促进产业结构升级的途径与条件

从宏观层面来看，国际经济中跨国公司利用对外投资保持自身的产业高度优势、技术优势的战略，但同时资金输入国会利用外资推进本国产业升级。关于投资国理论有弗农（Vernon，1966）的产品生命周期理论[①]和小岛清（Kiyoshi Kojima，1978）的边际产业转移[②]理论；利用外资促进东道国产业升级的理论有赤松（Kaname Akamatsu，1932）的雁行模式理论（Flying－geese Paradigm）和小泽辉智（Teretomo Ozawa，1992）的“增长阶段模式”理论（Stages of Growth Paradigm）。雁行模式理论指出，一国产业成长要经历引进产品、进口替代、出口增长、成熟和再进口五个阶段，而产业结构升级依次分为劳动和资源密集、技术密集和资本密集三个梯级。“增长阶段模式”理论则引入跨国公司与直接投资因素，认为各国经济发展水平具有阶梯形的等级结构，这种结构为发达国家创造了转移知识和技术的机会，为发展中国家和欠发达国家提供了赶超机会。跨国公司的直接投资使得东道国在经济发展的初期会同时出现一般消费品的生产和资本技术密集型产品的生产，从而有利于东道国建立自己有竞争力的产业，缩短东道国向技术密集型产业升级换代的时间，成为东道国产业结构调整的助推器。

从微观机制而言，外商直接投资对东道国产业结构的影响是通过对当地企业的影响发生作用的，溢出效应是东道国产业结构升级的重要渠道。技术溢出促进了东道国企业的管理与技术水平，改进本土企业的产品质量和竞争力，从而推动产业结构优化升级。按照溢出的方向，技术溢出可以分为行业内溢出（水平溢出）和行业间溢出（垂直溢出）。行业内溢出是指那些在相同部门或区域的企业间非自愿的技术知识的扩散，传导的渠道有三种：（1）示范效应（Swan，1973）。外国企业可以刺激东道国企业的进入，通过对外企新技术、新产品、生产流程的模仿和学习提高了自身的技术水平，从而促进了相同行业内国内企业的发展。（2）竞争效应（Wang and Blomstrom，1992）。（3）员工的培训和流动（Gerschenberg，

① 产品周期理论指出了企业为了顺应产品周期的变化，规避某些产品生产的比较劣势，在产品成熟阶段和标准化阶段逐步向国外低成本地区转移产业，从而引起投资国和东道国产业结构变动和升级。

② 边际产业，是指按照比较成本原则，一个国家的某些在本国已经或即将失去发展空间的产业，而这些产业在另一些国家可能正处于优势地位或潜在的优势地位。边际产业转移理论则主张，对外直接投资应从投资国的边际产业依次进行。通过这种方式，投资国就可实现规避产业劣势、转换和优化产业结构的目的。

1987；Pack，1993），跨国公司对当地员工，尤其是管理人才、研发人才的培训投入提升了当地人力资本存量。当这些人才流动时，获得的知识会扩散出去。行业间溢出通常由买方和卖方之间的联系产生，即外资企业通过与国内企业上、下游产业的前后向联系带动了当地企业的技术进步（Rodriguez－Clare，1996；Markusen and Venables，1999）。外商企业与供应商的联系被称为后向联系渠道的技术溢出[①]；与客户的联系被称为前向联系渠道的技术溢出[②]。就行业内而言，外商直接投资通过水平联系会影响东道国企业的发展；就行业间而言，外商直接投资会通过后向联系与前向联系分别影响上游行业与下游行业东道国企业的发展。作为反馈效应，上游行业和下游行业中东道国企业的发展又会进一步影响外商直接投资所进入行业的发展，从而间接地产生了水平效应（见图12－1）。

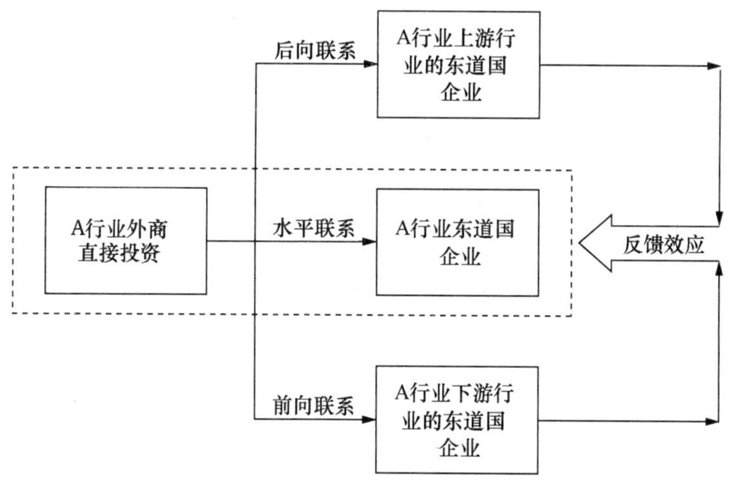

图12－1　外商直接投资溢出与东道国产业发展

① 企业为了保证其投入品的质量，通常愿意将知识技术转移给其供应商。与此同时，企业还会施加严格的质量要求和质量控制，从而迫使供应商升级技术和管理能力（Kugler，2000；Moran，2001）。

② 实际上，我们假定一个企业的技术和专门知识可以反映在产品质量上。当这些产品被其他企业作为投入品时，它们的质量会有利于企业生产率的提高。

随着外资的进入及一国工业化的发展,某一产业会逐渐衰落,并将转移到低一个梯级的国家和地区,新的外资会进入并形成新的产业,从而通过产业转移形成产业替代,推动产业升级。但如果外资进入的目的是攫取当地自然资源或者占领当地市场,对东道国技术溢出的可能性就大幅度降低。且跨国公司进入导致的竞争加剧会降低市场价格,从而减少了东道国企业的利润,并挤出了部分企业;面对竞争的加剧,国内企业不得不加大研发投入,加速生产技术、生产设备的更新升级,也会提高其生产效率与竞争力。

获取外商直接投资产业转移和技术溢出效应的前提与获取进口技术溢出效应、出口中学习效应、出口竞争效应类似,存在的一个隐含前提为:投资国或贸易国是生产率高、技术高的国家或产业。发达国家的知识存量和研发密度较高,高技术行业技术外溢对产业生产效率的提升作用大于低技术行业技术外溢,同时发达国家消费者对产品质量要求越高、企业效率也较高。因此,发展中国家与发达国家贸易获得技术外溢、获得正的出口学习效应和竞争效应的可能性要大于发展中国家间的贸易;吸收发达国家或具有较高技术水平的跨国公司投资,才有获得较强技术外溢的可能。另外,获得技术外溢的大小与国内吸收能力相关,基础设施(尤其是电话、网络的使用),国内劳动力受教育程度,国内制度、法律等都有重要的影响。而价值链的升级除了单纯提高生产率外,更需要形成本土企业内生的技术能力,本地企业而非跨国公司的策略性分支机构作用更重要,其次本国科研机构或企业长期技术积累而非技术引进/消化更能获得成果,因此,政府对本土企业技术自主创新的倾斜性政策、市场竞争扮演着重要作用。

第二节　贸易、外商直接投资与我国工业结构升级的相关关系

全球化日益成为世界发展不可阻挡的潮流,我国实行改革开放、加入世界贸易组织更是主动顺应这种趋势的具体表现。我国的贸易总量,利用外商直接投资金额持续快速上涨,经济总量大幅度增加,经济结构也由农业国提升为工业国。那么,我国贸易结构、外商直接投资结构是否得到优化,工业结构的升级是否是由贸易、外商直接投资增长促进的呢?本节通

过1992年以来的数据分析我国贸易、外商直接投资结构现状，讨论贸易、外商直接投资结构优化的影响因素，并分析三者之间的相关关系。同时，根据经济全球化发展趋势，进一步讨论我国工业结构升级过程中可能面临的外部冲击和挑战，给出一个相对完整的贸易、外商直接投资与工业结构相关关系和趋势。

一　我国贸易结构现状及趋势

进口具有一定的技术溢出效应，进口产品技术程度越高，对产业结构优化的作用往往越大。1992年，我国确立市场经济改革目标以来，制造业进口总量大幅度上升。2002年以前，我国进口产品主要以中高技术为主，但占比逐渐降低。1992—2008年间，高技术和信息技术产品进口占比持续增加，中低技术和低技术产品占比持续降低，2003年高技术产品进口占比超过中高技术占比（见图12－2）。不同技术占比增长速度变化较大，尤其是高技术和信息技术业（ICT）的进口增长速度较高，低技术和中低技术行业进口增长速度大幅度下降（见图12－3），我国进口结构持续优化。

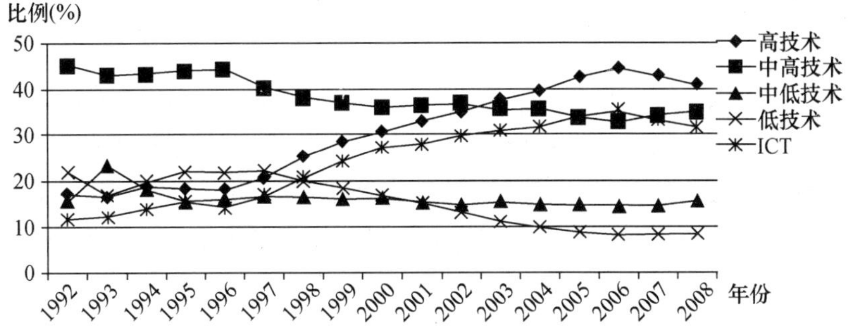

图12－2　中国不同技术制造业进口占比（1992—2008）

资料来源：OECD，STAN *Bilateral Trade Database*（*BTD*）（下同）。

出口结构取决于生产结构，出口结构的变化能部分反映我国产出结构的改进。1992年，我国低技术产品出口占我国制造业出口60%以上，高技术产品出口仅占12%。1992—2008年间，低技术产品出口占比持续下降，至2008年，低技术出口占比26%，高技术产品出口占比31%，信息

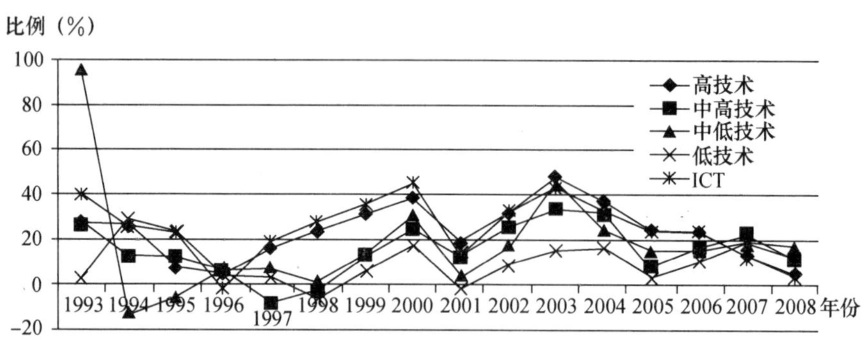

图 12－3　中国不同技术制造业进口增长（1993—2008）

技术产品出口占 28%，出口结构得到优化（见图 12－4）。1993—2003 年，高技术和信息技术出口增长较快；2003—2008 年，增速放缓；2005—2008 年，出口占比呈现缓慢下降趋势。受 2008 年金融危机影响，我国出口结构优化速度减缓，中高技术和中低技术出口占比呈现上升趋势，增长速度超过高技术产品出口增长（见图 12－5）。与美国、欧盟、韩国、日本、新加坡等发达国家相比，我国出口结构还有待优化，我国高技术和低技术产品出口占比较大，而中高技术和中低技术出口较弱，呈现"两头大，中间小"的格局。而新加坡、韩国、日本、中国香港等地出口高技术、中高技术占比大，低技术占比低的"倒金字塔"形结构；美国、德国、英国出口结构为中高技术占比最高，高技术和中低技术出口占比相当，低技术占比低的"中间大，两头小"的格局。与印度相比，我国的高技术、中高技术占比均较大，工业出口结构相对优化（见图 12－6）。

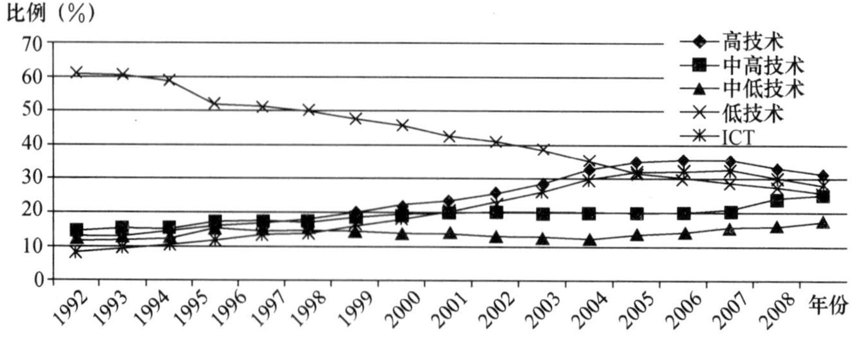

图 12－4　中国不同技术水平出口占制造业出口比例（1992—2008）

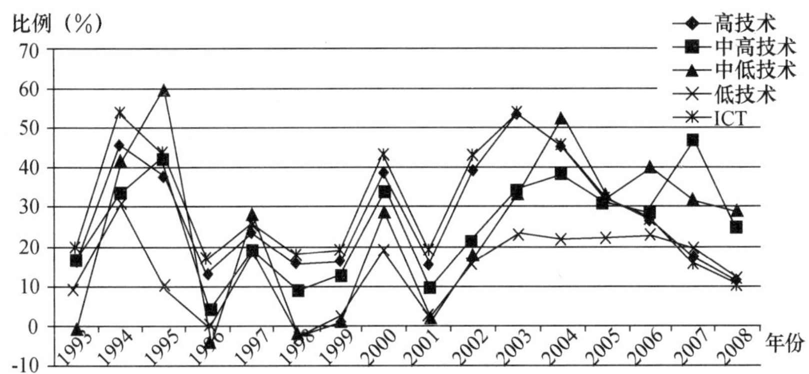

图 12－5　中国不同技术制造业出口增长速度（1993—2008）

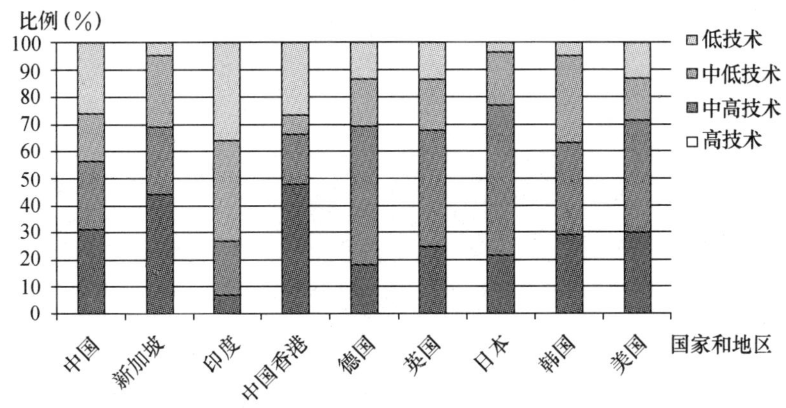

图 12－6　2008 年中国出口结构的国际比较

目前，机械电子类产品成为我国主要的出口品，出口贸易的技术结构得到了一定改善，但我国出口方式以加工贸易为主，处于全球价值链的低附加值的加工组装环节。而一国出口贸易技术含量的高低，说明了一个经济体出口结构及工业结构的类型。如果是资源投入型，则工业模式不可持续，会损害长期经济发展的潜力；如果是技术附加型则是可持续的（杜修立、王维国，2007）。出口贸易技术含量一般用出口商品高度化指数衡量，确定每类产品技术含量水平，再分析出口结构，计算公式为：PRO-

$DY = \sum\left(\frac{s_i}{\sum s_{ij}}Y_c\right)$；表示商品 i 的出口高度化程度，$\frac{s_i}{\sum s_{ij}}$表示 i 类产品在 c 地区出口中所占的比例，Y 为出口地区的收入水平；$EXPY = \sum s_{ic}PRODY$，表示各地区出口商品高度化指数值越大，出口商品技术含量越高。

通过图 12－7 可以看出，我国各省市出口商品高度化指数逐年增长，总的来讲，东部地区高于中西部。通过个体固定效应检验结果显示，经济越发达、开发程度越高的地区，其出口商品高度化程度对外界环境（比如国际直接投资、贸易方式等）越敏感，经济欠发达、开发程度较低的地区，其出口商品结构高度化程度对外界环境不敏感（卫平、冯春晓，2010）。说明东部地区出口多是通过外商直接投资拉动，而中西部地区多为自主出口。中部地区出口商品高度化指数增长较快，表示中西部出口商品结构正在优化。可能原因是东部地区工人工资等成本增加，迫使东部地区出口企业向中西部转移，从而带动出口技术水平增加。

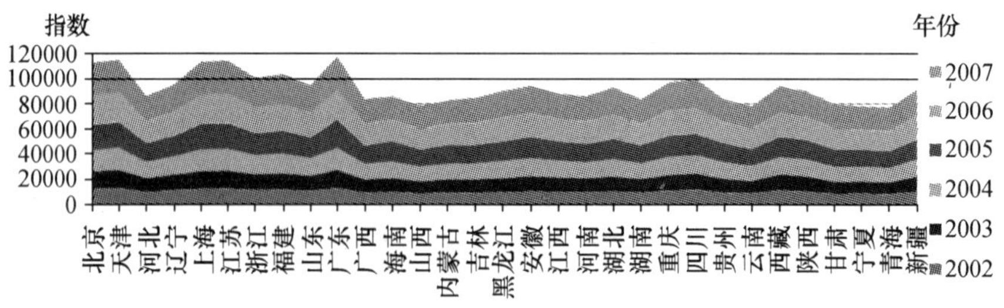

图 12－7　我国 2002—2007 年各省市出口商品高度化指数

贸易结构优化可以带动产业结构的优化，而影响贸易结构优化的因素较多。现有研究认为，重要的因素主要有以下几种：

（1）国内要素禀赋和制造能力。出口结构由生产结构决定，一个产业规模越大，国内制造能力越强，越具有规模经济，绝对出口规模越大。国内人力资本存量和劳动生产率的大小对贸易结构也有很大影响，我国广东、江苏等东部沿海地区，人力资本存量较高，产品的高度化指数较大，而山西、云南等中西部地区出口商品高度化指数较低。

（2）在全球分工中的格局。2010 年我国出口企业中外资企业占到

28.3%，出口总值占54.6%①。外资的进入也带来新的管理、技术及营销网络，同时加强了国内市场的竞争。卫平、冯春晓（2010）的研究也表明，外商直接投资和对外直接投资对出口商品结构高度化均具有促进作用。刘志彪、张杰（2009）指出，我国技术水平对出口商品结构影响不大，中国本土企业有可能被国际大买家“俘获”或“锁定”于全球价值链分工体系中的低端环节，从而造成中国本土企业出口竞争优势持续提升能力的缺失。

（3）企业所有制结构。江小涓（2007）、卫平和冯春晓（2010）的实证研究都证明，企业所有制结构对出口商品结构有一定的影响。外资企业主要通过加工贸易的方式出口，而国有企业主要通过一般贸易出口，出口产品品种也有差别。外资企业增加能促进出口增长，但对出口商品结构高度化没有显著的促进作用。

（4）竞争、制度、法律等外部环境。当国内市场扩张时，部分获利较低的出口产品会转向内销，国内市场竞争程度会加剧，企业会通过提高品质、降低成本等方式来提高效率，产业结构会提升。鲁晓东、赵奇伟（2010）认为，很多贸易国的人为阻力阻碍了中国出口效率的提高。国内制度、法律支持有序竞争、市场经济、技术提升和基础设施改善时，市场价格信号能反映真实的供需关系，有效的制度能促进资源禀赋的更为有效的配置，有利于新产品的产生和生产效率的提高。

二　我国外商直接投资现状

我国实际利用外资1985年为19.56亿美元。1992年后快速上涨，2009年达900.33亿美元，1979—2009年30年间，实际利用外资总额达9426.46亿美元，其中，对制造业采用外商直接投资占总外商直接投资比例从1993年的46%上升到2000年的79%，随后呈现波动下降的趋势，2009年占比为51.9%（见图12-8）。中国吸收外商直接投资主要来自中国香港、新加坡、日本等亚洲地区及英属维尔京群岛、开曼群岛等离岸经济体（见图12-9）。

① 参见中国海关统计资讯网（http://www.chinacustomsstat.com/aspx/1/NewData/Stat_Class.aspx?state=4&t=2&guid=4086）。

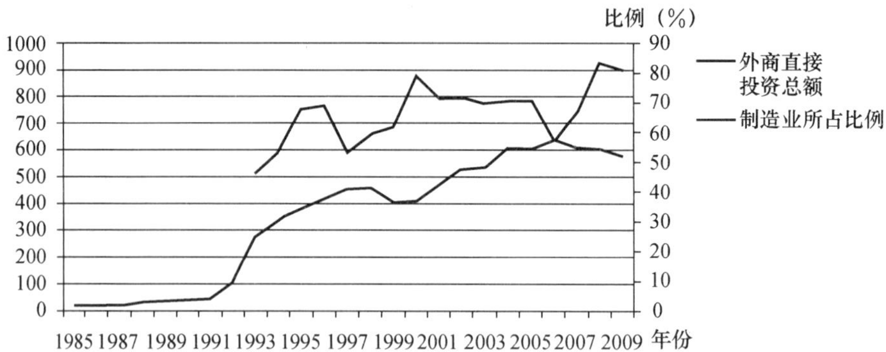

图 12-8　我国实际利用外资总额及制造业所占比例（1985—2009）

资料来源：《中国统计年鉴》（各年）。

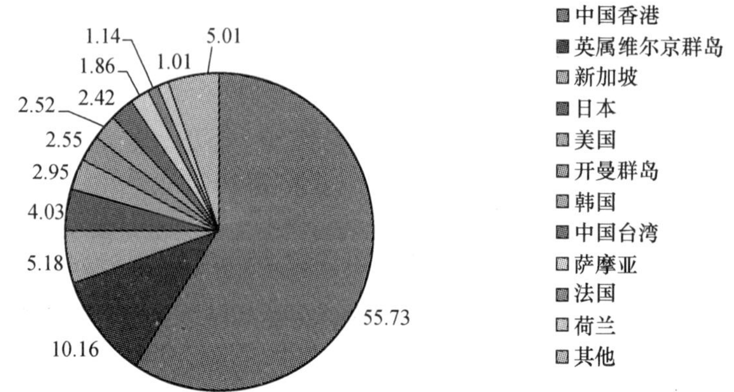

图 12-9　中国分国别和地区外商直接投资所占比例（单位：%）（2010 年 1—10 月）

资料来源：《中国统计月报》。

在各工业行业中，除了烟草加工业外，外资企业出口倾向均高于国内企业；除了烟草加工业，服装、皮革、家具制造业等少数几个行业外，外资企业的生产率均高于内资企业，化工、交通设备制造业中外资企业生产率是内资企业生产率的两倍以上（见表 12-1），外资企业对内资企业存在技术外溢的空间。

表 12－1　工业行业国有企业、外资企业出口倾向和外资内资企业生产率比

行业	国有企业出口倾向		“三资”企业出口倾向		外资企业生产率/内资企业生产率	
	2005 年	2006 年	2005 年	2006 年	2005 年	2006 年
农副食品加工及制造业	0.106	0.106	0.171	0.169	1.367	1.276
饮料制造业	0.042	0.042	0.038	0.044	1.882	1.863
烟草加工业	0.009	0.008	0.001	0.003	0.085	0.071
纺织业	0.270	0.247	0.491	0.473	1.040	0.980
服装及其他纤维制品制造	0.486	0.455	0.631	0.616	0.843	0.849
皮革毛皮羽绒及其制品业	0.517	0.484	0.703	0.659	0.652	0.651
木材加工及竹藤棕草制品业	0.219	0.205	0.453	0.423	1.116	1.078
家具制造业	0.527	0.476	0.730	0.682	0.989	0.813
造纸及纸制品业	0.077	0.090	0.168	0.199	1.571	1.537
印刷业记录媒介的复制	0.113	0.104	0.279	0.267	1.279	1.282
文教体育用品制造业	0.654	0.633	0.755	0.748	0.721	0.680
石油加工及炼焦业	0.027	0.019	0.115	0.115	1.743	1.792
化学原料及制品制造业	0.096	0.093	0.179	0.175	2.649	2.601
医药制造业	0.109	0.114	0.123	0.141	1.546	1.472
化学纤维制造业	0.063	0.069	0.109	0.111	1.666	1.649
橡胶制品业	0.262	0.263	0.394	0.408	1.120	1.012
塑料制品业	0.259	0.243	0.467	0.448	0.952	0.923
非金属矿物制品业	0.105	0.100	0.281	0.264	1.408	1.298
黑色金属冶炼及压延加工业	0.054	0.069	0.077	0.091	1.551	1.552
有色金属冶炼及压延加工业	0.089	0.088	0.191	0.175	1.245	1.264
金属制品业	0.273	0.260	0.500	0.491	1.207	1.056
普通机械制造业	0.168	0.163	0.332	0.344	1.745	1.494
专用设备制造业	0.127	0.143	0.307	0.319	1.419	1.347
交通运输设备制造业	0.120	0.134	0.130	0.137	2.884	2.645
电气机械及器材制造业	0.279	0.262	0.501	0.470	0.855	0.786
电子及通信设备制造业	0.602	0.654	0.676	0.726	1.486	1.184
仪器仪表文化办公用机械	0.540	0.505	0.732	0.689	1.387	1.211

资料来源：课题组计算。

吸收外商直接投资在国内的分布呈现出从东南沿海向中西部转移的趋势，尤其是2007年次贷危机以来，四川、广西、湖南等省利用外商直接投资增长速度明显高于浙江、广东等省（见图12-10）。外商直接投资流入方向可以初步反映国际产业向国内转移的趋势，已经由沿海省市向中、西部地区转移，有利于东部地区工业内部结构优化升级，中、西部地区从农业为主转向以工业为主。

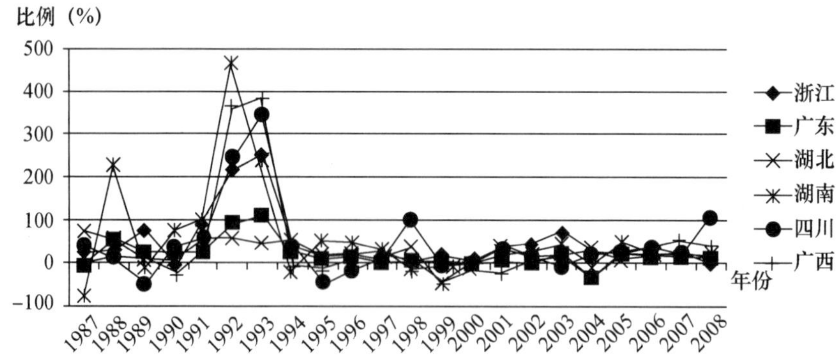

图12-10　我国东部、中部、西部六个省利用外商直接投资增长速度（1987—2008）

在全球化的经济发展时代，任何企业的发展都无法脱离国际化分工体系。企业的外方合作伙伴可以为该企业提供信息和技术等方面的帮助，从而促进该企业与其他外国企业前后向联系的发生。与跨国公司垂直联系的建立会进一步增强企业的竞争力和市场地位；反过来，这又会强化两者之间的相互联系。影响外商直接投资技术外溢的因素主要有以下几种：

（1）外方合作关系和商业协会。世界银行2001年对中国企业的微观调查数据表明，企业出于四个因素的考虑加入商业协会①：解决了市场中存在的信息不对称问题、为企业融资提供了条件、促进了成员企业的技术水平、降低了企业间的交易成本，这些因素进一步促进了内外资企业前后

① 83.84%的企业认为，商业协会有利于成员获取市场信息；43.42%的企业认为，商业协会将有助于成员获取信贷；39.86%的企业认为，商业协会可以定义标准且监控质量和企业业绩；30.78%的企业认为，作为权威机构，商业协会有利于成员供应商和客户间的合作。

向联系的发生。

（2）工业园或出口加工区形成的产业集聚。正如克鲁格曼和维纳布尔斯（Krugman and Venables，1995）所指出的，通过生产投入联系在一起的企业可能会形成集聚，而这不仅会导致技术溢出和形成专业技能工人的共同市场，还会促进该地区专业化投入和服务的发展，跨国公司有增加本地采购的动机。在中国特有的国情下，工业园或出口加工区会促进了产业集聚的形成。

（3）国内市场中进口产品份额。进口产品通常具有较低的成本和较高的质量，随着国内市场中进口产品份额的增加，东道国的企业将面临着更大的竞争压力。在此背景下，融入国际生产体系并与跨国公司建立供应联系成为了东道国企业改善经营和促进发展的最佳途径。

（4）受过国外教育经理的人数比例。国外的教育不仅有利于提高企业经理的管理水平和视野，还会极大地降低企业与外国公司进行合作的交易成本，从而有利于垂直技术外溢联系的发生。

（5）企业出口倾向。一般而言，具有较高出口倾向的内资企业通常具有较高的生产率。显然，较高的生产率使得内资企业具有较高的竞争力，这有利于其为国内的跨国公司提供中间投入品，从而促进了后向联系；随着我国出口产品技术含量的提高，为了满足国外市场对产品质量和技术的高要求，内资企业从跨国公司购买中间投入品的可能性会较高，获得技术外溢的可能性增加。

三　贸易、外商直接投资与工业结构的相关关系

本文在第一章中构建了工业结构优化评价指标体系，其中重工业化指数、行业增加值率、能源消耗利用效率、研发投入强度能反映工业化进程中重化工业发展程度、工业结构高附加值化水平、工业部门能源配置效率及研发投入比例等。这些指标的变动能部分显示我国工业结构优化升级的趋势。在开放条件下，这些指标都受到出口、进口及吸收外商直接投资的强度和增长速度变化的影响。行业增加值率、根据 KLEMS 体系计算的全要素生产率、能源利用效率的变化能很好地反映工业结构优化升级的过程，行业增加值率高、TFP 贡献增加则表示工业结构优化。

本书构建以下模型研究贸易、外商直接投资与工业结构之间的关系：

$$ind_t = \alpha_0 + \alpha_1 \log(fdi_t) + \alpha_2 \log(export_t) + \alpha_3 \log(import_t) + \varepsilon_t \quad (12-1)$$

$$ind_{it} = \beta_0 + \beta_1 \log(fdi_t) + \beta_2 \log(export_t) + \beta_3 \log(import_t) + \varepsilon_{it} \quad (12-2)$$

（12－1）式中，各变量均为工业整体的时间序列数据，ind_t分别为重工业化指数、工业增加值率、能源利用效率、研发投入强度、国内专利授权量。fdi_t、$export_t$、$import_t$ 分别为中国实际利用外资数量、出口总量、进口总量。数据来源同第一章，时间段为1985—2009年。

（12－2）式中，各变量为工业内部各行业的面板数据，ind_{it}分别为行业增加值率、能源利用效率、行业TFP等。选取行业为采矿业，制造业，纺织业，化学原料及化学制品制造业，医药制造业，通信设备、计算机及其他电子设备制造业，通用、专用设备制造业，电力、燃气及水的生产和供应业8个产业1995—2008年的面板数据。

表12－2　贸易、外商直接投资与整体工业结构优化升级的回归结果

	重工业化指数	工业增加值率	能源利用效率	研发投入强度	国内专利授权量
$\log(export_t)$	－0.0798***	－0.1040*	0.0287	－0.0109	4.2889***
	(0.0251)	(0.062)	(0.0612)	(0.0087)	(1.2369)
$\log(import_t)$	0.1868***	0.1369**	0.1829***	0.0186**	－3.6825***
	(0.0257)	(0.063)	(0.0624)	(0.0089)	(1.2626)
$\log(fdi_t)$	－0.0287***	－0.0055	－0.0383***	－0.0039**	0.3022
	(0.0052)	(0.0127)	(0.0125)	(0.0018)	(0.2533)
R^2	0.965	0.238	0.966	0.388	0.858

注：括号内为标准误，***、**、*分别表示在1%、5%、10%水平上显著。

资料来源：笔者计算。

从表12－2可知，贸易、外商直接投资对工业结构演变具有较大的解释力，尤其在重工业化指数、工业能源利用效率、专利授权量等指标上。出口和外商直接投资变化对重工业化指数、工业增加值率、研发投入强度和国内专利授权量四种代表工业结构变化变量指数影响方向相同，也间接地显示了我国吸收外商直接投资与出口的紧密的关系，外资企业出口倾向高于国内企业。另外，进口与外商直接投资对五种指数变化影响符号均不同，进口具有进口累积、进口溢出效应，外商直接投资具有技术外溢效应，进口与外商直接投资存在一定的替代效应。

出口对重工业化指数、工业增加值、研发投入强度影响系数为负，其中对重工业化指数和工业增加值率影响显著。纺织品等轻工产品一直是我国出口的优势行业，1995 年机电产品出口首次超过纺织品出口，机电产品出口大增；而我国重工业化指数在 2000 年后开始大幅增加，两者的变动不存在同步性。且在 20 世纪 90 年代中期，加工贸易占比超过一般贸易，而加工贸易增加值比率低于一般贸易，研发投入也低于平均水平。但对能源利用效率、国内专利授权量影响为负，其中对国内专利授权量影响显著。出口学习、出口竞争效应存在，使得能源利用效率有所提高，带来一定的技术进步。

进口对重工业化指数、工业增加值率、能源利用效率、研发投入强度影响系数为正，且均显著，存在进口累积、进口溢出效应。我国进口主要集中于机械设备、零部件等行业，能显著增加工业增加值；引进国外先进设备能很有效地改进工业能源消耗，且资本品和研究设备的进口可以直接计为研发投入，增加研发投入强度。进口对国内专利授权量影响为负，且显著。说明进口的累积、溢出效应并不能直接表现在专利授权量上，简单的进口并不能直接带来研发产出的增加。

外商直接投资变化对重工业化指数、工业增加值率、能源利用效率、研发投入强度的影响均为负，且除工业增加值率指标外均显著。外商直接投资主要集中于制造业，且多关注生产环节，对工业总产值贡献较大，但对工业增加值贡献较小，能源消耗量较大。因此，外商直接投资的影响均为负。但对专利授权量影响为正，但不显著。说明外商直接投资存在技术溢出效应，不同行业的溢出效应互相抵消，总体溢出效应并不明显。

在分行业面板回归模型中，出口、外商直接投资变化对工业增加值、能源利用效率、TFP 影响符号相同；进口对工业增加值影响为正，对能源利用效率、TFP 影响为负。与表 12－2 中整体回归结果不同，可能原因是不同细分行业之间差异较大，在加总效应中互相抵消，因此分行业回归结果与工业整体有较大出入。

出口对三项指标影响均为正，且显著。说明，在样本行业中，出口能显著促进工业增加值、能源利用效率和全要素生产率的增加，带来工业结构的优化升级。所选行业出口竞争优势较高，出口竞争、出口学习效应存在，出口企业效率一般高于非出口企业。进口对工业增加值影响为正，对能源利用效率和 TFP 影响为负，均显著；但进口存在滞后效应，进口的 2 阶滞后期对工业增加值、能源利用效应均为正，且显著。说明进口累积、进口溢出效应存在一定的时滞，在当期的影响可能为正，但滞后期存在正的效应。可能原因是进口产品的技术的消化、吸收、创新需要时间。因此，长期、短期的总体效应并不明确。

表 12－3　贸易、外商直接投资对工业行业结构优化升级的回归结果

	工业增加值	能源利用效率	TFP①
log（$export_{it}$）	0.7190***	0.4964***	0.0350*
	（0.0371）	（0.0302）	（0.0202）
log（$import_{it}$）	0.1167***	－0.0139**	－0.0148*
	（0.0334）	（0.0063）	（0.0079）
log（fdi_{it}）	－0.0418*	－0.0311	－0.0079
	（0.0215）	（0.0237）	（0.0107）
log［$import_{it}$（－2）$_{it}$］	0.1321***	0.0116***	
	（0.0247）	（0.0037）	
R^2	0.9262	0.953	0.107

注：括号内为标准误，***、**、*分别表示在 1%、5%、10% 水平上显著。

资料来源：笔者计算。

外商直接投资对三项指标的影响均为负，但只有对工业增加值影响显著。说明不同行业外商直接投资效应差异巨大。结合表 12－2 结果，可以看出，外商直接投资的技术溢出效应并不明显。可能是跨国公司在中国投资主要是为了占领中国国内市场，并非为了提高中国工业水平。

因此，贸易（进口或出口）的增长能促进工业结构整体和分行业的工业

① 因数据有限，时间段为 1996—2006 年，行业减少医药制造业，数据量为 77 个。故采用随机效应回归。

结构优化，且优化的程度与行业密切相关，贸易结构优化有利于长期效应的发挥。但引进外商直接投资并不一定促进工业结构优化，短期中大量引进外商直接投资可以促进整体工业结构优化，但对具体行业则不同，只有提高行业外商直接投资技术溢出效应，才能达到工业结构优化升级的目标。

四　开放条件下工业结构升级趋势及面临的挑战

世界经济进入新的周期，支持中国对外贸易十多年快速发展的内外部因素都将发生重大变化，我国工业结构调整的外部环境仍有很多不确定因素。

2008 年以来的国际金融危机过后，全球经济和国际贸易增速将放缓。首先，根据国际货币基金组织（IMF）预测，2011 年全球经济增长 4.4%，未来 5 年增长 2.5%，经济复苏过程缓慢。因此，我国对外贸易虽已恢复到危机前的水平，但增长速度将放缓。其次，通货膨胀正在全球蔓延，2011 年上半年，印度、韩国、美国、欧元区、中国 CPI 指数均超过调控目标。如果通胀形势继续，势必影响各国经济复苏。再次，人民币升值，原材料、劳动力成本持续上升，国际大宗商品高位运行，我国工业成本将大幅度增加，但这也促进贸易结构的调整。最后，贸易保护主义抬头，随着出口产品结构升级，资本密集型和高技术产品的国际竞争力逐渐增强，发达国家和我国经济摩擦将呈现快速上升趋势。因此，从中长期看，贸易总量增长对工业结构升级的拉动作用将减弱；但贸易结构调整对工业结构升级的推动作用持续存在。

受世界经济周期下行影响，我国吸收外商直接投资增速放缓，全球产业转移速度也将放缓。同时，各国吸收外商直接投资竞争加剧。近年来，我国生产成本上升，部分外商直接投资流向越南等其他东南亚国家。但发达国家投资占比、以独资和并购方式进入、高技术产业和研发投入增加，中西部吸收外商直接投资增速开始加快，外商直接投资升级趋势明显。且上一节回归分析显示，现阶段外商直接投资的增长并没有显著促进工业结构优化升级。外商直接投资流入放缓和结构改善反而可能促进工业结构升级。

总的来讲，在开放条件下，工业结构优化升级速度将逐渐加快。但也面临以下几个方面的挑战：（1）全球经济波动带来的经济、政治、文化冲击。经济全球化是历史发展的必然趋势，在这个过程中国际组织，如世界银行、国际货币基金组织、世界贸易组织和跨国公司扮演着越来越重要的作用。而发达国家在国际组织中有较强的话语权，因此，各国政治、经济、文化都将面临发达国家世界观的冲击。（2）其他发展中国家的竞争。发展中国家往往具有相同的资源或劳动力优势，在进入发达国家市场和吸引外商直接投资时有类似的低成本优势，因此，不同发展中国家在国际货物和资本市场面临着激烈的竞争，贸易利润受到挤压。（3）面临技术更新压力。以计算机和互联网为代表的第三次技术浪潮极大地缩短了技术更新的周期，高新技术国家把握了产业发展的新趋势，发展中国家只能处于技术跟随地位。同时发达国家通过限制技术转移和外溢，给发展中国家技术创新设置了较高的门槛。发展中国家自主创新的技术可能很快就被其他国家超越和淘汰。（4）优秀人才流失的威胁。进入中国的大型跨国公司往往有相对优越的工作环境，更完善的激励体系和升职空间，将吸引大量的本国优秀人才加入，民族企业和科研行业面临着人才欠缺和流失的危机。

五　小结

我们的研究表明：1992 年以来，我国进口产品技术结构不断优化，进口品中高技术产品占比持续上升，低技术产品持续下降。出口产品中低技术产品占比大幅度下降，高技术产品稳步上升，但与欧美发达国家相比，中高技术、高技术产品占比仍然偏低。我国各省市出口商品高度化指数逐年增长，东部地区高于中、西部，但呈现出从东部向中西部转移的趋势。我国实际利用外资数量自 1992 年后快速上涨，主要来自中国香港、新加坡、日本等亚洲地区和离岸经济体。外资企业的出口倾向、生产率总体高于内资企业。2007 年次贷危机以来，我国中、西部地区利用外商直接投资速度明显开始高于东部地区。

对工业整体 1985—2009 年的时间序列回归中，进口增长能显著促进工业增加值率、能源利用效率的增长，出口增长能促进国内专利授权量的增加。出口增加，外商直接投资对重工业化指数、研发投入强度影响为负。存在一定的进口累积、溢出效应，外商直接投资的溢出效应并不明显。在分行业面板数据回归中，出口增长、进口滞后项促进工业增加值、能源利用效率增长，出口促进工业结构优化升级（TFP 增长）；外商直接投资对三种指标的影响均为负。这些结果表明：现阶段贸易促进了我国工业结构优化升级，但不同行业外商直接投资效应差异较大，总体溢出效应却并不明显。但从中长期来看，贸易总量增长对工业结构升级的拉动作用将减弱，贸易结构调整推动作用持续存在；外商直接投资流入放缓和结构改善可能促进工业结构升级。但也面临着全球经济波动的冲击，其他国家竞争、技术更新和人才流失的压力。

第三节　基于全球价值链的工业结构升级案例分析

在开放条件下，如何顺利承接第三次国际产业转移是中国提升产业结构的关键所在。那么，中国顺利承接国际产业转移的影响因素有哪些呢？现有研究表明主要受两方面因素影响。一是现有产业优势。在封闭经济条件下，全球价值链模式的产业转移取决于两地商务成本结构的对比；而在开放经济条件下，为了避免产业外移到其他发展中国家，只有立足于现有的产业梯度及在位优势和大国优势构建国内价值链，充分发挥学习曲线的效应（张少军和李东方，2009）。二是降低交易成本。随着要素成本上升和贸易摩擦增加等挑战，东部地区的国际代工企业目前正面临着产业内迁还是外移的重要抉择。只有在东部沿海地区已有的全球价值链基础上，着力延伸和大力发展国内价值链，构建以本土企业为主体的国内价值链。刘志彪和张少军（2008）认为，这一切的关键，在于能不能降低中西部地区的交易成本，形成企业健康发展的产业生态环境。本节主要以中国台湾电子信息技术产业、中国大陆汽车产业、船舶制造业、绍兴纺织品服装业的产业升级为例，分析不同技术水平产业在开放条件下结构调整的路径及效果，总结不同产业可能的升级路径。

一　中国台湾电子信息技术产业升级

电子信息产业，是20世纪80年代以来全球发展最为迅猛的产业之一。中国台湾从电子零部件加工生产基地到拥有华硕、宏碁、明基等多家品牌PC公司，IC设计营业收入居全球第二，仅用了30年时间，是OEM（贴牌生产）—ODM（原始设计制造）—OBM（自有品牌生产）成功的典型。

20世纪80年代早期，电子信息产品多在日本制造，沿“美国—日本—大中华区”雁行模式转移。但是，随着计算机存储器、主板等硬件的快速升级，以及美国对日本的贸易制裁，美国企业压缩了雁行层级，直接跳过日本将中国台湾作为计算机生产基地。早期，外商直接投资和OEM是中国台湾电子信息业生产和出口的主导。在80年代后期，本土企业开始创造自己的品牌。

20世纪90年代初期，世界经济发展放缓，新台币升值带来土地、劳动力成本上升，一些海外PC生产厂商开始转移，中国台湾将产业竞争优势开始转向产品设计和控制，进入ODM（原始设计制造）时期，完成价值链的设计、生产、交货、存货控制等领域，开始向价值链的上游和下游扩张，并将大量低端生产环节外包给中国大陆。

20世纪90年代后期，中国台湾业界认为，笔记本电脑将是PC产业的主导产业，成立了“笔记型计算机联盟”，华硕、宏碁、明基等自有品牌电脑销售量大增，并开始研发自己的CPU等核心技术，在世界电子信息产业中占有一席之地。

中国台湾电子信息技术产业走的是OEM—ODM—OBM的道路，从OEM进步到ODM是可行的，但从ODM转型到OBM就要受到原有国际大厂的挤压。但对华硕、宏碁等品牌电脑公司的研究发现，这些企业并不是从OEM慢慢地转为OBM，而是一开始就推出自己的品牌，兼做OEM和ODM，如宏碁在1981年就推出“小教授一号”品牌；华硕以ASUS主机板起家，后以ASUS品牌涉足笔记本电脑等。

二　中国汽车产业升级

汽车行业是技术密集型产业，其发展水平是一个国家工业整体水平的代表；汽车行业与其他行业具有较高的产业关联度，并且，汽车供应链是国际物流业公认的最复杂、最专业的供应链。在开放经济条件下，技术转移是发展中国家产业升级的重要渠道之一。而中国汽车产业的产生、发展与跨国汽车公司密切相关，经历了以市场换技术的技术引进、嵌入发展和自主创新的不同阶段。

（一）跨国公司技术转移阶段

跨国汽车公司在中国的技术转移路径可以分为三个阶段[①]。

---

① 肖群稀：《跨国公司技术转移路径与中国汽车工业技术进步》，硕士学位论文，上海社会科学院，2007年。

1. 成熟技术导入阶段（20 世纪 80 年代至 90 年代中期）

外商进入中国汽车工业领域开始于 20 世纪 80 年代。1983 年，北京汽车制造厂与美国汽车公司（AMC，后由克莱斯勒代替）合资经营北京吉普车汽车有限公司；1985 年，上海有关企业与德国大众汽车公司共同投资上海大众汽车有限公司；1986 年，广州汽车厂及中信公司与法国标致汽车公司等在广州合资经营的企业成立等。在这一阶段，跨国公司对中国的市场不了解，技术转移处于一种尝试阶段，合作初期跨国公司输出的车型桑塔纳、捷达、富康等都是已过了其在母国的成长期。除车型陈旧之外，跨国公司也将一批不能继续在母国生产的、低端的、污染较严重的汽车动力技术转移到我国。

2. 先进技术导入阶段（20 世纪 90 年代中期至 2004 年）

随着《汽车工业产业政策》的出台以及中国汽车市场规模的逐步扩大，通用、本田、丰田、福特、现代等世界汽车工业的巨头纷纷进入中国。由于新的竞争机制的引入，技术引进的局面陡然变化。例如，通用一开始就引进了技术较先进、配置较好的别克车型，同时建立的还有具有世界先进水平的汽车研发中心——泛亚。在这种竞争的压力下，大众的帕萨特、奥迪 A6 等一系列具备先进技术和与国际同步上市的轿车相继在中国下线。其他跨国汽车公司也纷纷推出具有先进技术和新颖设计的车型，技术转移的进程大大加快。

3. 技术研发中心设立阶段（2004 年至今）

出于全球化战略的考虑，跨国汽车公司纷纷加大了在华的研发力度。2004 年 6 月，通用汽车宣布与上汽集团共同投入 21 亿元人民币，用以加强对其在华合资研发机构——泛亚汽车技术中心的建设。同年，丰田先后设立了 2 家研发中心。2006 年，东风日产乘用车研发中心落户广州，2007 年福特公司宣布与南京航空航天大学、上海交通大学建立更广泛的全面合作，启动战略联盟。外资公司在中国建立的研发中心，只是为了配合中国市场销售而对原有车型进行的改造，目的是更好地占领中国市场，而不是纯粹的技术层面的研究开发。

（二）嵌入模式 VS 自主创新模式

我国国内的主要汽车集团多通过和跨国汽车公司进行合资，嵌入其主导的全球价值链，并试图通过市场换技术的方式提升自身实力。从短期来看，这种模式提升了我国汽车产业的整体发展水平，但也造成我国汽车产业普遍缺乏核心技术，在全球汽车价值链分工中被“锁定”于不利的地位。

1. 嵌入模式的技术封锁

大众汽车是我国汽车工业的第一个轿车合资伙伴，上海大众也成为“市场换技术的第一个实践者”。但是，从现实来看，以往“市场换技术”战略并不成功，中国企业非但没能换来核心技术，而且在一定程度上，对本土企业的自主创新产生了抑制作用。无论上海大众自己开发的 Neeza，还是一汽大众搞的新捷达，都几近胎死腹中。原因只有一个，即大众汽车对合资企业的技术封锁①。轿车整车开发分为五个层次：（1）引进产品的国内市场匹配；（2）零部件国产化及小改型；（3）内外部结构重大改型；（4）全新车身开发；（5）平台开发（底盘、发动机）。以上海大众为例，该公司目前正处于第三层面向第四层面的过渡，还没有达到底盘级的程度。平台技术是汽车企业的核心竞争力，大众等汽车公司绝不会轻易将耗时、耗力、耗财研发出的平台技术外漏，这也是合资公司自主研发车型必然流产的原因所在。

随着我国汽车产业的发展，对汽车零部件业的需求量每年都高度增长。跨国汽车零部件配套商争先恐后在中国以各种方式建立了合资或独资企业。据统计，目前外商在我国投资的零部件企业已接近500家，国际著名的汽车零部件企业，几乎都在我国建立了合资或独资企业。就零部件行业而言，典型的例子是上海博泽公司②。该公司主要为帕萨特、波罗等轿车配套门板系统，外方占股份60%，中方占40%。博泽外方在对合资企业进行技术输出时，收取了技术转让费和许可证费用。但是，上海博泽事实上根本得不到门板模块的核心技术，从而降低了本土企业产业升级的可能性。汽车行业的竞争已不仅仅是整车制造厂商之间的竞争，而是包括了零配件制造企业在内的汽车供应链和价值链之间的激烈竞争。一方面，中国本土零部件生产企业在规模与自主研发能力上都存在巨大差距；另一方

① 杨开然、关囡：《合资汽车企业遭遇大众汽车的技术封锁》，《京华时报》，2007年，国务院发展研究中心信息网。

② 吴建中：《汽车零部件企业的自主创新》，《汽车与配件》2007年第50期。

面，跨国公司对中国企业又实行技术封锁。这两方面的因素都制约了中国本土汽车产业的产业升级。

2. 民营汽车企业的自主创新模式

与上述国有大型汽车企业不同，国内一批新兴汽车企业，坚持自主创新，树立自主品牌，构建自己主导的全球价值链，增强了自身的核心竞争力（周煜和聂鸣，2007）。以奇瑞和吉利为例，虽然两者在发展路径上各不相同，但基本上走的是一条“模仿国外技术—消化吸收—整合国内外各种资源—改进性创新—自主创新”的发展模式，没有采取嵌入型发展模式，而是主动占领生产者驱动价值链中附加值最高的战略环节（如技术研发和自主品牌）。

以奇瑞为例，该公司从创立之初就坚持自主创新，现已形成以汽车工程研究总院、中央研究院、规划设计院、试验技术中心为依托，与奇瑞控股的关键零部件企业和供应商协同设计，与国内大专院校、科研所等进行产学研合作的研发体系。通过“以我为主，联合开发”的特色模式，掌握了一批整车开发和关键零部件的核心技术，通过开展深度化、广泛化的国际合作，通过对国外汽车设计公司、外国的技术人员、模块化的全球采购的整合，在自主研发平台上，组织各方技术人员进行联合开发，大幅度降低制造和开发成本，缩短了开发周期。2008 年，奇瑞公司成为中国首批“创新型企业”；“节能环保汽车技术平台建设”项目获国家科技进步奖一等奖，“轿车整车自主开发系统的关键技术研究及其工程应用”项目获国家科技进步奖二等奖①。正是在占领了生产者驱动价值链中附加值最高的战略环节的基础上，奇瑞和吉利通过前向整合和后向整合，构建了自己领导的价值链。

三　中国船舶制造工业升级

世界造船业最先的霸主源于以英国为主导的西欧，进入 20 世纪 50 年代，日本造船业崛起，而 70 年代开始，韩国预测到造船业将大发展进而加大投资，于 2000 年，新船接单和手持订单远超日本而成为新的造船业霸主。随着中国造船业的崛起，加上原材料、劳动力成本较低，于 2009

① 奇瑞汽车股份有限公司官方网站（http：//www. chery. cn/about/about_ jsp_ catid_ 11%7C17%7C21. html）。

年6月，新接订单和手持订单超过韩国，成为新的世界第一造船大国。

船舶工业不同于纺织业，属于资本密集、前期投资巨大的行业，中国船舶业建成了以中国船舶工业集团和中国船舶重工集团两大集团为主体的产业体系，市场集中度较高，但船舶同质性强，造船业外向度高①，受世界经济波动影响巨大。国际造船产业链为：国际海事组织（IMO）制定规范标准—欧洲、日本、韩国船企开发研制配套设备—韩国设计—中国进口配套设备、生产、出口。中国、日本、韩国等均连续担任国际海事组织的A类理事国，拥有一定的话语权，但IMO强制执行的PSPC涂层等新规仍在技术上给我国造船业设置了较高的门槛。船舶设计是生产的基础，中国只在化学品船、小型集装箱船等常规船型上有自主开发设计能力，而韩国的现代重工、三星重工等每年向市场推出20多种标准船型，引导着市场走向，掌握着市场竞争的主动权。另外，船舶47%的利润来自船用配套设备，而中国船舶配套设备和材料国产率较低，尤其是出口船舶，50%左右的配套产品从国外进口，成本占整船造价比例的20%—30%。中国仅通过出口嵌入国际造船业产业链。2009年以来，新船需求大幅度下降，造船产能过剩、人民币累计升值幅度较大等压力下，中国造船业也将面临衰退，成为造船强国仍有很长的路要走。

四　绍兴纺织品服装产业升级

与传统制造业类似，20世纪以来，世界纺织服装经历了三次转移：20世纪五六十年代早期，从北美和西欧向日本的第一次转移；60—80年代，从日本向“亚洲大三角”（中国香港、中国台湾和韩国）的第二次转移；八九十年代中期从亚洲大三角向其他亚洲国家以及拉丁美洲一些国家的第三次转移。在转移过程中，欧美和日本控制了价值链的高端，拥有品牌或控制批发/零售网络，中国香港、中国台湾及韩国企业从事设计开发、品牌营销及生产协调的环节，而内地中国及其他亚洲国家从事生产环节。

① 2010年，我国造船企业完工出口船5300万载重吨，占造船完工总量的80.8%；新承接出口船订单5702万载重吨，占新接订单总量的75.8%；手持出口船舶订单16573万载重吨，占手持订单总量的84.6%。资料来源：中国船舶工业行业协会（www.cansi.org.cn/cansi_ jjyx/171045.html）。

我国纺织服装业主要分布在浙江等沿海省市，呈现出口和内销分离的格局，其中绍兴是我国纺织品贸易的重要制造基地，拥有全球最大的纺织品贸易集散中心；宁波、温州拥有"雅戈尔"、"杉杉"、"报喜鸟"等成衣品牌，主要面向国内市场。2005—2010 年，中国服装产量分别增长 13.33%、5.88%、-1.11%、12.92%、-10.97%、9%，2010 年基本度过国际金融危机。2010 年，我国累计完成服装及衣着附件出口 1294.78 亿美元和 295.47 亿件，同比分别为 20.95% 和 13.72%，基本恢复到 2009 年以前水平，分别微低于 2008 年、2007 年同期 0.02% 和 0.38%。我国服装内销金额从 2005 年的 6826 亿元上升到 2010 年超过 14000 亿元[①]，累计增长了一倍，2010 年内销首次超过外销。

在国际金融危机之前，我国纺织业走的是粗放式产业、中低端产品的发展路线。绍兴自 1995 年进行大规模的设备更新换代以来，依靠产品量大价低成为中国纺织重镇，出口依存度高，为欧美国家提供代工生产和布料，完成"签订出口合同—采购原材料—生产—出运—交货"环节，对物流、零售等环节较少关注。2004 年以来，欧美国家多次对我国纺织品开展反倾销调查，贸易摩擦加剧；加上人民币升值、工资上涨和成本上涨、外贸政策调整压力，在 2004 年年底后，绍兴纺织加工业陷入困境。受国际金融危机影响，美国、日本市场需求大幅度下降，2008 年，国内纺织企业亏损数由 2007 年的 7293 家增加到 9654 家，亏损企业亏损额达 227.25 亿元，同比增加 99.85%[②]，而温州内销服装企业受影响较小。金融危机后期，由于石油、棉花等原材料价格下跌，服装企业成本下降。加上创建网上商城和出口转内销[③]等措施，以及绍兴主动转型，建立中国轻纺城、创意中心，定期发布柯桥纺织指数，鼓励企业在国内及非洲地区开直营店等外部环境的影响，2010 年绍兴出口形势逐渐企稳。2010 年，绍

---

① 中国服装业调查——《2010 年服装业经济运行概述》，http://www.pibu.cn/news/201103/24/2509_2.html。

② 闫见勍、何燕岚：《金融危机对中国纺织业出口影响比较分析》，《经济问题》2010 年第 12 期。

③ 2009 年 1—9 月，规模以上纺织企业内销产值 1177.83 亿元，同比增长 10%，增速较一季度和上半年分别回升 11.0 个和 1.6 个百分点，内销拉动行业增长 7.1 个百分点。《绍兴纺织业：转型升级中集体回暖》，《绍兴日报》2009 年 11 月 30 日第 001 版。

兴纺织业外资投资占比明显下降，但纺织行业的利润率仍在3%—5%的低位徘徊，在原材料价格尤其是棉花价格上涨的现实冲击、人民币升值预期强烈的情况下，绍兴纺织业复苏的双重压力，转型升级仍面临困局。

五　小结

我国产业格局现状决定了现阶段采取隐性升级模式更具可行性，实施OEM、ODM及OBM的动态组合；从单纯组装到模块化的升级策略、从制造外包向服务外包的升级；通过产业融合，同时实现工艺、产品、功能和价值链的升级。通过对比中国台湾电子信息技术产业升级和中国大陆汽车产业升级可以看出，单纯依赖外国的技术引进和承接外包的低端嵌入模式，并不能实现从OEM—ODM—OBM的升级。只有一开始就推出自有品牌，加上自主创新，突破技术封锁，吸收国外先进技术，进而创新开发，才能从生产大国向品牌大国转换。而通过进口设备装备的制造业，成为制造业大国相对容易，但在标准制定、设计上没有话语权，容易受制于上游国家。我国具有传统比较优势的劳动密集型产业中，专注于国内市场或国外加工市场，一旦市场发生波动，将受到较大冲击。简单地通过加工转配等环节进入国际分工，可以获取一定的资本积累和产业规模，但不再是产业升级的有效路径。

第四节　本章结论及对策建议

本章考察了在开放条件下如何运用全球价值链的理论分析国际分工对工业结构变动的影响。一方面，通过嵌入全球价值链，东道国企业可以根据各自比较优势合理配置资源，从而发挥规模经济和比较优势；另一方面，技术不会自动地从价值链的高端向低端扩散。跨国企业通常会把自身与代工企业的技术关联限制在安全的范围内，以阻碍其功能升级和链条升级。要拉动工业结构的升级前提是与发达国家或先进行业价值链产生联系，同时具备吸收进口溢出、出口中学习、出口竞争、外商直接投资技术外溢的条件和能力。

自确立市场经济地位以来，我国进口结构大幅优化，出口结构逐步改善；外商直接投资开始从东部沿海地区向中西部转移，外商直接投资技术结构提升并不明显。通过回归分析发现，我国进口、出口对整体和分行业工业结构优化有一定的促进作用，进口对整体作用大于出口，但出口对分行业结构优化作用较大。外商直接投资却对工业结构优化作用不大，外商直接投资存在一定的技术溢出效应，但不同行业溢出效应互相抵消，总体溢出效应并不明显。可能原因是外商直接投资目的主要是利用我国低成本劳动力和占领中国市场。不同技术水平产业结构变动的案例说明，单纯依赖外国的技术引进和承接外包的低端嵌入模式，并不能实现从 OEM—ODM—OBM 的逐步升级。

中国台湾电子信息产业、中国大陆汽车业等高技术、中高技术产业升级的路径表明，只有一开始就推出自有品牌，加上自主创新，突破技术封锁，吸收国外先进技术，进而创新开发，才能从生产大国向品牌大国转换。而中国船舶制造业、绍兴纺织品服装业结构变动及其面临的升级挑战表明，简单地通过加工装配等环节嵌入全球价值链，可以获取一定的资本积累和扩大产业规模，但不能获得核心竞争力，无法实现产业升级。要素禀赋的结构决定了工业结构的水平，我国劳动力相对丰裕，决定了我国现阶段工业结构和出口商品结构多为劳动密集型。产品内国际分工的兴起，同一个产品的生产环节拆分在全球完成，工业行业的竞争已不再是单独制造厂商之间的竞争，而是以价值链为单位的集群式竞争。只有那些能够打造更具竞争力价值链的企业，才能够在全球化时代占据有利地位，而这正是中国工业结构升级的重要渠道。

我国进口结构正在逐步优化，出口结构也有所改善，但产品的高度化和竞争力各地仍有很大的不同，出口品技术含量尤其是本土技术有下降的趋势（姚洋、张晔，2008）。在开放条件下，我国产业发展面临着发达国家资本流动冲击世界金融、经济、政治危机影响，其他发展中国家国际市场竞争，技术更新和人才流失压力等一系列挑战。如何将挑战转化为动力，危机转变为机遇，推动贸易结构改善，促进外商直接投资在我国的技术溢出，促进全球价值链的地位提升，进而达到优化产业结构的目的，仍然值得思考与讨论。结合本章的分析，我们认为，可以从以下几个方面着手：

一是加大研发投入，提高技术水平，促进劳动生产率增长。在世界贸易组织框架下，研发补贴是允许的，这样，既可避免直接产品补贴引发的贸易摩擦，又可在技术上自主创新。整合科研力量，建立由行业核心企业和行业科研机构组成的技术创新体系，从事前瞻性、基础性、关键技术攻关。劳动生产率提高是产业结构优化升级的最重要指标，在全球价值链分工中，拥有较高人力资本，才能顺利转移和吸收发达国家高技术，充分获取进口贸易的技术溢出效应和创新出新产品。日本、韩国、欧盟等国家和地区都在预测新的经济增长点的基础上，向本国具有潜力和比较优势的行业提供大量的科研补贴，帮助提高本国工业的竞争力。加强信息化与工业化深度融合，以纺织服装为例，设计周期短，市场偏好变化快，只有提高产业的快速反应能力和市场掌控能力，才能提高产品的多样化程度和附加值。

二是实施国际化战略，合理有效地利用外资，提高本土企业出口比重。嵌入全球价值链过程中，减少对特定国家或特定技术的依赖，实施国际化战略，打破跨国公司对核心技术的封锁，促进技术溢出并提升本土企业的技术实力。以 IAC 集团的跨国并购为例，从 2005 年开始，美国“破产重组之王”罗斯向汽车零部件业发动攻势。他通过一系列资本运作，对从欧洲、日本和美国并购到的企业进行重组，迅速发展成一个在全球 17 个国家拥有 90 个基地（包括生产基地和研发中心）的以汽车内、外饰零部件为主业的全球供应商①。外资企业出口倾向较大，但对出口商品结构提升作用不显著。提高外资利用效率，挑选具有较高技术外溢企业，促进我国技术水平提升。研究显示，出口企业平均生产效率要高于非出口企业，鼓励本土企业出口，增强竞争，提高生产效率。

三是促进跨国公司与东道国企业间产业集群的形成，构建生产厂商和供应商的战略联盟。产业集聚会促进技术外溢的发生，工业园或出口加工区会促进产业集聚的形成。通过产业集聚和专业化分工的细化，内资企业会进一步增强自身的技术水平和竞争实力，同时，产业集聚使得寻找合作伙伴的搜寻成本大大降低，从而有利于垂直联系和技术溢出的发生，促进工业结构升级。通过战略联盟，可以有效地促进生产厂商与供应商之间的技术交流，这有利于提升本土企业的自主研发能力。集群式发展，引进有

---

① 赵三明：《IAC：在并购中壮大的全球部件供应商》，《中国工业报》，http：//auto. sohu. com/20080215/n255175933. html。

带动力的旗舰企业，提供完善的公共设施，降低中小企业的行业进入门槛，形成产、学、研密切的合作组织。以汽车为例，整车制造商和零部件供应商之间的战略联盟在日本汽车工业发展中起着至关重要的作用。丰田公司的配套零部件企业直接参与新车研制过程，负责有关零部件的开发和设计。丰田整车企业与那些对汽车性能和设计产生重大影响的零部件企业保持长期业务关系，既可以减少寻找新零部件企业的调查费用，还可以减少沟通费用。

四是促进国内市场的适度竞争，发挥市场机制的基础作用。规范行业管理，合理竞争，能促进整个社会有效地配置资源，提高效率。随着中国人口红利的消失，工人工资、原材料上涨，人民币升值等原有低成本低价的优势将丧失，只有促进社会资源向最高回报行业流动，淘汰过剩产能才能确保行业竞争力的提升。与民营汽车企业奇瑞、吉利类似，中国船舶制造业，已经形成了中国船舶工业集团、中国船舶重工集团和地方造船厂三足鼎立之势，在金融危机期间，民营造船企业熔盛重工依靠高科技高附加值海洋工程装备逆势突起。进口产品通常具有较低的成本或较高的质量，随着国内市场中进口产品份额的增加，东道国的企业将面临着更大的竞争压力。融入国际生产体系并与跨国公司建立供应联系成为东道国企业促进发展的最佳途径。国外产品的进入也对国内企业产生了示范效应，为垂直联系的发生创造了条件。一般而言，具有较高出口倾向的内资企业通常具有较高的生产率和较高的竞争力，有较高技术水平促进产业结构升级。

五是创造良好的人才吸引制度与创业环境。外商投资企业会对企业员工，特别是高级技术人员和管理人员提供比较系统全面的培训。在这种情形下，如果这些曾在外资企业工作的管理人员与技术人员流向了内资企业或投资创业，那么，会将先进技术和管理理念带到内资企业。并且降低企业与外国公司进行合作的交易成本，并且促进了行业间的技术溢出。

六是优化国内制度环境，完善公共信息与交流平台的构建。在全球价值链分工体系下，产业升级或攀登产业链的高峰，必须高度重视作为“高级要素”投入的现代生产者服务业的发展（刘志彪，2008）。企业的外方合作伙伴可以为该企业提供信息和技术等方面的帮助，而商业协会的存在解决了市场中存在的信息不对称问题，降低了企业间的交易成本，从而促进了企业之间的合作。将产业价值链中产品运动与资金运动紧密地结合在一起，从而使资金流在各个环节的运行紧密地结合在一起，提高资金运用效率。汽车、船舶等行业均需要巨额的前期投资，且回收周期长，均需要银行信贷支持，同时可以通过政府、银行等平台共同完成整个支持过程。

七是创建品牌，占领价值链高端。借鉴中国台湾宏碁电脑的成功，中国大陆汽车“市场换技术”的不尽如人意，绍兴出口服装的波动，可以看出单纯寄希望从“OEM—ODM—OBM”逐步转移是行不通的，外国发包公司会牢牢把握住核心技术和销售渠道。只能首先创立自己的品牌，兼做 OEM 和 ODM 获取技术外溢，才有可能获得最后的成功。另外，加大有关国际新标准、新规范的前瞻性研究，提高在行业规范和标准制定中的话语权，确保品牌、产品质量符合国际节能、环保、绿色的长期趋势。

八是把握世界经济趋势，规避风险。准确地预测世界经济走势，提高把握下一个技术大发展领域，才能在下一阶段抢占先机。21 世纪 90 年代，中国台湾计算机业界预测笔记本产品可能成为 PC 产业的主导，并成立“笔记型计算机联盟”，而日本则坚守其在办公设备巨型计算机方面的优势，错过了快速增长的产业领域，失去了电子产业的先发优势。但在发展中国家，根据发达国家经验，由对某特定产业良好前景的共同认知和预期，而吸引投资大量涌入，可能大量产生产能过剩的“潮涌现象”，如我国钢铁、电解铝、水泥等行业产能过剩问题突出。因此，需要政府准确地预测，积极引导，建立信息发布平台和完善企业退出机制。

第五部分

政策研究与对策建议

国际经验表明，工业结构优化升级难以单纯地依靠市场的力量完成，政府必须积极主动地发挥作用。本部分便是探讨为了促进工业结构的优化升级，政府应该如何发挥作用；特别是在新时期新环境下，中国政府应该如何发挥作用。

本部分由两章组成，分别是工业结构优化升级过程中的政府作用和面向未来的中国工业结构优化升级。分别从原理上探讨政府在工业结构优化升级过程中发挥作用的必要性及政府作用的重点和方向；结合中国的实际情况，探讨在未来中国工业结构调整的方向、战略重点及政府在保障工业结构优化升级顺利实现时应进行的政策安排。

第十三章　工业结构优化升级过程中的政府作用

本章从分析国际经验着手，发现日本、韩国等东亚国家政府在加快工业结构优化升级的进程发挥了重要的积极的作用。特别是在日本，政府作用使其在短短的二十几年时间里就完成了欧洲国家平均需要150年才能完成的工业现代化进程。而以巴西和阿根廷为首的拉美国家，对其工业化进程的干预却使其工业结构优化升级陷入了更深层次的僵局。为什么同样是政府对工业化进程的干预却造成了如此迥异的结果？这就需要我们重新思考政府在工业结构优化升级过程中的作用。因此，政府应不应该干预工业化进程、政府应该如何作用才能保证有效地促进工业结构优化升级是本章的主要内容。

本章首先分析因为市场本身固有的局限性、市场失灵和市场残缺等现象的存在，为政府作用于工业结构优化升级过程提供了理论基础。其次，政府有效地促进工业结构优化升级的关键在于正确处理与市场之间的关系，政府作用的方向和重点应该是提供有效配置资源的制度安排。再次，在对中国各阶段产业政策进行回顾的基础上，分析政府作用绩效不佳的原因是政策制定存在偏误、作用过于宽泛等。最后，提出政府为达成促进工业结构优化升级的目标应该配合财税政策、金融政策、公共研发资助政策等措施的使用。

本章的主要贡献在于：(1) 提出在促进工业结构优化升级的过程中，除了充分发挥市场基础性作用外，必须积极发挥政府的作用。(2) 提出政府有效发挥作用的前提是提供一个广义的有效配置资源的制度安排。首先，通过完善制度等措施以保证市场运行效率；其次，在市场机制暂时无法发挥作用的领域，政府应该能够起到替代市场完成资源有效配置的功能。(3) 提出在新的经济发展阶段和新的市场体制下，政府应该制定以能力建设与创新为导向的竞争性政策组合。

第十四章　面向未来的中国工业结构优化升级

本章从分析中国面临的新国际国内环境着手，认为工业结构优化升级面临着“稳增长”和“调结构”的两难境地。因此，在新的时代背景下，中国工业结构应该如何优化升级、经济发展方式如何转变、产业之间如何实现协调发展等都是本章的主要内容。

本章首先总结并评价了历史上中国政府促进工业结构升级的措施，指出现阶段全球化影响加深等结构调整的特征，并剖析其存在的问题及原因。其次，分析在金融危机阴霾未散、全球处于经济周期下降阶段的新国际国内环境下，中国工业结构优化升级面临的挑战与机遇。并立足于我国的基本国情和所处的发展阶段，提出在未来一段时期我国工业结构优化升级的方向与战略重点。最后，提出政府应在创新体系建设、推动产业集聚、完善企业环境等方面提供一些政策保障。

本章的主要贡献在于：(1) 在经济周期理论框架下分析中国工业结构优化升级的进程，提出经济周期的收缩前期是产业结构升级的最佳时期。(2) 总结出新的历史背景下，我国工业结构优化升级面临消费带动、国际化影响加深等六个方面的新特征。(3) 提出我国下一步工业结构优化升级的方向是以创新推动“中国制造”升级为“中国创造”；改造传统制造业；引导和培育新的主导产业；大力发展生产型服务业；推动工业企业节能减排；引导产业转移和推动区域协调发展等方面。

第十三章　工业结构优化升级过程中的政府作用

从国际经验来看，各个国家尤其是后发国家都对工业结构优化升级进程进行了积极的干预。市场本身存在失灵和缺陷，后发国家更要面临市场不完善、产业体系不健全等局限，政府作用必不可少。但从政府作用效果来看，以日本和韩国为代表的东亚国家推动了工业结构升级，但以巴西和阿根廷为代表的拉美国家则严重阻碍了其工业结构升级。那么，政府如何作用才能有效地推进工业结构升级？怎样评价政府绩效？本章第一、二节从工业结构变动过程中政府作用的必要性、政府干预应遵循的原则、作用的主要领域等方面讨论政策的边界。第三节回顾我国的工业结构变迁历程，对政府的作用的绩效进行评价，总结我国政策干预的经验教训。最后，在政府作用方向、方式、政策措施等方面提供一些行之有效的建议。

第一节　工业结构优化升级过程中政府作用的必要性

尽管政府干预并不总是有效，但大部分学者认为工业结构优化升级的顺利实现仍离不开政府的作用。本节从论述市场本身固有缺陷和市场失灵角度出发，政府作用不可缺少。特别是，后发国家还面临着市场机制不健全、产业发展非理性、资源匮乏等困境，政府作用就更为重要。

一　政府弥补市场作用的理论基础

工业结构优化升级，实际上是对资源进行再配置的过程，是将资源从低水平部门向高水平部门转移的过程。这一过程固然最终可以依靠市场自发的力量最终得以实现，但需经历漫长而痛苦的时间。另外，市场存在固有的盲目性与滞后性，可能导致这个过程中的巨大资源浪费和结构性经济危机。而政府作为一只“看得见的手”直接介入经济，可以部分弥补市场机制的不足，缩短工业结构优化升级时间。因此，无论是发达国家还是发展中国家，工业结构调整都无法脱离政府的作用。具体而言，存在以下几个方面的深层原因：

第一，市场是一个弱的信号指示器。市场信息的交流和传播会受到参与者有意放出的市场噪声等的影响，一方面将导致价格不能灵敏地反映现实的供求状况，另一方面带来价格信号不能及时、有效地传递。因此，这种滞后性和分散性使得微观主体难以完全依靠市场作出及时有效的判断，造成资源流向不适宜的部门，阻碍了工业结构升级。

第二，市场失灵现象时有发生。市场失灵是由于公共品的缺失、外部性、不完全信息及垄断导致的一种市场低效率状态。由于公共产品具有“非排他性”，消费者在不支付或者少支付成本的情况下便可以享受利益，因此消费者有隐瞒自己真实需求的动机，市场调节形成的公共品数量常常会不足。其次，研发等具有较强的外部性，存在着技术外溢，投入研发企业的收益往往无法弥补成本，从而降低企业投资研发的意愿，减缓技术进步的产生。最后，不完全信息和垄断等现象会扭曲市场信号，导致市场资源配置的无效率。

第三，发展中国家存在严重的市场残缺现象。据穆海平（1990）等的总结，发展中国家往往面临着种种市场不发达的情况：一是存在严重分割的市场空间结构。发展中国家商品经济与自然经济并存、城市成熟市场与农村初级市场并存的二元结构妨碍了资源的自由流动。二是要素市场不平衡。金融、土地、人才、技术信息等要素市场的发育程度不能适应经济发展的要求，特别是引导资源有效配置的价格机制不能有效作用。三是市场竞争机制不完善。市场主体以国有企业和大型私有企业为主，具有先天的垄断性。另外，各级地方市场的保护主义盛行，微观市场主体企业家精神缺乏，单纯依靠市场的力量难以推动工业结构优化升级的顺利进行。

市场“弱信号指示器”的特征、市场失灵以及市场残缺的存在，提供了政府作用的空间。而发展中国家市场体制更不完善，工业结构优化升级将面临更大的困难，客观上更要求政策的干预。

二　后发国家更加需要政府干预

后发国家正处于工业结构调整和经济结构转型的关键时期，受到市场经济制度起步较晚、经济发展水平低等各种历史性或先天性因素的影响，存在着大量市场障碍。主要体现在以下几个方面：

第一，衰退产业退出障碍。工业结构升级的一个重要表现是不断减少衰退产业份额。衰退产业是指不再符合市场需求、产业竞争力减弱、对经济发展推动作用变小的产业。但因为存在沉淀资本、劳动力转移、利益分配、生产要素转移等多种壁垒，衰退产业的市场退出难以通过市场作用顺利完成，导致资源被迫闲置或使用效率低下。

第二，新兴产业发展缺乏后劲。推动新兴产业的发展是工业结构优化升级的关键。一方面由于发展中国家存在资源约束和不完善的要素市场，使得新兴产业无法顺利获得必要的资源；另一方面，新兴产业的发展需要一系列的配套设施和上下游产业的配合，但“协调失灵”导致相关配套缺失，从而造成新兴产业发展缓慢，国家产业提升缺少动力。

第三，比较优势陷阱。随着全球化进程加快，发展中国家的企业为了避免国外企业竞争，更倾向投资于风险较小的传统行业，这可能会导致发展中国家长期停滞于低端产业或产业链的低端，从而陷入市场结构失衡及“比较优势陷阱”。

第四，“自我发现”的集体不作为。“自我发现”现象由豪斯曼和罗德克（Hausmann and Rodirk，2003）提出，主要是指企业家通过调查发现本国擅长生产的产品和国际竞争优势产业的行为。自我发现行为是一国能否培育具有潜在竞争优势的新兴产业和选准合适的主导优势产业的关键，直接决定了工业结构优化升级能否顺利进行。但是，发展中国家缺乏有效激励机制，知识产权保护体系也不尽完善，这种“自我发现”行为无法获得应有的回报，造成自我发现的集体不作为。

第五，新兴产业的“潮涌现象”。“潮涌现象”由林毅夫（2006）提出，与“自我发现”的集体不作为现象相反，是指比照发达国家产业结构升级路径，发展中国家大量企业蜂拥至某一个新兴产业的现象。这种个体理性导致的集体非理性行为，将严重降低资源配置的效率，造成了该类产业过度竞争、资源浪费、产能过剩等问题。

第二节　政府推动工业结构优化升级应遵循的原则和作用领域

日本和韩国等东亚国家通过政府的作用在短期内快速地走上了工业化的道路，而以巴西和阿根廷等拉美国家的政府支持行为却反而使其工业化进程陷入了更深层次的僵局。那么，政府如何才能有效地促进工业机构的优化升级？我们将从政府作用应遵循的原则及政府作用的领域两个方面进行讨论。

一　政府作用应遵循的原则

经济学理论表明，在完全信息、完全竞争的环境下市场配置将是有效的，那么，政府应确保市场机制顺利运行，或在市场不完全的领域发挥作用。本书认为，政府应遵循以下几个方面的原则：

（一）正确处理政府与市场的关系

历史经验证明，自由放任的市场与中央绝对控制的计划经济都是行不通的，最有效的方式应该是市场机制发挥基础性作用、政府支持发挥辅助性作用。以日本为例，20世纪70年代，日本政府的干预基本只发生在基础设施建设、传统产业、衰退产业和幼稚产业等市场机制无法发挥作用的领域；而在重化工等支柱产业中只起信息引导作用。随着经济全球化的推进，市场主体之间的关系变得更加错综复杂、市场信息也越加瞬息万变，根本不可能存在完全掌握市场信息并及时作出正确反应的机构。政策作用与市场机制之间的关系应该是：在市场机制能够发挥作用的领域，政府的作用是保障市场运行效率，尽量避免对微观主体的直接干预；在不能依靠市场的领域，政府可以代替市场，通过直接干预的方式介入。

（二）完善市场机制体制

大部分发展中国家都面临着不完善的市场，政府可以从建立明确的产权制度、清晰的契约制度、灵活的金融制度等方面来修补市场缺陷。对于发达国家而言，因为市场体制相对完善，政策支持的重点在于弥补市场失灵。公共产品的缺失、外部性、不完全信息及垄断等市场失灵现象的存在导致市场机制在很多场合不能完成对资源的有效配置。政府可以采取相关措施弥补：加强基础设施建设弥补公共产品不足，健全产权保护等制度，解决外部性问题；完善信息披露制度，解决信息不完全性问题；监督自然垄断行业，减少价格扭曲。

（三）遵循比较优势原则

许多学者认为，拉美国家政策作用绩效不佳的一个重要原因在于，大多数拉美国家只鼓励资本密集型的制造业发展，而没有扶持具有比较优势的产业，从而导致资源配置的效率损失。产业结构升级内生于一国的禀赋结构，只有按照比较优势选择的产业才会具有竞争优势。发展中国家在制定政策支持时，应该保证产业选择与要素禀赋结构相匹配，而不宜超越发展阶段，过早地进入某些行业。

（四）随发展阶段和经济环境的变化作出相应的调整

第二次世界大战后，以日本和韩国为代表的东亚国家对工业结构的优化升级采取了积极的支持措施。在工业化初期，政府更多地以“市场替代”形式出现。日本采取了直接干预的方式，通过对资源的倾斜分配、培育主导产业与支持大型企业等促进了工业结构的优化升级。这类政策支持的成功依赖于当时特定的战后体制环境。随着市场体制的建成，日本的“强政府”形态不再能够满足新的要求，政府对市场的替代反而抑制了微观主体的市场活力，最终造成20世纪90年代日本陷入长达八年的“平成萧条”。日本政府开始逐步的从微观经济领域中退出，继而转向了基础设施建设、公共品提供、金融体系和市场竞争环境完善等宏观领域。日本经济崛起—衰退—重新崛起的历史经验有力地证明，政策支持必须随着经济体制的变化作出相应的调整。在经济建设早期，由于市场体制残缺、市场秩序紊乱和资源匮乏等不利因素的存在，政府支持对微观主体的直接干预是必要的；但是，随着市场体制的完善，政府支持必须逐步地淡出直接干预领域，转而投向“一般性”的宏观领域，充分发挥市场机制的作用。

二　政府作用的主要领域

政府干预工业结构优化升级的理论逻辑在于市场缺陷和市场失灵等因素的存在致使市场的基础性作用无法顺利发挥。因此，政府作用的主要领域应在于通过提供一系列的制度安排完善市场体制，在充分发挥市场的基础性作用的条件下进行积极干预。具体而言，政府作用的主要领域应该包括以下几个方面：

（一）修补市场不足，保障市场机制的顺利运行

发展中国家存在着严重的市场机制缺失现象，如非统一市场、要素市场不健全以及不平等竞争等。这些市场残缺现象将导致市场价格机制及竞争机制不能充分发挥作用，资源难以依靠市场力量得以合理的配置，从而对工业结构优化升级造成障碍。一方面，政府从建设统一市场结构、完善契约制度、明确产权制度、保障有序竞争等方面修补市场残缺，保障市场机制的顺利运行。通过市场这只无形的手在微观主体逐利过程中发挥的作用，带动工业结构向更合理有效的方向发展。另一方面，在那些经济发展水平低的国家，市场残缺无法在短期内通过制度建设的方式修补完全，为了促进资源的有效配置，政府可以在市场机制无法发挥作用的领域直接替代市场。

（二）完善信号传递体制，提高市场运行效率

正如前文分析的那样，由于市场通信系统的局限性和市场参与者特意释放的市场噪声等因素的干扰，市场无法及时准确地传递市场信号。一方面，市场价格不可能灵敏地反映市场的供求状况，市场供求状况也不可能灵敏地随着价格的指导而发生变化，因而市场供求机制和市场价格机制可能失灵。另一方面，供给者与需求者之间、投资者与企业家之间也存在着信息不对称，导致逆向选择和道德风险等问题，破坏了市场运行的效率。政府可以通过建立信息披露制度，搭建报纸、网站等信息平台等行为，及时更新、披露市场信息，保证信息传递的真实性、及时性和对称性。通过增强市场透明度、强化市场信号显示等方式提高市场运行的效率。

（三）解决外部性，增强微观主体的创新活力

任何发明新技术或者发现新生产方式的企业都面临着潜在竞争者进行无成本模仿的信息外溢问题。潜在竞争者加入市场后，将抬高生产要素的价格或压低产品的价格，以至于最初进行创新的企业的收入无法抵消其总成本，这将打击企业进行创新的积极性。其实，除了知识外部性外，还存在着信息的外部性、对员工进行培训的外部性等问题，这些都将使企业陷入消极的创新情绪中。在知识外部性无法内部化的情况下，任何一个理智

的厂商都将选择放弃创新行为，而等待其他厂商创新后“搭便车”，整个生产系统将变成创新的“集体不作为”。创新活力的缺失将导致产业长期囿于低技术水平状态，难以向高层次的产业发展；国家将长期陷入低端化的产业结构，且难以实现从低水平均衡状态到高水平均衡状态的跳跃。而政府通过产权保护等一些系列制度建设和法律的颁布实施，使知识外部性内部化；或者是通过提供补贴等方式弥补最初进行创新活动的企业的损失，能增强企业的创新活力，从而推动工业结构的优化升级。

（四）解决协调失灵，促进产业发展

当两类产业存在上下游关系时，经济体决定发展一种新的上游产业，这需要下游产业的进入支持。但是，由于产业的进入会产生高的固定成本以及对进入新市场后对未来收益的不确定性，下游产业可能选择放弃在该地方建立生产网点，这时协调失灵的现象便发生了，这将同时阻碍这两类产业的发展。同样，如果经济体决定发展一种新的下游产业时，也可能存在着下游产业的不配合，这类协调失灵问题在现实世界里广泛存在。除了上下游产业之间的协调之外，新兴产业的建立还需要一些特定的基础设施和技术人才的配合。而由于公共产品等市场失灵的存在，将导致这类基础设施的建设和特定人才的供给不能满足新兴产业建立的条件，这也将阻碍新兴产业发展。政府可以通过直接投资基础设施、培训相关技术人才、对上下游产业进行补贴、成为两者之间信息交换的桥梁等方式来成功协调两者关系，从而解决协调失灵的问题，为新兴产业的发展扫清障碍。

（五）合理配置稀缺要素，促使产业结构向高层次升级

当今世界的每一个国家都存在不同程度的要素稀缺性问题，要实现工业结构优化升级首先需将稀缺要素从低水平部门重新配置至高水平部门。但是，由于资本市场的不完善以及信息不对称的存在，投资者并不了解这类高水平产业的发展前景，秉着谨慎的原则，他们将拒绝向该产业的生产者提供资本。因此，单纯依靠弱小的私人部门难以完成欠发达地区从一个“落后部门的工业化阶段”到一个“集聚于更为发达的和资本密集型部门的工业化阶段”的跳跃。只有依靠政府的干预手段，才能有效地分配资源，从而帮助经济体实现快速的跳跃过程。

第三节 中国工业结构变迁中的政府作用及绩效评价

在新中国成立前的100年时间里，不仅受到了来自国外列强的侵略和掠夺，国内长期的军阀混战也大大消耗了元气，整个中国满目疮痍、百废待兴。1949年新中国成立，共产党正式成为中国的执政党，面临着生产率低下、经济发展极度不平衡的窘境。当年，中国的工农业生产总值只有466亿元；其中工业总产值大约为140亿元，只占全部国民生产总值的30%左右，工业基础十分薄弱。根据各国经济发展的经验总结，一国要走向繁荣富强的强国之路，首先必须走上工业化的发展道路。而1949年新中国工业化的进程落后于西方发达国家将近200年。那么，如何加快中国从农业大国向工业大国转变，如何才能实现经济的增长，便成为中国政府亟待解决的难题。中国共产党第一次作为执政党站在历史的舞台上，他们对如何将传统的农业大国改变成先进的工业强国缺乏经验，国际上也没有很好的经验可以效仿。但是可以确定的是，在当时国内国际环境极不稳定、市场秩序紊乱、市场机制尚未建成的背景下，单纯依靠市场的力量根本无法在短期内达成快速进入工业化阶段的目标；要加速推动工业化进程的快步前进，政府力量必须介入。但是，政府究竟应该发挥哪些作用、如何发挥作用才能促使中国走上先进的工业化道路，也没有现成的答案可供参考，只能靠他们慢慢地摸索。因此，政府在推动工业化进程的实践中，存在很多迂回曲折的过程，中国的工业化道路也在这种迂回曲折中缓慢前进。但不可否认的是，中国能在短期内从农业大国步入工业化的中期阶段，政府发挥了不可忽视的作用。

在这一部分，我们将对中国政府在推动中国工业化发展的进程中曾发挥的作用进行回顾。在现实世界里，政府对经济的干预更多地体现为政策支持。为了考量中国政府曾在促进工业结构优化升级这一方面发挥的作用，我们将重点对政府制定和实施的针对性政策支持进行回顾。在中国不同的发展阶段，政府所发挥的作用在不断地发生变化，所采取的手段也在不断地更新。从新中国政府对工业化进程干预的演变历程来看，其政府作用空间越来越窄，使用的直接干预手段也在变少，更倾向于发挥市场的基础性作用。

一　计划经济时期的政府作用

在计划经济时期，中国的市场机制严重残缺、市场秩序异常混乱，单纯依靠市场的力量根本无法完成资源的有效配置和进行有效的市场活动。政府作为制度的供给者，通过资源的倾斜式配置等制度安排对经济发展和工业化进程进行直接干预。政府作用的主要目标在于快速建立工业基础，使中国从农业大国走上工业化的发展道路；政府作用的范围比较广，基本上取代了市场机制的作用，资源配置及生产消费活动基本是依靠政府安排；政府使用的手段比较单一，主要以行政手段等直接干预方式为主。

（一）经济恢复期和"一五"时期的政府作用（1949—1957）

早在新中国成立初期，为了加快经济的发展，赶超欧美发达国家和周边的日本、苏联等国家，中国政府制定了"赶超战略"。自 1953 年起，中国开始正式进入了全面的工业建设阶段。但是，当时新中国仍然面临着人均资源贫乏、资金极度短缺的现实，如果按照市场配置资源的方式，那么经济的发展速度必将放慢。在面临这种资源和市场极度匮乏的情况下，为了使经济发展赶超欧美等发达国家及周边的日本和苏联，中国政府采纳了苏联的工业化模式。即利用政府的行政干预手段来强制性地进行资源配置，将投资向重工业倾斜。在这段时期，经济工作的重点是优先发展重工业，并实施了以重工业发展为主、农业和轻工业发展为辅的均衡重工业化的经济发展战略，开展了以"156 项工程"为中心的工业布局建设。在扶持重工业发展时采用的是全面倾斜的政策，主要采取了直接计划、间接计划与部分市场调节相结合的政策工具，即除了采用项目实施、直接投资、价格管制和优先供应短缺物资等直接干预政策工具外，还采取了信贷、税收等间接干预工具。

对该时期政府作用绩效的评价：计划经济时期，政府代替市场通过直接干预的手段为资源的配置与市场活动提供了一系列的制度安排——采取了集中资源并按计划方式配置资源的方式，并由政府直接决定生产的安排、资源的分配以及产品的消费。政府采取了诸如指令性计划、直接投资、行政审批、设立国有企业、价格管制等直接干预工具。该时期内，政策执行的效果是相当显著的，中国产业结构的变化基本上满足了政策的要求：在短短的30年时间里，基本建成了一个初具规模、门类齐全的工业体系，初步改变了我国产业以农业为主的格局和工业内部以轻工业为主的布局，为中国工业化的起步创造了良好的开端，也为我国工业的发展奠定了基本框架。但是，在“一五”计划实施后期，政府直接干预的范围逐步扩大，渐渐忽视了间接干预和价格机制的使用。在经济建设过程中，政府试图通过完全取代市场机制的作用来安排生产和消费，试图通过行政手段达到产业结构调整和产业发展的目标。这导致了“一五”计划后期中国经济的发展也出现了一些矛盾：由于当时中国的经济落后，农业基础依旧薄弱，根据配第—克拉克的产业结构演化理论，当时并不具备发展重工业的基础。但是，为了赶超欧美等国家，政府选择通过对生产进行指令性计划、对资源采取行政式配置等直接干预的方式来优先发展重工业。在中央及政府的政策倾斜及催生下，重工业以牺牲农业和轻工业的利益为代价得以发展，但这也导致了农、轻、重比例不协调日益严重，农业和轻工业的发展受到了限制的局面。另外，由于政府对产品（主要是农产品）进行统购统销等方式来代替市场机制，以至于市场上出现了“一些地方供过于求，产品销售不出去；而一些地方供不应求，人们争购产品”的现象，资源并没有得到合理的利用。产业结构的演变有其内在规律性，任何试图违背经济规律的做法必然会受到惩罚。

（二）“大跃进”至“文化大革命”时期的政府作用（1958—1977）

如果说“一五”时期是均衡的重工业优先发展战略，那么“大跃进”时期至“文化大革命”时期便是畸形的或者是极端的重工化发展战略。在这一段时期内，政策支持最明显的改变在于政府放弃了“一五”时期采取的直接计划、间接计划与部分市场调节相结合的资源配置方式，而是几乎完全排斥市场的功能，简化了税收、信贷、劳动工资等制度，采取“行政式指令计划”作为唯一的资源配置方式。1958—1976年间，除了国民经济调整时期①外，产业发展的重点是以不顾一切推动重工业的发展作为工业化进程的主线。“大跃进”时期的政策主要将“以钢为纲”、“三个

① 1961—1966年为国民经济调整时期。这段时期的经济工作中心是“调整、巩固、发展、提高”的八字方针，遵循“先农后工，先轻后重”的发展顺序，并确定轻工业和农业为重点扶植产业。

元帅”和两个“先行”作为产业发展的重点[①]，提出中央和地方“两条腿并举”的分权体制，采取行政式指令计划的资源配置方式，并提出用劳动力替代资本、技术等短缺资源。

“大跃进”扰乱了正常的经济秩序。为了修正这一错误，中国进入了1961—1966年为期三年的国民经济调整时期。在这一时期，产业发展的重点有所调整：重点扶植产业是轻工业和农业，并遵循“先农后工，先轻后重”的发展次序，压缩基本设施规模，并对“长线”企业实行关、停、并、转，但产业政策的手段依旧采取“行政式指令性计划”等直接干预方式。经过三年的调整，工农业之间、轻重工业之间结构比例失调的问题有所缓解，各项经济指标也普遍回升，1965年国民经济稳定增长，工农业总产值比上年增长20.4%，其中农业增长8.3%，工业增长26.4%。

但是，1966年开始的“文化大革命”严重打乱了经济运行的正常路径，整个国民经济陷入了混乱无序的状态。这一时期，政策支持的重点不再是促进工业化进程和加速中国的经济发展，而是以“积极备战”作为经济发展战略的基点；将“三线建设、国防建设”作为经济建设的中心；将钢铁、能源、化工等少数重工业部门作为产业扶植的重点；将发展“五小”工业企业作为市场的微观主体[②]；将“先生产后生活、高积累低消费”作为建设方针；继续采取“中央地方分权”的经济管理体制，但是，地方分权却完全服从和服务于既定的经济发展战略和中央的行政指令，而不具备发展经济所需的具有实质意义的自主性权力；在资源配置上，虽然开始注意利用经济手段管理经济，但整体上依然沿用了过去的行政指令性计划。“文化大革命”至改革开放前，国民经济的发展几乎处于“崩溃的边缘”：（1）经济增长出现倒退的现象。“文化大革命”期间，中国国民收入损失约5000亿元，经济曾几次大幅度下降。（2）重工业畸形发展，农、轻、重比例失衡。轻工业和农业的发展满足不了消费的需

① 工业发展“以钢为纲，带动一切”，“三个元帅”是钢铁、机械和粮食；两个“先行”是电力和铁路。

② “五小”工业指的小化肥、小煤窑、小水泥、小机械和小钢铁五种行业，后成为地方创办的小型工业企业的总称。这类工业企业规模小、设备陈旧、技术落后且存在高度重复建设的情况，给国家造成了巨大的资源浪费。

求，消费品供给短缺，人们的吃穿问题不能得到有效的解决。

对该时期政府作用绩效的评价：新中国成立初期至“文化大革命”时期，中国的“超前重化工业化”的产业结构严重脱离了国内的经济基础。按照产业结构演变的客观规律，我国在该时期还不具备产业结构向重工业转移的条件。而政府对产业结构的转移却过于急躁，在严重伤害农业、轻工业以及第三产业发展的条件下，过分发展重工业，以至于国民经济出现了许多不可调和的矛盾。实际上，经济结构的变化基本上达到了产业政策的效果，但正是这种满意的政策效果却导致了工业增长进程中的各种矛盾，比如产业结构失调轻重工业比例不协调，工业增长效率低下，产业组织体制僵化企业效率低下、产业布局不合理低水平重复建设问题严重以及产业技术水平低下，等等。当我们回顾这段时期的历史时，不难发现，这些问题产生的源头正是政府作出了不符合产业结构演化的客观规律的决策安排。由于计划经济时期，政府几乎完全排斥市场的作用，生产消费活动基本依靠中央下达的指令性计划，但这种计划与现实存在严重脱节的情况，决策失误颇多，从而导致我国在工业化道路上出现了这样或那样的问题。

二　计划经济向市场经济转轨时期的政府作用

政策发挥作用的第二个阶段是改革开放以来中国经济体制由计划经济向市场经济转轨时期（1978—1990），这也是市场经济与计划经济并轨的时期。在这一时期内，为了修正前一段时间出现的产业结构失衡问题，政府重点扶植产业转变为以需求为导向的消费品工业，并开始注重发挥市场机制的作用。政府逐步缩小了经济职能的范围和权力，有计划地放松了对整个经济的行政干预，加强了市场机制的调节作用，提出“计划经济与市场经济相结合”的经济管理方式。政府除了运用行政的、法律的和纪律的手段以外，还加强了经济的手段和思想政治的教育手段，具体包括信贷、税收、价格和外汇等手段。自 1986 年政府第一次正式提出“产业政策”一词以来，对工业结构优化升级的政策支持重点侧重于制定产业政策，通过综合运用各种经济杠杆，促进产业政策的实现。产业政策中行政式或指令式直接干预经济的特征在逐步淡化，强调市场机制在资源配置中发挥基础性的作用。但是，由于此时经济体制正处于由计划经济向市场经济过渡的时期，市场机制并不完善，这导致该时期内的产业政策也带有明显的转轨特征。一方面，产业政策强调发挥市场机制的基础性作用，试图弥补市场失灵；另一方面，产业政策使用的工具仍然部分沿用计划经济时期的直接干预手段，例如目录管理、市场准入、准许立项、重点企业扶持等。

(一)“改革开放”之初的政府作用（1978—1985）

改革开放之初，国民经济比例已经严重失衡：农业以及轻工业的发展已经不能满足人们的正常生活需要，且农业工业以及轻重工业之间的比例失调已经对国民经济总体的运行和发展造成了相当大的阻碍。所以，这一时期产业政策的重点是对产业结构进行重大调整，使之恢复正常的产业比例。1979 年 4 月的中央工作会议和 6 月的《政府工作报告》对如何进行产业结构调整指明了方向，指出，这一时期中国应该加快发展农业和优先发展轻工业；调整冶金、化工、机械等行业的产品结构和服务方向，使重工业更好地为发展消费品生产服务。这一时期的产业政策内容主要包括：促进轻纺工业发展，促进“短线”基础行业发展，抑制“长线”工业，促进出口，吸引外资，促进产业集中，发展新型技术产业。

但是，这一时期是经济体制由计划经济向市场经济转轨的初期，市场机制不完善，还不能成为调整产业结构的主体。但政策支持主要以直接干预为主，间接干预手段的使用范畴十分有限，而且工具十分的单一，税收优惠几乎是该时期内使用的唯一的间接干预手段。虽然在这一时期强调加强市场机制的作用，但是，作为市场机制发挥基础性作用的灵魂——价格机制的改革还带有明显的转轨特色：对于粮食和棉花等农产品，国家直接制定购销价格，并实行合同订购；对其他农副产品的价格，逐步放开，实行市场调节；对原材料、燃料等重要的生产资料，分成计划分配和企业自销两个部分，计划分配部分价格政府定制，而企业自销部分价格交由市场调节。因此，在这一时期，政府的行政调控行为在对经济的调节中仍占主导地位。

对该时期政府作用绩效的评价：从该时期我国所处的历史背景来看，产业政策的内容基本上是对中国沉疴宿疾对症下药。针对当时严重失衡的产业结构，政府提出优先发展农业和轻工业的思路是完全正确的。从取得的经济成就来看，无论是社会总产值的增长还是产业结构的调整都取得了丰硕的成果，农业和轻工业的发展基本能够满足民生需要，工农业之间的比例和轻、重工业之间的比例也逐步向正常的轨迹发展。但在产业政策工具的选择方面，还是带有浓厚的计划经济色彩，以“优先供应、准许立项”等直接干预措施为主，产业政策实施手段缺乏有效性，这些都导致了部分产业政策并没有达到其预期目标。比如虽然政府制定了相关的政策促进基础设施和基础行业的发展，但由于产业政策的实施手段缺乏有效性等原因，该类产业的“瓶颈”问题依然没有得到解决。此外，该时期产业政策还存在着一个很大的缺陷：在经济发展进程中，政府会人为地选择一部分行业作为优先扶植的重点行业，但是却对产业的地区布局没有作出引导作用。在当时价格机制的改革并不彻底且还有明显的转轨特色的情况下，市场机制并不完善，价格机制的资源配置作用并不能完全得以发挥，市场在分配产业的地区布局上作用有限。这导致当国家制定产业政策确定重点发展行业时，各级政府或者是地区市企业均蜂拥至该类行业，低水平重复建设问题异常严重。特别是在“六五”后期的轻工业品生产领域，当时几乎全国各省市都建立了家用钟表、自行车、缝纫机（所谓的“旧三大件”）生产厂[①]。这种低水平的重复建设给我国资源带来了巨大的浪费。

（二）1986—1990年的政府作用

1986年，《国民经济和社会发展第七个五年计划》正式提出“产业政策”一词，明确指出，“七五”期间的重点是调整产业结构。至此，产业政策作为我国调整经济的第三边政策正式出现在政府文件之中。1989年3月，《国务院关于当前产业政策要点的决定》第一次全面地对“产业政策”进行了阐述，明确指出，“产业政策”的工作内容是：通过合理制定产业政策，压缩和控制社会总需求，同时调整和改造产业结构；制定产业政策、调整产业结构的基本方向和任务是：集中力量发展农业、能源、交通和原材料等基础产业，加强能够增加有效供给的产业，增强经济发展的后劲；同时控制一般加工工业的发展，使它们同基础产业的发展相协调。之后，共有86个部门和地区据此制定了具体的实施办法。这标志着产业政策开始以独立的形式成为国家调控经济的手段。

① 刘希宋、李敬辉等：《全面建设小康社会时期的中国产业政策研究》，经济科学出版社2006年版，第54页。

这一时期是国家在政府文件中明确制定产业政策并用之调整经济的高峰期。产业政策的重点是：进一步调整产业结构，促进产业组织结构改善，加快产业技术升级等。这一时期的产业政策，与上一时期相比，间接性干预手段种类明显增多，其对经济调控所使用的行政手段在不断的淡化，并开始运用经济的、法律的和纪律等间接手段，产业政策的实施更注重发挥市场机制的作用，特别是价格机制对资源的配置作用。但这段时期的产业政策有明显的转轨特色，一方面在农业、消费品工业、原材料等领域逐步削弱了政府的作用。在农业方面，进一步改革农业计划体制和农产品统购派购制度；在消费品工业方面，更好地发挥价格政策的调节作用；在原材料工业方面，逐步减少指令性计划的品种和数量；在机械电子工业方面，给予机械电子工业企业经营管理权。政府逐步减少了指令式计划的使用，放松了行政审批管制，放宽了行业准入和市场准入，放开了价格控制等。另一方面在重化工业等领域的重点发展行业，政府沿用了计划经济时期的产业政策工具，比如目录管理、定点生产、关税保护和市场准入控制等。

对该时期政府作用绩效的评价：这一时期的产业政策在调整产业结构方面的成效比较显著，它是对 1978—1985 年产业结构和产业组织问题的进一步修正。针对上一时期一般加工工业发展过快、基础行业和基础设施的“瓶颈”问题，政府都出台了相应的产业政策予以控制。20 世纪末期，一般加工工业和基础产业发展严重不协调的问题基本得到解决。产业结构调整的总体方向是比较合理的，基本没有出现其他制约工业发展的大问题。但是，由于这一时期实行的是以“轻工业”为重点的非均衡发展的产业政策，这导致我国工业结构的“轻型化”特征凸显，这种“轻型化”的直接后果是我国工业结构的低级化。

在政府处理与市场之间的关系时，虽然在各种政府性文件中强调发挥市场机制的基础性作用，让市场在资源配置中发挥主导作用。“七五计划”甚至明确指出，政府计划工作应该从直接控制为主转到运用经济政策和经济手段进行间接控制为主的、更全面的宏观管理的轨道上来。但是，在实际的经济调控中，市场的基础性与主导性作用并没有得到充分的体现。在资源配置过程中，政府主要通过投资结构和贷款结构的调整等直接干预手段，将资源倾斜于国家制定的重点产业（如能源产业、原材料产业等基础性产业）和重点企业。从产业政策的具体操作层面来看，直接干预手段仍然是其主要的实施工具，优先供应短缺物质、计划定点、准许立项等行政式干预手段一直是产业政策的主要工具，在促进或者是限制产业发展时发挥着不可忽视的作用。但是，随着价格机制改革和国有企业改革的深入，政府的行政控制能力在逐渐减弱，加之市场机制还不够成熟，有些产业政策实施的效果并不明显，一些产业政策的主要构想并没有实现。比如关于提高产业内部专业化程度、提高产业集中度以形成合理的企业经济规模等使产业组织更加完善的政策，其实际实施效果并不明显。企业重复建设，盲目跟风生产同类产品的现象时有发生，最严重的是在80年代后期发生在消费品工业的“新三大件”重复建设浪潮①。除此之外，在产业政策的实际执行中，有一部分相当好的政策建议并没有实现。比如“七五计划”曾经指出，通过合理设置税种②和调整税率为企业公平竞争创造条件。但是，直至80年代末期，这一国家进行宏观调控的重要政策工具（即分税制财政体制）却还没有建立起来，是财政体制依然以“大包干”的管理制度为主，税收对经济的调节作用十分的微弱。

三　市场经济体制时期的政府作用

自1992年起，中国基本建成市场机制的经济体制，进一步强调市场机制的资源配置作用，重视市场友好型产业政策的制定。在这一时期，政府作用的主要任务是推动产业结构向高层次水平发展。通过财政直接投资、风险投资等财政政策手段，通过设置差别的产业减免税和增税等税收手段；通过产业的差别利率和差别偿还期政策等金融政策；通过出口退税、减税及对外商投资行为的控制等外资外贸政策来引导资源的配置。但是，在实际实施过程中，依旧延续了过去产业政策中“计划色彩浓厚”的传统，一些直接干预措施（诸如目录指导、项目审批、市场准入等）仍被沿用，“选择性的产业政策”依旧是产业政策的重点③。

---

① “新三大件”指的是彩电、电冰箱、洗衣机。1988年，全国全面掀起了生产新三大件的高潮，大约有27个省（区、市）生产彩电，23个生产电冰箱，25个生产洗衣机。1988年，全国彩电、电冰箱、洗衣机的产量分别是1038万台、758万台和1046万台。分别大约是1980年产量的320倍、160倍和40倍。

② “七五”计划指出逐步将税种过渡到中央税、地方税和中央地方共享税的税收体制。

③ 江飞涛、李晓萍：《直接干预市场与限制竞争：中国产业政策的取向与根本缺陷》，《中国工业经济》2010年第9期。

（一）20世纪90年代的政府作用

20世纪90年代初，我国市场经济体制基本建成，市场机制开始发挥基础性调节作用。这一时期的产业政策加强了发挥市场机制作用的信念，政府干预由原来的行政干预为主，逐步转向法律、财政、金融、信息和税收等手段，明确市场对资源配置的基础性作用，产业政策的实施只是弥补市场失灵的宏观调控手段。这段时期产业政策的重点是针对80年代末出现的产业结构“轻型化”、产业结构发展“低级化”的问题，重新对产业结构进行调整。提出加快发展第三产业促进三次产业结构优化。通过优先发展支柱产业和高新技术产业加快产业结构升级，通过组织大型企业试点企业集团提高产业集中度和发挥规模经济优势等一系列政策。产业政策在这一段时期得以快速发展，政府分别颁布了纲领性的总体性产业政策和一系列针对性的专门化的产业政策。

1994年，政府颁布了第一部纲领性的总体产业政策文件《90年代国家产业政策纲要》（简称《纲要》），它为20世纪90年代产业政策的制定提供了指导和方向。《纲要》指出，产业政策是国家进行宏观调控的重要手段，主要任务是调整产业结构，优化产业组织结构，提高产业技术水平和合理进行产业布局。《纲要》还为90年代的产业政策指明了方向：全面发展农业，大力加强基础产业，加快发展支柱产业，调整贸易结构，加快高新技术和新兴产业的发展，继续大力发展第三产业，支持短线产业和产品的发展，抑制长线产业与产品的发展。《纲要》还指出，产业政策的实施应该以经济手段、法律手段等为主，并辅助以必要的行政手段。

在《90年代国家产业政策纲要》的指导下，为了提高产业结构层次，1997年国家计委颁布了《当前国家重点鼓励发展的产业、产品和技术目录》。为了防止80年代末90年代低水平重复建设问题继续发生，除了鼓励相关产业、产品、技术的发展以外，国家还对相关产业的发展予以限制。如1999年1月，国家经贸委颁布了第一批《淘汰落后生产能力、工艺和产品的目录》；同年8月，颁布《工商投资领域制止重复建设目录》。1999年12月和2002年6月，国家经贸委再次先后颁布了第二批和第三批《淘汰落后生产能力、工艺和产品的目录》。对于具体的行业，国家也颁布了一些专门化产业政策，如1994年的《汽车工业产业政策》，1997年的《水利产业政策》和1997年的《中国的能源政策》等。20世纪90年代，政府部门除了直接颁布各种《纲要》、《决定》、《目录》、《政策》等文件来直接对应该发展或者是禁止的产业进行行政式干预外，还通过财政、税收、汇率、金融、工资等机制的改革加强了各种间接干预手段的使用。

（二）21 世纪以来的政府作用（2000 年至今）

21 世纪的中国在历经近 50 年的发展以后，经济发展已经迈上了一个新的台阶——无论是经济总量的增长还是产业结构的调整都取得了辉煌的成就。但是，21 世纪的中国也面临着新的问题。第一，虽然自新中国成立以来，工业化进程取得了巨大的进展——21 世纪初中国的工业化开始向中后期迈进。但是，三次产业之间以及产业内部的结构仍然存在不合理的现象，如各层次产业的发展不协调、基础产业制约经济发展等情况时有发生。第二，随着经济的发展，中国的土地、资源、环境、能源等约束越加明显。过去那种通过大量资源投入带来经济增长的“粗放型”发展方式越来越受到外部环境的约束，只有“集约型”的发展方式才能获得可持续的经济增长。第三，我国产业结构层次较低，在国际贸易中长期被锁定在价值链的低端，特别是产业间贸易和产品内贸易形式的兴起使得这种现象日益严峻。国际贸易中的大部分利润被发达国家所攫取。针对这样的现实背景，21 世纪中国产业政策的重点是产业结构调整、优化和升级，工业发展实现由大到强的转变，经济增长方式实现由“粗放型”向“集约型”转变。

为了使我国产业向更合理的方向发展，21 世纪以来，国务院先后颁布了《国家产业技术政策》（2002 年 6 月）、《促进产业结构调整暂行规定》（2005 年 12 月）、《产业结构调整指导目录》（2005 年 12 月）等纲领性文件对产业调整及技术升级指明方向。针对具体产业的发展，国务院先后颁布了《汽车产业发展政策》（2004 年 6 月）、《国务院关于促进流通业发展的若干意见》（2005 年 6 月）、《钢铁产业发展政策》（2005 年 7 月）、《国务院关于加快振兴装备制造业的若干意见》（2006 年 2 月）等文件为具体产业的结构调整、产业布局、技术升级等内容提供了指导性意见。针对部分产业产能过剩的情况，2006 年，国务院颁布了《关于加快推进产能过剩行业结构调整的通知》，提出通过土地、信贷、固定资产投资规模、新上项目的严格控制，对落后生产能力的强制性拆除等行政手段控制产能过剩产业的过度扩张，通过技术改造和企业重组等方式提高该类产业的生产效率。具体来说，针对焦化行业、铁合金行业、煤炭行业、铝工业、电石行业等产业的产能过剩情况，2006 年，政府专门出台了一系列针对性的结构调整指导意见的通知，旨在对该类产业实现淘汰落后、优化结构和提高竞争力的目标。

由此可见，直至 21 世纪，中国的产业政策体系已经相当地全面、系统，而且更加细化。这一时期的产业政策文件基本上都强调对产业结构调整（特别是对产业内产品结构的调整以及对过剩产能的控制）、产业组织调整（通过现有企业重组或者是集团化发展等方式培育大型企业提高产业集中度或者引导中小企业集聚发展等方式实现产业集聚）、产业布局调整（根据各地的比较优势合理进行产业布局），以及产业技术升级（支持企业自主创新或者是引进国外先进技术）。

对该时期政府作用绩效的评价：相较于前期而言，90 年代产业政策的制定更具备科学基础。1994 年的《纲要》为 90 年代产业政策的制定引领了方向，并明确规定了产业政策的制定主体，建立了产业政策审议制度、实施保障制度、监督、检查及评价制度等；使得产业政策的制定和实施更规范更科学。就实施效果而言，一是产业结构逐步优化——三次产业结构比例更加合理，落后产能治理效果明显。二是产业组织逐渐改善——对于具有规模经济的产业而已逐渐建立起以大中型企业为主的集中度较高的产业组织结构，对于不具备规模经济的产业而言逐渐建立起大中小企业相竞发展的竞争度高的产业组织结构。三是产业升级逐步推进——这一时期支柱产业和高新技术产业取得了长足的发展，打破了工业内部以加工业占绝对优势的格局。四是产业布局更加合理，中部、东部、西部地区分别以各自的地理、资源优势优先发展适宜的产业，可重复建设的现象并没有得到根本性的改善。但是，处理政府与市场之间的关系时，似乎存在着政府作用越级取代市场的行为。在市场机制日益完善的情况下，市场的基础性作用并没有得到合理的发挥，政府对微观主体的直接干预还存在于各个领域之中。政府与市场关系处理的不恰当，导致了政府作用绩效不佳。如以加快汽车工业发展的政策为例，政府为了取得规模经济的效益，通过市场准入等行政手段对其企业规模进行要求，却忽视了市场竞争机制的作用。从现阶段来看，汽车产业的核心技术却依旧掌握在国外厂商的手中，中国为加强汽车制造业国际竞争力作出的努力成效并不大。埃里克·图恩（Eric Thun，2005）曾指出，中国汽车制造业可能会重复墨西哥的命运——无论是在装配水平还是元件水平上都将被跨国公司所控制。

四　中国政府作用绩效不佳的原因分析

中国政府推动工业结构优化升级的过程中，大部分政策绩效并不理想。政府作用绩效出现折扣主要有以下几个方面的原因：

（一）我国政府制定政策的能力有限

从我国实施产业政策的历程来看，我国政府产业政策的制定还存在某些失误之处。20世纪50—70年代，我国工业化发展实行优先发展重工业化的政策。但是，当时的国民经济状况并没有达到重工化的条件，工业化的超前发展导致了经济发展中出现了诸多弊端：三次产业结构严重不协调，农业轻工业的发展满足不了人们的日常生活需要，资源浪费严重，生产力甚至出现倒退等问题屡见不鲜。而随后鼓励轻工业的政策却导致了产业“逆高度化”发展，农业、基础设施、基础行业的发展滞后，严重制约了我国工业的发展。成功的产业政策必须顺应国家产业结构的发展规律，任何试图违背其规律的政策及行为将导致经济体出现一定的问题。产业政策的制定一定要立足于一国的基本国情，顺应产业结构的演化规律。

（二）政策覆盖面过于宽泛

八九十年代，产业政策几乎涵盖了大部分产业和几乎所有的地区。例如，《90年代国家产业政策纲要》和“八五”、“九五”计划先后规定国家重点发展农业、交通运输等基础产业、机械电子等支柱产业和旅游业等第三产业的发展，重点发展产业几乎包含了所有的行业大类，而这些产业产值几乎占了全部国民生产总值的一半以上。针对地区发展而言，提出东部优先发展、重视支持中西部地区的发展，提出西部大开发战略以及中部崛起等，需要国家重点发展的区域几乎覆盖了整个华夏大地。但是，政府财力、资源、管理能力有限（特别是随着市场经济体制的完善，政府行政能力的弱化）使得政府根本无法顾全这些产业或地区的发展，这些都导致有些产业政策的实施效果不理想。

（三）政府作用很大程度上代替了市场

一方面，政府根据自身的判断，直接选择“赢者”加以扶持和选择

"输者"进行淘汰，而完全忽视了市场的作用。无论是一般性的产业政策，还是具体行业的专门性产业政策，都制定了具体到产品层面的发展或限制目录。支柱产业的选择、重点产品的发展和衰退产品的退出基本上是由政府规划，而忽略了市场选择。针对国内具备生产能力的产业和国家重点发展的产业，政策排斥市场竞争的作用，如限制外商投资进入该类产业的生产和限制对该类产品进口①。随着市场环境以及国际环境的复杂变化，政府根据当前环境选择的"赢者"在未来的发展中可能并不能继续保持优势，而政府对那些具有"动态比较优势"产业的忽视，可能导致失去这些产业的发展先机。另一方面，产业政策实施工具种类偏少，且基本上以"行政手段"为主。产业政策手段过于僵化，目录指导、市场准入、审批制度和落后产能强制性淘汰等手段使用得相当频繁。"限大扶小"、"强制淘汰落后产能"、"抑制部分产业产能过剩"过程中使用的行政手段，不仅没有达到优化产业组织结构的目的，反而破坏了市场运行的效率。另外，行政手段的过多使用可能导致"寻租"行为的滋生，反而破坏了资源分配的效率。

（四）各级政府之间的博弈弱化了产业政策的执行力度

在财政体制改革之前，地方政府为了使收入最大化，往往投资于利润率较高的部门，这导致跨地区产业结构同构。当中央政府出台重点支持某类产业的发展时，各级地方政府往往鼓励当地企业蜂拥至该类产业的生产，重复建设问题严重。虽然随着分税制的改革，税收在中央政府和省级政府之间形成了较为科学的分配关系，跨地区行业结构重复与集中的现象有所好转，地级政府也减少了对高税率却无效率企业的保护。但是，改革过程中也出现了新的问题，各级政府为了增加地方财政而出台了保护主义政策，从而损害了资源分配的效率。中央出于大局的考虑，可能会损害各级政府的利益，所谓"上有政策下有对策"，中央下达的政策性文件在具体的实施过程中就大大地被削弱了执行效力。

---

① 比如，1994 年的《汽车工业产业政策》第三十四条就指出，"在我国汽车工业还不具备国际竞争能力时，国家对进口汽车、摩托车及关键总成仍采取必要的管理措施"。又比如，1997 年的《外商投资产业指导目录》中，政府规定的限制和禁止外商进入的行业共计 138 小类，其中大部分是本国能够生产且满足国内需求的产业或者是国内重点扶植的产业。

第四节　政府推进工业结构优化升级的方式、作用方向与政策领域

在工业结构优化升级过程中，政府的作用必不可少。政府主要通过拓宽市场信息交流平台、完善政策制定程序等方式促进工业结构优化升级；政府作用的方向旨在提供优化资源配置的制度安排、完善市场竞争环境和建设企业能力等方面；政府作用的发挥应该结合产业结构政策、产业技术政策、金融财税政策、资源环境政策等多个领域的政策制定。

一　政府推进工业结构优化升级的方式

（一）拓宽市场信息交流平台

“政府失灵”的一个重要原因是由于政府掌握的市场信息不完备甚至失真，导致政策本身出现错误。为了避免这种情况发生，政府应在制定相关政策之前，与相关专家、学者和利益相关体举行协商、座谈会，多方聆听各界意见，及时掌握市场信息。政策制定应该在政府、企业、社会中间组织等主体反复协商的基础上完成。这样的一种形式有利于政府掌握充分的市场信息，在制定政策时减少失误。

（二）完善政策制定程序

豪斯曼等人（Hausmann et al.，2007）认为，政府在制定政策时面临三重问题：信息问题（不知道需要投入何种公共产品）、激励问题（寻租激励可能比生产率提高带来的激励更大）和资源问题。解决这些困难的方法有：与私人部门建立对话机制，识别协调失灵，提供解决方案；建立预算机制，增强政府部门的责任感；建立监督机制，健全项目选择的原则以及一系列的运作原则。简言之，政府应该能够设计“能够准确选择政策工具以及确定经济活动”的过程与程序。

（三）建立“奖惩并施”机制

在启动政策初期应该设立切实可行的目标，目标的设定应征求技术专家和学者等专业人士的意见，不易过高或者偏低，既要求在政策执行者的能力之内又具备一定的挑战性。在项目实施期间，根据情况合理的调整政

策目标。最后，要求执行者自身对其表现进行报告。政策制定者不应只关注政策执行者在指定时间内的绝对表现，更应该关注其表现的发展趋势。在实施政策时，必须定期验收和检查项目实施的效果，建立错误政策的及时退出机制。

（四）规范地方政府权责

导致中国政策绩效弱化的一个重要原因在于地方政府与中央政府之间存在力量博弈。中央政府出于全局考虑制定的政策可能与地方政府利益相违背，从而致使该类政策在地方上的执行力度不够。为了能使政策得以贯彻实施，应该着手规范各级政府之间的关系：为中央政策对地方政府的“放权让利”和“分级管理”等制度安排设置相应的宪法基础，减少机会主义行为；为各级政府之间的权限设置相关的规则及采取相应的惩戒手段，减少政府之间的博弈行为。

（五）政府支持由“全能型”向“调控型”转变

为了适应新的更为开放的环境，政策支持的主要领域不能再集中于某项具体的经济活动，而是应该专注于基础设施的建设和人才的培养等领域。在充分发挥市场机制作用的基础上保证产业发展的效率。政府由“全能型”向“调控型”转变，政策支持从“选择性”向“一般性”转变。

二　政府推进工业结构优化升级的作用方向与政策领域

（一）政府推动工业结构优化升级中的作用方向

在推动工业结构优化升级的过程中，政府的作用方向在于能为资源的有效配置提供一系列合理的制度安排，且这种制度安排应根据经济发展阶段和经济环境的变化作出适当的调整。在市场存在严重残缺的初级发展阶段，政府通过行政力量提供制度安排，通过直接组织市场、直接安排微观主体经济活动等行政干预形式来替代残缺的那部分市场，从而实现资源的有效配置。随着市场体制的日益完善，政府替代应该逐步弱化，政府对市场的直接干预应该逐渐让位于市场机制的作用——但这并不意味着政府应该逐步退出市场。市场机制作用的有效发挥离不开政府政策的支持。市场机制发挥有效作用的过程应该是政府通过积极提供一系列制度安排克服市场失灵过程。

政策支持应该由“选择性”政策向“竞争型”政策转变。事实证明，任何机构和组织在竞争过程发生前均无法确定哪个企业更具备竞争优势，任何事先确定“赢者”加以扶持的行为将破坏市场竞争机制的有效运行。限制竞争的产业政策会造成垄断寻租和阻碍更有潜在竞争力企业发展的双重效率损失（赵坚，2008）。政府能够做的是为“国家变得擅长生产某些特定的产品”创造条件，让市场本身筛选出具有赢者特质的产业或者企业。政府应该制定“竞争型”政策，为那些具备潜在竞争优势的企业或行业发展创造公平的竞争环境。

政策支持应该以企业能力建设为导向。企业是国民经济的细胞，是经济建设的微观主体，直接决定了经济发展的状况。市场竞争实际上是企业能力构建的竞争，在企业能力构建竞争中胜出的企业才能获得竞争优势（赵坚，2008）。只有以企业能力建设为导向，通过提升企业能力才能实现产业的内涵式增长和工业结构的优化升级。

（二）中国政府在促进工业结构优化升级中的政策领域

政府可以通过制定相关的产业结构政策、产业技术政策、竞争政策、金融财税政策和环境资源政策等方面促进工业结构的优化升级。

1. 产业结构政策

产业结构升级应该分为产业间升级、产业深化和产业内产品结构升级三个层次。产业间升级是指通过协调工业体系中各个产业间的关系推动产业结构向更高层次的产业发展；产业深化是指抢占全球价值链中附加值高的生产环节；产业内产品结构升级是指在同一产业内用高端产品代替低端产品，加强产品品牌建设、提升产品质量和技术水平的过程。

在促进产业间升级方面，政府应该规划产业结构调整和转换的方向，通过对市场的引导加速产业结构的调整。这主要表现在政府对幼稚产业的培育、对主导产业的扶植及对衰退产业和过剩生产能力进行有序退让等方面。具体而言，在选择幼稚产业培育时，需要顺应产业结构演变客观规律，在经济比较优势的动态变化趋势上选择超越现有比较优势距离不远的产业作为发展目标；在确定主导产业时，应该采取“混合型诱致变迁”指导方式——首先由各行业根据市场力量进行“博弈”，在竞争中胜出的产业才能被政府选择为“主导产业”并进行重点扶持和培育；在对衰退产业和过剩生产能力进行有序退让时，除了使用必要的行政手段以外，还需要发挥市场的力量——政府需要在消除该类产业生产要素流动障碍等方面作出一系列的制度安排。

工业结构优化升级的另一个重要方面是实现产业深化和同一产业内产品结构的优化升级。随着经济全球化的推进，产业内甚至产品内的垂直化分工程度不断深化，国际贸易形式主要以产业内贸易甚至产品内贸易为主。国家参与全球化分工的形式转变为专业化生产同一产品内的特定生产阶段或同一产业内某个特定产品。要在国际贸易中占据有利地位，必须专业化生产全球分工体系中高附加值产品或生产环节。因此，我国工业结构的优化升级除了重新布局各个产业之间的关系外，重点在于推动产业深化和产业内产品结构的转化和升级。为了加速促进工业结构的优化升级，政府政策的制定和执行的对象应该从产业层次转换为企业和产品层次。

2. 产业技术政策

促进产业技术水平的上升是工业结构优化升级的一个重要内容。根据我国不同产业的技术发展情况，政府可以制定不同的产业技术政策。针对尚处于幼稚时期的产业，政府主要通过加快技术转移的方式促进工业行业的技术升级。在工业技术转移方面，实施分“两步走”战略，即“技术引进”和“技术扩散”。技术引进是指从外国进口相对先进或本国空白的技术，技术扩散是指引进的新技术在不同企业之间进行扩散的过程。一般而言，政府可以通过制定优惠的外资外贸政策来鼓励高新技术的引进：对高新技术设备的进口引进减免关税；鼓励从事高技术产业的外资在国内投资办厂，并对该类外资企业予以一定的政策优惠等。在技术扩散方面，政府可以采取的措施有：推动相关知识产权保护制度的民间化和社会化，通过试验研究所和技术研究院从技术指导、进修、开发、情报、交流等各方面帮助企业进行技术扩散。

针对发展较为成熟的产业，政府需要制定以企业自主创新能力建设为导向的技术政策促进其技术升级。但现有的技术激励政策往往通过提供公共研发资助政策、优惠的税收政策和金融政策等资源供给方面激励企业对高新技术的开发，而忽略了需求导向性的技术激励政策的效果。政府为鼓励企业创新所提供的资金和各种优惠措施只是提供了良好的外部条件，无法从内部提升企业的创新能力。企业的创新能力应该是在不断寻求市场机会、满足市场需求的动态学习过程中累积起来的。因此，政府应该重视以需求为导向的技术激励政策的运用，通过给企业提供更多的学习机会提升其创新能力。比如，通过政府采购和促进工程承包等方式为企业提供学习机会；在其他条件相同的情况下鼓励优先使用国内自主创新产品等。

产业技术政策的另一个重要内容是完善科技成果转化机制。目前我国还存在着基础研究、应用研究和商业化能力割裂、错配的问题，科研机构的科技成果无法顺利地转化为企业的生产能力。首先，政府应该推进官产学研合作，实现企业、大学和科研机构的有效结合，加强技术创新能力与商业化能力的融合。其次，政府应当完善技术市场，通过技术交易的形式加强科研机构与企业之间的交流，促进科研成果向企业生产力的转化。

3. 竞争政策

在完全竞争的市场结构下，资源配置才能达到帕累托最优状态，任何限制竞争的行为都会造成效率损失。但在现实世界中，不可避免地会产生不正当竞争行为以及大规模企业采用各种不正当手段来限制竞争牟取暴利的行为。政府有必要采取一定的竞争政策保证市场竞争机制的有效运行。

首先，政府应当通过制定《反不正当竞争法》和《反垄断法》等法律条文对市场上的不正当竞争和垄断行为进行约束以及通过建立相对独立的机构维护公平竞争和市场秩序，从而净化市场竞争环境。与发达国家不同，我国市场上的垄断势力主要来自地方政府部门为了维护所属行业和所辖区域的企业利益滥用行政权力而形成的进入壁垒和市场分割（陈东琪、银温泉，2002）。因此，我国相关法律的制定除了控制私人部门滥用市场地位限制竞争的行为外，还应限制各级地方政府的行政垄断行为及地方保护行为。

其次，产业组织的优化应该在市场竞争机制的主导下进行，尽量减少政府的直接干预。政府对产业组织结构优化的作用应该以制定竞争型的产业政策为导向，避免事先选择“赢者”的扶持方式和“拉郎配”的企业整合方式。充分利用市场优胜劣汰机制，推动企业兼并重组，让高效率企业做大做强，迫使落后企业、技术和产能退出市场。如在促进优势企业“强强联合”和兼并落后企业方面，政府可以充当中介人的角色，为各个企业提供信息交流平台，在政策上予以支持和法律上予以保护，但是应尽量避免从行政上强制性地要求企业联合。

4. 金融财税政策

首先，政府应该大力推进多元化融资渠道、多层次资本市场和投资体系的建设，通过建立国家专业投资银行、动员国内资金和引进国外资本等方式建立资金池，通过加强资本市场监管等方式提高资本市场的运行效率，引导资源流向具有竞争优势的产业和企业。

其次，政府应该为重点发展产业或企业制定优惠的贷款政策、上市融资政策、税收减免和信贷优惠政策。但在具体的扶持对象上，应该消除所有制观念，营造一个各类所有制主体都能同台竞技金融财税支持的公平环境。

再次，加大政府财政支出力度，从需求层面推动优势产业和优势企业的发展。如增加政府对资助产品采购的财政支出，对消费者购买进行补贴等。

最后，在金融财政政策的具体执行过程中，应该注重“奖惩并罚”策略的实施。在对企业采取金融支持、税收减免和提供风险基金等“胡萝卜”奖励形式的同时，应该对机会主义行为采取“大棒”的惩罚形式。

5. 环境资源政策

为解决资源约束的缩紧和环境压力的加大给我国工业结构优化升级带来的压力，政府应该制定相应的环境资源政策迫使高能耗高污染的产业不断消亡和节能环保的新产业不断产生。

首先，政府需要改革和完善环境保护体制。通过《环境保护法》等立法形式，明令禁止高耗能、高污染的项目实施；限制严重污染环境的工艺和设备的使用；禁止生产、销售、进口和使用严重污染环境的设备等。

其次，鼓励清洁生产工艺的开发利用和环保产业的发展。以高校和科研单位为依托，重点攻克污染治理技术、生态破坏恢复技术和综合利用技术的开发；鼓励企业增加在节能环保技术开发上的投入；通过财政支持和优惠的税收政策等重点扶持环保产业的发展。

最后，积极利用海外资源。通过对外直接投资、战略合作和进口等方式充分利用海外的煤炭、石油和矿产等资源。

第十四章　面向未来的中国工业结构优化升级

工业结构的优化升级已成为工业化的重要手段和必然途径。中国正处于工业化发展的中期阶段，已经实现了从农业国向工业国的转变，并且已成为世界制造业大国。选择今后一段时期我国工业结构调整的方向和重点，除了要立足于我国工业发展现状和未来工业结构变动趋势，还应充分考虑国内外发展环境变化因素。当前，全球经济面临新的调整周期，发展速度明显趋缓；中国在依靠投资摆脱金融危机不利影响的同时，仍面临着未来进一步产能过剩的危险。同时，外部环境对中国工业发展和结构调整的影响程度加深，信息化、市场机制和技术进步推动结构调整升级的作用逐渐显现，产业转移至中西部地区的趋势日益明显。在经济周期的下降阶段，我国工业结构的优化升级，既面临挑战，也有着前所未有的机遇。工业结构如何优化升级？经济发展方式如何转变？产业之间如何实现协调发展？这些都是当下和未来一段时期内我国工业结构级所面临的新的关键问题。

本章旨在总结改革开放以来尤其是新世纪以来我国工业结构调整变化的经验教训，针对目前国内外经济形势发展，立足于我国工业发展现状和未来工业结构变动趋势，探讨“十二五”时期及未来一段时期我国工业结构调整的方向和战略重点，并提出促进我国工业结构优化升级的战略举措与政策建议。

第一节　工业结构变迁的评价

改革开放以来，我国根据不同经济发展阶段的特点，及时调整了工业结构优化升级的方向，取得了良好的成效。但是，随着发达国家进入经济周期的下行阶段，我国经济发展面临着“保增长”和“调结构”的两难局面。因此，如何在保证经济持续增长的同时，促进工业结构的优化升级显得十分重要。为此，我们着重对不同经济发展阶段以及经济周期波动下工业结构优化升级的原理进行了讨论，并对新世纪以来工业结构变动的现状、问题和原因进行了归纳。

一　我国的经济发展阶段与工业结构优化升级

经济发展具有明显的阶段性，我国工业结构优化升级工作也正是根据经济发展不同阶段中供给和需求的变化，及时调整工作重心，从而保证了国民经济的持续快速发展。从三次产业的产值比重来看，我国现在已经进入了工业化的中期阶段。回顾以往发展的道路，我们有必要对改革开放30多年来，我国在不同经济发展阶段制定的工业结构调整政策进行总结。

20世纪80年代初开始，我国经历了以“加强轻工业”为重点的结构调整。这是因为，新中国成立后，我国实行重化工业优先发展的战略，按照“先生产、后生活”的思路，以牺牲消费为代价初步建立起了工业体系，并促进了重化工业的快速发展。改革开放后，我国经济发展重心则开始转向支持能满足和提高人民群众生活水平的轻工业和农业的发展。

20世纪90年代初开始，我国实施了以“加强基础设施建设”为重点的结构调整。经过20世纪80年代农业、轻纺工业的发展，我国人民的温饱问题得到了解决，电视机、电冰箱、洗衣机等耐用消费品也开始进入了千家万户。特别是进入“九五”时期以后，我国开始逐步由“短缺经济”向“过剩经济”转变，经济增长由原来的供给不足转向了需求制约。在完成第一次消费升级后，日用消费品不再短缺，此时的短板是基础工业与基础设施。在这一阶段，国家针对能源、原材料等基础工业和交通运输等基础设施供给不足的状况，重点加快了能源、原材料和交通运输业、通信等“瓶颈”行业的发展。

进入新世纪以来，我国实施了“以立足提高自主创新能力，走新型工业化道路”为目标的结构调整。随着基础设施的逐步完善，我国经济工作的重点再次转向了扩大内需，提高人民消费层次上。通过政策的合理引导，我国形成了以私人购车需求带动的，包括合成材料、钢铁、轮胎工业的汽车产业集群；以市场化购房需求带动的，包括建筑材料、钢铁、金属制品的房地产产业群和满足居民娱乐休闲消费的手机、数码相机、摄像机等高档电子产品制造业集群。

而在 2008 年全球金融危机爆发之后，先前增长迅速的行业受到巨大冲击，增速放缓，而消费需求推动型行业虽然绝对增速有所下降，但与其他工业行业相比其相对增速则大幅度提高，成为增速排名靠前的行业。高增长行业中，消费需求推动型行业的比重正在上升。消费需求结构的升级成为我国产业结构升级的关键因素和产业结构调整的重要依据。在金融危机应对的政策制定上，2009 年 1 月 14 日国务院会议首先审议通过了汽车、钢铁产业调整振兴规划，随后国务院又先后通过了纺织、装备制造、船舶、电子信息、石化、轻工业、有色金属和物流业等十大产业的调整振兴规划。这些重点产业的发展态势对整个国民经济运行具有重要影响，重点产业振兴规划的制定与落实涉及多个政府部门，政策在针对国际金融危机造成的当前困难的同时，更为关注产业长期发展中面临的深层次问题。

二　经济周期变化下的工业结构优化升级

就经济周期变动与工业结构优化升级的一般原则而言，宁晓青和陈柏福（2008）通过对中国 1953—2007 年间经济周期波动与产业结构变动的实证研究，发现经济周期波动是产业结构变动的重要原因，产业结构变动对经济周期波动也具有显著的影响。曾铮（2008）也通过实证研究证明了这一观点，并认为，就国内经济周期的变动而言，经济周期中的收缩前期是产业结构优化调整的最佳时机。具体原因有三：第一，经济衰退将产业结构调整的矛盾充分暴露，此时进行调整的政治压力和社会压力较小。第二，过度扩张部门和产能过剩部门利润下降，竞争力不足，孕育着强烈的创新压力。第三，由于产品和产能过剩，使得受经济变动影响不大的农业、轻工业等比较容易扩大生产。通过存量和结构性扩张政策的结合，既可以调整失衡的产业结构，又可推动我国经济早日走出阶段性收缩的低谷。

就国际经济周期的影响而言，随着我国在国际上的地位和作用的提高和加强，世界经济波动对我国经济的影响主要通过世界市场即国际贸易这一渠道实现的；而伴随着我国国际贸易量占世界总贸易量的增强，以及吸引外资量的增加，这一影响将会增强。我们不仅要采取相应的政策来规避世界经济波动对我国经济的消极影响，而且要充分利用世界周期波动的时机来促进我国产业结构的调整。在世界经济的衰退阶段，更易引进比较先进的技术设备和价格趋于疲软的原材料，促进我国产业结构的优化；利用世界经济衰退带来的资本相对过剩，引进条件比较优惠的外资，以加强我国短线部门行业的投资，缓解产业结构的失衡。

我国在1998年和2008年的两次国际金融危机中，都面临着同样严峻的外部经济环境和内部经济发展瓶颈，既要调结构，又要保增长，工业结构优化升级在一定程度上面临着两难的抉择（周明生，2010）。

无论是1998年的基础设施建设还是2008年的十大产业振兴规划，我国采取保增长的主要手段都是大规模的投资，但盲目投资的结果往往是在短期内保证了经济增长的同时降低了工业结构调整的速度，影响了工业结构调整的方向。在有的领域，本该淘汰的落后产能，在强大的投资动力和货币信贷支持下又开始恢复生产，产能过剩问题还在加剧。工业结构调整速度会被人为降低，甚至部分产业出现逆向调整。而在金融危机下，地方政府主导投资改变了工业结构原有的调整方向。为保增长，新上的项目具有明显的政府主导特征。1998年和2008年我国政府为了应对金融危机，两次都将过多的信贷资金投向基础设施建设、劳动密集型产业和两高一低的项目。这些项目的建设无疑可以在较短的时间内加大内需，但对防止产能过剩、减少环境污染与资源浪费不仅没有任何好处，而且还会加大未来工业结构调整的难度。况且，大量基础设施的闲置也是对宝贵财政资金的一种浪费，而高额的信贷投放更是加剧了未来通货膨胀的预期。

面对短期保增长目标和长期调结构目标的冲突，政府必须要顺应经济规律，对落后产业和过剩产能不再无意间实施保护，而是通过政策因势利导，将存量调整和结构性扩张政策相结合。让市场机制去淘汰高能耗、低技术的产业，与此同时，政府应投入更多的资金在高新技术产业研发和相关的劳动力技能培训上。这样，既可以调整失衡的工业结构，又可推动我国经济走出阶段性收缩的低谷，并为未来工业结构的优化升级打下良好的基础。

然而，就现实中政府面对两难抉择采取的实际措施来看，从2009年1月陆续实施的十大产业调整振兴规划虽然一定程度上保证了经济较快增长，促进了工业结构优化，但作用效果比较有限，调结构政策在实施中遇到了诸多的问题（李平等，2010）。

第一，“行政主导”、“扶大限小”的政策倾向在一定程度上会降低兼并重组的效率，并可能带来其他不良效果。在振兴规划中，我们可以看到，行政主导、扶大限小仍是兼并重组政策的主线，这些政策将影响兼并重组的效率。国外产业重组是充分的市场化运作，因此保持了很高的重组效率，而中国主要依靠国家产业政策导向与地方政府权力，重组效率低。在“扶持大企业、限制小企业”的政策导向下，地方政府为了避免本地企业被政策边缘化，也为了获取更多的政策扶植，倾向于将本地企业拼凑在一起。“扶大限小”实际上是代替市场过程来挑选竞争的胜者。倘若政府干预代替市场过程进行胜者的选择，整个市场必然失去甄别、发现、利用和创造新知识的动力，行动主体对利润机会所保持的警觉也会消失。这就带来了另一问题：政府对胜者的选择也使得经济主体通过非市场手段俘获政策制定者的不良现象更为严重和普遍，由此进一步扭曲了市场过程的有效运行。

第二，落后产能的界定不应以设备规模作为主要标准，也不宜在环保、安全之外确立其他标准。对于落后产能的界定主要以设备规模作为标准，在进一步实施过程中应考虑以环保、安全经济技术指标作为标准。在石化、钢铁、船舶等行业振兴规划中，淘汰落后产能以设备规模作为主要标准，这可能会导致小企业避免被淘汰而投资相对大规模的设备，使产能过剩问题加重。建议淘汰落后产能以环保、安全指标作为标准，不以企业、设备规模“一刀切”。另外，在识别落后产能上也应力求科学和审慎，尽可能避免在安全和环保指标以外对技术、设备做过多的限定，避免以政策部门的选择代替市场选择。

第三，在实施振兴规划促进工业升级和产品结构调整过程中，政府应以市场需求为主导，充分尊重企业自身的选择，不宜对具体技术、产品和工艺做具体规划。十大产业振兴规划中试图从各个行业中挑选出需要重点发展的先进技术、工艺和产品进行扶植，并挑选出落后的技术、工艺和产品进行限制和淘汰，政策部门需要对上百个细分行业中众多技术、工艺和产品的前景、经济性与市场能够进行准确的判断和预测，而这是一项决策部门几乎难以完成的工作。在促进工业升级和产品结构调整过程中，应以市场需求为主导，防止脱离我国经济发展阶段而片面追求高新技术工艺，同时也要防止把本来具有市场需求的生产能力看做过时与落后并加以淘汰。脱离市场需求强调所谓高端产品的比例，可能会导致所谓高端产品产能的严重过剩。此外，振兴规划中加大技术改造支持力度主要采取贴息的方式，并涉及两个部门以及地方政府的审批。在这种支持方式下，中小企业的技术改造往往很难获得相应的支持，也会带来“跑部钱进”等一系列问题。支持企业技术改造，采用税收减免的方式更为合理。

三　新世纪以来工业结构变动的主要特征

（一）我国工业结构变动的特征

新世纪以来，我国经济呈现高速增长的态势，我国工业发展的基础、规模、技术水平得到明显提升，工业结构变动的特征主要体现在以下六个方面：

第一，我国已经进入由消费带动工业结构优化升级的新阶段。改革开放30多年来，我国经济保持快速发展势头。2000年，我国GDP突破1万亿美元，人均GDP超过800美元，而到2010年，我国的人均GDP更是超过了4000美元，人民生活总体上达到小康水平，相应的需求层次将不断提高，汽车、住房、旅游等高端消费的需求逐渐释放，保健消费和知识消费、信息消费将形成新的浪潮。按照钱纳里关于经济增长阶段和主导产业的判断，我国正在由以加工组装业为主导的工业结构转变为以高技术为主导的工业结构，“十二五”时期及未来一段时期我国将进入工业化后期，主导产业将以服务业和信息产业为主体。收入水平的大幅度提升带来了消费水平的提升和消费结构升级，这必将对产业结构的优化升级产生巨大推动力。

第二，国际化和全球化对我国工业结构优化升级的影响程度加深。随着全球分工体系的建立和完善，我国日益成为跨国公司全球价值链中不可或缺的一环，同时，国内企业也积极探索企业国际化之路。国际化和全球化对我国工业结构优化升级的促进作用明显：2008年，中国出口的高新技术产品占全部出口的29%，其中主要都是由外商投资的加工组装线生产地；并且，我国出口商品结构已经十分接近经济合作与发展组织国家。这表明外商直接投资对于我国制造业的技术引进、产业升级和结构优化已起到重要的促进作用。近几年来，外商对我国第三产业的投资正逐步递增，在2008年已达到总投资额的52.80%，首次超过对我国工业投资的份额。并且，在第三产业内部，外资又是主要集中在金融业和房地产业

（占第三产业总外资的 60%），其他服务业吸收外商投资仍然不多。2007年外商投资企业的数据显示，房地产行业和制造业的外商投资企业的投资利润率是低于所有外商投资企业平均水平的，而像交通运输、仓储和邮政业，信息传输、计算机服务和软件业，批发和零售业，金融业，租赁和商务服务业等投资利润率均高于所有外商投资企业平均水平。故随着我国市场开放度的提高，外资由于其逐利的本能必然会在这些服务业领域发挥更大的促进作用。

第三，随着我国改革的深化，市场机制对工业结构优化升级的促进作用逐步增强。随着要素价格调整，价格作为影响工业结构变动的重要因素，开始起到了越来越显著的作用，市场的杠杆作用逐步提升。通过资源价格、工资、利率等的市场引导，我国的工业结构向着节能环保、技术密集、投资效率提升的方向优化升级。因此，今后推进工业结构的调整升级要更多借助于市场机制的力量来进行，或者说，通过校准、设定诸如税收、利率、劳动力工资等多种市场参数，使企业朝着符合政策希望的方向进行自我调整，以期取得事半功倍的效果。

第四，信息产业等高新技术产业对传统工业升级的促进作用明显提高。2006—2010 年，电子信息产业的产品销售收入、工业增加值、利润总额、进口总额和出口总额均保持 20% 左右的高速增长态势。与此同时，信息技术在农业、服务业和社会各领域的应用进一步深化，国家信息化程度进一步提高。另外，应用信息技术改造提升传统产业不断取得新的进展，工业设计研发信息化、生产装备数字化、生产过程智能化和经营管理网络化水平迅速提高。

第五，节能减排成为我国工业结构优化升级的新导向。应对气候变化和实现可持续发展已成为全球共识，面对当前危机后的全球经济走势，主要发达国家竞相发展新能源和节能环保等新兴绿色产业，积极培育未来新的经济增长点。新型绿色产业兴起预示着未来全球产业调整的新方向。这也为“十二五”时期及未来一段时期推进我国工业优化升级提供了新的契机。首先，新能源和节能环保等新兴绿色产业，有利于保护环境、提高能源资源利用效率，也正是我国转变经济发展方式和推动工业转型升级的结合点和突破口。其次，新能源和节能环保等绿色产业在世界还处于发展的起步阶段，这为我国赶上新一轮全球产业调整步伐提供了重要契机，通过赶超我国有可能抢占未来产业发展的战略制高点，改变目前我们在全球分工格局中处于低端的不利地位。最后，新能源和节能环保等绿色产业发展潜力巨大，市场前景广阔，为我国扩大市场需求、培育新的经济增长点提供了重要机遇。

第六，产业开始向中西部转移，区域协调发展成为结构调整新目标。新世纪以来，中国工业的地区结构改变了自 20 世纪 80 年代初以来东部沿海地区工业比重不断上升的状况，中西部地区工业比重开始上升。目前，东部地区已开始显现出新一轮加快承接国际先进制造业和服务业转移的迹象。沿海地区“腾笼换鸟”和中西部地区“居巢引凤”、“万商西进”等工程，使东部地区产业向中西部地区转移的趋势日益明显。区域工业的协调发展成为工业结构调整的一个重大目标。

（二）我国工业结构存在的问题和矛盾

与此同时，当前我国工业结构也存在着诸多的问题和矛盾。究其深层次的原因来看可以归纳为以下四个方面：

第一，参入国际分工的外部失衡是形成我国当前工业结构矛盾的外在原因。我国产业发展在日益融入全球化进程中，在相当程度上是依靠廉价劳动力取得比较优势，这导致行业的竞争优势主要体现在低附加价值的非核心部件制造和劳动密集的加工装配等低端价值链的环节中，是事实上的“世界工厂”。不仅如此，我国的产业发展对加工贸易过度依赖，加工贸易占总出口额的比重超过了 50%。低层次的一般贸易比重过高，企业之间主要依靠降低价格的低水平恶性竞争，不但加剧贸易条件恶化，还导致贸易摩擦加剧。2008 年的金融危机让这种矛盾凸显。我国出口依存度高的纺织、机电、轻工等产业受金融危机的影响较大，企业大量停产或倒闭，失业大量增加。这反映了我国产业结构的对外依存性和脆弱性。

第二，国内总供给及总需求的不平衡是造成我国当前工业结构矛盾的内部原因。由于经济增长过度依赖投资，强化了投资与重化工业之间的自我循环。我国正处于工业化中期，这是一个以投资带动和重化工业为主导的时期，但是，我国现行体制又强化了这一特征，比如过度追求 GDP，人为压低土地成本、环保成本、劳动力成本和资源成本等资源要素成本，刺激了对投资的需求。而开发、品牌、供应链管理和营销等附加价值高端环节过度依赖外资。这使得我国工业实际高度化水平并不高，国内生产性服务业难以快速发展，国内收入水平与 GDP 并不对应，消费服务业也难以带动，对我国工业结构的升级转型形成制约。

第三，不完善的市场机制是形成我国当前工业结构矛盾的更深层原因。中国经济之所以出现以产能过剩为主要特征的经济增长模式问题，关键的一点就在于政府在经济活动中介入的太深、太广，代替经济主体进行决策的行为导致了市场经济规则无法发挥，进而引发了整个经济结构的畸形。所以，在工业结构调整中，为了捍卫地方政府的利益，他们的行为很可能造成中央工业结构调整政策的异化——应对结构性过剩的有力手段，最终造成了先进产能过剩乃至于整体产能严重过剩的恶劣局面。政府部门的职能转变还没有到位，习惯于用行政命令的方式直接干预市场活动，往往使得市场竞争的优胜劣汰机制大打折扣。另外，政府部门重微观运作、轻宏观调节，重审批、轻监管。特别是政府在以能源利用效率、环保标准、安全生产为主要内容的社会监管方面又存在一些缺位。

第四，以 GDP 为导向的干部考核机制是形成我国当前工业结构矛盾的制度原因。从管理制度上看，目前我们对各级地方政府官员政绩的考核，还主要集中在经济的增长速度方面，如 GDP 的总量和增速、投资规模和增速等都是考核官员政绩的硬指标，而对于经济快速增长背后的代价，如消耗了多少能源、造成了多大的环境污染等则很少关注。这造成了地方政府在制定区域性发展规划和安排年度经济工作时，虽然想要做到优化工业结构、节能降耗、保护环境，但实际上往往是把那些价高利大、对促进本地区经济快速发展和财政收入增加较快的项目、行业优先安排，而这些项目则大多是能耗高、科技含量低的重化工业等。

第二节　经济转型背景下我国工业结构升级面临的挑战与机遇

“十二五”时期，我国正处于工业化进程的中后期和城市化加速发展时期，经济全球化的深入发展使得我国开始融入全球分工体系，全球经济危机使得我国进入了工业结构战略性调整的关键时期。在此阶段，机遇与挑战并存，抓住和利用好重要的战略机遇期，积极应对挑战，对加快转变经济发展方式，促进工业结构的合理化和高度化，提高我国产业国际竞争力意义十分重大。

一 面临的新挑战

由于金融危机引发的全球经济震荡调整并未结束，国内外经济环境中的不确定因素仍然存在。“十二五”时期是中国经济发展的关键时期，我国工业结构调整升级面临着如下的新挑战。

（一）经济全球化和金融危机使得我国产业发展面临的环境更加复杂化，扩大内需更加紧迫

经济全球化的发展使得我国更加融入国际分工体系，随着全球化进程的进一步深化和全球产业链的重构，这可能固化我国制造业低端分工地位，带来高能耗、高污染企业和产业，造成我国技术依赖，产生某些行业的外国垄断和在某些领域影响国家经济安全。

本次世界经济危机导致外需急剧缩减，我国外贸出口连续大幅度下滑，并通过外贸关联行业对实体经济产生严重冲击，导致工业生产大幅回落、经济增长急剧减速和就业形势恶化，充分暴露出经济增长过分依赖外需存在巨大风险。第一，由于中国的赤字水平很低，具有实施扩张型财政政策的极大空间，所以有能力在全球经济的持续低迷中率先实现反弹，很可能会呈现出“V”形走势，即在短期内经济走向复苏，导致政府对传统的产业调整的动力将会减弱。第二，由于世界主要经济体在短期内不可能复苏，在中期内也将持续低迷，中国经济也有可能呈现出“U”形走势，政府可能疲于应对中短期的危机而忽视了长期的结构调整目标。第三，“十二五”时期，我国增加外贸出口将面临更多外部因素制约，难以继续依靠出口拉动经济平稳较快增长，扩大国内需求特别是居民消费需求对工业结构调整压力加大。总之，在全球经济危机的冲击下，在将来相当长一段时期里，我国工业结构的战略性调整将面临着巨大挑战。

（二）全球价值链治理仍由大跨国公司掌控，“中国制造”面临着日益加剧的国际竞争

当前，跨国公司全球配置资源主要通过建立全球一体化生产体系来实现。跨国公司全球一体化生产体系依托全球资源，充分利用各国生产要素的成本优势，改善企业的成本结构，增强跨国公司在全球范围内的竞争力。随着经济全球化程度提高，大跨国公司不仅凭借雄厚的资本实力、创

新成果积累占据着价值链的关键环节，而且利用海外直接投资、离岸外包、战略联盟以及其他形式的研发合作和制造合同等组织架构，在全球范围内不断扩展其战略资源的边界，并采取截断价值链、技术转移片段化等方式，牢牢掌控产业价值链的全球治理和整合，保持着行业领导者的地位。

中国通过大规模承接国际产业转移，工业领域吸收了大量外资，使“中国制造”在全球价值链的参与度不断加深。随着中国工业国际竞争力的提升，在国家加强自主创新政策导向的引领下，近年来，中国在装备制造、电子信息、资源综合开发利用等领域涌现了一批达到国际先进水平的自主创新成果，并在技术创新和规模扩张的共同带动下，逐步向价值链附加值更高、战略地位更重要的环节攀升，但在这些领域，发达国家并不会轻易放弃其优势，而将在技术升级、产品创新等方面与中国展开更为激烈的竞争。同时，还应看到，由于中国工业技术水平、生产方式和组织结构长期落后于发达国家，目前，在全球价值链分工体系中，中国仍处于中低端环节，产品附加值不高，劳动生产率较低。另外，自20世纪80年代以来，利用外资过程中采取了“市场换技术”的方针，导致中国部分高技术产业发展对外部技术产生了一定的依赖，一些企业长期被“锁定”在低水平的加工环节，削弱了其升级发展的自主性。

（三）“劳动无限供给”和“低成本竞争”的比较优势正逐步消失，发展劳动密集型产业面临挑战

在国际分工体系中，中国最大的相对优势就是丰富的低成本的劳动力，因此，在工业结构优化升级过程中，必须充分考虑到这个基本国情，充分利用这个优势。至今为止，中国庞大的劳动力队伍仍然保持逐年增加之势，这决定了我国的劳动力要素的低成本优势。较之发达国家，中国的劳动力成本优势十分突出，2007年，中国制造业时薪仅相当于2005年英国的2.7%、美国的3%、日本的3.2%。即使与其他发展中国家相比，中国也有一定的劳动力低成本优势，例如，中国制造业的工资水平仅为墨西哥的27%、巴西的17%。不过，目前中国的平均工资已经超过了巴基斯坦、斯里兰卡以及泰国。也有一些调查显示，印度和越南的劳动力成本比中国便宜。

但是，随着老龄人口迅速增加，中国的低成本劳动力优势将在本世纪

中叶前逐渐消失。据老龄办自2000年以来的首次人口调查，中国的老龄人口正以每年3.2%的速度增长，是总人口增长速度的五倍。中国目前的劳动力人口和退休人口的比例为6:1，但这一比例将在2030—2050年间达到2:1。因此，中国的“人口红利”（即人口负担较低、劳动力资源较为充沛）也将伴随人口老龄化而逐步消失。届时，庞大的社会保障成本将由已经减少的在职工人支付，中国劳动力将不再“便宜”。

此外，中国低成本竞争的诸多因素也在发生变化。例如，严格的建设用地规模控制和基本农田保护制度，以及土地招、拍、挂等供应方式的改革，使得土地资源不再无限制的低成本供给，土地交易价格迅速上升；原油、铁矿石等重要资源的进口需求持续大量增加，能源国内保障不足，能源资源价格持续上涨；人民币升值也削弱了出口部门的竞争力；还有《劳动合同法》的实施带来相关问题，等等。“低成本竞争”的比较优势正逐步面临挑战。要素禀赋结构的变化势必带来工业结构的相应调整，特别是资本密集和技术密集产业的需求提升。然而，中国面临巨大的劳动力就业压力，其中包含大量非熟练劳动力，这就使得在工业结构调整时还需要大力发展劳动密集型产业，广泛解决就业问题。

（四）资源环境约束日益严重，国际能源资源争夺加剧继续影响我国能源资源供应安全

我国自然资源人均保有量不足，资源消耗速度惊人。中国人均水资源拥有量低、人均耕地面积小、人均矿产资源量不足。我国人均石油储量只有世界平均水平的11%，天然气人均储量只有4.5%，铁矿石人均储量只有42%，铜人均储量只有18%，铝土矿人均储量只有7.3%，即使是我国储量比较丰富的煤炭资源，人均储量也只有世界平均水平的79%。此外，我国的资源消耗速度惊人、浪费严重，近五年来，我国的耕地面积和水资源总量正逐年减少，各种能源和主要原材料的消耗量也正以惊人的速度增加，其增长速度高于同期经济增长速度（GDP增长率），加之国际能源资源价格持续大幅度上涨，对能源资源的争夺日益加剧，经济发展面临资源能源约束日益严重。

“十一五”时期以来，国际能源资源价格持续大幅度上涨，对能源资源的争夺日益加剧。而我国的基本国情是：人均储备资源相对不足、大量依赖进口石油、天然气和铁矿石等主要矿产资源。这就不仅增大了我国经

济发展成本，而且也影响到能源资源供应安全。我国正处在工业化城镇化加速发展时期，消费结构的升级还会进一步增加对能源资源的需求，因此，确保能源资源供应安全对于实现全面建设小康社会的宏伟目标至关重要。

尽管国际金融危机以来国际能源资源供求紧张暂时有所缓解，但供求关系长期偏紧的局面没有根本改变。“十二五”时期，我国能源资源供应安全仍面临许多挑战。一是受政治、经济、安全等因素影响，国际上围绕能源资源的争夺还会进一步加剧。二是出于地缘政治和意识形态等方面的考虑，一些国家对我国企业“走出去”参与海外能源资源合作开发设置种种障碍，有可能影响我国建立稳定的海外能源资源供应基地。三是国际能源资源价格仍有可能继续大幅度上涨，能否以合理价格稳定地获取能源资源，始终是确保我国能源资源供应安全和降低工业化成本所必须面对的挑战。

我国生态环境比较脆弱，环保压力较大。一方面，我国国土面积广大，但生态环境却比较脆弱；这主要表现在：沙漠、戈壁和海拔 3000 米以上的高寒地区面积大，这些国土在可以预见的科学技术进步条件下都是难以利用的；陆地平均海拔（1475 米）是世界大陆平均海拔（830 米）的 1.76 倍，山地丘陵占国土面积的 65% 以上，干旱地区或荒漠地区占国土的 1/3 以上，自然环境对于生态的“应力”或“胁迫”较大地超过了全球平均水平，大致是后者的 1.25 倍。另一方面，我国的环境污染和破坏现象也十分严重，近几年来，除了工业固体废料的排放量出现明显的下降趋势，烟尘和粉尘排放量上下波动，其他污染排放基本上维持上升趋势。

我国正处于工业化中期阶段，高耗能、高排放行业在工业中占有相当比重，很多工业生产制造环节还在使用落后设备和技术，高污染的小钢铁、小焦炭、小水泥、小电石、小火电和小煤矿等屡禁不止，造成能源资源利用效率不高、环境污染严重，二氧化碳和二氧化硫排放量位居世界前列。由于我国工业结构不合理，经济发展方式转变缓慢，节能减排将是一项长期而艰巨的任务。随着后京都议定书时代的到来，“十二五”时期，我国将面临更大的减排压力，不仅国内经济发展面临的资源环境硬约束增大，而且发达国家也会从各方面施压，要求我国承担减排责任，这对我国结构转型和转变经济发展方式提出了更高要求。

（五）市场体制的基础作用亟待进一步完善，结构优化调整任重道远

当前在宏观经济目标中，经济增长备受关注。在现行体制下，保持经济持续稳定增长成为宏观经济政策的中心议题。自 2008 年年底以来，在世界面临严重金融危机和经济衰退的背景下，为防止中国经济加速下滑，国务院陆续出台了包括十大产业调整和振兴规划在内的促进经济平稳较快发展的一揽子计划。十大产业调整和振兴规划涉及纺织、钢铁、汽车、船舶、装备制造、电子信息、轻工、石化、有色金属 9 个重要的工业行业以及物流业。目前，前 9 个工业行业完成的增加值占全部工业增加值的比重达到 80%，占 GDP 的比重也达到 1/3。可见，这些行业在确保经济平稳较快发展和社会就业等方面具有不可替代的重要作用。

然而，我国市场体制还很不完善，地方保护与行政干预色彩浓厚，严重影响了市场机制的基础性调节功能效果。例如，本次应对世界经济危机十大产业调整和振兴规划中，淘汰落后产能和推进兼并重组主要依靠行政性手段，而且是一种短期行为，主要依靠国家产业政策导向与地方政府权力来推动实施，其效率相对低下。一直以来的政策导向是“扶持大企业、限制小企业”，地方政府为了避免本地企业被政策边缘化，也为了获取更多的政策扶植，自然倾向于将本地企业拼凑在一起，导致低效率重组，这严重妨害了正常的市场竞争规律发挥作用。从长期看，淘汰落后产能，推动市场集中和造就高效大企业，还必须依靠市场优胜劣汰机制充分发挥作用，建立和完善公平竞争的市场体制使其在市场竞争的优胜劣汰机制充分发挥作用。

十大产业调整和振兴规划非常重视调整工业结构和推动产业升级。在 9 个工业行业规划中，推动自主创新和产业升级、淘汰落后产能、优化产业布局与鼓励兼并重组占据了很大的篇幅，成为政策共同的主线。但从目前振兴规划实施的情况看，扩大内需客观上也为一些落后产品、落后企业提供了市场生存空间，这就在某种程度上给调整结构带来困难，扩内需、保增长的政策似乎在一定程度上与调结构的政策存在矛盾，尽管这种矛盾只是暂时性的。

在一定程度上，调结构的目的也是为了在未来几年内逐渐将内需拉动会转变成经济增长的长期动力。由于以调整结构来拉动需求的方式在短期

内难以奏效，在应对国际金融危机的第一阶段又必须迅速阻止需求加速下滑以提振市场信心和维护社会稳定，因而加大基础设施建设的力度、刺激汽车等消费品需求这些直接扩大内需的政策必然成为振兴规划最初的实施重点。因此在应对危机的下一阶段乃至将来一段时期，振兴规划的实施重点就应该转到调结构、促增长上来，实现长期与短期政策协调推进。目前我国实施的超强度的财政刺激和投资拉动政策难以持续，经济的真正复苏还必须依靠经济增长方式转变与经济结构的调整。经济增长方式转变与经济结构的调整，会对经济持续发展产生长期深远的影响，在某种程度上会改变现有的产业行业格局。目前振兴规划对此研究相对不足，迫切需要进一步详细深入的分析，为在振兴规划推进过程中调整和改进实施细则提供支持。

二　面临的新机遇

虽然我国经济结构调整还存在诸多突出矛盾需要解决，但同时我国也具备一些有利于工业结构优化升级的条件。

（一）消费结构转型升级加快，为进一步扩大内需创造了有利条件

随着中国经济持续高速增长，居民收入和购买力不断提高。从国际经验来看，人均 GDP 达到 3000 美元后，居民消费将进入加速转型升级的阶段。目前，中国人均 GDP 超过 4000 美元，居民消费处于加速释放的时期。近年来，住房、汽车、数码产品、旅游休闲、文化娱乐引发了新的消费风潮，中国居民消费结构升级和消费倾向转型的态势日益增强。国际金融危机爆发后，国家连续出台“家电下乡”、“家电以旧换新”、“汽车摩托车下乡”等扩大内需的政策，极大地刺激了居民消费，对农村消费升级的拉动作用和示范效应尤为显著。

尽管在拉动经济增长的投资、消费和出口三大因素中，以消费为主导的格局尚未形成，在中国建立内需型消费社会仍需时日，而且培育新的消费热点也有一定的难度，但随着中国经济增长和居民消费水平进一步提高以及社会保障体制的不断完善，在全球经济增长模式调整的促动下，国内需求作为经济增长主要动力的作用将不断增强，中国也将逐步进入大众高消费的时代，并由世界生产者向世界消费者转变，内需型产业将获得更大的发展空间。

（二）经济全球化继续深入发展，外商直接投资促进我国制造业升级的发展空间较大

“十二五”时期，经济全球化将在曲折中继续深入发展，将为我国加快发展提供诸多机遇。一是有利于我国利用国际市场规模扩大和进一步开放稳定出口，发挥我国劳动力资源比较优势，参与国际竞争和国际分工，带动经济增长和就业增加。二是有利于我国企业“走出去”开展国际能源资源合作开发，拓宽能源资源供应渠道。三是有利于吸引更多外商直接投资，引进国外先进技术、设备、人才和管理经验，继续推动国内技术进步和工业结构优化升级。

（三）全球产业转移和新型绿色产业兴起为我国工业结构优化升级提供了新的契机

世界范围内产业的大规模转移成为全球工业结构升级调整的时代特征，经济全球化的加快和高新技术的发展则大大加速了这一进程。新一轮的产业转移以技术为先导、以服务为重点，呈现出领域集中化、方式主流化等特征。我们要抓住机遇，依托市场和创新，充分利用资源、环境优势，以服务业为重点、可持续发展为目标，统筹兼顾，趋利避害，以此为契机实现工业结构优化和升级。而发展绿色新兴产业必将有利于我们利用节能环保技术改造提升传统工业、带动生产性服务业发展，从而推动整个工业结构转型升级。

第三节 我国未来工业结构优化升级的方向和战略重点

我国正处于工业化进程的中后期和城市化加速发展时期，城市已经成为社会主要生产和消费的地区，城市化与工业化相互依存，相互促进，成为发展的共生体。未来相当长一段时间（可能到2020年）工业在我国国民经济中的主导和支柱地位不会改变。因此，未来工业结构优化升级的方向制定，应该立足于目前的基本国情和我国所处的发展阶段，加快转变经济发展方式，建立和发展符合我国国情的技术先进、附加价值高、节能环

保、高效安全、吸纳就业能力强的现代产业体系，走一条不同于传统工业化战略的新型工业化道路。按照走新型工业化道路要求，坚持以市场为导向、企业为主体，把增强自主创新能力作为中心环节，继续发挥劳动密集型产业的竞争优势，调整优化产品结构、企业组织结构和产业布局，提升整体技术水平和综合竞争力，促进工业由大变强。具体来说，未来我国工业结构调整优化的战略重点和关键领域有以下几个方面：

一　以创新推动“中国制造”升级为“中国创造”

进一步加强技术创新工作，着重在技术创新体系建设、技术支撑、创新成果的规模化生产和应用等方面，帮助行业和企业突破技术创新的制约因素，加快提升工业技术创新能力，增强产业核心竞争力。只有让我国工业走向创新驱动的发展道路，才能成功地将“中国制造”转变为“中国创造”。

（一）大力推进以企业为主体、市场为导向、产学研相结合的技术创新体系建设

切实做好国家、省级企业技术中心认定和建设工作，以企业技术中心为核心推进技术创新体系建设，整合社会创新资源，推动技术创新有效运行机制的建立；推进产学研合作，实现企业、高等院校和科研机构的有效结合，支持行业协会、产学研之间组建技术创新战略联盟，在非竞争关键共性技术联合研究、关键零部件研究开发、创新性人才培育方面发挥重要作用；鼓励以技术创新能力强的骨干企业为龙头，带动配套企业，促进相关产业链上各类企业技术创新能力的普遍提升；积极构建为中小企业服务的技术平台，建立面向中小企业的科技中介服务体系。

（二）促进新技术的推广应用，用高新技术和先进适用技术改造提升传统产业

以质量品种、综合利用、环境保护、节能减排、安全生产等为重点，实施产业技术示范工程，为加快推进技术改造提供技术支撑；围绕重点产业调整和振兴规划，以突破制约产业发展的核心关键技术瓶颈为目标，积极组织技术攻关，实施产业技术研发项目。

（三）推动创新成果的规模化生产和应用

把科技成果转化摆在突出位置，积极实施标准战略，推进拥有自主知识产权的技术成果转化；在市场需求方面为自主创新创造环境，形成在满

足性能要求条件下优先使用国内自主创新产品的市场机制和氛围。

二 改造传统制造业，加快发展先进制造业

据估测我国工业化进程将会持续到2020年以后，并且以工业为主的格局不大可能在2020年以前发生根本性改变，因而工业尤其是制造业的发展依然是我国目前发展的重点。受居民消费结构升级等内生因素的影响，重化工业将会出现新一轮的加快发展。由于存在较大的就业压力，劳动密集型产业将在相当长一段时间内仍然保有相当的份额，与此同时，劳动密集型产业本身需要不断进行产业升级，劳动密集型产业布局也将会从东南沿海地区逐渐转移到中西部地区。

具体来说，首先，要重点加强自主创新和自主品牌建设，实现主导产业价值链的升级，获得产业价值链的治理权。其次，要用现代技术改造纺织、食品、轻工等传统制造业，进一步提高传统制造业的附加值和技术水平。再次，要加快设备更新的速度，尽快使我国制造业技术装备整体水平赶上当今世界先进水平，增强竞争能力。最后，要优化产业布局，加快原材料工业的整合，使其形成规模经济和集聚效应，降低区域间的产业同构度，提升原材料产品的档次和水平。坚决淘汰资源、能源消耗大、技术含量低产业的落后产能，限制高耗能、高污染和资源型产业的发展。

三 培育新的主导产业，积极发展战略性新兴产业

中国未来产业发展将出现双重变化，一是传统产业转型，二是培育新兴产业，寻找新的经济增长点。当前全球追逐的新兴产业主要集中在新能源开发、节能环保产品推广、智能电网建设、以3G为代表的新兴通信产业等领域，这些领域也恰是中国经济长期可持续发展比较迫切的领域。

加快培育发展战略性新兴产业是实现工业结构优化升级的重点。工业转型升级的目的是转变发展方式，产业结构调整是转变发展方式的重要途径和主要内容。十七届五中全会要求发展结构优化、技术先进、清洁安全、附加值高、吸纳就业能力强的现代产业体系。落实到工业，发展现代工业产业体系的主要途径有改造提升制造业和培育发展战略性新兴产业。改造提升制造业在很大程度上需要依赖战略性新兴产业为其提供技术、产品和装备。因此，加快培育发展战略性新兴产业就成为我国工业转型升级重中之重的任务。

四　大力发展生产性服务业，促进二三产业协调发展

应优先发展现代服务业，特别是生产性服务业，以高新技术产业为驱动力，以现代服务业和现代制造业为发展的两个车轮，带动工业结构的整体升级。第三产业比重在“十一五”时期基本稳定，但由于城市化进程加快，国际制造业向中国转移形成相当规模后国际服务业的跟进，以及产业分工的细化、企业间交易活动的增加对生产性服务业产生巨大的需求，现代服务业的发展将在“十二五”时期得到加速发展。加快发展生产性服务业是推进新型工业化、实现工业全面协调可持续性发展的重要环节，是转变工业粗放型增长方式的必然要求。按照赫希曼关联效应选择基准以及国际经验，现代物流业、租赁服务业、研发服务业、信息传输、计算机服务和软件业是我国走新型工业化道路必须重点发展的领域。

五　推广清洁生产工艺，发展低碳经济

“十一五”时期，资源瓶颈是工业发展中必须引起重视并着力解决的问题。与20世纪90年代不同，当前的资源瓶颈不是由于运输能力和资源开发投资不足，而是源于高速发展的重化工业对资源的巨大需求与中国资源蕴藏量相对不足的矛盾。因此，在积极探索保障资源稳定供给的方法和途径的同时，解决资源瓶颈更重要的是要坚持不懈地推进工业节能降耗。

一是要控制高耗能高污染行业过快增长，加快淘汰落后产能。通过建立实施工业固定资产投资项目节能环保评估和审查制度，从源头控制“两高”行业发展；建立完善淘汰落后产能退出机制和配套政策，加大落后产能淘汰力度，禁止落后生产能力异地转移。

二是要强化重点行业、重点企业节能降耗和减排治污工作。修订、制定重点行业能耗、物耗和环保技术标准；制定发布重点行业和中小企业节能减排指导意见；组织开展重点用能行业、企业能效水平对标活动，培育一批行业先进典型；制定实施工业企业节能目标责任评价指标体系。

三是要推进节能技术进步。加快研发和推广节能新技术、新工艺、新设备和新材料，推动高用能行业技术进步和企业节能减排技术改造；用好技术改造专项资金，重点支持企业节能降耗、减排治污；用信息化等高新

技术和先进实用技术改造和提升传统产业，提高能源利用效率，减少污染排放。

四是要促进循环经济模式在工业领域的应用。在生产、流通和消费过程中，重视减量化、再利用和资源化，提高能源资源的利用效率和效益；通过工业园区等有效方式，实现集中供热、供冷、供电、供水和水处理的系统优化管理，以及通过上下游产业在空间上的集聚，实现资源的最大化利用。

五是要推动资源回收利用、再制造行业的发展。支持大宗工业废物、废旧金属、废纸、废塑料、废橡胶等再生资源的回收利用；扩大汽车零部件再制造试点，积极推动大型工业装备、机电设备和产品再制造；鼓励使用再制造产品和再生产品。

六是要从体制建设、政策激励和教育培训等多方面着手，把节能降耗的理念切实落实到工业设计、生产、管理、消费的各个环节，落实到工业产品的整个生命周期。

六　创立品牌，占领价值链高端

中长期内中国以出口为导向的经济发展路径不会发生根本性改变，这部分缘于中国的人口结构，部分缘于国内消费的刚性。短时间内消费难以成为经济增长的主动力，投资的高增长亦不可持续，这使得出口可能重新成为经济增长的主要动力之一。但金融危机后的出口导向战略会有所升级，它肯定也会和前一阶段大量依靠廉价劳动力的出口导向战略有所不同；为抑制出口导向战略负面作用，需做出长期和结构性的调整。由于资源禀赋的变化和经济危机的影响，国家通过工业结构战略性调整，高新技术产业和先进制造业在工业中的比重将会增大。

我国依据静态的劳动力比较优势成为了世界制造业中心，但随着全球生产要素价格的高企、我国劳动力优势的消失、资本边际收益率的递减和环境成本的加大，这种粗放型的发展方式越来越不具有可持续性。由于在技术过于依赖国外，特别是核心技术过于依赖国外，因而我国在国际产业分工中将有可能被固化产业链的低端地位。因此，在继续引进国外先进技术的同时，必须将重点转移到自主创新上来，既要通过禀赋升级，建立新的比较优势，又要实现由国际垂直分工向水平分工的转变。具体来说，要在某些关系国家安全的高新技术领域和我国已有优势的产业，大力推进原始创新；在已形成规模、国内外市场需求大的产业进行集成性自主创新，确立自己的品牌；在国内外差距大而又有可能引进和吸引外商投资的产业，要在引进基础上加强消化吸收与再创新。

七　引导投资合理布局，协调东部、中部、西部发展

为了防止投资过度集中于东部地区，政府应限制东部城市某些产业的投资，通过采取倾斜性政策，鼓励中、西部相关产业的投资，从而推动东部地区产业向中西部地区有序转移。产业转移是中国工业化进程中的必然趋势，也是在发挥劳动力资源丰富的比较优势的同时，推进工业结构优化升级的重要途径。在以市场为导向、以企业为主体进行的跨区域产业转移中，应通过机制建立和政策引导，使产业转移向形成分工合理、特色鲜明、优势互补的区域产业布局方向发展。在产业有序转移的基础上，通过实施区域发展总体战略和主体功能区战略，构筑区域经济优势互补、主体功能定位清晰、国土空间高效利用、人与自然和谐相处的区域发展格局，逐步实现不同区域基本公共服务均等化。

一是建立产业转移的协调机制。为协调市场行为与国家产业发展战略、不同地区发展目标之间的矛盾，要着手建立国家和省级间产业对接及转移协调机构，建立日常工作联系，定期和不定期就区域发展战略、产业合作发展、产业转移对接、共同投资开发、重大项目推进等加强协调与沟通，建立稳定和高效的操作协调机制，促进转出地区和承接地区的产业对接。

二是引导产业转移的承接地从当地的主体功能区定位、资源禀赋条件、主导产业特征等实际情况出发，进行招商选资。使产业转移建立在资源节约、环境友好的可持续发展机制之上，即使是劳动密集型、低附加值、技术含量低的产业的转移也要坚持绿色发展，通过污染物排放、碳排放等方面规制措施，控制“三高”企业和项目的转移。

三是以工业园区为主要载体，鼓励产业集群的形成。产业转移能否成功的关键在于能否形成一定规模的产业集群。引导产业承接地区在产业转移过程中以龙头行业和企业为重点，围绕优势产业集群的形成，积极引进关联度大、产业链长的投资项目，注重发展与其配套的相关企业，着力建设产业集群，提高工业化水平。

第四节　我国未来工业结构优化升级的政策措施

推进工业结构调整和优化升级，是转变经济增长方式、提高经济增长质量的重要途径和迫切任务。在国际金融危机持续蔓延，国内经济下行压力不断加大的背景下，保增长成为国家宏观调控的首要目标。当前，以扩大内需、十大产业振兴和调整规划为代表的政策对于稳定增长已经发挥了重要作用，经济复苏有望；但从目前振兴规划实施的情况看，扩大内需为一些落后产品、落后企业提供了市场生存空间，在某种程度上给调整结构带来困难，扩内需、保增长的政策似乎在一定程度上与调结构的政策存在矛盾。因此，我国正处于经济发展方式转变这样一个特殊的过渡时期，协调好经济增长与发展方式转变的关系，将短期保增长与长期调结构相结合是产业政策调整的重要原则。

现有研究表明，影响我国 1981—2005 年间产业结构变化的宏观因素按其重要性大小排序依次为：中间投入、相对价格变化、居民消费结构升级、固定资产投资比率、净出口变化以及居民消费占 GDP 比重（国务院发展研究中心，2011）。这说明未来我国应引导中间性组织和产业集群发展，促进区域经济协调；充分发挥价格机制作用，引导企业和产业发展；以扩大内需为着力点，促进居民消费结构升级；推进产能过剩行业调整，促进投资结构优化；稳定产品出口，提高工业竞争力；以产业振兴为基础，培育新兴产业。在制度建设方面，深化政府管理体制改革和加快推进国家创新体系建设将也是下一步产业政策的重要内容。具体建议如下：

一　深化政府管理体制改革，优化制度环境

坚持市场配置资源的基础性作用，转变政府管制经济的方式，将政府的管制职能由经济性管制转变到社会性管制。由过去的部门（结构性）倾斜向关键环节（功能性）支持转变，将产业政策作用于“市场失灵”的领域，充分利用价格和竞争等市场机制，尽量少采取随意性强的直接行政干预手段，为工业结构调整创造有利的制度环境。当前的重点工作有：

一是对资源和能源的有效利用、环境保护等外部性问题进行管制。加

快理顺资源要素价格形成机制，使资源价格真实反映市场供求关系、资源稀缺程度和环境损害成本，促进企业改变资源消耗大、环境污染重的生产方式；建立资源、能源审计制度，将其同现行的环境评价制度一道共同构成新的社会性管制制度。

二是加快政府投资管理体制改革。减少政府集中权力进行项目审批等直接行政干预手段，避免盲目建设和重复投资。市场准入制度要从经济型监管转向社会监管，逐步建立一个企业自主投资的制度。政府还要增强信息服务等公共服务职能，引导企业的投资行为合理化，避免因信息不完备而出现大的投资决策失误。

三是提高产业政策的法制化程度。依法进行产业政策的制定、实施和修改，适应我国改革已进入现代法治市场经济阶段的要求。严格依法行政，充分发挥法制部门和行业协会在产业政策制定、实施和修改过程中的积极作用。

四是打破行业垄断，放宽市场准入制度，鼓励竞争，继续把竞争机制引入银行、证券、保险、铁路、民航、邮政、电信等领域。针对新一轮“国进民退”现象，从法规和政策制定上，明确给予民间资金进入基础产业、基础设施、金融保险、文教卫生和公共服务五大垄断领域的“通行证”，并通过具体的财税和金融支持政策，放宽股比限制，降低民间投资的准入门槛，激活并便利民间投资。建立健全相关法律法规，强化服务业的规范服务、诚信服务和知识产权保护。鼓励民间资本参与国有资产重组和股份制改造，发展一批大型服务业企业集团，探索新的经营方式，提高市场竞争力。

五是改革官员考核机制。更侧重于考核地方政府的民生发展能力和服务能力，弱化 GDP 增长导向，在地方执行过程中也需加强引导和监督。强调“市场的归市场，政府的归政府”的市场经济原则，打破地方政府以自身利益取向代替当地的产业资本进行利益取舍的现象。

二　突出企业的创新主体地位，着力提升工业层次和技术水平

强化企业在自主创新中的主体地位，建立以市场为导向、产学研相结合的技术创新体系；大力实施品牌战略，鼓励开发具有自主知识产权的知名品牌；健全知识产权保护体系，加大知识产权保护的执法力度；完善自主创新的激励机制，实行支持企业创新的财税、金融和政府采购等政策；

改善市场环境，发展创业风险投资，支持中小企业提升自主创新能力。完善对高技术企业及研究开发活动的税收优惠与加速折旧制度。

制定和完善提升自主创新能力的相关规划和产业政策，针对某些重要的战略性产业（如集成电路、飞机制造）以及具有重大应用前景的关键高技术（如生物技术、新能源汽车等），建立国家重大创新工程。

完善产业技术供给体系，增强产业共性技术、关键技术开发及工程化能力；关注技术升级方向性问题，组织和支持有利于改善国际分工地位、具有外部效应的关键技术、共性技术的协作和联合攻关，建立合作研究机制。

转换“技术引进”模式，进一步采取鼓励性措施，吸引外资公司将研发中心进入甚至转移到我国；把技术引进、消化吸收和自主创新结合起来，在合作中提高自主创新能力的良性局面。

三　发挥价格机制的基础性作用，引导企业和产业发展

长期以来，我国对资源类产品实行低价政策，价格构成中既没有反映资源稀缺程度和市场供求关系，也没有反映环境治理成本，更没有考虑资源枯竭后的接续产业发展问题，实际上鼓励了无序竞争和过度投资。因此若要改变地方政府热衷于发展高耗能、高污染产业，提升产业结构，就必须对资源类产品进行价格改革。在水价、电价、煤炭价格、石油价格、天然气价格等一系列资源价格领域积极推进改革步伐。但此项改革涉及面广，情况复杂，要把握好价格调整的时机、力度和节奏，特别是要充分考虑低收入群体的承受能力。目前，随着油价改革的顺利进行和水价改革的启动，社会各方面对价格改革已经逐步达成了共识，而且国内外大宗商品价格尚处于低谷，这些都为理清资源类产品的价格体系创造了较好的条件，应该抓住当前有利时机，加快调整进程。

四　注重分类指导，加快产能过剩行业调整

金融危机是结构调整的一个机遇。但要重视发挥市场机制的作用，改变“行政主导、扶大限小”的政策导向。要积极推动企业兼并重组，加快淘汰落后生产能力，优化产业组织结构。对于那些技术落后、产品没有足够的竞争力的企业。政府救助的重点不是救企业，着力点是解决企业破产以后带来的问题，比如就业。对运行状况良好，有自主品牌、技术和核心竞争力的企业，政府应鼓励其采取不同的方式兼并其他企业。在此过程

中，不同地区的利益格局会发生变化，国家需要通过调整财政、税收关系，来协调地区之间的利益关系。

具体来说，对于根据不同产业发展情况，予以分类政策导向。

一是对于重化工业的发展，按照资源环境、安全生产、科学技术、用工制度等提高市场进入门槛，控制新增产能；通过采取严格实行节能减排、淘汰落后的问责制，综合运用经济、法律、环保和必要的行政手段，加快推进淘汰落后产能工作；建立落后产能退出市场机制，妥善解决好企业在淘汰落后产能时职工安置、企业转产、债务化解等问题。

二是强化和提升传统工业的新型化。加大对企业技术改造；推动企业并购、重组、联合，支持优势企业做强做大，提高产业集中度；通过调整投资结构、扩大消费需求等措施，合理利用和消化一些已经形成的生产能力。

三是支持具有技术密集和知识密集、高附加值、高加工度特征的高技术产业和新兴行业发展；加大对中小企业发展的政策支持。特别需要重点关注的是推进部分产能过剩行业调整。进行这项调整，要综合运用经济、法律和必要的行政手段，充分发挥市场机制的作用。主要措施包括：修订完善产业政策，综合运用环保、土地等标准提高准入门槛、加强清洁生产审核、实施差别电价等手段，加快淘汰落后产能；同时，建立产能退出机制。妥善解决好企业在淘汰落后产能时职工安置、企业转产、债务化解等问题，通过采取严格实行节能减排、淘汰落后的问责制，综合运用经济、法律、环保和必要的行政手段，加快推进淘汰落后产能工作。在石化、钢铁、船舶等行业的振兴规划中，淘汰落后产能以设备规模作为主要标准，这可能会导致小企业避免被淘汰而投资相对大规模的设备，使产能过剩问题加重。建议淘汰落后产能以环保、能耗等技术经济指标作为标准，不以企业、设备规模作为标准而进行“一刀切”。此外，特别要防止产业组织重组中，由于地方政府的利益驱动出现国进民退进一步加重。

五　引导产业集群发展，推进区域协调发展

未来若干年，将是产业地区结构大变动的时期。政府应更加重视对产业地区结构的规划，以地区的环境容量、基础设施条件等作为约束变量，以形成地区间的合理分工、优化布局结构为目标，制定产业发展地区规划，并建立相应的管理手段。以此为契机带动城市化进程，以工促农，以

城带乡，努力形成农业现代化、新型工业化和新型城市化协调、城乡经济社会发展一体化新格局。

积极推进区域协调发展的立法工作，明确区域发展总体战略；建立全国统一市场，让各区域公平竞争，按照市场规律规划产业布局；把握产业政策的统一性和差别性，根据区域比较优势制定产业政策，使各地区的产业能优势互补、协调发展，对一些非竞争性产业要通过产业政策调控适当向相对落后地区倾斜；制订和实施产业集群倡导计划，根据产业的经济特性，促进专业化分工和相关企业在地域的相对集中，注重培育集群的形成、发展机制以及吸引要素集聚的机制。

六　完善对外经济政策，提高工业国际竞争力

利用当前的有利时机，进一步推动我国由简单外向型战略向经济全球化战略转型。通过出口退税、金融支持等政策工具，对于不同类型的工业产品给予不同的支持力度，引导出口产品结构升级，抑制资源类产品的出口；有选择性的招商引资，进一步完善《外商投资产业指导目录》的编制、更新和实施等各个环节；进一步鼓励对外投资，支持本国企业的跨国发展。总之，调整对外经济战略，提高国际分工地位，提升整体技术水平和综合竞争力，促进我国工业结构优化升级。

参考文献

1. Aghion, P. H. and Howitt, Growth Unemployment. *Review of Economic Studies* 1994, Vol. 61: 477 -494.

2. Aghion, P. H. and Howitt, Unemployment: A Symptom of Stagnation or a Side - Effect of Growth. *European Economic Review*, 1991, Vol. 35: 533 -541.

3. Aghion, P. H. , Some thoughts on Industrial Policy and Growth, OFCE Working Paper, 2009.

4. Alcorta, L. and Peres, W. , Innovation Systems and Technological Specialization in Latin America and the Caribbean. *Research Policy* 1998, 26: 857 -881.

5. Andersen, E. S. , Satiation in an Evolutionary Model of Structural Economic Dynamics. *Journal of Evolutionary Economics*, 2001 (11): 143 - 164.

6. Ang, B. W. , Liu, F. L. and Chew, E. P. , 2003, Perfect Decomposition Techniques in Energy and Environmental Analysis. *Energy Policy*, 31 (4): 1561 -1566.

7. Ann, M. , Brian, C. , Okubo, S. and Mark, A. , Planting, Integrating Industry and National Economic Accounts, First Steps and Future Improvements, NBER Working Papers Series. http: //www. nber. org/papers/w11187.

8. Arellano, M. and Bond, S. , Some Tests of Specification for Panel Data: Monte Carlo Evidence and an Application to Employment Equations. *Review of Economic Studies*, Vol. 58, No. 2, 1991, pp. 277 -297.

9. Arellano, M. and Bover, O. , Another Look at the Instrumental Variable Estimation of Error - Components Models. *Journal of Econometrics*, Vol. 68, No. 1, 1995, pp. 29 -51.

10. Arrow, K. J. , Economic Welfare and the Allocation of Resource for

Invention. In Richard R. Nelson, ed., *The Rate and Direction of Incentive Acativity*, Princeton: Princeton University Press, 1962: 609 – 634.

11. Arundel, A., Innovation Survey Indicators: What Impact on Innovation Policy. In OECD, Science, Technology and Innovation Indicators in a Changing World, 2007.

12. Bai, C. E., Hsieh, C. T. and Qian, Y., The Return to Capital in China, Brookings Papers on Economic Activity, No. 2, 2006, pp. 61 – 88.

13. Bain, J., *Industrial Organization.* New York: Harvard University Press, 1959.

14. Bain, J., Relation of Profit Rate to Industry Concentration American Manufacturing 1936 – 1940. *Quarterly Journal of Economics*, 1951, pp. 293 – 324.

15. Baldwin, C. Y., Clark, K. B., *Design Rules: The Power of Modularity.* Cambridge MA: MIT Press, Boston, 2000.

16. Baldwin, J., Beckstead, D., Dhaliwal, N. et al., Productivity Growth in Canada [M]. Ottawa: Statistics Canada, 2001.

17. Baldwin, R. E., The Case Against Infant – Industry Tariff Protection. *The Journal of Political Conomy*, Vol. 77, 1969, pp. 295 – 305.

18. Barry, F. and Walsh, F., Gains and Losses from Sectoral Relocation: A Review of Theory and Empirics. *Structural Change and Economic Dynamics*, 2008 (19), pp. 4 – 16.

19. Beath, J., UK Industrial Policy: Old Tunes on New Instruments? *Oxford Review of Economic Policy*, Vol. 18, No. 2002: pp. 221 – 239.

20. Bell, M., Learning and the Accumulation of Industrial Technological Capability in Developing Countries, in Franceman, M. and King, K. (eds.), *Technological Capability in the Third World.* Macmillan, London, 1984, pp. 187 – 209.

21. Bernd Goerzig, Depreciation in EU Member States: Empirical and Methodological Differences, EU KLEMS Working Paper Series: No. 17, April 2007, downloadable at www. euklems. net.

22. Bert, H. and Kelly, L., 2007, Structural Change and Energy Use: Evidence form China's Provinces, 2006 China Working Paper Series, First

Version: November, This Version: 2007.

23. Blotevogel, H. H., 1998, The Rhine – Ruhr Metropolitan Region: Reality and Discourse. *European Planning Studies*, pp. 396 – 398.

24. Blundell, R. and Bond, S., Initial Conditions and Moment restrictions in Dynamic Panel Data Models. *Journal of Econometrics*, Vol. 87, No. 1, 1998, pp. 115 – 143.

25. Bond, S., Dynamic Panel Data Models: A Guide to Micro Data Methods And Practice. *Portuguese Economic Journal*, Vol. 1, No. 2, 2002, pp. 141 – 162.

26. Braczyk, H., Cooke, P. and Heidenreich, M. (eds.) *Regional Innovation Systems*. UCL Press, London, 1988.

27. Brecher, R. A., Chen, Z., Choudri, E. U., Unemployment and Growth in the Long Run: An Efficiency – wage Model with Optimal Savings. *Int Econ Rev* 2002, 43 (3): 875 – 894.

28. Bresnahan, T. and Trajtenberg, M., General Purpose Technologies: Engines of Growth? *Journal of Econometrics*, 1995, 65 (1), pp. 83 – 109.

29. Cardoza, G., Learning, Innovation and Growth: A Comparative Policy Approach to East Asia and Latin America, Sci. *Public Policy* 1997, 24 (6), pp. 377 – 393.

30. Carlota, P., La Modernizaci6n Industrial en America Latina y la herencia de la sustitución de importaci6n. *Comercio Exterior*, May 1996, pp. 347 – 353.

31. Casares, E. R., Productivity, Structural Change in Employment and Economic Growth. *Estudios Economicos* 2007, 22 (2), pp. 335 – 355.

32. Cassiolato, J., Lastres, H., Local Systems of Innovation in Mercosur Countries. *Industry and Innovation* 2000, 7 (1), pp. 33 – 53.

33. Chang, Y. and Hong, J. H., Do Technological Improvements in the Manufacturing Sector Raise or Lower Employment? *American Economic Review*, 2006 (1), pp. 352 – 368.

34. Chang, H., Industrial Policy and East Asia – The Miracle, the Crisis and the Future. The World Bank Workshop on "Re – thinking East Asian Mira-

cle", San Francisco, 1999.

35. Chang, H., Industrial Policy: Can We Go Beyond an Unproductive Confrontation? A Plenary Paper for ABCDE (Annual World Bank Conference on Development Economics), Seoul, South Korea, 2009.

36. Charnes, A., Cooper, W. W., Rhodes, E., 1978, "Measuring the Efficiency of Decision Making Units". *European Journal of Operational Research*, 2, pp. 429 - 444.

37. Chenery, H., *Patterns of Development*, 1950 - 1970. London: Oxford University Press, 1975.

38. Chenery, H., Hollis, B., Robinson, S. and Syrquin, M., *Industrialization and Growth: A Comparative Study*. New York: Oxford University Press, 1986.

39. Cho, W. G., Nam K., Pagán J. A., 2004, Economic Growth and Interfactor/ Interfuel Substitution in Korea. *Energy Economics* 26, pp. 31 - 50.

40. Chung, Y. H., Fare, R., Grosskopf, S., Productivity and Undesirable Outputs: A Directional Distance Function Approach. *Journal of Environmental Management*, 1997 (51): 229 - 240.

41. Clerides, S. K., Saul Lach, James R. Tybout, Is Learning by Exporting Important? Micro - Dynamic Evidence from Colombia, Mexico and Morocco. *The Quarterly Journal of Economics*, Vol. 113, No. 3 (Aug., 1998), pp. 903 - 947.

42. Cleveland, W. S., Robust Locally Weighted Regression and Smoothing Scatterplots. *Journal of the American Statistical Association*, Vol. 74, No. 368, 1979, pp. 829 - 836.

43. Coe, D. T., Helpman Elhanan, Hoffmaister, A. W., North - south R&D Spillovers. *Economic Journal*, 1997, Vol. 107, pp. 134 - 150.

44. Coelli, T. J., A Guide to DEAP Version 2. 1: A Data Envelopmeni Analysis (Computer) Program. CPEA Working Paper, 1996.

45. Cohen, W. and Levinthal, D., Absorptive Capacity: A New Perspective on Learning and Innovation. *Administrative Science Quarterly*, 1990, 35: 128 - 152.

46. Cohen, W. M. and Levinthal, D. A., Innovation and Learning: The Two Faces of R&D. *Economic Journal*, 1989, 99 (397), pp. 569 - 596.

47. Coskun Hamzacebi, 2007, Forecasting of Turkey's Net Electricity Energy Consumption on Sectoral Bases. *Energy Policy*, 35, pp. 2009 - 2016.

48. Criscuolo, C. and Martin, R., An Emerging Knowledge - Based Economy in China, OECD Science, Technology and Industry Working Papers 2004 (4).

49. David, P. A., Hall, B. H. and Toole, A. A., Is Public R&D a Complement or Substitute for Private R&D? A Review of the Econometric Evidence. *Research Policy*, 2000 (29), pp. 497 - 529.

50. Davies, S. and Morris, C., A New Index of Vertical Integration: Some Estimates for UK Manufacturing. *International Journal of Industrial Organization*, 1995, 13, pp. 151 - 177.

51. Démurger, S., Infrastructure Development and Economic Growth: An Explanation for Regional Disparities in China? *Journal of Comparative Economics*, Vol. 29, No. 1, 2001, pp. 95 - 117.

52. Denicolo, V., Patent Race and Optimal Patent Breadth and Length. *Journal of Industrial Economics*, 1996 (44), pp. 249 - 265.

53. Dornbusch, R., Fischer, S. and Samuelson, P. A., Comparative Advantage, Trade and Payments in a Ricardian Model with a Continuum of Goods. *American Economic Review*, Vol. 67, No. 5, 1977, pp. 823 - 839.

54. Dosi, G., Freeman, C., Nelson, R., Silverberg, G., Soete, L., *Technical Change and Economic Theory*. London: Frances Pinter, 1998.

55. Douglas Jones, Technological Change, Demand and Employment in Derek L. Bosworth (eds.). *The Employment Consequence of Technological Change*. The Macmill and Press Ltd., 1983.

56. Etzkowitz, H., Brisolla, S., Failure and Success: The Fate of Industrial Policy in Latin America and South East Asia. *Research Policy*, 1999, 28: 337 - 350.

57. Etzkowitz, H. and Leydesdorff, L., The Triple Helix of University - Industry - Government Relations: A Laboratory for Knowledge - Based Econom-

ic Development. *EASST Review*, 1995, 14 (1), pp. 14 – 19.

58. Fan, Liao and Wei, 2007, Can Market Oriented Economic Reforms to Energy Efficiency Improvement? Evidence from China. *Energy* 35, pp. 2287 – 2295.

59. Fare, R., Grosskopf, S., Lovell, C. A. K., *Production Frontiers*. Cambridge: Cambridge University Press, 1994.

60. Fare, R., Grosskopf, S., Pasurka, C. A., Environmental Production Functions and Environmental Directional Distance Functions. *Energy*, 2007 (32), pp. 1055 – 1066.

61. Farrel, M. J., 1957, "The Measurement of Productive Efficiency". *Journal of Royal Statistical Society*, 120, pp. 253 – 281.

62. Feldman, M. P. and Audretsch, D. B., Innovation in Cities: Science – based Diversity, Specialization and Localized Competition. *European Economic Review*, Vol. 43, No. 2, 1999, pp. 409 – 429.

63. Freeman, C., *Technology Policy and Economic Performance: Lessons from Japan*. Printer Pub Ltd., 1987.

64. Freeman, C., The National System of Innovation in Historical Perspective. *Cambridge Journal of Economics*, 1995, 19 (1), pp. 5 – 24.

65. Fujita, M., Krugman, P. and Venables, A. J., *The Spatial Economy: Cities, Regions and International Trade*. Cambridge: The MIT Press, 1999, pp. 239 – 262.

66. Furman, Jeffrey L., Michael E. Porter and Scott Stern, 2002, "The Determinants of National Innovative Capacity". *Research Policy*, 31, pp. 899 – 933.

67. Garbaccio, R., Ho, M., Jorgenson, D., Controlling Carbon Emissions in *China Environment and Development Economics*, 2000, 4 Volumes, 04 Issue, September, Pages, pp. 493 – 518.

68. Garbaccio, R., Ho, M., Jorgenson, D., Why has the Energy – output Ratio Fallen in China? *The Energy Journal*, July, 1999 Issue.

69. Gereffi, G. and Korzeniewicz, M. (eds.) (1994) Commodity Chains and Global Capitalism, Westport: Praeger.

70. Gereffi, G. , International Trade and Industrial Upgrading in the Apparel Commodity Chain. *Journal of International Economics*, 1999 (48): 37 -70.

71. Gerschenberg, I. , The Training and Spread of Managerial Know - how: A Comparative Analysis of Multinationals and Other Firms in Kenya. *World Development*, 1987 (15), pp. 931 -939.

72. Ginarte, J. C. and Park, W. G. , Determinants of Patent Rights: A Cross - national Study. *Research Policy*, 1997, 26 (3), pp. 283 -301.

73. Glaeser, E. L. , Kallal, H. D. , Scheinkman, J. A. and Shleifer, A. , Growth in Cities. *Journal of Political Economy*, Vol. 100, No. 6, 1992, pp. 1126 -1152.

74. Goolsbee, A. , Does Government R&D Policy Mainly Benefit Scientists and Engineers? NBER Working Paper, 1998, No. 6532.

75. Greenwald, B. , Stigiltz, J. E. , Helping Infant Economies Grow: Foundation of Trade Policy for Developing Countries. *American Economic Reviews*, 2006.

76. Guellec, D. and Van Pottelsberghe, B. , The Impact of Public R&D Expenditure on Business R&D. *Economics of Innovation and New Technology*, 2003 (12), pp. 225 -244.

77. Guerrieri Paolo, Meliciani, Valentina, Technology and International Competitiveness: The Interdependence between Manufacturing and Producer Services. *Structural Change and Economic Dynamics*, 2005 (4), pp. 489 -502.

78. Hale, G. and C. Long, 2006, FDI Spillovers and Firm Ownership in China: Labor Markets and Backward Linkages, Federal Reserve Bank of San Francisco Working Paper Series, No. 2006 (25) .

79. Hall, R. E. and Jones, C. I. , Why Do Some Countries Produce So Much More Output Per Worker Than Others? *Quarterly Journal of Economics*, Vol. 114, No. 1, 1999, pp. 83 -116.

80. Harberger, A. C. , A Vision of the Growth Process. *American Economic Review*, 1998 (88): 1 -32.

81. Harrison, A. , Rodríguez - Clare, Trade, Foreign Investment, and

Industrial Policy for Developing Countries, MPRA Working Paper, 2009.

82. Hausmann, R., Rodrik, D., Sabel, C. F., Reconfiguring Industrial Policy: A Framework with an Application to South Africa, August 31, 2007.

83. Helpman, E. and Trajtenberg, M., A Time to Sow and a Time to Reap: Growth Based on General - purpose Technologies. NBER Working Paper No. 4854, 1994. Cambridge, MA: National Bureau of Economic Research.

84. Hendriks, P., Why Share Knowledge? The Influence of ICT on Motivation for Knowledge Sharing, Knowledge and Process Management, Vol. 6, No. 2, 1999, pp. 91 - 100.

85. Hidalgo, C. A., B. Klinger, A. - L. Barabási, R. Hausmann, The Product Conditions on the Development of Nations. *Science*, 2007 (317).

86. Hirschman, A., *The Strategy of Economic Development.* Yale University Press New Haven, 1958.

87. Hodler, R., Industrial Policy in an Imperfect World. Working Paper, 2006.

88. Holzl, W. and Reinstaller, A., The Impact of Productivity and Demand Shocks on Structural Dynamics: Evidence from Austrian Manufacturing. *Structural Change and Economic Dynamics*, 2007 (18), pp. 145 - 166.

89. Hsuanm J. Modularity, Component Outsourcing and Inter - firm Learning. *R&D Management*, 2003, 33 (4), pp. 439 - 454.

90. Hu, Albert, G. Z., Jefferson, G. H. and Qian Jinchang, 2005, R&D and Technology Transfer: Firm - level Evidence from Chinese Industry. *Journal of Economics and Statistics*, 87 (4), pp. 780 - 786.

91. Hu, A. G. and G. H. Jefferson, 2002, FDI Impact and Spillover: Evidence from China's Electronic and Textile Industries. *The World Economy*, 25, pp. 1063 - 1076.

92. Hu, J. L., Wang, S. C., 2006, Total - Factorenergy Efficiency of Regions in China [J]. *Energy Policy*, 34, pp. 3206 - 3217.

93. Hu, M. C. and Mathews, J. A., China's National Innovative Capacity. *Research Policy*, 2008, Vol. 37, pp. 1465 - 1479.

94. Humphrey, J. and Schmitz, H., How Does Insertion in Global Value

Chains Affect Upgrading in Industrial Clusters? *Regional Studies* 2002, 36 (9), pp. 1017 - 1027.

95. Hussinger, K., R&D and Subsidies at the Firm Level: An Application of Parametric and Semi - Parametric Two Step Selection models, ZEW Discussion Paper 2003, pp. 3 - 63.

96. Imbs, J. and Wacziarg, R., Stages of Diversification. *American Economic Review*, Vol. 93, No. 1, 2003, pp. 63 - 86.

97. Iordanis Petsas, The Dynamic Effects of General Purpose Technologies on Schumpeterian Growth. *Journal of Evolutionary Economics*, 2003 (13), pp. 577 - 605.

98. Jorgenson, D., Accounting for Growth in Information Age, in Chapter 10 in *Handbook of Economic Growth*, 2005, Vol. 1, Part A, pp. 743 - 815 from Elsevier.

99. Katsuno, M., Status and Overview of Official ICT Indicators for China. *OECD Science*, Technology and Industry Working Papers 2005, 4.

100. Keith, P., What We Know about the Strategic Management of Technology. *California Management Review*, 1990, 32 (3), pp. 17 - 26.

101. Keller, W., International Technology Diffusion. *Journal of Economic Literature*, Vol. 42, No. 3, 1 Sep. 2004, pp. 752 - 782.

102. Kim, S., Expansion of Markets and the Geographic Distribution of Economic Activities: The Trends in US Regional Manufacturing Structure, 1860 - 1987. *Quarterly Journal of Economics*, Vol. 110, No. 4, 1995, pp. 881 - 908.

103. Klepper, S., Firm Survival and the Evolution of Oligopoly. *Rand Journal of Economics*, 2002 (33): 37 - 61.

104. Klimenko, Mikhail, Industial Targeting, Experimentation and Long - run Specialization. *Journal of Development Economics* 73, 2004.

105. Kline, S. and Rosenberg, N., An Overview of Innovation, in London, R. and Rosenberg, N. (eds.) *The Positive Sum Strategy*. Washington D. C.; National Academy Press, 1986, pp. 275 - 305.

106. Kodama, F. and Branscomb, L. M., University Research as an

Engine for Growth: How Realistic is the Vision, in L. M. Branscomb, F. Kodama and R. Florida (eds.) *Industrializing Knowledge: University – industry Linkage in Japan and the United States.* London: MIT Press, 1999, pp. 3 – 19.

107. Kojima, K., *Direct Foreign Investment: A Japanese Model of Multinational Business Operation.* London: Croom Helm, 1978.

108. Kumar, S., Environmentally Sensitive Productivity Growth: A Global Analysis Using Malmquist – Luenberger Index. *Ecological Economics*, 2006 (56): 280 – 293.

109. Kuznets, S., Quantitative Aspects of the Economic Growth of Nations: II. Econ Dev Change 1957, 4, pp. S3 – SⅢ.

110. Kyoji Fukao, Sumio Hamagata, Tomohiko Inui, Keiko Ito, Hyeog Ug Kwon, Tatsuji Makino, Tsutomu Miyagawa, Yasuo Nakanishi, Joji Tokui, Estimation Procedures and TFP Analysis of the JIP Database 2006, RIETI Discussion Paper Series 07 – E – 003, June 2007. Downloadable at www. rieti. go. jp/cn/index. html.

111. Lach, S., Do R&D Subsidies Stimulate or Displace Private R&D? Evidence from Israel. *Journal of Industrial Economics*, 2002, 50: 369 – 390.

112. Lacus, R., On the Mechanics of Economic Development. *Journal of Monetary Economics*, July 1988, 22, pp. 3 – 42.

113. Laursen, K. and Salter, A., Searching Low and High: What Types of Firms Use Universities as a Source of Innovation? *Research Policy*, 2004, 33 (8), pp. 1201 – 1215.

114. Lee, K., Making a Technological Catch – up: Barriers and Opportunities. *Asian Journal of Technological Innovation*, 2005, 13 (2), pp. 97 – 131.

115. Lee, T. and Wilde, L. L., Market Structure and Innovation: A Reformulation. *Quarterly Journal of Economics*, 1980 (94), pp. 429 – 436.

116. Leyden, D. P. and Link, A. N., *Government's Role in Innovation.* London: Kluwer Academic Publishers, 1992.

117. Link, A. N. and Siegel, D. S., *Technological Change and Economic*

Performance. New York: Routledge, 2003.

118. Luc Avonds, Caroline Hambÿe and Bernhard Michel, Supply and Use Tables for Belgium: 1995 – 2002 Methodology of Compilation, EU KLEMS Working Paper Series: No 14, March 2007, downloadable at www. euklems. net.

119. Malizia, E. E. , Ke, S. , The Influence of Economic Diversity on Unemployment and Stability. *Journal of Regional Science*, Vol. 33, No. 2, 1993, pp. 221 – 235.

120. Marcel Timmer, EUKLEMS Road Map WP1, October 2005, downloadable at www. euklems. net.

121. Markusen, J. R. and Venables, A. J. , Foreign Direct Investment as a Catalyst for Industrial Development. *European Economic Review*, 1999 (43), pp. 335 – 356.

122. Mason, E. , The Current State of the Monopoly Problem in the United States. *Harvard Law Review*, 1949, pp. 65 – 85.

123. Melitz, M. J. , The Impact of Trade on Intra – industry Reallocations and Aggregate Industry Productivity. *Econometrica*, Vol. 71, No. 6 (Nov. , 2003), pp. 1695 – 1725.

124. Metcalfe, J. S. , *Evolutionary Economics and Creative Destruction.* Routledge, London, 1998.

125. Metcalfe, J. S. , Foster, J. and Ramlogan, R. , Adaptive economic growth. *Cambridge Journal of Economics*, 2006 (30): 7 – 32. Mohnen, P. R&D Externalities and Productivity Growth. *Science – Technology Industry Review*, 1996, 18, pp. 39 – 66.

126. Montobbio, F. , An Evolutionary Model of Industrial Growth and Structural Change. *Structural Change and Economic Dynamics*, 2002 (13), pp. 387 – 414.

127. Nazara, S. , Heweing, G. J. D. , Spatial Structure and Taxonomy of Decomposition in Shift – share Analysis. *Growth and Change*, 2004 (35), pp. 476 – 490.

128. Nelson, R. and Rosenberg, N. , Technical Innovation and National Systems, in Nelson R. R. (ed.) *National Innovation Systems: A Comparative A-*

nalysis. Oxford University Press, 1993, pp. 3 - 21.

129. Nelson, R. R. and Winter, S. G., *An Evolutionary Theory of Economic Change*. Belknap Harvard University Press, Boston, 1982.

130. Pack, H., Productivity and Industrial Development in Sub - Saharan Africa. *World Development*, 1993, 21 (1), pp. 1 - 16.

131. Pack, H., Saggi, K., Is There a Case for Industrial Policy? A Critical Survy. The World Bank Research Observer Advance Access Published July 22, 2006.

132. Pasinetti, L. L., *Structural Change and Economic Growth*. Cambridge University Press, Cambridge, 1981.

133. Peneder, M., Industrial Structure and Aggregate Growth. *Structural Change and Economic Dynamics*, 2003 (14), pp. 427 - 448.

134. Ricardo Hausmann and Bailey Klinger, The Structure of the Product Space and the Evolution of Comparative Advantage. CID Working Paper No. 146, 2007.

135. Rodriguez - Clare, A., Multinationals, Linkages and Economic Development. *American Economic Review*, 1996, 86 (4), pp. 852 - 873.

136. Rostow, W., 1960, *The Stages of Economic Growth: A Non - Communist Manifesto*, 3rd ed. Cambridge University Press. 1990, p. 247.

137. Saif Benjaafar, Ehsan Elahi and Karen L. Donohue, Outsourcing via Service Competition. *Management Science*, 2007, 53, pp. 241 - 259.

138. Sakakibara, M. and Branstetter, L., Do Stronger Patents Induce More Innovation? Evidence From the 1988 Japanese Patent Law Reforms. *Rand Journal of Economics*, 2001, 32 (1), pp. 77 - 100.

139. Scotchmer, S., Standing on the Shoulder of Giants: Cumulative Research and Patent Law. *Journal of Economic Perspectives*, 1991, 5 (1), pp. 29 - 41.

140. Sen, A. and Foster, J. E., *On Economic Inequality*, Oxford: Oxford University Press, 1997, p. 31.

141. Simonin, B. L., Ambiguity and the Process of Knowledge Transfer in Strategic Alliances. *Strategic Management*, 1999, 20, pp. 595 - 623.

142. Strassner, E., Medeiros, G., Smith, G., Annual Industry Accounts: Introducing KLEMS Input Estimates for 1997 – 2003. *Survey of Current Business*, 2005, 85 (9): 31 – 65.

143. Sturgeon, T. J. (2000) How do We Define Value Chains and Production Networks, MIT IPC Globalization Working Paper, p. 10.

144. Susanto Basu and John Fernald, Information and Communications Technology as a General – Purpose Technology: Evidence from US Industry Data. *German Econonmic Review*, 2007, 8 (2), pp. 146 – 173.

145. Swan, P. L., The International Diffusion of an Innovation. *Journal of Industrial Economics*, 1973, 22 (1), pp. 61 – 69.

146. Syrquin, M. and Chenery, H., Three Decades of Industrialization. *The World Bank Economic Reviews*, 1989 (3), pp. 152 – 153.

147. Syrquin, M., Patterns of Structural Change. In: Chenery, H., Srinivasan, T. N. (eds.) *Handbook of Development Economics*, Vol. 1. Amsterdam, North Holland, 1988, pp. 203 – 273.

148. Timmer, M., Mahony, M., Ark, B., EU KLEMS Growth and Productivity Accounts: An Overview [R/OL]. (2007 – 3), http://www.euklems.net.

149. Timmer, M., Moergastel, T., Stuivenwold, E. et al., EU KLEMS Growth and Productivity Accounts: Methodology [R/OL]. (2007 – 3), http://www.euklems.net.

150. Timmer, M., Towards Productivity Comparisons Using the KLEMS Approach: An Overview of Sources and Methods [R/OL]. (2000 – 7), http://www.euklems.net.

151. Ton van Moergastel, Marcel Timmer, Data Delivery Guidelines for WP1 Inter – industry Accounts, September 2005, downloadable at www.euklems.net.

152. Varsakelis, N. C., The Impact of Patent Protection, Economy Openness and National Culture on R&D Investment: A Cross – Country Empirical Investigation. *Research Policy*, 2001, 30, pp. 1059 – 1068.

153. Vernon, R., International Investment and International Trade in the Product Cycle. *Quarterly Journal of Economics*, 1966 (80), pp. 190 – 207.

154. Wallsten, S. J., The Effects of Government – Industry R&D Programs

on Private R&D: The Case of the Small Business Innovation Research Program. *Rand Journal of Economics*, 2000 (31), pp. 82 – 100.

155. Wan, G., Regression – based Inequality Decomposition: Pitfalls and A Solution Procedure, WIDER Discussion Paper, 2002.

156. Wang, E. C., Patterns and Sources of Structural Change in Taiwan: An Analysis of Input – Output Coefficients. *Journal of Asian Economics*, 1997, 8 (3), pp. 369 – 392.

157. Wang, J. Y. and Blomstrom, M., Foreign Investment and Technology Transfer: A Simple Model. *European Economic Review*, 1992, 36 (1), pp. 137 – 155.

158. Williamson, J., 1965, Regional Inequality and the Process of National Development. *Economic Development and Cultural Change*, 13 (4), pp. 3 – 45.

159. Windmeijer, F., 2005, A Finite Sample Correction for the Variance of Linear Two – Step GMM Estimators. *Journal of Econometrics*, Vol. 126, No. 1, pp. 25 – 51.

160. Winter, S. G., Schumpeterian Competition in Alternative Technological Regimes. *Journal of Economic Behavior and Organization*, 1984 (5), pp. 287 – 320.

161. Yang, X., A Microeconomic Approach to Modeling the Division of Labor Based on Increasing Return to Specialization, Ph. D. Dissertation, Department of Economics, Princeton University, 1988.

162. Yang, Xiaokai & Shi, He – ling, Specialization and Product Diversity. *American Economic Review*, American Economic Association, 1992 (2), pp. 392 – 398.

163. Zaccomer, G. P., Shift – share Analysis with Spatial Structure: An Application to Industrial Districts. *Transition Studies Review*, 2006, 13 (1), pp. 213 – 227.

164. 波特：《国家竞争优势》，载巴特利特、戈歇尔主编《跨国管理》，赵曙明主译，东北财经大学出版社 1990 年版。

165. 薄广文：《外部性与产业增长——来自中国省级面板数据的研

究》，《中国工业经济》2007 年第 7 期。

166. 蔡昉、都阳、高文书：《就业弹性、自然失业和宏观经济政策——为什么经济增长没有带来显性就业?》《经济研究》2004 年第 9 期。

167. 蔡昉:《中国又到了重工业化阶段了吗?》,《经济学动态》2005 年第 9 期 。

168. 蔡昉、王德文:《中国经济增长可持续性与劳动贡献》,《经济研究》1999 年第 10 期。

169. 曹吉云:《技术进步对产品多样化的影响》,《经济科学》2008 年第 1 期。

170. 曹丽莉:《产业集群网络结构的比较研究》,《中国工业经济》2008 年第 8 期。

171. 陈东琪、银温泉:《打破地方市场分割》,中国计划出版社 2002 年版。

172. 陈刚、张解放:《区际产业转移的效应分析及相应政策建议》,《华东经济管理》2001 年第 2 期。

173. 陈计旺:《影响东部地区产业转移的主要因素分析》,《生产力研究》2007 年第 5 期。

174. 陈佳贵:《中国工业现代化问题研究》,中国社会科学出版社 2004 年版。

175. 陈佳贵、黄群慧:《工业发展、国情变化与经济现代化战略——中国成为工业大国的国情分析》,《中国社会科学》2005 年第 4 期。

176. 陈佳贵、黄群慧:《工业现代化的标志、衡量标准及对中国工业的初步评价》,《中国社会科学》2003 年第 3 期。

177. 陈耀:《基于就业增长的工业化政策选择》,《首都经济》2003 年第 8 期。

178. 陈勇、李小平:《中国工业行业的面板数据构造及资本深化评估:1985—2003》,《数量经济技术经济研究》2006 年第 10 期。

179. 程华:《科技资助促进企业 R&D 研究》,《科研管理》2005 年第 4 期。

180. 程文、张建华:《中国汽车产业模块技术发展与产业升级》,《中国软科学》2010 年第 4 期。

181. 程文、张建华：《中国模块化技术发展与产业结构升级》，《中国科技论坛》2011 年第 3 期。

182. 戴勇：《外生型集群企业升级的影响因素与策略研究——全球价值链的视角》，《中山大学学报》（社会科学版）2009 年第 1 期。

183. 杜修立、王维国：《中国出口贸易的技术结构及其变迁：1980—2003》，《经济研究》2007 年第 7 期。

184. 樊福卓：《中国工业结构变化与升级：1985—2005》，《统计研究》2008 年第 7 期。

185. 范红忠：《有效需求规模假说、研发投入与国家自主创新能力》，《经济研究》2007 年第 3 期。

186. 范红忠：《中国的城市化与区域协调发展——基于生产和人口空间分布的视角》，中国社会科学出版社 2010 年版。

187. 范红忠、汪小勤：《“起飞”和“走向成熟”阶段生产与人口空间分布的演变——基于对现有理论研究的总结和日韩经验的实证分析》，《华中科技大学学报》（社会科学版）2008 年第 2 期。

188. 范红忠、周阳：《日韩巴西等国城市化进程中的过度集中问题——兼论大中小城市的协调发展》，《城市问题》2010 年第 8 期。

189. 范建勇：《市场一体化、地区专业化与产业集聚趋势》，《中国社会科学》2004 年第 6 期。

190. 范金、万兴：《投入产出表和社会核算矩阵更新研究评述》，《数量经济技术经济研究》2007 年第 5 期。

191. 方厚政：《日本超大规模集成电路项目的启示》，《日本学刊》2006 年第 3 期。

192. 冯春晓：《我国对外直接投资对出口规模和出口商品结构影响的研究》，博士学位论文，华中科技大学，2010 年。

193. 甘智和：《工业结构调整与发展研究》，中国经济出版社 2000 年版。

194. 高传胜、李善同：《中国服务业：短处、突破方向与政策着力点——基于中、美、日、德四国投入产出数据的比较分析》，《中国软科学》2008 年第 2 期。

195. 高德步、吕致文：《新型工业化对我国未来就业的影响》，《经济理论与经济管理》2005 年第 2 期。

196. 龚仰军：《产业结构研究》，上海财经大学出版社 2002 年版。

197. 龚玉泉、袁志刚：《中国经济增长与就业弹性的非一致性及其形成机理》，《经济学动态》2002 年第 7 期。

198. 顾乃华、毕斗斗、任旺兵：《生产性服务业与制造业互动发展：文献综述》，《经济学家》2006 年第 6 期。

199. 郭克莎：《三次产业增长因素及其变动特点分析》，《经济研究》1992 年第 2 期。

200. 郭克莎：《中国工业化的进程、问题与出路》，《中国社会科学》2000 年第 3 期。

201. 郭庆旺、贾俊雪：《中国全要素生产率的估算：1979—2004》，《经济研究》2005 年第 6 期。

202. 郭树言、欧新黔：《推动中国产业结构战略性调整与优化升级探索》，经济管理出版社 2008 年版。

203. 国务院发展研究中心：《中国产业结构变化的因素分解及国际比较》，“战略性新兴产业和工业化中后期结构变动问题的研究”课题，国研网，2011 年 4 月 18 日。

204. 海韦尔·琼斯：《现代经济增长理论导引》，商务印书馆 1999 年版。

205. 韩德超：《产业协调发展与工业结构优化升级研究》，博士学位论文，华中科技大学，2009 年。

206. 韩德超：《生产性服务业与制造业关系实证研究》，《统计与决策》2009 年第 18 期。

207. 韩德超：《生产性服务业 FDI 对工业企业效率影响研究》，《统计研究》2011 年第 2 期。

208. 韩德超、张建华：《中国生产性服务业发展的影响因素研究》，《管理科学》2008 年第 6 期。

209. 韩玉雄、李怀祖：《关于中国知识产权保护水平的定量分析》，《科学研究》2005 年第 3 期。

210. 贺灿飞、谢秀珍：《中国制造业地理集中与省区专业化》，《地理学报》2006 年第 2 期。

211. 何德旭、姚战琪：《中国产业结构调整的效应、优化升级目标和政策措施》，《中国工业经济》2008 年第 5 期。

212. 何永芳：《四川产业结构调整与产业政策》，西南财经大学出版社 2001 年版。

213. 洪银兴：《从比较优势到竞争优势——兼论国际贸易的比较利益理论的缺陷》，《经济研究》1997 年第 6 期。

214. 侯晓辉、范红忠：《城乡收入差距、市场规模与 FDI 的区位选择——基于中国省级面板数据的实证分析》，《华中科技大学学报》（社会科学版）2007 年第 4 期。

215. 胡军、向吉英：《转型中的劳动密集型产业：工业化、结构调整与加入 WTO》，《中国工业经济》2000 年第 6 期。

216. 胡秋阳：《中国的经济发展和产业结构——投入产出分析的视角》，经济科学出版社 2007 年版。

217. 胡永泰：《中国全要素生产率：来自农业部门劳动力再配置的首要作用》，《经济研究》1998 年第 3 期。

218. 黄群慧：《中国工业现代化水平的基本测评》，《中国工业经济》2004 年第 9 期。

219. 黄新飞、舒元：《贸易开放度、产业专业化与中国经济增长研究》，《国际贸易问题》2007 年第 12 期。

220. 贾根良：《理解演化经济学》，《中国社会科学》2004 年第 2 期。

221. 简新华、向琳《新型工业化的特点和优越性》，《管理世界》2003 年第 1 期。

222. 江飞涛、李晓萍：《直接干预市场与限制竞争：中国产业政策的取向与根本缺陷》，《中国工业经济》2010 年第 9 期。

223. 江静、刘志彪、于明超：《生产者服务业发展与制造业效率提升：基于地区和行业面板数据的经验分析》，《世界经济》2007 年第 8 期。

224. 江小涓：《服务全球化的发展趋势和理论分析》，《经济研究》2008 年第 2 期。

225. 江小涓：《我国出口商品结构的决定因素和变化趋势》，《经济研究》2007 年第 5 期。

226. 金碚：《中国工业化经济分析》，中国人民大学出版社 1994

年版。

227. 克瑞斯提诺·安东内利：《创新经济学．新技术与结构变迁》，刘刚等译，高等教育出版社 2006 年版。

228. 库兹涅次：《各国的经济增长》，商务印书馆 1985 年版。

229. 赖明勇、包群、彭水军、张新：《外商直接投资与技术外溢：基于吸收能力的研究》，《经济研究》2005 年第 8 期。

230. 蓝庆新：《基于模块化的中国制造业升级战略研究——以汽车产业为例》，《中国科技论坛》2008 年第 7 期。

231. 李斌、刘丽君：《序列投入产出表的研究》，《北京理工大学学报》2002 年第 4 期。

232. 李博：《中国工业结构优化升级的进程分析与综合测评》，博士论文，华中科技大学，2008 年。

233. 李博、胡进：《中国产业结构优化升级的比较和测度分析》，《管理科学》2008 年第 2 期。

234. 李博、温杰：《中国工业部门技术进步的就业效应》，《经济学动态》2010 年第 10 期。

235. 李博、张建华：《基于 KLEMS 体系的产业中间投入核算研究》，《湖南工程学院学报》（社会科学版）2008 年第 2 期。

236. 李博、左月华：《中国出口产业结构演变模式研究：1996—2006》，《国际贸易问题》2008 年第 7 期。

237. 李金滟：《城市集聚：理论与证据》，博士学位论文，华中科技大学，2008 年。

238. 李金滟、宋德勇：《专业化、多样化与城市集聚经济——基于中国地级单位面板数据的实证研究》，《管理世界》2008 年第 2 期。

239. 李敬、冉光和、万广华：《中国区域金融发展差异的解释——基于劳动分工理论与 Shapley 值分解方法》，《经济研究》2007 年第 5 期。

240. 李京文，郑友敬：《技术进步与产业结构选择》，经济科学出版社 1989 年版。

241. 李军：《收入差距对消费需求影响的定量分析》，《数量经济技术经济研究》2003 年第 9 期。

242. 李俊霖、莫晓芳：《城镇居民收入分配差距、消费需求与经济增长》，《统计与决策》2006 年第 10 期。

243. 李平、江飞涛、王宏伟：《重点产业调整振兴规划评价与政策取向探讨》，《宏观经济研究》2010 年第 10 期。

244. 李强、薛天栋：《中国经济发展部门分析兼新编可比价投入产出表》，中国统计出版社 1998 年版。

245. 李善同、高传胜：《中国生产者服务业发展与制造业升级》，上海三联书店 2008 年版。

246. 李实：《中国个人收入分配研究回顾与展望》，《经济学》（季刊）2003 年第 2 期。

247. 李世祥、成金华：《中国能源效率评价及其影响因素分析》，《统计研究》2008 年第 10 期。

248. 李文溥、陈永杰：《经济全球化下的产业结构演进趋势与政策》，《经济学家》2003 年第 1 期。

249. 李晓：《东亚奇迹与“强政府”》，经济科学出版社 1996 年版。

250. 李佐军：《对工业化的重新认识及其现实意义》，《当代经济科学》2004 年第 3 期。

251. 李佐军：《借鉴国外经验，走资源节约型工业化道路》，《经济要参》（内部刊物）2006 年第 14 期。

252. 李佐军：《正确理解新型工业化》，《华中科技大学学报》（社会科学版）2007 年第 2 期。

253. 李佐军：《中国工业路向选择：重化工业还是信息化》，《经济前沿》2004 年第 11 期。

254. 梁琦、詹亦军：《地方专业化、技术进步和产业升级——来自长三角的证据》，《经济理论与经济管理》2006 年第 1 期。

255. 林秀丽：《中国省区工业产业专业化程度实证研究：1988—2002》，《上海经济研究》2007 年第 1 期。

256. 林毅夫：《发展中国家宏观经济现象的思考与宏观经济理论的重新构建》，北京大学 CCER 讨论稿，No. C2006020，2006 年。

257. 林毅夫、苏剑：《论我国经济增长方式的转换》，《管理世界》2007 年第 11 期。

258. 林毅夫：《潮涌现象与发展中国家宏观经济的重新构建》，《经济研究》2007 年第 1 期。

259. 林毅夫：《新结构经济学——重构发展经济学的框架》，《经济学季刊》2010 年第 10 期。

260. 林兆木：《关于新型工业化道路》，《宏观经济研究》2002 年第 12 期。

261. 刘传江、吕力：《长江三角洲地区产业结构趋同、制造业空间扩散与区域经济发展》，《管理世界》2005 年第 4 期。

262. 刘力：《产学研合作的历史考察及本质探讨》，《浙江大学学报》（人文社会科学版）2002 年第 3 期。

263. 刘霖、秦宛顺：《收入分配差距与经济增长之因果关系研究》，《福建论坛》（人文社会科学版）2005 年第 7 期。

264. 刘生龙、胡鞍钢：《基础设施的外部性在中国的检验：1988—2007》，《经济研究》2010 年第 3 期。

265. 刘世锦：《我国进入新的重化工业阶段及其对宏观经济的影响》，《经济学动态》2004 年第 11 期。

266. 刘伟：《工业化进程中的产业结构》，中国人民大学出版社 1995 年版。

267. 刘志彪：《全球价值链中我国外向型经济战略的提升——以长三角地区为例》，《中国经济问题》2007 年第 1 期。

268. 刘志彪：《生产者服务业及其集聚：攀升全球价值链的关键要素与实现机制》，《中国经济问题》2008 年第 1 期。

269. 刘志彪、张杰：《我国本土制造业企业出口决定因素的实证分析》，《经济研究》2009 年第 8 期。

270. 刘志彪、张少军：《中国地区差距及其纠偏：全球价值链和国内价值链的视角》，《学术月刊》2008 年第 5 期。

271. 卢锋：《服务外包的经济学分析：产品内分工视角》，北京大学出版社 2007 年版。

272. 卢根鑫：《国际产业转移论》，上海人民出版社 1997 年版。

273. 陆铭、陈钊、万广华：《因患寡，而患不均——中国的收入差距、投资、教育和增长的相互影响》，《经济研究》2005 年第 12 期。

274. 鲁晓东、赵奇伟：《中国的出口潜力及其影响因素》，《数量经济技术经济研究》2010 年第 1 期。

275. 罗建华：《国际产业转移与中国区域经济的发展》，《陕西科技》2005 年第 1 期。

276. 罗良文：《城乡收入分配差距与社会消费需求》，《理论月刊》2003 年第 8 期。

277. 罗勇、曹丽莉：《全球价值链视角下我国产业集群升级的思路》，《国际贸易问题》2008 年第 11 期。

278. 罗勇、曹丽莉：《中国制造业集聚程度变动趋势的实证研究》，《经济研究》2005 年第 8 期。

279. 吕新军、胡晓绵、张熹：《中美高技术产业间技术扩散模式比较分析——基于投入产出与社会网络方法的分析》，《科技进步与对策》2010 年第 4 期。

280. 吕政、黄群慧、吕铁、周维富等：《中国工业化、城市化的进程与问题——“十五”时期状况与“十一五”时期的建议》，《中国工业经济》2005 年第 12 期。

281. 吕政、刘勇、王钦：《中国生产性服务业发展的战略选择——基于产业互动的研究视角》，《中国工业经济》2006 年第 8 期。

282. 马敏娜：《我国居民收入差距扩大对消费需求的影响》，《当代经济研究》2001 年第 1 期。

283. 马向前、任若恩：《中国投入产出序列表外推方法研究》，《统计研究》2004 年第 4 期。

284. 马子红：《区际产业转移：理论述评》，《经济问题探索》2008 年第 5 期。

285. 聂国卿、陆远如：《转型期我国收入分配不公对经济增长影响研究》，《求索》2004 年第 12 期。

286. 宁晓青、陈柏福：《中国经济周期波动与产业结构变动关系的实证分析》，《中央财经大学学报》2008 年第 11 期。

287. 牛大勇、李柏洲：《汽车金融公司的产业价值链整合对自主品牌汽车集团的启示》，《上海金融》2007 年第 8 期。

288. 潘士远、金戈：《发展战略、产业结构与产业结构变迁——中国的经验》，《世界经济文汇》2008 年第 1 期。

289. 彭建平：《共性技术自主创新与工业结构优化升级》，《湖南工程学院学报》2010 年第 3 期。

290. 彭建平：《自主创新与工业结构优化升级》，博士学位论文，华中科技大学，2008 年。

291. 彭建平、张建华：《大中型工业企业科技活动支出效果经验分析》，《当代财经》2008 年第 1 期。

292. 彭建平、张建华：《国有、三资企业高新技术产品出口绩效比较》，《改革》2007 年第 9 期。

293. 彭建平、张建华：《基于动态面板数据模型的我国 R&D 投入效果实证分析》，《系统工程》2007 年第 12 期。

294. 蒲艳萍：《转型期的产业结构变动与中国就业效应》，《统计与决策》2008 年第 7 期。

295. 蒲艳萍、吴永球：《经济增长、产业结构与劳动力转移》，《数量经济技术经济研究》2005 年第 9 期。

296. 齐建国：《中国总量就业与科技进步的关系研究》，《数量经济技术经济研究》2002 年第 12 期。

297. 齐舒畅：《我国投入产出表的编制和应用情况简介》，《统计研究》2007 年第 5 期。

298. 钱纳里：《工业化和经济增长的比较研究》，上海三联书店 1995 年版。

299. 钱纳里、鲁宾逊、赛尔奎因：《工业化和经济增长的比较研究》，吴奇、王松宝等译，上海三联书店 1995 年版。

300. 钱雪松：《公司金融、银行业结构和货币政策传导》，《金融研究》2008 年第 11 期。

301. 钱雪松：《金融发展和经济增长：文献述评》，《南京财经大学学报》2007 年第 6 期。

302. 钱学松：《企业内部资本配置和金融体系二分法》，《中南财经大学学报》2007 年第 5 期。

303. 钱雪松、邹薇：《多维任务、两层次代理和企业内部激励》，《世界经济》2008 年第 11 期。

304. 钱雪松、邹薇：《股权分置改革的对价方式选择——理论模型与实证研究》,《南大商学评论》(经济学版)2007 年第 12 期。

305. 秦昌才:《社会核算矩阵及其平衡方法研究》,《数量经济技术经济研究》2007 年第 1 期。

306. [日] 青木昌彦等:《模块化时代:新产业结构的本质》,上海远东出版社 2003 年版。

307. 邱启照:《促进就业是新型工业化道路的优先政策选择》,《学术交流》2004 年第 3 期。

308. 任国强、夏立明:《收入分配对消费需求的影响研究》,《商业研究》2005 年第 5 期。

309. 沙加亚、劳尔:《中国对亚洲制成品出口竞争影响》,《南开经济研究》2002 年第 1 期。

310. 尚启君:《我国能否跨越以劳动密集型工业为主导的工业化阶段》,《管理世界》1998 年第 3 期。

311. 沈利生、王恒:《增加值率下降意味着什么》,《经济研究》2006 年第 3 期。

312. 申学武:《高校产学研联合模式中存在的问题及最优化模式构想》,《科技进步与对策》2001 年第 12 期。

313. 史春云、张捷、高薇、杨旺:《国外偏离——份额分析及其拓展模型研究述评》,《经济问题探索》2007 年第 3 期。

314. 史丹:《我国经济增长过程中能源效率的改进》,《经济研究》2002 年第 9 期。

315. 史丹:《中国能源效率的地区差异与节能潜力分析》,《中国工业经济》2006 年第 10 期。

316. 史丹:《产业关联与能源工业市场化改革》,《中国工业经济》2005 年第 12 期。

317. 施平、郑江淮:《创新与产业专业化变迁:江苏例证》,《产业经济研究》2010 年第 6 期。

318. 史修松:《产业融合与产业模块化研究》,《现代管理科学》2006 年第 8 期。

319. 史忠良等:《产业经济学》,经济管理出版社 1998 年版。

320. 束克东、辛昌茂:《基于模块化生产方式的创新机制研究》,《合肥工业大学学报》2007 年第 8 期。

321. 宋德勇、李金滟：《集成型和创新型区域优势产业培育的两种思路——中部地区优势产业培育的案例研究》，《经济地理》2007 年第 1 期。

322. 宋泓、柴瑜：《三资企业与我国产业结构调整——对外贸易视角的实证分析》，《管理世界》1999 年第 6 期。

323. 宋洪远、马永良：《使用人类发展指数对中国城乡差距的一种估计》，《经济研究》2004 年第 11 期。

324. 宋锦剑：《论产业结构优化升级的测度问题》，《当代经济科学》2000 年第 3 期。

325. 苏东水等：《产业经济学》，高等教育出版社 2000 年版。

326. 苏明中：《外资并购我国上市公司中期绩效的实证分析》，《国际贸易问题》2008 年第 11 期。

327. 苏学愚、李中明：《房价过高对消费需求的影响》，《企业家天地》（下半月）2005 年第 3 期。

328. 孙浩、王秋彬：《“两型社会”目标下产业集群的演进路径：武汉城市圈的选择》，《中国科技论坛》2009 年第 2 期。

329. 孙鹏、顾晓薇、刘敬智：《中国能源消费的分解分析》，《资源科学》2005 年第 5 期。

330. 孙学光：《中国新型工业化进程分析与科学推进研究》，博士学位论文，华中科技大学，2008 年。

331. 涂涛涛：《FDI 对中国工业部门技术外溢效应研究》，博士学位论文，华中科技大学，2008 年。

332. 涂涛涛：《外商直接投资对中国企业创新的外溢效应研究：基于垂直联系的视角》，《南方经济》2009 年第 7 期。

333. 涂涛涛：《外商直接投资行业间溢出及相关影响因素分析》，《珞珈管理评论》2010 年第 2 期。

334. 涂正革：《环境、资源与工业增长的协调性》，《经济研究》2008 年第 2 期。

335. 万广华：《不平等的度量与分解》，《经济学季刊》2009 年第 1 期。

336. 万广华、范蓓蕾、陆铭：《解析中国创新能力的不平等——基于回归的分解方法》,《世界经济》2010 年第 2 期。

337. 王传宝、刘林奇:《我国环境管制出口效应的实证研究》,《国际贸易问题》2009 年第 6 期。

338. 王达:《产业结构变动对能源效率的影响研究——基于广州市的数据》,硕士学位论文,华中科技大学,2010 年。

339. 王凤荣、王慧:《价值链理论视角的我国企业集群隐性升级》,《山东大学学报》(哲学社会科学版)2007 年第 6 期。

340. 王积业:《产业结构:从适应性调整转向战略性调整》,《经济学家》1997 年第 3 期。

341. 王俊松、贺灿飞:《技术进步、结构变动与中国能源利用效率》,《中国人口·资源与环境》2009 年第 2 期。

342. 王洛林、江小涓、卢圣亮:《大型跨国公司投资对中国产业结构、技术进步和经济国际化的影响——以全球 500 强在华投资项目为主的分析》,《中国工业经济》2000 年第 5 期。

343. 王品慧、潘若愚:《基于偏离份额分析法的安徽省工业结构实证分析》,《华东经济管理》2008 年第 1 期。

344. 王秋彬:《工业行业能源效率与工业结构优化升级》,《数量经济与技术经济研究》2010 年第 10 期。

345. 王秋彬:《加快发展高新技术产业》,《经济日报》2008 年 5 月 12 日理论版。

346. 王秋彬:《能源约束下的工业结构优化升级研究》,博士学位论文,华中科技大学,2009 年。

347. 王秋彬、张建华:《武汉市高新技术产业竞争力的"钻石模型"分析》,《中国科技论坛》2008 年第 12 期。

348. 王秋彬:《中国能源工业内部的可持续发展能力分析》,《中国集体经济》2010 年第 5 期。

349. 王小鲁、樊纲:《中国收入差距的走势和影响因素分析》,《经济研究》2005 年第 12 期。

350. 王先庆:《产业扩张》,广东经济出版社 1998 年版。

351. 王永齐:《贸易结构、技术密度与经济增长——一个分析框架及基于中国数据的检验》,《经济学》(季刊)2006 年第 3 期。

352. 王岳平：《开放条件下的工业结构升级》，经济管理出版社 2004 年版。

353. 王岳平：《我国工业化发展状况及其政策建议》，《经济研究参考》2000 年第 51 期。

354. 魏楚、沈满洪：《结构调整能否改善能源效率：基于中国省级数据的研究》，《世界经济》2008 年第 11 期。

355. 魏楚、沈满洪：《能源效率及其影响因素：基于 DEA 的实证分析》，《管理世界》2007 年第 8 期。

356. 魏后凯：《中国制造业集中状况及其国际比较》，《中国工业经济》2002 年第 1 期。

357. 魏礼群：《坚持走新型工业化道路》，《求是》2002 年第 23 期。

358. 魏敏、李国平：《基于区域经济差异的梯度推移黏性研究》，《经济地理》2005 年第 1 期。

359. 卫平、冯春晓：《中国出口商品结构高度化的影响因素研究》，《国际贸易问题》2010 年第 10 期。

360. 温杰：《中国产业结构升级的就业效应》，博士学位论文，华中科技大学，2010 年。

361. 温杰、张建华：《中国产业结构变迁的资源再配置效应》，《中国软科学》2010 年第 6 期。

362. 吴建中：《汽车零部件企业的自主创新》，《汽车与配件》2007 年第 50 期。

363. 吴敬琏：《中国增长模式抉择》，上海远东出版社 2005 年版。

364. 吴敬琏：《谨防结构调整中出现片面追求重型化的倾向》，《经济管理文摘》2004 年第 21 期。

365. 吴军：《环境约束下中国经济增长绩效研究》，博士学位论文，华中科技大学，2010 年。

366. 吴军、张建华：《环境管制与中国区域生产率增长》，《统计研究》2010 年第 1 期。

367. 吴军：《环境约束下中国地区工业全要素生产率增长及收敛分析》，《数量经济技术经济研究》2009 年第 11 期。

368. 吴军、笪凤媛、张建华：《环境管制与中国区域生产率增长》，

《统计研究》2010 年第 1 期。

369. 武力、温锐：《1949 年以来中国工业化的“轻重”之辩》，《经济研究》2006 年第 9 期。

370. 吴树山、孔繁河、潘苏、王平、马平：《我国产学研合作模式与机制及其创新》，《科技进步与对策》2000 年第 7 期。

371. 希克斯：《经济学展望》，商务印书馆 1986 年版。

372. 西蒙·库兹涅茨：《现代经济增长》，经济科学出版社 1982 年版。

373. 肖群稀：《跨国公司技术转移路径与中国汽车工业技术进步》，上海社会科学院出版社 2007 年版。

374. 邢斐：《外商技术转移对我国技术创新的影响》，博士学位论文，华中科技大学，2009 年。

375. 邢斐：《专利保护对我国创新活动影响的实证分析》，《科学研究》2009 年第 10 期。

376. 邢斐、雷启振、张建华：《我国公共研发政策实施的有效性考察》，《中国科技论坛》2009 年第 2 期。

377. 邢斐、张建华：《外商技术转移、创新激励与东道国引资政策》，《财经研究》2008 年第 11 期。

378. 邢斐、张建华：《我国创新支持政策：理论分析及其有效性检验》，《当代经济科学》2009 年第 4 期。

379. 邢斐、张建华：《外商技术转移对我国自主研发的影响》，《经济研究》2009 年第 4 期。

380. 徐现祥、周吉梅、舒元：《中国省区三次产业资本存量估计》，《统计研究》2007 年第 5 期。

381. 徐顽强、李华君：《高技术产业对传统产业的技术外溢运行过程研究》，《科技管理研究》2008 年第 7 期。

382. 杨东进：《嵌入全球价值链模式与自主全球价值链模式的绩效比较分析——以轿车产业为例》，《经济经纬》2008 年第 3 期。

383. 杨公仆、夏大慰：《产业经济学教程》（修订版），上海财经大学出版社 2002 年版。

384. 杨国辉：《中国金融对产业结构升级调整的影响研究》，博士学位论文，华中科技大学，2008 年。

385. 杨国辉、孙霞：《我国银行中介对产业结构升级影响的实证研究——基于动态面板模型的分析》，《南方金融》2009 年第 4 期。

386. 杨国辉、孙霞：《银行结构与经济发展的因果关系——基于中国地区面板数据的实证检验》，《南方金融》2008 年第 1 期。

387. 杨红亮、史丹：《能效研究方法和中国各地区能源效率的比较》，《经济理论与经济管理》2008 年第 3 期。

388. 杨小凯、张永生：《新兴古典经济学与超边际分析》，社会科学文献出版社 2003 年版。

389. 杨治：《产业政策和结构优化》，新华出版社 1999 年版。

390. 姚芳等：《偏离—份额法的修正及中国工业竞争力分析》，《软科学》2005 年第 6 期。

391. 姚洋、张晔：《中国出口品国内技术含量升级的动态研究——来自全国及江苏省、广东省的证据》，《中国社会科学》2008 年第 2 期。

392. 姚战琪、夏杰长：《资本深化、技术进步对中国就业效应的经验分析》，《世界经济》2005 年第 1 期。

393. 宇德海：《新兴产业与中国跨越式发展》，《中国经贸导刊》2002 年第 19 期。

394. 余东华、芮明杰：《基于模块化网络组织的知识流动研究》，《南开管理评论》2007 年第 10 期。

395. 余慧倩：《长三角需审慎对待国际产业转移》，《江南论坛》2004 年第 6 期。

396. 于君、钟昌标、安辉、王成岐：《内向 FDI 对中国出口扩张影响的实证分析》，《华中科技大学学报》（社会科学版）2007 年第 4 期。

397. 于媛媛、孙文远：《全球价值链分工中的中国产业升级战略》，《中国经济时报》2007 年 1 月 4 日。

398. 袁晓玲、张宝山、杨万平：《动态偏离—份额分析法在区域经济中的应用》，《经济经纬》2008 年第 1 期。

399. 袁志刚、朱国林：《消费理论中的收入分配与总消费——及对中国消费不振的分析》，《中国社会科学》2002 年第 2 期。

400. 臧旭恒、张继海：《收入分配对中国城镇居民消费需求影响的实证分析》，《经济理论与经济管理》2005 年第 6 期。

401. 曾铮：《我国经济周期性波动对产业结构的影响》，《财经问题研究》2008 年第 4 期。

402. 张东辉、司志宾：《收入分配、消费需求与经济增长——来自中国农村的证据》，《福建论坛》（人文社会科学版）2006 年第 9 期。

403. 张冰、金戈：《港台产业结构变迁：模型与比较》，《台湾研究》2007 年第 2 期。

404. 张车伟、蔡防：《就业弹性的变化趋势研究》，《中国工业经济》2005 年第 5 期。

405. 张建华：《包容性增长与创造公平机会和共享成果为导向》，《中国社会科学报》2010 年 10 月 19 日。

406. 张建华：《从武汉城市的新定位看武汉产业发展的战略选择》，《改革研究》2010 年第 2 期。

407. 张建华：《促进产业结构优化升级研究》，《国家“十二五”规划前期研究项目成果》2010 年 9 月。

408. 张建华：《创新激励与经济发展》，华中科技大学出版社 2000 年版。

409. 张建华：《发展经济学与中国经济发展》，华中科技大学出版社 2009 年版。

410. 张建华：《工业化进程中企业网络组织的创新与应用》，中国财政经济出版社 2005 年版。

411. 张建华：《新型工业化与湖北支柱产业布局、产业结构调整研究》，湖北省发展改革委员会重大调研委托项目，2007 年。

412. 张建华：《加快体制机制创新，促进武汉高新技术产业发展》，科技部公益事业项目，2006 年。

413. 张建华：《全球产业发展主流是寻求新增长点》，《湖北日报》2009 年 7 月 14 日。

414. 张建华：《武汉市装备制造业发展规划纲要（2007—2010）》，三个专项，2007 年。

415. 张建华：《新兴产业的局部赶超完全有可能——浅谈国际金融危机下中国产业发展的目标定位与重点选择》，《中国经济导报》2009 年 8

月 8 日。

416. 张建华、程文：《中国经济转型与发展模式创新》，《中国社会科学报》2011 年 1 月 11 日。

417. 张建华、李博：《KLEMS 核算体系与产业结构优化升级研究》，《当代经济研究》2008 年第 4 期。

418. 张建华、孙学光：《我国居民储蓄存款误差修正模型与分析》，《数量经济技术经济研究》2009 年第 4 期。

419. 张建华、涂涛涛：《结构突变时间序列单位根的"伪检验"》，《数量经济技术经济研究》2007 年第 3 期。

420. 张建华、温杰：《促就业≠救企业——对工业结构优化升级相关问题的探讨》，《中国经济导报》2009 年 8 月 15 日。

421. 张建华、许娜、蒋冰冰：《国际金融危机下的中国产业发展——2009 年中国经济发展论坛第二次会议综述》，《华中科技大学学报》（社会科学版）2009 年第 9 期。

422. 张建华、郑文：《武汉市新兴产业发展的选择研究》，社会科学文献出版社 2010 年版。

423. 张捷：《奇迹与危机》，广东教育出版社 1999 年版。

424. 张军：《为增长而竞争：中国之谜的一个解读》，《东岳论丛》2005 年第 4 期。

425. 张军、高远、傅勇、张弘：《中国为什么拥有了良好的基础设施》，《经济研究》2007 年第 3 期。

426. 张军、吴桂英、张吉鹏：《中国省际物质资本存量估算：1952—2000》，《经济研究》2004 年第 10 期。

427. 张培刚：*Agriculture and Industrialization*，香港花千树出版社。

428. 张培刚：Whither Development Economics Suggestions for a New Type of Development Economics in the light of China's Experience. *Journal of Asia Economics*，092003（14）：201 - 208。

429. 张培刚：《发展经济学教程》，经济科学出版社 2001 年版。

430. 张培刚：《农业与工业化》上卷，华中科技大学出版社 2002 年版。

431. 张培刚：《农业与工业化》中下合卷，华中科技大学出版社

2002 年版。

432. 张培刚、张建华：《发展经济学》，北京大学出版社 2009 年版。

433. 张培刚、张建华：《新中国 60 年工业化战略转变》，《湖北日报》2009 年 9 月 29 日。

434. 张培刚、张建华等：《新型工业化道路的工业结构优化升级研究》，《华中科技大学学报》（社会科学版）2007 年第 2 期。

435. 张培刚、张建华：《关于选择部分国有农场设立省级现代农业综合开发区的建议》，湖北省“十二五”规划研究成果，2010 年。

436. 张其仔：《模块化、产业内分工与经济增长方式转变》，社会科学文献出版社 2008 年版。

437. 张其仔：《比较优势的演化与中国产业升级路径的选择》，《中国工业经济》2008 年第 9 期。

438. 张倩、张建华：《论我国加工贸易的技术溢出效应》，《科技管理研究》2007 年第 3 期。

439. 张少军、李东方：《全球价值链模式的产业转移：商务成本与学习曲线的视角》，《经济评论》2009 年第 2 期。

440. 张少军：《全球价值链模式的产业转移与区域协调发展》，《财经科学》2009 年第 2 期。

441. 张守一：《投入产出分析研究的新成果》，《数量经济技术经济研究》，2005 年第 7 期。

442. 张艳华、李秉龙：《中国城乡居民收入差距与消费需求的定量研究》，《农村经济》2004 年第 4 期。

443. 张燕生：《WTO 后过渡期我国产业发展的问题和对策》，《华中科技大学学报》（社会科学版）2007 年第 2 期。

444. 张哲：《区域分工、专业化与产业结构调整机理探讨》，《财经论丛》2004 年第 4 期。

445. 赵红军：《交易效率：衡量一国交易成本的新视角——来自中国数据的检验》，《上海经济研究》2005 年第 11 期。

446. 赵坚：《我国自主研发的比较优势与产业政策——基于企业能力理论的分析》，《中国工业经济》2008 年第 8 期。

447. 赵建军：《关于发展不同要素密集型产业的理论争论及其启示》，

《当代财经》2005 年第 1 期。

448. 赵建军：《论产业升级的就业效应》，博士学位论文，中共中央党校，2005 年。

449. 中国社会科学院工业经济研究所课题组：《“十二五”时期工业结构调整和优化升级研究》，《中国工业经济》2010 年第 1 期。

450. 钟春平、徐长生：《产品种类扩大、质量提升及创造性破坏》，《经济学》（季刊）2011 年第 2 期。

451. 钟春平、徐长生：《信贷约束、信贷需求与农户借贷行为：安徽的经验证据》，《金融研究》2010 年第 12 期。

452. 周明生：《经济周期与产业结构升级的政策选择》，《贵州财经学院学报》2010 年第 3 期。

453. 周叔莲、吕铁、贺俊：《新时期我国高增长行业的产业政策分析》，《中国工业经济》2008 年第 9 期。

454. 周叔莲：《中国产业政策研究》，经济管理出版社 1990 年版。

455. 周文兴：《中国城镇居民收入分配与经济增长关系实证分析》，《经济科学》2002 年第 1 期。

456. 周煜、聂鸣：《基于全球价值链的中国汽车产业升级路径分析》，《科技进步与对策》2007 年第 7 期。

457. 周振华：《产业结构优化论》，上海人民出版社 1992 年版。

458. 朱劲松、刘传江：《重新重工业化对我国就业的影响——基于技术中性理论与实证数据的分析》，《数量经济技术经济研究》2006 年第 12 期。

459. 朱南、刘一：《中国地区新型工业化发展模式与路径选择》，《数量经济技术经济研究》2009 年第 5 期。

460. 朱平芳、徐伟民：《政府的科技激励政策对大中型工业企业 R&D 投入及其专利产出的影响——上海市的实证研究》，《经济研究》2003 年第 6 期。

后　记

本书是在2006年度国家社科基金重大招标项目“新型工业化道路的工业结构优化升级研究”最终结项报告基础上修改完成的。从项目申报、启动到深入开展研究的全过程中，恩师张培刚先生始终给予了热情的鼓励、鼎力的支持和悉心的指导。还记得项目启动伊始，先生语重心长地对课题组提出要重视实地调研。如今先生已驾鹤西去，未能亲眼看到最终成果面世，令人万分遗憾。但这项成果无疑凝聚了先生无限的关怀、嘱托和睿智！特别是先生关于农业国工业化的重要思想和重视实践调研的理念一直指导着课题组的工作！谨以本书的出版缅怀和纪念先生！

在项目进行的几年中，我们得到了许多部门的支持和帮助。除在序言中提到的系列调研外，我们还得到了许多相关项目资助，它们是国家发改委规划司给予我们承担国家“十二五”前期研究重大项目“促进产业结构优化升级研究”，中国科学技术协会给予我们重大调研项目“模块技术发展与产业业结构优化升级研究”，湖北省、武汉市以及其他地方政府委托我们承担一些关于产业结构调升级问题研究的课题，等等。这些项目的加强资助，既解决了大量调研经费的补给问题，又拓宽和深化了原有设定的研究主题和范围。这样，也有机会使课题研究成果能尽快转化到国家“十二五”规划、地方规划和决策中。特别值得一提的是，课题组在研究过程中，针对湖北荆门地方产业发展中提出的“中国农谷”构想，目前已成为湖北省一元多层次发展战略体系的重要部分，上升为一项省级战略。另外，课题组在《中国社会科学》、《经济研究》、《管理世界》、《新华文摘》等期刊上发表了近百篇学术论文。在此，我代表课题组向给予支持和帮助的各级领导和同志表示诚挚的谢意！

这项成果是集体智慧的结晶。在课题申报和研究过程中，除了前面列出的本书撰写人员（最终报告的参与人）外，还有许多同人作出了贡献，他们或给予重要的参考建议，或直接参与课题讨论和研究，发挥了极其重要的作用。他们是国家发改委对外经济研究所所长张燕生研究员，国务院发展研究中心资源与环境政策研究所副所长李佐军研究员，英国诺丁汉大学商学院教授王成岐博士，华中科技大学经济学院徐长生教授、卫平教授、宋德勇教授、张卫东教授、方齐云教授、钟春平教授、左月华副教授、罗勇副教授、钱雪松副教授、费剑平副教授以及管理学院王宗军教授、公共管理学院钟书华教授等诸位同事以及多位博士生和硕士生同学。华中科技大学科技发展研究院文科处刘洁处长、方梅副处长、童志勇主任也给予了大力支持。

本书的最终出版也得到了华中科技大学文科出版基金的资助。在本书出版过程中，中国社会科学出版社经济与管理出版中心主任卢小生编审付出了大量辛勤的劳动。在此一并表示衷心的感谢！

张建华

2012年4月10日于武汉喻家山